三菱社誌

三菱総合研究所 編

総索引 明治三年～昭和二七年

東京大学出版会

はしがき

　本書は，さきに三菱社誌刊行会によって公開された三菱社誌全40巻の索引である。三菱社誌の原本は，旧三菱合資会社および三菱本社において作成されていた全36巻，20,104頁におよぶ業務記録であり，明治3年（1870年）の創業時から，昭和27年（1952年）の旧本社清算結了にいたるまでの82年間にわたる会社の重要記録を年月日順に編集した資料集である。この社誌の編纂事業は明治42年（1909年）に開始され，最終的には昭和32年（1957年）に終了した。したがって編纂事業そのものが半世紀に及ぶ大事業であった。

　三菱社誌は，明治以来第二次世界大戦終了時にいたるまでの日本の経済発展と工業化において重要な役割を果たした三菱の事業を，当事者が一定の方針にしたがって記録したものである。一企業体の全事業に関するこのような記録集としては，日本はもとより諸外国においても，質量ともに類をみない稀有の文書であるといって過言ではない。この記録集は，編纂事業が完了した昭和30年代直後からその存在が知られるようになったが，昭和53年の公開以降，国内外の研究者の関心を集め，日本経済と企業経営の発展史の研究のための第一級の根本資料として広く受入れられている。

　この三菱社誌の事項索引は，創業期の明治3年から明治26年までの期間については，古く大正8年に作成・印刷されていたが，明治27年以降の分は戦前に作業未完のま〻中断されていた。今回の公開を機に，私共は全巻にわたる総合索引を，新らしい観点にたって作成した。索引作成の方針，内容については，凡例に詳しくのべられているので参照されたい。作業は三菱総合研究所情報管理部資料課において，昭和55年秋に開始され同57年3月に完了した。担当者は宮川隆泰，村竹徹勇，今居政子の3名であった。また東京大学出版会武井政芳氏には作業に関し多大のご助力とご配慮を賜った。

　本索引が三菱社誌にたいする各方面の関心を一層高め，三菱事業の発展史にたいする研究に幾分でも資することがあれば幸いである。

　　昭和57年（1982年）6月

　　　　　　　　　　　　　　　　　株式会社三菱総合研究所
　　　　　　　　　　　　　　　　　　取締役社長　髙　雄　　靖

凡　例

1．本書は，三菱合資会社総務部および三菱本社社誌編纂委員会編「三菱社誌」，全40巻（明治3年～昭和27年）の索引である。

2．社誌索引は，はじめ大正8年に，創業の明治3年から明治26年までの期間について，当時の三菱合資会社総務部総務課によって作成され，三菱合資会社内に配布使用されていた。明治26年以前の社誌には事項別目次がなかったので，この旧索引は有用であった。この旧索引は，東大版社誌第一巻の巻頭に，そのまま複刻掲載されている。旧索引の分類はつぎのとおりであった。

　1．商号　2．制度　3．規則　4．通達　5．禀申　6．官命　7．上申　8．人事　9．内事
　10．船舶　11．航路　12．廻漕　13．鉱山　14．炭坑　15．金圓　16．工事　17．企業　18．学校
　19．契約　20．訴訟　21．寄附　22．慶弔　23．罹災　24．給与　25．地所建物　26．雑
　27．歳末雑載

3．これにたいして，三菱合資会社が設立された明治27年から，昭和13年の株式会社三菱社の設立，昭和21年の本社解散をへて，昭和27年の三菱本社清算結了に至るまでの58年間については，索引がなかった。そこで東大出版会からの社誌公刊を機会に，三菱総合研究所情報管理部資料課においてあたらしくこの期間中の索引を作成し，これに大正年間に作成された旧索引を組みこみ，明治3年から昭和27年までの82年間の総合索引を編成した。

4．本索引が対象としたのは東大版三菱社誌であり，各事項の記載個所を示す巻号は，東大版の巻号とページである。索引作成の基準となった分類（大分類，中分類および小分類）は後掲目次のとおりである。

5．本書は，社誌に掲載されている記事の標題そのものを，一定の分類基準にしたがって排列したものであり，たんなる件名索引ではない。もともと大正年間に編集された旧索引そのものが，記事標題索引の形をとっており，これが事項別目次として利用されていた。この方式は明治27年以降の各巻においても引きつがれ，各巻巻頭に記事標題が年月日順に排列され目次として用いられていた。今回の索引作成にあたっては，この目次部分を対象として分類を行なった。

　したがって本索引は，別掲のような分類基準によって編成された記事標題を，年月日別に排列したものである。

6．分類基準は，創業以来の三菱の全事業に関する多面的な記述を検索しうるよう，独自に作成した。すなわち，経営者，経営方針，組織，規則，財務会計，生産，営業，海外事業，研究開発などの事業経営の基本的事項を中心として，これらに関連のある諸事項を30の大分類項目とした。中分類と小分類のたて方は，大分類項目の内容により異なっている。すなわち，大分類項目をさらに階層的に細分化した事項分類になっている場合（人事労務，鉱区など），組織別（部別，会社別）になっている場合（職制，財務会計など），年代別になっている場合（営業など），および地域別になっている場合（海外事業，土地建物など）とがある。また若干の項目については，中分類，小分類を設けなかった。

凡　例　　　　　　　　　　　　　　iii

7．時代区分は，三菱の事業の発展に対応してつぎの3区分とした。

　　1）明治3年～明治26年――この時代は創業時代，郵便汽船三菱会社，三菱社の時代であり，社誌では旧会社時代と呼称されている。

　　2）明治27年～大正6年――この時代は，三菱合資会社設立から，事業部門が分系会社として独立し始めるまでの期間である。

　　3）大正7年～昭和27年――この時代は，三菱造船，三菱鉱業，三菱商事，三菱銀行，三菱倉庫，三菱製鉄，三菱海上火災保険などの分系会社が順次営業を開始し，本社の持株会社としての機能が確立された時期である。本社の法人形態は昭和12年までが三菱合資会社であり，同年末株式会社三菱社が発足し，同18年には株式会社三菱本社と改称された。三菱本社は昭和21年10月に解散したが，清算事務が完了したのは昭和27年であったので，時代区分としてはこの年までをふくめた。

　　この時代区分は一般の歴史的時代区分とは異なっているが三菱史を通観するには便利である。

8．中分類に会社名を用いているところでは，社名の排列は，原則としてそれぞれの会社の設立順とした。ただし相互に関連ある組織はまとめて排列した。たとえば，臨時製鉄所建設部と三菱製鉄株式会社はつづけて排列してあるし，また造船部，三菱造船，三菱内燃機製造，三菱航空機，三菱重工業の場合も同様である。

9．人名索引には，原則として記事標題中に出現した人名を採録した。記事中および名簿などに掲載されている人名は膨大であり索引の対象にはしなかった。

10．索引中の記事の副出は，重要事項のみに限った。したがって読者が特定の事項を検索する際には，関連事項についても参照することが望ましい。

11．本索引は，一定の基準にしたがって年次別に排列された記事標題集であるので，それぞれの事項に関しては，年表が構成されている。ただし，本索引を年表的に使用する場合にはつぎのことに留意していただきたい。すなわち，三菱社誌は本来公開を前提とせずに作成された社内用業務録集であったので，当時他に参照の手段があった事項については，記述が省略されている場合があった。また社誌の編集方針は時代によって多少異なっていたので，採録された事項にも精粗があった。したがって事項によっては，年表としてみた場合，若干の欠落があることがある。この点を注意すれば，索引は各分類項目について年表として利用できる。

凡　例

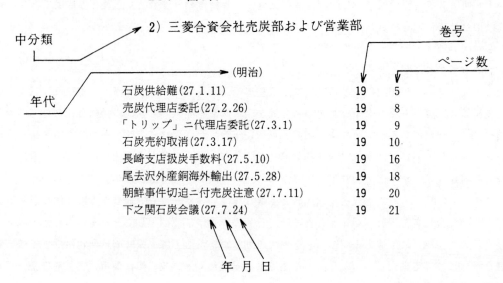

目　次

1. 社長・岩崎家 …………………… 1
   1) 初代社長（岩崎弥太郎）………… 1
   2) 2代社長（岩崎弥之助）………… 1
   3) 3代社長（岩崎久弥）…………… 1
   4) 4代社長（岩崎小弥太）………… 2
   5) 岩崎家 …………………………… 3
   6) その他 …………………………… 4

2. 組織・職制 ……………………… 5
   1) 創業時代・郵便汽船三菱会社および三菱社 ……………………… 5
   2) 三菱合資会社・株式会社三菱社および三菱本社 ………………… 6
   3) 地所部 …………………………… 8
   4) 売炭部・営業部 ………………… 8
   5) 鉱山部・炭坑部 ………………… 9
   6) 三菱為替店・第百十九国立銀行および銀行部 ………………… 10
   7) 臨時製鉄所建設部および三菱製鉄株式会社 ………………… 10
   8) 造船部 …………………………… 11
   9) 三菱造船株式会社 ……………… 12
   10) 三菱内燃機製造株式会社および三菱航空機株式会社 ………… 13
   11) 三菱重工業株式会社 …………… 13
   12) 三菱電機株式会社 ……………… 15
   13) 三菱商事株式会社 ……………… 16
   14) 三菱鉱業株式会社 ……………… 18
   15) 三菱倉庫株式会社 ……………… 20
   16) 株式会社三菱銀行 ……………… 21
   17) 三菱海上火災保険株式会社および東京海上火災保険会社 …… 22
   18) 三菱信託株式会社 ……………… 22
   19) 三菱石油株式会社 ……………… 23
   20) 日本タール工業株式会社，日本化成工業株式会社および三菱化成工業株式会社 ……………23
   21) 三菱化工機株式会社 …………… 24
   22) 三菱地所株式会社 ……………… 24
   23) 三菱鋼材株式会社および三菱製鋼株式会社 ……………………25
   24) 三菱製紙株式会社 ……………… 25
   25) その他 …………………………… 25

3. 制度・規則・通知 ……………… 26
   1) 方　針 …………………………… 26
      a) 創業時代（明治3年〜26年）…… 26
      b) 合資会社時代（明治27年〜大正6年）… 26
      c) 分系会社設立以降（大正7年〜昭和27年）………………………… 26
   2) 制　度 …………………………… 27
      a) 創業時代（明治3年〜26年）…… 27
      b) 合資会社時代（明治27年〜大正6年）… 28
      c) 分系会社設立以降（大正7年〜昭和27年）………………………… 28
   3) 規　則 …………………………… 30
      a) 創業時代（明治3年〜26年）…… 30
      b) 合資会社時代（明治27年〜大正6年）… 32
      c) 分系会社設立以降（大正7年〜昭和27年）………………………… 34
   4) 通　知 …………………………… 37
      a) 創業時代（明治3年〜26年）…… 37
      b) 合資会社時代（明治27年〜大正6年）… 38
      c) 分系会社設立以降（大正7年〜昭和27年）………………………… 40
   5) その他 …………………………… 41
      a) 創業時代（明治3年〜26年）…… 41
      b) 合資会社時代（明治27年〜大正6年）… 41
      c) 分系会社設立以降（大正7年〜昭和27年）………………………… 42

4. 支店等の設置・改廃 …………44
1) 創業時代・郵便汽船三菱会社 および三菱社 ………………44
2) 三菱合資会社 ………………45
3) 営業部 ………………45
4) 鉱山部・炭坑部 ………………45
5) 銀行部 ………………46
6) 臨時製鉄所建設部および三菱製鉄株式会社 ………………46
7) 三菱内燃機製造, 航空機および重工業株式会社 ………………46
8) 三菱電機株式会社 ………………46
9) 三菱商事株式会社 ………………46
10) 三菱鉱業株式会社 ………………48
11) 三菱倉庫株式会社 ………………49
12) 株式会社三菱銀行 ………………49
13) 三菱海上火災保険株式会社 ………………50
14) 三菱信託株式会社 ………………50
15) その他 ………………50

5. 人事労務・福利厚生 …………51
1) 人事労務一般 ………………51
　a) 創業時代（明治3年～26年）………51
　b) 合資会社時代（明治27年～大正6年）…51
　c) 分系会社設立以降（大正7年～昭和27年）………………54
2) 賃　金 ………………56
　a) 創業時代（明治3年～26年）………56
　b) 合資会社時代（明治27年～大正6年）…56
　c) 分系会社設立以降（大正7年～昭和27年）………………60
3) 福利・厚生 ………………63
　a) 創業時代（明治3年～26年）………63
　b) 合資会社時代（明治27年～大正6年）…63
　c) 分系会社設立以降（大正7年～昭和27年）………………65

4) 労働争議・労働組合 ………………67
5) 三菱倶楽部 ………………68
6) 養和会 ………………70
7) その他 ………………70
8) 人事統計 ………………71

6. 教育・訓練 …………72
1) 学　校 ………………72
2) 社内教育 ………………72

7. 財務・会計 …………74
1) 創業時代・郵便汽船三菱会社および三菱社 ………………74
2) 三菱合資会社 ………………75
3) 株式会社三菱社および三菱本社 ………………77
4) 売炭部・営業部 ………………77
5) 鉱山部・炭坑部 ………………78
6) 銀行部 ………………80
7) 地所部 ………………80
8) 臨時製鉄所建設部および三菱製鉄株式会社 ………………80
9) 造船部 ………………81
10) 三菱造船株式会社 ………………82
11) 三菱内燃機製造株式会社 ………………82
12) 三菱重工業株式会社 ………………82
13) 三菱電機株式会社 ………………83
14) 三菱商事株式会社 ………………83
15) 三菱鉱業株式会社 ………………83
16) 三菱倉庫株式会社 ………………84
17) 三菱海上火災保険株式会社 ………………84
18) 株式会社三菱銀行 ………………84
19) 三菱石油株式会社 ………………85
20) 日本タール工業株式会社および日本化成工業株式会社 ………………85
21) 三菱地所株式会社 ………………85

目 次　　　　　　　　　　　　　　vii

22）三菱鋼材株式会社および三菱製鋼株式会社 …………………85

8．損益・財務諸表 ……………86
1）創業時代・郵便汽船三菱会社および三菱社 ………………86
2）三菱合資会社 ……………………86
3）株式会社三菱社および三菱本社 ……………………………89
4）売炭部・営業部 …………………90
5）鉱山部・炭坑部 …………………91
6）地所部 ……………………………93
7）営業部 ……………………………93
8）為換店及び銀行部 ………………93
9）三菱製鉄株式会社 ………………94
10）造船部 ……………………………94
11）三菱造船株式会社 ………………94
12）三菱内燃機製造株式会社および三菱航空機株式会社 ………95
13）三菱重工業株式会社 ……………95
14）三菱電機株式会社 ………………95
15）三菱商事株式会社 ………………96
16）三菱鉱業株式会社 ………………97
17）三菱倉庫株式会社 ………………98
18）株式会社三菱銀行 ………………98
19）三菱海上火災保険株式会社 ……99
20）三菱信託株式会社 ………………99
21）三菱石油株式会社 ………………100
22）日本化成工業株式会社および三菱化成工業株式会社 ………101
23）三菱地所株式会社 ………………101
24）三菱鋼材株式会社および三菱製鋼株式会社 …………………101

9．生産・設備・資材 …………102
1）三菱合資会社 ……………………102
2）営業部 ……………………………102

3）鉱山部・炭坑部（炭坑）…………102
4）鉱山部・炭坑部（鉱山）…………104
　　製煉所 ……………………………107
5）地所部 ……………………………107
6）臨時製鉄所建設部および三菱製鉄株式会社 …………………107
7）造船部 ……………………………108
8）三菱造船株式会社 ………………109
9）三菱内燃機製造株式会社および三菱航空機株式会社 ………109
10）三菱重工業株式会社 ……………110
11）三菱商事株式会社 ………………110
12）三菱電機株式会社 ………………110
13）三菱鉱業株式会社 ………………110
14）三菱倉庫株式会社 ………………111
15）三菱石油株式会社 ………………111
16）日本化成工業株式会社および三菱化成工業株式会社（牧山骸炭製造所をふくむ）………111
17）三菱鋼材株式会社 ………………111

10．研究開発・特許・調査 …………112

11．鉱　区 ……………………115
1）炭　坑 ……………………………115
2）鉱　山 ……………………………118
3）石　油 ……………………………122

12．船　舶 ……………………123
1）購入・受託 ………………………123
2）新造・修理 ………………………124
3）売却・貸付 ………………………126
4）艦　艇 ……………………………127
5）船長人事 …………………………127
6）航路・輸送 ………………………128

13．営　業 …………………………………131
1）創業時代・郵便汽船三菱会社およひ三菱社時代（明治3年～26年）…………………………………131
2）三菱合資会社売炭部・営業部時代（明治27年～大正6年）………131
3）分系会社設立以降（大正7年～昭和27年）………………………136

14．海外事業 ……………………………138
1）朝　鮮 …………………………………138
2）台　湾 …………………………………140
3）中　国 …………………………………141
4）サハリン ………………………………149
5）沿海州・シベリア ……………………152
6）インドシナ ……………………………153
7）東南アジア ……………………………153
8）その他アジア …………………………156
9）オセアニア ……………………………156
10）北アメリカ ……………………………157
11）ラテン・アメリカ ……………………157
12）ヨーロッパ ……………………………158
13）アフリカ ………………………………159

15．国際情勢 ……………………………160

16．業界動向 ……………………………161

17．広告宣伝 ……………………………162

18．土地・建物 …………………………163
1）北海道 …………………………………163
2）東　北 …………………………………163
3）関　東 …………………………………164
4）東　京 …………………………………165
5）中　部 …………………………………166
6）近　畿 …………………………………167
7）大阪・神戸 ……………………………168
8）中　国 …………………………………169
9）四　国 …………………………………170
10）九　州 …………………………………170
11）北九州（門司・小倉・八幡・戸畑・若松）……………………172
12）長　崎 …………………………………174
13）その他一般 ……………………………175

19．地所・不動産事業 …………………176

20．農　事 ………………………………179
1）新　潟 …………………………………179
2）児島湾 …………………………………181
3）黒崎・折尾 ……………………………181
4）小岩井 …………………………………181
5）東山農事 ………………………………181

21．関連事業 ……………………………182
1）三菱製紙所および三菱製紙株式会社 …………………………………182
2）東京倉庫会社 …………………………182
3）オクムラ・クボタ・カンパニー ………………………………………182
4）菱華倉庫 ………………………………182
5）東京工業化学試験所 …………………182
6）美唄鉄道会社 …………………………183
7）雄別炭鉱株式会社 ……………………183
8）大夕張炭坑会社 ………………………183
9）その他炭坑 ……………………………183
10）大源鉱業 ………………………………183
11）鉱山関係 ………………………………183
12）商事関係 ………………………………184
13）漁業関係 ………………………………184
14）運輸関係 ………………………………184
15）電機関係 ………………………………184
16）航空機関係 ……………………………184

17) 化学関係 …………………… 185
18) 外地関係 …………………… 185
19) その他 ……………………… 185

22. 保険 …………………………… 186

23. 公害・災害 …………………… 187
1) 炭坑 ………………………… 187
2) 鉱山 ………………………… 189
3) 農地 ………………………… 191
4) 工場 ………………………… 192
5) 船舶 ………………………… 192
6) その他施設 ………………… 193
7) 一般災害 …………………… 194

24. 訴訟 …………………………… 195

25. 一般社会との関係・寄附 …… 196
1) 創業時代 …………………… 196
2) 炭坑 ………………………… 196
3) 鉱山 ………………………… 197
4) 農地 ………………………… 198
5) 工場 ………………………… 199
6) その他施設 ………………… 199
7) 一般寄附 …………………… 200
8) 選挙 ………………………… 201

26. 政府との関係 ………………… 202

27. 戦争 …………………………… 205

28. 財閥解体 ……………………… 209

29. その他 ………………………… 210

30. 名簿 …………………………… 214
1) 創業時代・郵便汽船三菱会社および三菱社 ……………………… 214
2) 三菱合資会社 ……………… 214
3) 株式会社三菱社および三菱本社 ………………………………… 216
4) 第百十九国立銀行 ………… 217
5) 三菱製紙株式会社 ………… 217
6) 三菱製鉄株式会社 ………… 217
7) 三菱造船株式会社 ………… 218
8) 三菱内燃機製造株式会社 … 219
9) 三菱航空機株式会社 ……… 220
10) 三菱重工業株式会社 ……… 220
11) 三菱電機株式会社 ………… 221
12) 三菱商事株式会社 ………… 222
13) 三菱鉱業株式会社 ………… 223
14) 三菱倉庫株式会社 ………… 224
15) 株式会社三菱銀行 ………… 225
16) 三菱海上火災保険株式会社 … 226
17) 三菱信託株式会社 ………… 227
18) 三菱石油株式会社 ………… 227
19) 日本化成工業株式会社および三菱化成工業株式会社 ………… 228
20) 三菱地所株式会社 ………… 228
21) 三菱鋼材株式会社および三菱製鋼株式会社 ………………… 228
22) 美唄鉄道株式会社 ………… 229
23) 飯塚鉱業株式会社 ………… 229
24) 雄別炭鉱鉄道株式会社 …… 229
25) 内幌炭鉱鉄道株式会社 …… 229
26) 菱美電機商会 ……………… 229
27) 菱華倉庫株式会社 ………… 230
28) その他 ……………………… 230

31. 人名索引 ……………………… 231

索 引

1. 社長・岩崎家

1）初代社長（岩崎弥太郎）

(明治)

社長先考1週祭（7.9.5）	1	255
初代社長不勝副社長社務総摂（7.9.21）	1	267
太平洋汽船会社ト競争ニ際シ社員戒飭（8.5.是月）	2	97
彼阿汽船会社ト競争ニ際シ社員戒飭（9.3.是月）	3	137
初代社長副社長管事減俸竝ニ冗員淘汰（9.4.）	3	142
初代社長副社長東京会議所議員当選（9.6.21）	3	236
社長告諭書（9.8月）	3	359
恩賜金品拝受（10.8.8）	4	337
初代社長天長節夜会参列（10.11.3）	4	461
社長告諭（11.4.15）	6	389
社長叙勲祝宴ノ件（11.7.8）	6	488
社長叙勲慶祝ノ件（11.7.30）	6	511
初代社長不勝副社長社務総摂（11.9.17）	6	613
初代社長不勝管事社務総摂（12.2.21）	7	65
初代社長平癒社務鞅掌（12.3.20）	7	155
初代社長不勝熱海ニ療養（14.3.22）	9	54
初代社長不勝伊香保ニ療養（14.8.22）	9	270
初代社長転居（15.8.5）	10	375
初代社長叙位（18.2.6）	13	27
初代社長卒去（18.2.7）	13	29
初代社長遺志奉体社業励精ノ件（18.2.9）	13	30
初代社長葬儀（18.2.13）	13	39
初代社長5年祭（22.2.7）	16	130
大阪長堀邸ニテ故社長10年祭執行（28.2.7）	19	66

2）2代社長（岩崎弥之助）

(明治)

副社長婚儀（7.11.17）	1	299
東京丸上海初航副社長便乗（8.2.8）	2	404
副社長補給（11.11.11）	6	661
副社長宣言（11.12.27）	6	701
副社長各支社巡視ノ件（12.2.12）	7	64
社長故社長遺業完成宣言（18.2.18）	13	45
2代社長恩賜品拝受（18.8.29）	13	367
2代社長叙位叙勲（18.10.31）	14	437
2代社長及嫡嗣岩崎久弥叙位（20.9.29）	15	63
2代社長東京市参事会員当選（22.6.12）	16	271
2代社長転籍（22.7.16）	16	298
2代社長貴族院議員任命（23.9.29）	17	205
岩崎弥之助叙勲（31.7.20）	19	275
岩崎弥之助巡視（31.12.5）	19	288
監務巡視（32.3.29）	20	321
監務巡視（32.7.1）	20	336
監務欧米漫遊（35.2.13）	20	557
監務外遊上途（35.3.8）	20	562
監務帰朝（35.10.20）	20	589
監務岩崎弥之助薨去（41.3.25）	21	1063
樹徳院殿1週忌法要（42.3.25）	21	1152

(大正)

樹徳院殿追慕記念碑（2.7.1）	22	1745
樹徳院殿7週忌法会（3.3.25）	23	2056
樹徳院殿追善（13.8.29）	33	6600

3）3代社長（岩崎久弥）

(明治)

嫡嗣岩崎久弥相続（18.2.17）	13	43
嫡嗣岩崎久弥転籍（22.6.24）	16	284
副社長任命ノ件（24.11.10）	17	206
社長及監務就任	19	1
社長移転（27.3.19）	19	11
駒込邸園遊会（27.4.3）	19	13
社長出張（27.5.9）	19	16
社長九州旅行（28.4.20）	19	73
社長出張（28.10.15）	19	83
両御邸叙爵（29.6.9）	19	115
社長旅行（29.7）	19	117
社長転居（29.8.25）	19	119
社長出張（30.4.27）	19	170
社長出張（30.7.13）	19	190
社長出張一時中止（30.8.9）	19	196
社長東北地方出張（30.8.13）	19	197
社長佐渡新潟出張（30.10.17）	19	213
社長出張（31.1.26）	19	257
社長出張（31.4.12）	19	262
社長出張（31.6.27）	19	272
社長出張（32.2.9）	20	314
社長出張（32.5.2）	20	328
社長出張（32.7.21）	20	341
社長転住（32.11.1）	20	356
社長出張（33.5.14）	20	409
社長出張（33.7.20）	20	419
社長出張（33.10.10）	20	434
社長出張（34.2.17）	20	478
社長欧米漫遊（34.6.14）	20	496
社長英国ニ到着（34.7.29）	20	504
社長海外ヨリ帰着（34.11.18）	20	516

社長出張（35.4.8）	20	567	美唄炭坑ニ両社長写真外送付（4.12.23）	24	2679
社長出張（35.8.11）	20	581	社長長崎外出張（5.1.20）	25	2846
社長出張（36.1.26）	20	622	社長 四代出張（5.2.25）	25	2908
社長外遊中社務代行（36.8.6）	20	649	両社長写真送付（5.3.17）	25	2933
社長海外出張（36.8.16）	20	650	社長長崎外出張（5.4.8）	25	2967
社長帰朝（36.11.16）	20	657	社長京都出張（5.5.3）	25	2991
社長陞叙（36.12.11）	20	660	社長更迭（5.7.1）	25	3055
社長叙勲（37.4.18）	20	703	茅町主人長崎出張（5.8.7）	25	3112
社長出張（37.7.7）	20	714	岩崎久弥辞任（8.12.9）	30	4994
監務及社長写真配付（37.11.1）	20	733	業務担当社員辞任（9.3.31）	30	5176
社長出張（38.2.26）	20	774	前社長陞叙（13.5.31）	33	6576
社長出張（38.10.23）	20	819	前社長陞叙（14.9.1）	34	6920
凱旋艦隊将卒招待園遊会（38.10.29）	20	820	（昭和）		
監務及社長叙勲（39.4.1）	21	873	岩崎久弥紺綬褒章飾版ヲ賜ハル（2.5.6）	35	31
社長出張（39.6.4）	21	881	岩崎久弥陞叙（11.9.15）	37	1158
社長支那漫遊（39.10.5）	21	903			
社長出張（40.3.26）	21	967	**4） 4代社長（岩崎小弥太）**		
社長朝鮮出張（40.5.10）	21	975	（明治）		
社長出張（40.7.24）	21	994	副社長就任（39.5.14）	21	879
社長出張（40.12.8）	21	1015	副社長出張（39.7.25）	21	891
社員出資金変更（41.3.30）	21	1065	副社長出張（40.1.12）	21	947
社長出張（41.6.5）	21	1079	岩崎小弥太入社並会社契約書改定（40.2.16）	21	958
社長出張（41.11.17）	21	1106	副社長襲爵（41.5.28）	21	1077
社長病気（42.8.2）	21	1171	副社長陞叙（41.6.10）	21	1079
社長出張（43.7.27）	21	1248	副社長出張（41.8.14）	21	1088
社長長崎出張（44.1.16）	21	1303	副社長高輪ニ移転（41.11.5）	21	1105
社長長崎出張（44.5.12）	21	1324	副社長写真配付（42.12.21）	21	1194
社長長崎出張（44.8.6）	21	1339	副社長旅行（43.6.20）	21	1244
社長長崎出張（44.9.28）	21	1346	副社長長崎出張（43.8.20）	21	1252
（大正）			副社長大阪出張（44.1.23）	21	1304
社長長崎出張（1.3.16）	22	1446	副社長出張（44.6.12）	21	1331
社長出張（1.6.18）	22	1475	（大正）		
社長長崎出張（1.11.1）	22	1511	副社長出張（1.6.5）	22	1474
社長陞叙（1.12.20）	22	1535	副社長東北北海道出張（1.10.12）	22	1505
社長関西九州地方出張（2.1.23）	22	1623	副社長関西出張（2.1.14）	22	1616
高根鉱山ニ両社長写真其他送付（2.11.19）	22	1834	副社長高取鉱山へ出張（2.2.27）	22	1657
社長長崎出張（2.11.26）	22	1841	副社長関西出張（2.4.18）	22	1699
社長関西出張（2.12.13）	22	1872	副社長関西九州出張（2.6.12）	22	1729
社長長崎出張（3.7.19）	23	2158	副社長北海道出張（3.2.12）	23	2026
社長猪苗代出張（3.10.10）	23	2226	副社長朝鮮出張（3.5.8）	23	2098
奥山鉱山ニ社長写真外送附（3.12.10）	23	2265	副社長関西出張（3.10.21）	23	2230
社長方城炭坑出張（3.12.17）	23	2281	副社長九州出張（4.2.15）	24	2436
社長彦島造船所視察（3.12.21）	23	2282	副社長関西出張（5.2.16）	25	2899
社長長崎出張（4.1.18）	24	2419	副社長奥山鉱山出張（5.5.29）	25	3019
金山支山ニ両社長写真送付（4.3.29）	24	2470	社長御更迭（5.6.30）	25	3052
社長長崎出張（4.4.20）	24	2485	社長更迭ニ付挨拶（5.7.1）	25	3055
両社長写真送付（4.6.16）	24	2529	社長御写真送付（5.8.10）	25	3118
社長朝鮮出張（4.10.3）	24	2603			

漢口支店ニ社長御写真送付（5.11.15）	26	3233	重工業会社創設趣意通知（9.4.10）	36	884
社長御写真送付（5.12.5）	26	3284	御大典奉祝屏風献納（昭和10年是歳）	37	1044
社長長崎出張（6.1.23）	27	3596	三菱社社長共他選任（12.10.12）	37	1307
社長長崎出張（6.4.12）	27	3693	社長及副社長報酬（13.2.22）	37	1408
社長大阪出張（6.5.6）	27	3746	時局ニ関シ社長諭示（14.12.29）	38	1564
社長大阪直島外出張（6.6.10）	27	3791	財務，査業両委員会ノ運用ニ関シ社長演述（15.8.30）	38	1669
社長九州出張（6.9.19）	28	3936	技術連絡会議ニ於テ社長演述（16.7.14）	38	1798
油戸炭坑ニ社長御写真送付（7.4.21）	29	4455	三菱協議会ニ於テ社長訓話（16.12.10）	38	1830
北京出張所其他へ社長御写真送付（7.5.23）	29	4490	岩崎小弥太陞叙（17.8.1）	38	1947
社長兼二浦出張（7.6.26）	29	4499	社長参内拝謁（17.12.15）	38	1972
時局ニ関　参事以上ニ訓諭（8.4.23）	30	4861	随時随題上梓是歳（昭和17年）	38	1982
社長横浜正金銀行員ノ為寄附（9.2.13）	30	5142	三綱領及三菱養和会教条制定ニ関シ告示（18.2.8）		
鉱業会社株式公開ニ関シ告辞（9.2月）	30	5165	政治不干与ニ関シ告示（18.8.5）	39	2116
「シアトル」出張所ニ社長御写真送付（9.4.21）	30	5184	労務調整ニ関シ社長説示（18.10.5）	39	2129
社長満鮮支出張（10.5.20）	31	5537	新年言志（19.1.1）	39	2225
社長竝茅町主人御写真送付（11.1.6）	31	5775	化成工業会社始業ニ際シ告示（19.4.1）	39	2253
社長丸ノ内「ビルヂング」検分（12.2.28）	32	6106	新年ニ際シ社長告示（20.1.1）	40	2399
社長竝茅町主人御写真送付（12.5.23）	32	6156	社長告示（20.4.21）	40	2423
社長陞叙（12.6.4）	32	6166	社長東海，関西地方出張（20.5.18）	40	2429
社長御動静（13.4.30）	33	6567	社長告辞（20.11.1）	40	2484
社長住所移転（13.6.10）	33	6579	社長病気入院（20.10.29）	40	2488
社長感謝状受領（13.8.6）	33	6596	岩崎小弥太逝去（20.12.2）	40	2518
社長御動静（14.3.23）	34	6852	威徳院殿7回忌法要執行（26.11.2）	40	2757
社長白耳義国叙勲御辞退（15.10.29）	34	7229			

5）岩崎家

（昭和）

社長九州へ出張（2.5.18）	35	32	（明治）		
岩崎小弥太紺綬褒章飾版ヲ賜ハル（2.5.23）	35	33	副社長々女出生（8.8.27）	2	187
社長内燃機会社名古屋製作所へ出張（2.11.18）	35	49	養子郷昌作改名（9.7.是月）	3	318
天皇陛下内燃機会社名古屋製作所へ行幸（2.11.20）	35	49	（大正）		
社長動静（3.1.6）	35	123	岩崎家庭事務所新設（5.9.30）	25	3171
社長動静（3.2.22）	35	127	茅町主人嫡男支那漫遊（6.5.8）	27	3750
社長動静（3.3.27）	35	131	茅町主人嫡男英国留学（11.10.3）	31	5902
社長動静（3.4.22）	35	135	茅町御邸御後室逝去（12.4.8）	32	6140
岩崎小弥太叙勲（3.11.10）	35	157	慈照院殿3周年法会（14.4.8）	34	6870
社長動静（4.1.8）	35	237	岩崎彦弥太帰朝（15.2.28）	34	7120
岩崎小弥太東京海上保険会社取締役就任其他（4.4.22）	35	249	岩崎彦弥太入社（15.3.24）	34	7126
社長動静（4.5.15）	35	250	（昭和）		
社長動静（4.9.14）	35	273	岩崎彦弥太移転（3.5.19）	35	136
社長動静（4.10.22）	35	274	高輪邸御後室逝去（4.2.23）	35	240
社長住所移転（4.11.10）	35	276	慈光院殿法要（4.3.29）	35	244
社長動静（4.11.21）	35	284	岩崎俊弥死去（5.10.16）	35	411
社長動静（5.4.1）	35	386	岩崎彦弥太副社長就任（9.4.1）	36	884
社長動静（5.5.2）	35	387	岩崎彦弥太陞叙（16.10.15）	38	1823
岩崎小弥太陞叙（7.7.15）	36	668	岩崎11家財閥家族指定（22.3.13）	40	2710
大正9年5月商事場所長会議挨拶	36	775	指定者岩崎11家有価証券引渡（22.7.29）	40	2716

6）その他

（明治）

高知家用係廃止（8.8.24）	2	183
故「マクス・ミュラー」博士蔵書購入寄贈（34.11.7）	20	513
高輪邸牡丹観覧（42.5.2）	21	1157
高輪邸牡丹観覧（44.4.30）	21	1320

（大正）

高輪邸牡丹観覧（1.4.28）	22	1462
高輪邸牡丹観覧（2.5.4）	22	1706
箱根別邸用「ボート」出来（2.9.12）	22	1790
高輪邸牡丹観覧（3.4.19）	23	2081
高輪御邸牡丹観覧（4.4.19）	24	2482
高輪御邸牡丹観覧（6.4.14）	27	3697
茅町邸用京都地所買収（6.7.19）	27	3860
深川御別邸管理（9.6.10）	30	5221
大阪西長堀旧御別邸管理ノ件（9.10.20）	30	5260
深川御別邸開放ノ件（10.1.25）	31	5488
深川御別邸外園工事追加予算認許（10.5.10）	31	5530
大阪西長堀旧御別邸外社有地開放問題（10.8.27）	31	5570
大阪西長堀旧御邸修理（12.1.17）	32	6100
多摩川靖嘉堂竣成（13.4）	33	6567
駿河台御邸跡買受決議（13.9.17）	33	6603
駿河台御邸跡煉瓦塀其他取毀（13.11.11）	33	6620
駿河台御邸跡譲受（13.12.24）	33	6640
駿河台御邸跡整理工事竣工（14.4.15）	34	6871
品川八ツ山御邸再築ニ係ル件（15.4.1）	34	7133

（昭和）

駿河台地所所有権移転登記完了（2.4.14）	35	27
駿河台紅梅河岸借用換出願（2.8.11）	35	44
万国工業会議出席委員招待（4.11.1）	35	276
高輪邸所管替（8.8.1）	36	783
大阪西長堀旧邸跡売却（9.10.13）	36	918
赤十字国際会議参列委員招待（9.10.23）	36	918
高輪邸譲受（13.2.22）	37	1408
高輪邸改称（13.10.4）	37	1444
開東閣由来上梓（17.12.16）	38	1973
箱根別邸地ヲ成蹊学園ニ寄贈（17）	38	1982
開東閣表門国宝指定（19.9.5）	39	2291
開東閣空襲被害（20.5.24）	40	2431
社長邸焼失（20.5.25）	40	2431

2．組織・職制

1）創業時代・郵便汽船三菱会社および三菱社

（明治）

項目	巻	頁
土佐開成商社創立(3.10.9)	1	1
九十九商会ト改称(3.10.18)	1	2
三川商会ト改称(5.1.是月)	1	51
三菱商会ト改称(6.3.是月)	1	100
東京支店ヲ本店ニ、大阪本店ヲ支店ニ変更(7.4.1)	1	190
本店移転(7.4.1)	1	190
吉岡鉱山制規改定(7.8.是月)	1	245
本店名義人変更(7.10.5)	1	275
三菱汽船会社ト改称(8.5.1)	2	37
社則創定社制改革(8.5.1)	2	37
郵便汽船三菱会社ト改称(8.9.18)	2	223
梅園店開設(8.10.29)	2	347
各支社諸係設置(8.12.16)	2	431
横浜造船器械所購入、三菱製鉄所ト命名(8.12.31)	2	485
臨時改正局設置(9.2.25)	3	68
庶務課設置(9.3.16)	3	104
本社荷捌所設置(9.4.7)	3	152
大阪東京間荷為替法制定(9.6.20)	3	219
運用課ヲ東京支社ト改称(9.7.26)	3	311
用度局設置(9.8.4)	3	321
支社長会議創開(9.8.30)	3	354
梅園店閉鎖(9.9.6)	3	370
東京支社諸係設置(9.12.18)	3	577
運用局設置(9.12.25)	3	597
庶務課職務係設置(10.1.17)	4	14
書記課ヲ庶務課ニ併合(10.2.9)	4	39
会計局制度改革(10.8.1)	4	313
庶務課記録係設置(10.9.7)	4	392
用度局出張所夜警設備(10.10.13)	4	443
貢米検査二局設置(11.2.25)	5	222
東京支社ヲ東京店ト改称(11.3.7)	5	299
諸局課廃止ナド会計方用度方廻来方検査役書記役雑務係設置(11.3.7)	5	299
支社事務長ヲ支配人ト改称(11.3.7)	5	302
各船事務長ヲ取締役ト改称(11.3.7)	5	302
内方元締役設置(11.3.22)	5	353
為替法制定(11.7.1)	6	458
地所係設置(11.7.2)	6	466
営繕方設置(11.8.31)	6	587
雑務係廃止(11.9.5)	6	595
用度方廃止、用度係設置、倉庫係ヲ横浜支社ニ、石炭勘定係ヲ会計方ニ併合(11.12.25)	6	697
臨時改正局設置(12.1.29)	7	24
庶務係設置(12.2.1)	7	61
受付ヲ庶務係ニ併合(12.3.2)	7	109
吉岡鉱山及大阪薪炭店管轄変更(12.3.7)	7	113
荷為替法制定(12.8.10)	7	368
新潟支社荷為替業務兼掌(12.11.1)	7	501
大阪薪炭店閉鎖(13.8.18)	8	434
千川水道会社創立(13.8.25)	8	449
製鉄所移転(13.11.30)	8	567
高島炭坑職制改定(15.2.是月)	10	224
庶務係廃止(15.3.11)	10	232
吉岡鉱山事業細目釐定(15.9.14)	10	403
職制改革職務章程釐定(15.9.22)	10	409
高島炭坑職制改定(15.11.27)	10	481
高知支店為替業務兼掌(17.5.2)	12	100
造船局借入、長崎造船所ト命名(17.6.23)	12	142
為替事業廃止ノ件(17.11.是月)	12	364
野蒜支店為替業務閉鎖(18.4.18)	13	151
第百十九国立銀行経営(18.5.28)	13	165
大阪支店為替業務閉鎖(18.是夏)	13	376
共同運輸会社ト併合予告(18.9.15)	13	385
海運業閉鎖日本郵船会社ニ事務移転(18.9.30)	14	393
傭員500余名日本郵船会社ニ転任(18.10.是月)	14	440
神戸横浜大阪函館上海代理店設置(18.10.是月)	14	440
三菱社ト改称(19.3.29)	15	27
吉岡鉱山職制改定(19.5.25)	15	58
本社移転(19.7.19)	15	164
本社移転(20.4.18)	15	12
吉岡鉱山職制々定(20.4.20)	15	13
長崎造船所払下(20.6.7)	15	21
吉岡鉱山管下諸鉱山分離独立(22.1.15)	16	1
尾去沢鉱山職制々定(21.1.21)	16	1
小真木鉱山職制々定(21.11.10)	16	216
長崎ニ管事駐在ノ件(21.11.26)	16	222
高島炭坑長崎事務所ヲ三菱炭坑事務所、長崎造船所ヲ三菱造船所ト改称(21.12.1)	16	226
芦屋若松出張所ヲ芦屋三菱炭坑出張所ト改称(22.12.3)	16	390
面谷鉱山職制々定(23.7.是月)	17	93
大阪支店銀行業務兼掌(24.1.1)	17	1
吉岡鉱山職制改定(24.5.1)	17	71
下関三菱炭坑出張所開設(23.11.1)	17	206
直方及芦屋炭坑事務所移転、芦屋三菱炭坑出張所ヲ若松三菱炭坑出張所ト改称(24.11.25)	17	208

項目	頁	番号
三菱炭坑事務所ヲ長崎支店ト改称(23.12.22)	17	220
直方三菱炭坑事務所開設(23.12.22)	17	222
若松三菱炭坑出張所ヲ若松支店ト改称(26.1.14)	18	1
新会社設立趣意宣言(26.12.12)	18	180
新会社定款制定(26.12.15)	18	185
新会社支店制定(26.12.20)	18	190
会社移転ニ付登記変更(27.6.29)	19	19
会社契約書変更(28.7.20)	19	78

2）三菱合資会社・株式会社三菱社および三菱本社

（明治）

項目	頁	番号
支配人副支配人ノ名称廃止(32.7.3)	20	336
神戸製紙所支配人名称廃止其他(32.7.6)	20	337
高砂工場開始(34.6.1)	20	495
神戸製紙所業務取扱方針(34.6.22)	20	497
本社職制改正(32.9.9)	20	348
本社検査部設置(32.9.22)	20	351
神戸製紙所移転(34.7.5)	20	501
神戸製紙所改称(37.6.1)	20	709
会社資本増加竝目的変更(40.2.15)	21	954
岩崎小弥太入社竝会社契約書改定(40.2.16)	21	958
本社地所用度課移転(40.12.9)	21	1015
社員出資金変更(41.3.30)	21	1065
唐津出張所管轄方(41.8.26)	21	1089
会社職制改革各部独立(41.10.1)	21	1096
大阪神戸両支店事業取扱手続(41.10.1)	21	1098
鉱業部事務分掌(41.10.12)	21	1102
九州所在支店ト門司支店トノ関係(41.12.8)	21	1111
本社館内取締新設(42.6.28)	21	1163
社制改革(44.1.1)	21	1301
管事職務覚書(44.1.16)	21	1303
調査課設置，月報編纂(44.6.8)	21	1329
臨時北海道調査課設置(44.8.3)	21	1337

（大正）

項目	頁	番号
東京支店其他営業所（1.12.26）	22	1538
臨時北海道調査課設置(2.9.30)	22	1805
新潟事務所会計独立(2.12.31)	22	1891
臨時北海道調査課事務蘆別駐在員ニ引継(3.2.26)	23	2032
会社契約書及営業目的変更（4.10.1)	24	2601
長崎支店ニ船舶代理業認許 (4.12.10)	24	2667
臨時北海道調査課廃止(5.2.2)	25	2871
庶務部職制制定(5.2.2)	25	2872
社制一部変更（5.8.24）	25	3129

項目	頁	番号
本社職制制定（5.8.24)	23	3129
東洋課設置(5.8.24)	25	3130
三菱鉱物分析所ヲ東洋課ニ移管(5.9.5)	25	3149
査業部設置(6.9.15)	28	3933
各部調査課並東洋課廃止(6.9.15)	28	3933
総務部職制改正(6.9.26)	28	3943
丸之内支店開業決定（6.12.10)	28	4056
印刷工場管理人解任届(7.2.22)	29	4383
会社資本金増加及目的変更（7.5.1）	29	4469
会社目的変更登記（7.5.1)	29	4470
〃 選任(7.7.8)	29	4505
彦島支所独立決定（7.11.9）	29	4558
査業部ヲ査業課ト改称(7.10.12)	29	4550
臨時財務委員設置（8.3.1)	30	4850
三菱印商標権譲渡（8.8.6）	30	4908
三菱合資会社職制制定（8.12.20)	30	4964
総理事任命挨拶（9.2.20)	30	5154
会社目的変更其他(9.3.31)	30	5176
大阪其他支店廃止ニ付登記申請（9.4.1）	30	5180
会社資本変更増加（9.5.24)	30	5205
査業課会計事務監理課ヘ移管(10.7.13)	31	5562
本社総務課事務分掌(10.7.26)	31	5566
三菱合資会社職制改正資料課設置（11.3.4）	31	5813
資料課事務分掌(11.3.16)	31	5819
会社資本金増加決議（11.4.1)	31	5830
会社資本金増加登記（11.4.4)	31	5832
三菱合資会社職制改正（11.7.26)	31	5882
査業課ニ薩哈嗹係新設(11.9.20)	31	5896
〃 分掌(11.11.17)	31	5913
顧問嘱託(12.1.22)	32	5100
三菱合資会社職制中改正（12.4.20)	32	6142
監理課事務分掌規定(13.11.17)	33	6627
三菱合資会社職制中改正（14.4.18)	34	6872
三菱合資会社職制改正（14.7.17)	34	6905
三菱合資会社職制中改正（15.1.22)	34	7110
三菱合資会社職制中改正（15.7.8)	34	7169
本社館内取締其他所管替ニ係ル件（15.8.1)	34	7181
三菱合資会社職制中改正（15.10.1)	34	7225
資料課事務分掌改正(15.10.1)	34	7226
査業課総務課合併(15.10.1)	34	7227

（昭和）

項目	頁	番号
通常総会開催（24.2)	35	26
三好重道常務理事任命（2.8.3）	35	44
通常総会開催（3.5.8)	35	136
永原伸雄理事任命（3.7.23)	35	146
通常総会開催（4.3.20)	35	244

組織・職制

臨時総会開催（4.12.20）	35	291
通常総会開催（5.3.31）	35	385
通常総会開催（6.3.31）	36	509
三菱合資会社目的中変更（6.4.30）	36	518
三菱合資会社職制改正（6.12.17）	36	555
社長室会内規制定（6.12.17）	36	557
常務理事青木菊雄解任昇役（6.12.21）	36	557
三菱合資会社職制中改正（7.3.29）	36	643
三菱合資会社職制中改正施行方（7.3.29）	36	645
通常総会開催（7.3.31）	36	645
三菱経済研究所設立（7.4.1）	36	647
社長室会参加委嘱（7.4.1）	36	647
本社総務課事務分担（7.5.17）	36	661
理事会員任命（7.7.21）	36	669
通常総会開催（8.3.31）	36	766
社長室会参加解嘱（8.11.28）	36	791
通常総会開催（9.3.31）	36	883
串田万蔵総理事任命（10.3.5）	37	1001
社長室会参加委嘱（10.3.5）	37	1001
理事会員解任及任命（10.3.6）	37	1002
社長室会参加委嘱（11.6.1）	37	1146
財務委員任命（12.2.9）	37	1257
通常総会開催（10.3.28）	37	1004
通常総会開催（11.3.30）	37	1137
三菱合資会社職制中改正（11.6.26）	37	1151
永原伸雄常務理事任命（11.6.26）	37	1152
船田一雄理事解任，佐藤梅太郎理事任命（11.6.26）	37	1152
三菱合資会社職制中改正（12.2.9）	37	1257
通常総会開催（12.3.25）	37	1260
三菱合資会社社員増員（12.3.26）	37	1260
三菱合資会社職制中改正（12.5.17）	37	1278
三菱合資会社組織変更ニ関シ社長挨拶（12.10.4）	37	1298
三菱合資会社社員増員（12.10.5）	37	1302
三菱合資会社組織変更決議（12.10.12）	37	1304
三菱社相談役推挙（12.10.12）	37	1308
最終理事会開催（12.12.17）	37	1313
三菱社業務開始及役員就任（12.12.21）	37	1317
〃　相談役就任（12.12.21）	37	1318
〃　職制制定（12.12.21）	37	1318
〃　顧問設置（12.12.21）	37	1319
三菱協議会会則制定（12.12.21）	37	1319
三菱合資会社設立（12.12.21）	37	1320
三菱社定款変更（13.2.22）	37	1407
〃　定款変更（13.11.29）	37	1451
〃　定款変更（14.5.5）	38	1529
〃　取締役変更及監査役就任（14.7.21）	38	1537

三菱社株式公開ニ関スル声明書発表（15.5.31）	38	1650
〃　定款変更（15.5.31）	38	1651
〃　増資及定款変更（15.5.31）	38	1652
〃　取締役就任（15.5.31）	38	1653
〃　定款変更（15.1.30）	38	1622
〃　専務取締役就任（15.3.18）	38	1631
〃　職制改正（15.7.22）	38	1663
財務委員会及査業委員会委員委嘱（15.8.1）	38	1665
査業委員会運用要綱決定（15.8.27）	38	1668
財務委員会委員委嘱（15.9.26）	38	1675
〃　顧問廃止（15.12.31）	38	1690
〃　定款変更（16.2.5）	38	1764
〃　役員変更（16.2.5）	38	1764
財務委員会委員及査業委員会委員委嘱（16.2.5）	38	1764
財務委員会及査業委員会主査更迭（16.7.1）	38	1798
〃　監査役変更（16.8.2）	38	1802
査業委員会委員委嘱（17.2.6）	38	1912
三菱協議会会則改正（17.3.3）	38	1915
〃　職制中改正（17.7.11）	38	1945
〃　定款変更（17.8.5）	38	1948
三菱社社名変更（18.2.8）	39	2063
三菱社定款変更（18.2.9）	39	2063
三綱領制定（18.2.8）	39	2065
三菱本社取締役社長就任及役員変更（18.2.9）	39	2065
三菱本社職制制定（18.2.8）	39	2067
三菱本社職制中改正（18.7.23）	39	2109
三菱本社定款変更（18.11.1）	39	2135
三菱本社取締役常務理事就任及取締役退任（18.11.1）	39	2135
財務委員会及査業委員会委員委嘱（18.12.8）	39	2144
三菱本社職制中改正（18.12.8）	39	2144
〃　定款変更（19.5.1）	39	2264
〃　役員変更（19.11.1）	39	2300
〃　職制中改正（19.11.29）	39	2305
本社分系関係傍系会社一覧表作成（19.12.31）	39	2317
三菱本社職制中改正（20.2.28）	40	2406
本社分系関係傍系会社一覧表作成（20.8.1）	40	2445
三菱本社解散発表（20.10.31）	40	2491
〃　解散声明（20.11.1）	40	2494
〃　定款変更（20.11.1）	40	2495
〃　役員変更（20.11.1）	40	2496
〃　職制制定（20.11.1）	40	2497
〃　取締役辞任（20.12.1）	40	2516
〃　監査役変更（21.5.28）	40	2638
〃　定款変更（21.11.11）	40	2708

三菱本社監査役辞任(22.1.20) 40 2709
　〃　　定款変更(22.5.27) 40 2713
　〃　　役員変更(22.5.27) 40 2713
三菱合資会社解散(22.9.30) 40 2717
三菱本社監査役辞任(23.8.4) 40 2732
　〃　　定款変更(24.7.4) 40 2736
　〃　　整備計画認可申請書提出(24.10.20) 40 2737
　〃　　第二会社設立(25.1.10) 40 2745
　〃　　監査役変更(25.5.29) 40 2749
　〃　　清算人辞任(25.8.4) 40 2749
　〃　　清算結了(27.4.21) 40 2758

3）地所部

(明治)

神戸兵庫地所移管(28.10.31) 19 85
丸之内建築所移転(30.3.8) 19 160
神戸建築事務所開設(30.3.15) 19 161
和田建築所本社ニ移管(34.2.1) 20 475
　〃　　廃止(38.7.25) 20 808
三菱神戸建築所設置(39.1.22) 21 862
新潟事務所常務地所用度課ニテ取扱(39.8.18) 21 895
丸之内建築事務所地所課ニ移管(43.10.1) 21 1257
神戸建築所廃止(43.10.31) 21 1263

(大正)

地所部職制改正(5.9.27) 25 3166
神戸地所造船部ニ引継(6.8.30) 27 3904
地所部ヲ地所課ト改称(7.7.27) 29 4518
地所課職制(7.7.27) 29 4518
地所部職制制定(9.1.1) 30 5131
　〃　　資金増額(11.4.14) 31 5836
　〃　　職制制定(11.12.1) 31 5919
　〃　　職制制定(12.4.20) 32 6142

(昭和)

地所課営業譲渡契約締結(12.5.3) 37 1270

4）売炭部・営業部

(明治)

売炭部設置(29.1.31) 19 106
売炭部主任(29.2.1) 19 107
本社職制改正，営業部設置(32.9.9) 20 348

(大正)

船舶課設置(1.12.2) 22 1523
保険課新設(1.12.20) 22 1535
大阪神戸両支店営業部独立(2.2.14) 22 1648
船舶課係別名改称(3.3.13) 23 2045
営業部職制制定(5.8.24) 25 3131
船舶課移転(5.9.1) 25 3141
営業部職制中改正(6.9.19) 28 3937
　〃　　雑貨課新設ニ付通達(6.10.1) 28 3951
　〃　　神戸支店会計事務大阪支店ニ合併(6.12.19) 28 4064
　〃　　事業譲渡契約(7.4.19) 29 4451

5) 鉱山部・炭坑部

（明治）

項目	頁	番号
高島炭坑職制改定(15.2.是月)	10	224
吉岡鉱山事業細目釐定(15.9.14)	10	403
高島炭坑職制改定(15.11.27)	10	481
吉岡鉱山職制改定(19.5.25)	15	58
高島炭坑長崎事務所ヲ三菱炭坑事務所，長崎造船所ヲ三菱造船所ト改称(21.12.1)	16	226
吉岡鉱山管下諸鉱山分離独立(22.1.15)	16	1
蘆屋若松出張所ヲ蘆屋三菱炭坑出張所ト改称(22.12.3)	16	390
三菱炭坑事務所ヲ長崎支店ト改称(23.12.22)	17	220
直方三菱炭坑事務所開設(23.12.22)	17	222
吉岡鉱山職制改定(24.5.1)	17	71
直方及蘆屋炭坑事務所移転，蘆屋炭坑出張所ヲ若松三菱炭坑出張所ト改称(24.11.25)	17	208
鉱山役員称呼改定(25.5.18)	18	35
炭坑役員称呼改定(25.6.20)	18	47
若松三菱炭坑出張所ヲ若松支店ト改称(26.1.14)	18	1
若松炭坑事務所廃止(27.1.1)	19	1
小真木鉱山休止(27.2.16)	19	8
細地鉱山尾去沢ニ移管(27.9.28)	19	29
槇峰鉱山起業(27.11.20)	19	34
臼井炭坑独立(27.12.25)	19	36
別所鉱山書換(28.9.17)	19	81
槇峰鉱山事務所移転(28.12.24)	19	90
筑豊炭坑組織改正(29.9.25)	19	120
鉱山部設置(29.10.20)	19	123
端島炭坑独立廃止(29.10.22)	19	123
油戸炭坑鉱業代理人(30.1.20)	19	150
臼井炭坑鉱業代理人変更(30.1.28)	19	151
赤谷鉱山社名ニ変更(30.6.27)	19	186
赤谷鉱山鉱業代理人(30.9.6)	19	201
直方坑新入炭坑ト合併(30.9.25)	19	206
佐渡鉱山起業引継(30.9.28)	19	206
大阪製煉所会計独立(30.10.1)	19	210
生野鉱山起業(30.10.15)	19	213
生野鉱山刷新(31.1.1)	19	255
寺西銅吹場(31.5.16)	19	266
大阪製煉所内部名称変更(31.7.4)	19	274
荒川鉱山刷新(31.8.11)	19	276
佐渡鉱山改革(31.8.31)	19	278
骸炭製造所買収(31.9.8)	19	279
荒川鉱山所属商店縮少(31.9.13)	19	280
赤谷鉱山休業許可(32.2.6)	20	313
大盛鉱山譲受(33.9.9)	20	428
寺西銅吹場廃止(33.9.30)	20	431
畑支山休業(34.7.17)	20	502
横島坑廃坑(35.1.27)	20	553
石仮戸支山稼行中止(35.4.4)	20	565
臼井支坑稼行廃止(35.4.15)	20	568
唐津出張所設置，宝鉱山稼行(36.7.20)	20	647
亀山盛支山事業休止(36.12.18)	20	661
荒川鉱山改革(37.1.2)	20	683
湯ノ沢坑休業(37.11.2)	20	733
大阪製煉所分銅事業拡張(38.1.10)	20	763
荒川鉱山所属諸支山休業届(38.6.27)	20	801
大阪製煉所独立ノ旨通知(40.2.1)	21	951
金山鉱山譲受稼行(40.6.12)	21	983
〃 独立廃止(40.11.26)	21	1012
新入炭坑独立，松田武一郎外異動(41.1.1)	21	1051
尾去沢鉱山事業縮少(41.4.16)	21	1068
方城炭坑独立(44.7.1)	21	1332
牟田部坑ヲ芳谷炭坑ニ移管(44.10.1)	21	1349

（大正）

項目	頁	番号
炭坑部新設(1.10.7)	22	1504
明延採鉱係加盛採鉱係ヨリ独立(2.1.1)	22	1599
高根鉱山長事務代理(2.7.18)	22	1756
鉱山部員製鉄所へ出張滞在(3.5.17)	23	2103
奥山鉱山長事務代理任命(3.6.18)	23	2129
方城炭坑長更迭披露(3.7.6)	23	2148
面谷鉱山起業中止(3.12.1)	23	2255
金取鉱区廃業(3.12.21)	23	2283
生野鉱山起業(4.3.31)	24	2471
龍川鉱山起業(4.4.13)	24	2480
日三市支山起業(4.4.15)	24	2482
相知炭坑起業(4.4.20)	24	2485
鉱山炭坑支店登記抹消(4.9.18)	24	2585
高根龍川両鉱山独立稼行廃止(4.12.14)	24	2668
日三市支山製煉廃止(4.12.31)	24	2693
〃 選炭場合併(4.12)	24	2699
高根鉱山改革(5.1.3)	25	2819
上山田炭坑独立(5.1.26)	25	2856
大夕張炭坑稼行(5.1.26)	25	2856
日三市支山製煉廃止(5.1月)	25	2864
炭坑部職制制定(5.2.2)	25	2873
上山田炭坑会計事務引継(5.2.4)	25	2886
蘆別炭坑稼行(5.2.24)	25	2905
鉱山部職制制定(5.3.10)	25	2924
高取鉱山長事務取扱(5.7.10)	25	3073
方城金田両炭坑長更迭披露(5.8.22)	25	3128
芳谷炭坑長更迭披露(5.8.28)	25	3135
牧山骸炭製造所ヲ炭坑部ニ移管(5.8.30)	25	3135
〃 炭坑部へ引継(5.9.1)	25	3141

項目	巻	頁
牧山骸炭製造所組織改正(5.9.6)	25	3152
〃 事務引継(5.9.18)	25	3157
骸炭原料関係事務若松支店ヨリ移管(5.10.17)	25	3188
牧山地所移管(5.10.24)	25	3194
直島製錬所設立準備(5.12.4)	26	3278
金田炭坑営繕係設置(5.12.6)	26	3286
大利根鉱山稼行(6.1.15)	27	3588
〃 長事務代理(6.1.15)	27	3588
古賀山炭坑会社設立附解散(6.3.19)	27	3663
営業部石炭課ニ石炭研究係設置(6.3.27)	27	3669
奥山鉱山及龍川鉱山鉱業代理人変更(6.4.6)	27	3690
小佐佐試錐所ヲ佐佐浦炭坑事務所ト改称(6.6.18)	27	3805
筑豊炭元扱店ヲ若松支店ニ変更(6.6.27)	27	3815
直島製錬所設立認許(6.8.23)	27	3895
鉱山部炭坑部ニ会計課新設(6.9.19)	28	3937
明延金山綱取各鉱山独立(6.9.21)	28	3938
蘆別炭坑独立稼行(6.9.21)	28	3938
直島製錬所新設(6.9.21)	28	3939
岸嶽坑廃止(6.9)	28	3949
美唄炭坑坑名改称(6.10.21)	28	3978
新入炭坑長更送披露(6.11.12)	28	4009
北湧石崎両鉱山尾去沢鉱山ニ移管(6.11.26)	28	4021
油戸炭坑荒川鉱山ニ移管(6.11.26)	28	4022
大利根鉱山高取鉱山ニ移管(6.11.30)	28	4030
〃 休業届(6.12.23)	28	4067
唐津支店，営業部神戸支店独立会計廃止(6.12.25)	28	4071
鉱山部職制改正(6.12.27)	28	4073
佐佐浦炭坑独立稼行(7.1.7)	29	4305
佐佐浦炭坑鉱区名義社名ニ変更(7.1.18)	29	4330
大阪製錬所伏見分工場事業開始(7.1.31)	29	4347
高取鉱山銅鉱直島製錬所ヘ引渡(7.2.1)	29	4351
伏見分工場管理人選任(7.2.7)	29	4358
若生子製錬所廃止(7.2.9)	29	4364
鉱山部技術課動力係新設(7.3.7)	29	4398
〃 炭坑部事業譲渡契約(7.4.19)	29	4450

6) 三菱為替店・第百十九国立銀行および銀行部

（明治）

項目	巻	頁
大阪東京間荷為替法制定(9.6.20)	3	219
為替法制定(11.7.1)	6	458
荷為替法制定(12.8.10)	7	368
新潟支社荷為替業務兼掌(12.11.1)	7	501
為替店設置規則制定(13.4.17)	8	296
為替店規則追補(13.5.14)	8	332
為替店貸越勘定利率釐定(15.9.9)	10	388
為替店支店勘定事務引継(5.9.18)	25	3157
〃 法追補(17.2.27)	12	41
為替店支店勘定法改定(17.3.18)	12	71
高知支社為替業務兼掌(17.5.2)	12	100
為替店支店考課状書式釐定(17.5.20)	12	111
為替事業廃止ノ件(17.11.是月)	12	364
野蒜支社為替業務閉鎖(18.4.18)	13	151
第百十九国立銀行経営(18.5.28)	13	165
銀行荷為替付貨物取扱心得頒布(18.8.21)	13	358
大阪支店為替業務閉鎖(18.是夏)	13	376
大阪支店銀行業務兼掌(24.1.1)	17	1
銀行営業認可(28.9.7)	19	80
銀行部開始(28.10.16)	19	83
第百十九国立銀行解散(31.12.3)	19	287

（大正）

項目	巻	頁
銀行部職制制定(5.8.24)	25	3132
銀行業廃止決議(9.3.29)	30	5176
銀行営業廃止届外(9.4.1)	30	5179

7) 臨時製鉄所建設部および三菱製鉄株式会社

（大正）

項目	巻	頁
兼二浦製鉄所起業(4.3.12)	24	2461
臨時製鉄所建設部設置(4.5.5)	24	2495
〃 職制(4.5.5)	24	2495
臨時製鉄所建設部職員任命(4.5.10)	24	2499
三菱製鉄会社設立通知(6.10.22)	28	3979
〃 設立(6.10.22)	28	3979
製鉄会社支店(6.12.15)	28	4061
三菱製鉄株式会社移転(7.6.8)	29	4494
本社ヲ本店ト改称(7.5.11)	29	4651
本店並兼二浦製鉄所職制制定(7.6.20)	29	4652
取締役就任(7.9.5)	29	4654
本店並兼二浦製鉄所職制改正(8.10.1)	30	4997
元山事務所廃止(8.11.1)	30	4999
取締役会長更迭外役員異動(9.1.20)	30	5329
本店職制改正(9.10.30)	30	5331
兼二浦製鉄所職制改正(10.9.19)	31	5653
取締役会長更迭外役員異動(10.10.1)	31	5654
職制改正(11.7.26)	31	5960
常務取締役更迭外取締役辞任(11.11.7)	31	5962
三菱製鉄会社減資決議(12.12.18)	32	6216
取締役就任(12.3.20)	32	6385
三菱製鉄会社減資(13.3.10)	33	6553

組 織・職 制

取締役退任(13.6.28)	33	6666
取締役会長及常務取締役更迭(14.6.25)	34	6987

(昭和)

製鉄会社取締役会長更迭(2.8.3)	35	44
〃　定款変更(4.11.30)	35	286
〃　取締役会長辞任(4.12.17)	35	289
〃　定款変更(6.5.29)	36	521
〃　取締役退任(6.5.29)	36	521
〃　定款変更(7.2.10)	36	637
〃　取締役及監査役変更(7.2.10)	36	637
〃　取締役退任(7.5.31)	36	663
兼二浦製鉄所職制改正(7.10.12)	36	679
製鉄会社取締役就任及監査役変更(7.11.29)	36	682
兼二浦製鉄所廃止及兼二浦事務所設置(9.1.31)	36	868
製鉄会社解散業務譲渡(10.4.1)	37	1007
〃　定款変更(10.11.14)	37	1033
〃　清算結了(12.10.20)	37	1308

8) 造船部

(明治)

造船局借入，長崎造船所ト命名(17.6.23)	12	142
長崎造船所払下(20.6.7)	15	21
造船所資本金額釐定(20.6.28)	15	34
長崎造船所ヲ三菱造船所ト改称(21.12.1)	16	226
神戸造船所設立準備(29.3.23)	19	109
〃　新設決定(29.6.5)	19	114
荘田平五郎三菱造船所長就任(32.7.3)	20	336
神戸三菱造船所営業開始(38.7.20)	20	806
〃　開業式(38.8.8)	20	809
造船部設置及水谷六郎外異動(40.3.20)	21	967
両造船所新組織実施(41.5.5)	21	1072

(大正)

三菱造船所業務取扱組織分課表中改正(3.1.27)	23	2007
彦島造船所新設通知(3.11.21)	23	2244
〃　開業式挙行(3.12.1)	23	2256
神戸三菱造船所土木係設置(4.1.12)	24	2417
三菱造船所業務取扱組織中修正削除(4.3.9)	24	2457
三菱造船所業務取扱組織中変更(4.4.8)	24	2476
〃　職制改正(4.7.23)	24	2547
〃　分課名称英訳(4.8.25)	24	2570
両造船所名改称(4.9.20)	24	2587
神戸造船所重量係新設(5.4.8)	25	2968
長崎造船所管工場係設置(5.6.1)	25	3028
〃　実験場係設置(5.10.19)	25	3191
神戸造船所組織中追加(6.2.21)	27	3635
長崎兵器製作所新設(6.3.7)	27	3660
〃　新設登記(6.3.10)	27	3661
神戸造船所職制制定(6.3.29)	27	3674
長崎兵器製作所作業開始(6.5.19)	27	3756
長崎造船所営業課組織変更(6.6.19)	27	3806
三菱造船会社設立通知(6.8.28)	27	3899
長崎兵器製作所開業届(6.9.1)	28	3916
長崎造船所元帳帳簿組織改正(6.9.8)	28	3922
造船部営業譲渡契約(6.10.13)	28	3972
〃　事業譲渡勘定結了(6.12.12)	28	4059

9）三菱造船株式会社

（大正）

三菱造船会社設立登記(6.10.13)	28	3973
長崎造船所綱具及製帆工場移管(6.10.22)	28	3980
三菱造船株式会社開業(6.11.1)	28	3997
造船会社本社長崎神戸両造船所職制制定(6.11.1)	28	4185
神戸造船所職制改正(7.4.23)	29	4645
会長更迭(7.5.1)	29	4648
神戸造船所職制改正(7.9.18)	29	4649
長崎及神戸両造船所職制改正(7.10.22)	29	4649
長崎製鋼所新設(7.9.10)	29	4649
〃　事業開始(8.4.5)	30	4987
神戸造船所職制中改正(8.5.1)	30	4989
長崎神戸両造船所職制改正彦島造船所外職制制定(8.5.10)	30	4989
電機製作所設立(8.9.27)	30	4993
〃　職制制定(8.10.4)	30	4994
本店職制改正(9.3.18)	30	5325
神戸内燃機製作所廃止(9.5.22)	30	5326
電機製作所職制改正(9.5.24)	30	5326
長崎造船所職制改正(9.7.17)	30	5327
〃　職制改正(10.8.8)	31	5649
常務取締役更迭外役員異動(10.10.1)	31	5651
長崎製鋼所廃止(10.8.8)	31	5650
常務取締役塩田泰介辞任外役員異動(11.3.16)	31	5947
長崎造船所職制改正(11.4.21)	31	5950
取締役変更(12.6.12)	32	6380
彦島造船所職制改正(12.9.26)	32	6382
長崎兵器製作所職制改正(12.9.26)	32	6382
長崎造船所電気工場ニ係ル件(12.11.1)	32	6383
〃　職制改正(12.11.1)	32	6383
取締役退任(13.6.30)	33	6662
常務取締役変更及顧問嘱託(14.6.25)	34	6983
長崎造船所職制改正(14.11.1)	34	6984
取締役会長更迭(14.12.24)	34	6986
常務取締役就任並死去(15.6.25)	34	7265
長崎造船所職制改正(15.9.10)	34	7266

（昭和）

造船会社取締役就任(2.8.12)	35	44
〃　本店職制中改正(2.8.1)	35	44
長崎造船所職制中改正(3.2.10)	35	126
造船会社ニテ内燃機会社神戸製作所継承(3.5.1)	35	135
神戸造船所職制中改正(3.5.1)	35	135
造船会社本店職制中改正(2.7.7)	35	144
造船会社定款変更(3.7.23)	35	146
〃　常務取締役辞任，取締役及監査役変更(3.7.23)	35	148
〃　定款変更(4.12.26)	35	291
神戸造船所職制中改正(6.1.23)	36	492
造船会社顧問任命(6.4.1)	36	510
造船会社取締役変更(6.6.24)	36	529
〃　定款変更(6.12.24)	36	558
〃　取締役変更及監査役辞任(7.2.9)	36	636
長崎造船所職制改正(7.7.14)	36	668
造船会社定款変更(7.8.8)	36	670
〃　取締役会長及取締役辞任(7.8.8)	36	671
〃　取締役就任(8.3.14)	36	765
〃　定款変更(8.6.29)	36	780
造船会社監査役変更(8.6.29)	36	780
〃　取締役変更(8.12.22)	36	793
〃　取締役会長及常務取締役就任(9.1.16)	36	867
造船，航空機両会社合併契約締結(9.3.20)	36	879
造船会社ニテ航空機会社トノ合併承認及定款変更(9.4.6)	36	884
〃　定款変更(9.4.10)	36	885
〃　社名変更(9.4.11)	36	885

10) 三菱内燃機製造株式会社および三菱航空機株式会社

　　　　　　　（大正）

神戸内燃機製作所設立(8.4.16)	30	4989
三菱内燃機製造株式会社設立(9.5.15)	30	5201
〃　　　　　　　開業(9.6.1)	30	5220
役員就任(9.5.15)	30	5369
内燃機会社本店仮事務所設立(9.11.1)	30	5370
名古屋本店事務開始(9.10.14)	30	5370
神戸分工場名称改定(10.2.1)	31	5683
社名及工場名変更(10.10.1)	31	5683
取締役会長更迭外取締役辞任(11.3.16)	31	5993
取締役就任及取締役会長更迭(12.3.20)	32	6421
監査役変更(15.12.24)	34	7290

　　　　　　　（昭和）

取締役就任(2.8.12)	35	44
内燃機会社社名変更(3.5.1)	35	136
航空機会社取締役変更(3.12.26)	35	165
〃　　東京製作所新設(4.12.1)	35	287
〃　　定款変更(4.12.26)	35	292
〃　　定款変更(6.12.24)	36	558
〃　　取締役辞任(7.2.25)	36	639
〃　　定款変更(7.4.30)	36	659
〃　　取締役会長就任及常務取締役変更(7.6.25)	36	666
〃　　取締役辞任(7.8.8)	36	671
〃　　顧問嘱託(7.10.1)	36	679
〃　　監査役就任(7.10.27)	36	680
〃　　増資及定款変更(7.12.26)	36	684
〃　　取締役変更(7.12.26)	36	684
〃　　常務取締役名古屋駐在(8.1.8)	36	759
〃　　職制及本店職務細則制定(8.4.25)	36	768
〃　　取締役就任(9.5.12)	36	893
〃　　監査役辞任(9.6.4)	36	898

11) 三菱重工業株式会社

　　　　　　　（昭和）

重工業会社創設趣意通知(9.4.10)	36	884
造船会社定款変更(9.4.10)	36	885
重工業会社定款変更(9.6.4)	36	896
〃　　役員変更(9.6.4)	36	898
〃　　本店職制改正実施(9.6.12)	36	904
〃　　定款変更(10.2.26)	37	1000
〃　　増資及定款変更(10.8.29)	37	1023
〃　　取締役退任(10.8.29)	37	1024
横浜船渠会社事業継承其他(10.11.1)	37	1029
重工業会社取締役変更(11.2.27)	37	1129
〃　　本店職制中改正(11.6.24)	37	1147
〃　　監査役辞任(11.6.25)	37	1148
〃　　増資及定款変更(12.1.15)	37	1253
〃　　相談役辞任(12.1.31)	37	1256
〃　　役員変更(12.2.26)	37	1258
〃　　長崎製鋼所新設(12.4.1)	37	1261
神戸造船所職制中改正(11.12.21)	37	1171
重工業会社取締役変更(12.8.26)	37	1293
〃　　定款変更(13.2.25)	37	1415
〃　　取締役及監査役変更(13.2.25)	37	1415
長崎造船所職制改正(13.3.1)	37	1417
重工業会社玉川機器製作所設立(13.5.1)	37	1428
〃　　取締役死去(13.5.24)	37	1428
〃　　名古屋発動機製作所設立(13.7.1)	37	1435
〃　　常務取締役就任(13.8.26)	37	1441
江南造船所独立(14.4.1)	38	1524
長崎造船所職制中改正(14.5.26)	38	1530
重工業会社東京機器, 玉川機器両製作所合併(14.6.1)	38	1531
〃　　本店職制中改正(14.6.28)	38	1533
〃　　取締役就任(14.8.25)	38	1539
〃　　増資及定款変更(14.10.16)	38	1543
〃　　定款変更(15.2.26)	38	1626
〃　　常務取締役変更及監査役就任(15.2.26)	38	1627
長崎造船所職制改正(15.2.27)	38	1627
神戸造船所職制改正(15.2.27)	38	1627
重工業会社本店職制改正(15.5.28)	38	1647
〃　　名古屋金属工業所設立(15.7.1)	38	1659
〃　　職制制定(15.7.9)	38	1660
〃　　職制中改正(16.2.8)	38	1765
〃　　定款変更(16.2.25)	38	1766
〃　　取締役社長就任及役員変更(16.2.25)	38	1767
〃　　職制中改正(16.2.25)	38	1767

重工業会社職制中改正(16.8.30)		38	1814
〃	職制中改正(17.1.31)	38	1908
〃	増資及定款変更(17.2.26)	38	1914
〃	取締役会長辞任及役員変更(17.2.26)	38	1915
〃	定款変更(17.8.26)	38	1950
〃	役員就任(17.8.26)	38	1951
〃	職制中改正(17.8.26)	38	1951
〃	ニテ長崎製鋼所譲渡決定(17.8.26)	38	1951
〃	職制中改正(17.9.11)	38	1955
〃	臨時建設事務所設置(17.9.11)	38	1956
〃	職制中改正(17.10.1)	38	1959
〃	職制改正(18.1.16)	39	2057
〃	定款変更(18.2.26)	39	2071
〃	監査役退任(18.2.26)	39	2071
〃	三原車両製作所設立(18.4.1)	39	2078
〃	職制中改正実施(18.4.1)	39	2078
〃	定款変更(18.4.27)	39	2088
〃	取締役会長及取締役社長就任(18.4.27)	39	2088
〃	職制中改正(18.4.27)	39	2088
〃	川崎機器製作所設立(18.7.1)	39	2105
〃	横浜船渠改称(18.7.1)	39	2105
〃	職制中改正実施(18.7.1)	39	2106
〃	定款変更(18.8.26)	39	2118
〃	役員変更(18.8.26)	39	2118
〃	水島航空機製作所設立(18.9.1)	39	2119
〃	職制中改正実施(18.9.1)	39	2119
〃	職制中改正(18.9.15)	39	2121
〃	常務取締役就任(18.11.11)	39	2137
〃	職制中改正(18.11.17)	39	2138
〃	ニテ日立造船会社彦島造船所事業継承及彦島造船所名変更(18.12.1)	39	2143
〃	職制中改正実施(18.12.1)	39	2143
〃	熊本航空機，名古屋及京都機器製作所設立(19.1.1)	39	2225
〃	職制中改正実施(19.1.1)	39	2225
〃	若松造船所設立(19.1.1)	39	2226
〃	職制中改正実施(19.1.1)	39	2226
〃	職制中改正(19.2.15)	39	2235
〃	定款変更(19.2.26)	39	2236
〃	静岡発動機製作所設立(19.3.1)	39	2237
〃	職制中改正実施(19.3.1)	39	2237
〃	広島造船所及広島機械製作所設立(19.3.15)	39	2240
〃	職制中改正実施(19.3.15)	39	2240
〃	職制中改正(19.3.20)	39	2243
〃	職制中改正(19.3.28)	39	2247
〃	常務取締役就任(19.4.11)	39	2257
重工業会社茨城機器製作所設立(19.5.1)		39	2265
〃	職制中改正実施(19.5.1)	39	2265
〃	職制中改正(19.5.26)	39	2268
〃	京都発動機製作所設立(19.7.1)	39	2282
〃	職制中改正実施(19.7.1)	39	2282
〃	ニテ日立造船会社彦島造船所買収契約締結(19.7.20)	39	2284
〃	監査役就任(19.8.26)	39	2291
〃	職制中改正(19.11.20)	39	2302
〃	増資及定款変更(19.12.20)	39	2316
〃	職制中改正(20.2.1)	40	2403
〃	職制改正(20.3.28)	40	2414
〃	ニテ三菱工作機械会社合併承認並増資及定款変更(20.4.20)	40	2421
〃	増資及定款変更(20.4.20)	40	2422
〃	職制中改正(20.5.2)	40	2427
〃	ニテ三菱工作機械会社業務継承(20.6.1)	40	2433
〃	職制中改正実施(20.6.1)	40	2433
〃	職制中改正(20.6.11)	40	2435
〃	職制中改正(20.6.29)	40	2436
〃	職制中改正(20.9.21)	40	2470
〃	定款変更(20.9.25)	40	2471
〃	役員変更(20.10.29)	40	2489
〃	定款変更(20.10.29)	40	2489
〃	職制中改正実施(20.10.29)	40	2490
〃	取締役辞任(20.11.1)	40	2497
〃	職制中改正(20.11.10)	40	2509
〃	職制改正(20.11.15)	40	2509
〃	場所名変更(20.11.15)	40	2510
〃	場所廃止(20.11.15)	40	2510
〃	臨時整理事務所設置(20.11.15)	40	2510
〃	取締役辞任(20.11.30)	40	2514
〃	監査役辞任(20.12.12)	40	2519
〃	取締役辞任(21.2.13)	40	2604
〃	監査役変更(21.2.26)	40	2618
〃	監査役辞任(21.4.22)	40	2632
〃	取締役辞任(21.4.30)	40	2633
〃	取締役辞任(21.5.31)	40	2639
〃	臨時航空機工場整理事務所松本出張所廃止(21.5.31)	40	2638
〃	臨時発動機工場整理事務所批把島出張所廃止(21.6.30)	40	2644
〃	名古屋機器製作所設立(21.8.20)	40	2650
〃	職制中改正(21.8.20)	40	2650
〃	航空機整理事務所設置(21.8.20)	40	2651
〃	定款変更(21.8.26)	40	2652
〃	第二会社設立(25.1.11)	40	2747

組織・職制　　　　　　　　　　　　　　　　15

12) 三菱電機株式会社

（大正）

項目	頁	番号
三菱電機株式会社創立準備委員嘱託(9.9.20)	30	5253
三菱電機株式会社成立(10.1.15)	31	5485
電機製作所所管営業譲渡(10.1.24)	31	5649
役員就任(10.1.15)	31	5685
常務取締役並取締役辞任(11.3.16)	31	5999
取締役就任並死去(12.3.20)	32	6423
長崎工場ノ件(12.11.1)	32	6424
取締役就任(13.1.22)	33	6713
本店技術課新設(13.8.28)	33	6714
名古屋製作所開設(13.8.28)	33	6714
長崎工場名称変更(13.10.29)	33	6715
取締役辞任(14.4.28)	34	7011
神戸製作所長就任(14.3.25)	34	7011

（昭和）

項目	頁	番号
電機会社取締役就任(2.8.12)	35	45
本店職制制定(3.7.18)	35	146
常務取締役就任(2.7.23)	35	148
取締役就任(3.12.26)	35	165
取締役就任(4.6.28)	35	261
取締役辞任(6.4.30)	36	519
取締役就任(6.6.24)	36	529
取締役死去(6.12.16)	36	555
定款変更(6.12.24)	36	558
取締役会長辞任(6.12.26)	36	559
取締役辞任(7.2.29)	36	639
職制制定(7.3.22)	36	643
取締役変更(7.4.6)	36	654
取締役退任及監査役変更(7.12.26)	36	685
取締役就任(8.6.29)	36	780
職制中改正(10.2.28)	37	1000
取締役会長就任(10.3.5)	37	1002
東京工場新設(10.5月)	37	1013
取締役就任(10.12.26)	37	1042
定款変更(10.12.26)	37	1042
取締役辞任(11.6.9)	37	1147
取締役就任(11.6.25)	37	1151
取締役辞任(11.12.3)	37	1170
取締役及監査役就任(11.12.17)	37	1171
増資,株式公開及定款変更(12.1.20)	37	1254
常務取締役変更(12.1.27)	37	1255
定款変更(12.5.25)	37	1282
取締役及監査役就任(13.11.25)	37	1450
大阪工場建設(14.2.2)	38	1517
職制制定(15.3.8)	38	1631
定款変更(15.5.17)	38	1644
増資及定款変更(15.5.17)	38	1646
職制中改正(16.2.1)	38	1761
取締役社長及取締役就任(16.11.25)	38	1826
定款変更(16.11.25)	38	1826
職制中改正(16.11.25)	38	1827
東京イー,シー工業会社営業譲受(17.3.30)	38	1922
取締役変更(17.3.30)	38	1922
取締役辞任(17.5.5)	38	1932
取締役就任(17.5.26)	38	1936
神戸製作所大阪工場改称(17.7.1)	38	1944
職制改正(17.7.2)	38	1944
中津工場新設(17.11.10)	38	1967
監査役変更(17.11.26)	38	1968
定款変更(17.11.26)	38	1968
職制中改正(17.12.3)	38	1970
福山及中津川工場新設(18.2.1)	39	2061
常務取締役就任(18.4.9)	39	2085
増資及定款変更(18.4.9)	39	2085
郡山工場新設(18.4.20)	39	2087
定款変更(18.5.26)	39	2093
職制中改正(18.5.26)	39	2093
取締役就任(18.5.26)	39	2093
和歌山工場新設(18.6.1)	39	2097
職制中改正(18.7.5)	39	2107
定款変更(18.8.20)	39	2118
職制中改正(18.11.10)	39	2136
定款変更(18.11.25)	39	2140
取締役及監査役就任(18.11.25)	39	2140
姫路工場新設(18.12.1)	39	2143
東京工場改称(昭和18年是歳)	39	2153
職制中改正(19.1.15)	39	2227
福岡工場新設(19.2.1)	39	2233
職制中改正(19.3.3)	39	2238
取締役死去(19.4.5)	39	2256
定款変更(19.5.26)	39	2268
定款変更(19.11.25)	39	2303
役員就任(19.11.25)	39	2303
取締役変更(20.5.31)	40	2432
職制中改正(20.7.24)	40	2441
常務取締役就任(20.9.10)	40	2466
職制中改正(20.10.1)	40	2473
常務取締役及取締役辞任(20.10.15)	40	2474
取締役辞任(20.10.25)	40	2488
取締役及監査役辞任(20.11.1)	40	2499
定款変更(20.11.30)	40	2514
役員変更(20.11.30)	40	2515
取締役辞任(21.5.10)	40	2634
取締役辞任及監査役変更(21.5.27)	40	2636
定款変更(21.5.27)	40	2636
常務取締役辞任(21.8.31)	40	2653

組織・職制

13) 三菱商事株式会社

(大正)

項目	巻	頁
三菱商事会社設立通知(7.3.14)	29	4406
〃　　設立登記(7.4.19)	29	4449
三菱商事株式会社開業(7.5.1)	29	4474
本店職制制定(7.5.1)	29	4657
台北出張所本店ニ移管(7.5.1)	29	4661
済南出張員事務所本店ニ移管並改称(7.5.23)	29	4664
神戸支店会計独立(7.12.26)	29	4666
臨時調査課設置(8.3.20)	30	5007
船舶部大阪出張員事務所開設(8.5.1)	30	5009
本店職制改正(8.8.12)	30	5010
常務取締役就任(8.8.12)	30	5012
職制制定(9.4.5)	30	5339
常務取締役辞任外役員異動(9.4.5)	30	5341
本店以外ニ置ク部ノ所在地(9.4.17)	30	5347
定款改正(9.11.19)	30	5353
定款改正(9.12.25)	30	5353
職制改正(10.3.1)	31	5662
各部各場所出張員名称変更(10.4.1)	31	5664
職制改正(10.9.15)	31	5669
取締役会長更迭外役員異動(10.9.30)	31	5670
木材棉業両部廃止ニ係ル件(10.9.15)	31	5670
職制改正(10.10.25)	31	5671
取締役異動(11.6.24)	31	5972
東京支店廃止(11.8.14)	31	5972
取締役死去並就任(12.8.24)	32	6402
職制改正(12.9.25)	32	6402
石炭部其他廃止(13.4.1)	33	6679
職制改正(13.4.1)	33	6679
職制改正(13.4.4)	33	6680
取締役変更(13.6.23)	33	6685
職制改正(13.6.30)	33	6686
会社目的変更(13.8.22)	33	6689
常務取締役就任及取締役辞任(14.8.12)	34	6993

(昭和)

項目	巻	頁
商事会社常務取締役辞任(2.2.28)	35	7
〃　職制中改正(2.3.4)	35	11
〃　佐世保出張所廃止其他(2.5.15)	35	31
〃　取締役就任(2.6.10)	35	37
〃　定款変更(2.6.10)	35	37
〃　定款変更(2.12.10)	35	52
〃　役員変更(4.6.24)	35	261
〃　職制中改正(4.6.24)	35	261
〃　定款変更(4.12.26)	35	292
〃　取締役退任(5.6.26)	35	403
〃　職制中改正(5.10.9)	35	410
〃　定款変更(5.12.24)	35	418
〃　定款変更(6.4.20)	36	518
〃　職制中改正(6.7.18)	36	530
〃　燃料部大阪支部設置(6.7.20)	36	530
〃　船舶部神戸支部設置並船舶部神戸事務所廃止(6.7.20)	36	530
〃　定款変更(6.12.24)	36	558
〃　採用内規及銓衡内規制定(7.3.1)	36	640
〃　役員変更(7.6.21)	36	665
〃　定款変更(8.3.3)	36	764
〃　取締役就任(8.6.26)	36	775
〃　取締役退任(8.12.21)	36	792
〃　職制中改正(9.6.21)	36	907
〃　役員変更(9.6.21)	36	907
〃　定款変更(9.6.21)	36	907
〃　定款変更(9.12.26)	36	923
〃　役員変更(10.3.5)	37	1002
〃　機械部大阪支部設置(10.3.14)	37	1002
〃　増資及定款変更(10.6.13)	37	1015
〃　定款変更(10.8.8)	37	1023
〃　定款変更(10.12.26)	37	1042
〃　出張員改称(11.5.10)	37	1139
〃　定款変更(11.5.12)	37	1141
〃　職制中改正実施(11.5.18)	37	1141
〃　取締役会長更迭及役員変更(11.6.25)	37	1148
〃　定款変更(12.3.4)	37	1259
〃　職制改正(12.4.7)	37	1262
〃　定款変更(12.6.25)	37	1286
〃　取締役死去(12.12.18)	37	1316
〃　相談役辞任(12.12.21)	37	1320
〃　定款変更(13.6.27)	37	1434
〃　取締役及監査役変更(13.6.27)	37	1435
〃　定款変更(13.7.14)	37	1436
〃　取締役就任(13.7.14)	37	1437
〃　職制改正(14.3.24)	38	1522
〃　業務部外設置(14.3.24)	38	1523
〃　増資及定款変更(14.7.31)	38	1537
〃　役員変更(14.7.31)	38	1538
〃　定款変更(14.12.26)	38	1564
〃　取締役会長更迭及常務取締役就任(15.3.18)	38	1631
〃　職制中改正(15.5.24)	38	1647
〃　取締役死去(15.5.30)	38	1650
〃　常務取締役死去(15.7.28)	38	1664
〃　役員変更(15.9.5)	38	1671

組織・職制

商事会社増資及定款変更(15.12.26)		38	1689
〃	定款変更(16.4.23)	38	1773
〃	職制中改正(16.6.24)	38	1791
〃	定款変更(16.6.26)	38	1796
〃	取締役変更(16.6.26)	38	1796
〃	定款変更(16.12.26)	38	1837
〃	業務部南方課設置(16.12月)	38	1839
〃	取締役辞任(17.1.31)	38	1909
〃	常務取締役死去(17.2.10)	38	1913
〃	駐在員及在勤員改称(15.7.1)	38	1659
〃	職制中改正(17.3.26)	38	1920
〃	常務取締役就任及取締役辞任(17.6.1)	38	1938
〃	取締役辞任(17.6.2)	38	1938
〃	職制中改正(17.6.3)	38	1938
〃	定款変更(17.6.26)	38	1942
〃	取締役変更及監査役就任(17.6.26)	38	1942
〃	職制中改正(17.10.7)	38	1961
〃	船舶部神戸支部廃止及神戸事務所設置(17.10.15)	38	1961
〃	定款変更(17.12.26)	38	1979
〃	綿業部移転及同部東京支部廃止(18.2.1)	39	2061
〃	定款変更(18.5.22)	39	2092
〃	職制中改正(18.6.8)	39	2098
〃	定款変更(18.6.25)	39	2103
〃	職制改正(18.6.28)	39	2104
〃	職制中改正(18.6.30)	39	2105
〃	燃料部大阪支部廃止(18.8.1)	39	2115
〃	四日市飼料工場廃業(18.10.28)	39	2134
〃	取締役就任(18.12.24)	39	2150
〃	定款変更(18.12.24)	39	2150
〃	職制中改正(19.1.15)	39	2227
〃	職制中改正(19.1.29)	39	2231
〃	役員変更(19.6.26)	39	2277
〃	職制中改正(19.9.21)	39	2294
〃	職制中改正(19.12.14)	39	2315
〃	監査役就任(19.12.26)	39	2317
〃	職制中改正(20.6.1)	40	2434
〃	取締役変更(20.6.27)	40	2436
〃	職制中改正(20.10.31)	40	2492
〃	役員変更(20.11.1)	40	2498
〃	定款変更(20.11.1)	40	2498
〃	取締役死去(20.12.21)	40	2526
〃	監査役変更(20.12.27)	40	2527
〃	会計部改称(21.1.1)	40	2600
〃	職制中改正(21.3.25)	40	2626
〃	監査役辞任(21.4.6)	40	2629
〃	取締役及監査役辞任(21.5.11)	40	2634
〃	職制中改正実施(21.5.20)	40	2635
〃	繊維部大阪支部設置(21.5.20)	40	2635
〃	職制中改正(21.6.3)	40	2639
〃	定款変更(21.6.27)	40	2644
〃	取締役就任(21.6.27)	40	2644
〃	職制中改正(21.7.8)	40	2645
〃	職制中改正(21.9.20)	40	2658
〃	解散指令(22.7.3)	40	2714
第二会社設立(25.4.1)		40	2748

14）三菱鉱業株式会社

（大正）

項目	頁	番号
三菱鉱業会社設立通知(7.3.14)	29	4406
〃　新設ニ付準備(7.3.23)	29	4418
三菱鉱業会社設立登記(7.4.19)	29	4449
三菱鉱業株式会社開業(7.5.1)	29	4475
炭坑部鉱山部所属事業三菱鉱業会社ニ継承ノ件(7.5.1)	29	4475
本店職制制定(7.5.1)	29	4669
油戸炭坑本店ニ移管(7.5.30)	29	4675
龍王鉱山買収(7.7.26)	29	4675
三原鉱山買収(7.9.23)	29	4675
取締役就任並辞任(7.8.17)	29	4675
高取鉱山本店ニ移管(7.11.11)	29	4676
富来鉱山本店ニ移管(7.9.23)	29	4676
花蓮港事業三菱鉱業会社ニ移管(8.1.27)	30	4844
石油其他鉱業関係事項移管(8.7.15)	30	4903
芳谷金田両炭坑及明延鉱山独立稼行廃止(8.6.13)	30	5019
猿間鉱山買収稼行(8.6.23)	30	5019
金山宝両鉱山独立稼行廃止(8.6.25)	30	5019
臨時樺太調査部設置(8.11.30)	30	5020
取締役会長更迭外役員異動附美唄鉄道会社役員異動(9.1.20)	30	5355
綱取鉱山所管替(9.9.14)	30	5359
炭坑合併稼行並改称(9.10.13)	30	5360
直方出張所廃止(9.10.13)	30	5360
職制改正(9.10.13)	30	5360
本店職制改正(9.10.30)	30	5361
定款改正(9.12.18)	30	5362
面谷鉱山所管替(10.6.28)	31	5676
蘆別礦業所所管替(10.12.22)	31	5677
大夕張礦業所所管替(11.1.20)	31	5979
古賀山炭坑経営(11.1.30)	31	5979
常務取締役辞任外役員異動附美唄鉄道及古賀山炭坑両会社役員異動(11.4.17)	31	5980
奥山鉱山稼行休止(11.9.18)	31	5981
北海道地内山林ニ係ル事務移管(11.10.1)	31	5981
南樺太炭田ヲ三菱鉱業会社ニ譲渡(12.3.15)	32	6117
伏見分工場閉鎖(12.3.20)	32	6407
古賀山炭坑株式会社清算結了(12.4.9)	32	6409
古賀山炭坑稼行休止(12.6.5)	32	6410
定款変更(13.5.29)	33	6698
取締役会長更迭其他役員異動(13.5.29)	33	6699
職制改正(13.6.1)	33	6699
本店職制中改正(13.11.1)	33	6701
金山鉱山所管替(14.1.28)	34	6997
取締役死去及変更(14.5.22)	34	6999
綱取鉱山所管替(14.7.16)	34	6999
本店職制中改正(15.2.19)	34	7283

（昭和）

項目	頁	番号
鉱業会社取締役就任(2.5.27)	35	34
〃　大夕張礦業所新設(2.6.10)	35	37
〃　取締役変更，常務取締役及監査役就任(3.5.28)	35	140
金山鉱山所管替(3.12.1)	35	160
沼ノ上鉱山所管替(4.2.1)	35	239
鉱業会社定款変更(4.5.27)	35	250
吉岡，出石両鉱山所管替其他(5.5.24)	35	388
鉱業会社本店職制中改正(5.6.30)	35	403
宝鉱山外所管替(5.6.30)	35	403
鉱業会社唐津出張所所管替(5.11.1)	35	413
〃　取締役死去(5.11.10)	35	413
〃　常務取締役辞任(6.12.21)	36	557
〃　監査役退任(7.5.27)	36	663
沼ノ上鉱山所管替(8.4.15)	36	767
鉱業会社取締役就任(8.5.26)	36	773
浅川鉱山所管替(8.10.1)	36	787
鉱業会社本店職制中改正(9.3.20)	36	880
〃　唐津礦業所廃止(9.5.20)	36	893
〃　常務取締役就任(9.5.28)	36	894
細倉鉱山所管替(9.6.1)	36	895
鉱業会社定款変更(9.11.28)	36	922
内幌炭礦鉄道会社社名変更(10.1.11)	37	997
鉱業会社本店職制中改正(10.4.1)	37	1007
〃　取締役就任(10.11.26)	37	1038
〃　定款変更(10.11.26)	37	1038
〃　兼二浦事務所所管替(10.12.20)	37	1041
〃　ニテ飯塚鉱業会社業務継承其他(11.4.15)	37	1138
〃　取締役会長更迭(11.5.28)	37	1143
〃　定款変更(11.5.28)	37	1143
沼ノ上鉱山所管替(11.7.1)	37	1153
鉱業会社取締役就任(11.11.27)	37	1170
〃　取締役辞任(11.12.15)	37	1171
〃　本店職制中改正(12.2.23)	37	1257
〃　定款変更(12.5.27)	37	1283
〃　取締役就任(12.5.27)	37	1283
〃　常務取締役就任(12.11.26)	37	1311
〃　常務取締役辞任(13.4.20)	37	1426
〃　取締役及監査役変更(13.5.26)	37	1429
〃　増資及定款変更(13.5.26)	37	1429
〃　取締役変更(14.5.26)	38	1530
〃　常務取締役就任(14.11.28)	38	1555

鉱業会社兼二浦買鉱所廃止(14.11.30)	38	1555
〃　本店職制中改正(14.12.5)	38	1556
〃　監査役死去(15.1.13)	38	1621
〃　本店職制改正(15.5.13)	38	1642
〃　定款変更(15.5.29)	38	1648
〃　役員変更(15.5.29)	38	1650
荒川鉱山所管替(15.9.1)	38	1671
綱取鉱山改称(15.9.1)	38	1671
鉱業会社ニテ九州炭礦汽船会社業務継承及崎戸礦業所設置(15.9.18)	38	1674
根羽沢鉱山所管替(15.12.1)	38	1687
鉱業会社本店職制中改正(16.9.30)	38	1819
〃　定款変更(16.11.28)	38	1828
〃　取締役社長就任及常務取締役変更(16.11.28)	38	1828
〃　本店職制中改正(16.11.28)	38	1828
〃　東京金属工業所新設(17.2.1)	38	1910
〃　札幌駐在員事務所所管替(17.3.1)	38	1915
〃　取締役会長退任及取締役,監査役変更(17.5.29)	38	1937
〃　長崎出張所所管替(17.8.1)	38	1947
上山田炭坑所管替(17.10.1)	38	1959
鉱業会社定款変更(17.11.30)	38	1970
〃　取締役変更(17.11.30)	38	1970
〃　定款変更(18.5.28)	39	2094
〃　常務取締役就任(18.5.28)	39	2094
〃　本店職制中改正(18.5.28)	39	2095
〃　労務部東北駐在員事務所設置(18.7.1)	39	2106
〃　新潟軽合金工場建設事務所設置(18.7.10)	39	2108
〃　労務部大阪駐在員事務所設置(18.10.10)	39	2130
〃　東京金属工業所移転(18.10.15)	39	2132
〃　常務取締役辞任(18.10.30)	39	2134
〃　定款変更(18.11.29)	39	2141
〃　本店職制中改正(18.12.27)	39	2150
〃　本店職制中改正(19.1.10)	39	2227
〃　定款変更(19.5.30)	39	2269
〃　常務取締役就任(19.5.30)	39	2270
〃　場所変更(19.5.31)	39	2270
〃　本店職制改正(19.6.20)	39	2276
〃　筑豊礦業所本所廃止及鯰田炭坑移管(19.7.1)	39	2282
〃　九州監督及北海道監督設置(19.8.1)	39	2286
〃　取締役辞任(19.11.10)	39	2301
〃　取締役辞任(19.11.26)	39	2303
〃　増資及定款変更(19.11.29)	39	2306
〃　監査役就任(19.11.29)	39	2307
鉱業会社新潟軽合金工場建設事務所其他廃止(20.1.20)	40	2402
〃　東北監督及西部監督設置(20.3.20)	40	2411
〃　定款変更(20.5.29)	40	2432
〃　取締役変更(20.5.29)	40	2432
〃　定款変更(20.9.21)	40	2471
〃　本店職制中改正(20.10.22)	40	2487
〃　取締役及監査役辞任(20.11.1)	40	2499
〃　役員変更(20.11.30)	40	2514
〃　定款変更(20.11.30)	40	2514
〃　監督廃止(20.12.20)	40	2526
〃　本店職制中改正(21.5.23)	40	2636
〃　取締役辞任(21.5.30)	40	2638
〃　監査役変更(21.5.31)	40	2639
〃　定款変更(21.5.31)	40	2639
〃　第二会社設立(25.4.1)	40	2748

15）三菱倉庫株式会社

（大正）

項目	頁	番号
三菱倉庫株式会社移転(7.6.21)	29	4498
社名変更(7.2.26)	29	4655
本社職制制定(7.2.26)	29	4655
本社ヲ本店ト改称(7.5.11)	29	4656
取締役会長及監査役更迭(8.5.30)	30	5001
取締役異動附菱華倉庫株式会社役員異動(9.1.26)	30	5333
倉庫会社移転(9.7.18)	31	5234
取締役就任附菱華倉庫会社役員異動(10.1.31)	31	5655
常務取締役辞任(11.12.31)	31	5966
取締役退任及常務取締役就任(12.1.31)	32	6389
本店職制改正(12.4.19)	32	6390
取締役会長更迭(13.7.29)	33	6670

（昭和）

項目	頁	番号
倉庫会社本店職制中改正(2.1.25)	35	4
〃　取締役変更(2.1.31)	35	5
〃　定款変更(3.4.2)	35	132
〃　本店移転並東京支店廃止(6.1.17)	36	491
〃　本店職制中改正(6.1.17)	36	491
〃　定款変更(6.1.17)	36	491
〃　取締役変更(7.1.29)	36	634
〃　及菱華倉庫会社監査役変更(8.1.30)	36	761
〃　本店職制中改正(9.1.25)	36	868
〃　及菱華倉庫会社取締役辞任(9.4.28)	36	892
〃　取締役辞任(9.6.1)	36	895
〃　取締役会長及取締役就任(10.3.5)	37	1001
〃　定款変更(11.1.30)	37	1122
〃　定款変更(12.2.5)	37	1257
〃　定款変更(12.7.21)	37	1288
〃　増資，株式公開及定款変更(12.8.5)	37	1291
〃　定款変更(12.8.18)	37	1292
〃　取締役及監査役変更(13.2.10)	37	1407
〃　定款変更(14.2.9)	38	1517
〃　役員変更(14.2.9)	38	1517
〃　職制制定(14.2.9)	38	1517
〃　取締役就任(14.8.8)	38	1538
〃　取締役辞任(15.1.24)	38	1622
〃　定款変更(15.2.8)	38	1623
〃　及上海三菱倉庫会社常務取締役辞任(15.5.7)	38	1642
〃　常務取締役就任(15.7.23)	38	1663
〃　取締役就任(15.8.8)	38	1666
〃　名古屋出張所独立(15.11.1)	38	1682
倉庫会社定款変更(16.2.6)	38	1765
〃　役員変更(16.2.6)	38	1765
上海三菱倉庫会社取締役及監査役変更(16.2.6)	38	1765
倉庫会社取締役及監査役辞任(16.7.23)	38	1801
〃　取締役及監査役就任(16.8.11)	38	1803
〃　職制改正(16.11.27)	38	1827
上海三菱倉庫会社取締役変更(17.2.7)	38	1913
倉庫会社営業ノ一部譲渡(17.12.19)	38	1974
〃　定款変更(17.12.19)	38	1975
〃　監査役変更(18.2.9)	39	2069
上海三菱倉庫会社役員変更(18.2.9)	39	2069
倉庫会社職制改正(18.5.29)	39	2095
上海三菱倉庫会社常務取締役辞任(18.7.1)	39	2106
上海三菱倉庫会社常務取締役就任(18.7.16)	39	2109
倉庫会社定款変更(18.8.6)	39	2116
〃　職制中改正(18.8.6)	39	2117
上海三菱倉庫会社定款変更(18.8.6)	39	2117
倉庫会社取締役辞任(19.1.22)	39	2228
〃　監査役辞任(19.1.21)	39	2228
〃　取締役就任(19.2.10)	39	2234
〃　常務取締役変更及取締役就任(19.3.30)	39	2250
〃　取締役辞任(19.5.31)	39	2270
〃　常務取締役辞任(19.6.30)	39	2281
〃　取締役就任(19.8.8)	39	2288
〃　職制中改正(19.12.15)	39	2315
上海三菱倉庫会社取締役就任(20.2.8)	40	2404
倉庫会社取締役社長辞任及常務取締役就任(20.4.25)	40	2424
〃　定款変更(20.8.27)	40	2465
〃　職制改正(20.10.24)	40	2487
〃　本店営業部廃止及東京支店設置(20.11.1)	40	2497
〃　取締役及監査役辞任(20.11.1)	40	2498
〃　監査役就任(20.11.28)	40	2514
〃　取締役社長就任(20.12.1)	40	2517
〃　監査役辞任(21.5.8)	40	2634
〃　監査役就任(21.5.30)	40	2638
〃　定款変更(21.5.30)	40	2638
〃　監査役変更(21.8.28)	40	2653
〃　職制改正(21.8.28)	40	2653

組織・職制

16）株式会社三菱銀行

（大正）

項目	頁	番号
銀行営業譲渡外決議(8.8.15)	30	4909
三菱銀行設立登記(8.8.25)	30	4910
銀行部廃止，所管事業移転(8.9.30)	30	4922
銀行部事業譲渡代金(8.10.1)	30	4923
役員選任(8.8.15)	30	5027
株式会社三菱銀行職制(8.10.1)	30	5027
取締役就任(9.9.16)	30	5368
取締役会長更迭外役員異動(10.9.24)	31	5681
三菱銀行職制改正(11.8.22)	31	5990
三菱銀行事務開始(12.9.6)	32	6188
株式会社三菱銀行職制中改正(12.3.1)	32	6415
本社館内銀行出張所再開(13.3.1)	33	6547
三菱銀行職制改正(13.3.29)	33	6707
定款変更(13.9.15)	33	6709
取締役就任(15.3.15)	34	7287

（昭和）

項目	頁	番号
取締役辞任(2.3.10)	35	12
目的事項変更(3.3.15)	35	129
取締役退任(3.9.21)	35	151
株式分譲(3.12.3)	35	161
増資，株式一部公開及定款変更(4.3.15)	35	242
森村銀行営業譲受契約締結(4.2.21)	35	239
森村銀行買収ニ伴フ銀行支店設置(4.5.1)	35	250
常務取締役辞任(4.8.30)	35	265
職制及職制内規改正(4.9.4)	35	266
役員変更(4.9.16)	35	273
定款変更(6.3.5)	36	509
定款変更(8.3.6)	36	764
役員変更(8.9.5)	36	784
定款変更(9.9.5)	36	915
取締役変更(9.9.5)	36	915
取締役会長更迭(10.3.5)	37	1002
取締役就任(11.3.5)	37	1130
定款変更(11.3.5)	37	1130
銀行職制及職制内規改正(10.11.15)	37	1033
常務取締役辞任(11.6.24)	37	1148
常務取締役就任(11.9.5)	37	1156
常勤監査役就任(12.3.5)	37	1260
取締役変更(12.9.6)	37	1295
定款変更(12.9.6)	37	1295
取締役会長更迭(13.3.5)	37	1417
定款変更(13.9.5)	37	1442
定款変更(14.3.6)	38	1521
職制中改正(14.8.30)	38	1539
役員変更(14.9.5)	38	1541
定款変更(14.9.5)	38	1541
定款変更(15.3.5)	38	1629
取締役就任(15.3.5)	38	1630
金原銀行本支店及東京中野銀行新宿支店買収承認及定款変更(15.9.5)	38	1671
金原銀行本支店及東京中野銀行新宿支店営業継承(15.10.21)	38	1680
職制中改正施行(15.10.24)	38	1681
常務取締役辞任(16.2.7)	38	1765
職制及職制内規改正(16.6.24)	38	1791
定款変更(16.9.5)	38	1814
定款変更(16.12.22)	38	1833
東京中野銀行買収承認及定款変更(17.3.5)	38	1916
東京中野銀行営業継承(17.4.27)	38	1929
職制中改正施行(17.4.27)	38	1929
取締役辞任(17.8.25)	38	1950
取締役変更(17.9.5)	38	1955
定款変更(17.9.5)	38	1955
第百銀行合併契約締結(18.1.19)	39	2059
第百銀行合併承認及定款変更(18.2.8)	39	2068
取締役辞任(18.2.18)	39	2069
定款変更(18.3.5)	39	2074
取締役就任(18.3.5)	39	2074
第百銀行本支店等継承及店名変更(18.4.1)	39	2078
職制及職制細則改正(18.4.1)	39	2082
取締役頭取外役員就任(18.4.1)	39	2085
定款変更(18.4.30)	39	2089
出張所母店変更(18.6.1)	39	2097
定款変更(18.7.30)	39	2113
定款変更(18.10.30)	39	2134
常務取締役死去(19.3.4)	39	2239
職制及職制細則改正(19.3.25)	39	2244
定款変更(19.4.28)	39	2261
役員変更(20.5.1)	40	2427
職制中改正(20.5.11)	40	2429
職制中改正(20.6.28)	40	2436
監査役辞任(20.8.17)	40	2464
職制中改正(20.9.10)	40	2465
取締役辞任(20.10.2)	40	2473
定款変更(20.10.30)	40	2490
役員変更(20.10.30)	40	2490
職制中改正(20.10.30)	40	2491
職制中改正(20.12.10)	40	2519
職制中改正(21.3.27)	40	2627
取締役辞任(21.4.15)	40	2629

職制中改正(21.4.19)	40	2629
定款変更(21.4.30)	40	2633
役員変更(21.4.30)	40	2633
職制中改正(21.8.7)	40	2647
千代田銀行発足(23.10.1)	40	2733

17) 三菱海上火災保険株式会社および東京海上火災保険会社

(大正)

三菱海上火災保険株式会社設立(8.3.8)	30	4851
三菱保険会社新設ニ付正員役名等ニ関シ通知(8.6.10)	30	4890
役員選任(8.3.8)	30	5025
取締役就任(9.1.23)	30	5363
本店職制制定(9.5.12)	30	5363
大阪出張所設立(9.8.16)	30	5364
取締役会長更迭(10.9.20)	31	5679
大阪支店長任命(10.10.1)	31	5679
大阪出張所改称(10.10.1)	31	5679
神戸支店設置(11.10.18)	31	5986
監査役死去(11.4.1)	31	5986
取締役変更(12.6.10)	32	6413
福岡市駐在員設置(12.9.1)	32	6413
本店職制中改正(13.9.18)	33	6703
取締役会長更迭其他役員異動(14.4.22)	34	7002
福岡出張員移転(14.11.29)	34	7002
京都出張員事務所移転(14.11.30)	34	7002
京都出張員事務所改称(14.12.19)	34	7002
三菱海上火災保険株式会社本店職制中改正(15.2.27)	34	7285
取締役変更(15.12.21)	34	7286

(昭和)

保険会社職制中改正(3.12.5)	35	163
〃 本店職制中改正(6.11.18)	36	538
〃 取締役辞任(6.12.15)	36	554
〃 金沢駐在員設置(6.12月)	36	559
〃 常務取締役就任(7.7.19)	36	668
〃 本店職制中改正(7.7.20)	36	668
〃 取締役辞任(7.12.21)	36	684
〃 取締役及監査役辞任(8.4.18)	36	767
〃 広島駐在員設置(8.4月)	36	769
〃 分系会社ヲ離脱(8.5.10)	36	769
〃 役員変更(8.12.21)	36	792
東京海上火災保険,明治火災海上保険及三菱海上火災保険会社合併契約締結(18.10.13)	39	2130
東京海上火災保険,明治火災海上保険及三菱海上火災保険会社合併決議(18.11.30)	39	2142
東京海上火災,明治火災海上及三菱海上火災保険会社解散合併(19.3.20)	39	2241
岩崎小弥太東京海上火災保険会社取締役辞任(20.11.1)	40	2499

18) 三菱信託株式会社

(昭和)

信託会社創立総会(2.3.10)	35	12
開業(2.4.5)	35	27
定款変更(3.6.27)	35	143
取締役改名(3.7.2)	35	144
定款変更(4.6.26)	35	261
常務取締役就任(4.6.26)	35	261
取締役辞任(4.9.10)	35	269
分系会社ニ編入(4.10.31)	35	275
監査役変更(7.12.28)	36	685
監査役辞任(9.1.6)	36	867
職制改正(10.11.29)	37	1038
常務取締役変更及取締役就任(10.12.27)	37	1042
業務ノ種類及方法書中変更(11.3.4)	37	1129
取締役会長更迭及常務取締役辞任(11.6.25)	37	1151
取締役辞任(11.12.7)	37	1170
監査役就任(12.6.24)	37	1286
取締役就任(12.12.23)	37	1321
取締役就任(13.12.23)	37	1455
職制改正(13.12.23)	37	1455
職制中改正(14.7.14)	38	1536
取締役辞任(14.7.21)	38	1537
監査役辞任(14.12.4)	38	1556
定款変更(14.12.22)	38	1561
取締役及監査役就任(14.12.22)	38	1563
定款変更(15.5.15)	38	1643
定款変更(16.6.24)	38	1794
職制改正(16.10.9)	38	1822
取締役辞任(16.12.1)	38	1830
神戸出張所設置(17.5.5)	38	1932
定款変更(17.5.12)	38	1933
取締役就任及監査役変更(17.12.23)	38	1975
定款変更(17.12.23)	38	1975
定款変更(18.6.23)	39	2102
定款変更(18.8.31)	39	2118
職制改正(18.10.1)	39	2128
職制中改正(18.12.1)	39	2144
定款変更(19.3.9)	39	2239
監査役就任(19.10.26)	39	2299
職制中改正(20.4.20)	40	2422
定款変更(20.9.22)	40	2471
職制中改正(20.10.10)	40	2479
役員変更(20.10.31)	40	2493
取締役死去(21.2.16)	40	2604

組織・職制　　　　　　　　　　　　　　　23

定款変更(21.4.30)	40	2633	〃　職制中改正(20.11.15)　40　2511
役員変更(21.4.30)	40	2633	〃　役員変更(20.11.27)　40　2514
職制改正(21.5.20)	40	2635	〃　定款変更(20.11.27)　40　2514
職制改正(21.8.10)	40	2649	〃　職制中改正(21.4.23)　40　2632
社名変更及銀行業務開始(23.8.2)	40	2732	〃　取締役及監査役変更(21.5.30)　40　2638
			〃　取締役辞任(21.9.17)　40　2658

19）三菱石油株式会社

（昭和）

20）日本タール工業株式会社，日本化成工業株式会社および三菱化成工業株式会社

（昭和）

石油会社創立総会(6.2.11)	36	493
〃　常務取締役死去(6.4.12)	36	515
〃　常務取締役就任(6.4.21)	36	518
〃　取締役変更(6.8.7)	36	531
〃　川崎製油所操業開始(6.12.14)	36	554
〃　役員変更(7.1.15)	36	633
〃　増資及定款変更(8.2.15)	36	762
取締役社長更迭(8.12.9)	36	791
〃　取締役変更(11.6.25)	37	1151
〃　役員変更(11.12.26)	37	1172
〃　増資及定款変更(12.8.28)	37	1293
〃　監査役変更(13.12.19)	37	1454
〃　役員変更(14.10.27)	38	1544
〃　日本文定款中訂正(14.10.27)	38	1544
定款変更(15.6.25)	38	1655
〃　取締役副社長変更(15.6.25)	38	1655
〃　監査役辞任(15.10.16)	38	1680
〃　増資及定款変更(15.12.2)	38	1687
〃　職制改正(16.3.15)	38	1768
〃　定款変更(16.7.28)	38	1801
〃　取締役副社長辞任(16.7.28)	38	1801
〃　取締役就任(17.1.26)	38	1907
〃　取締役社長及役員就任(17.6.26)	38	1943
〃　定款変更(17.12.24)	38	1976
〃　取締役変更(17.12.24)	38	1976
〃　定款変更(18.6.22)	39	2102
〃　富島事務所開設(18.7.1)	39	2106
〃　富島製油所設置(19.3.1)	39	2238
〃　職制改正(19.4.1)	39	2252
〃　定款変更(19.6.27)	39	2280
〃　常務取締役就任(19.6.27)	39	2281
〃　職制中改正(19.8.15)	39	2290
〃　監査役変更(19.11.28)	39	2304
〃　取締役社長更迭(19.11.28)	39	2304
〃　宮第8011工場開設(20.4.1)	40	2419
〃　職制中改正(20.4.24)	40	2423
〃　常務取締役辞任(20.4.24)	40	2423
〃　取締役就任(20.5.31)	40	2432
〃　職制中改正(20.8.25)	40	2464

日本タール工業会社設立(9.8.1)	36	911
日本タール工業会社取締役就任(10.9.19)	37	1026
日本タール工業会社代表取締役就任(11.5.20)	37	1142
日本タール工業会社定款変更(11.5.20)	37	1142
日本タール工業会社取締役辞任(11.7.15)	37	1153
日本タール工業会社取締役就任(11.8.1)	37	1156
日本タール工業会社増資及定款変更(11.9.19)	37	1158
日本タール工業会社社名変更(11.10.29)	37	1161
三菱石炭油化工業会社設立(12.8.18)	37	1292
日本化成工業会社ニテ新興人絹会社経営ニ参加(12.11.25)	37	1310
〃　　監査役辞任(13.3.11)	37	1417
〃　　取締役及監査役就任(13.3.26)	37	1419
〃　　監査役死去(14.1.24)	38	1516
〃　　取締役社長就任及監査役辞任(14.6.29)	38	1533
取締役及監査役就任(14.7.14)	38	1536
〃　　定款変更(15.3.28)	38	1634
〃　　常務取締役就任(15.3.28)	38	1636
〃　　増資及定款変更(15.7.18)	38	1662
〃　　定款変更(15.9.26)	38	1675
〃　　取締役変更(15.9.26)	38	1675
〃　　取締役及監査役就任(16.3.27)	38	1770
〃　　職制改正(16.3.31)	38	1771
〃　ニテ朝鮮化学工業会社及新興窒素工業会社ト合併契約締結(16.8.20)	38	1811
〃　ニテ朝鮮化学工業会社及新興窒素工業会社ト合併契約承認(16.11.29)	38	1829
〃　　定款変更(16.11.29)	38	1829
〃　　職制中改正(17.3.12)	38	1916
〃　ニテ新興人絹会社合併契約締結(17.3.14)	38	1917
〃　　取締役変更(17.3.30)	38	1923
〃　ニテ朝鮮化学工業，新興窒素工業両会社業務継承(17.4.1)	38	1925
〃　　ニテ新興人絹会社合併契約		

承認及定款変更(17.5.1)	38	1931
〃　　取締役辞任(17.6.29)	38	1944
〃　　職制中改正(17.7.29)	38	1945
〃　　ニテ新興人絹会社業務継承(17.8.1)	38	1947
〃　　定款変更(17.9.30)	38	1958
〃　　役員変更(17.9.30)	38	1958
〃　　ニテ新興人絹会社合併報告及定款変更(17.9.30)	38	1958
〃　　ニテ三菱マグネシウム工業会社経営引受(17.10.26)	38	1964
〃　　定款変更(18.3.30)	39	2077
〃　　職制中改正(18.4.23)	39	2087
〃　　定款変更(18.9.30)	39	2127
〃　　取締役変更(18.9.30)	39	2127
〃　　職制中改正(18.9.30)	39	2127
日本化成工業，旭硝子両会社合併契約締結(18.12.20)	39	2144
日本化成工業会社職制中改正(19.1.13)	39	2227
〃　　ニテ旭硝子会社トノ合併承認及定款変更其他(19.1.28)	39	2230
〃　　役員辞任(19.1.31)	39	2232
〃　　定款変更(19.3.30)	39	2251
〃　　役員変更(19.3.30)	39	2251
〃　　ニテ旭硝子会社業務継承(19.4.1)	39	2253
〃　　社名変更(19.4.1)	39	2253
三菱化成工業会社職制改正(19.4.1)	39	2255
〃　　役員就任(19.5.9)	39	2266
〃　　監査役死去(19.8.15)	39	2290
三菱石炭油化工業会社帝国燃料興業会社へ合併契約締結(19.8.15)	39	2290
三菱化成工業会社監査役就任(19.9.29)	39	2294
〃　　職制中改正(19.9.29)	39	2294
〃　　富田工場設置(19.10.20)	39	2299
〃　　職制中改正実施(19.10.20)	39	2299
〃　　職制中改正(20.1.11)	40	2400
〃　　職制中改正実施(20.2.1)	40	2404
〃　　取締役変更(20.3.29)	40	2416
〃　　職制中改正(20.5.1)	40	2427
〃　　常務取締役辞任(20.7.1)	40	2438
〃　　職制中改正(20.7.1)	40	2439
〃　　取締役辞任(20.7.31)	40	2444
〃　　職制中改正(20.9.1)	40	2465
〃　　定款変更(20.9.29)	40	2472
〃　　取締役辞任(20.11.1)	40	2499
〃　　職制改正(20.12.1)	40	2517
〃　　監査役辞任(20.12.31)	40	2528
〃　　定款変更(21.3.30)	40	2628
化成工業会社取締役社長更迭及役員変更(21.3.30)	40	2628
〃　　取締役辞任(21.5.13)	40	2635
〃　　第二会社設立(25.6.1)	40	2749

21）三菱化工機株式会社

(昭和)

化工機製作会社設立(10.5.1)	37	1010
〃　　社名変更(13.11.17)	37	1449
化工機会社田中機械製作所合併契約締結(19.8.15)	39	2266

22）三菱地所株式会社

(昭和)

地所会社創立総会(12.5.7)	37	1275
取締役及監査役就任(12.5.27)	37	1284
営業開始(12.6.1)	37	1284
職制制定(12.6.1)	37	1285
建築課業務地所会社ニ引継(12.11.1)	37	1308
地所会社職制改正(12.11.20)	37	1310
定款変更(12.12.21)	37	1320
定款変更(14.2.15)	38	1519
取締役辞任(14.4.10)	38	1526
定款変更(15.2.15)	38	1624
取締役会長更迭及役員変更(15.8.6)	38	1665
職制改正(15.8.6)	38	1665
定款変更(16.8.1)	38	1801
取締役死去(17.3.28)	38	1921
職制改正(18.5.25)	39	2092
定款変更(18.8.3)	39	2115
取締役及監査役変更(18.8.3)	39	2116
職制改正(18.10.21)	39	2133
定款変更(19.2.16)	39	2235
監査役就任(19.11.9)	39	2301
職制中改正(20.1.15)	40	2400
増資及定款変更(20.3.15)	40	2409
職制中改正(20.4.20)	40	2422
取締役社長更迭(20.11.8)	40	2508
職制中改正(21.3.29)	40	2627
水島事務所設置(21.5.1)	40	2634
取締役退任及監査役変更(21.5.3)	40	2634
監査役辞任(21.9.20)	40	2658

組織・職制

23）三菱鋼材株式会社および三菱製鋼株式会社

（大正）

東京鋼材株式会社事業経営引受(15.7.31)	34	7269

（昭和）

東京鋼材会社増資(10.5.23)	37	1011
東京鋼材会社増資及定款変更(14.1.16)	38	1515
〃　　増資及定款変更(15.10.28)	38	1681
〃　　社名変更(15.12.1)	38	1687
鋼材会社取締役会長死去(16.1.5)	38	1758
〃　取締役辞任(16.1.16)	38	1759
〃　定款変更(16.1.31)	38	1760
〃　取締役社長及取締役就任(16.1.31)	38	1760
〃　職制中改正(16.2.1)	38	1761
〃　取締役及監査役変更(16.5.31)	38	1785
〃　職制中改正(16.12.26)	38	1837
〃　本店移転(17.1.20)	38	1907
〃　取締役辞任(17.2.27)	38	1915
〃　取締役及監査役変更(17.5.28)	38	1936
製鋼会社創立総会(17.8.31)	38	1951
製鋼会社ニテ重工業会社長崎製鋼所譲受契約締結承認(17.8.31)	38	1954
製鋼会社分系会社ニ編入(17.9.1)	38	1954
鋼材，製鋼両社ニテ合併契約承認(17.9.15)	38	1957
製鋼会社営業開始(17.10.1)	38	1959
〃　職制制定(17.10.1)	38	1960
〃　臨時工場建設部設置(17.10.1)	38	1960
〃　定款変更(17.10.5)	38	1961
〃　職制中改正実施(17.11.1)	38	1966
〃　定款変更(17.11.20)	38	1967
〃　ニテ鋼材会社業務継承(17.11.21)	38	1967
〃　職制中改正(17.11.21)	38	1968
鋼材会社解散登記(17.12.19)	38	1975
製鋼会社常務取締役死去(17.12.25)	38	1976
〃　職制中改正(18.1.12)	39	2057
〃　増資及定款変更(18.5.20)	39	2091
〃　常務取締役就任(18.6.10)	39	2099
〃　桶川工場建設事務所設置(18.6.10)	39	2099
〃　定款変更(18.7.17)	39	2109
〃　職制中改正実施(18.11.1)	39	2136
〃　非鉄金属工業所新設(19.2.1)	39	2233
〃　職制中改正実施(19.2.1)	39	2233
〃　職制中改正(19.4.6)	39	2262
〃　定款変更(19.5.25)	39	2267
〃　職制中改正(19.5.29)	39	2268
〃　広田製鋼所新設(19.6.1)	39	2273
〃　職制中改正実施(19.6.1)	39	2273
〃　職制改正(19.7.12)	39	2283
〃　監査役就任(19.11.25)	39	2303
〃　職制中改正(20.2.19)	40	2406
〃　職制中改正(20.4.20)	40	2422
〃　職制中改正(20.6.16)	40	2435
〃　取締役辞任(20.11.8)	40	2509
〃　定款変更(20.11.30)	40	2515
〃　取締役社長更迭及役員変更(20.11.30)	40	2515
〃　職制中改正(20.12.7)	40	2518
〃　深川製鋼所廃止(20.12.15)	40	2525
〃　職制中改正実施(20.12.15)	40	2526
〃　取締役社長更迭及常務取締役就任(21.2.14)	40	2604
〃　第二会社設立(24.12.1)	40	2743

24）三菱製紙株式会社

（明治）

神戸製紙所支配人名称廃止其他(32.7.6)	20	337
高砂工場開始(34.6.1)	20	495
神戸製紙所業務取扱方針(34.6.22)	20	497
神戸製紙所改称(37.6.1)	20	709

（大正）

三菱製紙所金町工場用地買収(4.5.4)	24	2495
三菱製紙所ヲ株式会社ニ組織変更(6.11.1)	28	3999
三菱製紙会社本社移転(7.5.20)	29	4488
〃　　江戸川工業所ニ付通知(8.4.28)	30	4863

（昭和）

製紙会社ニテ浪速製紙会社合併(19.8.1)	39	2286

25）その他

（大正）

東山農事株式会社設立(8.10.25)	30	4933
〃　　　新設通知(8.12.15)	30	4963

（昭和）

日本建鉄工業会社設立(10.4.1)	37	1007
江戸川工業所改組(12.4.1)	37	1261
満洲三菱機器会社取締役会長更迭(17.3.30)	38	1922
日本建鉄工業会社事業参与(17.3月)	38	1923
三菱汽船会社設立(18.6.21)	39	2100
康徳吉租会社定款変更(18.8.3)	39	2116
〃　　取締役就任(18.8.3)	39	2116
三菱汽船会社増資(18.11.11)	39	2137
康徳吉租会社監査役変更(19.2.22)	39	2236
〃　　常務取締役就任(19.11.16)	39	2302
三菱飛行機木材会社発足(20.7.15)	40	2439

3. 制度・規則・通知

1）方針

a）創業時代（明治3年～26年）

（明治）

項目	頁	番号
東京支店ヲ本店ニ,大阪本店ヲ支店ニ変更(7.4.1)	1	190
社員戒飭(8.5.是月)	2	97
経費節約ノ件(8.6.28)	2	129
第1命令書下附(8.9.15)	2	203
経費節約ノ件(8.11.26)	2	396
社員戒飭(9.3.是月)	3	137
社長副社長管事減俸並ニ冗員淘汰(9.4.1)	3	142
社員驕慢戒飭(9.8.是月)	3	359
第2命令書下附(9.9.15)	3	386
支店長会議休止(10.3.20)	4	78
類聚社則頒布(11.1.2)	5	1
調役設置(11.3.8)	5	303
社則刪定増補(11.3.14)	5	339
冗費節約ノ件(11.4.4)	6	372
旅費規則追補(11.8.25)	6	562
為替業務海運業務区別ノ件(13.9.17)	8	511
各船々長以下戒飭(14.2.17)	9	32
社業運営方策翼賛ノ件(14.5.11)	9	166
第3命令書下附(15.2.28)	10	196
言行戒慎ノ件(15.11.11)	10	465
社業経営方策翼賛ノ件(16.8.10)	11	96
冗費節約給料減額ノ件(18.2.27)	13	61
海運施業方策ノ件(18.3.18)	13	110

b）合資会社時代（明治27年～大正6年）

（明治）

項目	頁	番号
鉱山炭坑ヲ社名ニ変更(27.3.19)	19	11
旧会社時代書類(30.6.30)	19	186
地上権又ハ質借権ノ登記方注意(32.4.15)	20	324
会社設立年表示方通知(32.6.15)	20	333
金融ニ関シ通知(34.2.27)	20	481
神戸製紙所業務取扱方針(34.6.22)	20	497
節約励行方通知(36.12.23)	20	661
鉱業法実施ニ付注意(38.7.3)	20	804
銅価低落ニ付各鉱山ニ警告(43.7.15)	21	1248
各炭坑協力方通知(44.7.1)	21	1332

（大正）

項目	頁	番号
彦島造船所開始ニ付通達(3.11.25)	23	2249
総選挙ニ付戒飭(4.2.2)	24	2431
彦島造船所長崎神戸両造船所ト取引開始(4.2.13)	24	2436
神戸地所造船所ニ引継(6.8.30)	27	3904
臨時製鉄所建設部幹部兼二浦ニ移転(6.9.23)	28	3940
造船関係業務造船会社ニ引継届(6.10.26)	28	3990

c）分系会社設立以降（大正7年～昭和27年）

（大正）

項目	頁	番号
分系会社ト合資会社トノ関係取極(7.1.14)	29	4322
分系会社資金調達並運用方取極(7.4.17)	29	4447
鉱山部新会社設立ニ付電信書翰発送方通達(7.4.25)	29	4459
鉱山部炭坑部営業部事業引継其他ニ付通知(7.4.30)	29	4464
三菱商事鉱業両会社新設ニ付正員役名等ニ関シ通知(7.5.1)	29	4472
分系会社ト合資会社トノ関係取極(7.5.20)	29	4487
分系会社重役会内規(8.3.10)	30	4852
銀行部財産引渡等ニ関スル契約(8.8.16)	30	4909
三菱銀行設立ニ付通知(8.9.15)	30	4914
総選挙ニ付注意(9.4.17)	30	5183
社交規約ニ関シ通達(9.12.10)	30	5289
分系会社取締役会内規制定(11.8.1)	31	5890
分系各会社ノ一般通知ニ頭字ヲ附スルノ件(10.2.4)	32	5496
労働者ノ選挙権行使並立候補ニ関スル件(15.1.7)	34	7107

（昭和）

項目	頁	番号
取締役会決議事項伺出方改定(2.2.15)	35	6
総選挙ニ付通知(3.1.30)	35	123
鉱業会社売炭所改称(4.6.1)	35	257
「分系各会社ト本社トノ関係」改正(4.6.12)	35	257
分系会社重役会内規中改正(4.6.12)	35	259
取締役会ニ提出スベキ議案ニ付通知(4.6.12)	35	260
信託会社業務ノ種類及方法書中変更(4.7.9)	35	262
信託会社分系会社ニ編入(4.10.31)	35	275
総選挙ニ付通知(5.2.8)	35	378
商事会社ニテ不況ニ対処スル注意方通知(5.3.14)	35	380
赤星地所部長新入社員ニ対シ講演(5.6.3)	35	397
「分系各会社ト本社トノ関係」中改正(7.2.1)	36	635
総選挙ニ付通知(7.2.4)	36	636
分系各社協力ニ関シ通知(7.7.4)	36	667

制度・規則・通知

三菱合資会社在籍ノ分系会社重役（取締役及監査役）ノ待遇方ニ係ル内規中改正(7.9.16)	36	675
三菱合資会社在籍ノ分系会社重役報酬支給内規中改正(7.9.16)	36	675
保険会社分系会社ヲ離脱(8.5.10)	36	769
商事会社ニ於テ好景気ニ際シ示達(8.6.27)	36	775
商事会社ニテ三綱領制定(9.2.1)	36	869
重工業会社創設趣意通知(9.4.10)	36	884
重工業会社ニテ航空機会社業務継承及支店設置(9.6.12)	36	899
傍系又ハ関係会社ヨリ受クル役員報酬其他ノ取扱方(11.7.28)	37	1154
「分系各会社ト本社トノ関係」中改正(12.1.18)	37	1253
商事会社ニテ取引上注意方通知(12.4.2)	37	1261
船田商事会社会長新入社員ニ対シ訓話(12.4.28)	37	1267
地所会社設立ニ付通知(12.5.7)	37	1278
商事会社社章制定承認(12.8.10)	37	1291
商事会社ニテ時局ニ関シ通知(12.11.9)	37	1308
三菱社分系各会社間関係事項取扱内規制定(13.2.25)	37	1413
東京鋼材，三菱石油，日本化成工業三社分系会社ニ編入(15.12.1)	38	1686
商事会社ニテ綱紀粛正ニ関シ通知(16.3.26)	38	1769
商事会社ニテ業績低下ニ関シ通知(16.5.14)	38	1774
三菱社分系各会社間関係事項取扱内規改正(16.5.27)	38	1782
商事会社ニテ非常時局処置ニ関シ通知(16.8.11)	38	1803
総選挙ニ付通知(17.4.22)	38	1928
翼賛政治会ニ関シ通知(17.5.21)	38	1934
三綱領及三菱養和会教条制定ニ関シ告示(18.2.8)	39	2067
三菱本社役員室及事務室移転(21.1.5)	40	2600
三菱協議会廃止(21.6.15)	40	2640
金曜午餐会(21.6.17)	40	2641
火曜会開催(21.9.17)	40	2658
三菱本社清算最終処理事項決定(27.4.8)	40	2757

2）制度

a）創業時代（明治3年～26年）

（明治）

社則創定社制改革(8.5.1)	2	37
会計帳簿様式釐定(9.1.1)	3	1
球琉支社準備金釐定(9.5.8)	3	185
神戸支社会計諸係設置(10.4.20)	4	128
簿記法頒布(10.7.26)	4	282
鉱山事務長ヲ元締役ト改称(11.3.11)	5	305
支社支配人会議延期(11.3.20)	5	352
支社支配人任期改正(11.4.29)	6	408
副支配人職務章程制定(11.11.12)	6	662
検査役廃止(12.4.24)	7	211
調役及支社勘定係職務章程頒布(12.4.24)	7	212
社則支社印章取扱條項追補(12.5.16)	7	242
統計委員設置(12.7.18)	7	322
類聚社則頒布(13.1.15)	8	27
支社支配人会議延期(13.3.是月)	8	276
高島炭坑事務所役員心得制定(14.4.1)	9	141
高島炭坑長崎事務所印章釐定(14.7.2)	9	250
小使廃止給仕店童使用(14.10.11)	9	335
吉岡鉱山資本金額釐定(14.12.23)	9	376
類聚社則頒布(15.1.13)	10	19
吉岡鉱山職制改定(20.4.20)	15	13
吉岡鉱山諸規則制定(19.5.25)	15	58
造船所資本金額釐定(20.6.28)	15	34
尾去沢鉱山資本金額釐定(20.12.31)	15	245
黒森鉱山資本金額釐定(21.10.18)	16	194
本社事務取扱規程制定(21.11.9)	16	213
炭坑事務所支配人，造船所長及ヒ高島炭坑々長事務取扱心得頒布(21.12.25)	16	247
黒森鉱山事務規程制定(22.6.21)	16	283
新入鯰田炭坑芦屋若松出張所事務取扱規程制定(22.是歳)	16	403
面谷鉱山資本増額(23.2.20)	17	40
新入炭坑資本増額(23.3.12)	17	64
吉岡鉱山諸規則改定(24.5.1)	17	71
古賀山炭坑事務取扱規程制定(23.5.9)	17	85
各鉱山事務取扱心得制定(23.5.10)	17	87
小真木鉱山資本増額(23.5.20)	17	89
日豊鉱山資本増額(23.6.10)	17	92
長崎支店事務取扱心得制定(23.12.22)	17	220
鉱山役員称呼改定(25.5.18)	18	35
炭坑役員称呼改定(25.6.20)	18	47

b) 合資会社時代（明治27年～大正6年）

(明治)

項目	巻	頁
各場所印章制定「27.1.31)	19	6
名札掛ヲ設ク(27.9.13)	19	29
鉱山師長廃止其他(27.10.30)	19	32
地所譲渡証本社保管(28.1.26)	19	64
差配所小使扱方(28.9.27)	19	81
銀行部印章設定(28.10.9)	19	82
場所限印章(28.12.20)	19	89
商船名ニ丸ノ字ヲ付ス(29.1.29)	19	105
鉱山炭坑製出品報告(30.2.10)	19	155
大阪製錬所製出品報告(30.6.4)	19	180
進退報告配付(31.5.16)	19	266
各事業場年報調製(31.9.8)	19	280
各支店年報調製(31.10.12)	19	283
使傭人誓約書(31.11.4)	19	285
鉱山炭坑事業報告(31.12.1)	19	287
三菱造船所内職務細則(32.11.1)	20	356
大冶鉱石運搬事業取扱心得(33.7.21)	20	420
荒川鉱山職務章程改定(33.9.1)	20	428
神戸製紙所営業日報(34.1.22)	20	472
鉱業明細表写提出方(36.4.11)	20	634
大冶鉱山運搬事務心得(36.4.15)	20	634
鉱山炭坑事業報告様式一定(36.11.30)	20	659
事務取扱心得中削除(36.12.14)	20	660
売炭勘定取扱規定制定(37.6.1)	20	709
三菱造般所新規拡張工事施行方改正(37.10.4)	20	728
神戸三菱造船所印章制定(38.7.27)	20	808
船長心得書制定(39.6.28)	21	884
業務担当社員印形改定(39.7.5)	21	886
役員人員進退及給料支給高表其他提出方(39.7.13)	21	888
三菱造船所「カード，システム」採用(40.5.4)	21	974
神戸造船所船渠規則制定(40.6.7)	21	982
両造船所工業略報廃止(40.6.29)	21	987
監督船長ノ職務概要心得制定(40.8.30)	21	1003
社有汽船管轄方(42.5.1)	21	1156
本社小使勤務心得制定(42.8.23)	21	1173
諸例規編纂配付(42.12.30)	21	1196
各部取扱事務規定改定(43.1.19)	21	1222
部長報告会並書類閲覧順序(44.1.13)	21	1302
門司支店ニテ彦島船渠築設手続等取扱(44.7.7)	21	1334
各場所事業年度ヲ改定(44.9.12)	21	1345
各鉱山月報材料提出方(44.10.7)	21	1351

(大正)

項目	巻	頁
租税上ノ事項届出ノ場合写送附方(1.5.29)	22	1471
上海支店傭使大阪支店ニ駐在(1.6.1)	22	1473
各部書類閲覧順序中取扱改正(1.12.4)	22	1527
本社各部年報提出方(2.1.9)	22	1613
横浜出張所事務委任及監督方(2.1.11)	22	1615
鯰田硬炭名称改称(2.6.19)	22	1736
三菱印商標登録報告方(3.1.7)	23	1991
地所部制服貸与及徽章佩用内規(3.8.25)	23	2189
三菱印商標登録(3.11.18)	23	2243
三菱造船所製品ニ三菱「マーク」(3.11.26)	23	2252
彦島造船所業務委任届(3.12.2)	23	2260
本社在勤使用人名称改正(4.5.13)	24	2503
鉱山部炭坑部事務所移転(4.5.24)	24	2508
長崎神戸両造船所印送付(4.9.27)	24	2593
監査課事務取扱心得(5.2.29)	25	2913
造船規程改正ニ係ル件(5.6.6)	25	3035
使用人役名制定(5.8.24)	25	3130
印紙ニ関スル件改定(5.8.24)	25	3130
新ニ印紙ノ交付ヲ受ケザル使用人役名(5.8.30)	25	3135
営業部事務取扱方(5.8.30)	25	3136
社規中改正(5.9.1)	25	3141
佐渡鉱山鉱業施業案(5.10.1)	25	3174
使用人進級内規制定(5.10.19)	25	3188
神戸造船所取締規則(5.12.13)	26	3296
営業部各支店諸報告ノ件(6.5.28)	27	3769
社報発行通知(6.9.29)	28	3947
造船製鉄両社新設ニ付正員役名等ニ関シ通知(6.11.1)	28	3998
営業部売炭事務掌程制定(6.12.6)	28	4045
鉱山部職制改正(6.12.27)	28	4073

c) 分系会社設立以降（大正7年～昭和27年）

(大正)

項目	巻	頁
伏見分工場製品営業部大阪支店ニテ取扱(7.2.1)	29	4351
伏見分工場会計独立(7.2.13)	29	4370
使用人役名中修正(7.5.1)	29	4470
社章佩用ノ件(7.6.19)	29	4496
名古屋支店開業通知(7.9.25)	29	4542
総務部所管地所建物等地所課ニ引継(7.11.1)	29	4556
使用人以下営業部ヨリ引継諸規則襲用ノ件(7.5.1)	29	4567
船舶部勤務ノ者ニ辞令交付ノ件(7.5.1)	29	4661
使用人以下鉱山炭坑両部其他ヨリ引継諸規則襲用ノ件(7.5.1)	29	4669

制度・規則・通知　　29

人事ニ関スル用語改正(8.2.28)	30	4849
分系会社重役会内規(8.3.10)	30	4852
三菱銀行新設ニ付正員役名其他ニ関シ通知(8.10.1)	30	4923
銀行部印外各場所印返戻(8.11.21)	30	4956
一般通知第3号廃止(8.5.20)	30	4992
鉱業会社本店職制中改正(8.6.13)	30	5018
正員以下引継諸規則襲用(8.6.10)	30	5025
正員以下引継諸規則襲用(8.10.1)	30	5027
社規中改正ノ件(9.4.30)	30	5190
例規類纂ニ係ル件(9.5.4)	30	5199
三菱内燃機製造会社神戸分工場員扱方(9.6.29)	30	5226
三菱倉庫会社移転(9.7.18)	30	5234
三菱合資会社在籍ノ分系会社重役報酬支給内規(9.8.6)	30	5237
三菱合資会社在籍ノ分系会社重役待遇内規(9.8.6)	30	5238
諸内規中改正(9.9.14)	30	5251
内規類纂配付(9.10.28)	30	5261
社交規約ニ係ル件(9.12.14)	30	5290
内燃機会社本店仮事務所設立(9.11.1)	30	5370
三菱電機株式会社業務取扱場所(10.1.29)	31	5490
社章ニ係ル件(10.4.21)	31	5521
三菱商事会社本店事務所移転(10.6.20)	31	5550
三菱製鉄会社移転(10.7.26)	31	5566
三菱倉庫会社本店移転(10.7.28)	31	5567
三菱造船会社外移転(10.8.6)	31	5568
三菱内燃機株式会社本店移転(10.10.1)	31	5588
商標権共有登録(10.1.27)	31	5661
電機会社神戸工場名称変更(10.9.24)	31	5686
資料課事務分掌(11.3.16)	31	5819
分系会社取締役会内規制定(11.8.1)	31	5890
地所部移転(11.12.17)	31	5930
三菱銀行職制改正(11.8.22)	31	5990
電機会社本店移転(11.1.20)	31	5999
正員役名中改正(12.4.6)	32	6137
正員進級内規中改正(12.4.6)	32	6138
見習ニ対スル取扱(12.4.12)	32	6140
見習取扱(12.4.28)	32	6144
見習取扱(12.5.5)	32	6146
重要書類保管規則制定(13.1.22)	33	6520
重要書類保管規則制定方通達(13.1.22)	33	6522
電話架設ニ関スル覚書(13.1.23)	33	6523
重要書類遠地保管場所指定(13.2.25)	33	6542
秘書役場発行週報打切(13.3.3)	33	6547
監理課事務分掌規定(13.11.17)	33	6627
三菱銀行事務取扱規定制定(13.12.4)	33	6634
造船会社本店重要書類保管規則制定(13.4.9)	33	6661
長崎造船所其他重要書類保管規則制定(13.9.16)	33	6662
製鉄会社重要書類保管規則制定(13.4.14)	33	6665
倉庫会社重要書類保管規則制定(13.6.24)	33	6668
鉱業会社重要書類保管規則制定(13.5.20)	33	6698
保険会社重要書類保管規則制定(13.7.15)	33	6703
内燃機会社重要書類保管規則制定(13.5.24)	33	6711
役員職員等ノ用語統一(14.4.22)	34	6872
労務審議会規則制定(14.6.1)	34	6880
労務審議会議長其他任命並人事異動(14.6.1)	34	6883
労務審議会調査委員委嘱(14.6.9)	34	6888
税制整理調査委員会設立(14.10.24)	34	6927
銀行重要書類保管規程制定(14.3.19)	34	7003
労務審議会規則中改正(15.1.22)	34	7110
労務審議会報告(15.2.23)	34	7120
公職ニ対スル収入ニ係ル件(15.4.29)	34	7136
月報並年報印刷配布廃止(15.10.14)	34	7227

(昭和)

信託会社職制諸内規制定(2.11.16)	35	49
資料課評議員会規則制定(3.5.25)	35	137
資料課評議員会議長外任命(3.5.25)	35	138
技正ノ待遇方(3.7.7)	35	144
役員職員等ノ用語例中改正(3.7.7)	35	144
諸規則内規類適用方(4.5.31)	35	254
採用内規中改正(4.5.31)	35	255
准員ヲ正員ニ登用スル場合ノ取扱方(4.5.31)	35	256
正員進級内規改定(4.5.31)	35	256
倉庫会社支配人外名称変更(4.6.1)	35	257
社長以下職名英文訳語(4.9.20)	35	273
法制審議会議事調査委員会設置(4.10.28)	35	275
正員待命内規中改正(5.3.17)	35	383
信託会社重要書類保管規則制定(5.7.21)	35	404
新制度ニ依ル第1回理事会開催(7.1.8)	36	633
取締役会決議事項ニ関シ通知(7.2.18)	36	637
諸内規中字句訂正(7.4.6)	36	654
社長以下職名英文訳語中改正(7.4.7)	36	654
各課名其他訳語中改正(7.4.7)	36	655
経済研究所評議員依嘱(7.5.19)	36	661
経済研究所主事設置(7.7.1)	36	667
保険会社重要書類保管規則中改正(7.7.20)	36	668
分系会社重役会内規案其他中改正(7.9.16)	36	674
信託会社重要書類保管規則中改正(8.4.17)	36	767
商事会社技師役名替(10.4.23)	37	1008
信託会社正員役名制定(10.12.1)	37	1040
重工業会社重要書類保管規則改定(11.4.22)	37	1138
鉱業会社保安審議会規則制定(12.2.23)	37	1258
辞令ニ関スル制定(12.3.5)	37	1259

商事会社准員名称改正(12.3.25)	37	1260
文書ノ署名及印章ニ係ル件制定(12.5.17)	37	1279
三菱合資会社使用人引継及諸規則襲用(12.12.21)	37	1318
三菱合資会社諸規則適用ニ関シ通知(12.12.21)	37	1318
三菱社英文社名(12.12.21)	37	1319
第1回三菱協議会開催(12.12.24)	37	1321
社長以下役職名英文訳語(13.2.3)	37	1406
三菱社役員退職慰労金及年金内規制定(13.2.25)	37	1413
分系会社役員退職慰労金及年金内規制定(13.2.25)	37	1414
第1回査業委員会開催(15.8.22)	38	1668
重工業会社取締役会内規改正(15.10.8)	38	1678
三菱社役員参与退職慰労金及年金内規改正(16.5.27)	38	1782
分系会社役員退職慰労金及年金内規改正(16.5.27)	38	1782
職員ノ関係会社ヨリ受クル報酬其他取扱内規制定(16.5.27)	38	1783
職員ノ関係会社ヨリ受クル報酬其他取扱内規ニ関スル覚書制定(15.5.27)	38	1784
重要書類保管規則制定(16.10.1)	38	1819
重工業会社本店専用社章改定承認(17.3.16)	38	1918
三菱社役員参与退職慰労金及年金内規中改正(17.12.26)	38	1977
分系会社役員退職慰労金及年金内規中改正(17.12.26)	38	1977
信託会社業務ノ種類及方法書中変更(18.6.16)	39	2100
鉱業会社新潟軽合金工場建設委員会設置(18.7.10)	39	2108
正員役名制定(18.7.23)	39	2109
本社並分系会社役員退職慰労金及年金内規制定(18.7.30)	39	2111
諸規則中参与ニ関スル規定取扱(18.8.11)	39	2117
株主総会関係書類簡易化(18.9.27)	39	2123
施設促進中央委員会及施設促進実行委員会設置(19.11.29)	39	2304
社報編纂方改正(19.12.19)	39	2316
社報刊行休止(20.12.15)	40	2525
総務部課長打合会日取変更(21.1.21)	40	2601
信託会社業務ノ種類及方法書中変更(21.8.5)	40	2646
内規類纂,例規顕纂,電信暗号帳処置(21.9.4)	40	2655

3）規則

a）創業時代（明治3年～26年）

（明治）

船旗鳌定(3.10.18)	1	12
出退店時限鳌定(7.9.13)	1	261
輪番宿直制厳守ノ件(7.9.14)	1	262
乗車票鳌定(7.9.17)	1	264
貨物遺失錯誤速報ノ件(7.9.是月)	1	272
貨物取扱ノ件(7.10.是月)	1	284
荷物取扱所制規頒布(7.11.是月)	1	306
各船準備金濫用禁止(7.11.是月)	1	308
乗船券等級鳌定(7.12.是月)	1	331
上達文書体例鳌定(8.1.28)	1	369
出火駆付規則制定(8.2.4)	1	400
船員事務服鳌定(8.2.15)	1	411
大阪神戸両支店々用乗車賃銀額鳌定(8.3.1)	1	453
東京横浜間及大阪神戸間旅費支給額改定(10.1.1)	2	3
内国航船給仕時服鳌定(8.4.20)	2	22
神戸支店艀船賃銀低減,通船人夫賃鳌定(8.4.是月)	2	31
購入品仕出書記載ノ件(8.5.1)	2	62
購入食品帳記載ノ件(8.5.3)	2	67
貨物損害弁償報告書式鳌定(8.6.13)	2	118
社則社用乗車乗船等級条項増補(8.7.3)	2	143
社則社用乗船券条項増補(8.7.4)	2	145
上達文書記載規則制定(8.8.6)	2	167
封金受領手続制定(8.8.12)	2	176
社則私用上達書用箋条項追補(8.8.18)	2	178
社則船員上陸宿所予報条項増補(8.8.18)	2	178
印章改定(8.8.是月)	2	190
死亡船員葬費支出規則制定(8.10.8)	2	275
管事課長同伴家族無賃乗船規則制定(8.10.24)	2	339
大阪神戸両支社受貨区域鳌定(8.11.5)	2	374
不寝番勤務規則改定(9.1.23)	3	21
大阪支社艀船積金規則制定(9.2.28)	3	70
願伺書々式鳌定(9.3.16)	3	107
横浜品川出張賄料鳌定(9.3.17)	3	109
各船事務長金品授受届出書式鳌定(9.3.18)	3	110
太物紙類積卿用手鉤禁止(9.3.28)	3	126
積貨明細表徴集ノ件(9.3.29)	3	127
旅費規則改定(9.3.31)	3	133
社則社員執務時間条項刪修(9.4.1)	3	147
大阪勤番管事及支社事務長任期鳌定(9.7.28)	3	312

支社長会議式日釐定(9.7.28)	3	313	賄品取扱所規則制定(13.12.15)	8	583
社則社員服忌条項追補(9.8.8)	3	326	受贈禁示規程追補(14.2.18)	9	33
社用往復文書規則頒布(9.8.23)	3	334	当宿直規則改定(14.3.7)	9	51
神戸支社当宿直心得制定(9.9.13)	3	383	当宿直規則改定(14.4.28)	9	162
支社帳簿筆紙購入規則制定(9.9.26)	3	395	用度品支給規則改定(14.5.24)	9	190
非常駆付心得制定(9.12.2)	3	544	為替店消防規則施行細則制定(14.12.13)	9	361
各船不用物陸揚手続制定(9.11.21)	3	583	宿直心得改定(15.1.14)	10	163
上達文書様式釐定(9.12.30)	3	606	用度品支給規則改定(15.3.2)	10	227
燃質貨物積載規制定(10.1.9)	4	7	無保険貨物為替金貸付額限定(15.4.22)	10	265
願伺届進達法改定(10.1.23)	4	17	船員寝具品等釐定(15.6.26)	10	316
下等乗船券改定(10.1.25)	4	26	海員賄規則改定(15.10.15)	10	441
東京外四支社小使員数釐定(10.2.10)	4	40	宿直心得改定(15.10.20)	10	446
当宿直臨時増員(10.2.21)	4	46	旅費規則改定(15.11.8)	10	457
用船発着消化点火時間乗客賄数報告書及該証明書々式釐定(10.3.是月)	4	92	通荷物積移報告書式釐定(16.1.20)	11	8
			宿直心得改定(16.4.4)	11	40
用船乗客賄数報告書及該証明書進達手続改定(10.5.19)	4	148	御用物船積陸揚取扱規則頒布(16.4.5)	11	44
			社則運輸条項釐修(14.4.26)	11	50
給料仕出書様式釐定(10.5.19)	4	151	貨物受渡証取扱規則制定(16.7.13)	11	82
社則受贈禁止条項追補(10.5.24)	4	179	上等往復切符発売規則制定(16.7.28)	11	93
用船着港届書式釐定(10.6.20)	4	210	江戸橋深川貨物取扱管轄釐定(16.9.27)	11	139
神戸支社船鑑釐定(10.6.是月)	4	220	航海次号規則制定(16.11.7)	11	191
横浜支社小使増員(10.7.3)	4	234	江戸橋深川輸出入人足賃低減(17.4.5)	12	87
当宿直心得改定(10.7.14)	4	241	貨物受渡書取扱手続頒布(17.4.22)	12	94
貨物取扱略則頒布(10.8.6)	4	334	郵便物取扱ノ件(17.6.2)	12	140
乗車券釐定(10.8.6)	4	335	旅費規則改定(17.7.8)	12	206
社員乗船心得制定(10.8.13)	4	345	予備海員心得頒布(17.8.8)	12	215
等外社員等級改定(10.8.13)	4	348	支社輸出品調査表調製規則制定(17.8.9)	12	218
入社規則追補(11.1.15)	5	143	運賃払戻取扱範例頒布(17.9.8)	12	304
社員身元引受証様式改定(11.1.23)	5	147	中等乗船切符発売規則頒布(17.9.20)	12	309
社則帆船乗組員航海手当条項追補(11.4.1)	6	370	乗車規則制定(18.1.4)	13	5
積金及旅費規則追補(11.4.16)	6	394	上達文書様式改定(18.3.2)	13	68
船中取運賃表進達規則制定(11.5.7)	6	415	下級船員給料支給規程改定(18.4.8)	13	148
受附職務章程増補(11.6.22)	6	449	下級船員時服支給規則制定(18.5.12)	13	157
上海定航船乗客規則編輯(11.7.6)	6	468	当宿直心得改定(18.8.9)	13	329
各船不用古物陸揚手続改定(11.8.10)	6	538	旅費規則制定ノ件(19.5.18)	15	57
当宿直心得追補(11.8.18)	6	553	旅費規則制定(21.3.13)	16	67
各船旅客姓名簿様式及進達手続改定(11.8.19)	6	556	旅費規則改定(22.10.26)	16	378
燐寸積載規則制定(11.8.20)	6	559	丸ノ内建築所事務規程制定(25.4.13)	18	26
船員履歴書徴集ノ件(11.9.7)	6	596	営繕方事務取扱規程制定(25.4.13)	18	27
品川出張所人足規程制定(12.5.22)	7	259	往復書翰様式釐定(25.6.28)	18	54
東京店公務係心得頒布(12.8.8)	7	365			
社則用度条項改定(12.11.5)	7	505			
社則船客条項改定(13.2.16)	8	232			
傭員並ニ見習員積金制廃止(13.3.30)	8	275			
貨物運輸規則制定(13.8.26)	8	469			
貨物運輸規則刪修(13.11.1)	8	537			
上達文書規則改定(13.11.7)	8	543			

b）合資会社時代（明治27年～大正6年）

（明治）

項目	巻	頁
書信認方(27.1.1)	19	2
誓約書改正(27.1.1)	19	4
石炭差引報告書廃止(27.1.8)	19	4
誓約書用紙送附(27.1.9)	19	4
願ニ対スル認許形式改正(27.1.15)	19	5
新入炭坑坑夫救恤規則届出(27.9.29)	19	29
細地鉱山規程(27.10.1)	19	30
運炭汽船取扱方法規定(27.10.30)	19	32
共済組合規約草案(28.3.22)	19	70
社用品購入取扱手続(28.9.6)	19	80
尾去沢鉱山近地旅費規則(28.10.1)	19	82
旅費規則改定(28.12.28)	19	91
荒川鉱山近地旅費規則(29.6.1)	19	114
内国旅費規則追加(29.7.1)	19	116
荒川鉱山近地旅費規則(30.3.1)	19	159
大阪支店石炭斡賃等改正(30.3.31)	19	164
尾去沢鉱山近地旅費規則(30.5.2)	19	173
家族引纏願書様式(30.9.20)	19	205
本社旅費規則改正(30.10.21)	19	215
生野鉱山近地旅費規則改正(30.10.25)	19	216
本社近地旅費規則(30.11.22)	19	225
若松支店近地旅費規則(30.12.7)	19	229
佐渡鉱山近地旅費規則(30.12.23)	19	232
長崎支店傭使人扶助規則其他(31.1.13)	19	256
場所限傭員旅費(31.1.20)	19	256
本社旅費規則追加(31.6.10)	19	271
門司支店使傭人若松等ヘ出張ノ場合扱方(31.12.6)	19	288
公翰用紙制定(31.12.15)	19	289
公翰用紙制定其他(32.1.1)	20	309
外国文書ニ署名方(32.7.15)	20	339
登記未済場所登記其他登記申請(32.7.22)	20	341
登記事項更正(32.9.12)	20	348
三菱造船所長外外国文書ニ署名方(32.10.24)	20	353
旅費規則改定(33.1.15)	20	387
清国沿岸等旅行ノ場合旅費支給方(33.3.5)	20	396
長崎支店近地旅費規則(33.6.13)	20	413
本社近地旅費規則(33.6.15)	20	413
旅費規則増補(33.6.20)	20	413
用度品請拂取扱手続改定(33.7.1)	20	417
吉岡鉱山鉱夫近地旅費規則(33.7.2)	20	417
社船修理改修手続(33.7.7)	20	418
社船乗組士官陸泊ノ場合ノ扱方(33.8.21)	20	425
地所異動報告使用人欠勤報告様式一定(33.9.12)	20	430
社船維持保存等ノ監督方(33.10.30)	20	437
救助般工事ノ為出張セル場合ノ傭外人旅費規程(33.11.9)	20	440
社船ニ係ル官庁関係事務分担方(33.11.21)	20	442
門司支店弁当料改定(33.11.22)	20	443
誓約書様式改定(34.1.28)	20	473
文書保存仮規程(34.2.15)	20	477
日誌記入方(34.2.16)	20	478
社船維持保存等規定(34.2.22)	20	480
誓約書ニ係ル届出(34.3.28)	20	484
鯰田炭坑坑夫等ニ対スル非常救助規則改定(34.7.1)	20	499
船舶規程(34.7.1)	20	499
誓約書其他書式改定(34.8.9)	20	506
相知炭坑限雇人出張旅費規則(34.9.18)	20	509
兵庫出張所代表者署名方(34.11.26)	20	517
旅費規則中一部削除(34.12.5)	20	518
船舶規定改定(34.12.28)	20	523
使傭人出張ノ際事由報告方廃止其他(35.1.1)	20	549
船舶規定改定(35.3.27)	20	563
船舶規定改定(35.7.1)	20	575
委託製錬取扱制(35.10.1)	20	585
三菱造船所出世積金規則制定(35.10.1)	20	586
高島長崎間旅費規則(36.1.1.)	20	621
係間異動報告方(36.2.17)	20	625
地所異動報告其他用紙一定(37.3.29)	20	701
旅費支給規程改定(37.11.4)	20	734
使用人異動報告用紙一定(38.2.15)	20	772
特別旅費規則制定方(38.6.2)	20	792
神戸三菱造船所外国電信宛名(38.7.22)	20	807
社船乗組員一時下船又ハ交替ノ場合ノ扱方(38.7.31)	20	808
生野鉱山火薬庫構造其他報告(38.8.4)	20	809
佐渡鉱山火薬庫構造外報告(38.8.13)	20	814
人事関係書類扱方(38.9.27)	20	816
場所長会議開催(38.11.10)	20	821
使用人病気事故欠勤他行ニ関スル規程(38.11.25)	20	823
場所限傭員扶助規則中改訂(38.12.1)	20	829
鉱山炭坑外特別旅費規則実施(38.12.1)	20	829
韓国旅行ノ場合旅費支給方(39.6.29)	21	885
親展書翰取扱規定改正(39.7.18)	21	889
本社宛書類発送方(39.7.20)	21	890
使用人海外赴任及在勤手当規則改定(40.2.13)	21	953
本社宛書類発送方改正(40.4.26)	21	973
身元引受書ト写真廃止(40.5.7)	21	974
使用人海外赴任及在勤手当規則修正(40.5.28)	21	980

制度・規則・通知

社炭取扱順序規定廃止並制定(40.9.1)	21	1005
使用人養老資金内規修正(40.12.25)	21	1021
鯰田炭坑所轄坑間旅費支給額(41.1.17)	21	1056
予備船員取扱規程改定其他(41.2.1)	21	1058
非職内規制定(41.10.1)	21	1099
相知炭坑牟田部炭坑出張旅費規則制定(41.10.1)	21	1100
非職内規ヲ場所限傭員ニ準用方(41.10.7)	21	1101
非職内規修正(42.2.15)	21	1145
新潟事務所差配人退職手当支給規程制定(42.6.3)	21	1160
本社旅費規則改定(42.7.14)	21	1168
吉岡鉱山特別旅費規則改定(42.9.1)	21	1179
内国旅費規則廃止制定(42.12.1)	21	1191
鉱業部船舶規定(43.2.1)	21	1223
新入炭坑納屋頭手当支給規則外改正(43.4.1)	21	1233
社内香奠贈与申合規約改定(43.9.13)	21	1254
勤倹預金取扱規程制定(43.10.1)	21	1257
両造船所職工出世積金規則改定(43.10.1)	21	1259
機密費内規制定(44.3.3)	21	1308
休職内規制定(44.3.7)	21	1310
海外出張中ノ者病気帰朝ノ場合容赦日数起算方(44.3.7)	21	1311
予後備補充応召ノ場合ノ欠勤ト給与休暇(44.7.6)	21	1333
内国旅費規則改正(44.11.15)	21	1369
特別旅費規則改定(44.12.8)	21	1383
（大正）		
佐渡鉱山特別旅費規則制定実施(1.1.1)	22	1425
地所部近地旅費規則制定(1.2.21)	22	1441
吉岡鉱山特別旅費規則制定(1.5.11)	22	1467
槇峰鉱山特別旅費規則制定(1.5.21)	22	1469
機密費支出内規改定(1.5.24)	22	1470
北海道在勤手当支給規程(1.6.5)	22	1474
西比利亜及支那沿岸並揚子江附近旅費規程(1.7.23)	22	1483
造船部海難救助旅費規程制定(1.7.23)	22	1483
使用人欧米旅費標準内規(1.12.3)	22	1524
船舶課事務取扱手続(1.12.4)	22	1526
神戸造船所職工旅費規則改定(1.12.26)	22	1537
長崎造船所職工旅費規則制定(1.12.26)	22	1538
店童小使病気欠勤給料容赦方(2.1.14)	22	1617
本社店童電話交換手等給料容赦覚書(2.1.17)	22	1618
生野鉱山特別旅費規則改正実施(2.1.20)	22	1621
会社票其他提出(2.2.12)	22	1646
荒川鉱山特別旅費規則制定(2.3.2)	22	1659
欧米出張者旅費精算方(2.7.7)	22	1747
高根山特別旅費規則(2.7.29)	22	1760
名古屋出張所特別旅費規則制定(2.7月)	22	1762
傭員異動報告中新任者報告方(2.8.11)	22	1769
一地方滞在ノ為旅費逓減方(2,10.10)	22	1813
北海道及朝鮮在勤手当規定制定(2.11.20)	22	1835
臨時北海道調査課場所限傭員旅費規則改定(2.11.24)	22	1840
専属水先人規定制定(2.12.10)	22	1867
海外出張者英国内汽車旅行方(2.12.20)	22	1878
使用人海外赴任及在勤手当規則改正(2.12.23)	22	1880
社外鉱山調査報告方(3.6.5)	23	2118
奥山鉱山特別旅費規則(3.7.2)	23	2144
海外留学又ハ出張者旅費計算書提出方(3.7.8)	23	2148
鮎田炭坑世話方鉱夫規程外改定(3.9.30)	23	2216
相知芳谷両炭坑共用発電所管理変更方(4.1.12)	24	2416
奥山鉱山火薬類取締規則制定(4.6.5)	24	2514
両造船所請負人取締規則(4.6.8)	24	2516
使用人欧米出張留学ノ場合旅費支給方(4.10.16)	24	2615
英国赴任及在勤手当規則制定(4.10.18)	24	2616
炭坑雇人転任旅費規則制定(4.11.23)	24	2654
高島炭坑ニ石炭坑爆発取締規則適用(4.12.29)	24	2690
美唄炭坑引継諸規則(4.12.30)	24	2692
新入炭坑石炭爆発取締規則適用指定(4.12.下旬)	24	2697
高島新入方城三炭坑ニ爆発取締規則適用(5.1.13)	25	2835
美唄炭坑特別旅費規則(5.1.18)	25	2842
佐渡鉱山特別旅費規則修正(5.1.31)	25	2861
新入炭坑石炭坑爆発取締規則施行方法制定(5.2.19)	25	2901
幌向其他鉱区ニ係ル事務取扱方(5.2.25)	25	2910
本社香奠贈与申合規約(5.2.28)	25	2912
美唄炭坑救助規則制定(5.3.1)	25	2916
蘆別炭坑所轄地往復旅費規則(5.4.18)	25	2980
優秀者並特別待遇資格者報告内規(5.5.17)	25	3011
各場所諸内規事務章程等送付方(5.5.29)	25	3020
営業部合宿所補給内規(5.6.7)	25	3035
倫敦支店限内規(5.7.11)	25	3076
書類整理案及実行報告方(5.7.12)	25	3077
高島炭坑共済規則中追加(5.7.28)	25	3100
使用人転任ノ場合赴任ノ件(5.8.11)	25	3119
相知炭坑火薬類取扱規則改正(5.9.4)	25	3148
美唄炭坑電燈使用規程(5.9.16)	25	3155
欧米旅費規則制定(5.9.28)	25	3167
英国赴任及在勤手当規則改称(5.9.28)	25	3168
旅費規則及在勤手当規定中改正(5.9.28)	25	3170
内国旅費規則中改正(5.10.7)	25	3176
長崎造船所幼年男工徽章制定(5.10.16)	25	3188

制度・規則・通知

項目	頁	番号
長崎造船所裸火禁止規定(5.11.17)	26	3234
営業部海外支店特別旅費規則制定(5.11)	26	3266
鉱山部所管各場所特別旅費規則改正(5.12.4)	26	3277
炭坑部旅費規則其他改正実施(5.12.6)	26	3285
印刷工場積立金ニ関スル規則制定(5.12.12)	26	3292
宝鉱山特別旅費規則改正(5.12.27)	26	3365
営業部海外支店特別旅費規則実施(6.1.1)	27	3573
久留米試錐所管内旅費規則(6.2.24)	27	3640
書類整理実行成績報告方(6.4.28)	27	3706
長崎造船所消防規則制定(6.5.6)	27	3747
鯰田炭坑保安燈規程中改正(6.5.26)	27	3766
上山田炭坑安全燈規定改定(6.6.20)	27	3807
弔祭料規定制定(6.11.14)	28	4010
場所限備員退職手当内規準則(6.12.1)	28	4032
鉱山部所管合宿所補給内規(6.12.7)	28	4053
鉱山部特別旅費規則改定(6.12.29)	28	4081
造船部使用人以下引継諸規則襲用ノ件(6.11.1)	28	4185
臨時製鉄所建設部使用人以下引継諸規則襲用ノ件(6.11.1)	28	4193

c）分系会社設立以降（大正7年～昭和27年）

（大正）

項目	頁	番号
鉱山部半製品処理内規制定(7.2.7)	29	4355
旅費規則其他修正(7.3.26)	29	4425
学校卒業者採用ノ場合旅費取扱方(7.3.26)	29	4427
内国旅費規則修正(7.5.1)	29	4470
弔祭料規定中修正(7.5.1)	29	4471
優秀使用人報告内規外修正(7.5.1)	29	4472
共済貯金規則制定(7.5.11)	29	4478
印紙形式改正(7.5.16)	29	4483
共済貯金事務代理取扱方制定(7.5.16)	29	4483
欧米赴任及在勤手当規則改正(7.5.23)	29	4489
共済貯金規則修正(7.6.13)	29	4494
欧米赴任及在勤手当規則ニ係ル覚書(7.6.20)	29	4496
船員ニ対スル共済貯金適用方(7.7.13)	29	4507
欧米支那方面旅行ノ場合汽車汽船賃取扱方(7.7.25)	29	4512
共済貯金事務代理取扱方改正(7.11.28)	29	4566
共済貯金実施細則ニ係ル件(7.11.28)	29	4567
船舶規定並揚子江水先人規定制定(7.10.16)	29	4665
特別旅費規則制定(7.12.12)	29	4676
欧米赴任及在勤手当増変更(8.1.11)	30	4839
共済貯金事務代理取扱方改正(8.2.25)	30	4847
社内社交規約通達(8.5.1)	30	4866
欧米出張者日当割増(8.5.16)	30	4877
非職内規中修正其他(8.6.5)	30	4889
旅費臨時増額(8.7.17)	30	4903
兵役服務中給与規則改正(8.8.29)	30	4911
欧米出張者欧洲大陸旅行中ノ手当支給方ノ件(8.9.25)	30	4920
印刷工場職工扶助規則改正(8.10.4)	30	4925
共済貯金規則中改正(8.10.27)	30	4934
正員ノ給料変更ニ係ル印紙廃止(8.10.30)	30	4935
旅費臨時増額支給ノ件中改正(8.10.30)	30	4942
印刷工場共済会規則制定(8.11.1)	30	4946
正員海外赴任及在勤手当規則中改正(8.11.19)	30	4954
欧米出張又ハ留学者支度料増額(8.12.25)	30	4970
欧米赴任及在勤手当支度料改正(8.12.25)	30	4971
欧米赴任及在勤手当及妻手当割増変更(8.12.26)	30	4973
欧米在勤欧羅巴旅行日当割増其他日当支給方(8.12.30)	30	4975
示命書ニ依ル欧米出張者滞在日当割増増給(8.12.30)	30	4976
欧米旅費規則ニ拠リ亜米利加旅行日当支給方(8.12.30)	30	4977
仏蘭西出張員在勤手当妻手当割増変更(8.12.30)	30	4978
地所課特別旅費規則改正(8.12.30)	30	4978
特別旅費規則中改正(8.12.16)	30	5021
旅費定額増額(9.4.1)	30	5179
欧羅巴旅行ノ日当増額(9.4.23)	30	5184
欧米旅費標準内規ニ係ル件(9.8.7)	30	5240
東京市内及近地特別旅費規則制定(9.10.4)	30	5256
船員退職手当内規中追加(9.2.4)	30	5337
三菱商事株式会社船舶部船員弔祭料規定制定(9.2.10)	30	5337
内燃機会社使用人引継及諸規則襲用(9.6.1)	30	5369
正員進級内規改修(10.4.12)	31	5518
共済貯金通帳ニ係ル件(10.4.15)	31	5519
仮本社館内取締方ノ件(10.4.26)	31	5525
支那内地特別旅費規則制定(10.5.17)	31	5534
共済貯金掛金立替方制定(10.5.21)	31	5537
正員進級内規中改正(10.9.22)	31	5580
本社物品管理規則制定(10.11.10)	31	5607
本社物品購入及処分並工事施設規則制定(10.11.10)	31	5608
本社物品管理規則等ニ係ル件(10.11.10)	31	5610
本社館内各社物品及工事ニ係ル申合(10.11.10)	31	5610
海外支店特別旅費規則制定(10.4.27)	31	5666
使用人引継並諸規則襲用(10.2.1)	31	5685
勤倹預金取扱規定中改正(11.3.27)	31	5822
勤倹預金取扱規定中改正ニ付通達(11.3.27)	31	5822
各種預金基金等ニ係ル件(11.3.27)	31	5823

制度・規則・通知

勤倹預金ニ係ル件(11.3.27)	31	5823
勤倹預金取扱規定改正(11.7.27)	31	5886
正員海外赴任及在勤手当規則中改正(11.9.30)	31	5901
阪神市内及近地特別旅費規則制定(11.9.30)	31	5963
関門市内及近地特別旅費規則制定(11.9.30)	31	5965
阪神市内及近地特別旅費規則制定(11.12.25)	31	5974
阪神市内及近地特別旅費規則中市外近地地域指定(11.12.25)	31	5975
神戸市外近地指定(11.12.25)	31	5976
大阪市内及近地特別旅費規則制定(11.1.13)	31	5985
大阪支店移転(11.5.1)	31	5986
神戸市内及近地特別旅費規則制定(11.11.29)	31	5987
内国旅費規則改正(12.3.17)	32	6118
西比利亜及支那沿岸並揚子江附近旅費規定中改正(12.3.23)	32	6123
内国旅費規則適用方制定(12.3.23)	32	6124
東京市内及近地特別旅費規則中改正(12.3.23)	32	6125
弔祭料規定中改正(12.4.6)	32	6138
地所部特別旅費規則制定(12.5.11)	32	6149
共済貯金実施細則中改正(12.12.22)	32	6218
造船部海難救助旅費規定廃止(12.4.11)	32	6375
三菱造船株式会社彦島造船所特別旅費規則制定(12.6.4)	32	6378
阪神市内及近地特別旅費規則改正(12.3.27)	32	6389
関門市内及近地特別旅費規則改正(12.3.27)	32	6390
阪神市内及近地特別旅費規則中改正(12.4.1)	32	6394
船舶部船舶規定中改正(12.5.1)	32	6395
特別旅費規則改正(12.3.28)	32	6407
大阪市内及近地特別旅費規則外改正(12.3.28)	32	6413
公務ニ就キタル者ノ報酬手当ニ係ル覚書(13.6.16)	33	6581
本社食堂規定制定(13.7.31)	33	6592
共済貯金代理取扱報告書記載方一定(13.8.5)	33	6595
市外近地指定廃止(13.8.14)	33	6596
北海道在勤手当規則制定(13.11.21)	33	6628
長崎兵器製作所発射場出張特別旅費規則改正(13.10.6)	33	6662
本社館内非常防備規則制定(14.6.3)	34	6886
南洋豪洲等旅費邦貨建日当換算ノ件(14.6.10)	34	6888
監察員処務規則制定(14.8.7)	34	6911
九州特別旅費規則制定(14.1.23)	34	7001
内国旅費規則中改正(15.1.22)	34	7111
東京市内及近地特別旅費規則別表中改正(15.1.22)	34	7111
役員職員等ノ用語ニ係ル件中改正(15.1.22)	34	7111
本社館内非常防備規則中改正(15.3.9)	34	7122
正員海外赴任及在勤手当規則中改正(15.6.25)	34	7157
欧米在勤手当及妻手当割増ニ係ル覚書其他廃止(15.6.25)	34	7157
欧米赴任及在勤手当規則中改正(15.7.3)	34	7167
本社物品購入及処分並工事施設細則廃止(15.7.31)	34	7179
欧米出張者日当支給方(15.7.31)	34	7179
欧米出張中ノ手当割増ニ係ル覚書廃止(15.7.31)	34	7180
本社物品管理規則中改正(15.8.1)	34	7181
本社物品購入及処分並工事施設規則中改正(15.8.1)	34	7181
本社館内非常防備規則中改正(15.8.1)	34	7182
本社物品購入及処分細則制定(15.8.1)	34	7182
欧米旅費規則中改正(15.8.5)	34	7183
欧米赴任及在勤手当規則中改正(15.8.5)	34	7184
欧米赴任支度料増額ニ係ル覚書其他廃止(15.8.5)	34	7186
欧米赴任及在勤手当規則中改正(15.10.1)	34	7225

(昭和)

保険会社特別旅費規則制定(2.5.19)	35	32
忌引規則制定(2.6.18)	35	38
忌引規則適用方制定(2.6.18)	35	39
内国旅費規則中改正(2.7.7)	35	144
東京市内及近地特別旅費規則中改正(3.7.7)	35	145
南洋,豪洲等旅行日当支給方改正(3.11.5)	35	157
電機会社名古屋製作所特別旅費規則制定(4.4.16)	35	248
正員海外赴任及在勤手当規則中改正(4.12.30)	35	293
欧米赴任及在勤手当規則中改正(4.12.30)	35	294
清国及フキリッピン地方ヘ赴任,出張並在勤ノ場合諸給与ヲ弗貨ニテ支給ノ件其他廃止(4.12.30)	35	294
東洋及南洋方面旅行中ノ日当支給方(4.12.30)	35	295
異種貨幣通用地旅行ノ場合ニ於ケル旅費精算方(4.12.30)	35	295
海外勤務者及旅行者ニ対スル諸給与規則中改正趣旨通知(4.12.31)	35	296
商事会社船員弔祭料規定廃止(5.2.1)	35	377
休職内規中改正(5.3.17)	35	383
保険会社近地特別旅費規則制定(5.3.18)	35	384
転任ノ場合ニ於ケル勤倹預金取扱方改正(5.3.20)	35	385
保険会社特別旅費規則中改正(5.4.1)	35	386
商事会社海外支店特別旅費規則中改正(5.8.1)	35	406
東京市内及近地特別旅費規則中改正(5.11.27)	35	414
内国旅費規則中改正(5.12.13)	35	418

項目	巻	頁
正員海外赴任及在勤手当規則中改正(6.2.17)	36	508
欧米赴任及在勤手当規則中改正(6.2.17)	36	508
欧米旅費規則中改正(6.6.17)	36	508
見習取扱細目中改正(6.6.20)	36	529
鉱業会社特別旅費規則改正(6.9.30)	36	534
商事会社近地特別旅費規則制定(6.10.1)	36	535
内国旅費支給規則制定(6.12.10)	36	540
内国旅費日当其他ノ件制定(6.3.10)	36	542
東京市内及近地特別旅費規則改正(6.12.10)	36	548
内国旅費支給規則並東京市内及近地特別旅費規則適用方(6.12.10)	36	553
鉱業会社ニテ朝鮮及台湾旅行ノ場合ニ於ケル汽車賃ニ関シ通知(7.1.1)	36	633
正員採用銓衡方法改正(7.1.23)	36	634
職名ナキ管事ノ旅費(7.1.25)	36	634
参事以上住宅手当支給内規中改正(7.9.16)	36	676
機密費支出内規外廃止(7.9.16)	36	677
防空演習参加ノ為メ勤務ヲ欠キタル場合ノ取扱方(8.8.9)	36	783
航空機会社飛行機搭乗者遭難特別給与内規制定(8.11.27)	36	790
電機会社内国旅費日当其他改正(8.12.20)	36	792
欧米赴任及在勤手当規則中改正(9.3.7)	36	873
銀行北海道薪炭手当規則制定(9.3.26)	36	881
欠勤取扱規則制定(9.4.12)	36	888
欠勤取扱規則適用方(9.4.12)	36	889
重工業会社内国旅費中日当其他改正(9.6.12)	36	905
重工業会社特別旅費規則別表中改正(9.6.12)	36	905
欧米又ハ支那方面旅行ノ場合ニ於ケル汽車及汽船賃ニ関スル件中改正(10.10.26)	37	1028
商事会社職員東洋南洋方面旅行ノ場合ニ於ケル船中日当改正(10.11.12)	37	1033
内国旅費支給規則中改正(11.2.8)	37	1122
内国旅費日当其他ノ件中改正(11.2.8)	37	1123
内国旅費支給規則並東京市内及近地特別旅費規則適用方中改正(11.2.8)	37	1126
内国旅費日当臨時増額(11.2.12)	37	1126
東京市内及近地特別旅費規則中改正(11.2.19)	37	1127
戒厳令下出勤不能ノ場合ノ取扱方(11.3.3)	37	1129
一地内舟車賃給否ノ標準(11.3.12)	37	1130
信託会社欠勤取扱規則及同規則適用方制定(11.3.17)	37	1130
見習取扱細目中改正(11.6.8)	37	1146
鉱業会社准員呼称改正(11.7.31)	37	1155
役員税金補償取扱方(11.8.1)	37	1155
見習取扱細目中改正(11.10.12)	37	1160
見習取扱方中改正(12.1.25)	37	1255
勤倹預金取扱規則中改正(12.5.17)	37	1279
見習取扱細目中改正(12.5.17)	37	1280
正員採用伺出廃止(12.12.23)	37	1321
内国旅費日当其他ノ件中改正(13.2.24)	37	1412
内国旅費日当臨時増額改正(13.2.28)	37	1415
西比利亜及支那沿岸並揚子江附近旅費規定中改正(13.7.22)	37	1439
商事会社満洲国及関東州内旅費改正(13.9.27)	37	1443
商事会社満洲国及関東州内旅費改正(13.11.4)	37	1448
銀行満洲国及関東州内旅費改正(13.11.15)	37	1448
地所会社満洲国及関東州内旅費改正(13.11.22)	37	1449
見習取扱細目中改正(14.1.6)	38	1515
鉱業会社特別旅費規則改正(14.4.24)	38	1527
軍務ニ服シタル見習ヲ職員ニ登用方(14.4.28)	38	1528
正員治療費規則中改正(14.12.8)	38	1558
職員其他弔慰内規制定(15.7.29)	38	1664
商事会社近地特別旅費規則別表改正(15.8.19)	38	1668
商事会社船舶部船舶規定改正(15.11.30)	38	1685
役員退職金準則許可申請書提出(15.12.28)	38	1690
内国旅費日当臨時増額(16.2.1)	38	1761
支那内地特別旅費規則廃止其他(16.2.28)	38	1767
役員賞与交際費取扱内規制定(16.5.27)	38	1783
職員弔祭料規則中改正(16.6.24)	38	1790
内国旅費日当其ノ他ノ件制定(16.8.14)	38	1803
鉱業会社特別旅費規則中改正(16.8.21)	38	1812
日本化成工業会社特別旅費規則制定(16.8.28)	38	1813
国民貯蓄組合設立(16.9.24)	38	1815
内国旅費日当其ノ他ノ件中改正(16.9.25)	38	1817
海外旅費中日当其他改正(16.9.25)	38	1817
外地在勤手当及北海道手当取扱方(16.10.24)	38	1823
商事会社支那在勤諸手当改正(16.11.1)	38	1824
倉庫会社ニテ関係会社駐在者取扱改正(16.11.27)	38	1827
商事会社南方派遣員特別出張旅費制定(17.2.1)	38	1909
海外僻陬地在勤職員ニ対スル請暇帰朝(17.2.5)	38	1911
嘱託旅費(17.2.25)	38	1914
寄附委員会内規中改正(17.3.3)	38	1915
三菱社国民貯蓄組合規約中改正(17.10.1)	38	1958
准員昇格取扱方(17.10.30)	38	1965
印刷工場規則中改正(17.12.1)	38	1970
役員弔祭料改正(17.12.12)	38	1972
日本化成工業会社南方地域在勤諸手当制定(17.12.30)	38	1980
日本化成工業会社満洲国在勤手当中改正(17.12.30)	38	1980
日本化成工業会社支那在勤諸手当中改正(17.12.30)	38	1981
雇員家族手当支給規則中改正(18.1.9)	39	2057

制度・規則・通知　　　　　　　　　　　　　　　　　　　　　　37

商事会社満洲国在勤諸手当別表中改正(18.1.19)	39	2058
三菱本館特設防護団規則改正(18.2.24)	39	2069
商事会社旅費規則中改正(18.2.25)	39	2070
内国旅費中改正(18.3.10)	39	2074
兵役服務者取扱規則中改正(18.3.10)	39	2075
日本化成工業会社特別旅費規則中改正(18.4.14)	39	2085
商事会社北海道手当規則中改正(18.5.11)	39	2090
鉱業会社内国旅費日当其ノ他ノ件中改正(18.5.28)	39	2095
商事会社ニテ正員海外赴任及在勤手当規則中改正(18.7.10)	39	2108
参与待遇方(18.7.26)	39	2110
海外旅費中日当其他改正(18.10.4)	39	2128
内国旅費日当其他ノ件中改正(18.10.4)	39	2129
応徴者取扱規則制定(19.1.24)	39	2229
時差出勤実施(19.2.26)	39	2236
日曜日出勤実施(19.3.4)	39	2238
永年勤続者表彰内規制定(19.6.2)	39	2273
内国旅費中改正(19.6.21)	39	2276
海外旅費中日当其他改正(19.6.21)	39	2277
海外旅費中支那各地日当臨時増額(19.6.21)	39	2277
役員退職慰労金贈与方ニ関シ申合(19.7.21)	39	2285
日曜日執務方改正(19.9.8)	39	2292
職員其他弔慰内規中改正(19.11.1)	39	2300
化成工業会社表彰規則改正(19.11.6)	39	2304
日曜出勤廃止(20.4.5)	40	2419
職員忌引規則制定(20.5.4)	40	2427
内国旅費中改正(20.7.6)	40	2441
転籍者復員取扱方(20.9.21)	40	2470
時差出勤廃止(20.10.2)	40	2473
土曜日執務時間変更(20.11.17)	40	2513

4) 通知

a) 創業時代（明治3年〜26年）

(明治)

大阪支店注進飛脚設置(7.11.27)	1	300
各船古銅鉄投棄禁止(8.6.29)	2	130
神戸長崎両支社員社内起臥許可(8.6.是月)	2	133
函館支店移転(8.8.11)	2	169
貨客明細表翻訳添付禁止(8.8.20)	2	180
社員履歴書徴集ノ件(8.8.22)	2	181
燈火燭火節約裸火禁止(8.8.22)	2	182
各船残飯委棄禁止(8.9.19)	2	225
来客接待ノ件(8.12.3)	2	407
不寝番及徹夜執務員夜食改定(8.12.8)	2	420
各般事務以下上等室内起臥禁止(8.12.17)	2	433
火災予防ノ件(8.12.26)	2	471
火災予防ノ件(9.2.7)	3	35
電報濫用禁止(9.3.15)	3	100
船客宿所氏名調査速報ノ件(9.3.20)	3	111
往復書翰記載方ノ件(9.3.22)	3	113
石川安兵衛水火夫身元引請ノ件(9.4.25)	3	172
店頭執務服装ノ件(9.5.5)	3	184
問屋手代各船会計室出入禁止ノ件(9.5.11)	3	189
乗船券記載方ノ件(9.5.11)	3	189
各船事務長乱職ノ件(9.8.17)	3	329
社員驕慢戒飭(9.8.是月)	3	359
名護屋丸洋銀輸送過失ノ件(9.9.6)	3	372
管事各局課事務長出仕受命方ノ件(10.1.17)	4	15
私購新聞紙社内配達禁止(10.5.17)	4	146
鹿児島支社員賄費支出ノ件(10.5.是月)	4	181
軍用船水火夫脱船制止ノ件(10.6.6)	4	199
神戸支社書信電報検印廻付保管ノ件(10.7.1)	4	223
臨時休業諸員慰労(10.7.15)	4	246
私用乗船社員食費自弁ノ件(10.9.18)	4	416
石川安兵衛ニ上海航船飲料水供給用命ノ件(10.10.21)	4	448
各船貴重品危険物積載方ノ件(10.10.24)	4	455
各船不用物陸揚ノ件(10.10.30)	4	459
支社員船員解任帰京又ハ上陸中旅費支給廃止(10.12.1)	4	537
神戸支社宿直増員(10.12.9)	4	541
各船用品配給ノ件(10.12.24)	4	549
神戸支社々員退出心得ノ件(11.3.8)	5	303
不用古物処分係変更(12.1.4)	7	1
電信暗号表追補(12.1.29)	7	50
年中行事恒例定式具申方ノ件(12.3.2)	7	79

経費勘定書進達ノ件(12.3.7)	7	114
各船発港遅緩戒飭(12.4.1)	7	167
川田管事支社視察ノ件(12.5.3)	7	228
陶器搬送取扱ノ件(12.5.24)	7	263
疫病予防ノ件(12.6.18)	7	272
運賃統計表進達方ノ件(12.7.是月)	7	347
貨幣封入書状輸送禁止(12.8.15)	7	380
各船発港遅緩戒飭(12.8.15)	7	380
貨物経費統計表進達ノ件(12.9.16)	7	424
揚陸地符標頒布(13.3.14)	8	250
電信暗号表追補(13.4.5)	8	282
献金寄金名義ノ件(13.4.6)	8	286
電信暗号追補(13.8.7)	8	424
貴重貨物取扱ノ件(13.9.3)	8	487
各所消防具設備(15.1.9)	10	13
横浜支社消防人足設備(15.1.2)	10	173
横浜支社賄品係船客接待情況臨検申請(15.4.18)	10	262
各船盗難予防ノ件(15.5.5)	10	273
船客接待ノ件(15.5.11)	10	274
各船客引出入禁止ノ件(15.6.29)	10	319
貨物引渡期間ノ件(15.8.1)	10	372
建築工事企画停止ノ件(15.8.2)	10	374
言行戒慎ノ件(15.11.11)	10	465
川田管事社務監査ノ件(16.4.4)	11	43
貴重貨物取扱ノ件(16.7.23)	11	85
上陸船員帰船届出ノ件(16.7.24)	11	87
電信秘密暗号釐定(16.11.1)	11	187
電信暗号改定(16.11.10)	11	192
船内掃灑ノ件(17.12.17)	12	378
火災予防ノ件(17.12.23)	12	390
船客接待ノ件(18.5.27)	13	162
船内掃灑ノ件(18.6.16)	13	232
社員身元引受証釐定(21.11.8)	16	211
電信暗号追補(22.4.10)	16	221
鉱山爆発物取扱ノ件(23.11.6)	17	208
造船所員進退黜陟ノ件(23.12.22)	17	221
電信暗号頒布(24.9.1)	17	190

b）合資会社時代（明治27年～大正6年）

（明治）

吉岡鉱山定休日廃止(27.3.29)	19	12
黒森鉱山所在地名訂正(27.12.4)	19	35
臨時休業(28.1.29)	19	65
臨時休業(28.5.30)	19	74
場所長会議開催(28.10.16)	19	84
臨時休業(28.11.9)	19	86
土地異動届出方(29.3.21)	19	109
場所長会議差控(29.11.20)	19	125
年末年始行事(29.12.24)	19	128
場所長会議開催(30.9.初旬)	19	203
長崎支店船員外帽子徽章(30.11.13)	19	223
工事落成届出方(30.12.20)	19	231
年末年始行事(30.12.29)	19	234
高島炭坑創業記念日(31.3.15)	19	260
賞与休暇其他(31.11.26)	19	286
本社年末年始行事(31.12)	19	291
高島炭坑記念日(32.3.15)	20	318
三菱造船所15年記念日(32.7.7)	20	338
荒川鉱山休日復旧(32.10.7)	20	352
場所長会議(32.11.10)	20	356
槇峰鉱山休日復旧(33.3.1)	20	396
高島炭坑休日(33.4.25)	20	401
尾去沢鉱山休日(33.4.25)	20	406
高島炭坑創業記念祭(34.3.15)	20	484
臨時休業(34.5.10)	20	493
場所長会議開催(34.11.25)	20	516
上山田支坑開業祝賀(35.2.3)	20	555
面谷鉱山定休日(35.9.1)	20	583
尾去沢鉱山定休日(35.9.10)	20	583
往復翰認方其他ニ関スル通知廃止(35.10.1)	20	585
書翰整理ノ為「シャンノン」使用其他(35.10.1)	20	585
臨時休業(36.2.24)	20	627
場所長会議開催(36.11.10)	20	657
場所長会議開催(37.11.10)	20	734
臨時休業(38.10.23)	20	819
臨時休業(38.11.17)	20	823
臨時休業(39.4.30)	21	877
庶務部事務打合会(39.7.27)	21	892
場所長会議開催(39.11.25)	21	911
九州方面各場所外計算係主任者打合会(40.6.20)	21	985
場所長会議開催(40.11.10)	21	1010
引合人ノ資格ニ関スル通知(41.2.7)	21	1058
鉱山炭坑関係場所長会議(41.9.20)	21	1092

荘田管事出張(41.9.21)	21	1092	長崎支店休業(4.10.2)	24	2602
非職内規制定ニ付実行方通知(41.9.30)	21	1095	臨時休業(4.12.9)	24	2667
年末年首行事(41.12.31)	21	1113	歳暮及新年行事(4.12.20)	24	2676
九州方面各炭坑支店計算方主任打合会(42.2.23)	21	1148	金田炭坑採炭休業廃止(5.1.12)	25	2834
臨時休業(42.11.4)	21	1187	芳谷炭坑採炭休業日廃止(5.1.19)	25	2845
年末年首行事(42.12.31)	21	1196	吉岡鉱山公休日改定(5.1)	25	2864
場所長会議開催(43.10.20)	21	1263	金田炭坑臨時採炭休業復旧(5.4.23)	25	2982
年末手当ニ付通知(43.12.24)	21	1271	庶務主任会議開催(5.4.26)	25	2984
各場所副長会議(44.4.20)	21	1319	庶務主任会議(5.5.13)	25	3009
諸規定等解釈ニ付庶務部ニ打合方通知(44.7.18)	21	1335	営業部各場所庶務主任会議打合事項(5.5.22)	25	3016
月報第1号配付並取扱方(44.8.31)	21	1340	各炭坑工作会議開催(5.5.30)	25	3021
各場所会計主任会議(44.9.11)	21	1344	各部相談会開催(5.7.5)	25	3066
場所長会議開催(44.11.11)	21	1366	部長会議開催(5.7.20)	25	3092
年末年首行事(44.12.21)	21	1385	各炭坑会計係主任協議会開催(5.9.4)	25	3148
(大正)			場所長会議開催通知(5.9.30)	25	3171
事務簡捷方ニ付打合準備(1.10.11)	22	1504	立太子礼挙行当日休業通知(5.10.20)	25	3191
場所長会議開催(1.11.10)	22	1512	営業部場所会議(5.10.28)	25	3202
家族引纏ニ関スル許否ヲ場所長ニ委任(1.12.5)	22	1529	生野鉱山休日変更(5.10)	25	3207
辞令ニ対スル請書中廃止(1.12.5)	22	1529	炭坑部場所長会議(5.11.1)	26	3216
年末年首行事(1.12.23)	22	1537	鉱山部場所長会議(5.11.15)	26	3230
通知ノ形式(1.12.28)	22	1539	銀行部場所長会議(5.11.21)	26	3236
技術者採用方(2.2.22)	22	1655	彦島造船所冬季退場時ノ件(5.11.30)	26	3266
会計主任会合(2.4.20)	22	1700	炭坑部各場所用度会議(5.12.15)	26	3315
三菱造船所業務代理方ニ付届出(2.4.22)	22	1701	年末年始行事(5.12.18)	26	3318
場所長会議開催(2.10.20)	22	1821	方城炭坑公休日変更(5.12.31)	26	3418
歳暮年始行事(2.12.22)	22	1879	炭坑坑務主任会議開催(6.1.19)	27	3589
人事関係親展書差出方(3.1.31)	23	2010	会計主任会議開催(6.4.12)	27	3694
臨時休業方通達(3.4.10)	23	2077	炭坑坑内保安方ニ付通達(6.5.7)	27	3748
休日等ニ大冶運鉱船積込ニ係ル件(3.4.25)	23	2090	調査課編纂月報様式改正(6.8.2)	27	3876
臨時休業通知(3.5.8)	23	2098	場所長会議召集見合(6.8.21)	27	3893
東京支店員店内宿泊(3.6.12)	23	2122	特別通知中廃止(6.9.11)	28	3929
場所長会議開催通知(3.9.11)	23	2205	新造船会社会計事務協議会開催(6.9.11)	28	3929
方城炭坑創業記念(3.10.5)	23	2223	「社誌」印行(6.9.15)	28	3934
金田炭坑記念祝賀(3.10.13)	23	2227	鉱山部場所会議開催(6.10.23)	28	3980
大阪支店臨時休業(3.11.13)	23	2240	営業部場所会議開催(6.10.27)	28	3990
年末年首行事(3.12.14)	23	2269	三菱製鉄会社設立ニ付挨拶(6.10.30)	28	3994
専属水先人規定中改正(3.12.24)	23	2287	炭坑部場所会議開催(6.11.19)	28	4014
新入炭坑出炭制限ノ為休業(4.2.22)	24	2441	明延鉱山坑道名(6.12.4)	28	4035
旭硝子工場視察者紹介方(4.4.24)	24	2487	鉱山部社内各場所年賀状交換廃止申合(6.12.11)	28	4057
金田炭坑休業日変更(4.7.31)	24	2553	年末年始行事(6.12.20)	28	4065
神戸三菱造船所創業10周年(4.7.31)	24	2554	記事月報廃止(6.12.26)	28	4071
彦島造船所臨時休暇日(4.8.16)	24	2560	社報材料報告方ノ件(6.12.26)	28	4073
高島炭坑休日変更(4.9.2)	24	2574	製鉄会社支店(6.12.27)	28	4195
場所長会議召集通知(4.9.21)	24	2587			
臨時休業方通知(4.10.1)	24	2601			

c）分系会社設立以降（大正7年～昭和27年）

（大正）

明延鉱山定例休日変更(7.1.25)	29	4337
鉱山部所属各場所月報材料ニ係ル件(7.1.31)	29	4346
各炭坑工作係機械会議開催(7.2.10)	29	4365
新入炭坑休業日改正(7.3.5)	29	4396
鉱山部用度主任会議開催(7.3.7)	29	4398
炭坑部電気主任会議開催(7.3.8)	29	4400
高島炭坑ニ炭坑長会議開催(7.3.9)	29	4402
鉱山部医務主任会議(7.3.29)	29	4428
炭坑部医務主任会議(7.3.29)	29	4429
営業部場所長会議(7.4.1)	29	4434
鉱山部各場所旧印章返送(7.4.20)	29	4454
臨時休業(8.2.28)	30	4849
臨時休業通知(8.4.23)	30	4863
奠都50年祝賀臨時休業(8.5.5)	30	4873
旭硝子会社工場縦覧紹介謝絶方通知(8.6.18)	30	4893
長崎兵器製作所並発射場観覧謝絶(8.8.9)	30	4908
年末年始行事(8.12.24)	30	4969
「スモールマシン」買入費支出其他場所長ニ委任(8.5.20)	30	4992
電話度数制実施ニ付注意(9.3.30)	30	5176
書類送付方通知(9.4.30)	30	5191
三菱商事会社内報発行資料ニ付依頼(9.5.24)	30	5205
郵便私書函ニ配付スル信書ノ件(9.7.13)	30	5233
伺書提出方ノ件(9.12.3)	30	5282
年末年始行事(9.12.24)	30	5293
書簡用紙外用紙形状一定(10.1.24)	31	5488
電気煖房器使用手続(10.2.9)	31	5498
館内備品統制ニ係ル件(10.4.20)	31	5521
年末年始行事(10.12.23)	31	5633
三菱銀行本店営業所落成式挙行(11.4.18)	31	5838
真珠養殖試験所休日(11.10.11)	31	5904
年末年始行事(11.12.21)	31	5931
社交規約ニ関シ通達(11.12)	31	5937
三菱鉱業会社株主総会決議通知(12.5.30)	32	6164
市外近地指定(12.7.24)	32	6175
退出時刻復旧(12.10.1)	32	6194
三菱鉱業会社株主総会決議通知(12.11.30)	32	6203
年末年始行事(12.12.13)	32	6215
三菱商事会社郵便物私送開始通知(12.12.17)	32	6216
本社本館出入口開閉時限其他改正(14.3.1)	34	6844
普通食堂開扉時間(14.4.7)	34	6870
大阪社有地所地番変更(14.4.14)	34	6871
夏季執務時間短縮(14.7.6)	34	6904
現行例規類纂及電信暗号帳現在報告方(15.10.23)	34	7228
職員出張ノ場合自己ノ動静通知ニ係ル料金ノ件(15.10.25)	34	7229

（昭和）

廊下ニテ脱衣禁止(2.8.5)	35	44
本社館内各社物品及工事ニ係ル申合中改正(2.9.1)	35	45
陪審員服務ノ為メ欠勤ノ場合ノ取扱方(3.10.1)	35	152
陪審員トナリタル者ノ旅費其他(3.10.1)	35	152
神戸造船所及各社神戸支店，支部所在地名変更(6.9.1)	36	531
鉱業会社釧路出張員，雄別炭礦鉄道会社釧路事務所所在地名変更(7.8.15)	36	671
鉱業会社鉱業研究所外所在地名変更(7.10.1)	36	679
神戸造船所所在地名変更(8.1.1)	36	759
彦島造船所所在地名変更(8.3.20)	36	765
経済研究所職員役名及職名改正(8.7.10)	36	781
電機会社名英文訳語改正(10.6.1)	37	1014
印紙ノ件其他廃止(12.3.4)	37	1259
重工業会社名古屋航空機製作所所在地名変更(12.10.1)	37	1298
三菱各社ニテ名簿作成(13.9.9)	37	1442
南洋真珠会社移転(14.11.18)	38	1554
槇峰鉱山外改称(15.8.21)	38	1668
鉱業会社保安部事務室移転(16.10.27)	38	1823
菱美電機商会三菱社章佩用承認(17.3.26)	38	1921
日本化成工業会社外地勤務諸手当支給規則制定(17.4.1)	38	1926
製鋼会社場所名改称(17.11.21)	38	1968
菱美電機商会大阪事務所改称(17.12.18)	38	1974
三菱本社及分系各会社本支店所在地名変更(18.7.1)	39	2105
電機会社大阪製作所改称(19.1.1)	39	2227
重工業会社横浜造船所所在地名変更登記(19.4.5)	39	2256
重工業会社名古屋金属工業所在地名変更(昭和19年是歳)	39	2327
総選挙当日休業通知(21.3.28)	40	2627

5）その他

a）創業時代（明治3年～26年）

（明治）

電信暗号表増補(11.6.20)	6	446
電信暗号追補(14.2.15)	9	28
電信暗号追補(15.11.4)	10	455

b）合資会社時代（明治27年～大正6年）

（明治）

本社庶務室日誌(27.4.17)	19	14
秘密電信暗号(27.10.10)	19	30
電信暗号編纂(30.1.22)	19	151
電信符号改正(30.9.28)	19	207
日誌体裁一定(32.1.17)	20	310
新電信暗号併用(33.5.20)	20	410
写真形状一定(34.1.21)	20	472
社有各汽船乗組員名簿調製(34.3.2)	20	483
日誌記載方(34.3.6)	20	483
使用「コード」(35.8.15)	20	581
秘密電信暗号改定(36.7.1)	20	646
秘密電信暗号表改定(36.12.10)	20	660
御用船ニ関スル電報取扱方(37.2.6)	20	687
本社長崎門司間ニ電話開通(38年)	20	796
秘密電信暗号紛失ニ付使用停止(38.12.6)	20	830
Private Code 改正編纂(39.11.17)	21	909
電信符号改定準備(40.2.8)	21	951
門司支店「プライベート，コード」印行(40.12.1)	21	1014
社内謹慎(41.4.2)	21	1067
電信暗号帳改正配布(41.12.11)	21	1111
小形電信暗号帳配布(42.6.8)	21	1160
使用人ノ名簿調製ニ付報告方(43.11.24)	21	1266
使用人名簿配付(44.3.14)	21	1314

（大正）

小浦丸船長処分(1.4.22)	22	1459
副長心得以上ノ不幸ニ香奠贈呈方(1.8.6)	22	1488
私用ヲ許ス場合ノ自動車使用料金(1.9.19)	22	1497
使用人名簿印刷ニ付報告方(1.9.20)	22	1498
使用人名簿作成(2.9.20)	22	1796
炭坑場所限傭員雇入ノ場合履歴報告方(2.11.6)	22	1829
電信略号登記(3.3.14)	23	2048
電信暗号帳中改正(3.7.11)	23	2151
使用人名簿調製(3.9.19)	23	2210
香港電信暗号一部解禁(4.1.23)	24	2426
倫敦支店書信宛名(4.8.9)	24	2557
使用人名簿調製(4.9.20)	24	2587
欧文電信略語改正(4.10.14)	24	2614
会社名羅馬綴字改正(4.11.15)	24	2641
小樽支店所在地番改正(4.11.27)	24	2659
長崎造船所，小樽支店所在地番変更(4.12.3)	24	2664
倫敦支店宛書翰認方(4.12.14)	24	2668
倫敦支店羅馬字名称(5.1.11)	25	2824
東京支店電信略号(5.2.18)	25	2901
美唄炭坑私設電話名義変更其他(5.2.21)	25	2902
臨時北海道調査課員所属移転(5.2.24)	25	2905
横浜出張所外国電信略号(5.3.24)	25	2939
神戸支店電話(5.4.22)	25	2981
鉱山長戒飭(5.9.25)	25	3164
木下窯業場日誌ノ件(5.10.1)	25	3174
使用人名簿調製(5.10.4)	25	3175
船舶課電信略語(5.10.20)	25	3192
各部課名其他訳語(5.10.28)	25	3200
船舶課週報作成方(5.12.15)	26	3316
改正電信暗号帳送付(5.12.25)	26	3356
大浦丸無線電信使用開始(6.1.24)	27	3601
紐育出張所電信略語(6.2.12)	27	3616
倫敦支店宛通信方(6.2.23)	27	3640
倫敦支店往復電信ノ件(6.2.27)	27	3642
長崎兵器製作所英文名称(6.3.31)	27	3679
倫敦支店郵便宛名(6.5.7)	27	3748
紐育出張所電信略語(6.5.15)	27	3753
電信暗号増補(6.5.15)	27	3753
倫敦支店宛信書ニ係ル件(6.5.24)	27	3764
船舶課若松出張所電信略語(6.6.6)	27	3779
紐育出張所宛電信ノ件(6.6.6)	27	3779
倫敦支店英字綴(6.6.13)	27	3797
鉱業研究所名英訳(6.7.21)	27	3861
電信暗号改正増補ノ件(6.8.21)	27	3894
使用人名簿調製(6.10.1)	28	3961
新嘉坡出張所電信略語(6.10.24)	28	3982
香港支店電信略語(6.10.26)	28	3989
査業部外訳語(6.10.30)	28	3995
査業部電信略語(6.11.7)	28	4006
銀行部上海支店電信略語(6.12.5)	28	4036
営業部大阪支店電信略語(6.12.6)	28	4053
面谷鉱山用達人社金横領(6.12.14)	28	4061
新嘉坡出張所宛名変更(6.12.27)	28	4074

c）分系会社設立以降（大正7年～昭和27年）

（大正）

項目	巻	頁
伏見分工場書信宛名(7.2.7)	29	4358
新入炭坑第一坑坑道名改称(7.2.7)	29	4358
大夕張炭坑所在地名改称(7.2.7)	29	4359
鉱山部鉱石課訳語(7.3.1)	29	4392
使用人名簿臨時作成(7.5.6)	29	4476
仮本社内ニ「メールシュート」設置(7.6.28)	29	4500
旧印刷工場廃場(7.6.30)	29	4500
倫敦支店宛信書発送方(7.7.16)	29	4509
仮本社落成届(7.8.26)	29	4528
使用人名簿作成(7.9.20)	29	4541
三菱商事会社場所名並電信略号(7.5.1)	29	4659
三菱商事会社英文社名其他訳語(7.5.2)	29	4663
英文社名其他(7.5.10)	29	4674
大阪支店電信略号改定登記(8.3.24)	30	4857
名簿作成(8.5.22)	30	4886
名簿作成(8.9.18)	30	4915
長崎製鋼所，神戸内燃機製作所英文電信略号(8.5.17)	30	4992
電機製作所電信略号(8.11.1)	30	4994
船舶部東京在勤員電信略号登録(8.1.15)	30	5003
本店和文電信略号登録(8.1.16)	30	5003
金属部英文訳語改正(8.11.15)	30	5013
船舶部船舶規定中改正(8.12.24)	30	5013
本店各課其他英文訳名(8.8.9)	30	5019
三菱保険会社欧文電信略号(8.6.11)	30	5025
三菱保険会社名訳語(8.8.8)	30	5025
本社総務課英人傭聘(9.3.19)	30	5168
呉出張所所在町名改正(9.3.20)	30	5168
各部課名其他英文訳語及電信略号(9.4.10)	30	5181
欧文電信羅馬字綴暗号使用(9.4.14)	30	5182
大阪所在建物ヲ合宿所ニ使用(9.4.20)	30	5184
伯林出張員事務所電信略号(9.6.5)	30	5221
地所部事務室移転(9.7.10)	30	5232
名簿作成(9.9.4)	30	5248
電報頼信紙形状一定(9.12.27)	30	5294
菱華倉庫会社欧文電信略号登録(9.10.30)	30	5335
船舶部香港在勤員電信宛名変更(9.1.1)	30	5337
本店各部英文訳語(9.4.17)	30	5346
機械部其他欧文電信略号(9.5.1)	30	5348
木材部欧文電信略号登録(9.5.22)	30	5349
倫敦紐育両支店所在地及電信略号(9.3.20)	30	5367
神戸京都名古屋三支店電信略号(9.4.17)	30	5367
本店及神戸分工場電信略号(9.10.23)	30	5370
北京駐在員英文名称及電信略号(10.1.22)	31	5487
名簿作成(10.9.7)	31	5573
倫敦紐育両支店外英文訳名等(10.1.8)	31	5660
紐育支店生糸部事務所郵便宛名(10.4.2)	31	5665
長春出張員郵便宛名(10.4.9)	31	5666
東京支店欧文電信略号ニ係ル件(10.4.16)	31	5666
木材部東京在勤員電信略号(10.4.23)	31	5666
濠洲出張員電信略号登記(10.7.2)	31	5669
伏見分工場名称ニ係ル件(10.6.30)	31	5676
本店其他電信略号(10.4.1)	31	5683
名古屋製作所在勤役員ニ係ル件(10.10.27)	31	5684
名古屋製作所外国電信略号(10.11.10)	31	5684
名古屋製作所所在地名改称(10.12.17)	31	5684
資料課訳語並欧文電信略号(11.3.11)	31	5817
社内電信暗号帳改版ニ係ル件(11.4.15)	31	5837
社報記事欄新設(11.5.13)	31	5852
三菱名簿作成(11.9.1)	31	5894
天津出張所宛書信ニ係ル件(11.12.19)	31	5930
本店各課英文訳語(11.3.4)	31	5969
「シドニー」出張所訳名其他(11.4.1)	31	5970
大阪支店邦文電信略号(11.5.6)	31	5971
雑貨部砂糖係欧文電信略号(11.6.17)	31	5972
門司支店和文電信略号(11.10.7)	31	5973
大連支店和文電信略号変更(11.12.23)	31	5974
三宮支店欧文電信略号(11.12.16)	31	5992
館内火気取締(12.4.26)	32	6144
名簿作成ニ付報告方(12.9.1)	32	6183
私設電話架設(12.9.18)	32	6190
送迎用自動車廃止(12.10.10)	32	6195
紐育支店電信略号追加登記(12.3.24)	32	6394
横浜支店欧文電信略号追加登記(12.3.31)	32	6394
大阪支店欧文電信略号追加登記(12.5.5)	32	6399
神戸支店電信略号追加登記(12.7.14)	32	6400
長崎支店外電信略号追加登記(12.7.21)	32	6400
本店電信略号追加登記(12.8.4)	32	6401
門司支店電信略号追加登記(12.8.11)	32	6401
横浜支店電信略号追加登記(12.8.25)	32	6402
食品部英文訳語(12.9.29)	32	6403
食品部外電信略号(12.10.6)	32	6403
大阪支店電信略号追加登記(12.12.1)	32	6404
丸之内支店英文名変更(12.3.3)	32	6417
本店電信略号登記(12.12.22)	32	6425
本社所属准員ニ対スル印紙ノ件(13.3.19)	33	6556
名簿作成ニ付報告方(13.9.1)	33	6602
年末年始行事(13.12.12)	33	6637
燃料部英文訳語(13.4.5)	33	6680
穀肥部英文訳語(13.4.12)	33	6680
穀肥部燃料部電信略号(13.4.12)	33	6681

名古屋支店電信略号改正登記(13.5.31)	33	6684
紐育支店電信略号変更(13.5.31)	33	6684
船舶部小樽在勤員電信略号(13.5.31)	33	6684
九州売炭所其他電信略号登記(13.4.26)	33	6697
電信略号名義変更登記(13.5.10)	33	6697
北海道売炭所其他欧文電信略号登記(13.5.17)	33	6698
本店欧文電信略号変更(13.12.20)	33	6704
小樽支店欧文電信略号(13.11.1)	33	6709
神戸並長崎工場電信略号登記(13.5.17)	33	6714
名古屋製作所欧文電信略号(13.9.27)	33	6715
死亡通知ニ付各社申合(14.5.23)	34	6877
英文電信略号帳編纂(14.6.5)	34	6887
名簿作成ニ付報告方(14.9.1)	34	6920
年末年始行事(14.12.22)	34	6964
大阪支店欧文電信略号登記(14.2.21)	34	6991
船舶部小樽在勤員欧文電信略号廃止(14.3.31)	34	6992
和文電信略号廃止(14.9.30)	34	6995
三菱「ロールバッハ」飛行機会社電信略号(14.8.28)	34	7009
名簿作成ニ付報告方(15.9.1)	34	7208
書簡用紙其他改正(15.12.3)	34	7248
年末年始行事(15.12.23)	34	7252
紐育支店電信略号登記(15.6.19)	34	7279
新嘉坡支店電信略号追加登記(15.8.7)	34	7280
(昭和)		
社章調製費負担方(2.5.18)	35	32
記念品通知ニ関シ各社申合(2.12.5)	35	51
記念品通知ニ係ル本社内各課申合(2.12.5)	35	52
死亡通知ニ関シ各社申合(2.12.5)	35	52
死亡通知ニ係ル本社内各課申合(2.12.5)	35	52
年末年始行事(2.12.23)	35	52
会議室管理方(3.9.12)	35	149
年末年始行事(3.12.22)	35	165
三菱合資会社外所在地町名地番変更(4.4.15)	35	246
社有地町名地番改称(4.4.15)	35	247
改版和文電信暗号帳使用開始期日通知(4.8.14)	35	264
三菱合資会社名羅馬字綴字改正(4.12.9)	35	287
西川顧問ニ係ル覚書(4.12.16)	35	288
年末年始行事(4.12.21)	35	291
帝都復興祭祝賀休業通知(5.3.19)	35	384
市外近地指定(5.5.12)	35	387
英文電信暗号帳使用開始期日決定(5.7.11)	35	403
年末年始行事(5.12.22)	35	418
重役食堂経営変更(6.12.20)	36	557
年末年始行事(6.12.21)	36	557
経済研究所名其他訳語制定(7.5.3)	36	660
年末年始行事(8.12.23)	36	793
会議室名称変更(9.9.25)	36	916
商事会社本店私設電信取扱所設置(10.1.1)	37	997
本館普通食堂拡張(10.6.13)	37	1015
年頭祝賀会開催(11.1.4)	37	1121
各課名其他訳語中改正(12.6.1)	37	1284
年末年始行事(12.12.22)	37	1320
年頭祝賀会開催ニ付通知(12.12.22)	37	1320
新年奉祝会挙行ニ付通知(12.12.29)	37	1322
新年奉祝式挙行(13.1.1)	37	1405
年末年始行事(13.12.22)	37	1454
新年祝賀式挙行及年賀交換会開催通知(13.12.22)	37	1454
年末年始行事(14.12.23)	38	1563
新年祝賀式挙行及年賀交換会開催通知(14.12.23)	38	1563
年末年始行事(15.12.27)	38	1689
新年祝賀式挙行及年賀交換会開催通知(15.12.28)	38	1690
年末年始行事(16.12.27)	38	1837
新年祝賀式挙行及年賀交換会開催通知(16.12.27)	38	1838
年末年始行事(17.12.26)	38	1976
新年祝賀式挙行及年賀交換会開催通知(17.12.28)	38	1979
年末年始行事(18.12.22)	39	2149
新年祝賀式挙行及年賀交換会開催通知(18.12.22)	39	2149
役職員不幸通知方(19.3.11)	39	2239
宅用電話取扱方(19.3.25)	39	2244
重役食堂委員会開催(19.9.15)	39	2292
電話使用ニ関シ通知(19.10.23)	39	2299
通信文書注意方(19.12.9)	39	2314
年末年始行事(19.12.22)	39	2316
年末年始行事(20.12.22)	40	2527
医局及館内係移管(21.1.1)	40	2599
印刷工場移転(21.2.26)	40	2618
年末年始執務方(21.12.19)	40	2708
憲法施行当日休業通知(22.4.28)	40	2712
憲法施行記念日休業通知(23.4.27)	40	2719

4. 支店等の設置・改廃

1）創業時代・郵便汽船三菱会社および三菱社

（明治）

項目	巻	頁
東京支店開設(3.11.是月)	1	17
南茅場町荷扱所設置(5.10.29)	1	74
横浜支店開設(5.11.是月)	1	75
土佐須崎浦支店開設(6.是春)	1	103
四日市支店開設(6.11.是月)	1	152
長崎支店開設(7.8.17)	1	216
土佐須崎浦支店閉鎖(7.10.25)	1	281
横浜支店移転(8.2.1)	1	385
下関支店開設(8.2.7)	1	403
長崎支店外人居留地内移転ノ件(8.2.是月)	1	446
大阪支店薪炭店移転(8.4.20)	2	22
函館支店開設(8.5.19)	2	89
西京出張所閉鎖(8.8.是月)	2	188
霊岸島出張所開設(8.10.28)	2	341
土佐下田支社閉鎖(8.11.6)	2	375
鹿児島大島琉球三支社開設(8.11.是月)	2	404
函館支社移転(8.12.4)	2	408
本材木町荷捌所開設(8.12.15)	2	430
大阪支店閉鎖，神戸支社大阪出張所設置(9.8.20)	3	331
下関支社移転(9.11.2)	3	458
江戸橋荷扱所設置(9.12.4)	3	547
百貫石臨時出張所閉鎖(10.6.27)	4	220
用度局横浜出張所設置(10.7.27)	4	300
函館石巻両支社小使定置(10.11.6)	4	463
神戸支社大阪出張所移転(10.11.11)	4	475
神戸支社及大阪出張所小使増員(10.11.21)	4	499
長崎支社小使定置(10.12.24)	4	548
石ノ巻支社開設(11.1.是月)	5	156
長崎支社出島荷扱所開設(11.2.14)	5	185
境出張所開設(11.2.18)	5	202
鹿児島支社移転(11.5.22)	6	425
高知支社番地変更(11.5.23)	6	428
神戸荷扱所並ニ貯炭所設置(11.8.1)	6	524
下関支社移転(11.11.14)	6	666
新潟支社開設(12.4.1)	7	169
伏木支社開設(12.5.1)	7	224
長崎支社移転(12.5.31)	7	268
長崎支社移転(12.9.17)	7	430
青森出張所開設(12.9.是月)	7	446
大島支社移転(12.10.13)	7	463
函館支社移転(13.1.6)	8	16
八ノ戸出張所開設(13.2.23)	8	239
境支社閉鎖(13.7.21)	8	395
小樽並ニ根室出張所開設(13.8.5)	8	416
大阪薪炭店閉鎖(13.8.18)	8	434
根室出張所移転(13.9.14)	8	498
鹿児島支社移転(13.9.是月)	8	513
石巻支社ヲ野蒜支社ト改称，潜ヶ浦出張所開設(13.12.12)	8	576
横浜神戸函館賄品取扱所開設(13.12.15)	8	583
酒田支社開設(14.3.23)	9	55
根室出張所ヲ根室支社ト改称(14.5.14)	9	178
酒田支社ヲ酒田出張所ト改称(14.5.20)	9	183
八ノ戸出張所閉鎖(14.6.1)	9	196
鹿児島支社移転(14.8.29)	9	307
函館支社壽都出張所開設(15.6.20)	10	307
小樽出張所移転(15.8.29)	10	385
東京店閉鎖(15.9.22)	10	419
横浜賄品取扱所閉鎖(15.9.25)	10	428
函館支社移転(15.11.18)	10	480
小樽出張所ヲ小樽支社ト改称(15.12.4)	10	488
土崎出張所開設(16.3.19)	11	29
神戸支社敦賀出張所開設(16.9.10)	11	124
琉球大島鹿児島三支社閉鎖(16.12.19)	11	202
四日市支社名古屋出張所開設(17.11.20)	12	356
下関支社移転(18.1.10)	13	14
高知須崎出張所開設(18.4.1)	13	125
長崎支社移転(18.7.31)	13	313
大阪支店移転(20.3.17)	15	10

2） 三菱合資会社

(明治)

三菱神戸建築事務所開設(30.3.15)	19	161
三菱神戸建築事務所設置(39.1.22)	21	862
唐津出張所移転 (42.2.1)	21	1143
唐津出張所ヲ支店ト改称(43.10.1)	21	1257
神戸建築所廃止(43.10.31)	21	1263
大阪支店新設，旧大阪支店ヲ中之島支店ト改称(44.2.1)	21	1305

(大正)

小樽支店新設 (1.4.10)	22	1457
東京支店名古屋横浜両出張所新設 (1.12.2)	22	1522
門司支店下ノ関駅構内ニ出張所新設(2.8.26)	22	1780
江尻出張所詰所移転(2.10.21)	22	1822
兵庫出張所廃止 (3.2.10)	23	2023
呉出張所設置 (3.3.6)	23	2037
敦賀出張所設置 (3.3.6)	23	2038
函館出張員詰所移転(3.4.29)	23	2092
東京支店移転(3.6.29)	23	2137
長崎支店帆船係設置 (3.7)	23	2164
敦賀出張所員変更(3.8.3)	23	2166
名古屋出張所移転(4.4.8)	24	2476
青森出張所詰所設置 (4.4.26)	24	2487
室蘭出張所移転 (4.7.23)	24	2549
京都支店新設 (4.9.18)	24	2585
青森出張員詰所移転(4.10.19)	24	2619
横浜出張所移転(5.3.27)	25	2942
名古屋及深川両出張所ヲ支店ト改称(5.8.24)	23	3131
呉出張所若松支店へ移管 (6.7.8)	27	3837
敦賀出張所大阪支店ニ移管 (6.10.1)	28	3952
小樽支店雑貨係新設 (6.10.12)	28	3972
造船部及臨時製鉄所建設部事業及部員新設会社ニ移転 (6.10.31)	28	3995
丸之内支店新設 (6.11.1)	28	3998
各造船所廃止，丸之内支店設立登記(6.11.1)	28	3999
長崎兵器製作所廃止登記(6.11.8)	28	4008
長崎支店雑貨係新設 (7.1)	29	4350
函館出張員詰所ヲ函館出張所ト改称(7.2.1)	29	4352
本社各部外移転(7.4.28)	29	4462
若松支店外廃止登記 (7.9.5)	29	4533
名古屋支店設置登記 (7.9.23)	29	4542
名古屋支店設置(7.9.23)	29	4542
日本橋支店新設 (8.3.20)	30	4855
八幡出張所引払 (8.3.31)	30	4859

査業課員古賀山炭坑駐在(11.3.22)	31	5822
北樺太駐在員配置通知(11.12.20)	31	5930
地所部事務所移転(13.7.25)	33	6592
本社用度係移転(14.3.16)	34	6850
長崎造船所駐在南洋木材取扱員改称(15.9.30)	34	7224
本社総務課移転(15.10.23)	34	7229

(昭和)

地所課事務所移転(9.4.3)	36	884

3） 営業部

(大正)

上海支店大阪出張員詰所廃止(3.4.30)	23	2093
大阪支店岸和田ニ出張員常置(4.8.2)	24	2555
船舶課長崎在勤員廃止(5.4.27)	25	2987
青森出張員詰所移転(5.5.4)	25	2992
船舶課門司出張所廃止(6.5.25)	27	3765
呉出張所常務代理異動(6.10.6)	28	3965
船舶課小樽在勤員廃止(7.1.31)	29	4347

4） 鉱山部・炭坑部

(明治)

下関三菱炭坑出張所開設(23.11.1)	17	206
槙峰鉱山事務所移転(32.7.15)	20	339
新入村支店設置決議(41.4.15)	21	1068

(大正)

尾去沢鉱山赤沢出張所設置(1.8.13)	22	1491
蘆別駐在員(2.12.10)	22	1866
鹿町炭坑出張員常置(3.5)	23	2112
高取鉱山助川駐在員設置(3.11.7)	23	2238
飯田美唄炭礦ニ小樽支店ヨリ駐在員出張(4.2.1)	24	2430
龍川鉱山駐在員(4.3.13)	24	2461
炭坑部事務室移転(5.3.14)	25	2929
久留米試錐所鉱業事務所設置届(5.10.9)	25	3179
小佐佐鉱業事務所設置届(5.11.24)	26	3239
八幡製鉄所内出張所新設(6.4.10)	27	3691
八幡製鉄所内出張所事務員派遣(6.4.13)	27	3698
八幡製鉄所内出張員詰所名称変更(6.5.2)	27	3709
佐佐浦鉱区事務所移転(6.6.12)	27	3796
鹿町出張員増員(6.9.4)	28	3919
面谷鉱山大野出張所設置(7.2.12)	29	4368
牧山骸炭製造所事務所移転(7.5.1)	29	4674

5) 銀行部

（明治）

深川出張所設置(28.10.11)	19	83

（大正）

銀行部上海支店新設(6.9.19)	28	3936

6) 臨時製鉄所建設部および三菱製鉄株式会社

（大正）

兼二浦製鉄所所在地名変更(9.4.1)	30	5329
三菱製鉄会社事務室移転(14.2.12)	34	6839

（昭和）

製鉄会社本店移転(9.11.16)	36	921

7) 三菱内燃機製造，航空機および重工業株式会社

（大正）

東京出張所廃止(10.11.9)	31	5684

（昭和）

航空機会社東京製作所事務所移転及大井工場名称廃止(6.9.25)	36	533
航空機会社本店事務所移転(8.5.1)	36	769
航空機会社本店事務所移転(9.4.7)	36	884
横浜船渠事務所移転(12.11.28)	37	1311
重工業会社江南造船所駐在員設置(13.4.16)	37	1426
重工業会社長崎兵器製作所移転(17.5.16)	38	1933

8) 三菱電機株式会社

（大正）

東京出張所設置(10.3.1)	31	5685
東京出張所廃止(13.3.31)	33	6713
三菱電機会社事務室移転(14.2.16)	34	6839
北陸駐在員設置(15.11.6)	34	7292

（昭和）

菱美電機商会本店移転(5.11.17)	35	413
北陸駐在員廃止(6.5.9)	36	519
山陽駐在員廃止(9.8.5)	36	914
直方出張所設置(12.5.23)	37	1280
札幌出張所設置(13.3.23)	37	1418
電機会社本店移転(21.2.1)	40	2603
長崎製作所福岡営業所新設(21.3.14)	40	2620

9) 三菱商事株式会社

（大正）

名古屋支店移転(7.8.25)	29	4665
佐世保出張員事務所設置(7.9.1)	29	4665
青森出張員事務所移転(7.10.14)	29	4665
佐世保出張員事務所移転(7.12.15)	29	4666
釧路出張所開設(7.12.28)	29	4667
釧路製材所新設(7.12.28)	29	4667
船舶部東京在勤員設置(8.1.13)	30	5003
伊万里出張員事務所開設(8.2.7)	30	5004
横浜出張所独立(8.3.15)	30	5007
横浜出張所移転(8.5.4)	30	5009
伊万里出張員事務所移転(8.6.26)	30	5009
豊橋出張員事務所廃止(8.12.15)	30	5013
佐世保出張員事務所移転(9.2.1)	30	5337
塩釜駐在員派遣(9.2.1)	30	5337
横浜出張所改称(9.4.5)	30	5339
青森出張員事務所外東京支店ニ移管(9.5.1)	30	5348
木材部釧路出張員設置其他(9.5.1)	30	5348
石炭部移転(9.7.1)	30	5349
呉出張所所管替(9.7.13)	30	5349
伊万里出張員撤廃(9.9.30)	30	5352
木材部釧路出張員移転(9.8.17)	30	5352
小樽支店釧路出張員廃止(9.10.31)	30	5353
油脂部東京在勤設置(10.3.1)	31	5662
船舶部小樽在勤設置(10.5.1)	31	5667
新潟出張員派遣(10.5.21)	31	5668
呉出張所移転(10.6.26)	31	5669
石炭部及東京支店移転(10.7.10)	31	5669
油脂部移転(10.10.1)	31	5671
佐世保出張員所管替其他(10.10.26)	31	5673
新潟出張員移転(10.12.18)	31	5674
博多出張員撤廃(11.1.29)	31	5969
釧路製材所廃止(11.2.1)	31	5969
釧路出張所改称(11.3.1)	31	5969
室蘭出張所所在町名改正(11.4.1)	31	5971
大阪支店移転(11.4.3)	31	5971
青森船川等出張所管替(11.8.16)	31	5972
塩釜出張員移転改称(11.6.29)	31	5972
呉出張所移転(11.9.11)	31	5973
釧路出張所改称(11.12.1)	31	5974
船舶部大阪在勤員移転(11.12.25)	31	5976
小樽支店外移転(12.2.26)	32	6393
機械部移転(12.2.26)	32	6393
石炭部青森在勤員移管改称(12.5.1)	32	6396
仙台出張員事務所移転(12.6.30)	32	6400

倫敦支店移転(12.7.21)	32	6401
釧路出張員移転(12.7.24)	32	6401
石炭部新潟在勤員移転(12.9.1)	32	6402
船舶部大阪在勤員移転(12.12.1)	32	6404
釧路出張員撤廃(12.12.31)	32	6404
京都駐在員事務所移転(12.9.29)	32	6413
船舶部若松出張所改称(13.1.1)	33	6673
船舶部大阪支店在勤員撤廃(13.3.31)	33	6678
八幡出張員設置(13.5.3)	33	6681
長崎出張員設置(13.5.10)	33	6682
横浜支店復旧(13.5.15)	33	6682
小樽出張員設置(13.5.15)	33	6682
八幡出張員移転(13.7.11)	33	6688
横浜支店移転(14.10.11)	34	6995
八幡出張員移転(14.12.28)	34	6996
岡山出張員設置(15.4.1)	34	7278
京城出張所名称(15.7.1)	34	7279
仙台出張員移転(15.3.1)	34	7283
札幌出張員移転(15.10.17)	34	7284
酒田出張員移転(15.12.1)	34	7284

(昭和)

商事会社横浜支店外地番変更(3.3.31)	35	132
〃　青森出張員設置(3.4.1)	35	132
〃　船舶部移転其他(3.4.23)	35	135
〃　新潟出張員設置(3.8.1)	35	149
〃　尾道出張員設置(3.10.15)	35	155
〃　徳島出張員設置(3.11.19)	35	157
〃　大阪支店移転(3.12.2)	35	161
〃　名古屋支店移転(4.3.26)	35	244
〃　清水出張員設置(4.8.1)	35	264
〃　神戸支店移転(4.11.4)	35	276
〃　大阪支店移転(5.3.31)	35	385
〃　仙台出張員設置(5.5.17)	35	388
〃　清水出張員廃止(5.10.31)	35	412
〃　小樽出張員改称(6.3.10)	36	509
〃　青森,仙台,新潟各出張員所管替(6.6.1)	36	523
〃　函館出張員設置(6.7.11)	36	529
〃　小樽出張所改称(8.3.10)	36	764
〃　呉出張所独立(9.2.1)	36	871
〃　鹿児島出張員設置(9.6.27)	36	908
〃　那覇出張員設置(10.2.13)	37	999
〃　呉,高雄両出張所改称(10.3.14)	37	1003
〃　横須賀出張員設置(10.10.1)	37	1028
〃　那覇出張員所属替(10.12.1)	37	1040
商事会社,銀行名古屋支店所在地名変更(11.1.1)	37	1121
商事会社船舶部神戸支部移転(11.5.18)	37	1142
〃　名古屋支店移転(11.10.4)	37	1159
〃　函館,メルボルン両出張員改称(12.3.1)	37	1259
〃　本店移転(12.4.12)	37	1265
〃　佐世保出張所移転(12.5.30)	37	1284
〃　那覇出張員廃止(13.6.30)	37	1435
〃　横須賀出張員改称(13.7.15)	37	1437
〃　神戸支店移転(14.4.1)	38	1525
〃　船舶部神戸支部移転(14.5.22)	38	1529
〃　尾道出張員廃止(14.6.30)	38	1533
〃　八幡出張員改称(15.11.1)	38	1683
〃　徳島出張員廃止(16.1.10)	38	1759
〃　舞鶴出張員設置(16.4.1)	38	1772
〃　燃料部及機械部大阪支部移転(16.6.7)	38	1788
〃　四日市出張員設置(16.8.11)	38	1803
〃　青森出張員廃止(16.12.26)	38	1837
〃　大湊出張員設置(17.4.1)	38	1925
〃　船舶部神戸支部移転(17.5.11)	38	1933
〃　半田出張員廃止(17.7.31)	38	1946
〃　福岡出張員其他設置(17年)	38	1983
〃　燃料部大阪支部移転(18.3.8)	39	2074
〃　舞鶴出張員改称(18.4.1)	39	2078
〃　舞鶴出張所移転(18.11.28)	39	2141
〃　広島,光,大村出張員改称(19.5.5)	39	2265
〃　八幡出張所移転(19.5.8)	39	2266
〃　呉支店移転(19.6.26)	39	2278
〃　仙台出張員改称(19.8.12)	39	2289
〃　横須賀出張所移転(19.8.21)	39	2290
〃　福岡,蕪湖両出張員改称(19.9.20)	39	2293
〃　広島出張所移転(19.9.22)	39	2294
〃　八幡出張所改称(19.12.16)	39	2315
〃　京都出張員設置(20.4.12)	40	2420
〃　新潟出張員改称(20.5.15)	40	2429
〃　仙台出張所移転(20.10.1)	40	2473
〃　岡山出張員廃止(20.10.26)	40	2488
〃　神戸,小樽両支店及函館出張所移転登記(20.10.27)	40	2488
〃　京都出張員及福岡出張所改称(20.12.1)	40	2517
〃　呉支店移転(21.1.10)	40	2600
〃　本店移転(21.1.12)	40	2600
〃　金沢出張員設置其他(21.1.21)	40	2601
〃　京都支店移転(21.2.1)	40	2603
〃　広島出張所移転(21.5.1)	40	2634

商事会社金沢出張員改称(21.5.1)	40	2634
〃　下関出張所設置(21.6.1)	40	2639
〃　静岡出張所改称(21.6.1)	40	2639
〃　仙台出張所改称(21.6.20)	40	2643
〃　金沢出張所改称(21.9.10)	40	2657
〃　札幌事務所改称(21.9.20)	40	2658

10) 三菱鉱業株式会社

（大正）

直方出張所設置(7.10.15)	29	4676
直方出張所所管替(9.9.14)	30	5359
営業所改称並新設等(13.4.1)	33	6693
大湊出張員設置(13.4.15)	33	6697
釧路出張員設置(13.4.23)	33	6697
横浜出張所移転(13.5.15)	33	6698
崎戸出張員移管(13.11.22)	33	6701
函館出張員事務所移転(14.1.10)	34	6997
横浜出張所移転(14.10.11)	34	7000
札幌出張員設置(14.12.25)	34	7000
伏木出張員設置(15.1.16)	34	7281
酒田出張員設置(15.4.1)	34	7283

（昭和）

鉱業会社東京支店新設(4.6.1)	35	257
〃　京城出張員変更(5.2.12)	35	378
〃　八戸出張員廃止(7.11.30)	36	682
〃　唐津礦業所移転(8.7.1)	36	781
〃　唐津出張所廃止(9.5.31)	36	894
〃　崎戸出張員廃止(9.5.31)	36	894
〃　兼二浦事務所設置(10.4.1)	37	1008
〃　江尻出張員改称(10.4.1)	37	1008
〃　金属部及調査部事務室移転(10.5.25)	37	1012
〃　留萌出張員設置(10.8.10)	37	1023
〃　金属部及調査部事務室移転(12.5.15)	37	1278
〃　博多出張員設置(12.7.27)	37	1290
〃　新潟出張員外改称(12.12.20)	37	1317
〃　大夕張礦業所所在地名変更(17.4.1)	38	1925
〃　手稲鉱業所所在地名変更(17.4.10)	38	1927
〃　小樽支店八戸出張員設置(17.12.1)	38	1970
上山田炭坑事務所移転(17年)	38	1983
鉱業会社博多出張員改称(18.10.1)	39	2128
〃　新潟出張所移転(18.是歳)	39	2153
〃　新潟金属工業所新設(19.1.20)	39	2228
〃　清水出張員廃止(19.1.31)	39	2232
鉱業会社敦賀出張員所管替(19.2.1)	39	2233
〃　留萌出張員廃止(19.2.15)	39	2235
〃　札幌出張所廃止(19.2.29)	39	2237
〃　八戸出張員廃止(19.3.4)	39	2239
〃　門司出張所廃止(19.3.15)	39	2241
〃　博多出張所移転(19.3.19)	39	2241
〃　仙台出張所所管替(19.3.31)	39	2251
〃　函館出張所及船川出張員廃止(19.3.31)	39	2251
〃　青森出張所所管替(19.4.1)	39	2252
〃　酒田出張員廃止(19.4.30)	39	2262
〃　花蓮港事務所及大湊出張員事務所廃止(19.5.31)	39	2271
〃　石炭部所管青森出張員其他所管替(19.7.1)	39	2282
〃　新潟出張所及新潟軽合金工場建設事務所新潟出張所事務所移転(昭和19年是歳)	39	2327
〃　福岡事務所設置其他(20.1.15)	40	2400
〃　室蘭出張所事務所廃止(20.1.30)	40	2403
〃　博多出張員事務所廃止(20.2.15)	40	2406
〃　炭礦部青森，仙台両出張員事務所廃止(20.2.20)	40	2406
〃　釧路出張員事務所廃止(20.3.15)	40	2409
〃　札幌事務所設置其他(20.4.10)	40	2419
〃　仙台出張所設置(20.5.1)	40	2427
〃　炭礦部伏木出張員事務所所管替(20.6.1)	40	2434
〃　伏木出張員事務所廃止(20.10.15)	40	2473
〃　大阪製煉所敦賀出張所閉鎖(20.11.30)	40	2514
〃　福岡事務所其他移転(20年是歳)	40	2529

11) 三菱倉庫株式会社

（大正）

項目	巻	頁
東京倉庫横浜出張所設置(3.10.20)	23	2229
倉庫会社門司出張所設置(4.1.12)	24	2417
東京倉庫会社神戸支店移転(5.8.7)	25	3114
東京支店新設(7.3.1)	29	4655
門司出張所ヲ支店ト改称(7.12.28)	29	4656
菱華倉庫会社移転(11.9.11)	31	5963
大阪支店事務所移転(11.12.10)	31	5966
菱華倉庫会社移転(13.1.25)	33	6667
横浜支店設置(13.5.6)	33	6667
東京支店移転(13.8.16)	33	6670

（昭和）

項目	巻	頁
倉庫会社東京支店外所在地名変更(3.8.29)	35	149
倉庫会社東京支店移転(4.8.28)	35	265
菱華倉庫会社本店移転(6.11.1)	36	537
倉庫会社門司支店移転(15.8.14)	38	1667
〃 名古屋出張所改称(18.8.6)	39	2117
〃 名古屋支店其他所在区名変更(19.2.11)	39	2234
〃 横浜支店其他移転(19.6.1)	39	2272
〃 名古屋支店移転(20.12.20)	40	2526
〃 門司支店移転(21.1.25)	40	2602
〃 神戸支店移転(21.2.25)	40	2617
〃 横浜支店移転(21.4.25)	40	2633

12) 株式会社三菱銀行

（大正）

項目	巻	頁
倫敦紐育両支店設置認許(8.10.25)	30	5029
船場支店開業(9.10.8)	30	5368
三菱銀行営業所落成移転(11.4.24)	31	5989
小樽、三宮両支店新設(11.8.30)	31	5991
丸ノ内「ビルヂング」内支店設置認許(11.11.6)	31	5991
中之島支店移転(11.12.11)	31	5991
丸之内第二支店開業(12.3.1)	32	6415
京都支店移転(12.9.1)	32	6420
西長堀四谷両支店設置登記(13.10.10)	33	6709
西長堀支店開業(13.11.1)	33	6709
四谷支店開業(13.11.28)	33	6710
深川支店復帰(13.12.22)	33	6710
京都支店移転(14.11.30)	34	7005
三宮支店営業所仮移転(15.12.6)	34	7288

（昭和）

項目	巻	頁
駒込支店開業(2.9.5)	35	46
深川支店移転改称(4.2.18)	35	239
銀行、商事会社名古屋支店移転(4.3.26)	35	244
銀行日本橋支店移転(4.5.20)	35	250
神田支店設置(4.9.5)	35	269
銀行三宮支店、商事会社及保険会社神戸支店移転(4.11.4)	35	276
銀行神田支店所在地町名地番変更登記(5.3.13)	35	380
銀行永代橋支店所在地町名地番変更登記(6.7.1)	36	529
銀行築地出張所所在地名変更(6.11.1)	36	537
銀行品川支店移転(7.7.11)	36	667
銀行日本橋支店所在地名変更(7.12.1)	36	683
銀行四谷支店移転(7.12.12)	36	684
銀行神田支店所在地名変更(8.7.1)	36	781
銀行築地出張所移転(10.2.1)	37	998
京橋出張所設置(10.6.1)	37	1014
築地、大連両出張所所属変更(10.7.1)	37	1020
虎之門支店設置(11.5.11)	37	1139
西長堀支店移転改称(11.10.19)	37	1161
銀行船場支店移転(12.1.25)	37	1255
京橋出張所移転改称及築地出張所所属変更(13.1.10)	37	1405
大阪支店梅田出張所設置(13.10.10)	37	1444
渋谷、熱田両支店設置(13.10.25)	37	1447
蒲田支店設置(13.12.8)	37	1453
三宮支店神港ビル出張所設置(14.3.13)	38	1521
銀行熱田支店所在地名変更(14.4.1)	38	1525
小倉支店設置(14.11.27)	38	1554

板橋支店設置(15.6.18)	38	1654	銀行下谷支店移転(20.7.1)	40	2438
銀行梅田出張所改称(16.10.1)	38	1820	三田支店其他廃止(20.7.15)	40	2440
丸之内第二支店改称(16.12.1)	38	1830	東長崎出張所設置(20.7.30)	40	2444
大阪南支店泉尾出張所設置(16.12.1)	38	1830	青山, 恵比寿両支店廃止(20.8.12)	40	2463
板橋支店江古田出張所及小倉支店戸畑出張所設置(16.12.18)	38	1833	銀行渋谷, 池袋両支店移転(20.9.10)	40	2466
蒲田支店鶴見出張所設置(16.12.22)	38	1833	銀行奥沢出張所其他改称(20.12.3)	40	2518
名古屋支店中村出張所設置(16.12.26)	38	1837	古河支店設置(20.12.20)	40	2526
駒込支店荒川出張所設置(17.3.16)	38	1918	銀行中野駅前支店移転(20年是歳)	40	2529
福岡支店設置(17.4.20)	38	1928	溝口出張所設置其他(21.2.8)	40	2603
河原町出張所設置(17.5.11)	38	1933			

13) 三菱海上火災保険株式会社

(大正)

福岡駐在員移転(13.10.18)	33	6703
京都出張員事務所移転(13.11.8)	33	6703
三菱保険会社移転(14.2.21)	34	6840

(昭和)

保険会社, 信託会社本店移転(3.4.8)	35	134
保険会社福岡出張所移転(3.7.2)	35	144
神戸支店移転(4.11.4)	35	276
保険会社, 信託会社大阪支店移転(8.3.25)	36	765

14) 三菱信託株式会社

(昭和)

大阪支店開業(4.2.1)	35	239
名古屋支店設置(15.6.12)	38	1654
福岡支店設置(16.7.21)	38	1800
横浜出張所設置(16.9.16)	38	1815
信託会社福岡支店移転(17.3.1)	38	1915
京都支店設置(17.7.7)	38	1945
神戸出張所改称(18.10.1)	39	2128
信託会社横浜出張所改称(19.4.1)	39	2252
信託会社横浜支店移転(19.5.8)	39	2266
信託会社神戸支店移転(19.6.26)	39	2278
信託会社福岡支店移転(19.10.9)	39	2296

15) その他

(大正)

三菱製紙会社本店移転(14.12.9)	34	6939

(昭和)

製鋼会社本店移転(18.7.20)	39	2109
石油会社本店移転(19.10.1)	39	2296
化成工業会社本店移転(19.10.15)	39	2298
石油会社本店移転(21.1.15)	40	2601
製鋼会社本店移転(21.4.25)	40	2633
化成工業会社本店移転(21.4.27)	40	2633
製鋼会社本社移転(21.7.17)	40	2646

大曾根出張所設置(17.6.12)	38	1939
尼崎出張所設置(17.7.7)	38	1945
中野桃園支店野方出張所所属変更(17.9.3)	38	1955
銀行神港ビル出張所改称(17.9.25)	38	1957
銀行本石町支店移転改称(17.10.19)	38	1962
横浜支店設置(17.11.17)	38	1967
下谷支店設置(17.12.8)	38	1971
高田馬場出張所設置(17.12.8)	38	1972
四谷支店其他所在地変更登記(18.4.19)	39	2086
銀行虎之門支店移転改称(18.6.21)	39	2102
市岡出張所設置(18.7.7)	39	2107
銀行河原町出張所移転(18.7.26)	39	2111
鍛冶町支店外四支店廃止(18.8.15)	39	2118
代田橋出張所移転改称(18.9.13)	39	2120
銀行蒲田第二支店改称(18.11.1)	39	2136
品川駅前出張所設置(18.11.8)	39	2136
下谷第二支店外四支店廃止(18.11.14)	39	2137
銀行熱田第二支店移転改称(19.2.12)	39	2234
銀行渋谷駅前支店移転(19.2.28)	39	2237
銀行烏丸錦支店移転改称(19.3.6)	39	2239
郵船ビル支店其他閉鎖(19.4.8)	39	2257
東京中央市場出張所其他改称(19.6.1)	39	2273
銀行下関支店設置(19.6.15)	39	2275
北畠出張所設置(19.11.6)	39	2301
中井出張所設置(19.12.8)	39	2314
長原, 亀有両出張所設置(19.12.26)	39	2317
赤羽, 上馬両出張所設置(20.1.8)	40	2399
大山, 青砥, 徳庵両出張所設置(20.1.15)	40	2400
銀行神戸, 三宮両支店改称(20.2.12)	40	2405
銀行吾妻橋支店移転改称(20.2.19)	40	2406
南生野出張所設置(20.3.15)	40	2409
森小路出張所設置(20.4.20)	40	2422
亀有, 長原, 北畠出張所改称(20.5.21)	40	2430
洲崎支店其他廃止(20.5.20)	40	2430
奥沢出張所設置(20.6.8)	40	2434
岩本町支店其他廃止(20.6.30)	40	2436
銀行中井出張所其他改称(20.7.1)	40	2438

5．人事労務・福利厚生

1）人事労務一般
a）創業時代（明治3年〜26年）

（明治）

海陸諸員戒飭(7.12.8)	1	312
勤怠簿釐定(8.1.1)	2	346
下級船員雇用監督ノ件(8.1.18)	2	355
炊夫給仕給料事務服支給規則制定(8.5.1)	2	60
欠勤出勤届出規則制定(8.6.24)	2	127
船員下船禁止(8.7.是月)	2	156
勤怠簿捺印規則制定(8.8.16)	2	177
水火夫服務期契約ノ件(8.9.4)	2	197
社則事故欠勤期間条項追補(8.9.10)	2	199
吉岡鉱山囚徒使役(8.10.11)	2	282
歳末年首休暇日釐定(8.12.27)	2	480
社則除名社員給料条項増補(9.1.16)	3	6
社則社員執務時間条項刪修(9.4.1)	3	147
罰俸成規制定(9.4.27)	3	177
休暇日改定(9.4.是月)	3	180
社則病気欠勤期間条項修補(9.7.7)	3	246
歳末年首休暇日釐定(9.12.28)	3	605
勤怠調査ノ件(11.1.10)	5	141
船員履歴書徴集ノ件(11.9.7)	6	596
上海航船々員密売禁止(12.5.22)	7	258
船員退船上陸ノ件(12.9.16)	7	429
船員優秀者推挙ノ件(13.1.11)	8	24
船員優秀者推挙ノ件(13.1.24)	8	227
在京諸員親睦園饗宴慰労ノ件(13.4.3)	8	280
副社長管事補助金(13.4.4)	8	283
各船海員乗組定員表頒布(13.8.25)	8	440
社員等級改定(13.12.6)	8	571
副社長管事補助金廃止交際費支給(13.12.29)	8	593
為替店々童傭使規則制定(15.1.19)	10	167
冗員淘汰ノ件(15.9.14)	10	406
船員定数改定(17.2.23)	12	36
海員雇入雇止規則追補(17.7.1)	12	202
各船小使員数釐定(17.8.18)	12	237
下級船員傭入手続改定(18.1.1)	13	1
防火尽力社員慰労(18.3.13)	13	98
下級船員傭入手続改定(18.4.20)	13	152
海運業閉止諸員慰労(19.3.14)	15	21
給料控除規程制定(19.4.15)	15	40
旅費規則制定ノ件(19.5.18)	15	57
給料控除規程廃止(20.12.23)	15	241
鯰田炭坑傭員職工職制々定(23.1.16)	17	6
尾去沢鉱山鉱夫使役並救恤規則制定(25.11.17)	18	80
旅費規則改定(25.12.21)	18	185

b）合資会社時代（明治27年〜大正6年）

（明治）

鉱山師長(27.1.1)	19	2
鉱業代理人届出(27.2.3)	19	7
炭坑鉱業代理人届出(27.4.24)	19	15
鉱夫関係規則ニ付注意(27.9.11)	19	28
欠勤者報告(28.9.2)	19	80
御用船関係者履歴書(28.10.25)	19	84
方城炭坑鉱夫使役規則(29.7.3)	19	116
荒川鉱山奨励会(29.8.6)	19	118
臨時休業(30.1.27)	19	151
本社半休(30.2.7)	19	154
三菱造船所雇英人叙勲(30.4.14)	19	167
船員印紙(30.5.26)	19	177
炭坑限雇員ニ係ル内規(30.6.1)	19	179
雇員病気欠勤ノ場合容赦方(30.6.29)	19	186
高島炭坑納屋制度廃止(30.7.13)	19	190
傭員進退報告(30.11.20)	19	224
三菱造船所職工関係規程(30.11.26)	19	225
三菱造船所其他場所限使傭人扶助法(30.12.30)	19	234
生野鉱山交替方改正(30.12月)	19	236
使傭人扶助法其他実施(31.1.1)	19	255
尾去沢鉱山年中行事認許(31.1.14)	19	256
労務者関係調(31.4.7)	19	261
各場所限雇員扱方(31.5.25)	19	267
佐渡鉱山外鉱夫使役並救恤規則(31.7.24)	19	275
門司支店場所限雇員ノ旅費支給方(31.12.8)	19	288
場所限傭員扱方(31.12.15)	19	289
新潟事務所傭員旅費支給方(31.12.30)	19	291
面谷鉱山鉱夫表彰(32.2.2)	20	312
鯰田炭坑職工救護基金用積立其他(32.2.3)	20	313
神戸支店臨時休業(32.7.17)	20	340
高島炭坑夫救恤方改正(32.7.18)	20	340
佐渡鉱山百枚坑他人ニ請負稼行(32.9.15)	20	350
荒川鉱山労務者関係事項調進達(32.10.25)	20	354
鯰田炭坑坑夫募集費貸与(32.1.13)	20	386
給与休暇規程制定(33.1.19)	20	389
福井光利ニ船舶関係監督方嘱託(33.1.22)	20	391
吉岡鉱山鉱夫救恤方拡張(33.2.22)	20	395
鯰田炭坑其他採炭奨励法実施(33.3.14)	20	396
佐渡鉱山使役人取扱方法改革(33.4.11)	20	402
佐渡鉱山鉱夫請負組織改善(33.4.18)	20	404

長崎支店日雇人賑恤方(33.6.30)	20	416
三菱造船所使傭人其他欠勤等ニ関スル例規(33.7.11)	20	419
新入支坑夫採炭奨励法改定(33.9.22)	20	430
鯰田炭坑夫漸減防止(33.10.1)	20	433
新入支坑夫募集奨励方(33.10.16)	20	435
労働者ニ関スル状況報告(34.1.25)	20	472
東京倉庫会社使用人異動報告方(34.1.28)	20	473
荒川鉱山鉱夫使役救恤規則等改定(34.3.1)	20	483
鉱山炭坑労働者ニ関スル報告方(34.8.23)	20	508
相知炭坑雇人救助規則制定(34.9.18)	20	509
生野鉱山鉱夫共済組合補助金改定(34.12.20)	20	520
社船機関長更迭(35.1.27)	20	553
三菱造船所職工救護法増補(35.3.5)	20	561
鯰田炭坑夫救恤規則改定(35.4.2)	20	564
佐渡鉱山鉱夫救恤調(35.4.26)	20	569
場所限傭員報告(35.11.22)	20	593
佐渡鉱山鉱夫関係報告(36.1.19)	20	622
海員ニ関シ報告方(36.4.21)	20	637
事故欠勤願書認方(36.5.19)	20	641
相知炭坑夫使役規則外改定(36.6.18)	20	643
荒川鉱山鉱夫救恤規則改定(36.6.20)	20	643
鉱山炭坑使役人患者表様式一定(36.6.22)	20	644
三菱造船所職工国税滞納ニ付処置(36.7.25)	20	648
使傭人履歴簿調製(36.9.19)	20	655
場所限傭員調(36.11.9)	20	657
生野鉱山鉱夫救恤規則改定(36.11.14)	20	657
傭使人扶助規則実施状況調査(36.12.23)	20	661
場所限傭員病気欠勤容赦規定廃止(36.12.31)	20	662
傭使人扶助規則制定(37.1.1)	20	681
尾去沢鉱山冗員整理(37.1.28)	20	685
傭使人扶助規則取扱細則(37.2.19)	20	691
月報中ニ鉱夫数報告方(37.2.25)	20	694
場所限傭員事故欠勤ノ場合容赦方(37.4.1)	20	703
佐渡鉱山其他労務者関係報告(37.6.6)	20	709
荒川鉱山鉱夫救恤規則改正(37.6.20)	20	711
宝鉱山雇人救恤規則制定(37.7.1)	20	713
場所限傭員報告(37.11.1)	20	733
神戸三菱造船所工場仮内規(38.8.31)	20	815
神戸三菱造船所出世積金制度適用(38.10.11)	20	818
神戸三菱造船所工場規則(38.11.13)	20	822
神戸三菱造船所就業時間改正(38.12.1)	20	829
槇峰鉱山鉱夫使役規則改称訂正(39.2.2)	21	864
御用船乗組者勤務成績報告(39.4.30)	21	877
門司支店戦時勤務者履歴提出(39.5.15)	21	879
高島炭坑雇人救護規則寄贈(39.8.20)	21	895
高島炭坑夫扶助料増額(39.8.24)	21	896
牧山骸炭製造所職工救護規則制定(39.10.1)	21	902
使用人勤倹預金最高限度廃止(39.10.19)	21	904
使用人養老資金内規制定(39.12.7)	21	913
荒川尾去沢両鉱山場所限雇員特別手当支給内規(40.1.18)	21	948
鉱夫取扱ニ関シ各鉱山ニ警告(40.2.27)	21	963
吉岡鉱山鉱夫雇傭並労役規則改定(40.6.7)	21	982
三菱造船所職工佩用徽章取扱方(40.6.15)	21	983
神戸造船所職工徽章佩用規程制定(40.7.1)	21	989
長崎支店石炭運搬日傭賑恤規則改定(41.4.1)	21	1067
三菱造船所工師(41.8.14)	21	1089
門司支店社船下級船員整理(41.9.3)	21	1092
非職内規制定(41.10.1)	21	1099
三菱造船所職工救護規則改定(41.12.25)	21	1112
三菱造船所職工救護規則施行内規制定(42.1.18)	21	1141
出勤及退出時刻取極(42.2.22)	21	1148
館内取締職務内規及店童心得(42.9.9)	21	1180
門司支店下級船員勤続加俸規定改正(42.12.1)	21	1191
神戸造船所工場法案ニ関シ答申(42.12.10)	21	1192
門司支店船員懲戒内規制定(42.12.11)	21	1193
高島炭坑鉱夫雇傭及労役規則等改定(43.7.1)	21	1246
相知炭坑鉱夫雇傭及労役規則修正(43.7.25)	21	1248
槇峰鉱山鉱夫雇傭及労役規則修正(43.8.7)	21	1249
鯰田炭坑鉱夫雇傭及労役規則修正(43.8.16)	21	1251
三菱造船所職工救護規則修正(43.12.14)	21	1268
休職内規制定(44.3.7)	21	1310
人事関係事項諸伺方(44.8.1)	21	1337
使用人詮衡委員任命(44.9.21)	21	1346
使用人採用内規制定(44.10.1)	21	1347
店童交換手及小使雇入解雇其他ニ関スル取扱方(44.10.5)	21	1350
入営服務ノ場合ノ欠勤ニ対スル取扱方(44.11.28)	21	1377
使用人詰場所及係異動報告方(44.12.13)	21	1383

(大正)

炭坑坑夫事業上死亡ノ場合支給方(1.5.25)	22	1470
三菱造船所技士ヲ船長ニ任命(1.8.27)	22	1494
使用人採用内規改定(1.11.29)	22	1518
使用人詮衡委員変更(1.12.2)	22	1523
給与休暇規定中削除(1.12.4)	22	1527
使用人欠勤報告方改定(1.12.5)	22	1528
使用人転任ノ場合ノ給料負担方(1.12.5)	22	1529
高千鉱山鉱夫雇傭労役規則其他許可(1.12.9)	22	1530
三菱造船所工場規則修正(1.12.26)	22	1539
使用人特別待遇資格制定(2.1.24)	22	1624
上山田坑直轄坑夫制度規定廃止(2.1.30)	22	1632

人事労務・福利厚生

項目	頁1	頁2
下級船員ニ係ル取調報告(2.2.4)	22	1636
三菱造船所小頭英国出張(2.3.3)	22	1660
三菱造船所見習職工規則改正(2.6.19)	22	1736
高根鉱山雇人救恤規則実施(2.7.29)	22	1761
傭員採用者報告(2.7.31)	22	1761
門司若松両支店船舶課業務代理監督者交代(2.7.31)	22	1761
神戸三菱造船所職工組長伍長ヲ英国ニ派遣(2.8.30)	22	1784
高根鉱山鉱夫雇傭労役及扶助規則許可(2.9.15)	22	1791
臨時北海道調査課雇人旅費規則(2.12.18)	22	1877
長崎支店石炭運搬日傭賑恤用積立廃止(2.12.27)	22	1884
三菱造船所職工英国出張(3.2.15)	23	2027
鯰田炭坑鉱夫雇傭労役規則中改正(3.2.28)	23	2034
三菱造船所工場規則改正(3.3.18)	23	2049
鯰田炭坑直轄鉱夫規程改定(3.6.30)	23	2138
神戸三菱造船所職工ノ為公署ニ対スル取扱開始(3.7.1)	23	2144
場所限傭員タリシ使用人ノ非職期間算定方(3.7.10)	23	2149
鯰田炭坑世話方鉱夫規程外改定(3.7.31)	23	2163
高千支山鉱夫直轄制度採用(3.8月)	23	2196
三菱造船所職工救護規則外改正(3.9.25)	23	2214
蘆別出張所消防組組織(3.10.6)	23	2225
営業費支弁運動会等廃止(3.10.8)	23	2225
営業費支弁慰労等廃止(3.10.12)	23	2227
新入炭坑記念祝賀(3.10.12)	23	2227
神戸三菱造船所職工旅費規則中改正(3.11.6)	23	2237
鯰田炭坑鉱夫救助規則改定(3.11.24)	23	2246
彦島造船所職員(3.11.26)	23	2251
奥山鉱山救恤規則実施(4.1.7)	24	2412
奥山鉱山鉱夫扶助規則改正許可(4.2.8)	24	2433
本社請願巡査減員(4.3.19)	24	2464
龍川鉱山鉱夫関係規則許可(4.3.26)	24	2468
尾去沢鉱山鉱夫共済規則(4.3.27)	24	2469
三菱製紙所技士米国出張(4.5.1)	24	2493
三菱造船所職工救済貸金内規中改正(4.5.4)	24	2495
彦島造船所員ヲ門司支部員トシテ取扱(4.5.20)	24	2507
長崎造船所喫煙取締(4.6.25)	24	2532
三菱造船所職工ニ関シ商工局ニ回答(4.9.25)	24	2591
長崎造船所職工救護規則中改正(4.11.17)	24	2642
長崎造船所冬季操業時間短縮(4.11.27)	24	2659
高島炭坑鉱夫共済規則制定(5.1.19)	25	2844
高島炭坑鉱夫共済規則実施ニ付会計整理方(5.2.7)	25	2890
上山田炭坑職員ヲ鯰田炭坑ヨリ移転(5.2.10)	25	2896
高島炭坑坑夫等違約金整理方(5.3.13)	25	2929
端島坑少年及婦女坑内使役(5.3月)	25	2950
高島炭坑婦女坑内使役(5.4.13)	25	2975
高島炭坑労役ニ関スル規則中修正(5.4.28)	25	2988
給与休暇ニ付申合(5.6月)	25	3053
出勤及退出時刻励行(5.7.11)	25	3074
使用人採用内規中改正(5.8.4)	25	3110
大阪製煉所扶助規則草案作成(5.8.9)	25	3116
長崎造船所外工場管理人選任(5.8.21)	25	3127
神戸造船所工場管理人選任(5.8.25)	25	3133
神戸造船所保護職工取扱方(5.8.30)	25	3137
美唄炭坑救助規則ヲ蘆別炭坑ニ適用(5.9.2)	25	3148
大阪製煉所工場管理人(5.9.5)	25	3150
生野鉱山直轄飯場設置(5.9.11)	25	3153
龍川支山担当者変更(5.10.9)	25	3178
印刷工場工場管理人選任(5.10.12)	25	3181
高島炭坑雇人職名並員数(5.10.12)	25	3185
彦島造船所工場管理人選任(5.10.18)	25	3188
牧山骸炭製造所工場管理人選任(5.10.19)	25	3190
牧山骸炭製造所社宅電話架設(5.10.19)	25	3191
方城炭坑鉱夫雇傭労役規則許可申請其他(5.10.28)	25	3205
長崎造船所冬季退出時刻変更(5.11.10)	26	3226
神戸造船所職工規則外改定(5.11.27)	26	3240
小佐佐鉱区鉱夫扶助規則其他(5.11.28)	26	3264
鉱山部鉱夫職工表彰規則，鉱夫救済規則制定(5.12.1)	26	3269
大阪製煉所職工表彰規則，職工救済規則制定(5.12.4)	26	3278
美唄炭坑鉱夫雇傭労役規則許可及鉱夫扶助規則(5.12.14)	26	3297
大夕張炭坑鉱夫共済会規則(5.12.14)	26	3312
大阪製煉所職工共済組合解散(5.12.16)	26	3317
方城炭坑鉱夫共済会規則(5.12.19)	26	3319
佐渡鉱山鉱夫雇傭労役規則許可，扶助規則提出(5.12.19)	26	3323
高取鉱山鉱夫雇傭労役規則許可(5.12.20)	26	3327
宝鉱山鉱夫雇傭労役規則許可並鉱夫扶助規則(5.12.24)	26	3340
方城炭坑鉱夫共済会規則実施ニ関スル件(5.12.26)	26	3363
金田炭坑鉱夫共済会規則実施ニ関スル件(5.12.26)	26	3364
鉱夫労役扶助規則ノ件(5.12.27)	26	3365
長崎造船所職工救護規則其他改正及職工旅費規則，職工修業生規則(5.12.28)	26	3373
彦島造船所職工規則外改正(5.12.29)	26	3415
大正5年度高島炭坑坑夫募集	26	3451
造船所職工欠乏(大正5年)	26	3509
鯰田炭坑鉱夫雇傭労役規則実施(6.1.1)	27	3573

人事労務・福利厚生

項目	頁	番号
仏国ヨリ造船職工雇入照会ノ件(6.1.23)	27	3597
長崎造船所職工賃料計算様式改正(6.2.13)	27	3616
生野鉱山鉱夫共済組合廃止(6.2.18)	27	3622
長崎兵器製作所工場管理人及職工関係規則認許(6.3.20)	27	3665
神戸造船所工場管理人(6.3.20)	27	3665
長崎兵器製作所徒弟収容規定認許(6.3.27)	27	3671
門司支店人足自営(6.3.28)	27	3673
牧山骸炭製造所職工救護規則改定(6.4.1)	27	3684
彦島造船所職工旅費規則制定(6.4.18)	27	3699
印刷工場管理人選任(6.4.19)	27	3700
門司支店人足直営ニ付勘定整理方(6.4.30)	27	3707
面谷鉱山鉱夫雇傭労役規則許可(6.5.5)	27	3710
長崎造船所職工誘拐者防禦(6.5.7)	27	3749
北湧鉱山鉱夫雇傭労役規則許可(6.5.15)	27	3753
二子坑内婦女入坑開始(6.6.4)	27	3778
八幡製鉄所ニ職工委託ニ係ル件(6.6.13)	27	3797
使用人待命内規制定(6.6.16)	27	3798
非職内規修正(6.6.16)	27	3799
使用人定限年齢内規制定(6.6.27)	27	3812
上山田炭坑鮮人使役(6.6.27)	27	3816
下級海員勤続加俸規程改正(6.6.30)	27	3821
生野鉱山鉱夫雇傭労役規則許可(6.7.14)	27	3848
美唄炭坑鉱夫特待規則実施(6.8.1)	27	3873
優秀使用人報告書改正(6.8.14)	27	3889
使用人退職手当内規制定(6.9.1)	28	3911
小使扶助規則制定(6.9.1)	28	3914
上山田炭坑鉱夫誘拐者傷害事件(6.9.10)	28	3927
高島炭坑鮮人鉱夫募集認可外鉱夫募集(6.9.21)	28	3939
営業部船員退職手当内規制定(6.9.27)	28	3945
造船部,海軍省ト職工傭入ニ関シ協約(6.10.11)	28	3969
傭員調査ノ為報告方(6.10.25)	28	3984
使用人役名中修正(6.10.27)	28	3990
生野鉱山直轄飯場増設(6.10月)	28	3996
勤倹預金取扱規定制定(6.11.22)	28	4018
使用人退職手当内規中修正(6.12.1)	28	4034
佐渡鉱山鉱夫雇傭労役規則許可(6.12.6)	28	4037
場所限傭員ノ雇入転任等ニ関スル件(6.11.22)	28	4192

c) 分系会社設立以降（大正7年〜昭和27年）

（大正）

項目	頁	番号
佐渡鉱山鉱夫表彰式(7.1.1)	29	4299
方城金田両炭坑休業日変更成績報告(7.1.23)	29	4334
平岸炭坑鉱夫雇傭労役規則許可(7.2.19)	29	4378
高島炭坑鮮人鉱夫坑内使役(7.3.4)	29	4396
綱取鉱山傭使助川ニ駐在(7.3.7)	29	4398
新入炭坑朝鮮人労役者募集(7.3.12)	29	4404
上山田炭坑鉱夫誘拐者傷害ニ係ル件(7.3.13)	29	4405
蘆別炭坑鉱夫募集(7.3.23)	29	4418
鯰田炭坑朝鮮人労働者募集ノ件(7.3.27)	29	4427
吉岡鉱山坑夫取扱規則制定(7.4.1)	29	4433
上山田炭坑鉱夫募集願許可(7.4.8)	29	4441
牧山骸炭製造所職工離散防止(7.4月)	29	4467
女事務員ニ事務服給与(7.11.28)	29	4567
社交上ノ改良ニ関シ意見回報通知(7.12.10)	29	4568
長崎製鋼所建設事務所員扱方ノ件(7.12.14)	29	4569
年末年始行事(7.12.24)	29	4572
人事ニ関スル用語改正(8.2.28)	30	4849
共済貯金強制加入ノ条項中除外(8.4.7)	30	4860
長崎製鋼所外人職工死去ニ付弔慰(8.7.22)	30	4906
婦人事務員ニ事務服支給(8.10.15)	30	4928
正員進級内規,正員採用内規中改正(8.10.16)	30	4928
事務補技師補昇役ノ件(8.10.30)	30	4935
臨時手当支給ノ件其他廃止(8.10.30)	30	4942
三菱造船会社工師解傭ニ付贈与(9.8.4)	30	5237
三菱造船会社長崎造船所工師解傭ニ付贈与(9.10.5)	30	5259
船場支店員扱方(9.10.29)	30	5262
三菱造船会社長崎造船所工師解傭ニ付贈与(9.11.5)	30	5267
三菱造船会社長崎造船所工師解傭ニ付増与(9.11.10)	30	5267
神戸内燃機製作所所属使用人ニ係ル件(9.5.31)	30	5327
印刷工場管理人選任(10.8.27)	31	5571
北樺太炭業組合旅費規則(10.10.1)	31	5585
北樺太炭業組合近地特別旅費規則(10.10.1)	31	5586
三菱造船会社長崎造船所工師解傭ニ付贈与(10.11.17)	31	5613
三菱造船会社長崎造船所工師解傭ニ付贈与(10.11.19)	31	5617
長崎製鋼所在勤職員ニ係ル件(10.8.24)	31	5650
三菱銀行三宮支店小樽支店在勤員扱方(11.9.22)	31	5899
採用内規制定(12.3.15)	32	6113
見習取扱方制定(12.3.15)	32	6115
休職内規制定(12.5.29)	32	6161
正員待命内規改正(12.5.29)	32	6163
三菱倉庫会社横浜支店員取扱方(13.5.23)	33	6574
夏季執務時間短縮(13.7.16)	33	6588
電話架設ニ関スル覚書(13.10.24)	33	6614
西長堀支店在勤員取扱(13.10.30)	33	6617
東京工業化学試験所職工ニ関スル規定制定(14.4.4)	34	6866
採用内規中改正(14.5.25)	34	6878

労務審議会審議案件(14.9.11)	34	6921	職員ニ採用ノ決定ヲ受ケ任地ニ赴ク新規学校卒業者ニ対スル支度料(16.3.20)	38	1769
共同運輸会社在勤員取扱方(15.2.12)	34	7117	転任者等ニ対スル任地到着後ノ宿泊料社費支弁方(16.4.16)	38	1772
昼食時間其他ニ係ル件打合(15.6.24)	34	7156	引越荷物保管料社費支弁方(16.4.18)	38	1773
総務課印刷工場管理人更迭(15.8.2)	34	7183	正員進級内規中改正(16.6.13)	38	1788
総務課印刷工場職工貯金管理方法改正(15.8.5)	34	7186	重工業会社職員表彰規程制定(16.7.1)	38	1798
(昭和)			三菱鉱業協和会創建(17.4.14)	38	1927
採用内規中改正(2.3.1)	35	8	昭和17年9月採用学校卒業者取扱方(17.5.30)	38	1937
見習取扱方制定(2.3.1)	35	8	鉱業会社ニテ職員共栄会設置(17.7.10)	38	1945
見習取扱細目制定(2.3.1)	35	9	商事会社共済会設立(18.3.2)	39	2071
婦人見習ノ期間及月手当申合(2.4.28)	35	30	転任転勤支度料ニ関スル近接地ノ範囲及引越荷物附保限度(18.6.16)	39	2100
正員進級内規中改正(3.4.18)	35	134	正員進級内規中改正(18.7.23)	39	2109
技正ノ待遇方(3.7.7)	35	144	役員弔祭料改正(18.7.30)	39	2113
見習取扱細目中改正(4.11.20)	35	284	職員弔祭料規則中改正(18.7.30)	39	2113
見習取扱方中改正(4.11.27)	35	284	日本化成工業会社表彰規則制定(18.7.30)	39	2114
造船会社雇員退職慰労金内規制定(5.1.17)	35	373	南方在勤職員請暇帰朝取扱方(18.8.14)	39	2117
見習勤務者勤続年数計算方(5.2.7)	35	377	雇員忌引取扱方(18.8.21)	39	2118
見習取扱細目中改正(5.3.17)	35	382	三菱本社国民貯蓄組合規約中改正(18.9.15)	39	2120
給与休暇支給方改正(5.9.3)	35	408	国民貯蓄割合改正(18.9.15)	39	2120
長崎造船所従業員整理(5.11月)	35	415	重工業会社職員表彰規則施行(18.9.15)	39	2121
三菱共済貯金規則廃止(6.4.10)	36	515	婦人事務員結婚ノ場合ノ取扱方(18.10.25)	39	2133
電機会社職工整理(6.6月)	36	529	転出職員取扱方(18.11.30)	39	2142
採用内規制定(7.2.1)	36	635	婦人事務員取扱方(19.1.24)	39	2229
正員待命内規中改正(7.5.16)	36	660	応徴者ニ対スル特別休暇支給方(19.4.20)	39	2258
正員定限年齢内規中改正(7.9.16)	36	674	休業日出動特設防護団員ニ代日休暇附与(20.3.29)	40	2416
新採用者銓衡方法改正(8.1.13)	36	759	宿直中罹災シタル特設防護団員ニ対スル特別見舞金(20.4.7)	40	2419
商事会社ニテ土曜半休制実施(9.8.1)	36	911	永年勤続者表彰内規及同細則制定(20.4.17)	40	2420
新採用者銓衡ニ関スル協定廃止(10.4.26)	37	1009	職員弔祭料規則中改正(20.7.28)	40	2441
採用内規中改正(12.1.25)	37	1254	重工業会社従業員整理(20.9.11)	40	2466
役員定限年齢取扱方(13.2.25)	37	1414	三菱本社共済会設立(20.9.17)	40	2467
婦人事務員取扱方(13.8.26)	37	1441	製鋼会社東京製作所所員表彰(20.是歳)	40	2530
職員弔祭料規則制定(13.10.14)	37	1444	弔慰内規制定(22.8.19)	40	2717
弔祭料規定廃止(13.10.14)	37	1446	就業規則制定(23.7.10)	40	2721
役員弔祭料(13.10.21)	37	1446	就業規則ニ基ク諸規則制定(23.7.10)	40	2724
重工業会社職工名称変更(13.10月)	37	1447	就業規則及雇員退職慰労金規則中改正(24.7.22)	40	2736
重工業会社ニテ産業報国会設置(13.11.1)	37	1447			
電機会社職工名称変更(13.11.10)	37	1448			
婦人事務員待遇方(14.7.6)	38	1536			
職員国民徴用令ニヨリ徴用セラレタル場合ノ取扱方(14.8.25)	38	1539			
職員並其ノ家族弔慰内規其他(15.5.24)	38	1646			
支度料増額及荷造費限度引上(15.7.6)	38	1659			
見習制度廃止(15.7.12)	38	1661			
重工業会社職員永年勤続表彰記念品贈与内規外制定(15.8.15)	38	1667			
新入職員並ニ旧見習取扱方(15.11.1)	38	1682			
職員採用内規制定(15.11.1)	38	1682			
採用条件細目制定(16.1.25)	38	1760			

2）賃金
a）創業時代（明治3年～26年）

（明治）

項目	巻	頁
給料及旅費受領手続改定(8.10.31)	2	347
水火夫給料支給規則改定(8.1.17)	2	352
大阪支店仲仕賃銀低減(8.2.28)	2	427
等外員給料改定(8.5.1)	2	61
土佐屋善左衛門ニ贐金給与(8.8.24)	2	184
諸員褒賞(9.1.2)	3	2
年末賞与規則制定(9.4.10)	3	154
歳末手当支給(9.12.28)	3	602
社用人足ニ印絆纏祝儀給与(9.12.28)	3	603
小使給料支給法改定(10.1.1)	4	1
水火夫給料日割表制定(10.8.1)	4	315
宿直支度料廃止，夜間使者夜食料釐定(10.9.6)	4	385
諸員褒賞(10.12.是月)	4	552
上海支社年頭手当支給(11.1.是月)	5	169
社則社員給料条項改定(11.6.25)	6	455
各船水火夫給料支給規則制定(11.12.22)	6	695
上海支社年頭手当支給(12.1.是月)	7	59
下級船員傭使解雇及給料支給手続制定(12.2.21)	7	66
外国人旅費支給額改定(12.5.22)	7	257
社則給料条項改定(12.8.22)	7	382
七等以上社員給料額改定(12.11.1)	7	499
帆船乗組員手当支給規則廃止(12.12.1)	7	530
歳末手当支給(12.12.26)	7	548
船員賄料支給規程制定(13.8.24)	8	438
給料支給規則追補(13.10.13)	8	523
歳末手当支給(13.12.是月)	8	594
上海支社年頭手当支給(14.1.是月)	9	24
給料減額ノ件(14.6.1)	9	196
給料支給規則改定(14.9.1)	9	312
神戸支社夜食料支給申請(14.12.25)	9	382
減額給料復旧ノ件(15.1.31)	10	175
上海支社年頭手当支給(15.1.是月)	10	177
歳末手当支給(15.12.27)	10	499
職給等級廃止(16.2.26)	11	22
給料支給規則改定(17.11.29)	12	363
歳末手当支給(17.12.23)	12	390
減額給料復旧ノ件(18.9.30)	14	435
給料控除金頒与(18.12.15)	14	625
歳末手当支給(21.12.是月)	16	251
歳末手当支給(22.12.是月)	16	402
中元手当支給(23.7.是月)	17	96
歳末手当支給(23.12.是月)	17	227
歳末手当支給(24.12.21)	17	244
社員給料規則制定(25.12.11)	18	184
歳末手当支給(25.12.是月)	18	189
歳末手当支給(26.12.18)	18	188

b）合資会社時代（明治27年～大正6年）

（明治）

項目	巻	頁
外人増給申立(27.5.10)	19	17
傭外国人給料支給方(27.5.15)	19	17
応召解雇雇人ニ手当支給(27.7.28)	19	23
応召使用人ニ対スル給与(27.8.1)	19	24
場所限傭員応召者給与(27.8.15)	19	26
新規採用者ニ餞別(27.8.21)	19	27
下之関支店仲仕賃金(27.10.8)	19	30
芙蓉丸水火夫増給(27.11.7)	19	33
下之関支店員増手当(27.11.30)	19	34
年末手当支給(27.12.24)	19	36
新潟事務所使傭人年末手当(27.12.29)	19	37
芙蓉丸士官食費増給(28.1.8)	19	64
鯰田炭坑坑夫賞与用積立増額其他(28.4.5)	19	72
御用船其他乗組事務員手当支給(28.5.1)	19	74
市内差配所小使待遇変更(28.8.29)	19	79
社船船長水先ノ場合支給方(28.11.21)	19	87
年末手当支給(28.12.20)	19	89
皆勤賞与廃止(28.12.24)	19	90
用船事務ニ付褒賞(28.12.25)	19	91
休暇給与(28.12.28)	19	91
大阪支店仲仕賃等引上(29.4.27)	19	111
長崎造船所員行賞(29.6.8)	19	114
門司支店人足賃(29.10.1)	19	122
演習応召欠勤中ノ給料(29.11.2)	19	124
生野鉱山稼人旅費規則(29.12.2)	19	126
年末手当支給(29.12.24)	19	127
面谷鉱山増給(30.1.11)	19	148
兵役服務者ニ手当支給(30.1.10)	19	148
大阪支店人夫賃増額(30.3.18)	19	162
同所雇外人旅費増額(30.3.18)	19	162
芙蓉丸相川航海手当(30.5.25)	19	176
舮人足賃増額(30.6.1)	19	179
人足賃増額(30.6.7)	19	181
臨時手当支給(30.6.21)	19	184
坑所限傭員勤続手当内規(30.6.29)	19	186
使用人其他預金利子(30.7.1)	19	188

人事労務・福利厚生

石炭仲仕賃金改正(30.7.16)	19	191		船員下船ノ場合ニ於ケル給料等支給内規(33.4.2)	20	401
佐渡鉱山貸金(30.9.30)	19	208		面谷鉱山賃格増額(33.5.11)	20	409
神戸石炭人足賃(30.10.8)	19	212		細地支山員ニ手当支給(33.5.22)	20	410
使用人欠勤ノ場合ノ給料算出方(30.10.16)	19	213		中元手当支給(33.6.23)	20	413
船員食料増額(30.11.2)	19	218		佐渡鉱山坑夫等中元賞与(33.7.12)	20	419
船員賄料増額(30.12.1)	19	229		大冶鉱石運搬社船乗組員増給(33.7.27)	20	421
三菱造船所雇外人割増廃止(30.12.15)	19	230		鯰田炭坑休日(33.8.1)	20	422
年末手当支給(30.12.20)	19	232		門司支店仲仕賃金改定(33.8.1)	20	422
長崎支店船頭外扶持(30.12.28)	19	233		槇峰鉱山鉱夫旧盆賞与(33.8.20)	20	424
佐渡鉱山他国人夫請負契約改訂(30.12.28)	19	234		大阪支店店童ニ時服等支給(33.10.1)	20	433
高島炭坑小頭扶持(30.12.31)	19	236		給料容赦期間後給与(33.10.2)	20	433
面谷鉱山旧年末手当(31.1.13)	19	256		相知炭坑旧九日祭ニ納屋頭等ニ貸金(33.11.20)	20	441
新入炭坑坑夫頭貸金(31.1.18)	19	256		社船乗組士官食料増額(33.12.1)	20	445
炭坑小頭扶持(31.2.18)	19	258		勤倹貯金其他利息計算方改定(33.12.16)	20	445
造船所職工身元金等扱方(31.2.25)	19	259		吉岡鉱山坑夫什長終身扶持(33.12.17)	20	446
三菱造船所小頭扶持(31.4.12)	19	262		年末手当支給(33.12.20)	20	446
門司支店仲仕其他ニ対スル給与(31.4.26)	19	263		相知炭坑鉱夫使役並救恤規則其他制定(33.12.25)	20	447
若松支店仲仕其他ニ対スル給与(31.5.5)	19	265		夕顔丸士官食料増額(33.12.25)	20	447
初音丸佐渡航海手当(31.5.7)	19	265		容赦期間経過後給与(33.12.27)	20	448
仲仕賃金増額(31.5.11)	19	265		吉岡鉱山年末年首祝儀(33.12.28)	20	448
高島炭坑備員坑夫募集ノ場合旅費支給方(31.5.20)	19	267		高島炭坑小頭其他扶持(34.1.1)	20	469
臨時手当支給(31.6.24)	19	272		槇峰鉱山年頭祝儀(34.1.1)	20	470
臼井炭坑水汲料支給(31.8.16)	19	276		海員勤続加俸表追加(34.1.4)	20	470
鯰田炭坑其他旧盆給与(31.9.29)	19	281		夕顔丸乗組員其他年末手当支給方(34.1.9)	20	471
高島炭坑人夫ニ対スル給与(31.10.5)	19	283		大盛支山員手当支給(34.1.14)	20	471
勤務演習応召者ニ対スル給与(31.11.25)	19	285		鯰田炭坑坑夫募集資金貸与(34.1.15)	20	472
年末手当支給(31.12.21)	19	290		吉岡鉱山旧年頭祝儀(34.2.12)	20	477
生野鉱山附属其他ニ年末賞与(31.12.22)	19	290		槇峰鉱山旧正月祝儀(34.2.15)	20	478
吉岡鉱山年末年首祝儀(31.12.24)	19	290		生野鉱山鉱夫共済組合報告(34.2.17)	20	478
生野鉱山年頭祝儀(32.1.1)	20	309		長崎支店給仕時服支給(34.2.18)	20	478
鯰田炭坑坑夫頭貸金(32.2.7)	20	313		相知炭坑納屋頭貸金(34.2.23)	20	480
吉岡鉱山旧年末祝儀(32.2.14)	20	314		大阪製煉所職工貯蓄積立金規則(34.2.25)	20	480
高島炭坑小頭扶持(32.3.15)	20	319		相知炭坑納屋頭ニ貸金(34.6.16)	20	496
鯰田炭坑旧年末祝儀(32.3.28)	20	321		中元手当支給(34.6.23)	20	497
社船乗組員食料増額(32.6.10)	20	332		神戸支店人足艀運搬ヲ他ニ請負(34.11.8)	20	513
中元手当支給(32.6.21)	20	334		相知炭坑納屋頭ニ貸金(34.11.9)	20	513
新入炭坑小頭外扶持(32.7.8)	20	339		年末手当支給(34.12.12)	20	518
海員ニ対スル勤続加俸制設定(32.12.8)	20	363		入営者ニ年末手当支給(34.12.16)	20	519
年末手当支給(32.12.20)	20	364		海外留学並出張者ニ年末及中元手当支給(34.12.31)	20	523
吉岡鉱山鉱夫年末手当支給其他(32.12.31)	20	366		吉岡鉱山発電所予定地勤務者ニ月手当(34.12.31)	20	523
夕顔丸水夫長其他扶持(33.1.4)	20	385				
容赦期間経過後給与(33.1.13)	20	385		退職手当支給方(35.1.17)	20	551
面谷鉱山旧年末手当支給(33.1.18)	20	388		場所限備員退職手当支給方(35.1.28)	20	553
吉岡鉱山旧正月祝儀(33.1.25)	20	391		夕顔丸水夫長解雇ニ付給与(35.4.25)	20	569
槇峰鉱山旧年首祝儀(33.1.31)	20	392				
鯰田炭坑旧年末賞与(33.2.18)	20	394				

項目	巻	頁
中元手当支給(35.6.19)	20	572
丸之内三菱建築所定傭職工等ニ給与(35.6.24)	20	573
丸之内三菱建築所定傭職工等扶助(35.6.26)	20	573
新入社給料支給方(35.7.18)	20	578
佐渡鉱山鉱夫職別賃金(35.7.19)	20	578
漢口出張員手当支給(35.7.24)	20	579
相知炭坑納屋頭ニ貸金(35.10.30)	20	590
年末手当支給(35.12.17)	20	595
相知炭坑附属賞与(35.12.22)	20	596
長崎支店附属扶持(35.12.23)	20	596
社船乗組士官下船ノ場合代人給料支給方(35.12.29)	20	597
三菱造船所組長自費欧米渡航ニ付給与(36.1.5)	20	621
高島炭坑小頭扶持(36.1.6)	20	622
鯰田炭坑小頭扶持(36.5.7)	20	639
上海及漢口在勤者手当改定(36.5.12)	20	639
中元手当支給(36.6.18)	20	643
門司支店人足賃改定(36.8.10)	20	650
年末手当支給(36.12.18)	20	660
相知炭坑納屋頭貸金(37.2.9)	20	689
中元手当支給(37.6.17)	20	711
細地支山譲渡ニ付解雇手当支給(37.9.24)	20	725
丸之内建築所弁当料(37.10.24)	20	731
年末手当支給(37.12.17)	20	740
相知炭坑納屋頭貸金(38.1.20)	20	764
槙峰鉱山旧正月稼人賞与(38.1.23)	20	764
門司支店仲仕賃金増額(38.4.1)	20	779
社船乗組士官増給(38.4.21)	20	782
福浦丸下級海員給料制定(38.6.6)	20	794
漢口出張所上海代理店在勤者手当等増額(38.6.8)	20	795
漢口地方航海社船乗組員増給(38.6.13)	20	796
中元手当支給(38.6.17)	20	797
相知炭坑納屋頭貸金(38.6.17)	20	797
三菱製紙所職工昇給(38.6.26)	20	800
横浜東京人夫賃並艀賃増額(38.6.26)	20	800
場所限傭員ニ対スル休暇支給方改定(38.11.25)	20	824
使用人病気事故欠勤他行ニ関スル施行細則(38.11.30)	20	827
場所限傭員病気事故欠勤ノ場合容赦規程(38.12.1)	20	828
事故欠勤ニ給与休暇継続支給方(38.12.1)	20	828
臨時年末手当支給(38.12.15)	20	832
船員ニ対スル年末手当支給方(38.12.25)	20	836
三菱造船所扶持廃止(38.12.31)	20	837
漢口上海等在勤者ニ対スル手当等支給方(39.2.19)	21	866
役員人員進退及給料支給高其他報告方(39.3.12)	21	867
「トリップ」ニ年金支給其他(39.3.20)	21	868
社船乗組員給料割増廃止(39.5.1)	21	878
使用人海外赴任並在勤手当規則制定(39.6.5)	21	881
使用人給料支払期日改定(39.6.18)	21	882
長江航行ノ社船員給料割増(39.6.18)	21	882
中元手当支給(39.6.21)	21	883
海外在勤者ニ対スル給料手当等支給方(39.9.29)	21	901
年末手当支給(39.11.30)	21	911
船員年末手当(39.12.3)	21	913
東京勧業博覧会出場者食費支給方(40.3.1)	21	965
槙峰鉱山鉱夫示威，賃金割増(40.4.17)	21	971
三菱製紙所職工賃金値上(40.6.19)	21	984
中元手当支給(40.6.20)	21	985
南京ニ傭員駐在ニ付手当等支給(40.7.29)	21	995
荒川鉱山鉱夫救済規則改定(40.8.1)	21	997
生野鉱山安米並時価米払下規則制定(40.9.1)	21	1005
大阪製煉所職工共済組合補助金増額(40.9.4)	21	1006
使用人海外在勤並赴任出張給与金支給規則(40.11.27)	21	1012
年末手当支給(40.12.3)	21	1014
社船高等船員ニ年末手当支給(40.12.9)	21	1016
使用人昇給申立方(41.1.6)	21	1052
長崎支店弁当料規則制定(41.1.21)	21	1056
地方高等商業学校卒業生初給(41.5.6)	21	1075
中元手当支給(41.6.18)	21	1079
神戸造船所職工勤倹預金制新設(41.7.24)	21	1084
門司支店石炭仲仕賃金増額改定(41.11.11)	21	1105
年末手当支給(41.12.8)	21	1110
上海在勤員ニ旅費支給方(42.2.5)	21	1143
中元手当支給(42.6.17)	21	1161
長崎石炭仲仕賃金協定値下(42.7.1)	21	1164
場所限傭員外海外赴任旅費等支給方(42.8.10)	21	1172
傭員退隠手当規則，疾病共済規則制定(42.9.1)	21	1175
三菱造船所工師ニ年金支給(42.9.1)	21	1180
夕顔丸乗組員割増手当廃止食料増額(42.11.1)	21	1187
年末手当支給(42.12.3)	21	1191
年末手当支給日(42.12.17)	21	1194
方城支坑附属ニ臨時特別賞与(43.4.20)	21	1234
中元手当支給(43.6.15)	21	1244
年末手当支給(43.11.22)	21	1265
年金支給方(44.6.6)	21	1328
中元手当支給(44.6.15)	21	1331
増加給与額支弁方(44.7.20)	21	1335

項目	巻	頁
門司支店石炭取扱人夫賃値上(44.8.1)	21	1337
長崎支店石炭仲仕人夫賃値上(44.8.3)	21	1338
年末手当支給(44.12.20)	21	1384

(大正)

項目	巻	頁
三菱造船所職工救済貸金法制定(1.1.1)	22	1425
下級船員増給(1.5.1)	22	1465
鈴木敏ニ対スル給与増額(1.5.30)	22	1471
中元手当支給(1.6.3)	22	1473
佐渡鉱山鉱夫奨励金支給(1.6.29)	22	1478
住宅手当支給額改正(1.9.27)	22	1500
養老資金計算取扱方法改正(1.11.13)	22	1514
年末手当支給(1.11.20)	22	1515
使用人預金取扱規定中利息改定(1.12.1)	22	1522
場所限傭員病気事故欠勤給料容赦規定改正(1.12.3)	22	1524
傭員退隠手当規則修正(1.12.4)	22	1525
槇峰鉱山鉱夫年末賞与(1.12.16)	22	1533
佐渡鉱山鉱夫賞与(1.12.23)	22	1537
高島炭坑坑夫貸金切捨(2.1.20)	22	1621
北海道在勤者手当継続支給(2.1.21)	22	1622
生野鉱山鉱夫救恤規則改正(2.3.15)	22	1675
長崎支店石炭人夫賃噸払ニ改定(2.4.6)	22	1693
相知炭坑採炭賞与(2.6.7)	22	1726
中元手当支給(2.6.10)	22	1727
明延支山運搬請負人ニ贈与(2.6.17)	22	1734
佐渡鉱山鉱夫ニ賞与(2.6.26)	22	1740
大浦丸下級海員食料増額(2.8.1)	22	1764
場所限傭員中日給者ニ対スル旅費支給方(2.8.9)	22	1769
使用人給料支給規定(2.8.15)	22	1771
鯰田炭坑鉱夫旧盆支給(2.8.15)	22	1773
唐津支店石炭人夫賃率改定(2.9.17)	22	1795
使用人死亡又ハ解傭ノ場合ニ係ル其月分給料支給方(2.10.10)	22	1813
新入炭坑夫救助規則改正(2.11.15)	22	1834
年末手当支給(2.11.20)	22	1835
宝鉱山坑夫扶助規則改正(2.11.28)	22	1842
槇峰鉱山鉱夫勉励賞与(2.12.9)	22	1866
佐渡鉱山坑夫賞与(2.12.23)	22	1882
荒川鉱山鉱夫貸付金中切捨(3.1.7)	23	1992
高島炭坑坑夫貸金中切捨(3.1.16)	23	2000
横浜出張在員沖人夫賃改正(3.1.29)	23	2009
高島炭坑勤勉坑夫特別賞与規則改正(3.6.5)	23	2118
中元手当支給(3.6.10)	23	2122
槇峰鉱山稼人勉励賞与(3.8.6)	23	2168
兼二浦駐在員ニ任地外家族引纏許可(3.8.13)	23	2174
高津亀太郎遺族ニ贈与(3.8.20)	23	2182
鯰田炭坑中元支給(3.8.28)	23	2195
生野鉱山傭使遺族給与(3.10.6)	23	2224
地所部宿直弁当料(3.10.6)	23	2225
年末手当支給(3.11.21)	23	2245
吉岡鉱山新年祝儀(3.11.22)	23	2246
彦島造船所転勤職工ニ貸金(3.11.25)	23	2249
彦島造船所傭員退隠手当規則(3.11.25)	23	2251
生野鉱山鉱夫勉励賞与(3.12.31)	23	2296
長浦丸下級船員定員及給料(4.2.19)	24	2439
高島炭坑坑夫賞罰規則改正其他(4.2.20)	24	2440
奥山鉱山鉱夫雇傭労役規則改正(4.2.23)	24	2441
方城炭坑納屋頭等ニ貸金(4.3.16)	24	2463
荒川鉱山賃金支払日改正(4.3月)	24	2473
龍川鉱山特別旅費規則(4.4.10)	24	2478
中元手当支給(4.6.10)	24	2522
宝鉱山勤勉賞与規則制定(4.11.1)	24	2628
年末手当支給(4.11.19)	24	2651
槇峰鉱山勉励鉱夫ニ支給(4.12.15)	24	2670
佐渡鉱山鉱夫賞与(4.12.23)	24	2680
荒川鉱山鉱夫貸金中切捨(4.12.25)	24	2684
高島炭坑坑夫貸金中切捨(5.1.14)	25	2838
倫敦支店員所得税社費負担(5.2.9)	25	2896
吉岡鉱山鉱夫奨励方(5.4.1)	25	2951
高島炭坑鉱夫勤続賞与金規定制定(5.5.20)	25	3015
中元手当支給(5.6.10)	25	3037
佐渡鉱山鉱夫賞与(5.6.26)	25	3047
高島炭坑付飯屋補助金支給方法(5.7.21)	25	3096
大夕張炭坑入山手当(5.8.7)	25	3113
営業部神戸支店人足賃舁賃増額(5.8.16)	25	3126
朝鮮内旅行ノ場合給与方(5.9.6)	25	3151
印刷工場職工扶助規則(5.10.13)	25	3182
年末手当支給(5.10.25)	25	3194
兵役服務中給与規則制定(5.10.25)	25	3196
長崎造船所職工救済貸金内規改正(5.11.1)	26	3209
神戸造船所職工出世積金規則外改正(5.11.1)	26	3211
船員ニ対スル年末手当支給方(5.11.15)	26	3229
製鉄所委託職工賃金支払方(5.11.20)	26	3235
相知炭坑及芳谷炭坑坑夫ニ貸金(5.12.23)	26	3338
長崎造船所職工醵金廃止(5.12.25)	27	3356
荒川鉱山鉱夫貸金中切捨(5.12.30)	26	3416
吉岡鉱山賃金支払日改正(5.12月)	26	3425
有馬丸大浦丸引継船員手当支給(6.3.6)	27	3657
神戸造船所弁当料残業料規程制定(6.5.10)	27	3751
長崎造船所弁当料残業料規定(6.5.11)	27	3752
長崎造船所職工旅費規則中改正(6.5.19)	27	3757
中元手当支給(6.5.22)	27	3758
臨時手当支給(6.5.22)	27	3759
長崎造船所職工納税金取扱及改善施設(6.6.15)	27	3797

60　　　　　　　　　　　　　　　人事労務・福利厚生

船舶課下級海員食料増額(6.6.27)	27	3815
大阪製煉所職工預金整理方(16.7.4)	27	3827
店童小使欠勤ノ場合給料容赦方(6.7.6)	27	3830
大阪製煉所職工貯金規則(6.7.7)	27	3836
長崎彦島両造船所職工賃金割増(6.7.8)	27	3837
鯰田炭坑坑夫中元賞与支給(6.7.26)	27	3865
高等船員食料増額(6.8.1)	27	3875
金田炭坑盆祭給与(6.8.7)	27	3886
方城炭坑旧盆給与(6.8.7)	27	3886
上山田炭坑旧盆給与(6.8.18)	27	3892
荒川本支山鉱夫特別手当給与(6.8.25)	27	3898
製鉄所委託職工臨時手当支給(6.8.28)	27	3900
方城炭坑変災罹災者遺族扶助料等未払金処分(6.9.4)	28	3919
高等船員食料増額(6.9.7)	28	3921
臨時手当支給(6.9.11)	28	3927
総務部傭員臨時手当支給方(6.9.19)	28	3937
年金支給規定制定(6.10.1)	28	3950
新造船会社営業開始ニ付給与(6.10.27)	28	3991
神戸造船所職工賃金増(6.10.29)	28	3993
欧米出張等滞在手当割増(6.11.1)	28	3999
大夕張炭坑坑木供給人ニ貸金(6.11.2)	28	4001
年末手当支給(6.11.7)	28	4004
特別年末手当支給(6.11.7)	28	4005
高等船員年末手当(6.11.22)	28	4020
炭坑部鉱夫賞与ニ関スル規定(6.12.11)	28	4057
鉱山部所管各場所場所限傭員退職手当基金新設(6.12.13)	28	4060
各鉱山新年酒肴料等支出報告ノ件(6.12.24)	28	4068
京浜間石炭艀輸送請負人退隠ニ付贈与(6.12.24)	28	4068
北海道及朝鮮在勤手当ニ係ル件(6.12.25)	28	4069

ｃ）分系会社設立以降（大正７年〜昭和27年）

（大正）

転任ノ場合ニ於ケル勤倹預金取扱方(7.1.10)	29	4315
荒川鉱山鉱夫貸金中切捨(7.1.12)	29	4318
相知炭坑入坑奨励賞与廃止及復活(7.1.16)	29	4327
勤倹預金ニ関シ取調(7.2.14)	29	4371
大夕張炭坑坑木搬出請負人ニ貸金(7.3.11)	29	4403
大夕張炭坑坑木請負人ニ貸金(7.3.13)	29	4404
臨時手当変更(7.4.4)	29	4437
使用人進級内規修正(7.5.1)	29	4472
中元手当支給(7.5.17)	29	4483
特別中元手当支給(7.5.17)	29	4484
船員ニ対スル中元手当(7.6.20)	29	4497
使用人採用内規改正(7.7.11)	29	4505
東京大阪神戸在勤低給者其他白米補給(7.8.13)	29	4526
臨時手当変更(7.9.11)	29	4535
総務部所属傭員臨時手当支給(7.9.11)	29	4536
使用人勤務成績報告内規制定(7.9.11)	29	4537
参事ニ昇役又ハ新任申立方ノ件(7.9.11)	29	4538
進級内規ニ拠リ昇給申立ニ係ル件(7.9.11)	29	4538
住宅補助金支給(7.9.11)	29	4539
本社雇員退職手当内規(7.9.28)	29	4543
本社夜業弁当料(7.10.2)	29	4547
年末手当支給(7.11.25)	29	4559
年末特別手当支給(7.11.25)	29	4560
船員ニ対スル年末手当支給方(7.12.21)	29	4570
中元手当給与(8.5.20)	30	4884
特別中元手当給与(8.5.20)	30	4885
船員ニ対スル中元及特別中元手当給与(8.6.17)	30	4891
臨時増手当給与(8.7.1)	30	4898
総務部准員外臨時増手当支給(8.7.10)	30	4900
正員及准員給料改定(8.9.20)	30	4916
印刷工場職工貯金管理方法改正(8.10.10)	30	4927
年金受領者ノ年金増額(8.10.25)	30	4933
社規中給料ヲ以テ定メタル標準改正(8.10.30)	30	4935
年末手当給与(8.11.14)	30	4948
特別年末手当給与(8.11.14)	30	4950
残業弁当料増額(9.3.11)	30	5164
普通手当支給ニ係ル件(9.6.1)	30	5216
中元手当給与(9.6.1)	30	5216
特別中元手当給与(9.6.1)	30	5218
使用人退職手当特別内規(9.6.25)	30	5224
年末手当給与(9.11.25)	30	5268
年末賞与給与(9.11.25)	30	5269
船舶部船員ニ年末手当給与(9.12.6)	30	5288
年金支給規定中改正(10.2.1)	31	5493
中元手当給与(10.6.1)	31	5545
中元賞与給与(10.6.1)	31	5546
船員ニ対スル中元手当(10.6.13)	31	5548
海外在勤者ノ妻手当ニ係ル件(10.7.11)	31	5559
北海道及朝鮮在勤手当ニ関スル件(10.9.10)	31	5572
年末手当給与(10.12.6)	31	5624
年末賞与金給与(10.12.6)	31	5626
中元手当給与(11.6.1)	31	5858
中元賞与金給与(11.6.1)	31	5860
鎌田六三郎容赦期間後給料支給(11.6.12)	31	5864
年末手当給与(11.12.6)	31	5922
年末賞与給与(11.12.6)	31	5924
三菱共済貯金規則中改正(12.4.6)	32	6139
給料支給規則制定(12.5.29)	32	6159

人事労務・福利厚生

正員退職手当内規改正(12.5.29)	32	6163
准員退職手当内規改正(12.5.29)	32	6164
中元手当及賞与給与(12.6.5)	32	6166
北樺太駐在准員妻手当支給(12.8.1)	32	6178
北海道在勤手当継続支給(12.9.28)	32	6191
京浜在勤者給料支給日変更(12.10.12)	32	6195
震災非常勤務者特別手当支給(12.10.15)	32	6195
転任者退職手当ノ件制定(12.10.20)	32	6195
年末手当支給(12.12.8)	32	6205
正員勤務成績報告内規改正(13.2.8)	33	6529
中元手当及賞与給与(13.6.4)	33	6579
本社自動車運転手退職手当内規(13.11.12)	33	6620
本社雇員退職手当内規(13.11.12)	33	6623
年末手当及年末賞与給与(13.12.4)	33	6633
三菱共済貯金代理取扱依頼(14.1.10)	34	6825
中元手当及賞与給与(14.6.2)	34	6885
年末手当及賞与給与(14.12.1)	34	6935
役職員人員給料表其他様式改定(14.12.5)	34	6939
給与休暇規定ノ解釈一定(14.12.18)	34	6963
中元手当給与(15.6.2)	34	7143
勤倹預金取扱規定中改正(15.7.20)	34	7175
外国勤務者勤倹預金取扱方制定(15.7.20)	34	7176
年末手当及賞与給与(15.12.6)	34	7248
(昭和)		
造船会社職工退職手当規則改定(2.1.1)	35	1
鉱業会社労働者退職手当内規制定(2.1.1)	35	3
定期昇給方取極(2.4.22)	35	28
支払延期期間内勤倹預金支払限度申合(2.4.25)	35	29
中元手当及賞与支給決定(2.6.6)	35	35
定期昇給方取極(2.10.14)	35	48
年末手当及賞与支給方決定(2.12.5)	35	51
中元手当及賞与支給方決定(3.6.6)	35	141
正員退職手当特別内規中改正(3.7.7)	35	145
正員退職手当内規等廃止(3.11.21)	35	157
現在在籍者退職手当取扱方(3.11.21)	35	158
造船会社職工退職手当規則中改定(3.12.1)	35	160
年末手当及賞与支給方決定(3.12.7)	35	163
退職手当残半額取扱方(4.1.15)	35	237
中元手当及賞与支給決定(4.6.8)	35	257
三菱合資会社正員退職慰労金内規制定(4.11.20)	35	277
三菱合資会社正員退職慰労金内規施行細則制定(4.11.20)	35	279
三菱合資会社准員退職慰労金内規制定(4.11.20)	35	280
退職慰労金内規ニ付各社申合(4.11.20)	35	281
三菱合資会社正員年金内規制定(4.11.20)	35	282
三菱合資会社准員年金内規制定(4.11.20)	35	283
年金支給規定廃止(4.11.20)	35	283
年金支給規則制定(4.11.20)	35	283
中元年末慰労金給与実施通知(4.11.27)	35	284
海外勤務者ニ対スル中元年末慰労金支給方(4.12.12)	35	287
年金資金取扱方(4.12.14)	35	287
給料支給規則中改正(4.12.30)	35	292
給料支給規則中改正(5.3.17)	35	382
勤倹預金取扱規定中改正(5.3.17)	35	382
転社後最初ノ中元年末慰労金取扱方(5.5.13)	35	387
中元慰労金支給決定(5.6.9)	35	401
年末慰労金支給決定(5.12.10)	35	418
中元慰労金支給決定(6.6.9)	36	523
年末慰労金支給決定(6.12.12)	36	554
三菱合資会社正員退職慰労金内規及同正員年金内規中改正(7.5.16)	36	661
給料支給規則中改正(7.6.7)	36	663
中元慰労金支給決定(7.6.9)	36	665
正員退職手当特別内規中改正(7.9.16)	36	677
勤倹預金取扱規則制定(7.10.1)	36	678
商事会社ニテ海外勤務者ニ臨時手当支給(7.12.7)	36	683
年末慰労金支給決定(7.12.8)	36	683
中元慰労金支給決定(8.6.7)	36	774
年末慰労金支給決定(8.12.8)	36	791
中元慰労金支給決定(9.6.9)	36	898
年末慰労金支給決定(9.12.8)	36	923
商事会社ニテ在勤務者給料換算率取極(10.3.22)	37	1003
三菱合資会社正員及准員退職慰労金内規中改正(10.5.24)	37	1011
中元慰労金支給決定(10.6.6)	37	1014
退職慰労金累次加算率(10.10.29)	37	1029
年末慰労金支給決定(10.12.9)	37	1040
2.26事件特別手当(11.3.5)	37	1130
退職慰労金累次加算率(11.5.4)	37	1139
給与休暇支給方改正(11.6.8)	37	1146
中元慰労金支給決定(11.6.9)	37	1147
兵役服務中給与規則中改正(11.10.12)	37	1160
退職慰労金累次加算率(11.10.12)	37	1160
職務慰労金支給方(11.11.6)	37	1162
年末慰労金支給決定(11.12.5)	37	1170
退職慰労金累次加算率(12.4.23)	37	1267
重工業会社退職慰労金加給取扱方(12.5.24)	37	1281
中元慰労金支給決定(12.6.8)	37	1285
臨時手当支給(12.6.15)	37	1285
非常防備時間外勤務手当(12.9.15)	37	1296
職員宿直料(12.9.15)	37	1297
残業弁当料ノ件中改正(12.9.18)	37	1297

項目	巻	頁
退職慰労金累次加算率(12.10.19)	37	1308
年末慰労金決定(12.12.8)	37	1312
役員勤倹預金取扱方改正(12.12.10)	37	1312
年金資金取扱方廃止(12.12.30)	37	1322
中元慰労金支給決定(13.4.22)	37	1427
退職慰労金累次加算率(13.4.22)	37	1427
定期昇給取扱方(13.11.2)	37	1447
三菱社正員及准員退職慰労金内規中改正(13.12.15)	37	1453
雇員臨時手当増額(14.3.24)	38	1522
退職慰労金累次加算率(14.5.6)	38	1529
中元慰労金公債支給割合(14.5.26)	38	1530
臨時手当支給(14.6.1)	38	1531
雇員退職手当内規制定(14.7.3)	38	1534
退職慰労金累次加算率(14.11.10)	38	1544
年末慰労金公債支給割合(14.12.8)	38	1559
日給雇員ノ給料其他支払方(15.4.20)	38	1639
退職慰労金累次加算率(15.4.26)	38	1639
時間外勤務ノ場合弁当支給方中改正(15.6.7)	38	1653
雇員残業弁当料其他増額(15.6.7)	38	1654
中元慰労金公債支給割合(15.6.14)	38	1654
中等学校卒業者初任給(15.8.16)	38	1667
年末慰労金支給決定(15.11.15)	38	1683
定期昇給取扱方(15.11.22)	38	1683
退職慰労金累次加算率(15.11.22)	38	1684
年末慰労金公債支給割合(15.12.13)	38	1687
学校卒業者初任給改正(16.3.18)	38	1768
退職慰労金累次加算率(16.5.2)	38	1773
准員宿直料(16.6.1)	38	1786
職員給料改訂趣意通知(16.6.6)	38	1786
給料改訂後ノ諸措置(16.6.6)	38	1787
臨時手当廃止(16.6.6)	38	1787
中元慰労金公債支給割合(16.6.13)	38	1788
勤倹預金取扱規則中改正(16.6.14)	38	1789
雇員家族手当支給規則制定(16.8.11)	38	1802
商事会社満洲国在勤手当改正(16.8.19)	38	1809
定期昇給取扱方(16.10.24)	38	1823
退職慰労金累次加算率(16.10.24)	38	1823
職員家族手当支給規則制定(17.3.20)	38	1918
雇員家族手当支給規則中改正(17.3.20)	38	1919
退職慰労金累次加算率(17.4.24)	38	1928
定期昇給取扱方(17.4.24)	38	1929
退職慰労金累次加算率(17.11.25)	38	1968
定期昇給取扱方(17.11.25)	38	1968
職員年金内規制定(17.12.26)	38	1977
年金支給規則制定(17.12.26)	38	1978
職員家族手当支給規則中改正(17.12.26)	38	1978
兵役服務者ニ対スル特別休暇支給方(18.3.10)	39	2076
海外(除欧米)ニ於ケル引纒妻子ノ日当改正(18.4.16)	39	2086
定期昇給取扱方(18.4.26)	39	2087
退職慰労金累次加算率(18.4.26)	39	2087
職員昼食手当支給(18.6.4)	39	2097
雇員昼食手当支給(18.6.10)	39	2098
職員家族手当支給規則中改正(18.7.30)	39	2113
退職慰労金加給取扱方(18.9.23)	39	2122
職員昼食手当支給方改正(18.10.28)	39	2133
退職慰労金累次加算率(18.11.22)	39	2139
定期昇給取扱方(18.11.22)	39	2139
雇員賃金規則制定(18.12.22)	39	2145
退職慰労金加給取扱方ニ関シ申合(18.12.24)	39	2149
准員宿直料改正(19.1.21)	39	2228
職員昼食手当支給方改正(19.1.24)	39	2229
雇員昼食手当支給方改正(19.1.24)	39	2229
賃金規則実施細目(19.2.13)	39	2234
戦時中傷病欠勤ノ場合給料支給期間延長(19.2.19)	39	2235
海外旅費中支度料改正(19.3.14)	39	2240
定期昇給期改正(19.4.8)	39	2256
年俸支給内規中改正(19.4.8)	39	2256
給料支給規則中改正(19.4.8)	39	2256
賃金規則中改正(19.4.20)	39	2258
定期昇給ニ関シ申合(19.4.21)	39	2259
退職慰労金累次加算率(19.5.6)	39	2265
退職慰労金累次加算率改正(19.6.27)	39	2278
職員家族疎開ノ場合補助金支給方(19.7.31)	39	2285
婦人事務員精勤手当支給方(19.10.18)	39	2298
賃金規則中改正(19.10.18)	39	2298
中元,年末慰労金支給日変更(19.10.20)	39	2299
疎開別居手当支給(19.12.5)	39	2309
職員家族手当支給規則中改正(19.12.7)	39	2314
賃金規則中改正(19.12.27)	39	2317
疎開別居手当改正(20.3.16)	40	2410
三菱本社正員及准員退職慰労金内規改正(20.3.26)	40	2411
三菱本社正員退職慰労金内規施行細則改正(20.3.26)	40	2412
退職慰労金内規ニ付各社申合改正(20.3.26)	40	2413
精勤特別慰労金支給(20.4.27)	40	2424
退職慰労金累次加算率(20.5.22)	40	2430
役員退職慰労金支給方(20.6.15)	40	2435
戦時中諸手当支給方(20.7.28)	40	2441
職員家族疎開ノ場合補助金支給方中改正(20.7.28)	40	2443
宿直料補給(20.10.18)	40	2474

重工業会社ニテ精勤奨励金支給(20.12.1)	40	2516
臨時物価手当及家族手当増額(20.12.22)	40	2527
疎開別居手当廃止(20.12.22)	40	2527
参与ニ対シ諸手当支給(21.1.30)	40	2602
給料前貸(21.2.6)	49	2603
交通費社費負担(21.3.4)	40	2619
昭和21年3月分給料支給方(21.3.6)	40	2620
定期昇給ニ関シ申合(21.3.8)	40	2620
年金現価支払(21.3.16)	40	2621
特別臨時物価手当支給(21.3.20)	40	2625
内国旅費日当臨時加給(21.3.26)	40	2627
退職慰労金累次加算率(21.3.29)	40	2627
給与休暇支給方(21.6.7)	40	2639
特別休暇支給(21.6.7)	40	2640
給与改訂(21.6.10)	40	2640
給与改正(21.9.2)	40	2654
給料及諸手当改訂(22.3.28)	40	2710
特別休暇支給方(22.4.21)	40	2712
給与改正(22.8.7)	40	2717
退職慰労金累次加算率(22.8.11)	40	2717
交通費社費負担方改正(22.9.23)	40	2717
給料及諸手当改正(22.11.22)	40	2718
給与規則制定(23.5.14)	40	2719
給与規則中改正(23.11.2)	40	2733
臨時雇取扱方(24.12.15)	40	2743
給与規則制定(24.12.26)	40	2743
時間外手当改正(24.12.26)	40	2744
従業員退職慰労金規則制定(26.3.9)	40	2753

3）福利・厚生
a）創業時代（明治3年～26年）

（明治）

薬剤頒与(10.9.25)	4	427
滝寧静等遺子扶持給与(11.2.27)	5	228
減給社員慰労(14.12.21)	9	375
疫病予防ノ件(18.8.31)	13	369

b）合資会社時代（明治27年～大正6年）

（明治）

大阪支店社宅賃料(27.7.11)	19	20
高島炭坑白米払下(27.7.25)	19	21
鯰田新入両炭坑白米払下(27.8.2)	19	24
若松支店社宅家賃(27.12.20)	19	36
新入炭坑医局設置(28.3.15)	19	69
新入炭坑社宅其他増築(28.3.15)	19	69
鯰田炭坑病室増築(28.7.18)	19	77
新入炭坑悪疫流行(28.7.18)	19	77
臼井炭坑医局新設(28.8.31)	19	79
芙蓉須磨船員慰労(28.12.25)	19	91
直方坑医師嘱託(30.2.13)	19	156
三菱造船所病院新築(30.6.3)	19	179
佐渡鉱山貸金(30.6.5)	19	180
神戸支店社宅家賃(30.6.28)	19	186
門司支店社宅家賃(30.7.1)	19	188
臼井炭坑合宿所其他新築(30.7.8)	19	189
若松支店社宅家賃(30.7.9)	19	189
大阪支店社宅家賃(30.7.10)	19	189
三菱造船所病院嘱託(30.7.21)	19	192
高島炭坑坑夫納屋新築(30.9.6)	19	201
神戸社宅竣成(30.9.21)	19	205
三菱造船所病院開院(30.10.14)	19	213
若松支店構内居住者家賃免除(30.11.4)	19	218
高島附属員ニ洋服等貸付(30.11.25)	19	225
鯰田炭坑日用品売勘場設置(30.11.26)	19	225
大阪製煉所借受官舎家賃(30.11.29)	19	227
佐渡鉱山安米払下制度改正(30.12.30)	19	235
佐渡鉱山請負人ニ貸金(30.12.30)	19	235
佐渡鉱山安米供給(31.3.30)	19	260
鯰田炭坑安米供給(31.4.16)	19	263
尾去沢鉱山永田発電所社宅其他(31.6.1)	19	271
高島炭坑坑夫其他賑恤用積立(31.6.24)	19	272
長崎支店神崎社宅竣成(31.9.22)	19	281
高島炭坑人夫救恤方(32.4.17)	20	326

項目	巻	頁
三菱造船所職工救済ニ関スル施設外報告(32.5.12)	20	328
若松骸炭製造所社宅新築其他(32.10.27)	20	354
阪神支店社員慰労園遊会(32.11.3)	20	356
大阪支店社宅ニ係ル経費負担方(33.4.2)	20	401
新入支坑医局開設(33.6.2)	20	412
門司支店流行病治療費社費支弁(33.10.18)	20	436
相知炭坑員ニ借家料支給(34.5.23)	20	494
尾去沢鉱山薬価改定(35.12.11)	20	595
使役人患者表調製(36.2.17)	20	625
高島炭坑水害復旧工事竣成慰労宴(38.12.7)	20	831
各場所社宅取扱状況報告(39.7.21)	21	890
大阪製煉所鞴祭ニ酒肴料支給(39.11.2)	21	907
船員旅行等ノ場合手荷物運搬費支給(39.11.12)	21	908
尾去沢鉱山附属負傷並右ニ付扱方(39.12.19)	21	917
神戸三菱造船所附属病院設立(40.3.16)	21	966
生野鉱山鉱夫共済組合補助(40.3.19)	21	966
本社役員ニ住宅手当手給(40.4.1)	21	968
三菱造船所附属病院ヲ造船所ニ移管(41.1.1)	21	1052
三菱造船所送迎船廃止(41.4.1)	21	1066
尾去沢鉱山病院落成並病院規則制定(41.7.17)	21	1083
大阪製煉所鞴祭ニ酒肴料支給(41.11.2)	21	1104
三菱造船所附属病院規則(41.12.18)	21	1112
社宅取扱規則制定(42.11.30)	21	1190
早尾惇実外住宅手当支給(43.1.1)	21	1221
三菱造船所社宅附属具修繕費支弁方(43.3.17)	21	1230
瀬下清菊池幹太郎ニ住宅手当支給(43.12.28)	21	1273
使用人養老資金内規修正(44.7.22)	21	1336
森川鎰太郎ニ住宅手当支給(44.7.29)	21	1336
杉本恵瓜生泰ニ住宅手当支給(44.8.5)	21	1338
三菱造船所社倉開設(44.9.1)	21	1343
神戸造船所社倉制採用準備(44.10.19)	21	1363
三菱造船所社宅ヲ出張者ニ供用方(44.12.4)	21	1379
(大正)		
住宅手当支給内規(1.4.5)	22	1455
荘清次郎外3名住宅手当支給(1.4.9)	22	1457
三菱造船所無料往診範囲拡張(1.4.23)	22	1460
鉱山部各場所慰安方法並費用調(1.5.1)	22	1465
川添清麿ニ住宅手当支給(1.5.3)	22	1466
坂東島支山医師嘱託(1.5.16)	22	1467
大石広吉三宅川百太郎ニ住宅手当支給(1.5.18)	22	1468
生野鉱山金香瀬社宅新築(1.6.30)	22	1478
若生子製煉所医師嘱託(1.7.9)	22	1480
吉岡鉱山安米払下(1.7月)	22	1486
傭員疾病共済規則廃止(1.12.3)	22	1524
使用人養老資金醵出金(1.12.5)	22	1530
吉岡鉱山入山式酒肴料支給(1.12.10)	22	1530
明延支山社宅新築(1.12.20)	22	1536
長崎支店合宿所新築(1.12.20)	22	1536
佐渡鉱山医務嘱託(2.1月)	22	1635
炭坑患者並衛生略表様式一定(2.3.6)	22	1662
鉱山患者並衛生略表改正(2.3.6)	22	1662
生野鉱山鉱夫共済組合ニ対スル補助方(2.3.15)	22	1674
植松京異動並住宅手当支給(2.5.3)	22	1706
長崎今町社宅出張者宿舎充当廃止(2.6.9)	22	1727
生野鉱山直轄飯場設置(2.6.15)	22	1734
三好重道ニ住宅手当支給(2.6.21)	22	1737
宝鉱山医局新設(2.6.30)	22	1743
門司支店石炭仲仕賑恤用積立中止(2.7.15)	22	1753
金山支山医局新設(2.8月)	22	1786
堀悌三郎能見愛太郎ニ住宅手当支給(2.9.1)	22	1788
方城炭坑招魂祭並鉱夫慰安(2.9.24)	22	1800
若松支店社宅ヲ合宿所ニ充当(2.9.25)	22	1801
小樽支店外秋季慰労会(2.9.30)	22	1806
大阪所在支店員秋季慰労(2.10.1)	22	1808
鯰田新入等使用人連合懇親会(2.10.18)	22	1819
伊藤律太郎ニ住宅手当支給(2.10.27)	22	1825
金田炭坑坑夫慰安(2.10.30)	22	1828
乙部融ニ住宅手当支給(2.11.14)	22	1833
新入方城金田三炭坑懇親会(2.11.18)	22	1834
小浦丸下級船員慰労(2.12.1)	22	1863
重松養二ニ住宅手当支給(2.12.5)	22	1864
使用人養老資金醵出金(2.12.18)	22	1875
木村久寿弥太ニ住宅手当支給(2.12.27)	22	1883
金田炭坑坑夫慰安(2.12.31)	22	1891
方城炭坑坑夫慰安(2.12.31)	22	1891
妻木栗造外住宅手当支給(3.1.16)	23	1999
高千支山安米制実施(3.1月)	23	2016
秋山昱禧出張中罹病療養費支給(3.2.13)	23	2027
高取鉱山社宅鉱夫長屋新築(3.3.28)	23	2057
富来鉱山安米廃止(3.5月)	23	2112
荒川鉱山病院新築落成(3.6月)	23	2139
奥山鉱山医師嘱託(3.7.1)	23	2141
中天井支山医師嘱託(3.7.6)	23	2147
荒川鉱山傭使外保護米支給廃止(3.7月)	23	2164
住宅資金貸付内規制定(3.8.14)	23	2175
三菱造船所病院支局開設(3.8.15)	23	2179
相知炭坑乳児預所設置(3.8月)	23	2196
金田炭坑鉱夫慰安(3.9.29)	23	2215
奥山鉱山物品供給所開始(3.10.1)	23	2220
新入炭坑招魂祭(3.10.12)	23	2227

高千支山嘱託医変更(3.12.10)	23	2266		奥山鉱山新年酒肴料支給(5.12.20)	26	3335
佐渡鉱山新年慰労会外承認(3.12.22)	23	2283		高取鉱山新年酒肴料支給(5.12.23)	26	3338
名古屋出張所合宿所補助金増額(3.12.22)	23	2285		使用人養老資金支出(5.12.25)	26	3352
養老資金支出額(3.12.23)	23	2286		高島炭鉱坑夫娯楽場新築(5.12.27)	26	3366
金田炭鉱鉱夫慰安中止(3.12.30)	23	2293		美唄炭鉱長社宅外落成(5.12.31)	26	3417
荒川鉱山保護米支給制度改正(4.1月)	24	2428		能見愛太郎外住宅手当支給(6.1.24)	27	3599
生野鉱山安米制度中止(4.1月)	24	2429		営業部東営寮規則(6.2.15)	27	3619
彦島造船所医務嘱託(4.2.8)	24	2434		大夕張炭坑就業員子弟貸費生承認(6.3.3)	27	3654
相知炭坑隣接居住者ニ電燈供給(4.2.23)	24	2446		上山田炭坑幼児預所開始(6.4.1)	27	3684
青木菊雄ニ住宅手当支給(4.2.26)	24	2451		高取鉱山山神祭及鉱夫表彰(6.7.1)	27	3824
三菱造船所病院名称(4.5.1)	24	2494		大阪製煉所安米供給(6.7.2)	27	3825
木村林次郎梅野実ニ住宅手当支給(4.5.24)	24	2508		大阪製煉所職工預金整理方(6.7.4)	27	3827
船田一雄ニ住宅手当支給(4.7.9)	24	2541		上山田炭坑直営売店設置(6.7.12)	27	3842
染井運動場竣工(4.7.12)	24	2541		新入炭鉱鉱夫社宅点燈外起業(6.7.14)	27	3847
門司支店合宿所増設(4.8.11)	24	2558		生野鉱山第二安米制実施(6.7.14)	27	3854
神戸造船所病院改称(4.11.2)	24	2629		門司支店構内合宿所閉鎖(6.7.19)	27	3860
養老資金支出高(4.12.14)	24	2668		若松支店社宅合宿所ニ充当(6.7.23)	27	3863
生野鉱山病院鉱夫共済組合ヨリ鉱山ニ移管(4.12.15)	24	2670		高取鉱山安米供給(6.7月)	27	3871
美唄炭坑救護基金積立(4.12.22)	24	2678		若松支店社宅新築(6.8.1)	27	3874
植松京ニ住宅手当支給(4.12.29)	24	2690		美唄炭坑鉱夫慰安会(6.8.2)	27	3876
加藤義之助ニ住宅手当支給(5.1.22)	25	2849		奥山鉱山安米供給(6.8月)	27	3909
妻木栗造外住宅手当支給(5.2.8)	25	2893		方城炭坑隔離病舎建設(6.10.19)	28	3977
営業部神戸支店副長用社宅借受(5.3.27)	25	2942		造船職工福祉基金贈与(6.10.27)	28	3991
門司支店合宿所用家屋借受(5.3.28)	25	2945		門司支店本村社宅社外ニ貸渡(6.11.28)	28	4028
佐渡鉱山長社宅新築(5.4.1)	25	2951		石崎鉱山飯場外落成(6.11月)	28	4031
室蘭出張所合宿所設置(5.4.12)	25	2974				
横浜出張所合宿所移転(5.5.14)	25	3010		c) 分系会社設立以降（大正7年～昭和27年）		
佐渡鉱山火災救恤(5.5.17)	25	3011				
綱取鉱山仮医局設置(5.6月)	25	3054		（大正）		
大村清次郎遺族ニ贈与(5.7.18)	25	3091		山岸慶之助外住宅手当支給(7.1.21)	29	4331
方城炭坑鉱夫慰安(5.7.31)	25	3103		生野鉱山鉱夫共同風呂建設外起業認許(7.2.7)	29	4356
美唄炭坑鉱夫慰安(5.8.8)	25	3115		荒川鉱山鉱夫表彰式挙行(7.2.11)	29	4367
住宅手当支給内規改正(5.8.25)	25	3132		生野鉱山日常品払下所新設(7.2.19)	29	4377
生野鉱山病院名称改称(5.9.3)	25	3148		高取鉱山安米規則制定(7.3.1)	29	4393
美唄炭坑医局設立認可申請(5.9.4)	25	3148		東京在勤者ニ種痘施行(7.3.6)	29	4397
小樽支店社宅敷地施工(5.10.4)	25	3176		東京在勤者ニ日用品実費配給(7.3.9)	29	4402
若松支店千防合宿所ニ対スル補給(5.10.7)	25	3178		上山田炭坑第2坑直営売店増設(7.3.12)	29	4404
金田炭鉱鉱夫慰安(5.10.23)	25	3192		牧山骸炭製造所社宅増設(7.3.17)	29	4405
牧山骸炭製造所酒肴料支給(5.10.23)	25	3193		蘆別炭坑社宅新築(7.4.23)	29	4457
大阪製煉所鑪祭酒肴料(5.10.24)	25	3194		住宅資金貸付内規修正(7.5.1)	29	4471
漢口支店社宅兼合宿所建築(5.11.10)	26	3227		三菱鉱業会社ニ職工鉱夫福祉増進基金増与(7.5.1)	29	4475
門司支店清見合宿所廃止(5.11.13)	26	3228		東京在勤員健康診断(7.7.6)	29	4504
金田炭坑売店組織変更(5.11.24)	26	3239		米価騰貴ニ付寄附(7.8.14)	29	4526
生野鉱山安米制度復活(5.11月)	26	3266		社宅取扱規則中改正(7.9.11)	29	4540
各鉱山医局ヲ医務係ト改称(5.12.1)	26	3274		住宅資金貸付内規改正(7.10.15)	29	4551
漢口支店長家建築(5.12.2)	26	3275		印刷工場職工貯金管理ノ件認許(7.10.15)	29	4553
尾去沢鉱山新年酒肴料支給(5.12.20)	26	3327				

人事労務・福利厚生

項目	頁	番号
使用人治療費規則制定(7.10.21)	29	4553
高木健吉外住宅手当支給(8.1.10)	30	4837
白米廉価配給廃止(8.3.19)	30	4855
健康診断施行(8.7.28)	30	4906
住宅補助金支給ノ件中改正(8.10.22)	30	4930
住宅資金貸付内規中改正(8.10.24)	30	4931
永原伸雄外住宅手当支給(9.2.20)	30	5155
健康診断施行(9.4.29)	30	5190
三菱共済貯金利子算出方(9.6.28)	30	5226
東京在勤者虎列刺予防注射(9.7.7)	30	5230
人事課医務室移転(9.7.9)	30	5232
東京府駒沢村社宅建築認許(9.8.12)	30	5241
一般食堂増築(10.1.12)	31	5484
流行性感冒ニ付予防注射(10.2.14)	31	5500
吉野大作ニ住宅手当支給(10.2.22)	31	5500
普通食堂委員(10.3.22)	31	5511
住宅手当支給其他ニ対スル伺廃止(10.4.20)	31	5520
神戸諏訪山社宅借家料徴収(10.5.6)	31	5529
三菱共済貯金実施細則中改正(10.5.21)	31	5537
本社新設普通食堂食券販売(10.5.23)	31	5538
本社新食堂開始(10.6.17)	31	5550
人事課医務室移転(10.6.20)	31	5550
健康診断施行(10.6.23)	31	5551
人事課医局ニ於テ家族診療開始(10.6.27)	31	5553
北京駐在員社宅借受(10.10.1)	31	5583
「ワイル」氏病ニ罹リタル場合ノ取扱方(10.11.29)	31	5676
健康診断施行(11.6.30)	31	5870
住宅資金貸付内規改正(12.2.19)	32	6104
医局費及購買会分担率改定(12.3.26)	32	6131
三菱共済貯金実施細則改正(12.5.29)	32	6161
健康診断施行(12.6.30)	32	6168
清澄園附属社宅竣工(12.8.31)	32	6182
長岡徳治外住宅手当支給(12.9.25)	32	6191
普通食堂再開(13.4.25)	33	6566
健康診断施行(13.6.30)	33	6583
葉山宿舎修繕補強工事(13.11.15)	33	6627
腸窒扶斯予防注射施行(14.6.15)	34	6892
健康診断施行(14.6.30)	34	6900
虎列刺予防注射施行(14.9.8)	34	6921
腸「チブス」予防注射(15.3.9)	34	7122
健康診断施行(15.6.30)	34	7166
総務課印刷工場扶助規則其他改正(15.7.1)	34	7167
住宅資金貸付内規中改正(15.8.14)	34	7193
住宅資金貸付内規取扱方(15.8.16)	34	7193
三菱共済貯金実施細則中改正(15.11.1)	34	7236

(昭和)

項目	頁	番号
印刷工場共済会解散(2.6.30)	35	40
健康診断施行(3.6.30)	35	143
健康診断施行(4.6.30)	35	261
住宅資金貸付内規中改正(5.5.26)	35	388
健康診断施行(5.7.1)	35	403
健康診断施行ニ付通知(9.4.12)	36	886
健康診断施行規程制定(9.4.12)	36	886
本館普通食堂喫茶室開設(11.4.1)	37	1138
医務室改称(12.8.30)	37	1294
職員住宅手当支給内規制定(13.12.15)	37	1453
准員住宅手当支給方(13.12.26)	37	1455
佐藤医師住宅取扱方(14.7.20)	38	1537
昼食弁当実物給与(15.7.12)	38	1662
重役食堂簡易食実行(15.8.12)	38	1666
職員住宅手当支給内規中改正(16.6.6)	38	1787
住宅資金貸付内規中改正(16.6.24)	38	1789
職員住宅手当支給内規中改正(18.4.26)	39	2087
職員住宅手当支給内規中改正(18.7.30)	39	2113
定期健康診断及国民体力検査施行(19.4.20)	39	2258
社宅購入(19.4.24)	39	2260
医師薬剤師等参事登用(19.5.9)	39	2266
厚生年金保険実施(19.6.1)	39	2272
重役食堂調理請負者変更(19.6.5)	39	2275
嘱託ニ対スル住宅手当(19.9.20)	39	2293
職員住宅手当支給内規中改正(19.10.20)	39	2298
医局歯科治療開始(20.6月)	40	2436
重役食堂直営(20.12.15)	40	2525
商事会社ニテ消費組合設立(20.12.26)	40	2527

人事労務・福利厚生　　　　　　　　　　　　　　67

4）労働争議・労働組合

(明治)

吉岡鉱山手子同盟罷工(7.8.14)	1	212
和歌浦丸水夫解雇放逐ノ件(11.6.3)	6	433
青龍丸水火夫解雇放逐ノ件(13.11.18)	8	561
面谷鉱山坑夫追放(25.6.12)	18	45
端島炭坑坑夫暴行(27.3.23)	19	11
荒川鉱山坑夫増給強迫(29.9.1)	19	120
端島炭坑同盟罷業(30.4.13)	19	167
高島炭坑坑夫同盟罷工(30.6.1)	19	179
高島炭坑罷業其他(30.7.26)	19	193
神児畑加盛山小罷業(30.10月)	19	217
尾去沢鉱山罷業(31.8.6)	19	276
門司仲仕罷業(32.3.1)	20	317
佐渡鉱山就役時間変更並罷業(32.8.16)	20	344
吉岡鉱山罷業(32.8.29)	20	345
吉岡鉱山坑夫騒擾罷業(32.11.20)	20	360
佐渡鉱山同盟罷工(33.3.17)	20	397
面谷鉱山坑夫等怠業(33.4.14)	20	403
門司石炭仲仕罷業(33.8.27)	20	426
三菱造船所同盟罷工(36.5.14)	20	640
門司石炭仲仕同盟罷業(38.5.20)	20	789
三菱造船所木工職工同盟罷工(40.2.15)	21	955
尾去沢鉱山坑夫等同盟罷工(40.7.11)	21	990
吉岡鉱山坑夫同盟罷工防止(40.7.17)	21	992
生野鉱山同盟罷業未然解決(40.7.17)	21	992
神戸三菱造船所鉄工職動揺(40.8.7)	21	998
生野鉱山坑夫等罷業(40.8.31)	21	1003
門司石炭仲仕同盟罷業(41.4.28)	21	1069
端島坑坑夫暴行事件(41.7.24)	21	1084
神戸造船所職工整理(42.3.15)	21	1150
神戸造船所職工陳情(42.7.29)	21	1169

(大正)

生野鉱山金香瀬山坑夫同盟休業(2.3.16)	22	1447
尾去沢鉱山同盟罷業(3.4.21)	23	2082
社内労働紛擾ニ関シ報告方(4.9.25)	24	2591
神戸造船所職工小罷業(5.7.15)	25	3087
彦島造船所鉄工動揺(6.2.28)	27	3643
長崎造船所職工同盟罷工(6.6.18)	27	3801
神戸造船所職工動揺(6.6.27)	27	3813
美唄炭坑鮮人騒擾(6.6.27)	27	3816
生野鉱山鉱夫動揺(6.7.19)	27	3858
芳谷炭坑坑夫同盟罷工(6.7.27)	27	3868
生野鉱山同盟罷業(7.2.13)	29	4369
高取鉱山採鉱鉱夫同盟罷業(7.2.22)	29	4381
吉岡鉱山鉱夫小動揺(7.2.27)	29	4387
生野鉱山鉱夫労働組合運動情報(14.4.26)	34	6873
旭硝子会社牧山工場同盟罷業通知(15.11.27)	34	7242

(昭和)

尾去沢鉱山労働争議解決(2.4.13)	35	27
長崎造船所従業員整理(5.11)	35	415
航空機会社名古屋製作所争議解決(8.9.6)	36	785
石油会社従業員組合結成(21.2.20)	40	2605
重工業会社東京機器製作所争議(21.2月)	40	2619
信託会社従業員組合結成(21.5.30)	40	2638

5) 三菱倶楽部

(明治)

大阪三菱運動倶楽部会計報告(37.12.14)	20	740
大阪支店運動倶楽部会計報告(38.12.21)	20	836
大阪支店運動倶楽部会計報告(39.12.31)	21	922
三菱造船所倶楽部組織変更(41.3.24)	21	1063

(大正)

三菱造船所倶楽部規程(1.2.16)	22	1438
葉山ニ倶楽部臨時水泳部設置(2.7月)	22	1763
三菱造船所倶楽部開始並廃止(2.8.28)	22	1783
佐渡鑛山鑛夫倶楽部開設(3.6.1)	23	2114
葉山一色ニ水泳部設置(3.7.6)	23	2147
三菱倶楽部規則制定(3.7.11)	23	2150
三菱倶楽部支部(3.7.15)	23	2153
三菱倶楽部設立ニ付会長ヨリ通達(3.8.26)	23	2191
三菱造船所今町社宅ヲ倶楽部ニ充当(3.8.30)	23	2196
三菱倶楽部端艇買入(3.9.19)	23	2211
倶楽部端艇部規定制定(3.10.1)	23	2219
名古屋支部設置(3.10.9)	23	2226
奥山支部設置(3.11.6)	23	2238
陸上運動会開催(3.11.31)	23	2253
倶楽部用建物管理方其他(3.12.1)	23	2255
大正4年倶楽部幹事(3.12.21)	23	2282
部報発行(3.12.30)	23	2292
佐渡鉱山第二鉱夫倶楽部開始(4.1.9)	24	2414
上海支部外設置(4.1.19)	24	2423
小樽支部設置(4.2.25)	24	2451
三菱造船所今町社宅ヲ倶楽部ニ改造(4.2.26)	24	2453
倶楽部本部「テニスコート」増設(4年)	24	2468
兼二浦支部設置(4.3.31)	24	2472
名古屋支部移転(4.4.14)	24	2481
倶楽部葉山水泳部設置(4.7.2)	24	2539
染井運動場竣工(4.7.12)	24	2541
秋季運動会開催(4.10.31)	24	2627
高根支部廃止(4.12.29)	24	2691
長崎小曾根支部設置(4.12.29)	24	2692
上山田支部設置(5.2.4)	25	2886
相知支部施設(5.4.13)	25	2975
長崎小曾根支部玉台変更設置(5.4.13)	25	2975
長崎支部中島倶楽部新築認許(5.6.5)	25	3034
高取鉱山鉱夫倶楽部竣工(5.6.25)	25	3045
美唄及大夕張支部設置(5.6.30)	25	3053
合宿所落成(5.7月)	25	3103
思斉寮開寮及寮則(5.8.8)	25	3115
京都支部新設(5.8.10)	25	3119
彦島支所倶楽部開始(5.11.11)	26	3228
上海支部「テニスコート」等新設(5.11.17)	26	3235
小樽支部道場建設(5.12.1)	26	3275
北京支部設置(6.8.25)	27	3897
京都支部並合宿所使用開始(6.9.15)	28	3935
若松支部道場落成(6.12.25)	28	4069
綱取金山蘆別三支部設置(6.12.28)	28	4075
直島支部設置(7.1.25)	29	4337
本年中行事(7.1.29)	29	4343
室蘭支所道場新設(7.2.22)	29	4383
専任事務員設置(7.5.3)	29	4476
小樽支部「テニスコート」新設(7.5.19)	29	4487
小樽支部借家変更(7.5.28)	29	4491
紐育支部設置(7.5.29)	29	4492
兼二浦支部建物新築認許(7.7.2)	29	4502
倶楽部倫敦支部設置(7.7.13)	29	4507
規則改正(7.8.1)	29	4519
三菱倶楽部規定制定附倶楽部役員(7.8.5)	29	4520
函館支所設備(7.9.7)	29	4535
奥山支部建物新築(7.9.23)	29	4542
菱華発行期(7.10.5)	29	4548
文芸部規定(7.10.5)	29	4548
神戸支部諸修理(7.10.7)	29	4549
予算決算事項改正(7.11.1)	29	4556
兼二浦支部施設(7.12.14)	29	4569
倶楽部趣旨貫徹方ニ付通知(8.2.26)	30	4848
牧山支部設置(8.2.26)	30	4848
彦島支部設置(8.2.26)	30	4848
長崎小曾根支部大弓場施設(8.4.30)	30	4864
本部大相撲観覧廃止(8.4.30)	30	4865
釧路在勤員ニ対シ倶楽部施設(8.9.9)	30	4914
社交規約ニ付倶楽部総務部長通達(8.11.25)	30	4957
函館支所道場新築認許(9.4.28)	30	5189
神戸和田支部艇庫落成(9.6.26)	30	5226
大夕張支部道場落成(9.12.7)	30	5288
神戸支部弓術道場新設(10.1.28)	31	5489
横浜支部大連支部設置(10.4.30)	31	5527
大正10年度倶楽部予算査定方針(10.4.30)	31	5527
天津出張所会員所属変更(10.4.30)	31	5528
高取支部閉鎖(10.6.17)	31	5550
若松支部修多羅庭球「コート」継続借地(10.7.6)	31	5555
富来綱取両支部廃止(10.8.31)	31	5571
富来支部玉台所管替(10.10.1)	31	5587
高取支部球台所管替(10.11.16)	31	5612
綱取支部球台所管替(10.12.1)	31	5624
金山支部廃止(11.1.1)	31	5775
長崎支部舟津町道場ヲ造船所ニ譲渡(11.2.8)	31	5790

規則改正(11.3.20)	31	5801		上海支部「テニスコート」新設(14.7.27)	34	6907
細則制定及役員(11.3.1)	31	5808		H，I，「カップ」庭球試合規定(14.8.8)	34	6912
大夕張蘆別両支部廃止(11.3.1)	31	5811		美唄支部「テニスコート」新設(14.9.1)	34	6920
筑豊支部設置(11.3.1)	31	5811		秋季運動会開催(14.9.30)	34	6926
芳谷支部廃止(11.3.1)	31	5811		丸ノ内倶楽部閉鎖(14.10.20)	34	6927
古賀山炭坑在勤会員所管(11.3.1)	31	5812		建物取毀(14.10.25)	34	6929
天津出張所扱方(11.2.20)	31	5821		倶楽部本社館内ニ移転開場(14.11.3)	34	6930
会費徴収(11.3.25)	31	5822		熱田支部開館(14.11.15)	34	6932
本部委員選挙規則(11.3.29)	31	5826		道場其他移転(14.12.21)	34	6963
会費納付方(11.4.17)	31	5837		玉台移転撤廃届(14.12.22)	34	6964
熱田支部設置(11.4.18)	31	5838		染井道場譲渡(15.3.18)	34	7125
漢口支部員会費増徴承認(11.6.5)	31	5860		金田支部建物ニ係ル件(15.7.5)	34	7169
紐育支部員会費増徴承認(11.6.5)	31	5860		和田支部建物竣工開館(15.8.8)	34	7187
葉山端艇部宿舎常設(11.6.8)	31	5862		会計事務取扱方(15.9.15)	34	7211
面谷支部廃止(11.6.15)	31	5865		神児畑倶楽部員所属変更(15.12.1)	34	7247
函館支所道場売却(11.6.16)	31	5866		本社館内倶楽部娯楽室廃止(15.12月)	34	7255
富来支部備品処分方(11.7.12)	31	5877		(昭和)		
奥山支部廃止(11.9.23)	31	5898		倶楽部ニ於ケル見習取扱方(2.4.6)	35	27
会員M，B，Cニ組分(11.9.27)	31	5899		幹事嘱託(3.1.7)	35	123
伏見分工場倶楽部閉鎖(12.1.12)	32	6100		会員取扱方(3.2.24)	35	127
端艇競漕会開催(12.1.27)	32	6101		幹事嘱託(5.1.31)	35	377
香港支部会費増徴(12.2.2)	32	6102		倶楽部幹事嘱託(7.1.28)	36	634
陸上運動会中止(12.11.10)	32	6200		倶楽部部報刷新(8.3.30)	36	765
神戸和田支部「テニスコート」新設(12.12.3)	32	6204		倶楽部部報改題(8.12.15)	36	792
思斉寮相談役変更(13.1.15)	33	6519		幹事嘱託(9.1.20)	36	867
葉山宿舎規定改正(13.7.1)	33	6584		倶楽部ハウス新築承認(9.6.14)	36	906
運動会開催(13.9.20)	33	6603		艇庫新築承認(9.11.30)	36	922
神戸長田倶楽部敷地名改称(13.12.15)	33	6637		寮舎敷地外買収(10.3.19)	37	1003
三菱倶楽部部報続刊(13.12.26)	33	6645		補助金増額(10.3.29)	37	1004
古賀山支所撤廃(13.12.31)	33	6647		菱友倶楽部設立(10.9.12)	37	1025
大連支部庭球「コート」新設(14.3.9)	34	6848		費用負担方(10.9.13)	37	1025
兼二浦支部会費増徴(14.3.14)	34	6850		染井運動場施設移転(10.9.14)	37	1026
葉山倶楽部宿舎修繕(14.4.1)	34	6866		幹事嘱託(11.1.13)	37	1121
染井倶楽部合宿所修繕(14.4.4)	34	6866		寮舎建築費其他(11.1.31)	37	1122
尾去沢支部道場落成(14.4.6)	34	6867		艇庫竣工(11.5.31)	37	1145
高島支部建物修繕其他認許(14.4.6)	34	6867		関西各支部共用寮舎建築承認(11.6.20)	37	1147
熱田支部施設(14.4.6)	34	6867		知多荘竣工(11.7.6)	37	1153
名古屋大曾根支部設置(14.4.11)	34	6870		塩屋寮開設(11.7.26)	37	1154
神戸支部「テニスコート」新設(14.4.11)	34	6870		別府寮開設(11.8.5)	37	1156
京都支部移転(14.4.12)	34	6871		定山荘開設(11.10.22)	37	1161
葉山宿舎給水装置施設(14.4.16)	34	6871		六甲山寮開設(11.12.29)	37	1172
芳谷支部建物其他売却(14.5.2)	34	6874		西宮寮舎建設承認(12.4.20)	37	1266
端艇部第10回端艇競漕大会挙行(14.5.13)	34	6875		五寮舎経常費分担方(12.4.21)	37	1266
和田支部艇庫修繕(14.6.26)	34	6896		雲仙寮開設(12.10.2)	37	1298
和田支部建物移転改造(14.6.26)	34	6896		西宮倶楽部及西宮寮開設(13.1.23)	37	1406
横浜支部「テニスコート」新設(14.6.27)	34	6898		幹事嘱託(13.3.10)	37	1417
長崎支部「ヨット」新造(14.6.30)	34	6900		倶楽部ノ変遷及現状報告(13.4.5)	37	1421
染井運動場「テニスコート」増設(14.7.27)	34	6907				

補助金増額(14.3.1)	38	1520
大宮運動場開設(14.4.16)	38	1526
湯瀬寮開設(15.1.1)	38	1621
補助金増額(15.3.29)	38	1636
山ノ家寮舎建設(15.3.29)	38	1636
福祉施設(15.6.20)	38	1654
片瀬寮開設(15.8.15)	38	1667
菱友倶楽部名称変更(15.10.12)	38	1679
菱友会補助金変更(20.2.5)	40	2404
思斉寮寮員表彰(20.5.22)	40	2430
思斉寮相談役選任(20.11.16)	40	2512
昭和21年各社役員及従業員数	40	2706

6）養和会

（昭和）

三菱養和会設立(16.1.1)	38	1753
養和農園開設(16.3月)	38	1771
理事就任(16.10.24)	38	1823
赤倉荘買収(16.11.25)	38	1826
高輪集会所開設(17.5.1)	38	1930
常任理事及理事就任(17.11.10)	38	1967
会費廃止(18.1.25)	39	2061
教条制定(18.2.8)	39	2066
開東閣宿直者ニ弁当支給(18.11.1)	39	2135
千歳道場開設(18.11月)	39	2143
理事就任(19.2.16)	39	2235
理事長退任(19.12.23)	39	2317
理事長就任(20.1.9)	40	2400
舞子寮閉鎖(20.1.23)	40	2402
理事変更(20.7.31)	40	2444
理事長更迭(20.11.16)	40	2511
理事及監事変更(20.11.16)	40	2511
規則改正(20.11.16)	40	2511
部長選任(20.11.16)	40	2512
湘南荘及片瀬寮再開(21.6.28)	40	2644
常任理事変更(21.10.2)	40	2707
寄附行為改正(22.2.10)	40	2709

7）その他

（大正）

東京三菱購買会分配品追加(7.3.23)	29	4418
大阪三菱購買会組織(7.4.11)	29	4443
神戸三菱購買会資金貸付(7.4.22)	29	4456
東京三菱購買会覚書及規定(7.5.23)	29	4489
大阪三菱購買会施設(7.5.24)	29	4491
大阪三菱購買会ニ貸金(7.5.24)	29	4491
大阪三菱購買会支部設置(7.8.30)	29	4529
神戸三菱購買会資金貸渡(8.10.14)	30	4927
大阪三菱購買会委員長更迭(11.1.13)	31	5776
望南荘購入(12.2.22)	32	6105
三菱共済貯金規則外改正(12.3.1)	32	6107
大阪三菱購買会資金一部返金(12.8.17)	32	6180
大阪三菱購買会委員長更迭(12.11.19)	32	6201

（昭和）

健康保険法施行(2.1.1)	35	1
三菱関係職員健康保険組合設立(15.5.5)	38	1640
職員健康保険組合合併(17.4.1)	38	1923
健康保険法改正(18.4.1)	39	2078
健康保険法施行令改正(19.6.1)	39	2271
健康保険組合規約中改正(19.8.7)	39	2287
健康保険組合戸倉温泉療養所開設(19.10.1)	39	2295
健康保険法施行令改正(21.4.1)	40	2629
地所会社社員会結成(21.5.13)	40	2634
三菱健康保険組合理事長変更(24.9.16)	40	2737

8) 人事統計

（明治）

項目	頁	番号
雑　社員数（9年）	3	645
明治27年末本社並各場所役職員数	19	61
会社使用人員（28.11.30）	19	87
明治28年末本社並各場所役職員数	19	104
明治29年末本社並各場所役職員数	19	144
明治30年末本社並各場所役職員数	19	253
明治31年末本社並各場所使用人員数	19	308
明治32年末本社及各場所役職員数並給料支給高	20	382
明治33年末本社及各場所役職員数並給料支給高	20	467
明治34年末本社及各場所役職員数並給料支給高	20	546
明治35年末本社及各場所役職員数並給料支給高	20	619
明治36年末本社及各場所役職員数並給料支給高	20	679
明治37年末本社及各場所役職員数並給料支給高	20	760
明治38年末本社及各場所役職員数並給料支給高	20	857
明治39年末本社及各場所役職員数並給料支給高	21	944
明治40年末本社及各場所役職員数並給料支給高	21	1048
明治41年末本社及各場所使用人員数並給料支給高	21	1135
明治42年末本社及各場所使用人員数並給料支給高	21	1218
明治43年末本社及各場所使用人員数並給料支給高	21	1297
明治44年末本社及各場所使用人員数並給料支給高	21	1421

（大正）

項目	頁	番号
大正元年末本社及各場所役職員雇員数並関係場所人員	22	1593
大正2年末本社及各場所役職員職工鉱夫其他雇員数並関係場所人員	22	1986
大正3年末本社及各場所役職員職工鑛夫其他雇員数並関係場所人員	23	2404
大正4年末本社及各場所役職員職工鑛夫其他雇員数，関係場所人員並同年中給料賃金支給高	24	2814
大正5年末本社及各工場所役職員職工鑛夫其他雇員数，関係場所人員並同年中給料賃金支給高	26	3568
大正6年末役職員職工鑛夫其他雇員数，関係会社員並同年中給料賃金支給高	28	4293
大正7年末役職員職工鑛夫其他雇員数，関係場所人員並同年中給料賃金支給高	29	4825
大正8年末役職員職工鉱夫其他雇員数並同年中給料賃金支給高	30	5124
大正9年末役職員職工鉱夫其他雇員数並同年中給料賃金支給高	30	5470
大正10年末役職員職工鉱夫其他雇員数並同年中給料賃金支給高	30	5765
大正11年末役職員職工鉱夫其他雇員数並同年中給料賃金支給高	31	6087
大正12年末役職員職工鉱夫其他雇員数並同年中給料賃金支給高	32	6508
大正13年末役職員職工鉱夫其他雇員数並同年中給料賃金支給高	33	6799
大正14年末役職員職工鉱夫其他雇員数並同年中給料賃金支給高	34	7092
昭和元年末役職員職工鉱夫其他雇員数並大正15年昭和元年中給料賃金支給高	34	7366

（昭和）

項目	頁	番号
昭和2年末各社役員及従業員数並同年中給料賃金支給高	35	120
昭和3年末各社役員及従業員数並同年中給料賃金支給高	35	234
昭和4年末各社役員及従業員数並同年中給料賃金支給高	35	370
昭和5年末各社役員及従業員数並同年中給料賃金支給高	35	488
昭和6年末各社役員及従業員数並同年中給料賃金支給高	36	631
昭和7年末各社役員及従業員数並同年中給料賃金支給高	36	756
昭和8年末各社役員及従業員数並同年中給料賃金支給高	36	865
昭和9年各社役員及従業員数	36	996
昭和10年各社役員及従業員数	37	1120
昭和11年各社役員及従業員数	37	1252
昭和12年各社役員及従業員数	37	1404
昭和13年各社役員及従業員数	37	1513
昭和14年各社役員及従業員数	38	1620
昭和15年各社役員及従業員数	38	1752
昭和16年各社役員及従業員数	38	1906
昭和17年各社役員及従業員数	38	2055
昭和18年各社役員及従業員数	39	2224
昭和19年各社役員及従業員数	39	2397
昭和20年各社役員及従業員数	40	2598
昭和21年各社役員及従業員数	40	2706

6．教育・訓練

1）学校

(明治)

商船学校創設（8.11.1）	2	353
中村六三郎商船学校事務長心得就任（8.12.14）	2	429
商船学校々章釐定（8.12.是月）	2	499
商船学校教職員生徒野外散策許可（9.7.12）	3	250
商船学校生徒進級証書制定（9.7.29）	3	314
商船学校優等生受賞（9.7.31）	3	318
商船学校々長印章釐定（9.10.13）	3	420
商船学校優等生受賞（9.12.22）	3	589
商船学校生徒実地航海仮規則竝ニ生徒心得頒布（10.1.13）	4	9
商船学校大圏航法刊行（10.7.11）	4	240
商船学校規則改定（10.9.是月）	4	430
商船学校入学年齢改定（11.1.31）	5	152
商船学校予備金貯蓄（11.2.28）	5	230
森下岩楠商業学校々長就任（11.3.1）	5	232
商業学校創設（11.3.5）	5	232
類聚商船学校規則頒布（11.3.5）	5	247
商業学校開校（11.3.25）	5	259
商船学校年報編輯（11.3.12）	5	307
商業学校職務章程制定（11.3.28）	5	361
中村六三郎商船学校事務長陞任（11.5.1）	6	412
商船学校職務章程改定（11.6.14）	6	442
商船学校年報編輯（12.3.14）	7	126
藤野善蔵商業学校々長就任（14.1.1）	9	4
商船学校年報頒布（14.4.27）	9	161
商船学校徽章改定（14.5.2）	9	163
商業学校規則刪修増補（14.5.13）	9	167
商船学校々舎移転，校費限定（14.7.1）	9	223
中村六三郎商船学校々長就任（14.7.1）	9	246
商船学校々則改定（14.8.26）	9	271
商船学校上納（15.3.31）	10	242
商船学校々長解任（15.3.31）	10	246
商船学校生徒長崎造船所ニテ実習（27.4.20）	19	14
商船学校生徒三菱造船所ニテ実習（32.11.28）	20	361
商船学校生徒社船ニテ実習（34.2.15）	20	477

(大正)

秋田鉱山専門学校創立費寄附（40.11.2）	21	1010
神戸造船所商船学校生徒実習承諾（6.9.3）	28	3917
成蹊実業専門学校会計科学生委託（7.4.16）	29	4446
成蹊実業専門学校会計科委託学生待遇方（7.4.17）	29	4448
成蹊実業専門学校委託学生宿舎新築（7.10.16）	29	4553
財団法人成蹊学園登記（8.1.25）	30	4843
成蹊実業専門学校委託学生派出（8.3.15）	30	4854
成蹊実業専門学校委託学生待遇方改正（8.5.24）	30	4886
名古屋高等工業学校生徒外地所課ニテ実習見学（8.7.12）	30	4901
成蹊学園ニ博物標本寄附（8.10.7）	30	4926
成蹊実業専門学校委託学生支給額増加（8.11.21）	30	4956
成蹊実業専門学校委託生派出（9.3.13）	30	5164
早稲田大学建築学科学生地所部ニテ実地練習（10.6.28）	31	5553
東京帝国大学工学部学生地所部ニテ実地見学（10.7.5）	31	5554

2）社内教育

(明治)

三菱工業予備学校設立（32.6.29）	20	334
私費英国留学許可（34.1.28）	20	474
神戸支店外人英語教師招聘（34.4.1）	20	486
大阪支店其他店童ニ夜学（34.12.10）	20	518
大阪支店其他店童夜学補助（36.6.8）	20	642
三菱工業予備学校第一回卒業式（37.3.31）	20	702
若松支店雇員等ニ英語教授（39.9.1）	21	899
三菱造船所附属工業予備学校修業年限短縮其他（39.9.8）	21	900
長崎支店在勤員ノ為英人招聘（39.11.1）	21	907
神戸三菱造船所職工修業生及見習職工規則制定（41.1.9）	21	948
三菱工業予備学校年限延長其他校則修正（44.9.4）	21	1343

(大正)

簿記講習会開設（1.9.19）	22	1497
簿記講習会開始（1.10.3）	22	1502
三菱造船所小頭英国出張（2.3.3.）	22	1660
地所部ニテ電気技術者養成（2.3.20）	22	1677
社船ニ航海修業生乗組（2.4.7）	22	1694
簿記講習会終了（2.4.29）	22	1705
書冊「無益ノ手数ヲ省ク秘訣」配付（2.7.19）	22	1757
第二回簿記講習会（2.8.28）	22	1782
神戸三菱造船所職工組長伍長ヲ英国ニ派遣（2.8.30）	22	1784
簿記講習会講習科目（2.10.22）	22	1822
神戸造船所職工教育（2.11.13）	22	1832
神戸三菱造船所所員夜学費負担（3.1.17）	23	2001
三菱造船所職工英国出張（3.2.15）	23	2027

教育・訓練

社船ニ航海修業生乗組(3.3.4)	23	2037
簿記講習会幹事変更(3.3.11)	23	2044
三菱工業予備学校夏季休暇廃止(3.7.11)	23	2151
第三回簿記講習会開始(3.9.3)	23	2200
神戸三菱造船所夜学費負担(3.9.17)	23	2209
第三回簿記講習会開講順序(3.9.22)	23	2211
簿記講習会開始(3.12.14)	23	2270
三菱造船所職工学校専修科卒業式(3.12.23)	23	2286
神戸三菱造船所所員夜学費負担(4.1.16)	24	2419
三菱工業予備学校銃器設備(4.4.8)	24	2477
神戸三菱造船所員夜学費負担(4.4.23)	24	2486
神戸三菱造船所員電気的学科学習ノ件(4.7.3)	24	2539
神戸造船所員講習費支給(4.9.17)	24	2584
三菱工業予備学校陸上運動会開催(4.10.5)	24	2608
第四回簿記講習会(4.11.3)	24	2630
三菱職工補修学校卒業式(5.3.27)	25	2944
各炭坑ヨリ東京留学生取締一定(5.4.17)	25	2978
工場会計講演開催(5.5.12)	25	3007
臨時製鉄所建設部員製鉄所ニテ経理事務見習(5.7.19)	25	3091
鑛山職工製鉄所見学(5.8.13)	25	3122
潜水艇製造ニ付見学(5.8.19)	25	3127
第五回簿記講習会(5.10.12)	25	3180
製鉄所見学延期願(5.12.23)	26	3340
製鉄所ニ委託職工依頼(5.12.23)	26	3340
長崎造船所職工修業生規則(5.12.28)	26	3373
各鑛山職工ヲ製鉄所ニ派遣ノ件(5.12.29)	26	3415
長崎造船所傭使外横須賀工廠ニテ実習(6.1.25)	27	3601
速成簿記講習会開催(6.3.31)	27	3680
北京留学生内規制定(6.4.13)	27	3696
北京留学生認許(6.4.17)	27	3699
三菱工業予備学校校則変更(6.5.2)	27	3709
彦島造船所製図修業生規則制定(6.5.5)	27	3710
芳谷炭坑現場員養成(6.5.14)	27	3753
鑛業研究所ニテ下級技術員養成(6.6.23)	27	3809
吉岡鑛山徒弟補習会設置(6.7.1)	27	3824
第七回簿記講習会開催(6.7.7)	27	3836
軍艦伊勢試運転見学(6.8.22)	27	3895
簿記講習会開講(6.9.27)	28	3946
三菱工業予備学校名称変更(6.10.12)	28	3971
高島炭坑医員講習ニ関スル件(7.1.9)	29	4313
簿記講習生補欠編入(7.1.12)	29	4317
鑛山部貸費生内規制定(7.3.19)	29	4413
香港留学生派遣(7.6.4)	29	4493
速成簿記講習会開講(7.7.5)	29	4504
査業部河内留学生派遣(7.10.1)	29	4547
第11回簿記講習会開催(8.6.25)	30	4896
第12回簿記講習会(8.9.26)	30	4920
外国為替講演開催(8.10.25)	30	4932
第13回簿記講習会開催(9.6.26)	30	5225
簿記講習会開講(9.9.11)	30	5250
北京留学生ニ関スル事項移管(9.12.24)	30	5293
北京駐在員学習費補助(10.1.17)	31	5487
第15回簿記講習会開講(10.3.7)	31	5506
北京留学生推薦方依頼(10.3.19)	31	5510
北京留学生ニ係ル件(10.5.13)	31	5533
簿記講習会開講(10.9.15)	31	5574
北京留学生見学旅行(10.10.15)	31	5592
査業課員富士瓦斯紡積会社ニテ実地見習(10.2.28)	31	5634
北京留学生ニ係ル件(11.2.21)	31	5802
三菱工業教育会理事変更逹協議員嘱託(11.3.27)	31	5823
長崎三菱工業学校職員扱方(11.4.12)	31	5834
査業課員紡積ニ関スル商務見習(11.6.25)	31	5867
神戸三菱職工学校職員扱方(11.7.15)	31	5877
北京留学生見学旅行(11.10.10)	31	5903
査業課員大夕張炭坑ニテ実習(12.1.12)	32	6100
資料課員傍聴許可(12.1.31)	32	6101
長崎三菱職工学校設立通知(12.3.21)	32	6123
耐震防火建築ニ係ル講習会ノ件(13.8.7)	33	6596
査業課員小岩井農場ニテ実習(13.12.3)	33	6633
露佛語講習会開催(14.2.20)	34	6851
(昭和)		
私立長崎三菱青年訓練所設立(2.1.2)	35	4
長崎造船所職工修業生規則制定(5.4.1)	35	386
長崎造船所職工修業生規則中改正(10.4.1)	37	1006
重工業会社ニテ青年学校経営(14.4.1)	38	1524
華道及茶道講習開始(19.3.27)	39	2247
音楽講習開始(19.9.22)	39	2294

7. 財務・会計

1) 創業時代・郵便汽船三菱会社および三菱社

(明治)

項目	巻	頁
白山彦五郎ニ金五千圓貸付(5.8.是月)	1	61
高知共立社ヨリ金壱萬五千圓借入(6.3.是月)	1	101
氏原七兵衛廣井専吉ニ樟脳製造下請資金千百余圓貸付(6.4.是月)	1	113
土居幸次郎ニ金百四拾圓貸付(6.10.是月)	1	142
松井小兵衛ヨリ金七百拾圓借入(6.11.1)	1	143
安岡善吉ニ金貳百五拾圓貸付(7.3.是月)	1	187
白山彦五郎貸金関係(7.7.是月)	1	206
土居幸次郎返金(7.8.是月)	1	248
受託船運航経費下附(7.10.12)	1	277
海外航路開始準備資金下附ノ件(7.10.18)	1	280
受託船運航経費下附(7.11.7)	1	296
受託船準備金下附(7.12.2)	1	309
収支決算報告ノ件(7.12.是月)	1	324
受託船運航費決算資金下附(8.1.23)	1	368
受託船運航資金並ニ修理費下附(8.1.23)	1	368
受託船運航資金並ニ修理費下附(8.3.19)	1	487
板垣退助ニ金五千圓貸付(8.4.12)	2	9
社則創定職制改革(8.5.1)	2	37
本支社並ニ受託船準備金下附(8.5.20)	2	93
経費節約ノ件(8.6.28)	2	129
金銭貸借禁令頒布(8.7.3)	2	144
積金規則頒布(8.7.15)	2	148
助成年金貳拾五萬圓下附(8.9.15)	2	203
各船準備金額釐定(8.9.19)	2	224
土佐用地作米収納期決算期釐定(8.是秋)	2	269
各支社各船経費仮規則頒布(8.10.15)	2	290
政府ヨリ銀八拾壱萬弗借入(8.10.16)	2	308
会計局出納時限釐定(8.11.22)	2	392
勘定法釐定四捨五入法採用(8.11.26)	2	396
松井小兵衛ニ返金(8.是冬)	2	502
会計帳簿様式釐定(9.1.1)	3	1
出納手続制定(9.1.23)	3	15
会計局支社勘定係設置(9.3.25)	3	117
各支社各船経費仮規則追補(9.3.25)	3	123
長崎支社経費不足補塡申請(9.4.15)	3	157
会計局出納時限改定(9.4.25)	3	171
積金規則追補(9.4.26)	3	176
各支社各船金庫保管規則制定(9.6.10)	3	209
受託船経費精算残額及ヒ太平洋汽船会社購入資金年賦返納ノ件(9.7.24)	3	304
会計局現金収納規則制定(9.8.17)	3	330
鹿児島琉球大島三支社出納法制定(9.8.30)	3	349
政府ヨリ船舶修繕費借入(9.10.6)	3	401
貨物運送取扱仮条例頒布(9.10.19)	3	431
政府ヨリ名護屋丸修繕費借入(10.2.20)	4	44
政府ヨリ銀五萬弗借入(10.2.26)	4	56
政府ヨリ老齢汽船改修費借入(10.3.17)	4	73
社交贈貽品経費記載進達手続釐定(10.5.21)	4	178
政府ヨリ船舶購入費借入(10.6.4)	4	187
簿記法頒布(10.7.26)	4	282
上海航船経費支払方ノ件(10.10.30)	4	456
出納日報様式釐定(10.11.28)	4	512
運賃概計表様式釐定(10.11.29)	4	514
境出張所問屋口銭釐定(10.12.12)	4	544
備品減価勘定書様式釐定(10.12.19)	4	545
冗費節約ノ件(11.4.4)	6	372
起業公債応募(11.5.13)	6	424
社則会計帳簿條項増補(11.7.25)	6	499
社則出納及廻漕條項追補(11.8.14)	6	544
積金規則追補(11.8.22)	6	561
各船準備金出納手続制定(11.8.28)	6	564
経費勘定書成規改定(12.1.29)	7	27
洋銀換算割合釐定(12.2.10)	7	62
外国人積金廃止(12.2.13)	7	65
各船金銀出納規則改定(12.8.是月)	7	394
支社不用品取扱規則制定(12.10.14)	7	466
積金規則変更(12.11.1)	7	496
高島炭坑舎ニ金貳萬五千圓貸付(13.4.9)	8	287
借用金返納延期ノ件(13.5.6)	8	320
高島炭坑舎ニ金四萬圓貸付(13.8.16)	8	430
各船出納規則改定(13.8.20)	8	436
高島長崎積金規則制定(14.5.21)	9	185
積金規則廃止(14.9.1)	9	312
社則予算編成条款追補(14.11.1)	9	340
会計科目規程制定(14.11.24)	9	345
社則会計規程改定議了(14.11.25)	9	358
吉岡鉱山資本金額釐定(14.12.23)	9	376
支社勘定取扱規則改定(15.1.13)	10	1
神戸支社金銭支払証書取扱手続改定(16.1.1)	11	1
支社会計事務取扱条例頒布(16.3.23)	11	33
借用金一時完納ノ件(16.5.29)	11	57
冥加金未納残額完納(16.7.4)	11	70
予算其他会計事務取扱手続頒布(16.9.26)	11	133
借用金一時完納ノ件(17.7.4)	12	203
支社簿記規則並ニ例題頒布(17.8.11)	12	220
拝借金完納(18.2.27)	13	53
共同運輸会社ト合同ニ先チ資産見積額ノ件(18.9.17)	14	387
造船所資本金(20.6.28)	15	34

財務・会計

各邸経費年額釐定(19.6.1)	15	157
尾去沢鉱山資本金(20.12.31)	15	245
吉岡鉱山勘定法制定(21.5.15)	16	79
墨森鉱山資本金(21.10.18)	16	194
日豊鉱山勘定法制定(22.6.4)	16	269
新旧会社事業授受手続釐定(26.12.23)	18	194
新会社会計帳簿様式釐定(26.12.23)	18	199

2）三菱合資会社

(明治)

各支店資金供給方(27.1.1)	19	2
旧会社資産引継(27.1.1)	19	3
新会社会計帳簿(27.1.1)	19	3
報酬金本社ニ納付(27.5.10)	19	16
越俊道ニ貸金(27.8.8)	19	25
固定物原価消却標準(27.10.2)	19	30
神戸支店課税標準届出(30.1.14)	19	149
中之島出張所課税標準届出(30.1.22)	19	151
神戸市水道公債応募(30.3.31)	19	164
大阪支店資金増額(30.4.7)	19	165
各場所決算其他様式改正(30.6.7)	19	181
長崎支店課税標準届出(30.6.16)	19	183
麻生太吉ニ貸金(30.6.22)	19	184
各場所流通資金一定(30.9.13)	19	203
金本位実施関係(30.9.21)	19	205
瀬川安五郎ニ貸金(30.9.24)	19	205
神戸支店経費銀行部ト区別(30.11.24)	19	225
対高杉寅五郎貸金関係(30.11.26)	19	226
長崎港湾改良公債応募(30.11.30)	19	228
神戸租税代納人廃止(30.12.24)	19	233
貸金返納(31.2.3)	19	258
和田倉庫会社清算結了(31.6.2)	19	271
各場所起業予算認許(31.12.2)	19	287
高砂工場新設費認許(32.5.21)	20	329
洞海北湾埋渫会社ニ出資(32.7.11)	20	339
本社検査部長巡検(33.1.10)	20	385
売掛金始末整理方(33.1.16)	20	388
船舶運送営業ニ係ル課税標準(33.4.20)	20	405
汽船原価消却規程改定(33.10.1)	20	432
運炭船運賃勘定法改定(33.10.1)	20	432
神戸支店勘定科目新設(33.10.19)	20	436
鉱石運搬取扱手続協定(33.12.16)	20	446
神戸支店売炭取引勘定取扱法改定(34.8.23)	20	507
小切手署名方(34.8.23)	20	507
門司支店会計事務整理方(35.7.2)	20	575
対久良知寅次郎賃金整理方(35.11.5)	20	592
石炭運賃及諸費用取調表(35.12.9)	20	595
租税額調査(36.1.26)	20	622
対外支払及受取勘定調査方(36.2.18)	20	627
用度品取扱手数料制定(37.1.1)	20	682
軍事公債応募方(37.2.16)	20	690
各場所起業並収支予算書(37.10.11)	20	730
用度品取扱手数料廃止(37.11.29)	20	738
39年度起業並営業予算書(38.10.4)	20	818
若松支店船舶保険積立金廃止(39.10.1)	21	902
若松支店資本額登記削除(40.6.1)	21	982
長崎支店勘定科目新設(42.4.7)	21	1154
長崎支店勘定科目改定(42.5.1)	21	1156
各場所勘定科目新設及改称(42.9.10)	21	1181
長崎支店所属地所報告(43.1.6)	21	1221
各場所事業年度ヲ改定(44.9.12)	21	1345
決算ニ関スル手続制定(44.10.13)	21	1352
本社及各部元帳勘定科目(44.10.13)	21	1354
本社及各部営業費勘定細目(44.10.13)	21	1356
各場所各種預金基金取扱手続(44.10.13)	21	1361
決算ニ関スル手続中納付金並特別消却高指定方(44.11.18)	21	1371
厘位取扱廃止(44.11.30)	21	1377
原価消却規定改定(44.12.5)	21	1379

(大正)

本社各部元帳勘定科目増設(1.1.16)	22	1430
納税額調査報告方(1.4.19)	22	1458
支店元帳勘定科目増設(1.7.3)	22	1479
消却済固定財産報告方(1.7.3)	22	1479
損益予算並資金収支予算提出方(1.8.3)	22	1487
支店元帳勘定科目増設(1.8.17)	22	1493
本社元帳勘定科目増設(1.11.30)	22	1520
支店元帳勘定科目増設廃止(1.12.5)	22	1528
直接営業費ニ属セザル経費支出方(1.12.5)	22	1528
支店元帳勘定科目増設(1.12.5)	22	1529
本社及各部営業費勘定細目中増設(1.12.12)	22	1531
各部資金(1.12.17)	22	1534
船舶課元帳勘定科目(1.12.19)	22	1534
本社元帳勘定科目中増設(1.12.20)	22	1535
横浜出張所第百銀行支店ト当座取引(2.1.6)	22	1602
大阪支店備付装飾品等費用負担方(2.1.6)	22	1602
支店元帳勘定科目増設(2.2.16)	22	1650
資金収支予算ニ付報告方(2.3.6)	22	1661
日高民蔵ヘ貸金返済延期(2.3.31)	22	1686
推定損益及資金収支計算書作成方(2.5.24)	22	1719
東京支店元帳勘定科目新設(2.6.27)	22	1740
秋田鉄道株式会社株式引受(2.8.20)	22	1775
漢口支店，横浜正金銀行支店ト当座借越契約継続(2.9.3)	22	1789
木下良ニ貸金(2.9.17)	22	1795

項目	章	頁
門司支店ニ計算主任者会議開催(2.11.23)	22	1840
堀鉱業会社ニ貸金(2.11.25)	22	1841
支店勘定科目増設(2.12.5)	22	1863
支店勘定科目新設廃止(2.12.11)	22	1867
各部保有繰越金限度(2.12.13)	22	1872
本社並各部営業費中寄附金費目増設(2.12.31)	22	1889
漢口支店、横浜正金銀行支店ト当座借越契約継続(3.9.2)	23	2200
本社営業費勘定細目増設(3.9.26)	23	2215
海外支店流通資金取極其他取引勘定方法統一(3.12.12)	23	2267
本社営業費勘定細目増加(3.12.19)	23	2282
墨銀通用地域旅費取扱方(3.12.24)	23	2288
若松支店勘定科目中廃止(3.12.24)	23	2289
門司支店流通資金増額(4.1.4)	24	2409
資金収支月別計算書ノ件(4.1.15)	24	2419
北京出張所勘定整理方(4.2.3)	24	2431
取引勘定預金利息変更(4.3.20)	24	2465
傭船ニ係ル収支整理方(4.5.24)	24	2509
門司支店ニ支店炭坑会計主任招集(4.6.25)	24	2531
貸金利息変更(4.10.1)	24	2602
決算書類調製方(4.12.25)	24	2683
支店元帳勘定科目中改正(4.12.27)	24	2686
門司支店勘定科目増設(4.12.31)	24	2695
黒沢尻電気会社株式購入(5.3.22)	25	2937
倫敦支店資本金(5.4.4)	25	2958
横浜出張所取引銀行変更(5.5.2)	25	2991
門司支店勘定科目新設(5.5.20)	25	3013
仮本社建築費予算追加(5.6.16)	25	3039
当座借越金利息変更(5.7.5)	25	3067
会社所得税附加税賦課ニ関スル協定(5.7.8)	25	3069
大正2年度所得税附加税ニ関スル協定(5.7.20)	25	3092
支店勘定科目増設(5.10.2)	25	3175
漢口支店勘定科目増設(5.12.12)	26	3296
会計整理ニ関シ通知(6.1.22)	27	3594
東京支店流通資金(6.1)	27	3605
漢口支店当座借越契約継続(6.4.1)	27	3684
大正4年度所得税賦課ニ係ル本税割当協定(6.5.22)	27	3760
漢口支店台湾住友両銀行ト借越契約締結(6.5.29)	27	3770
漢口支店勘定科目新設(6.6.20)	27	3807
門司支店会計若松支店ニ合併整理(6.7.4)	27	3827
大正5年度所得額及関係府県歩合協定ノ件(6.7.6)	27	3831
〃 分以降所得税附加税ノ件(6.7.16)	27	3857
大連事務所正金銀行支店ト当座取引(6.9.3)	28	3917
香港支店流通資金増額(6.9.4)	28	3919
北京出張所当座貸越限度増額(6.9.6)	28	3920
大正5年度所得税附加税賦課ニ付本税割当協定成立(6.9.12)	28	3931
本社勘定科目増設(6.9.27)	28	3946
支店勘定科目新設(6.10.1)	28	3961
本社元帳勘定科目増設(6.12.18)	28	4062
会計帳簿様式順序ニ関スル件増補(6.12.19)	28	4064
現金出納仕訳日記帳外会計ニ係ル件(6.12.21)	28	4066
室蘭出張所船舶見張所経費負担(6.12.27)	28	4074
本社勘定科目増設(6.12.31)	28	4085
場所長名義本社預金取扱方(7.1.10)	29	4314
元帳勘定科目変更増減ニ係ル件(7.1.24)	29	4335
損益予算並資金収支予算報告様式改正(7.3.8)	29	4400
本社元帳勘定科目増設(7.4.29)	29	4462
本社元帳勘定科目増設(7.6.1)	29	4493
分系会社ニ譲渡セル資産負債目録税務署ニ提出(7.11.27)	29	4562
本社元帳勘定科目増設(7.12.31)	29	4578
分系会社本店及各場所合併貸借対照表提出方(8.3.26)	30	4857
株式分譲内規(8.11)	30	4958
本社元帳勘定科目増設(8.12.30)	30	4980
査業課海外放資額(8.12.31)	30	4981
電話度数制実施後料金負担方(9.4.1)	30	5180
倫敦支店ニ貸金(9.7.10)	30	5232
直接営業ニ関セサル臨時経費其他支出方(10.4.23)	31	5521
金融事情調査ニ付回報(10.4.25)	31	5523
本社人事課室内ニ三菱銀行員派出(10.8.26)	31	5569
各社自動車費分担率改訂(10.10.7)	31	5588
北京駐在員資金供給方(11.1.17)	31	5778
自動車経費分担率変更(11.1.31)	31	5779
北樺太亜港朝鮮銀行当座勘定名義人変更(11.6.28)	31	5869
自動車費分担率改訂(11.7.26)	31	5886
分系会社ノ勘定科目変更方ノ件(11.9.18)	31	5896
元帳勘定科目増設(11.11.28)	31	5914
営業費勘定細目制定(12.2.15)	32	6102
仮本社家賃分担方改定(12.3.26)	32	6129
本社食堂費分担率改定(12.3.26)	32	6131
日華製油会社株式有分譲渡(12.6.1)	32	6165
各社自動車費分担率改訂(12.7.20)	32	6173
自動車分担率改訂(13.8.2)	33	6594
本社館内共通経費分担率改訂(13.8.15)	33	6598
査業課其他臨時経費等支出方委任(13.11.26)	33	6631
本社家賃分担方改正(14.4.7)	34	6867
本社館内共通経費分担率改正(14.4.7)	34	6869
自動車費分担率改訂(14.7.18)	34	6905

本社家賃分担方改正(15.4.22)	34	7135
食堂経費分担率改定(15.5.1)	34	7138
本社建物借入方変更(15.7.8)	34	7170
自動車分担率改訂(15.7.14)	34	7174

(昭和)

営業費勘定細目中改正(2.2.17)	35	6
食堂経費分担率改定(2.4.25)	35	30
団体ノ預金取扱方(2.6.17)	35	38
営業費勘定細目中改正(2.7.13)	35	41
自動車費分担率改訂(2.7.20)	35	41
銀塊返済期日延期追加契約(3.3.31)	35	131
食堂経費分担率改定(3.4.21)	35	134
特許弁理士登録ニ付取扱方(3.5.31)	35	140
本館家賃分担方改正(3.10.1)	35	152
自動車分担率改訂(4.1.16)	35	237
本社ヨリ鉱業会社退職手当資金補給(4.1.30)	35	238
自動車分担率改訂(4.4.11)	35	246
営業費勘定細目中改正(4.12.30)	35	296
共通経費分担率改定(5.4.22)	35	386
食堂経費分担率改定(5.4.25)	35	387
所有外国有価証券調査報告(5.5.6)	35	391
菱華倉庫会社未払込株金払込完了(5.8.1)	35	406

3）株式会社三菱社および三菱本社

(昭和)

取締役監査役等報酬支給方(13.2.24)	37	1412
名義株配当金取扱方(13.3.25)	37	1418
消費節約国債応募ニ関シ申合(12.10.5)	37	1303
三菱社物上担保附社債発行(13.6.14)	37	1432
消費節約国債応募ニ関スル申合中改正(13.6.20)	37	1433
三菱社増資新株社内割当(15.6.28)	38	1657
三菱社物上担保附社債第1次償還(15.9.16)	38	1671
三菱社株式取扱規程制定(16.5.24)	38	1775
三菱社新株第2回払込完了(16.7.30)	38	1801
直接営業ニ関セザル臨時経費其他支出方廃止(16.9.13)	38	1814
三菱社物上担保附社債第2次償還(16.9.15)	38	1815
三菱社株式事務取扱細則中改正(16.12.1)	38	1830
三菱社ヘ割当ノ重工業会社増資新株ヲ株主ニ移譲(17.5.2)	38	1931
三菱社物上担保附社債第3次償還(17.9.15)	38	1956
三菱社新株未払込株金払込登記(18.1.19)	39	2058
三菱本社物上担保附社債第4次償還(18.12.1)	39	2143
三菱本社物上担保附社債第5次償還(19.12.1)	39	2309
三菱本社物上担保附社債第6次償還(20.12.22)	40	2526
三菱本社物上担保附社債償還(23.9.24)	40	2733
三菱本社資産再評価(25.8.25)	40	2749
譲渡有価証券一部返還(25.12.25)	40	2750
最後ノ名義書換停止公告(26.4.25)	40	2754
三菱本社清算分配金支払(26.7.4)	40	2757
残余財産分配金未払残金処理ニ関シ契約(27.4.10)	40	2758

4）売炭部・営業部

(明治)

売銅手数料(27.1.12)	19	5
下之関支店石炭扱手数料(27.1.26)	19	5
若松支店売炭手数料(27.1.29)	19	6
売炭代理店勘定(27.1.29)	19	6
石炭受渡予算(30.4.7)	19	165
長崎支店石炭受渡予算書(30.4.12)	19	167
売炭勘定取扱順序改定(34.1.1)	20	469
鉱石運搬ニ関スル取扱手続(34.1.10)	20	471
売炭勘定取扱順序改定(35.1.1)	20	549
売炭勘定取扱順序改定(35.12.25)	20	596
売炭勘定取扱規定制定(37.6.1)	20	709
社炭取扱順序規定廃止並制定(40.9.1)	21	1005
石炭元扱店損益等取扱手続(43.9.14)	21	1255
石炭元扱店損益金等取扱ノ件(43.10.20)	21	1263
営業部各場所元帳勘定科目(44.11.24)	21	1373

(大正)

船舶課元帳勘定科目(1.12.19)	22	1534
京浜地方小口売炭勘定方(2.2.10)	22	1643
営業部営業費勘定科目中小科目設置(3.9.23)	23	2214
〃 資金増額(3.12.10)	23	2266
高取鉱山売鉱銅価計算方協定(3.12.16)	23	2280
奥山鉱山売鉱銅価計算方協定(3.12.16)	23	2280
営業部勘定科目新設(4.11.2)	24	2629
〃 総勘定元帳勘定科目増設(4.12.31)	24	2692
〃 大阪支店ヨリ送金扱方(5.8.2)	25	3104
豊橋出張員詰所員横領金ヲ欠損トシテ処分(5.8.12)	25	3121
営業部事務取扱方(5.8.30)	25	3136
〃 大阪支店勘定科目変更(6.1.29)	27	3602
浦潮出張所勘定営業ニ引継(6.4.5)	27	3686
営業部各支店諸報告ノ件(6.5.28)	27	3769
営業部所管各支店勘定科目増設(7.1.24)	29	4336
〃 事業譲渡代清算結了(7.7.1)	29	4501
営業部売炭事務掌程制定(6.12.6)	28	4045

5）鉱山部・炭坑部

（明治）

項目	巻	頁
面谷鉱山売買貸借終決(27.2.28)	19	8
新入炭坑災害復旧費勘定(27.3.29)	19	12
面谷鉱山帳簿(27.4.16)	19	14
炭坑事業成績報告様式(27.6.5)	19	19
鯰田臼井炭坑補償準備積立(27.8.1)	19	24
猿渡鉱区譲受代金仕払(27.11.21)	19	34
方城炭坑其他勘定(29.6.4)	19	114
荒川鉱山資金(29.6.23)	19	115
瑞穂坑ノ営業勘定整理方(29.10.1)	19	122
生野鉱山資本金(29.11.27)	19	125
大阪製煉所資本金(29.12.2)	19	126
佐渡鉱山資本金(29.12.9)	19	126
生野鉱山姫路銀行ト取引(30.1.15)	19	149
鯰田炭坑諸坑代振替(30.1.19)	19	150
尾去沢鉱山資金(30.4.21)	19	169
荒川鉱山代金完済(30.4.28)	19	170
鍋倉鉱山終末決算(30.5.7)	19	173
荒川鉱山流通資金増額(30.5.20)	19	175
大阪製煉所資金(30.6.11)	19	182
長崎支店課税標準届出(30.6.16)	19	183
尾去沢鉱山資金関係(30.7.28)	19	193
大阪製煉所起業予算(30.9.24)	19	206
鉱山決算勘定書式一定(30.9.27)	19	206
佐渡鉱山消却年限(30.9.28)	19	207
鉱山事業成績報告書一定(30.10.1)	19	209
鉱山事業報告書(30.10.1)	19	209
鉱山炭坑起業費営業費区別(30.10.1)	19	209
大阪製煉所流通資金(30.10.1)	19	210
吉岡鉱山純益金(30.10.21)	19	215
鯰田新入臼井起業費(30.10.22)	19	215
槇峰鉱山純益金(30.10.26)	19	216
尾去沢鉱山起業費(30.11.8)	19	221
端島炭坑貸金切捨(30.11.26)	19	225
佐渡鉱山起業費(30.11.30)	19	227
荒川鉱山起業費(30.11)	19	228
尾去沢鉱山元帳勘定(30.12.14)	19	230
熊野江鉱山代金決済(31.4.5)	19	261
大阪製煉所製品課税関係(31.4.12)	19	262
吉岡鉱山其他勘定科目新設(31.7.19)	19	275
面谷鉱山起業認許(31.12.2)	19	287
尾去沢鉱山流通資金増額其他(31.12.7)	19	288
佐渡鉱山財産評価改定(32.9.14)	20	349
生野鉱山水力電気起業認許(32.12.8)	20	363
相知炭坑旧坑主ノ納屋頭貸金整理方(33.11.24)	20	443
黒森鉱山鉱業報告(34.7.26)	20	504
荒川鉱山勘定科目新設(37.3.19)	20	699
上山田支坑被害保険金積立廃止(38.1.23)	20	764
各鉱山製出品山許原価及売価等報告(38.7.3)	20	804
各鉱山産出型銅運搬費報告(38.10.30)	20	820
各鉱山製品出山許原価売価報告(38.12.7)	20	830
相知炭坑被害補償準備金増額(42.1.11)	21	1139
炭坑事業成績報告様式改定(42.5.22)	21	1158
鉱山部各場所元帳勘定科目改正(44.10.13)	21	1358

（大正）

項目	巻	頁
生野鉱山元帳勘定科目増設(1.1.8)	22	1428
鉱山元帳勘定科目増設(1.1.9)	22	1428
高取鉱山起業費(1.1.11)	22	1429
大阪製煉所其他元帳勘定科目増設(1.12.4)	22	1527
大阪製煉所買銅基金勘定新設(1.12.10)	22	1531
宝鉱山流通資金減額(2.3.10)	22	1665
富来鉱山土地使用料(2.3.15)	22	1675
新入炭坑起業費追加(2.3.24)	22	1680
大阪製煉所勘定科目増設(2.3.26)	22	1681
本社鉱山部振替貯金加入(2.6.13)	22	1733
高島製塩場会計整理方(2.7.18)	22	1756
鹿町炭坑ニ対スル貸金始末(2.10.22)	22	1823
高島炭坑石炭原価勘定中ニ新項目増設(2.10.24)	22	1824
各炭坑大正3年分起業(2.11.28)	22	1842
鉱山勘定科目増設(2.12.5)	22	1864
牧山骸炭製造所勘定科目増設(2.12.5)	22	1864
佐渡鉱山佐渡商船会社株式引受(3.2.9)	23	2022
尾去沢鉱山振替口座加入(3.6.14)	23	2123
奥山鉱山資本及鉱命(3.6.25)	23	2134
尾去沢鉱山勘定ニ小科目増設(3.8.4)	23	2167
大阪製煉所粗銅買入値段計算方其他(3.8.7)	23	2171
大阪製煉所勘定科目増設(3.10.5)	23	2223
大正4年度各鉱山起業費(3.12.12)	23	2269
吉岡鉱山鉱命延長(3.12.21)	23	2283
大正3年度鉱山部利益金納付方(3.12.30)	23	2292
大正3年度炭坑部利益金納付方(3.12.30)	23	2293
方城炭坑利益金振替方(3.12.30)	23	2293
大阪製煉所欠損整理方(4.1.18)	24	2419
槇峰鉱山高千穂軽便鉄道会社株式引受(4.2.13)	24	2435
龍川鉱山光明銀行ト取引開始(4.2.19)	24	2439
電気銅諸掛費協定(4.3.24)	24	2465
尾去沢鉱山貸金(4.7.20)	24	2544
綱取鉱山流通資金及鉱区年限(4.8.25)	24	2570
各鉱山製煉所会計主任会議(4.8.27)	24	2572
吉岡鉱山流通資金増額(4.11.19)	24	2652
尾去沢鉱山流通資金(4.11.19)	24	2652

財務・会計

荒川鉱山流通資金(4.11.19)	24	2652
槇峰鉱山流通資金(4.11.19)	24	2653
佐渡鉱山流通資金(4.11.19)	24	2653
奥山鉱山流通資金(4.11.19)	24	2653
金田炭坑流通資金(4.12.21)	24	2677
芳谷炭坑流通資金増額(5.1.13)	25	2834
鉱山部各場所特別消却(5.1.26)	25	2855
大阪製煉所営業課税標準届(5.1.31)	25	2862
大夕張炭坑流通資金(5.2.2)	25	2877
炭坑部資金増額(5.2.7)	25	2889
方城炭坑元帳勘定科目新設(5.2.22)	25	2903
炭坑部，銀行部ト当座取引開始(5.3.11)	25	2927
方城炭坑勘定科目増設(5.3.13)	25	2928
上山田炭坑流通資金(5.3.14)	25	2932
鉱山部代金支払日特定(5.4.1)	25	2951
炭坑部勘定科目増設(5.6.2)	25	3033
奥山鉱山ニ補助貨現送(5.6.13)	25	3038
相知炭坑郵便局創業費承認(5.6.17)	25	3042
大阪製煉所流通資金減額(5.6.24)	25	3044
大阪製煉所勘定科目増設(5.6.27)	25	3048
炭坑部ニ対スル貸金利息計算方(5.7.6)	25	3068
新入炭坑流通資金減額(5.7.8)	25	3073
宝鉱山補助貨現送(5.7.10)	25	3074
美唄炭坑流通資金増額(5.7.24)	25	3099
鯰田炭坑流通資金減額(5.7.28)	25	3100
美唄炭坑北海道拓殖銀行ト当座取引開始(5.8.8)	25	3115
蘆別炭坑振替口座加入(5.8.13)	25	3124
荒川鉱山流通資本増額(5.8.14)	25	3124
新入炭坑流通資金減額(5.9.28)	25	3170
鉱山部勘定科目増設(5.10.13)	25	3182
綱取支出計算独立(5.10.13)	25	3185
炭坑部勘定科目増設(5.10.20)	25	3191
尾去沢鉱山ニ補助貨現送(5.11.8)	26	3223
美唄炭坑元帳勘定科目新設(5.11.22)	26	3239
鉱夫長屋消却年限(5.12.8)	26	3286
大阪製煉所勘定科目廃止(5.12.8)	26	3288
荒川鉱山ニ補助貨現送(5.12.12)	26	3295
各鉱山特別原価消却(5.12.14)	26	3311
大阪製煉所勘定科目廃止(5.12.21)	26	3336
大阪製煉所特別原価消却(5.12.26)	26	3363
大夕張炭坑鉱区臨時消却(5.12.29)	26	3406
芳谷炭坑鉱区臨時消却(5.12.29)	26	3406
大正5年度鉱山部及各場所資金	26	3426
大正5年度各炭坑資金	26	3443
北海道投資金額(6.1.8)	27	3583
炭坑部会計整理方ニ付通達(6.1.24)	27	3597
炭坑部特別消却(6.1.30)	27	3602
炭坑部勘定科目増設(6.2.9)	27	3613
牧山骸炭製造所流通資金増額(6.2.19)	27	3624
上山田炭坑流通資金増額(6.3.7)	27	3659
大夕張炭坑北海道拓殖銀行ト取引開始(6.4.2)	27	3685
炭坑元帳勘定科目増設(6.4.25)	27	3704
高島炭坑製塩営業税課税標準(6.5.20)	27	3757
木下窯業場経費従来鉱山ニテ負担(6.6.19)	27	3806
大阪製煉所勘定科目増設(6.7.12)	27	3840
美唄炭坑ニ補助貨現送(6.8.15)	27	3889
面谷鉱山勘定科目新設(6.9.25)	28	3943
炭坑部勘定科目増設(6.9.26)	28	3945
蘆別炭坑固定資産(6.10.11)	28	3968
明延金山両鉱山流通資金(6.11.5)	28	4002
美唄炭坑北海道拓殖銀行ト当座借越契約(6.11.29)	28	4029
大利根鉱山原価残額高取鉱山へ引継(6.12.3)	28	4035
木下窯業場勘定打切整理(6.12.21)	28	4065
美唄鉄道本社手許金通知預金ニ変更(6.12.23)	28	4067
各炭坑特別原価消却(6.12.31)	28	4084
各鉱山特別原価消却(6.12.31)	28	4084
面谷鉱山百三十銀行ニ当座口座開設(7.1.5)	29	4304
芳谷炭坑特別原価消却(7.1.8)	29	4308
上山田炭坑特別原価消却(7.1.8)	29	4308
大夕張炭坑特別原価消却(7.1.8)	29	4308
大阪製煉所営業部大阪支店ト取引勘定開始(7.1.9)	29	4313
方城炭坑特別原価消却(7.1.9)	29	4313
旧木下窯業場損金打切(7.1.11)	29	4316
各鉱山起業費予算認許ニ付注意(7.1.17)	29	4327
新入炭坑特別原価消却(7.1.19)	29	4331
吉岡鉱山ニ補助貨現送(7.2.4)	29	4352
各鉱山流通資金所要高取調(7.2.13)	29	4371
上山田炭坑流通資金増額(7.2.13)	29	4371
生野鉱山元帳勘定科目中廃止(7.2.18)	29	4375
芦別炭坑北海道拓殖銀行ト当座取引開始(7.2.18)	29	4376
大阪製煉所元帳勘定科目増設(7.2.19)	29	4376
北海道ニ於ケル投資額其他回報(7.2.20)	29	4379
鉱山部元帳勘定科目新設(7.2.28)	29	4388
伏見分工場流通資金(7.3.8)	29	4401
芳谷炭被害補償準備積立金増額(7.3.13)	29	4404
直島製煉所流通資金(7.3.18)	29	4409
奥山鉱山流通資金全額返納(7.3.18)	29	4409
尾去沢鉱山外流通資金改定(7.3.18)	29	4410
炭坑元帳勘定科目増設(7.3.29)	29	4431
鉱山部事業引継ニ付決算方通達(7.4.1)	29	4433
面谷鉱山補助貨現送(7.4.2)	29	4436

財務・会計

各炭坑社外小切手所要高予報(7.4.15)	29	4445
明延鉱山錫仕切計算費用協定(7.4.18)	29	4448
佐渡鉱山半製品仕切計算ニ係ル協定(7.4.26)	29	4460
各炭坑炭量計算表提出方(7.4.26)	29	4461
炭坑部鉱山部事業譲渡代清算結了(7.7.3)	29	4502
直島製煉所資本金及起業予算(7年)	29	4605
美唄鉄道会社資本金増加(9.9.22)	30	5253

6）銀行部

（明治）

小切手流通(27.4.16)	19	14
銀行部印章設定(28.10.9)	19	82
神戸支店経費銀行部ト区別(30.11.24)	19	225
銀行部元帳勘定科目(44.10.13)	21	1360

（大正）

銀行部当座借越金日歩変更(3.7.6)	23	2147
〃　元帳勘定科目増設(5.2.29)	25	2913
〃　元帳勘定科目改正(5.7.22)	25	3096
〃　当座預金利息変更(6.10.15)	28	3975
〃　勘定科目増設(6.10.29)	28	4030
〃　上海支店勘定科目増設(6.12.6)	28	4053
〃　当座預金利息変更(7.12.9)	29	4568
〃　元帳勘定科目増設(8.6.25)	30	4896
〃　元帳勘定科目増設(8.6.28)	30	4896

7）地所部

（大正）

新潟事務所振替貯金ニ加入(2.4.28)	22	1705
地所部勘定科目増設(2.11.8)	22	1830
大正3年度地所部納付金(3.12.31)	23	2296
新潟事務所元帳勘定科目中改正(4.12.27)	24	2687
地所部特別消却(4.12.31)	24	2696
〃　営業費細目増設(5.3.3)	25	2919
〃　勘定科目増設(5.3.6)	25	2921
新潟事務所肥料資金貸付(5.3.27)	25	2944
地所部納付金(5.12.26)	26	3365
〃　特別原価消却(5.12.28)	26	3372
大正5年度地所部損益計算	26	3510
地所部特別原価消却(6.12.31)	28	4084
地所課資金増額(7.12.18)	29	4569
〃　元帳勘定科目増設(8.11.15)	30	4952
地所部元帳勘定科目増設(10.10.8)	31	5589
〃　元帳勘定科目中廃止(15.5.25)	34	7141
〃　元帳勘定科目(15.6.1)	34	7143

（昭和）

〃　元帳勘定科目増設(2.8.20)	35	45
〃　資金増額(5.5.28)	35	391

8）臨時製鉄所建設部および三菱製鉄株式会社

（大正）

兼二浦製鉄所朝鮮銀行平壌支店ト取引開始(4.8.23)	24	2567
八幡製鉄所内製鉄所出張員諸費ニ係ル件(6.5.12)	27	3752
八幡製鉄所内製鉄所出張員小払準備金増額(6.5.12)	27	3752
臨時製鉄所建設部事業譲渡代金受入(6.11.19)	28	4013
元帳勘定科目改正(9.11.16)	30	5331
勘定科目増設及廃止(11.4.1)	31	5959
勘定科目廃止及新設(11.8.10)	31	5961
営業費勘定細目増設(12.10.25)	32	6385
元帳勘定科目増設(13.5.1)	33	6665
元帳勘定科目増設(15.6.28)	34	7269

（昭和）

製鉄会社清算事務(10.4.1)	37	1007

9）造船部

（明治）

項目	頁	番号
長崎造船所資本増額(29.12.17)	19	127
三菱造船所課税標準(30.1.9)	19	148
〃　決算(30.11.4)	19	218
造船奨励金下付(32.12.19)	20	364
艀船新造資金貸与(33.11.21)	20	442
神戸三菱造船所敷地等原価本社ニ移転外管理方等(39.11.17)	21	908
神戸造船所敷地地代改定(41.1.25)	21	1056
両造船所ニ係ル本社当座勘定ヲ造船所ニテ取扱(41.2.29)	21	1060
三菱造船所勘定科目改廃新設(42.9.14)	21	1183
神戸造船所原価明細表様式其他改定(42.10.1)	21	1184
神戸造船所勘定科目変更改定(42.10.1)	21	1184
三菱造船所職工弁償金引去金繰入方変更(43.2.16)	21	1225
神戸造船所勘定科目中廃止(43.10.1)	21	1259
造船部各場所元帳勘定科目(44.11.24)	21	1374

（大正）

項目	頁	番号
造船所勘定科目英訳其他(1.2.19)	22	1440
長崎造船所会計組織等研究(1.11.4)	22	1511
三菱造船所損益説明(1.12.31)	22	1547
神戸造船所損益説明(1.12.31)	22	1548
三菱造船所勘定科目小科目中増設(2.1.21)	22	1622
三菱造船所課税標準届(2.1.23)	22	1624
造船部元帳勘定科目増設(2.2.4)	22	1636
神戸三菱造船所資金及貸金増額(2.3.6)	22	1662
銀行部ト三菱造船所ト当座勘定開始(2.5.10)	22	1710
造船部勘定科目増設(2.8.18)	22	1774
両造船所繰越割掛費ヲ毎月整理方(2.12.1)	22	1862
三菱造船所営業費勘定小科目増設(2.12.12)	22	1872
神戸造船所営業費小科目増設(2.12.25)	22	1882
両造船所元帳勘定科目整理統一(2.12.29)	22	1887
両造船所割掛費賦課計算方(3.11.28)	23	2252
彦島造船所元帳勘定科目(3.12.9)	23	2263
〃　資本金其他(3.12.14)	23	2271
〃　課税標準届(4.1)	24	2429
〃　起業費並資本金(4.2.1)	24	2430
神戸三菱造船所長社宅地料徴収(4.5.11)	24	2501
造船所営業費勘定中小科目増設(4.5.11)	24	2501
神戸造船所元帳勘定科目増設(4.7.23)	24	2549
大正4年度長崎造船所固定資本ノ異動	24	2757
〃　神戸造船所固定財産異動	24	2762
彦島造船所営業税課税標準届(5.1.26)	25	2857
神戸長崎両造船所営業税課税標準届(5.1.31)	25	2863
神戸造船所海運倶楽部株式引受(5.6.1)	25	3032
〃　営業費勘定中研究費ナル小科目新設(5.7.22)	25	3098
両造船所「マシン・チャーヂ・システム」実施(5.11.17)	26	3234
長崎造船所へ補助貨現送(5.11.17)	26	3235
造船部ニ対スル貸金利息変更(5.12.11)	26	3291
彦島造船所勘定科目新設(5.12.21)	26	3337
造船部納付金(5.12.26)	26	3364
神戸造船所資金増額其他(5.12.29)	26	3415
大正5年度長崎造船所固定資金	26	3502
〃　長崎造船所損益説明	26	3502
〃　神戸造船所固定財産	26	3506
〃　神戸造船所損益説明	26	3506
〃　神戸造船所事業概況	26	3508
〃　彦島造船所利益	26	3509
神戸造船所資本金増額(6.1.6)	27	3582
長崎造船所十八銀行ト取引開始(6.1.13)	27	3586
長崎造船所ニ補助貨現送(6.2.15)	27	3619
造船部借入金利息変更(6.3.16)	27	3662
長崎兵器製作所銀行部其他ト取引開始(6.5.28)	27	3769
対造船部各場所取引勘定打切(6.9.6)	28	3920
長崎兵器製作所固定資産(6.10.10)	28	3967
長崎兵器製作所特別消却(6.10.24)	28	3982
新造船会社各場所資本金其他会計関係事項(6.10.25)	28	3984
彦島造船所特別消却(6.10.26)	28	3989

10) 三菱造船株式会社

(大正)

項目	頁	番号
各造船所「スモールマシン」買入委任ニ係ル件(6.11.22)	28	4192
元帳勘定科目増設(7.3.1)	29	4645
勘定科目増設(7.4.29)	29	4648
本店元帳勘定科目増設(7.5.21)	29	4649
本店元帳勘定科目増設(7.9.14)	29	4649
元帳勘定科目及営業費勘定細目改正(11.10.9)	31	5952
元帳勘定科目改正(11.11.22)	31	5954
元帳勘定科目改正(11.12.27)	31	5958
勘定科目増設(12.4.28)	32	6375
固定財産原価消却規定制定(12.5.1)	32	6375
勘定科目増設(12.7.7)	32	6380
勘定科目増設(12.9.26)	32	6383
勘定科目改正(12.11.12)	32	6383
勘定科目増設(13.1.15)	33	6661
勘定科目改正(13.4.30)	33	6661
勘定科目改正(13.5.1)	33	6661
元帳勘定科目改正(13.6.30)	33	6662
元帳勘定科目改正(13.10.29)	33	6663
勘定科目増設(13.12.1)	33	6663
勘定科目改正(13.12.23)	33	6663
勘定科目改正(14.7.18)	34	6983
勘定科目改正(14.8.25)	34	6983
勘定科目改正(14.10.29)	34	6984
勘定科目増設(15.8.26)	34	7265
各場所本店預金取扱方ノ件(15.9.11)	34	7266
勘定科目改正(15.10.21)	34	7267
勘定科目改正(15.12.31)	34	7267

(昭和)

項目	頁	番号
造船会社社債第四次償還(2.1.25)	35	4
〃 社債第五次償還(3.1.31)	35	124

11) 三菱内燃機製造株式会社

(大正)

項目	頁	番号
元帳勘定科目及営業費勘定細目設定(11.5.1)	31	5993
元帳勘定科目及営業費勘定細目変更(11.10.20)	31	5998
元帳勘定科目増設並廃止(12.4.28)	32	6421
元帳勘定科目増設並廃止(12.11.1)	32	6422
本店営業費勘定細目増設(13.1.8)	33	6711
固定財産原価消却規定制定(13.11.1)	33	6712
本店元帳勘定科目増設(14.1.14)	34	7007
勘定科目改訂並営業費勘定細目分割及増設(14.7.24)	34	7007
本店営業費勘定細目増設(14.10.28)	34	7009
本店及各場所元帳勘定科目増設並廃止(14.11.7)	34	7009
本店元帳勘定科目増設(15.10.30)	34	7289

12) 三菱重工業株式会社

(昭和)

項目		頁	番号
重工業会社未払込株金払込完了(9.6.6)		36	898
〃	株式売出(9.7.25)	36	909
〃	株式プレミアム提供(9.8.16)	36	914
〃	株式長期取引開始(10.5.1)	37	1010
〃	社債募集(13.3.1)	37	1416
〃	新株第二回払込完了(13.3.14)	37	1418
〃	新株第三回払込完了(14.5.1)	38	1529
〃	新株未払込株金払込完了(14.12.20)	38	1560
〃	社債第一次償還(15.9.14)	38	1671
〃	新株第二回払込完了(15.12.31)	38	1690
〃	社債第二次償還(16.3.15)	38	1768
〃	社債第三次償還(16.9.15)	38	1815
〃	新株未払込株金払込完了(17.2.25)	38	1914
〃	社債第四次償還(17.3.15)	38	1918
〃	社債第五次償還(17.9.15)	38	1956
〃	社債第六次償還(18.3.15)	39	2076
〃	社債第七次償還(18.9.15)	39	2122
〃	新株第二回払込完了(18.10.16)	39	2132
〃	社債第八次償還(19.3.15)	39	2241
〃	新株第三回払込完了(19.7.31)	39	2285
〃	社債第九次償還(19.9.15)	39	2293
〃	社債第十次償還(20.3.15)	40	2409
〃	新株未払込株金払込完了登記(20.6.19)	40	2435
〃	社債第十一次償還(20.9.15)	40	2467

財　務　・　会　計　　　　　　　　　　　　　　　　　　　　83

13) 三菱電機株式会社

(大正)

項目	巻	頁
元帳勘定科目及営業費勘定細目設定(11.10.16)	31	6000
本店元帳勘定科目改正(11.12.27)	31	6002
神戸製作所元帳勘定科目改正(11.12.27)	31	6002
三菱電機会社第3回払込(12.11.1)	32	6199
〃　　第4回払込(12.12.15)	32	6216
元帳勘定科目改正(12.3.21)	32	6423
元帳勘定科目改正(12.3.27)	32	6423
固定財産原価消却規定制定(12.5.1)	32	6423
元帳勘定科目改正(12.6.12)	32	6424
元帳勘定科目増設(13.2.29)	33	6713
元帳勘定科目増設並ニ改定(13.11.6)	33	6715
元帳勘定科目増設(14.4.18)	34	7011
元帳勘定科目増設(14.7.4)	34	7011
元帳勘定科目改廃(14.10.23)	34	7012
元帳勘定科目改廃(14.12.4)	34	7012
元帳勘定科目改廃(15.5.31)	34	7291
元帳勘定科目改廃(15.11.5)	34	7291

(昭和)

項目	巻	頁
電機会社未払込株金払込完了(9.12.5)	36	923
〃　新株第2回払込完了(13.8.2)	37	1440
〃　新株未払込株金払込完了(14.3.25)	38	1523
〃　株式長期取引開始(14.6.19)	38	1532
〃　新株未払込株金払込徴収(17.4.1)	38	1925
〃　新株未払込株金払込登記(19.6.19)	39	2276

14) 三菱商事株式会社

(大正)

項目	巻	頁
勘定科目増設(7.5.11)	29	4664
元帳勘定科目増設(8.1.11)	30	5003
横浜出張所会計整理ノ件(8.3.27)	30	5008
元帳勘定科目増設(8.7.3)	30	5010
元帳勘定科目増設(8.7.5)	30	5010
北京支店経費負担方(9.9.1)	30	5248
元帳勘定科目増設(9.4.28)	30	5347
元帳勘定科目及営業費勘定細目変更並実施(9.7.22)	30	5349

(昭和)

項目	巻	頁
信用限度伺出手続改正其他(4.9.13)	35	269
営業費節約ニ関シ通知(4.10.9)	35	274
手形切替又ハ支払猶予ノ際ノ取扱方通知(5.2.18)	35	379
是松準一ヘノ貸金打切(9.12.20)	36	923
日魯漁業会社ヘ融資(10.1.24)	37	997
日本合同工船会社株式譲渡(11.3.27)	37	1137
日魯漁業会社其他ヘ融資(12.4.22)	37	1266
新株第2回払込完了(12.4.28)	37	1270
新株未払込株金払込完了(12.8.27)	37	1293
株式分譲(13.7.16)	37	1438
株式公開ニ関シ通知(13.9.2)	37	1442
日魯漁業会社ヘ融資(13.9.22)	37	1443
日本鋼材販売会社株式引受(14.2.23)	38	1519
日魯漁業会社及太平洋漁業会社ヘ融資(14.4.27)	38	1528
東亜燃料工業会社株式引受(14.6.22)	38	1532
第2回増資ニ際シ通知(14.9.9)	38	1541
石油共販会社株式引受(14.9.26)	38	1542
日魯漁業会社及太平洋漁業会社ヘ融資(15.6.26)	38	1656
信用限度事務改正(18.5.22)	39	2091
日本穀産工業会社株式取得(18.10.21)	39	2133
新株第2回払込徴収(20.4.1)	40	2418

15) 三菱鉱業株式会社

(大正)

項目	巻	頁
三菱鉱業株式会社株式売出(9.3.17)	30	5165
〃　　株式正員准員ニ分譲(9.3.22)	30	5169
三菱鉱業会社株式分譲ニ係ル件(9.6.1)	30	5220
資本金増加(9.9.28)	30	5359
三菱鉱業会社株式定期取引売買開始(10.5.2)	31	5529
〃　株式ニ対スル配当辞退(11.5.1)	31	5844
〃　株式ニ対スル配当辞退(11.11.20)	31	5913
元帳勘定科目及営業費勘定細目改正(11.10.13)	31	5981
三菱鉱業会社株式配当辞退(12.4.25)	32	6143
〃　株式配当辞退(12.10.25)	32	6196
〃　株式配当辞退(13.6.2)	33	6577
〃　株式配当辞退(13.10.25)	33	6615
〃　株式配当辞退(14.5.15)	34	6876
〃　株式配当辞退(15.5.5)	34	7138
〃　ヘ移管シタル鉱業ニ関スル債権ニ係ル件(15.7.3)	34	7168

(昭和)

項目	巻	頁
鉱業会社旧株式分譲(3.12.3)	35	162
〃　新株第2回払込完了(10.6.10)	37	1014
〃　株式長期清算取引開始(10.6.19)	37	1017
〃　社債募集(12.5.27)	37	1283
〃　新株第3回払込完了(12.8.19)	37	1293
〃　帝国燃料興業会社株式引受(12.10.11)	37	1304
〃　新株未払込株金払込完了(13.9.26)	37	1443

〃 新株第2回払込完了(14.11.20)	38	1554	
〃 社債一部償還(15.12.14)	38	1688	
〃 新株第3回及第2新株第2回払込完了(16.2.10)	38	1766	
〃 社債一部償還(16.6.14)	38	1789	
〃 担保附社債募集決定(16.11.28)	38	1829	
〃 社債一部償還(16.12.15)	38	1832	
〃 物上担保附社債発行(17.1.30)	38	1907	
〃 社債物上担保附ニ変更(17.2.10)	38	1913	
〃 新株及第2新株未払込株金払込完了(17.2.23)	38	1914	
〃 社債一部償還(17.6.15)	38	1939	
〃 社債一部償還(17.12.15)	38	1973	
〃 社債一部償還(18.6.15)	39	2100	
〃 社債一部償還(18.12.15)	39	2144	
〃 社債一部償還(19.9.25)	39	2294	
〃 社債一部償還(20.3.15)	40	2409	
〃 社債一部償還(20.5.15)	40	2429	
〃 社債一部償還(20.6.15)	40	2435	
〃 社債一部償還(20.10.3)	40	2473	
〃 社債一部償還(20.12.21)	40	2526	
〃 社債一部償還(21.2.29)	40	2618	
〃 社債一部償還(21.6.10)	40	2640	

16) 三菱倉庫株式会社

（大正）

勘定科目増設(9.2.12)	30	5333
元帳勘定科目流用及増設(9.7.26)	30	5335
本店営業費勘定細目増設(9.12.28)	30	5335
三菱倉庫会社株金払込(10.2.1)	31	5655
菱華倉庫会社株金払込(10.2.4)	31	5655
元帳勘定科目増設(10.12.31)	31	5656
元帳勘定科目改廃(11.4.1)	31	5963
元帳勘定科目増設(12.12.29)	32	6392
元帳勘定科目増設(13.5.6)	33	6667
原価消却規定制定(13.6.30)	33	6668
元帳勘定科目改正(13.10.14)	33	6670
支店元帳勘定科目増設(15.1.12)	34	7271
本支店元帳勘定科目並本店営業費勘定細目改訂増補(15.5.28)	34	7271

（昭和）

社債募集(3.7.7)	35	145
社債一部償還(7.1.9)	36	633
社債一部償還(7.7.9)	36	667
社債一部償還(8.1.10)	36	759
社債一部償還(8.7.10)	36	781
社債一部償還(9.1.10)	36	867
社債一部償還(9.7.10)	36	908
社債一部償還(10.1.10)	37	997
社債一部償還(10.7.10)	37	1020
社債一部償還(11.1.10)	37	1121
社債一部償還(11.7.10)	37	1153
社債残額償還(12.1.9)	37	1253

17) 三菱海上火災保険株式会社

（大正）

営業費勘定細目改正(11.10.23)	31	5987
勘定科目増設(13.12.23)	33	6704

（昭和）

保険会社未払込株金払込完了(8.4.18)	36	767

18) 株式会社三菱銀行

（大正）

勘定科目増設(8.10.25)	30	5029
勘定科目増設(9.1.22)	30	5366
勘定科目増設(9.3.13)	30	5366
元帳勘定科目増設(9.7.5)	30	5368
元帳勘定科目増設(9.9.29)	30	5368
勘定科目新設(9.12.24)	30	5368
三菱銀行通知預金外預金利息変更(10.8.2)	31	5568
元帳勘定科目改正(12.3.31)	32	6417
元帳勘定科目追加(12.5.12)	32	6419
元帳勘定科目改正(12.6.21)	32	6419
元帳勘定科目増設(13.3.10)	33	6707
総勘定元帳勘定科目増設(13.6.25)	33	6708
総勘定元帳勘定科目中変更(14.1.28)	34	7003
総勘定元帳勘定科目新設(14.6.18)	34	7004
総勘定元帳勘定科目新設並廃止(14.8.28)	34	7005
総勘定元帳勘定科目新設(15.3.25)	34	7287
総勘定元帳勘定科目中改正(15.5.12)	34	7288

（昭和）

銀行株式分譲通知(3.12.3)	35	162
銀行及鉱業会社株式分譲手続決定(3.12.8)	35	163
銀行未払込株金払込完了(4.2.15)	35	239
銀行新株第1回払込金並額面超過金払込完了(4.6.1)	35	257

19) 三菱石油株式会社

(昭和)

石油会社株金第2回払込完了(6.4.23)	36	518
石油会社株金第3回払込完了(6.8.28)	36	531

20) 日本タール工業株式会社および日本化成工業株式会社

(昭和)

日本タール工業会社未払込株金払込完了(11.6.15)	37	1147
日本化成工業会社新株未払込株金払込完了(12.9.1)	37	1295
日本化成工業会社新株未払込株金払込完了(18.7.29)	39	2111

21) 三菱地所株式会社

(昭和)

地所会社株金第2回払込完了(15.1.20)	38	1622
地所会社外決算及利益金処分案審議延期(20.11.8)	40	2508

22) 三菱鋼材株式会社および三菱製鋼株式会社

(昭和)

鋼材会社新株第2回払込登記(17.6.27)	38	1943
鋼材会社新株未払込株金払込登記(17.10.3)	38	1960
製鋼会社新株未払込株金払込完了(19.8.8)	39	2289

8. 損益・財務諸表

1）創業時代・郵便汽船三菱会社および三菱社

(明治)

9年度営業成績	3	617
〃 船税	3	648
〃 各船航海里数	3	651
〃 各船経費勘定	3	653
〃 陸費勘定	3	658
〃 運賃御用船雑収入勘定	3	661
〃 助成金勘定	3	667
10年度営業成績	4	581
〃 各船経費勘定	4	611
〃 陸費勘定	4	617
〃 各船運賃勘定	4	619
〃 御用船収納雑収入勘定	4	624
〃 助成金勘定	4	627
〃 各船減価勘定	4	628
〃 雑	4	633
11年度営業成績	6	709
〃 各船経費勘定	6	730
〃 陸費勘定	6	737
〃 各船運賃勘定	6	739
〃 助成金勘定	6	750
〃 各船減価勘定	6	751
〃 雑	6	760
12年度営業成績	7	556
〃 各船経費勘定	7	582
〃 陸費勘定	7	588
〃 各船運賃勘定	7	591
〃 助成金勘定	7	602
〃 各船減価勘定	7	603
〃 雑	7	611
13年度営業成績	8	597
〃 各船経費勘定	8	642
〃 陸費勘定	8	648
〃 各船減価勘定	8	651
〃 各船運賃勘定	8	659
〃 助成金勘定	8	669
〃 雑	8	670
14年度営業成績	9	398
〃 各船経費勘定	9	427
〃 陸費勘定	9	435
〃 各船運賃勘定	9	438
〃 各船減価勘定	9	449
〃 助成金勘定	9	457
〃 雑	9	458
15年度営業成績	10	502
〃 各船経費勘定	10	525
〃 陸費勘定	10	530
〃 運賃勘定	10	534
〃 各船減価勘定	10	550
〃 助成金勘定	10	552
〃 雑	10	553
16年度営業成績	11	209
〃 各船経費勘定	11	236
〃 陸費勘定	11	255
〃 運賃勘定	11	262
〃 各船減価勘定	11	295
〃 助成金勘定	11	314
〃 雑	11	315
17年度営業成績	12	395
〃 各船経費勘定	12	422
〃 陸費勘定	12	444
〃 運賃勘定	12	452
〃 各船減価勘定	12	499
〃 助成金勘定	12	515
〃 雑	12	516
18年度営業成績	14	641
〃 各般経費勘定	14	687
〃 陸費勘定	14	694
〃 運賃勘定	14	704
〃 助成金勘定	14	728
〃 雑	14	729

2）三菱合資会社

(明治)

三菱合資会社財産目録表(27.1.1)	19	39
三菱合資会社貸借対照表(27.12.31)	19	40
三菱合資会社損益勘定表(27年)	19	42
三菱合資会社財産目録表(27年)	19	44
三菱合資会社貸借対照表(28.12.31)	19	93
三菱合資会社損益勘定表(28.12.31)	19	96
三菱合資会社貸借対照表(29.12.31)	19	129
三菱合資会社損益勘定表(29.12.31)	19	132
三菱合資会社貸借対照表(30.12.31)	19	237
三菱合資会社損益勘定表(30.12.31)	19	241
三菱合資会社貸借対照表(31.12.31)	19	293
三菱合資会社損益勘定表(31.12.31)	19	297
三菱合資会社貸借対照表(32.12.31)	20	369
三菱合資会社損益勘定表(32.12.31)	20	373
三菱合資会社貸借対照表(33.12.31)	20	451
三菱合資会社損益勘定表(33.12.31)	20	455

三菱合資会社貸借対照表(34.12.31)	20	527
三菱合資会社損益勘定表(34.12.31)	20	531
三菱合資会社貸借対照表(35.12.31)	20	601
三菱合資会社損益勘定表(35.12.31)	20	605
三菱合資会社貸借対照表(36.12.31)	20	665
三菱合資会社損益勘定表(36.12.31)	20	669
三菱合資会社貸借対照表(37.12.31)	20	745
三菱合資会社損益勘定表(37.12.31)	20	748
三菱合資会社貸借対照表(38.12.31)	20	841
三菱合資会社損益勘定表(38.12.31)	20	845
三菱合資会社貸借対照表(39.12.31)	21	925
三菱合資会社損益勘定表(39.12.31)	21	929
三菱合資会社貸借対照表(40.12.31)	21	1025
三菱合資会社損益勘定表(40.12.31)	21	1029
三菱合資会社貸借対照表(41.12.31)	21	1117
三菱合資会社損益勘定表(41.12.31)	21	1119
三菱合資会社貸借対照表(42.12.31)	21	1199
三菱合資会社損益勘定表(42.12.31)	21	1201
三菱合資会社貸借対照表(43.12.31)	21	1277
三菱合資会社損益勘定表(43.12.31)	21	1279
三菱合資会社貸借対照表(44.12.31)	21	1393
三菱合資会社損益勘定表(44.12.31)	21	1395
三菱合資会社財産目録(資産之部)(44.12.31)	21	1396
三菱合資会社財産目録(負債之部)(44.12.31)	21	1400
(大正)		
三菱合資会社貸借対照表(1.12.31)	22	1555
三菱合資会社損益勘定表(1.12.31)	22	1557
三菱合資会社財産目録(資産之部)(1.12.31)	22	1564
三菱合資会社財産目録(負債之部)(1.12.31)	22	1568
大正元年度第1種所得額府県別表	22	1569
三菱合資会社本社貸借対照表(2.12.31)	22	1941
三菱合資会社本社損益勘定表(2.12.31)	22	1943
三菱合資会社本社財産目録(資産之部)(2.12.31)	22	1951
三菱合資会社本社財産目録(負債之部)(2.12.31)	22	1954
大正2年度会社所得額府県別表	22	1955
大正3年度第1種所得金額府県別明細表	23	2377
三菱合資会社貸借対照表(3.12.31)	23	2361
三菱合資会社損益勘定表(3.12.31)	23	2363
三菱合資会社本社財産目録(資産之部)(3.12.31)	23	2372
三菱合資会社本社財産目録(負債之部)(3.12.31)	23	2375
三菱合資会社本社貸借対照表(4.12.31)	24	2771
三菱合資会社本社損益勘定表(4.12.31)	24	2773
三菱合資会社本社財産目録(資産之部)(4.12.31)	24	2782
三菱合資会社本社財産目録(負債之部)(4.12.31)	24	2785
大正4年度自1月至12月第一種所得金額府県別明細表	24	2787
三菱合資会社本社貸借対照表(5.12.31)	26	3513
三菱合資会社本社損益勘定表(5.12.31)	26	3515
三菱合資会社本社財産目録(資産之部)(5.12.31)	26	3525
三菱合資会社本社財産目録(負債之部)(5.12.31)	26	3528
大正5年度自1月至12月第1種所得明細表	26	3530
三菱合資会社本社貸借対照表(6.12.31)	28	4197
三菱合資会社本社損益勘定表(6.12.31)	28	4199
三菱合資会社本社財産目録(資産之部)(6.12.31)	28	4207
三菱合資会社本社財産目録(負債之部)(6.12.31)	28	4210
大正6年度自1月至12月第1種所得明細表	28	4222
大正6年度会社所得届(7.6.22)	29	4499
三菱合資会社本社貸借対照表(7.12.31)	29	4677
三菱合資会社本社損益勘定表(7.12.31)	29	4679
三菱合資会社本社財産目録(資産之部)(7.12.31)	29	4682
三菱合資会社本社財産目録(負債之部)(7.12.31)	29	4684
三菱合資会社本社有価証券明細表(7.12.31)	29	4686
大正7年度自1月至12月第1種所得明細表	29	4739
三菱合資会社本社貸借対照表(8.12.31)	30	5031
三菱合資会社本社損益勘定表(8.12.31)	30	5033
三菱合資会社本社財産目録(資産之部)(8.12.31)	30	5035
三菱合資会社本社財産目録(負債之部)(8.12.31)	30	5037
三菱合資会社本社有価証券明細表(8.12.31)	30	5039
三菱合資会社本社支払未決算勘定明細表(8.12.31)	30	5042
三菱合資会社本社貸借対照表(9.12.31)	30	5371
三菱合資会社本社損益勘定表(9.12.31)	30	5373
三菱合資会社本社財産目録(資産之部)(9.12.31)	30	5374
三菱合資会社本社財産目録(負債之部)(9.12.31)	30	5377
三菱合資会社本社有価証券明細表(9年)	30	5378
三菱合資会社本社支払未決算勘定明細表(9年)	30	5382
大正9年度自1月至12月第1種所得表	30	5385
大正9年度自1月至12月第1種所得明細表	30	5385
三菱合資会社本社貸借対照表(10.12.31)	31	5687
三菱合資会社本社損益勘定表(10.12.31)	31	5689
三菱合資会社本社財産目録(資産之部)(10.12.31)	31	5690
三菱合資会社本社財産目録(負債之部)(10.12.31)	31	5693
三菱合資会社本社有価証券明細表(10.11.31)	31	5695
三菱合資会社本社支払未決算勘定明細表(10.11.31)	31	5699

項目	巻	頁
大正10年度自1月至12月第1種所得明細表	31	5703
三菱合資会社本社貸借対照表(11.12.31)	31	6007
三菱合資会社本社損益勘定表(11.12.31)	31	6009
三菱合資会社本社財産目録(資産之部)(11.12.31)	31	6010
三菱合資会社本社財産目録(負債之部)(11.12.31)	31	6012
三菱合資会社本社有価証券明細表(11.12.31)	31	6014
大正11年度自1月至12月第1種所得明細表	31	6020
三菱合資会社本社貸借対照表(12.12.31)	32	6427
三菱合資会社本社損益勘定表(12.12.31)	32	6429
三菱合資会社本社財産目録(資産之部)(12.12.31)	32	6431
三菱合資会社本社財産目録(負債之部)(12.12.31)	32	6434
三菱合資会社本社有価証券明細表(12.12.31)	32	6436
大正12年度自1月至12月第1種所得明細表	32	6441
三菱合資会社本社貸借対照表(13.12.31)	33	6717
三菱合資会社損益勘定表(13.12.31)	33	6719
三菱合資会社本社財産目録(資産之部)(13.12.31)	33	6721
三菱合資会社本社財産目録(負債之部)(13.12.31)	33	6724
三菱合資会社本社有価証券明細表(13.12.31)	33	6726
大正13年度自1月至12月訂正第1種所得明細表	33	6732
三菱合資会社本社貸借対照表(14.12.31)	34	7013
三菱合資会社本社損益勘定表(14.12.31)	34	7015
三菱合資会社本社財産目録(資産之部)(14.12.31)	34	7017
三菱合資会社本社財産目録(負債之部)(14.12.31)	34	7020
三菱合資会社本社有価証券明細表(14.12.31)	34	7022
大正14年度自1月至12月第1種所得明細表	34	7028
三菱合資会社本社貸借対照表(15.12.31)	34	7293
三菱合資会社本社損益勘定表(15.12.31)	34	7296
三菱合資会社本社財産目録(資産之部)(15.12.31)	34	7297
三菱合資会社本社財産目録(負債之部)(15.12.31)	34	7299
三菱合資会社本社有価証券明細表(15.12.31)	34	7301
大正15年昭和元年度自1月至12月総普通所得明細表	34	7307

(昭和)

項目	巻	頁
昭和2年度自1月至12月第1種所得明細表	35	63
三菱合資会社本社貸借対照表(2年)	35	77
三菱合資会社本社財産目録(2年)	35	78
三菱合資会社本社損益勘定表(2年)	35	80
三菱合資会社本社有価証券明細表(2年)	35	81
昭和2年度各社損益,配当率並株主数	35	96
昭和3年度自1月至12月第1種所得明細表	35	175
三菱合資会社本社貸借対照表(3年)	35	187
三菱合資会社本社財産目録(3年)	35	188
三菱合資会社本社損益勘定表(3年)	35	190
三菱合資会社本社有価証券明細表(3年)	35	191
昭和3年度各社損益,配当率並株主数	35	207
昭和4年度自1月至12月第1種所得明細表	35	308
三菱合資会社本社貸借対照表(4年)	35	319
三菱合資会社本社財産目録(4年)	35	320
三菱合資会社本社損益勘定表(4年)	35	322
三菱合資会社本社有価証券明細表(4年)	35	324
昭和4年度各社損益,配当率並株主数	35	340
昭和5年度自1月至12月第1種所得明細表	35	429
三菱合資会社本社貸借対照表(5年)	35	441
三菱合資会社本社財産目録(5年)	35	442
三菱合資会社本社損益勘定表(5年)	35	444
三菱合資会社本社有価証券明細表(5年)	35	445
昭和5年度各社損益,配当率並株主数	35	461
三菱合資会社本社貸借対照表(6年)	36	579
三菱合資会社本社財産目録(6年)	36	580
三菱合資会社本社損益勘定表(6年)	36	581
三菱合資会社本社有価証券明細表(6年)	36	581
昭和6年度各社損益,配当率並株主数	36	599
三菱合資会社本社貸借対照表(7年)	36	708
三菱合資会社本社財産目録(7年)	36	709
三菱合資会社本社有価証券明細表(7年)	36	710
昭和7年度各社損益,配当率並株主数	36	726
三菱合資会社本社貸借対照表(8年)	36	816
三菱合資会社本社財産目録(8年)	36	817
三菱合資会社本社有価証券明細表	36	818
昭和8年度各社損益,配当率並株主数(8年)	36	835
三菱合資会社本社貸借対照表(9年)	36	948
三菱合資会社本社財産目録(9年)	36	949
三菱合資会社本社有価証券明細表(9年)	36	950
昭和9年度各社損益,配当率並株主数	36	967
三菱合資会社本社貸借対照表(10年)	37	1066
三菱合資会社本社財産目録(10年)	37	1067
三菱合資会社本社損益勘定表(10年)	37	1068
三菱合資会社本社有価証券明細表(10年)	37	1069
昭和10年度各社損益,配当率並株主数	37	1084
三菱合資会社本社貸借対照表(11年)	37	1196
三菱合資会社本社財産目録(11年)	37	1197
三菱合資会社本社損益勘定表(11年)	37	1198
三菱合資会社本社有価証券明細表(11年)	37	1199
昭和11年度各社損益,配当率並株主数	37	1215

3）株式会社三菱社および三菱本社

(昭和)

項目	巻	頁
株式会社三菱社概況(12年)	37	1324
株式会社三菱社貸借対照表(12年)	37	1340
株式会社三菱社財産目録(12年)	37	1341
株式会社三菱社損益計算書(12年)	37	1342
株式会社三菱社有価証券明細表(12年)	37	1343
昭和12年度本社及各社損益，配当率並株主数	37	1361
株式会社三菱社概況(13年)	37	1458
株式会社三菱社貸借対照表(13年)	37	1471
株式会社三菱社財産目録(13年)	37	1472
株式会社三菱社損益計算書(13年)	37	1473
株式会社三菱社有価証券明細表(13年)	37	1474
昭和13年度本社及各社損益，配当率並株主数	37	1492
株式会社三菱社概況(14年)	38	1567
株式会社三菱社貸借対照表(14年)	38	1577
株式会社三菱社財産目録(14年)	38	1578
株式会社三菱社損益計算書(14年)	38	1579
株式会社三菱社有価証券明細表(14年)	38	1580
昭和14年度本社及各社損益，配当率並株主数	38	1598
株式会社三菱社概況(15年)	38	1692
株式会社三菱社貸借対照表(15年)	38	1703
株式会社三菱社財産目録(15年)	38	1704
株式会社三菱社損益計算書(15年)	38	1705
株式会社三菱社有価証券明細表(15年)	38	1706
昭和15年度本社及各社損益，配当率並株主数	38	1724
三菱社昭和15年下期事業概況其他報告(16.2.5)	38	1762
三菱社昭和16年上期事業概況其他報告(16.8.2)	38	1801
株式会社三菱社概況(16年)	38	1840
株式会社三菱社貸借対照表(16年)	38	1852
株式会社三菱社財産目録(16年)	38	1853
株式会社三菱社損益計算書(16年)	38	1854
株式会社三菱社有価証券明細表(16年)	38	1855
昭和16年度本社及各社損益，配当率並株主数	38	1874
三菱社昭和16年下期事業概況其他報告(17.2.5)	38	1911
三菱社昭和17年上期事業概況其他報告(17.8.5)	38	1947
株式会社三菱社概況(17年)	38	1984
株式会社三菱社貸借対照表(17年)	38	1997
株式会社三菱社財産目録(17年)	38	1998
株式会社三菱社損益計算書(17年)	38	1999
株式会社三菱社有価証券明細表(17年)	38	2000
昭和17年度本社及各社損益，配当率並株主数	38	2021
三菱社昭和17年下期事業概況其他報告(18.2.8)	39	2061
三菱本社自昭和18年1月至昭和18年3月事業概況其他報告(18.5.1)	39	2089
三菱本社昭和18年上期事業概況其他報告(18.11.1)	39	2134
株式会社三菱本社概況(18年)	39	2154
株式会社三菱本社貸借対照表(18年)	39	2166
株式会社三菱本社財産目録(18年)	39	2167
株式会社三菱本社損益計算書(18年)	39	2168
株式会社三菱本社有価証券明細表(18年)	39	2170
昭和18年度本社及各社損益，配当率並株主数(18年)	39	2189
三菱本社昭和18年下期事業概況其他報告(19.5.1)	39	2262
三菱本社昭和19年上期事業概況其他報告(19.11.1)	39	2300
株式会社三菱本社概況(19年)	39	2328
株式会社三菱本社貸借対照表(19年)	39	2338
株式会社三菱本社財産目録(19年)	39	2339
株式会社三菱本社損益計算書(19年)	39	2340
株式会社三菱本社有価証券明細表(19年)	39	2341
昭和19年度本社及各社損益，配当率並株主数	39	2360
三菱本社昭和19年下期事業概況其他報告(20.5.1)	40	2426
株式会社三菱本社概況(20年)	40	2530
株式会社三菱本社貸借対照表(20年)	40	2540
株式会社三菱本社財産目録(20年)	40	2541
株式会社三菱本社損益計算書(20年)	40	2542
株式会社三菱本社有価証券明細表(20年)	40	2543
昭和20年度本社及各社損益，配当率並株主数(20年)	40	2563
三菱本社昭和20年下期概況其他報告(21.5.28)	40	2637
株式会社三菱本社概況(21年)	40	2662
株式会社三菱本社貸借対照表(21年)	40	2669
株式会社三菱本社財産目録(21年)	40	2669
株式会社三菱本社損益計算書(21年)	40	2670
昭和21年度本社及各社損益，配当率並株主数(21年)	40	2682

4) 売炭部・営業部

(大正)

大正2年東京支店損益説明		22	1925
〃	名古屋出張所営業成績	22	1926
〃	大阪支店損益説明	22	1927
〃	神戸支店損益説明	22	1928
〃	若松支店損益説明	22	1930
〃	門司支店損益説明	22	1930
〃	唐津支店損益説明	22	1932
〃	長崎支店損益説明	22	1933
〃	小樽支店損益説明	22	1934
〃	上海支店損益説明	22	1935
〃	香港支店損益説明	22	1937
〃	漢口支店営業状況	22	1937
大正3年度東京支店損益計算説明		23	2331
〃	名古屋出張所営業成績	23	2331
〃	大阪支店損益計算説明	23	2332
〃	神戸支店売銅状況並損益説明	23	2332
〃	門司支店売炭状況並損益説明，呉出張所収支	23	2334
〃	若松支店営業成績並損益説明	23	2336
〃	長崎支店売炭概況並損益説明	23	2338
〃	唐津支店営業概況並損益説明	23	2341
〃	小樽支店損益説明其他	23	2341
〃	上海支店営業概況並損益説明	23	2343
〃	漢口支店営業状況	23	2344
〃	香港支店売炭状況並損益説明	23	2346
大正4年度東京支店損益計算説明		24	2722
〃	名古屋出張所営業成績	24	2723
〃	若松支店及骸炭製造所損益説明其他	24	2730
〃	長崎支店損益説明	24	2732
〃	唐津支店損益説明	24	2735
〃	唐津支店営業概況	24	2735
〃	門司支店損益説明	24	2736
〃	門司支店売炭状況	24	2738
〃	門司支店送炭概況及運賃	24	2740
〃	呉出張所損益説明	24	2741
〃	呉出張所売炭状況	24	2743
〃	小樽支店損益説明	24	2747
〃	小樽支店売炭概況	24	2749
〃	上海支店損益説明	24	2750
〃	香港支店損益説明	24	2752
〃	香港支店売炭状況	24	2753
大正5年度東京支店損益説明		26	3475
〃	名古屋支店営業成績	26	3476
〃	大阪支店損益説明	26	3477
〃	神戸支店損益説明	26	3478
〃	門司支店損益説明	26	3483
〃	若松支店損益説明	26	3488
〃	長崎支店損益説明	26	3489
〃	唐津支店損益説明	26	3491
〃	小樽支店損益説明	26	3494
〃	上海支店損益説明	26	3495
〃	香港支店損益説明	26	3497
大正5年度東洋課損益勘定表(5.12.31)		26	3523
倫敦支店大正5年度損金通知(6.2.2)		27	3606
大正6年度東京支店売炭及損益		28	4142
〃	小樽支店売炭及損益	28	4144
〃	名古屋支店売炭	28	4147
〃	門司支店石炭取扱高	28	4153
〃	若松支店売炭及損益	28	4153
〃	呉出張所売炭	28	4155
〃	長崎支店売炭及損益	28	4156
〃	唐津支店売炭及損益	28	4158
〃	上海支店損益	28	4159
〃	漢口支店売炭	28	4160
〃	香港支店損益及炭況	28	4160
〃	大連出張員事務所損益	28	4161
大正7年自1月至4月東京支店損益		29	4626
〃	自1月至4月小樽支店損益	29	4627
〃	自1月至4月若松支店損益其他	29	4633
〃	自1月至4月上海支店損益	29	4635
〃	自1月至4月上海支店売炭其他	29	4636
大正7年自1月至4月香港支店売炭状況		29	4637
〃	自1月至4月香港支店損益	29	4637
〃	自1月至4月新嘉坡出張所事業及損益	29	4640

5) 鉱山部・炭坑部

（明治）

吉岡鉱山損益計算書(27.10.26)	19	31
黒森鉱山事業報告(32.1.27)	20	311
黒森鉱山事業報告(32.7.20)	20	341
高島炭坑出炭量報告(36.12.5)	20	660
明治41年度鉱業部損益明細表	21	1120
明治42年度本社鉱業部損益決算表	21	1203
黒森鉱山鉱業報告(43.7.23)	21	1248
明治43年度三菱合資会社鉱業部損益決算表	21	1281
黒森鉱山鉱業報告(44.7.19)	21	1335
本社鉱山部損益勘定表(44.12.31)	21	1402

（大正）

大正元年度鉱山部損益勘定表(1.12.31)	21	1559
大正2年鉱山部各場所起業予算及支出	22	1898
〃　鉱山部損益	22	1898
〃　吉岡鉱山資本金及収支並支出概況	22	1900
〃　面谷鉱山資本金及損益説明其他	22	1901
〃　尾去沢鉱山損益説明	22	1902
〃　槇峰鉱山概況及損益説明	22	1903
〃　荒川鉱山資本金及損益説明	22	1905
〃　佐渡鉱山概況	22	1907
〃　生野鉱山資本金及損益説明其他	22	1908
〃　宝鉱山資本金及損益説明	22	1910
〃　富来鉱山資本金及損益説明	22	1911
〃　高取鉱山重石販売概況及損益説明	22	1912
高根鉱山引継後改良工事概況及大正2年損益説明	22	1913
大正2年度大阪製煉所損益説明	22	1914
〃　炭坑部損益	22	1915
〃　炭坑部起業費予算及起業費支出	22	1917
大正2年度鉱山部損益勘定表(2.12.31)	22	1945
〃　炭坑部損益勘定表(2.12.31)	22	1946
黒森鉱山報告(3.1.21)	23	2003
大正3年度吉岡鉱山資本金及収支損益説明其他	23	2304
〃　面谷鉱山資本金及収支損益説明	23	2305
〃　槇峰鉱山資本金及収支損益説明	23	2305
〃　荒川鉱山資本金及収支損益説明	23	2306
〃　鉱山部資金及損益説明	23	2301
〃　鉱山部各場所起業予算及起業費支出説明	23	2303
〃　生野鉱山資本金及収支損益説明	23	2307
〃　宝鉱山資本金及収支損益説明	23	2309
〃　富来鉱山資本金及収支損益説明	23	2309
〃　高取鉱山資本金及損益説明	23	2310
〃　高根鉱山資本金及収支損益説明	23	2311
〃　奥山鉱山資本金及収支損益説明	23	2312
〃　大阪製煉所損益説明	23	2312
〃　兼二浦鉱山事業概況	23	2313
〃　炭坑部起業予算及支出並資本金損益説明	23	2316
〃　相知炭坑事業概況，資本金並損益説明	23	2319
〃　芳谷炭坑産炭及損益説明	23	2321
〃　牧山骸炭製造所損益説明	23	2338
〃　鉱山部損益勘定表(3.12.31)	23	2364
〃　炭坑部損益勘定表(3.12.31)	23	2366
鉱山部繰越金ト純益金納付方(4.12.27)	24	2687
炭坑部繰越金ト純益金納付方(4.12.27)	24	2687
大正4年度鉱山部損益説明	24	2701
〃　吉岡鉱山資本金及損益説明	24	2703
〃　面谷鉱山資本金及損益説明其他	24	2704
〃　槇峰鉱山資本金及損益説明	24	2705
〃　荒川鉱山資本金及損益説明及寄附	24	2705
〃　日三市支山資本金及損益説明	24	2706
〃　綱取支山資本金及損益説明	24	2706
〃　生野鉱山資本金及損益説明	24	2707
〃　宝鉱山資本金及損益説明	24	2707
〃　富来鉱山資本金及損益説明	24	2708
〃　高取鉱山資本金，損益説明及重石鉱販売概況	24	2708
〃　奥山鉱山資本金及損益説明	24	2709
〃　高根鉱山資本金及損益説明	24	2709
〃　龍川鉱山収支説明	24	2710
〃　大阪製煉所損益説明	24	2710
〃　炭坑部損益金	24	2711
〃　各炭坑資本金	24	2713
〃　鉱山部損益勘定表(4.12.31)	24	2775
〃　炭坑部損益勘定表(4.12.31)	24	2777
各鉱山製煉所大正6年度起業費(5.12.26)	26	3359
大正5年度各鉱山起業	26	3428
〃　鉱山部損益説明	26	3430
〃　吉岡鉱山資本金及損益説明	26	3432
〃　面谷鉱山資本金及損益説明	26	3433
〃　槇峰鉱山資本金及損益説明	26	3434
〃　尾去沢鉱山損益説明	26	3435
〃　荒川鉱山資本金及損益説明	26	3435
〃　綱取鉱山資本金及損益説明	26	3436
〃　佐渡鉱山損益説明	26	3436
〃　生野鉱山資本金及損益説明	26	3437
〃　生野鉱山買鉱其他	26	3438
〃　宝鉱山資本金及損益説明	26	3439
〃　富来鉱山資本金及損益説明	26	3440
〃　高取鉱山重石鉱販売状況	26	3440
〃　高取鉱山資本金及損益説明	26	3441

〃	奥山鉱山資本金及損益説明	26	3442
〃	大阪製煉所損益説明	26	3442
〃	炭坑部損益	26	3447
〃	高島炭坑資本金及損益説明	26	3449
〃	高島炭坑事業概況	26	3450
〃	新入炭坑事業概況	26	3452
〃	鯰田炭坑事業概況	26	3453
〃	相知炭坑資本金及損益説明	26	3453
〃	相知炭坑事業概況	26	3454
〃	芳谷炭坑損益説明	26	3455
〃	芳谷炭坑事業概況	26	3455
〃	美唄炭坑事業概況	26	3456
〃	蘆別炭坑事業概況	26	3457
〃	大夕張炭坑資本金及損益説明	26	3457
〃	大夕張炭坑事業概況	26	3458
〃（営業部所管時代）	牧山骸炭製造所利益金	26	3459
〃（炭坑部移管後）	牧山骸炭製造所損益	26	3460
〃	鉱山部損益勘定表(5.12.31)	26	3517
〃	炭坑部損益勘定表(5.12.31)	26	3518
大正6年度吉岡鉱山資本金及損益事業概況		28	4087
〃	鉱山部損益	28	4087
〃	面谷鉱山資本金及損益事業概況（含高根鉱山）	28	4089
〃	尾去沢鉱山資本金及損益事業概況	28	4091
〃	槇峰鉱山資本金及損益事業概況	28	4093
〃	荒川鉱山資本金（含日三市支山）及損益事業概況	28	4095
〃	綱取鉱山資本金及損益事業概況	28	4097
〃	生野鉱山資本金及損益事業概況	28	4099
〃	明延鉱山資本金及収支損益其他	28	4101
〃	金山鉱山資本金及損益其他	28	4102
〃	宝鉱山資本金及収支損益	28	4104
〃	富来鉱山資本金及損益	28	4106
〃	高取鉱山資本金及損益其他	28	4106
〃	奥山鉱山資本金及損益事業概況	28	4108
〃	大利根鉱山資本金及損益其他	28	4110
〃	大阪製煉所損益及事業概況	28	4111
〃	炭坑部損益	28	4114
〃	高島炭坑資本金及損益事業概況	28	4115
〃	鯰田炭坑資本金及損益事業概況	28	4117
〃	上山田炭坑資本金及損益事業概況	28	4120
〃	新入炭坑資本金及損益事業概況	28	4121
〃	方城炭坑資本金及損益事業概況	28	4123
〃	金田炭坑資本金及損益事業概況	28	4124
〃	相知炭坑資本金及損益事業概況	28	4125
〃	芳谷炭坑資本金及損益事業概況	28	4126
〃	大夕張炭坑資本金及損益事業概況	28	4128
〃	美唄炭坑資本金及損益事業概況	28	4130
〃	蘆別炭坑資本金	28	4132
〃	牧山骸炭製造所資本金及損益	28	4135
〃	鉱山部損益勘定表(6.12.31)	28	4201
〃	炭坑部損益勘定表(6.12.31)	28	4202
大正7年 自1月至4月 鉱山部損益		29	4582
〃	自1月至4月吉岡鉱山資本金損益及事業概況	29	4582
〃	自1月至4月面谷鉱山資本金及損益及事業概況	29	4583
〃	自1月至4月尾去沢鉱山資本金損益及事業概況	29	4585
〃	自1月至4月槇峰鉱山資本金及損益	29	4586
〃	自1月至4月荒川鉱山資本金及損益及事業概況	29	4588
〃	自1月至4月綱取鉱山資本金及損益及事業概況	29	4589
〃	自1月至4月佐渡鉱山資本金及損益其他	29	4590
〃	自1月至4月生野鉱山資本金及損益及事業概況	29	4591
〃	自1月至4月宝鉱山資本金及損益	29	4595
〃	自1月至4月富来鉱山資本金及損益	29	4596
〃	自1月至4月高取鉱山資本金及損益及事業概況	29	4597
〃	自1月至4月奥山鉱山資本金及損益	29	4598
〃	自1月至4月明延鉱山資本金及損益其他	29	4599
〃	自1月至4月金山鉱山資本金及損益及事業概況	29	4601
〃	自1月至4月大阪製煉所資本金及損益	29	4602
〃	自1月至4月伏見分工場資本金損益及事業概況	29	4603
大正7年 自1月至4月 炭坑部損益		29	4608
〃	自1月至4月高島炭坑資本金及損益其他	29	4609
〃	自1月至4月鯰田炭坑資本金及損益其他	29	4610
〃	自1月至4月新入炭坑資本金損益及事業概況	29	4611
〃	自1月至4月方城炭坑資本金及損益	29	4612
〃	自1月至4月金田炭坑資本金及損益	29	4613
〃	自1月至4月上山田炭坑資本金及損益其他	29	4613
〃	自1月至4月相知炭坑資本金損益及事業概況	29	4614
〃	自1月至4月芳谷炭坑資本金及損益其他	29	4616
〃	自1月至4月美唄炭坑資本金及損益其他	29	4617
〃	自1月至4月大夕張炭坑資本金損益及事業概況	29	4618
〃	自1月至4月蘆別炭坑資本金及損益	29	4621
〃	自1月至4月佐佐浦炭坑資産及損益	29	4622
〃	自1月至4月牧山骸炭製造所資本金及損益	29	4625
鉱山部貸借対照表(7.4.30)		29	4690
大正7年自1月至4月鉱山部損益勘定表(7.4.30)		29	4692
鉱山部財産目録（資産之部）(7.4.30)		29	4693
鉱山部財産目録（負債之部）(7.4.30)		29	4713
炭坑部貸借対照表(7.4.30)		29	4721
大正7年自1月至4月炭坑部損益勘定表(7.4.30)		29	4723

炭坑部財産目録（資産之部）(7.4.30)	29	4724
炭坑部財産目録（負債之部）(7.4.30)	29	4727

6）地所部

（大正）

大正元年度地所部損益勘定明細表(1.12.31)	22	1563
大正2年度地所部損益説明	22	1938
大正2年度地所部損益勘定明細表(2.12.31)	22	1949
大正3年度地所部損益説明	23	2358
〃　　地所部損益勘定表(3.12.31)	23	2370
地所部純益金納付方(4.12.27)	24	2687
大正4年度地所部損益	24	2769
〃　　地所部損益勘定表(4.12.31)	24	2780
大正5年度地所部損益勘定表(5.12.31)	26	3524
大正6年度地所部損益	28	4181
〃　　丸之内地所賃貸状況	28	4183
〃　　地所部損益勘定表(6.12.31)	28	4206
大正7年度地所課損益及丸之内貸家状況	29	4641
〃　　地所課損益勘定明細表(7.12.31)	29	4689
大正8年度地所課損益(8.12.31)	30	4983
〃　　地所課損益勘定明細表(8.12.31)	30	5043
大正9年度地所部損益	30	5322
〃　　地所部損益勘定明細表(9.12.31)	30	5383
大正10年度地所部損益計算	31	5644
〃　　地所部損益勘定明細表(10.11.31)	31	5700
大正11年度地所部損益	31	5944
〃　　地所部損益勘定明細表(11.12.31)	31	6017
大正12年度地所部損益	32	6230
〃　　地所部損益勘定明細表(12.12.31)	32	6439
大正13年度地所部損益	33	6657
〃　　地所部損益勘定明細表(13.12.31)	33	6730
大正14年度地所部損益計算	34	6977
〃　　地所部損益勘定明細表(14.12.31)	34	7026
大正15年昭和元年度地所部損益	34	7261
〃　　地所部損益勘定明細表(15.12.31)	34	7305

（昭和）

地所部営業概況（2年）	35	54
〃　　損益勘定明細表（2年）	35	84
地所部営業概況（3年）	35	166
〃　　損益勘定明細表（3年）	35	194
地所部営業概況（4年）	35	298
〃　　損益勘定明細表（4年）	35	327
地所部営業概況（5年）	35	419
〃　　損益勘定明細表（5年）	35	448
地所部営業概況（6年）	36	559
地所部損益勘定明細表（6年）	36	585
地所課営業概況（7年）	36	685
地所課営業概況（8年）	36	793
地所課営業概況（9年）	36	925
地所課営業概況（10年）	37	1045
地所課営業概況（11年）	37	1173

7）営業部

（明治）

本社営業部損益決算表(44.12.31)	21	1401

（大正）

大正元年度営業部損益勘定表(1.12.31)	22	1560
大正2年営業部損益説明	22	1922
大正2年社船運航概況	22	1922
大正2年定期傭船成績	22	1923
大正2年度営業部損益勘定表(2.12.31)	22	1948
大正3年度営業部損益説明及起業	23	2324
〃　　運輸概況	23	2347
〃　　船舶課運輸概況並各船舶損益	23	2349
〃　　米穀出入	23	2359
〃　　営業部損益勘定表(3.12.31)	23	2368
大正4年度営業部損益説明	24	2716
〃　　営業部大阪支店損益説明及売炭状況	24	2724
〃　　営業部神戸支店損益説明	24	2725
〃　　船舶課運輸概況	24	2743
〃　　営業部損益勘定表(4.12.31)	24	2778
大正5年度営業部損益	26	3460
〃　　営業部石炭取扱成績	26	3461
〃　　営業部損益勘定表(5.12.31)	26	3520
大正6年度営業部損益	28	4136
〃　　運航概況	28	4141
〃　　営業部大阪支店売炭及損益	28	4147
〃　　営業部神戸支店売銅売炭及損益	28	4150
〃　　営業部損益勘定表(6.12.31)	28	4204
大正7年自1月至4月営業部損益	29	4625
大正7年自1月至4月営業部大阪支店損益	29	4628
営業部貸借対照表(7.4.30)	29	4729
大正7年自1月至4月営業部損益勘定表(7.4.30)	29	4731
営業部財産目録（資産之部）(7.4.30)	29	4733
営業部財産目録（負債之部）(7.4.30)	29	4738

8）為換店及び銀行部

（明治）

為換店事業成績(13年上半季)	8	604

	(大正)		
第49期末大正8年9月30日現在三菱合資会社銀行部貸借対照表(本支店合算ノ分)(8年)		30	5045

9) 三菱製鉄株式会社

	(昭和)		
三菱製鉄株式会社概況(2年)		35	65
三菱製鉄株式会社貸借対照表(2年)		35	86
三菱製鉄株式会社概況(3年)		35	177
三菱製鉄株式会社貸借対照表(3年)		35	196
三菱製鉄株式会社概況(4年)		35	310
三菱製鉄株式会社貸借対照表(4年)		35	329
三菱製鉄株式会社概況(5年)		35	431
三菱製鉄株式会社貸借対照表(5年)		35	450
三菱製鉄株式会社概況(6年)		36	570
三菱製鉄株式会社貸借対照表(6年)		36	587
三菱製鉄株式会社概況(7年)		36	697
三菱製鉄株式会社貸借対照表(7年)		36	714
三菱製鉄株式会社概況(8年)		36	804
三菱製鉄株式会社貸借対照表(8年)		36	823
三菱製鉄株式会社概況(9年)		36	938
三菱製鉄株式会社貸借対照表(9年)		36	955

10) 造船部

	(明治)		
長崎造船所損益計算書(27.10.22)		19	30
長崎造船所純益(28.10.15)		19	83
明治42年度本社造船部損益決算表		21	1202
明治43年度三菱合資会社造船部利益決算表		21	1280
本社造船部損益勘定表(44.12.31)		21	1404
	(大正)		
大正元年度造船部損益勘定表(1.12.31)		22	1562
大正2年造船部損益		22	1918
大正2年三菱造船所損益説明		22	1919
大正2年神戸三菱造船所損益説明		22	1921
大正2年度造船部損益勘定表(2.12.31)		22	1947
大正3年度造船部損益説明		23	2351
大正3年度三菱造船所損益資本金其他説明		23	2352
大正3年度神戸三菱造船所損益並固定財産説明		23	2355
大正3年度造船部損益勘定表(3.12.31)		23	2370
大正4年度造船部損益		24	2755
大正4年度長崎造船所事業概説		24	2757
大正4年度長崎造船所損益説明		24	2760
大正4年度神戸造船所損益説明		24	2762
大正4年度彦島造船所損益		24	2765
大正4年度彦島造船所完成工事	24	2765
大正4年度造船部損益勘定表(4.12.31)	24	2780
各造船所特別原価消却(5.12.25)	26	3356
大正5年度造船部事業概況	26	3498
大正5年度造船部損益	26	3499
大正5年度長崎造船所事業ノ景況	26	3504
大正5年度造船部損益勘定表(5.12.31)	26	3522
彦島造船所作業収入高(6.3.23)	27	3666
大正6年度自1月至10月造船部損益	28	4162
大正6年10月末長崎造船所固定資本	28	4163
大正6年度自1月至10月長崎造船所損益並開所以来損益累年表(自明治17年至大正6年)	28	4164
大正6年10月末神戸造船所固定財産	28	4173
大正6年度自1月至10月神戸造船所損益	28	4175
大正6年度自1月至10月造船部損益勘定表(6.10.31)	28	4205
造船部貸借対照表(6.10.31)	28	4212
造船部財産目録(6.10.31)	28	4214

11) 三菱造船株式会社

	(昭和)		
三菱造船株式会社概況(2年)		35	64
三菱造船株式会社貸借対照表(2年)		35	85
三菱造船株式会社概況(3年)		35	176
三菱造船株式会社貸借対照表(3年)		35	195
三菱造船株式会社概況(4年)		35	309
三菱造船株式会社貸借対照表(4年)		35	328
三菱造船株式会社概況(5年)		35	430
三菱造船株式会社貸借対照表(5年)		35	449
三菱造船株式会社概況(6年)		36	569
三菱造船株式会社貸借対照表(6年)		36	586
三菱造船株式会社概況(7年)		36	696
三菱造船株式会社貸借対照表(7年)		36	713
三菱造船株式会社概況(8年)		36	804
三菱造船株式会社貸借対照表(8年)		36	822

損益・財務諸表　　　　　　　　　　　　　95

12）三菱内燃機製造株式会社および三菱航空機株式会社

（昭和）

三菱内燃機株式会社概況（ 2 年）	35	73
三菱内燃機株式会社貸借対照表（ 2 年）	35	92
三菱航空機株式会社概況（ 3 年）	35	183
三菱内燃機/航空機株式会社貸借対照表（3）	35	203
三菱航空機株式会社概況（ 4 年）	35	317
三菱航空機株式会社貸借対照表（ 4 年）	35	336
三菱航空機株式会社概況（ 5 年）	35	438
三菱航空機株式会社貸借対照表（ 5 年）	35	457
三菱航空機株式会社概況（ 6 年）	36	576
三菱航空機株式会社貸借対照表（ 6 年）	36	594
三菱航空機株式会社概況（ 7 年）	36	704
三菱航空機株式会社貸借対照表（ 7 年）	36	721
三菱航空機株式会社概況（ 8 年）	36	811
三菱航空機株式会社貸借対照表（ 8 年）	36	827
三菱航空機株式会社貸借対照表（ 9 年）	36	961

13）三菱重工業株式会社

（昭和）

三菱重工業株式会社概況（ 9 年）	36	936
三菱重工業株式会社貸借対照表（ 9 年）	36	954
重工業会社第35期営業概況其他報告(10.2.26)	37	999
三菱重工業株式会社概況（10年）	37	1056
三菱重工業株式会社貸借対照表（10年）	37	1073
三菱重工業株式会社概況（11年）	37	1184
三菱重工業株式会社貸借対照表（11年）	37	1203
三菱重工業株式会社概況（12年）	37	1325
三菱重工業株式会社貸借対照表（12年）	37	1348
三菱重工業株式会社概況（13年）	37	1458
三菱重工業株式会社貸借対照表（13年）	37	1479
重工業会社第43期営業概況其他報告(14.2.24)	38	1519
三菱重工業株式会社概況（14年）	38	1567
三菱重工業株式会社貸借対照表（14年）	38	1585
三菱重工業株式会社概況（15年）	38	1693
三菱重工業株式会社貸借対照表（15年）	38	1710
三菱重工業株式会社概況（16年）	38	1841
三菱重工業株式会社貸借対照表（16年）	38	1860
三菱重工業株式会社概況（17年）	38	1986
三菱重工業株式会社貸借対照表（17年）	38	2005
三菱重工業株式会社概況（18年）	39	2156
三菱重工業株式会社貸借対照表（18年）	39	2176
三菱重工業株式会社概況（19年）	39	2329
三菱重工業株式会社貸借対照表(19年)	39	2346
重工業会社第55期事業概況其他報告(20.2.26)	40	2406
重工業会社第56期事業概況其他報告(20.8.27)	40	2464
三菱重工業株式会社概況(20年)	40	2531
三菱重工業株式会社貸借対照表(20年)	40	2548
重工業会社第57期事業概況其他報告(21.2.26)	40	2617
重工業会社第58期事業概況其他報告(21.8.26)	40	2652
三菱重工業株式会社概況(21年)	40	2663
三菱重工業株式会社貸借対照表(21年)	40	2671

14）三菱電機株式会社

（昭和）

三菱電機株式会社概況（ 2 年）	35	74
三菱電機株式会社貸借対照表（ 2 年）	35	93
三菱電機株式会社概況（ 3 年）	35	185
三菱電機株式会社貸借対照表（ 3 年）	35	204
三菱電機株式会社概況（ 4 年）	35	317
三菱電機株式会社貸借対照表（ 4 年）	35	337
三菱電機株式会社概況（ 5 年）	35	438
三菱電機株式会社貸借対照表（ 5 年）	35	458
三菱電機株式会社概況（ 6 年）	36	576
三菱電機株式会社貸借対照表（ 6 年）	36	595
三菱電機株式会社概況（ 7 年）	36	705
三菱電機株式会社貸借対照表（ 7 年）	36	722
三菱電機株式会社概況（ 8 年）	36	812
三菱電機株式会社貸借対照表（ 8 年）	36	830
三菱電機株式会社概況（ 9 年）	36	944
三菱電機株式会社貸借対照表（ 9 年）	36	962
三菱電機株式会社概況（10年）	37	1063
三菱電機株式会社貸借対照表（10年）	37	1079
三菱電機株式会社概況（11年）	37	1191
三菱電機株式会社貸借対照表（11年）	37	1209
三菱電機株式会社概況（12年）	37	1332
三菱電機株式会社貸借対照表（12年）	37	1354
電機会社第35期営業概況其他報告(13.5.25)	37	1428
電機会社第36期営業概況其他報告(13.11.25)	37	1450
三菱電機株式会社概況（13年）	37	1464
三菱電機株式会社貸借対照表（13年）	37	1485
電機会社第37期営業概況其他報告(14.5.25)	38	1529
電機会社第38期営業概況其他報告(14.11.28)	38	1555
三菱電機株式会社概況（14年）	38	1572
三菱電機株式会社貸借対照表（14年）	38	1591
電機会社第39期営業概況其他報告(15.5.17)	38	1643

電機会社第40期営業概況其他報告(15.11.26)	38	1684
三菱電機株式会社概況(15年)	38	1697
三菱電機株式会社貸借対照表(15年)	38	1716
電機会社第41期営業概況其他報告(16.5.24)	38	1781
電機会社第42期営業概況其他報告(16.11.25)	38	1826
三菱電機株式会社概況(16年)	38	1845
三菱電機株式会社貸借対照表(16年)	38	1866
電機会社第43期営業概況其他報告(17.5.26)	38	1936
電機会社第44期営業概況其他報告(17.11.26)	38	1968
三菱電機株式会社概況(17年)	38	1990
三菱電機株式会社貸借対照表(17年)	38	2011
電機会社第45期営業概況其他報告(18.5.26)	39	2093
電機会社第46期営業概況其他報告(18.11.25)	39	2140
三菱電機株式会社概況(18年)	39	2161
三菱電機株式会社貸借対照表(18年)	39	2182
電機会社第47期事業概況其他報告(19.5.26)	39	2268
三菱電機株式会社概況(19年)	39	2333
三菱電機株式会社貸借対照表(19年)	39	2352
三菱電機株式会社概況(20年)	40	2535
三菱電機株式会社貸借対照表(20年)	40	2554
三菱電機株式会社概況(21年)	40	2666
三菱電機株式会社貸借対照表(21年)	40	2676

15) 三菱商事株式会社

(昭和)

三菱商事株式会社概況(2年)	35	67
三菱商事株式会社貸借対照表(2年)	35	88
三菱商事株式会社概況(3年)	35	179
三菱商事株式会社貸借対照表(3年)	35	198
三菱商事株式会社概況(4年)	35	312
三菱商事株式会社貸借対照表(4年)	35	331
三菱商事株式会社概況(5年)	35	433
三菱商事株式会社貸借対照表(5年)	35	452
三菱商事株式会社概況(6年)	36	571
三菱商事株式会社貸借対照表(6年)	36	589
三菱商事株式会社概況(7年)	36	698
三菱商事株式会社貸借対照表(7年)	36	716
三菱商事株式会社概況(8年)	36	806
三菱商事株式会社貸借対照表(8年)	36	825
三菱商事株式会社概況(9年)	36	939
三菱商事株式会社貸借対照表(9年)	36	957
三菱商事株式会社概況(10年)	37	1058
三菱商事株式会社貸借対照表(10年)	37	1075
三菱商事株式会社概況(11年)	37	1186
三菱商事株式会社貸借対照表(11年)	37	1205
三菱商事株式会社概況(12年)	37	1327
三菱商事株式会社貸借対照表(12年)	37	1350
商事会社第41期営業概況其他報告(13.12.26)	37	1455
三菱商事株式会社概況(13年)	37	1460
三菱商事株式会社貸借対照表(13年)	37	1481
商事会社第42期営業概況其他報告(14.6.26)	38	1533
商事会社第43期営業概況其他報告(14.12.26)	38	1563
三菱商事株式会社概況(14年)	38	1569
三菱商事株式会社貸借対照表(14年)	38	1587
商事会社第44期営業概況其他報告(15.6.26)	38	1655
商事会社第45期営業概況其他報告(15.12.26)	38	1688
三菱商事株式会社概況(15年)	38	1694
三菱商事株式会社貸借対照表(15年)	38	1712
商事会社第46期営業概況其他報告(16.6.26)	38	1795
商事会社第47期営業概況其他報告(16.12.26)	38	1836
三菱商事株式会社概況(16年)	38	1842
三菱商事株式会社貸借対照表(16年)	38	1862
商事会社第48期営業概況其他報告(17.6.26)	38	1942
商事会社第49期営業概況其他報告(17.12.26)	38	1979
三菱商事株式会社概況(17年)	38	1987
三菱商事株式会社貸借対照表(17年)	38	2007
商事会社第50期営業概況其他報告(18.6.25)	39	2103
商事会社第51期営業概況其他報告(18.12.24)	39	2149
三菱商事株式会社概況(18年)	39	2158
三菱商事株式会社貸借対照表(18年)	39	2178
商事会社第52期営業概況其他報告(19.6.26)	39	2277
三菱商事株式会社概況(19年)	39	2331
三菱商事株式会社貸借対照表(19年)	39	2348
三菱商事株式会社概況(20年)	40	2533
三菱商事株式会社貸借対照表(20年)	40	2550
三菱商事株式会社概況(21年)	40	2664
三菱商事株式会社貸借対照表(21年)	40	2673

16) 三菱鉱業株式会社

(昭和)

鉱業会社第18期営業概況其他報告(2.5.27)	35	33
鉱業会社第19期営業概況其他報告(2.11.25)	35	50
三菱鉱業株式会社概況(2 年)	35	70
三菱鉱業株式会社貸借対照表(2 年)	35	89
鉱業会社第20期営業概況其他報告(3.5.28)	35	139
鉱業会社第21期営業概況其他報告(3.11.26)	35	158
三菱鉱業株式会社概況(3 年)	35	179
三菱鉱業株式会社貸借対照表(3 年)	35	199
鉱業会社第22期営業概況其他報告(4.5.27)	35	253
鉱業会社第23期営業概況其他報告(4.11.29)	35	285
三菱鉱業株式会社概況(4 年)	35	313
三菱鉱業株式会社貸借対照表(4 年)	35	332
鉱業会社第24期営業概況其他報告(5.5.27)	35	390
鉱業会社第25期営業概況其他報告(5.11.27)	35	414
三菱鉱業株式会社概況(5 年)	35	433
三菱鉱業株式会社貸借対照表(5 年)	35	453
鉱業会社第26期営業概況其他報告(6.5.27)	36	519
鉱業会社第27期営業概況其他報告(6.11.25)	36	538
三菱鉱業株式会社概況(6 年)	36	571
三菱鉱業株式会社貸借対照表(6 年)	36	590
鉱業会社第28期営業概況其他報告(7.5.27)	36	662
鉱業会社第29期営業概況其他報告(7.11.25)	36	681
三菱鉱業株式会社概況(7 年)	36	699
三菱鉱業株式会社貸借対照表(7 年)	36	717
鉱業会社第30期営業概況其他報告(8.5.26)	36	772
鉱業会社第31期営業概況其他報告(8.11.27)	36	789
三菱鉱業株式会社概況(8 年)	36	806
三菱鉱業株式会社貸借対照表(8 年)	36	826
鉱業会社第32期営業概況其他報告(9.5.28)	36	893
鉱業会社第33期営業概況其他報告(9.11.28)	36	921
三菱鉱業株式会社概況(9 年)	36	939
三菱鉱業株式会社貸借対照表(9 年)	36	960
鉱業会社第34期営業概況其他報告(10.5.28)	37	1012
鉱業会社第35期営業概況其他報告(10.11.26)	37	1038
三菱鉱業株式会社概況(10年)	37	1058
三菱鉱業株式会社貸借対照表(10年)	37	1078
鉱業会社第36期営業概況其他報告(11.5.28)	37	1142
鉱業会社第37期営業概況其他報告(11.11.27)	37	1169
三菱鉱業株式会社概況(11年)	37	1187
三菱鉱業株式会社貸借対照表(11年)	37	1208
鉱業会社第38期営業概況其他報告(12.5.27)	37	1282
鉱業会社第39期営業概況其他報告(12.11.26)	37	1311
三菱鉱業株式会社概況(12年)	37	1328
三菱鉱業株式会社貸借対照表(12年)	37	1351
鉱業会社第40期営業概況其他報告(13.5.26)	37	1429
鉱業会社第41期営業概況其他報告(13.11.26)	37	1450
三菱鉱業株式会社概況(13年)	37	1461
三菱鉱業株式会社貸借対照表(13年)	37	1484
鉱業会社第42期営業概況其他報告(14.5.26)	38	1530
鉱業会社第43期営業概況其他報告(14.11.28)	38	1554
三菱鉱業株式会社概況(14年)	38	1569
三菱鉱業株式会社貸借対照表(14年)	38	1590
鉱業会社第44期営業概況其他報告(15.5.29)	38	1648
鉱業会社第45期営業概況其他報告(15.11.28)	38	1684
三菱鉱業株式会社概況(15年)	38	1695
三菱鉱業株式会社貸借対照表(15年)	38	1713
鉱業会社第46期営業概況其他報告(16.5.29)	38	1785
鉱業会社第47期営業概況其他報告(16.11.28)	38	1827
三菱鉱業株式会社概況(16年)	38	1843
三菱鉱業株式会社貸借対照表(16年)	38	1863
鉱業会社第48期営業概況其他報告(17.5.29)	38	1937
鉱業会社第49期営業概況其他報告(17.11.30)	38	1969
三菱鉱業株式会社概況(17年)	38	1988
三菱鉱業株式会社貸借対照表(17年)	38	2010
鉱業会社第50期営業概況其他報告(18.5.28)	39	2093
鉱業会社第51期営業概況其他報告(18.11.29)	39	2141
三菱鉱業株式会社概況(18年)	39	2159
三菱鉱業株式会社貸借対照表(18年)	39	2179
鉱業会社第52期事業概況其他報告(19.5.30)	39	2269
鉱業会社第53期事業概況其他報告(19.11.29)	39	2306
三菱鉱業株式会社概況(19年)	39	2332
三菱鉱業株式会社貸借対照表(19年)	39	2349
三菱鉱業株式会社概況(20年)	40	2533
三菱鉱業株式会社貸借対照表(20年)	40	2551
三菱鉱業株式会社概況(21年)	40	2664
三菱鉱業株式会社貸借対照表(21年)	40	2673

17）三菱倉庫株式会社

（昭和）

項目	年	頁
三菱倉庫株式会社概況（2年）	35	66
三菱倉庫株式会社貸借対照表（2年）	35	87
三菱倉庫株式会社概況（3年）	35	178
三菱倉庫株式会社貸借対照表（3年）	35	197
三菱倉庫株式会社概況（4年）	35	311
三菱倉庫株式会社貸借対照表（4年）	35	330
三菱倉庫株式会社概況（5年）	35	432
三菱倉庫株式会社貸借対照表（5年）	35	451
三菱倉庫株式会社概況（6年）	36	570
三菱倉庫株式会社貸借対照表（6年）	36	588
三菱倉庫株式会社概況（7年）	36	698
三菱倉庫株式会社貸借対照表（7年）	36	715
三菱倉庫株式会社概況（8年）	36	805
三菱倉庫株式会社貸借対照表（8年）	36	824
三菱倉庫株式会社概況（9年）	36	938
三菱倉庫株式会社貸借対照表（9年）	36	956
三菱倉庫株式会社概況（10年）	37	1057
三菱倉庫株式会社貸借対照表（10年）	37	1074
三菱倉庫株式会社概況（11年）	37	1186
三菱倉庫株式会社貸借対照表（11年）	37	1204
三菱倉庫株式会社概況（12年）	37	1327
三菱倉庫株式会社貸借対照表（12年）	37	1349
三菱倉庫株式会社概況（13年）	37	1460
三菱倉庫株式会社貸借対照表（13年）	37	1480
三菱倉庫株式会社概況（14年）	38	1568
三菱倉庫株式会社貸借対照表（14年）	38	1586
三菱倉庫株式会社概況（15年）	38	1694
三菱倉庫株式会社貸借対照表（15年）	38	1711
三菱倉庫株式会社概況（16年）	38	1842
三菱倉庫株式会社貸借対照表（16年）	38	1861
倉庫会社第110期営業概況其他報告（17.2.7）	38	1912
三菱倉庫株式会社概況（17年）	38	1987
三菱倉庫株式会社貸借対照表（17年）	38	2006
三菱倉庫株式会社概況（18年）	39	2158
三菱倉庫株式会社貸借対照表（18年）	39	2177
三菱倉庫株式会社概況（19年）	39	2331
三菱倉庫株式会社貸借対照表（19年）	39	2347
三菱倉庫株式会社概況（20年）	40	2532
三菱倉庫株式会社貸借対照表（20年）	40	2549
三菱倉庫株式会社概況（21年）	40	2664
三菱倉庫株式会社貸借対照表（21年）	40	2672

18）株式会社三菱銀行

（昭和）

項目	年	頁
株式会社三菱銀行概況（2年）	35	71
株式会社三菱銀行貸借対照表（2年）	35	91
株式会社三菱銀行概況（3年）	35	181
株式会社三菱銀行貸借対照表（3年）	35	200
株式会社三菱銀行概況（4年）	35	314
株式会社三菱銀行貸借対照表（4年）	35	334
株式会社三菱銀行概況（5年）	35	435
株式会社三菱銀行貸借対照表（5年）	35	454
株式会社三菱銀行概況（6年）	36	573
株式会社三菱銀行貸借対照表（6年）	36	592
株式会社三菱銀行概況（7年）	36	700
株式会社三菱銀行貸借対照表（7年）	36	718
株式会社三菱銀行概況（8年）	36	807
株式会社三菱銀行貸借対照表（8年）	36	828
株式会社三菱銀行概況（9年）	36	939
株式会社三菱銀行貸借対照表（9年）	36	958
株式会社三菱銀行概況（10年）	37	1059
株式会社三菱銀行貸借対照表（10年）	37	1076
株式会社三菱銀行概況（11年）	37	1187
株式会社三菱銀行貸借対照表（11年）	37	1206
株式会社三菱銀行概況（12年）	37	1328
株式会社三菱銀行貸借対照表（12年）	37	1352
株式会社三菱銀行概況（13年）	37	1462
株式会社三菱銀行貸借対照表（13年）	37	1482
株式会社三菱銀行概況（14年）	38	1570
株式会社三菱銀行貸借対照表（14年）	38	1588
株式会社三菱銀行概況（15年）	38	1695
株式会社三菱銀行貸借対照表（15年）	38	1714
株式会社三菱銀行概況（16年）	38	1843
株式会社三菱銀行貸借対照表（16年）	38	1864
株式会社三菱銀行概況（17年）	38	1988
株式会社三菱銀行貸借対照表（17年）	38	2008
株式会社三菱銀行概況（18年）	39	2159
株式会社三菱銀行貸借対照表（18年）	39	2180
株式会社三菱銀行概況（19年）	39	2332
株式会社三菱銀行貸借対照表（19年）	39	2350
株式会社三菱銀行概況（20年）	40	2534
株式会社三菱銀行貸借対照表（20年）	40	2552
株式会社三菱銀行概況（21年）	40	2665
株式会社三菱銀行貸借対照表（21年）	40	2674

19）三菱海上火災保険株式会社

(昭和)

三菱海上火災保険株式会社概況（2年）	35	70
三菱海上火災保険株式会社貸借対照表（2年）	35	90
三菱海上火災保険株式会社概況（3年）	35	180
三菱海上火災保険株式会社貸借対照表（3年）	35	202
三菱海上火災保険株式会社概況（4年）	35	313
三菱海上火災保険株式会社貸借対照表（4年）	35	333
三菱海上火災保険株式会社概況（5年）	35	434
三菱海上火災保険株式会社貸借対照表（5年）	35	456
三菱海上火災保険株式会社概況（6年）	36	572
三菱海上火災保険株式会社貸借対照表（6年）	36	591
三菱海上火災保険株式会社概況（7年）	36	700
三菱海上火災保険株式会社貸借対照表（7年）	36	720
三菱海上火災保険株式会社概況（8年）	36	814
三菱海上火災保険株式会社貸借対照表（8年）	36	833
三菱海上火災保険株式会社概況（9年）	36	946
三菱海上火災保険株式会社貸借対照表（9年）	36	965
三菱海上火災保険株式会社概況(10年)	37	1064
三菱海上火災保険株式会社貸借対照表(10年)	37	1082
三菱海上火災保険株式会社概況(11年)	37	1193
三菱海上火災保険株式会社貸借対照表(11年)	37	1212
三菱海上火災保険株式会社概況(12年)	37	1337
三菱海上火災保険株式会社貸借対照表(12年)	37	1358
三菱海上火災保険株式会社概況(13年)	37	1468
三菱海上火災保険株式会社貸借対照表(13年)	37	1489
三菱海上火災保険株式会社概況(14年)	38	1575
三菱海上火災保険株式会社貸借対照表(14年)	38	1595
三菱海上火災保険株式会社概況(15年)	38	1702
三菱海上火災保険株式会社貸借対照表(15年)	38	1723
三菱海上火災保険株式会社概況(16年)	38	1851
三菱海上火災保険株式会社貸借対照表(16年)	38	1873
三菱海上火災保険株式会社概況(17年)	38	1996
三菱海上火災保険株式会社貸借対照表(17年)	38	2020

20）三菱信託株式会社

(昭和)

三菱信託株式会社概況（2年）	35	75
三菱信託株式会社貸借対照表（固有勘定）（2年）	35	94
三菱信託株式会社貸借対照表（信託勘定）（2年）	35	95
三菱信託株式会社概況（3年）	35	185
三菱信託株式会社貸借対照表（固有勘定）（3年）	35	205
三菱信託株式会社貸借対照表（信託勘定）（3年）	35	206
三菱信託株式会社概況（4年）	35	317
三菱信託株式会社貸借対照表（固有勘定）（4年）	35	338
三菱信託株式会社貸借対照表（信託勘定）（4年）	35	339
三菱信託株式会社概況（5年）	35	439
三菱信託株式会社貸借対照表（固有勘定）（5年）	35	459
三菱信託株式会社貸借対照表（信託勘定）（5年）	35	460
三菱信託株式会社概況（6年）	36	577
三菱信託株式会社貸借対照表（固有勘定）（6年）	36	596
三菱信託株式会社貸借対照表（信託勘定）（6年）	36	597
三菱信託株式会社概況（7年）	36	705
三菱信託株式会社貸借対照表(固有勘定)(7年)	36	723
三菱信託株式会社貸借対照表（信託勘定）（7年）	36	724
三菱信託株式会社概況（8年）	36	813
三菱信託株式会社貸借対照表（固有勘定）（8年）	36	831
三菱信託株式会社貸借対照表（信託勘定）（8年）	36	832
三菱信託株式会社概況（9年）	36	944
三菱信託株式会社貸借対照表（固有勘定）（9年）	36	963
三菱信託株式会社貸借対照表（信託勘定）（9年）	36	964
三菱信託株式会社概況(10年)	37	1063
三菱信託株式会社貸借対照表（固有勘定）(10年)	37	1080
三菱信託株式会社貸借対照表（信託勘定）(10年)	37	1081
三菱信託株式会社概況(11年)	37	1191
三菱信託株式会社貸借対照表（固有勘定）(11年)	37	1210
三菱信託株式会社貸借対照表（信託勘定）(11年)	37	1211
三菱信託株式会社概況(12年)	37	1333

三菱信託株式会社貸借対照表（固有勘定）(12年)	37	1355
三菱信託株式会社貸借対照表（信託勘定）(12年)	37	1356
三菱信託株式会社概況(13年)	37	1464
三菱信託株式会社貸借対照表（固有勘定）(13年)	37	1486
三菱信託株式会社貸借対照表（信託勘定）(13年)	37	1487
三菱信託株式会社概況(14年)	38	1572
三菱信託株式会社貸借対照表（固有勘定）(14年)	38	1592
三菱信託株式会社貸借対照表（信託勘定）(14年)	38	1593
三菱信託株式会社概況(15年)	38	1698
三菱信託株式会社貸借対照表（固有勘定）(15年)	38	1717
三菱信託株式会社貸借対照表（信託勘定）(15年)	38	1718
三菱信託株式会社概況(16年)	38	1845
三菱信託株式会社貸借対照表（固有勘定）(16年)	38	1867
三菱信託株式会社貸借対照表（信託勘定）(16年)	38	1868
三菱信託株式会社概況(17年)	38	1990
三菱信託株式会社貸借対照表（固有勘定）(17年)	38	2012
三菱信託株式会社貸借対照表（信託勘定）(17年)	38	2013
三菱信託株式会社概況(18年)	39	2161
三菱信託株式会社貸借対照表（固有勘定）(18年)	39	2183
三菱信託株式会社貸借対照表（信託勘定）(18年)	39	2184
三菱信託株式会社概況(19年)	39	2333
三菱信託株式会社貸借対照表（固有勘定）(19年)	39	2353
三菱信託株式会社貸借対照表（信託勘定）(19年)	39	2354
三菱信託株式会社概況(20年)	40	2536
三菱信託株式会社貸借対照表（固有勘定）(20年)	40	2556
三菱信託株式会社貸借対照表（信託勘定）(20年)	40	2557
三菱信託株式会社概況(21年)	40	2666
三菱信託株式会社貸借対照表（固有勘定）(21年)	40	2676
三菱信託株式会社貸借対照表（信託勘定）(21年)	40	2677

21）三菱石油株式会社

(昭和)

三菱石油株式会社概況(6年)	36	578
三菱石油株式会社貸借対照表(6年)	36	598
三菱石油株式会社概況(7年)	36	707
三菱石油株式会社貸借対照表(7年)	36	725
三菱石油株式会社概況(8年)	36	814
三菱石油株式会社貸借対照表(8年)	36	834
三菱石油株式会社概況(9年)	36	946
三菱石油株式会社貸借対照表(9年)	36	966
三菱石油株式会社概況(10年)	37	1065
三菱石油株式会社貸借対照表(10年)	37	1083
三菱石油株式会社概況(11年)	37	1194
三菱石油株式会社貸借対照表(11年)	37	1213
三菱石油株式会社概況(12年)	37	1338
三菱石油株式会社貸借対照表(12年)	37	1359
三菱石油株式会社概況(13年)	37	1468
三菱石油株式会社貸借対照表(13年)	37	1490
三菱石油株式会社概況(14年)	38	1576
三菱石油株式会社貸借対照表(14年)	38	1596
三菱石油株式会社概況(15年)	38	1701
三菱石油株式会社貸借対照表(15年)	38	1721
石油会社第21期営業概況其他報告(16.6.28)	38	1796
石油会社第22期営業概況其他報告(16.12.27)	38	1838
三菱石油株式会社概況(16年)	38	1850
三菱石油株式会社貸借対照表(16年)	38	1871
石油会社第23期営業概況其他報告(17.6.26)	38	1943
石油会社第24期営業概況其他報告(17.12.24)	38	1975
三菱石油株式会社概況(17年)	38	1994
三菱石油株式会社貸借対照表(17年)	38	2015
石油会社第25期営業概況其他報告(18.6.22)	39	2102
石油会社第26期営業概況其他報告(18.12.28)	39	2151
三菱石油株式会社概況(18年)	39	2164
三菱石油株式会社貸借対照表(18年)	39	2186
石油会社第27期事業概況其他報告(19.6.27)	39	2279
三菱石油株式会社概況(19年)	39	2336
三菱石油株式会社貸借対照表(19年)	39	2358
三菱石油株式会社概況(20年)	40	2538
三菱石油株式会社貸借対照表(20年)	40	2558
三菱石油株式会社概況(21年)	40	2667
三菱石油株式会社貸借対照表(21年)	40	2680

22) 日本化成工業株式会社および三菱化成工業株式会社

(昭和)

日本化成工業株式会社概況(11年)	37	1195
日本化成工業株式会社貸借対照表(11年)	37	1214
日本化成工業株式会社概況(12年)	37	1339
日本化成工業株式会社貸借対照表(12年)	37	1360
日本化成工業株式会社概況(13年)	37	1469
日本化成工業株式会社貸借対照表(13年)	37	1491
日本化成工業株式会社概況(14年)	38	1576
日本化成工業株式会社貸借対照表(14年)	38	1597
日本化成工業株式会社概況(15年)	38	1702
日本化成工業株式会社貸借対照表(15年)	38	1722
日本化成工業会社第13期営業概況其他報告(16.3.27)	38	1770
日本化成工業会社第14期営業概況其他報告(16.9.30)	38	1819
日本化成工業株式会社概況(16年)	38	1850
日本化成工業株式会社貸借対照表(16年)	38	1872
日本化成工業会社第15期営業概況其他報告(17.3.30)	38	1922
日本化成工業会社第16期営業概況其他報告(17.9.30)	38	1957
日本化成工業株式会社概況(17年)	38	1994
日本化成工業株式会社貸借対照表(17年)	38	2016
日本化成工業会社第17期営業概況其他報告(18.3.30)	39	2077
日本化成工業会社第18期営業概況其他報告(18.9.30)	39	2127
日本化成工業株式会社概況(18年)	39	2165
日本化成工業会社貸借対照表(18年)	39	2187
日本化成工業会社第19期事業概況其他報告(19.3.30)	39	2250
三菱化成工業株式会社概況(19年)	39	2337
三菱化成工業株式会社貸借対照表(19年)	39	2356
三菱化成工業株式会社概況(20年)	40	2539
三菱化成工業株式会社貸借対照表(20年)	40	2560
三菱化成工業株式会社概況(21年)	40	2667
三菱化成工業株式会社貸借対照表(21年)	40	2678

23) 三菱地所株式会社

(昭和)

三菱地所株式会社概況(12年)	37	1335
三菱地所株式会社貸借対照表(12年)	37	1357
三菱地所株式会社概況(13年)	37	1465
三菱地所株式会社貸借対照表(13年)	37	1488
三菱地所株式会社概況(14年)	38	1573
三菱地所株式会社貸借対照表(14年)	38	1594
三菱地所株式会社概況(15年)	38	1699
三菱地所株式会社貸借対照表(15年)	38	1719
三菱地所株式会社概況(16年)	38	1847
三菱地所株式会社貸借対照表(16年)	38	1869
三菱地所株式会社概況(17年)	38	1992
三菱地所株式会社貸借対照表(17年)	38	2014
三菱地所株式会社概況(18年)	39	2163
三菱地所株式会社貸借対照表(18年)	39	2185
三菱地所株式会社概況(19年)	39	2335
三菱地所株式会社貸借対照表(19年)	39	2355
三菱地所株式会社概況(20年)	40	2536
三菱地所株式会社貸借対照表(20年)	40	2555
三菱地所株式会社概況(21年)	40	2666
三菱地所株式会社貸借対照表(21年)	40	2677

24) 三菱鋼材株式会社および三菱製鋼株式会社

(昭和)

三菱鋼材株式会社概況(15年)	38	1701
三菱鋼材株式会社貸借対照表(15年)	38	1720
三菱鋼材株式会社概況(16年)	38	1849
三菱鋼材株式会社貸借対照表(16年)	38	1870
三菱鋼材株式会社概況(17年)	38	1995
三菱製鋼株式会社概況(17年)	38	1995
三菱鋼材株式会社貸借対照表(17年)	38	2018
三菱製鋼株式会社貸借対照表(17年)	38	2019
製鋼会社第1期営業概況其他報告(18.5.20)	39	2091
製鋼会社第2期営業概況其他報告(18.11.25)	39	2140
三菱製鋼株式会社概況(18年)	39	2165
三菱製鋼株式会社貸借対照表(18年)	39	2188
三菱製鋼株式会社概況(19年)	39	2337
三菱製鋼株式会社貸借対照表(19年)	39	2359
三菱製鋼株式会社概況(20年)	40	2539
三菱製鋼株式会社貸借対照表(20年)	40	2562
三菱製鋼株式会社概況(21年)	'40	2668
三菱製鋼株式会社貸借対照表(21年)	40	2681

9．生産・設備・資材

1）三菱合資会社

(明治)

新工事中止(37.2.17)	20	691
三菱製紙所水路新設其他(39.12.15)	21	916
印刷工場落成(44.11.20)	21	1371

(大正)

神戸和田岬旧砲台附設石垣工事落成(2.1.10)	22	1615
本社私設電話増加(2.1.27)	22	1628
大正二年臨時北海道調査課概説	22	1917
臨時北海道調査課起業追加(3.3.3)	23	2036
臨時北海道調査課大正4年度起業費認許(3.12.22)	23	2284
東京支店築地貯炭場海岸浚渫(4.11.25)	24	2658
木下窯業工場財団落札(5.2.2)	25	2877
木下窯業場施設改善 (5.11.20)	26	3235
木下窯業場製瓦事業状況(6.4.11)	27	3693
油田試掘用鑿井機購入(6.11.29)	28	4028
印刷工場設置許可(7.6.17)	29	4495
佐藤工業化学研究所第1工場譲受(11.10.15)	31	5928
総務課印刷工場機械増設(14.11.25)	34	6933

(昭和)

総務課印刷工場機械増設(3.12.21)	35	165
東京工業化学試験所尾久工場譲渡(6.5.30)	36	522

2）営業部

(明治)

門司社有桟橋ニ附設ノ桟橋譲受(39.8.11)	21	894
門司支店新桟橋設備(39.11.21)	21	910
門司支店桟橋架設(40.10.21)	21	1009

(大正)

門司支店浮桟橋建造(2.3.4)	22	1661
漢口支店防火用「ポンプ」備附(3.3.14)	23	2047
門司支店海底浚渫(3.12.3)	23	2261
漢口支店桐油工場用「セッド」新設(4.3.5)	24	2456
唐津支店貯炭場ニ「レール」敷設(4.3.17)	24	2463
若松支店帆船修繕場新設(5.7.3)	25	3060
門司支店広石貯炭場地先海底浚渫(5.10.26)	25	3199
香港支店桟橋改造(5.11.10)	26	3227
香港支店倉庫建増外起業費認許(6.3.27)	27	3669
汽船紅葉丸買収改良外船舶課起業認許(6.6.11)	27	3792
若松支店艀船等買入新造外起業認許(6.8.28)	27	3900

3）鉱山部・炭坑部（炭坑）

(明治)

新入炭坑第3坑工事(27.2.28)	19	5
新入炭坑第2坑防水工事(27.1.28)	19	6
鯰田炭坑電灯認許(27.2.6)	19	7
鯰田炭坑若松各坑間電話加入(27.3.5)	19	9
臼井炭坑ニ「ダイヤモンドボーリング」施行(27.5.9)	19	16
劇発薬払底火薬代用(27.9.3)	19	28
新入炭坑へ鉄道支線敷設(27.12.7)	19	35
横島試錐廃止(28.3.30)	19	71
高島出炭減少(30.1.12)	19	149
鯰田炭坑其他起業(30.2.10)	19	155
社外炭買入(30.2.20)	19	157
若松支店ト新入炭坑間電話架設(30.5.20)	19	175
新入各坑間電話架設(30.5)	19	178
高島炭坑出炭減少(30.7.21)	19	192
新入直方間電話(30.7)	19	194
方城炭坑試掘着炭(30.9.11)	19	203
新入炭坑施設(30.9.30)	19	208
高島炭坑新工事(30.11.6)	19	220
若松支店社宅倉庫新造(30.11.14)	19	223
鯰田炭坑安全灯使用(31.4.12)	19	262
鯰田新入臼井間ニ電話(31.6.21)	19	272
生野鉱山水力電気起業認許(32.12.8)	19	363
端島横島支坑電灯施設(32.3.28)	20	321
尾去沢鉱山電気事業開業式(32.5.19)	20	329
新入支坑新竪坑竣成(33.9.10)	20	429
方城坑開坑準備(34.2.4)	20	476
鞍手郡地内石炭採掘特許(34.5.17)	20	494
高島炭坑字百万崎ニ製塩工場設置(37.11.21)	20	735
相知炭坑運炭道路施設工事計画(38.5.16)	20	788
高島炭坑製塩工場拡張(38.6.23)	20	799
相知炭坑「ダイヤモンド，コールカッター」外設備(38.7.13)	20	805
二子島開坑工事着手(40.2.5)	21	951
端島坑内排水喞筒等電気設備ニ変更(40.2.13)	21	954
方城支坑下風坑工事竣成祝(41.4.20)	21	1069
鉱山炭坑需要品購入方変更(41.10.1)	21	1100
鯰田炭坑専用電車軌道敷設其他(42.2.24)	21	1148
筑豊5郡出炭表(42.7.3)	21	1165
大阪支店貯炭場用地買収及施設(44.10.23)	21	1364

(大正)

岸岳炭坑稼行(1.11.5)	22	1511
若松支店河畔島土地買収(1.12.16)	22	1533

相知炭坑電話ヲ鉱業特設電話ニ変更(2.1.17)	22	1619
高島二子坑着炭(2.1下旬)	22	1632
相知炭坑新斜坑開鑿(2.3.13)	22	1668
鯰田炭坑第6坑開坑(2.4.5)	22	1692
金田炭坑納屋点灯(2.4.6)	22	1693
方城炭坑新坑道開鑿(2.5.17)	22	1713
相知炭坑芳谷炭坑ト共同試錐(2.5.26)	22	1719
芳谷炭坑用水管増設(2.7.12)	22	1749
高島炭坑蠣瀬坑施設(2.7.15)	22	1752
上山田坑電灯施設(2.9.9)	22	1790
鯰田炭坑堅坑開鑿其他起業(2.9.23)	22	1798
二子坑着炭後ノ状況(2.10.4)	22	1809
蘆別試錐開始ニ付施設(2.10.20)	22	1821
相知炭坑中央発電所設置(2.11.13)	22	1831
牧山貯炭場桟橋改築(2.11.25)	22	1841
各炭抗大正3年分起業(2.11.28)	22	1842
鯰田炭坑第6坑運炭用軌道敷設(2.11.27)	22	1842
方城炭坑起業追加(2.12.1)	22	1862
大正3年蘆別試錐起業(2.12.12)	22	1869
鯰田炭坑字水ケ坂露頭開坑(2.12.17)	22	1874
相知炭坑備品譲渡(3.1.6)	23	1991
鯰田炭坑追加起業費認許(3.1.31)	23	2010
新入炭坑起業費追加認許(3.2.6)	23	2021
新入炭不用喞筒外売却(3.3.19)	23	2049
高島炭坑起業費追加認許(3.3.20)	23	2052
高島炭坑二子坑起業1部中止(3.4.6)	23	2067
相知炭坑起業費追加認許(3.4.8)	23	2075
芳谷炭坑手働坑内鑽錐機買入(3)	23	2077
相知炭坑貨物停車場ニ側線増設工事(3.4.21)	23	2086
筑豊炭出炭制限(3.5.30)	23	2110
相知炭坑選炭機械据付(3.5)	23	2112
高島炭坑出炭減少ニ付増量申越(3.6.1)	23	2114
相知芳谷両炭坑共用発電所第2期増設施設(3.6.2)	23	2114
金田炭坑社宅特別電話連接(3.6.9)	23	2121
油戸炭坑選炭場落成(3.6.23)	23	2132
金田炭坑汽罐設置(3.7.17)	23	2157
蘆別試掘起業費認許(3.7.25)	23	2159
方城炭坑起業費追加認許(3.8.13)	23	2175
蘆別出張所起業費追加認許(3.8.26)	23	2192
方城炭坑不用汽罐外譲渡(3.9.9)	23	2203
相知芳谷両炭坑共用発電所使用認可(3.9.10)	23	2204
相知炭坑杵島炭坑ト電動機交換(3.10.3)	23	2221
芳谷炭坑汽罐譲渡(3.10.3)	23	2221
美唄炭坑引込線完成(3.11.5)	23	2237
相知炭坑直流発電機撤廃届(3.11.11)	23	2239
蘆別出張所起業追加認許(3.11.20)	23	2244
筑豊炭出炭制限決議(3.12.3)	23	2261
相知炭坑側線増設(3.12.10)	23	2266
大正4年度各鉱山起業費(3.12.12)	23	2269
金田炭坑落成起業(3.12.31)	23	2295
方城炭坑扇風機設置(3.12.30)	23	2297
蘆別出張所火薬庫設置(3.12)	23	2300
新入炭坑外長壁式採掘法採用(3)	23	2319
大正3年度方城炭坑産炭其他	23	2321
大正3年度金田炭坑出炭	23	2323
新入炭坑不用汽罐譲渡(4.3.16)	24	2463
方城炭坑採炭開始(4.4.29)	24	2490
蘆別鉱業特設電話開始(4.6.1)	24	2513
新入炭坑中山開坑(4.6.4)	24	2514
芳谷炭坑出炭制限ノ為休業(4.6.24)	24	2530
高島炭坑起業(4.7.2)	24	2539
方城炭坑起業(4.7.8)	24	2540
金田炭坑貯水「タンク」増設(4.7.14)	24	2543
鯰田炭坑起業(4.7.24)	24	2549
金田炭坑出炭制限休業(4.7.26)	24	2551
各炭坑起業(4.8.21)	24	2563
油戸炭坑選炭場新設承認(4.9.9)	24	2580
美唄炭坑起業(4.9.15)	24	2583
美唄炭坑大正5年度起業認許(4.10.23)	24	2621
蘆別出張所給水施設(4.10)	24	2627
相知炭坑隣接居住者ニ電灯供給工事完成(4.11.1)	24	2628
七釜石炭鉱区試錐費認許(4.11.18)	24	2651
芳谷炭坑西唐津坑木取扱所撤廃(4.12.7)	24	2666
江浦貯炭場船入場浚渫竣工(4.12.15)	24	2669
高島炭坑電灯料低減(4.12.26)	24	2685
蘆別出張所大正5年度起業認許(4.12.27)	24	2688
大正四年度筑豊一般炭況	24	2721
新入炭坑起業費承認(5.1.11)	25	2826
鯰田炭坑起業承認(5.1.14)	25	2837
筑豊石炭採炭制限解除(5.1.15)	25	2838
新入炭坑不用品譲渡(5.1.26)	25	2856
高島炭坑起業費承認(5.1.28)	25	2858
美唄炭坑電気工作物施設認可申請(5.1.31)	25	2863
美唄炭坑起業費承認(5.2.24)	25	2906
油戸炭坑骸炭炉外新設(5.3.1)	25	2916
上山田坑起業費承認(5.3.25)	25	2939
芳谷炭坑起業費承認(5.3.25)	25	2940
端島坑内撒水管外施設(5.3)	25	2950
富士製紙株式会社ト障害予防電力供給ニ付協定(5.4.12)	25	2972
久留米事務所借受(5.4.16)	25	2977
大夕張炭坑起業承認(5.4.24)	25	2982
相知炭坑起業費承認(5.5.18)	25	3012
方城炭坑起業費承認(5.5.31)	25	3021

大夕張炭坑洗炭機増設(5.6.9)	25	3036
新入炭坑不用品売渡(5.6.24)	25	3045
金田炭坑起業費承認(5.6.24)	25	3045
新入炭坑九州水力電気会社ト電力供給契約(5.7.4)	25	3064
相知炭坑炭種変更(5.9.24)	25	3163
金田炭坑鉱業特設電話開通(5.10.15)	25	3187
大正6年度各炭坑起業費(5.12.25)	26	3352
端島4階建炭夫社宅竣成外竣成起業(5.12.31)	26	3419
大正5年度各炭坑起業	26	3445
大正5年度筑豊炭況	26	3463
方城炭坑側線増設承認(6.1.17)	27	3589
美唄炭坑ヨリ美唄電気会社ニ電力供給契約(6.3.18)	27	3662
方城第2斜坑管理ノ件(6.3.24)	27	3668
美唄炭坑臨時起業認許(6.3.29)	27	3676
高島炭坑臨時起業費承認(6.3.30)	27	3677
佐佐浦炭坑汽罐据附(6.5.4)	27	3709
鉱業研究所予備地買収認許(6.5.24)	27	3762
相知炭坑第2坑用輸炭装置工事認許(6.5.26)	27	3766
二子中之島端島間海底「ケーブル」敷設(6.6.29)	27	3820
新入炭坑運炭線路敷設(6.6)	27	3822
上山田炭坑百谷試掘水準坑開坑費承認(6.7.5)	27	3827
芳谷炭坑汽罐増設，竹有開坑承認(6.8.22)	27	3894
勒原鉱区試錐機据付(6.10.11)	28	3968
蘆別炭坑起業費承認(6.10.15)	28	3973
鯰田炭坑水洗機新設外起業(8.11.1)	28	4000
高島製塩結晶釜新設願(6.11.25)	28	4021
相知炭坑第2坑開始(6.11)	28	4031
油戸炭坑骸炭窯増築(6.12.31)	28	4085
高島炭坑起業承認(7.1.17)	29	4328
美唄炭坑運炭鉄道建設外起業承認(7.1.17)	29	4329
相知炭坑永池及柚木原試掘起業承認(7.1.19)	29	4331
大夕張炭坑選炭仮設備復舊計画(7.1.23)	29	4334
新入鯰田方城3炭坑発電所連結工事(7.1.25)	29	4338
端島新竪坑着炭(7.1)	29	4349
新入炭坑「ウルフ」外保安灯使用(7.1)	29	4350
鯰田炭坑第4坑尺無切下坑開鑿(7.2.15)	29	4374
大夕張炭坑骸炭工場新設外起業承認(7.2.18)	29	4375
高島炭坑直流発電所廃止(7.3.1)	29	4392
富士製紙株式会社ヨリ蘆別炭坑ニ電力買受(7.3.5)	29	4396
上山田炭坑木城第4坑開坑外起業承認(7.3.6)	29	4398
高島炭坑二子島鹽製造結晶釜新設(7.3.25)	29	4422

4）鉱山部・炭坑部（鉱山）

(明治)

吉岡鉱山抗口増堀(7.9.是月)	1	271
吉岡鉱山第3通洞開鑿(9.2.22)	3	55
尾去沢鉱山電話等竣工(27.4.14)	19	14
尾去沢鉱山砂金採取(27.5.10)	19	16
尾去沢鉱山鉄索架設(28.2.5)	19	66
面谷鉱山溶鉱炉新設(28.2.15)	19	67
鍋倉鉱山採掘開始(28.6.27)	19	75
細地鉱山其他稼行(28.7.3)	19	76
赤谷鉱山稼行準備(29.12.16)	19	127
尾去沢鉱山永田発電所設置(29.12.25)	19	128
佐渡鉱山需要品調達方(30.1.6)	19	147
買鉱製煉廃止(30.1.8)	19	147
社外買鉱謝絶(30.3.3)	19	159
佐渡鉱山用品運送契約(30.3.8)	19	160
赤谷鉱山道路開設準備(30.3.12)	19	161
吉岡鉱山用地建物買入(30.4.9)	19	166
生野鉱山施設(30.4.12)	19	166
槙峰鉱山運搬軌道敷設(30.4.16)	19	168
槙峰鉱山施設(30.4.16)	19	168
吉岡鉱山大煙突築造調査(30.4.27)	19	170
赤谷鉱山施設(30.4.27)	19	170
赤谷鉱山銅鉱追加(30.5.19)	19	174
生野鉱山測量完結(30.5.21)	19	175
硫酸製造中止(30.5)	19	178
吉岡鉱山大煙突築造(30.6.11)	19	182
佐渡鉱山施設(30.7.31)	19	193
面谷鉱山事務所其他落成(30.8.8)	19	196
佐渡鉱山砂金採取関係(30.8.30)	19	200
吉岡鉱山大煙突許可(30.9.13)	19	203
面谷鉱山施設(30.9.20)	19	204
荒川鉱山鵜養発電所新設(30.9.28)	19	207
荒川鉱山施設(30.9.28)	19	207
槙峰鉱山起業(30.10.5)	19	210
佐渡鉱山施設(30.10.11)	19	212
荒川鉱山起業費(30.10.14)	19	213
赤谷鉱山休業(30.10.18)	19	214
生野鉱山施設(30.10.25)	19	216
吉岡鉱山施設(30.11.6)	19	220
荒川鉱山鵜養発電所関係(30.11.7)	19	220
尾去沢鉱山施設(30.11.8)	19	221
生野鉱山施設(30.12.21)	19	232
生野鉱山電気設備改修(31.7.7)	19	274
石仮戸硫黄鉱山外譲受稼行(31.10.29)	19	283
佐渡鉱山貧鉱処理ノ為拡張工事(32.8.18)	20	344
吉岡鉱山発電所建設(35.1.23)	20	552

生産・設備・資材　　　　　　　　　　105

槇峰鉱山鉄索架設其他(35.4.30)	20	570
生野鉱山水力電気工事竣成(35.9.30)	20	584
荒川鉱山道路開設契約及馬車鉄道敷設(35.10.10)	20	587
荒川鉱山馬車鉄道延長(36.4.8)	20	632
佐渡生野両鉱山金産出高報告(36.4.17)	20	635
宝鉱山鉱業施業案(36.7.25)	20	648
宝鉱山新施設(36.9.4)	20	653
佐渡鉱山搗鉱場増設(36.10.26)	20	656
宝鉱山諸機械運転開始(37.2.11)	20	689
鉱山炭坑火薬及用材使用高報告(37.4.23)	20	705
尾去沢鉱山砂金採取出願(37.5.4)	20	706
宝鉱山発電所起工一時停止(37.8.5)	20	719
各鉱山鉱産額報告(38.1.24)	20	765
荒川鉱山小平岱発電所竣工(38.1.31)	20	768
荒川鉱山馬車鉄道開設其他ニ付落成式(38.10.19)	20	819
宝鉱山笹子間ニ鉄索架設(41.10.8)	21	1102
大盛小泉両支山賃貸稼行(43.7.1)	21	1246
高取鉱山譲受稼行(44.12.20)	21	1385
(大正)		
富来鉱山電話架設(1.3.20)	22	1447
生野鉱山焼鉱窯使用廃止(1.3.30)	22	1448
生野鉱山真吹炉開設(1.4.22)	22	1459
高取鉱山火薬庫新築(1.4.24)	22	1460
多多良木鉱区始業(1.4.26)	22	1461
面谷鉱山分析所新設(1.4.30)	22	1464
吉岡鉱山入坑用灯火改正(1.4)	22	1464
高取鉱山坑内軌道改正(1.5.31)	22	1472
荒川鉱山第5発電所使用認可(1.6.20)	22	1475
生野鉱山溶鉱炉改築(1.6.21)	22	1477
生野鉱山錫製煉装置工事(1.6.22)	22	1477
生野鉱山長谷発電所ト播磨水力電気会社堰堤(1.7.10)	22	1480
佐渡鉱山戸地水力発電所工事認許(1.7.23)	22	1484
生野鉱山斜面捲揚新設工事(1.8.16)	22	1491
富来鉱山道路開設(1.8.20)	22	1494
尾去沢鉱山捨石場用隧道開鑿(1.8.24)	22	1494
佐渡鉱山立島坑火薬貯蔵所新設(1.9.12)	22	1496
日三市支山火薬庫新設(1.9.30)	22	1501
宝鉱山瓦斯機関設置(1.9.30)	22	1501
吉岡鉱山近似支山休山(1.9)・	22	1501
明延支山火薬庫其他建設(1.10.1)	22	1502
荒川鉱山捨石酸化抽銅採取設備(1.10.25)	22	1508
佐渡鉱山大立坑内電気喞筒設置(1.10.30)	22	1509
厳洞支山選鉱場新設(1.10.31)	22	1509
荒川鉱山日陰坑捲揚機据附(1.11.30)	22	1520
尾去沢鉱山鉱水除害施設(1.12.13)	22	1531
尾去沢鉱山鋳物場及精米所新設(1.12.13)	22	1531
尾去沢鉱山選鉱用水導水施設(1.12.13)	22	1532
生野鉱山特設電話加入(1.12.19)	22	1535
明延神児畑間鉄索架設(1.12.20)	22	1536
生野鉱山金香瀬坑内電車敷設願(1.12.28)	22	1541
日三市支山喞筒据付(1.12.30)	22	1541
富来鉱山原動機設置(1.是歳)	22	1553
佐渡鉱山大正2年度工事(2.1.20)	22	1620
富来鉱山施設(2.2.5)	22	1638
佐渡鉱山電話ヲ鉱業特設電話ニ変更(2.2.21)	22	1655
吉岡鉱山落成起業(2.2)	22	1657
吉岡鉱山起業(2.3.10)	22	1665
生野鉱山「キツス」製煉休止(2.4.7)	22	1693
生野鉱山私設電話鉱業特設電話ニ変更(2.4.15)	22	1699
高取鉱山電話施設(2.5.14)	22	1712
尾去沢鉱山起業(2.5.31)	22	1720
高千支山火薬庫新設許可(2.6.1)	22	1724
生野鉱山製煉所煙突改修其他(2.6.10)	22	1728
坂東島支山選鉱場開設其他(2.6.26)	22	1739
荒川鉱山第一噯沢発電所廃止(2.7.5)	22	1747
明延支山用横引川河水使用出願(2.7.14)	22	1751
高根鉱山起業(2.8.2)	22	1764
生野鉱山旱魃ニ因ル操業上ノ影響(2.8.6)	22	1767
荒川鉱山発電所水路改修外起業竣工(2.8.20)	22	1775
金谷鉱区休業届(2.8.30)	22	1783
生野鉱山錫鉱製煉装置工事竣成(2.8.31)	22	1784
高千支山鉄索新設外佐渡鉱山施設(2.9.8)	22	1790
金香瀬山電車開設(2.11.8)	22	1830
各鉱山大正3年度起業(2.12.1)	22	1853
鉱山炭坑電話(2.12.1)	22	1861
佐渡鉱山戸地水力電気工事進捗程度(2.12.18)	22	1875
富来鉱山運搬道路外竣工(2.12.31)	22	1889
尾去沢鉱山水道工事外竣工(2.12.31)	22	1890
高取鉱山選鉱場新築着手(3.1.3)	23	1991
尾去沢鉱山起業費追加承認(3.1.7)	23	1992
坂東島支山機械選鉱場使用認可(3.1.12)	23	1995
高根鉱山発電所設置(3.1.24)	23	2005
高根鉱山発電機試運転(3.2.14)	23	2027
明延山火力発電所工事落成(3.3.2)	23	2035
高根鉱山起業費追加承認(3.3.20)	23	2052
吉岡鉱山起業費追加承認(3.4.1)	23	2063
高取鉱山起業費追加承認(3.4.1)	23	2065
明延支山汽罐使用停止(3.4.11)	23	2078
荒川鉱山起業費追加承認(3.4.29)	23	2091
高取鉱山重石鉱産出見込量(3.5.4)	23	2095
高取鉱山私設電話変更増設(3.5.19)	23	2105
佐渡鉱山起業費追加承認(3.5.27)	23	2108
明延支山各坑間電話架設(3.5)	23	2112

項目	頁	番号
奥山鉱山引継後ノ施設(3.6.18)	23	2129
佐渡鉱山泥鉱製煉場改築外起業落成(3.6)	23	2139
宝鉱山鉄索架替(3.7.14)	23	2152
明延支山水力発電所新設許可(3.7.24)	23	2159
奥山鉱山私設電話架設外施設(3.8.1)	23	2165
富来鉱山起業費追加認許(3.8.6)	23	2168
鉱山用「ダイナマイト」其他調達方(3.8.14)	23	2177
奥山鉱山火薬庫譲受許可(3.8.18)	23	2180
生野鉱山錫選鉱場改善外追加承認(3.9.14)	23	2208
奥山鉱山事業開始披露(3.9.15)	23	2208
宝鉱山施設(3.9.20)	23	2211
明延支山「レール」敷替(3.9)	23	2216
生野鉱山中瀬山外休山(3.10.1)	23	2220
富来鉱山「ダイナマイト」盗難(3.10.17)	23	2228
高取鉱山自家用電気工作物認可(3.10.24)	23	2231
尾去沢鉱山坑内電車運転(3.10)	23	2234
中天井支山休山(3.10)	23	2234
関東酸曹会社焼滓粉鉱買受(3.11.5)	23	2237
高取鉱山選鉱場落成届(3.11.20)	23	2244
富来鉱山搗鉱機増設外落成起業(3.11)	23	2253
生野鉱山長谷発電所発電機増設外施設(3.12.29)	23	2291
高取鉱山電話増設(3.12.31)	23	2294
明延支山運鉱車道築造(3.12)	23	2299
高取鉱山電気工作物使用認可(4.1.21)	24	2426
高千支山鉱業特設電話許可(4.1)	24	2428
龍川鉱山稼行開始披露(4.3.8)	24	2457
龍川鉱山譲受稼行(4.3.12)	24	2459
高取鉱山機械選鉱場落成外起業竣成(4.4.30)	24	2490
中天井支山事業再開(4.5.11)	24	2500
龍川鉱山施設(4.5)	24	2511
荒川鉱山起業(4.6.4)	24	2514
厳洞支山選鉱場開設(4.6.20)	24	2529
生野鉱山浮游選鉱場開設(4.6.26)	24	2532
佐渡鉱山電気圧気鉄鎚竣工(4.7.20)	24	2544
神児畑選鉱場使用廃止(4.8.7)	24	2557
尾去沢鉱山起業(4.8.13)	24	2559
奥山鉱山起業承認(4.8.20)	24	2562
畑鉱山外継続休業(4.8.26)	24	2572
綱取鉱山起業承認(4.8.28)	24	2572
龍川鉱山爆薬庫外施設(4.8)	24	2573
尾去沢鉱山花輪町特設電話加入(4.9.18)	24	2585
佐渡鉱山戸地水力電気工事落成式(4.10.3)	24	2603
佐渡鉱山煙突改築(4.10.20)	24	2619
高取鉱山重石鉱ニ関シ東京鉱務署ニ回答(4.10.26)	24	2623
佐渡鉱山戸地水力電気工事竣成(4.11.25)	24	2656
龍川鉱山鉱石網取鉱山へ送付(4.11.30)	24	2661
奥山鉱山木橇全廃(4.11)	24	2662
日三市鉱石荒川鉱山ニテ合併製煉(4.12.8)	24	2666
綱取支山私設電話許可(4.12.12)	24	2668
富来鉱山製瓦窯業場休業(4.12.15)	24	2669
高取鉱山電灯施設(4.12)	24	2699
古河合名会社久根鉱石買入(5.1.25)	25	2855
綱取支山起業費承認(5.2.1)	25	2867
生野鉱山起業費承認(5.2.2)	25	2873
佐渡鉱山起業費承認(5.2.7)	25	2890
尾去沢鉱山起業費承認(5.2.7)	25	2891
奥山鉱山起業承認(5.3.14)	25	2930
高取鉱山起業費承認(5.3.14)	25	2931
奥山鉱山製煉所設置計画(5.3.20)	25	2935
奥山鉱山選鉱場開設届(5.3.23)	25	2937
生野鉱山錫電気製煉所開設届(5.3.25)	25	2939
面谷鉱山及高根支山起業費承認(5.3.27)	25	2942
生野鉱山火力発電所新設(5.3)	25	2950
吉岡鉱山起業費承認(5.4.11)	25	2970
宝鉱山火薬類仮貯蔵所新築(5.4.17)	25	2978
荒川鉱山炭化石灰製造(5.4.22)	25	2981
畑鉱山鉱業着手届(5.4.26)	25	2985
佐渡鉱山「コニカルミル」仮設工事竣工(5.5.8)	25	2995
奥山鉱山自家用電気工作物使用認可(5.8.12)	25	3121
奥山鉱山発電所設置(5.8)	25	3140
奥山鉱山選鉱場完成(5.10.31)	25	3206
生野鉱山「タングステン」製煉工場(5.10)	25	3207
北湧鉱山施設(5.12.29)	26	3407
奥山鉱山浮游選鉱場竣成(5.12.31)	26	3417
明延錫選鉱場神児畑ニ設置決定(6.1.6)	27	3581
北湧鉱山施設(6.2.22)	27	3635
横行川水力発電所送電開始(6.2.24)	27	3640
佐渡鉱山戸地第2発電所新設(6.3.5)	27	3655
奥山鉱山起業承認(6.4.5)	27	3687
尾去沢鉱山乾泥泥鉱処理設備外施設(6.4.24)	27	3704
奥山鉱山架空索道外竣工(6.4.30)	27	3707
荒川鉱山手選場竣工(6.4)	27	3708
尾去沢鉱山風化銅採収(6.6.4)	27	3777
荒川鉱山自働団鉱機外施設(6.6.10)	27	3791
尾去沢鉱山新選鉱場運転(6.6.18)	27	3805
高取鉱山赤木毛第2通洞開鑿外起業(6.6.26)	27	3812
高根鉱山鉱種名更正(6.7.5)	27	3828
尾去沢鉱山再築選鉱場操業(6.7.27)	27	3867
宝鉱山選鉱場新築外施設(6.8.6)	27	3886
日三市支山浮游選鉱機据付(6.8.10)	27	3888
佐渡鉱山搗鉱場改修承認(6.8.20)	27	3893
生野鉱山水力発電所新築外起業費承認(6.8.25)	27	3898
吉岡鉱山鑿岩機外竣工(6.8)	27	3909

尾去沢鉱山鉱種名更正 (6.9.15)	28	3934
奥山鉱山浮游選鉱場落成 (6.9)	28	3949
直島製煉所起工式 (6.10.8)	28	3966
生野鉱山鏨岩機試運転外施設 (6.10.20)	28	3977
綱取鉱山製煉場復舊工事認許 (6.10.23)	28	3980
面谷本支山銅製煉費 (6.10.23)	28	3981
北湧鉱山火薬庫外新築 (6.11.15)	28	4013
大正7年度鉱山部各場所起業予算 (6.11.29)	28	4029
亀山盛支山溶鉱炉等廃止 (7.1.9)	29	4312
荒川鉱山本山浮游選鉱機外使用可 (7.1.26)	29	4339
綱取鉱山起業費承認 (7.2.8)	29	4361
生野鉱山火力発電所運転開始 (7.2.10)	29	4364
面谷鉱山起業費認許 (7.2.18)	29	4374
尾去沢鉱山工作器械設備拡張 (7.3.18)	29	4409
奥山鉱山起業費認許 (7.3.28)	29	4427
荒川鉱山炭化石灰製出設備認許 (7.4.4)	29	4438
吉岡鉱山製煉鉱舎外設備 (7.4.30)	29	4464
生野鉱山金香瀬本部間電車新設工事 (7.4.)	29	4467
伏見分工場復舊工事落成 (11.11.1)	31	5912

製煉所

(明治)

大阪製煉所用発電機買入 (30.9.24)	19	205
大阪製煉所半製鉱物購入関係 (30.11.9)	19	222
大阪製煉所銀塊馬蹄銀ニ鋳造 (31.6.2)	19	271
大阪製煉所電気保安装置 (31.7.21)	19	275
大阪製煉所拡張 (33.5.11)	20	409
大阪製煉所分銅事業拡張竣成 (39.8.23)	21	895
若生子製煉所新設用地上権設定契約 (43.3.12)	21	1229
大阪製煉所新分銅工場建設 (43.6.3)	21	1243

(大正)

若生子製煉所「コンバーター」増設 (1.2.29)	22	1442
大阪製煉所淀川右岸埋立工事施設 (1.6.21)	22	1476
若生子製煉所新設披露 (1.9.3)	22	1496
若生子製煉所真吹床増設 (1.12.31)	22	1543
若生子製煉所煙道延長 (1.12.31)	22	1544
舊城製煉所上家其他槇峰ニ移転其他 (2.9.14)	22	1791
若生子製煉所自家用電気工作物落成 (3.1.18)	23	2001
大阪製煉所分銅場改造工事落成 (3)	23	2313
大阪製煉所分銅事業用機械類注文 (4.11.25)	24	2658
各鉱山製煉所大正5年度起業費承認 (4.12.24)	24	2681
宇野港外中央製煉所設置調査 (5.3.5)	25	2921
瀬戸内海ニ中央製煉所建設ニ関シ報告 (5.4.5)	25	2962
瀬戸内海製煉場建設ニ付調査依頼 (5.5.2)	25	2991
大正5年度大阪製煉所分銅事業拡張工事	26	3443
直島製煉所起業認許 (6.2.23)	27	3640
大阪製煉所分銅事業拡張追加外起業 (6.5.22)	27	3758
大阪製煉所分銅工場竣工 (6.5)	27	3772
大阪製煉所鍍銅場内部増設 (6.12.13)	28	4060
直島製煉所煙突工事竣工 (6.12.19)	28	4064
大阪製煉所分銅事業拡張工事費追加認許外起業 (7.1.24)	29	4335
直島製煉所発動機艇購入外起業 (7.1.25)	29	4337
髙千穂製煉所送宝亜鉛鉱送鉱見合 (5.2.25)	29	4384
直島製煉所電気収塵所設置申請 (7.3)	29	4432
大阪製煉所鍍銅工場内増設 (7.4)	29	4468

5) 地所部

(明治)

神戸建築所軽便鉄道布設 (30.7.9)	19	189
和田倉庫敷地内施設 (31.1.25)	19	257
神戸社有地内ニ水道用鉄管埋設 (32.9.21)	20	350
和田岬防波堤工事 (34.8.2)	20	505
神戸防波堤工事請負契約 (35.2.12)	20	556
兵庫和田岬地方海面埋立及護岸工事落成 (44.9.14)	21	1346

(大正)

船場支店建築請負金増額ノ件 (8.6.24)	30	4895
玉川砂利採取 (9.10.30)	30	5262
地所部砂利採取船外売渡 (11.7.6)	31	5874

6) 臨時製鉄所建設部および三菱製鉄株式会社

(大正)

兼二浦製鉄所起業費 (3.7.1)	23	2142
兼二浦製鉄所大正4年度起業費承認 (3.12.21)	23	2283
兼二浦製鉄所追加予算認許 (4.10.29)	24	2626
臨時製鉄所建設部起業 (5.1.24)	25	2849
臨時製鉄所建設部追加起業 (5.11.30)	26	3266
兼二浦製鉄所参児蒸餾工場建設認許 (6.2.9)	27	3613
兼二浦製鉄所起業費認許 (6.2.22)	27	3636
臨時製鉄所建設部採鉱運搬費認許 (6.8.6)	27	3885
兼二浦製鉄所溶鉱炉火入式挙行外来報 (7.6.13)	29	4494
三菱製鉄会社兼二浦製鉄所第2溶鉱炉火入 (7.8.24)	29	4527
黒崎折尾地内製鉄所建設計画打切 (8.7.10)	30	4900
堀川下流堰堤築設ニ係ル件 (9.6.30)	30	5226
兼二浦製鉄所骸炭炉増設認許 (15.9.10)	34	7210

(昭和)

兼二浦製鉄所第3骸炭炉増設認許 (4.7.17)	35	263
兼二浦製鉄所第3溶鉱炉新設認許 (4.11.4)	35	276
兼二浦製鉄所第3溶鉱炉定礎式挙行 (5.5.17)	35	388

兼二浦製鉄所第3骸炭炉作業開始(5.11.8)		35	413	三菱造船所地上権取得(2.6.28)	22	1742
兼二浦製鉄所第3溶鉱炉竣成(6.12.9)		36	540	彦島村江浦ニ乾船渠新設(2.8.19)	22	1774
製鉄会社起業費承認(10.1.26)		37	998	三菱造船所里道新設交換(2.9.19)	22	1796

7）造船部

（明治）

小蒸汽船製造(28.1.24)	19	64
長崎支店運炭船新造(28.3.16)	19	69
長崎造船所拡張(28.12.13)	19	88
飽浦工場隣接地買収(29.1.10)	19	105
向島新船渠(29.8.29)	19	119
飽浦工場新築(29.9.14)	19	120
向島新船渠(29.11.23)	19	125
長崎支店運炭船新造(30.2.23)	19	158
飽浦工場等ニ電灯設備(30.3.22)	19	163
三菱造船所施設(30.5.27)	19	177
三菱造船所電灯(30.7.19)	19	191
立神造船工場前暗礁埋築(30.8.7)	19	196
三菱造船所拡張(30.8.14)	19	197
長崎造船所電灯工事竣工(30.10.20)	19	214
三菱造船所水道施設(32.6.3)	20	331
三菱造船所原動力電化施設(32.11.24)	20	361
飽浦機関工場原動力変更(33.4.13)	20	402
三菱造船所拡張(33.10.28)	20	436
三菱造船所第3船渠工(37.11.3)	20	733
三菱造船所第3船渠開渠式(38.3.17)	20	776
神戸三菱造船所用浮船渠竣工(38.7.12)	20	805
神戸造船所第2浮船渠増設準備(40.2.8)	21	951
神戸造船所新造船事業開始ノ為拡張(40.2.21)	21	962
神戸造船所第2浮船渠進水不結果(41.11.15)	21	1105
神戸造般所開渠5周年(43.8.7)	21	1249
彦島船渠築造出願(44.7.29)	21	1336
長崎夕顔丸定繋浮桟橋延長(44.8.15)	21	1339
彦島船渠築設ニ付陳情(44.8.16)	21	1340
彦島ニ船渠築設ニ関シ再陳情(44.9.13)	21	1345

（大正）

三菱造船所改良拡張工事(1.4.4)	22	1451
神戸造船所拡張改良工事(1.8.8)	22	1489
三菱造船所拡張改良工事予算(1.12.14)	22	1532
三菱造船所立神「ガントリー，クレーン」竣工外完成拡張改良工事(1.12.31)	22	1544
彦島江浦船渠築造其他許可(2.3.31)	22	1687
三菱造船所試験標柱新設(2.3.31)	22	1688
神戸三菱造船所拡張改良工事(2.5.7)	22	1708
神戸三菱造船所用地増加(2.6.12)	22	1729
三菱造船所拡張改良工事(2.6.12)	22	1730
三菱造船所用地買受(2.6.13)	22	1733
三菱造船所船台名称改正(2.9.25)	22	1800
三菱造船所第3船渠頭部堀鑿工事其他(2.10.18)	22	1820
神戸三菱造船所大正3年度拡張改良工事(2.12.17)	22	1875
三菱造船所拡張改良竣工工事(2.12.28)	22	1885
神戸造船所拡張改良竣工工事(2.12.31)	22	1892
三菱造船所飽ノ浦工場地先埋立工事及立神工場地先埋築(2.是歳)	22	1921
三菱造船所第2船台竣工(3.1.31)	23	2012
立神造船工場地先埋築竣工外竣工諸工事(3.1.31)	23	2012
神戸三菱造船所試験工場新築外拡張改良工事(3.2.10)	23	2025
彦島貯水池其他工事許可(3.5.6)	23	2097
三菱造船所鋼製曳船新造外拡張改良工事(3.6.15)	23	2124
三菱造船所印刷機購入(3.6.23)	23	2132
彦島船渠基礎名板(3.7.28)	23	2162
神戸三菱造船所菱波汽船会社桟橋譲受其他(3.9.9)	23	2204
彦島船渠中間検査(3.11.16)	23	2241
彦島造船所開業式経費認許(3.11.18)	23	2242
彦島造船所起業認許(3.12.23)	23	2286
彦島造船所動力点灯費整理方(3.12.29)	23	2292
大正4年度三菱造船所起業費内許(3.12.30)	23	2293
大正4年度神戸造船所起業費内許(3.12.30)	23	2294
神戸三菱造船所竣工拡張工事(3.12.31)	23	2295
彦島造船所仮設備(4.1.13)	24	2417
彦島造船所大正4年度起業費認許(4.1.19)	24	2420
彦島船渠築造其他完成(4.3.31)	24	2472
長崎造船所造罐工場増設移転外拡張改良工事(4.6.8)	24	2517
神戸造船所造船台築造外拡張改良工事(4.6.15)	24	2525
長崎造船所繋船壁新設許可(4.7.28)	24	2552
立神遠見崎ニ汽鑵場外施設(4.8.31)	24	2573
三菱造船所木型場増築(4.9.23)	24	2590
彦島造船所本工場外竣成(4.9.28)	24	2594
長崎造船所第5船台外拡張改良工事竣工(4.10.5)	24	2604
立神配電所工事竣成(4.10.30)	24	2627
神戸造船所拡張改良竣工工事(4.12.31)	24	2694
彦島造船所起業費認許(5.1.11)	25	2825
彦島造船所起業内許(5.1.15)	25	2839
神戸三菱造船所拡張改良工事(5.1.18)	25	2840
電気操縦装置ヲ若松丸ニ取付(5.2.17)	25	2900
彦島造船所倶楽部外新築(5.3.8)	25	2923

生産・設備・資材

外国船舶新造修繕代等調(5.4.18)	25	2978
彦島造船所竣工工事(5.5.11)	25	3004
神戸造船所拡張改良竣工工事(5.5.31)	25	3022
長崎造船所魚形水雷工場建設外拡張改良工事(5.6.1)	25	3028
長崎造船所船台調書提出(5.7.10)	25	3074
魚形水雷発射試験並調整工場敷地埋立竣工(5.9.16)	25	3156
大浦丸無線電信機施設(5.10.14)	25	3187
神戸造船所浮船渠借受(5.11)	26	3268
造船材料製作方海軍工廠ニ依頼ノ件(5.12.19)	26	3322
彦島造船所起業費認許(5.12.27)	26	3367
長崎造船所拡張改良竣工工事(5.12.29)	26	3408
大正5年度呉出張所魚雷工場関係臨時事務	26	3488
大正5年度各造船所起業	26	3501
神戸造船所内「ディゼルエンジン」其他製作工場創設(大正5年)	26	3502
神戸造船所防波堤外拡張改良工事(6.2.19)	27	3624
造船材料製作方呉工廠ニ委託(6.3.15)	27	3662
長崎造船所ト九州電灯鉄道会社ト電力需給契約(6.3.19)	27	3663
若松丸ニ伊東式船舶操縦装置取付運転(6.5.8)	27	3749
彦島造船所船渠増築ノ為ニ土工費認許外拡張改良工事(6.6.6)	27	3779
神戸造船所浮船渠繋留場増設工事竣工期限延期(6.6.22)	27	3808
長崎造船所造鑵場建物竣工外拡張改良完成工事(6.8.30)	27	3905
彦島造船所船渠増設許可(6.9.4)	28	3918
長崎兵器製作所創立諸費及拡張改良工事(6.9.10)	28	3925
彦島造船所第2船渠築造許可(6.10.11)	28	3970
長崎浦上製鋼工場新設ニ関スル意見(6.10.18)	28	3975
大正6年度自1月至10月長崎造船所埋立諸工事	28	4172
大正6年度自1月至10月神戸造船所拡張改良完成工事	28	4178
大正6年度自1月至10月彦島造船所竣成起業	28	4179

8) 三菱造船株式会社

(大正)

長崎支店小菅造船所拡張(7.1.30)	29	4344

(昭和)

長崎造船所ニテ2万キロターボ発電機試運転(2.11.14)	35	49
神戸造船所自動車製作開始ニ伴フ起業費承認(6.10.20)	36	537
造船会社近況(7.7.29)	36	669
長崎造船所設備増設承認(8.10.10)	36	787
長崎,神戸両造船所設備拡張工事費承認(9.3.13)	36	878

9) 三菱内燃機製造株式会社および三菱航空機株式会社

(昭和)

三菱イ式450馬力飛行機用発動機表彰(2.2.3)	35	5
各務原飛行機格納庫竣工(2.3)	35	25
航空機会社ハンドレー・ペーヂ会社ト契約調印(3.6.13)	35	142
航空機会社ユンカース社ト契約締結(3.9.20)	35	149
89式海軍偵察機試作下命(3.12.10)	35	164
航空機会社陸軍重爆撃機製作起業費承認(4.4.8)	35	246
航空機会社戦車製作準備(5.2.10)	35	378
航空機会社製イスパノスイザ450馬力発動機受賞(5.5.15)	35	388
航空機会社名古屋製作所発動機工場払張承認(5.7.8)	35	403
航空機会社東京製作所大井工場機械工場増設(5.11.10)	35	413
航空機会社名古屋製作所第1金属飛行機工場増築承認(6.9.8)	36	531
7試艦上戦闘機試作下命其他(7.4.1)	36	653
航空機会社製品受賞(7.5.5)	36	660
航空機会社名古屋及東京製作所拡張決定(7.6.8)	36	663
航空機会社名古屋製作所拡張承認(8.10.10)	36	788

10）三菱重工業株式会社

(昭和)

長崎造船所第2船台拡張工事費外承認(9.4.10)	36	885
96式艦上戦闘機試飛行(10.2.4)	37	998
96式陸上攻撃機完成(10.6)	37	1020
長崎造船所第2船台ガンドリークレーン竣工(11.3.31)	37	1137
97式司令部偵察機完成(11.5.16)	37	1141
鵬型連絡機完成(11.6)	37	1152
長崎造船所其他拡張工事費承認(11.7.14)	37	1153
97式2号艦上攻撃機完成(11.10.31)	37	1161
97式重爆撃機完成(11.12.9)	37	1170
金星40型発動機完成(11.是歳)	37	1172
97式軽爆撃機試験飛行(12.2.28)	37	1258
重工業会社名古屋航空機製作所拡張費承認(12.8.10)	37	1292
重工業会社名古屋航空機製作所拡張費承認(13.6.14)	37	1433
重工業会社東京機器製作所拡張費其他承認(14.1.17)	38	1516
零式艦上戦闘機試飛行(14.4.1)	38	1524
99式襲撃機試飛行(14.6)	38	1533
1式陸上攻撃機初飛行(14.10.23)	38	1543
重工業会社名古屋航空機製作所拡張費其他承認(15.1.16)	38	1621
100式司令部偵察機II型完成(16.3)	38	1772
重工業会社諸設備拡張費承認(16.5.13)	38	1774
雷電初飛行(17.3.20)	38	1920
重工業会社ニテ長崎製鋼所譲渡(17.10.1)	38	1959
重工業会社事業拡張(17.10.10)	38	1961
飛竜初飛行(17.12.27)	38	1979
長崎造船所若松造船工場起業式挙行(18.4.15)	39	2086
重工業会社水島工場建設事務所其他設置(18.5.20)	39	2090
重工業会社ニテ日立造船会社彦島造船所買収仮契約調印(18.11.20)	39	2139
重工業会社ニテ木製飛行機用木質資材買収(20.3.12)	40	2408
長崎造船所ニテ特攻兵器製作(20.3)	40	2418
秋水試験飛行(20.7.7)	40	2439

11）三菱商事株式会社

(昭和)

川崎市所在土地使用承諾(5.9.10)	35	410
商事会社四日市飼料工場新設(7.8)	36	672

12）三菱電機株式会社

(昭和)

電機会社レイロール社ト提携成立(10年)	37	1044
電機会社ニテ75,000キロタービン竣工(12.6)	37	1287
電機会社大船工場新設及東京工場改称(15.5.5)	38	1642
電機会社大阪工場作業開始(15.3.1)	38	1687
電機会社ニテ名古屋製作所工作機工場譲渡(18.7.1)	39	2106
電機会社ニテ菱美機械会社営業譲受(19.8.31)	39	2291
電機会社各場所製作品(21.4.11)	40	2629

13）三菱鉱業株式会社

(大正)

端島坑直流電動機ヲ交流ニ取替(7.4.3)	29	4437
新潟貯炭場施設(7.4.10)	29	4443
高島炭坑海底送電線敷設竣工外竣工起業(7.4.30)	29	4465
門司支店広石貯炭場地先海底竣浚渫(7.4.30)	29	4467

(昭和)

新入7坑出炭開始(3.1.4)	35	123
鉱業会社ニテ古河鉱業会社ト共同製煉(3.4.1)	35	132
内幌炭坑事業着手(4.2)	35	286
内幌鉄道工事施行認可(5.2.22)	35	380
南部大夕張坑稼行休止(5.11.13)	35	413
吉岡鉱山稼行休止(6.3.11)	36	509
亀ヶ森，金山両支山稼行休止(6.10.20)	36	537
内幌炭坑譲渡(7.2)	36	639
高取鉱山稼行休止(7.4.30)	36	659
蘆別1坑及5坑稼行休止(7.9.15)	36	674
相知3坑稼行休止(7.9.30)	36	677
小真木鉱山外再開(7.11)	36	682
宝生金山買収(7.12.30)	36	685
金山鉱山再開(8.3)	36	766
相知本坑稼行休止(8.6.17)	36	775
蘆別炭坑稼行休止(8.9.19)	36	785
方城炭坑金田分坑再開(8.9.29)	36	787
鉱業会社牧山骸炭製造所譲渡(9.8.1)	36	913
綱取鉱山独立稼行(10.4.20)	37	1008
金谷川，泊両鉱山稼行休止(14.4.30)	38	1528
金山支山稼行休止(16.3.31)	38	1770
富来，鉛山，三方3鉱山操業休止(17.2.1)	38	1910
鉱業会社ニテ営業ノ1部譲渡(18.5.28)	39	2094
荒川鉱山其他経営委任(18.6.7)	39	2098
吉岡鉱山経営委託(19.3.10)	39	2239
根羽沢鉱山廃止(19.3.31)	39	2251

出石鉱山経営委託(19.4.1)	39	2252
雄別鉱業所及塔路礦業所操業休止(19.8.19)	39	2290
鉱業会社ニテ製鋼会社非鉄金属工業所譲受(20.4.1)	40	2418
亀ヶ森鉱山其他休止(20.6.1)	40	2434

14) 三菱倉庫株式会社

（大正）

東京倉庫会社越前堀倉庫新築(4.10.30)	24	2626
東京倉庫神戸支店倉庫建設(6.1.12)	27	3585
三菱倉庫会社大阪桜島桟橋増築(15.5.1)	34	7138

（昭和）

倉庫会社神戸港湾倉庫完成(3.6.8)	35	142
倉庫会社越前堀倉庫竣成(3.10.29)	35	155
倉庫会社ニテ米穀倉庫急設(9.1.17)	36	867
倉庫会社桜島倉庫1部改築(10.4.17)	37	1008

15) 三菱石油株式会社

（昭和）

石油会社富島製油所建設委員会其他設置(18.4.28)	39	2088
石油会社ニテ化粧品製造開始(21.3)	40	2628

16) 日本化成工業株式会社および三菱化成工業株式会社（牧山骸炭製造所をふくむ）

（明治）

牧山骸炭製造所洗炭機等設置(41.10.16)	21	1102

（大正）

牧山骸炭製造所用社宅敷地旭硝子会社ト交換(2.4.1)	22	1690
牧山骸炭製造所倉庫其他新築(2.5.31)	22	1722
牧山骸炭製造所硫酸安母尼亜製造許可(2.6.18)	22	1736
牧山骸炭製造所瓦斯旭硝子工業ヘ供給設備(2.10.9)	22	1812
牧山骸炭製造所副産物捕集式窯落成(2.10)	22	1828
牧山骸炭工場牧山溜池水使用許可並施設(3.4.16)	23	2081
牧山骸炭工場桟橋修繕(3.5.27)	23	2109
牧山骸炭製造所「ベンゾール」捕集製置外認許(4.11.5)	24	2632
牧山骸炭製造所「コールター」年産額(5.4.12)	25	2971
牧山骸炭製造所「ベンゾール」倉庫外建設(5.10.23)	25	3193
牧山骸炭製造所「ベンゾール」捕集装置工事落成(5.12.5)	26	3284
牧山骸炭製造所起業費承認(5.12.27)	26	3366
牧山骸炭製造所硫安工場譲渡(6.4.4)	27	3685
牧山骸炭製造所「ソルヴェー」式窯完成(6.4.5)	27	3689
牧山骸炭製造所「ビーハイヴ」窯一基増設(6.8.13)	27	3888
牧山骸炭製造所事務所新築承認(6.8.26)	27	3900
牧山骸炭製造所「ベンゾール」工場一時休止(6.8.29)	27	3902
牧山骸炭製造所「ベンゾール」工場作業開始(6.11.1)	28	4001
黒崎町折尾町地内工場設置ニ係ル件(9.2.18)	30	5153

（昭和）

日本化成工業会社硫安初製品製出(12.12.26)	37	1321
日本化成工業会社牧山工場移転改称(13.7.1)	37	1435
日本化成工業会社火薬類製造営業許可(15.12.20)	38	1688
日本化成工業会社ニテ硝酸増産ニ関シ産業設備営団ト契約(17.12.9)	38	1972
化成工業会社ニテK剤製造(19.9.14)	39	2292
化成工業会社ニテ航空潤滑油工場建設(19.9.14)	39	2292

17) 三菱鋼材株式会社

（昭和）

鋼材会社深川工場一部作業開始(16.8.23)	38	1813
鋼材会社深川工場開設(16.12.26)	38	1837

10. 研究開発・特許・調査

(明治)

項目		
蘆分分析場新設(28.8.19)	19	79
生野鉱山鉱区実測依頼(30.2.22)	19	157
神崎郡試掘申請(30.6.24)	19	185
方城試掘所機械運転(30.7.5)	19	188
大阪製煉所分析依頼(30.7.23)	19	192
鉱物重量標準(30.9.13)	19	203
赤谷鉱山調査員引揚(30.10.8)	19	212
各場所電気事業視察(31.12.12)	19	289
若松支店骸炭消火装置特許(32.6.3)	20	331
三菱造船所特許出願(32.10.31)	20	354
三菱造船所特許許可(33.6.27)	20	415
神戸ニ於ケル船渠建設ニ付研究(34.4.7)	20	487
鯰田炭坑所管鉱区調査(35.2.2)	20	555
三菱造船所「モーター」製作方(35.10.10)	20	587
香焼島金剛石試錐報告(39.2.7)	21	864
三菱造船所員発明特許ニ係ル制規(40.2.13)	21	953
発明特許取得(40.2.13)	21	954
「コントラフロ，コンデンサー」製造使用権取得契約(40.6.29)	21	988
三菱造船所発明特許(41.8.11)	21	1088
神戸造船所発明特許(43.5.24)	21	1240
社史編纂(43.10.5)	21	1261
神戸造船所発明特許(43.10.14)	21	1261
和田沿革史編述(43.12.31)	21	1274
三菱造船所発明特許(44.6.3)	21	1327
三菱造船所発明特許(44.9.1)	21	1343
本社新築設計懸賞募集(44.10.22)	21	1364
三菱造船所発明特許(44.11.21)	21	1373

(大正)

項目		
三菱造船所職工ノ発明奨励等ニ関シ施設研究(1.2.17)	22	1440
面谷鉱山分析所新設(1.4.30)	22	1464
明延大山鉱区内錫脈露頭開発(1.11.12)	22	1513
神戸三菱造船所発明特許(2.3.7)	22	1663
「ヤロー」式水管汽罐ニ関スル専売権獲得(3.2.16)	23	2028
造船部特許権取得(3.3.9)	23	2040
上海支店内三菱鉱物分析所設置(3.8.22)	23	2186
三菱造船所発明特許(3.9.9)	23	2204
造船ニ関スル特許権獲得(3.9.24)	23	2214
上海鉱物分析所開設(3.10.1)	23	2219
関野長外「タービン」見学(3.10.23)	23	2230
時局ニ関スル調査報告発行(3.11.4)	23	2236
三菱造船所職工新案改良ニ賞与(3.11.24)	23	2247
大正3年度上海支店ニ於ケル鉱山調査	23	2342
神戸三菱造船所発明特許(4.1.24)	24	2427
鉱物分析所ニ鉱山調査依頼ノ扱方(4.22.13)	24	2435
庶務部調査課調査彙報発行(4.4.9)	24	2477
満鉄地質研究所ニ標品寄付(4.7.25)	24	2550
神戸造船所「ストーン」特許権獲得(4.7.27)	24	2551
三菱造船所外裸蠟燭禁止ニ付代用考案募集(4.8.21)	24	2566
伊東式船舶操縦装置試運転(4.9.14)	24	2582
長崎造船所発明行賞内規立案(4.11.23)	24	2655
長崎造船所組長発明ニ対シ賞与(4.11.30)	24	2661
長崎造船所員「ディゼル」機関研究(5.2.12)	25	2897
神戸造船所職工横須賀工廠ニテ実習(5.6.15)	25	3039
臨時製鉄所建設部員製鉄所見学継続(5.7.6)	25	3069
臨時製鉄所建設部員骸炭製造見学(5.7.11)	25	3074
長崎造船所実験場(5.9.4)	25	3149
潜水艇見学(5.10.28)	25	3205
香港支店内鉱物分析所施設(5.11.4)	26	3222
大阪製煉所特許登録(5.11.11)	26	3227
高取鉱山第3通洞鉱脈現出(5.12.8)	26	3288
軍艦山城試運転見学許可(5.12.9)	26	3290
「コットレル」氏電気収塵法ニ関スル特許権関係契約(5.12.12)	26	3293
長崎造船所実験場係業務(5.12.20)	26	3336
潜水艇見学許可(5.12.23)	26	3339
重石鉱標本寄付(6.1.30)	27	3602
鉱業研究所建物新築(6.2.28)	27	3643
営業部石炭課ニ石炭研究係設置(6.3.27)	27	3669
長崎造船所員呉工廠ニテ見学方認許(6.5.5)	27	3710
鉱業研究所新設(6.6.9)	27	3790
鉱業研究所会計整理ノ件(6.6.9)	27	3791
海軍省ヨリ飛行機用発動機継続借受(6.6.19)	27	3805
油脂ニ関スル研究認許(6.7.27)	27	3868
神戸造船所員呉工廠入場許可(6.8.7)	27	3886
煙害実験所設置外鉱業研究所起業(6.8.9)	27	3887
石油試掘鉱区査業部ニ引継(6.11.1)	28	3999
新潟県下石油試掘鉱区書類査業部ニ引継(6.11.21)	28	4017
鉱業研究所生野観測所新設ノ件(7.1.12)	29	4318
鉱業研究所分析料金取極(7.1.21)	29	4332
明延鉱山新設圧気機試運転(7.1)	29	4350
鉱山部海外鉱業参考資料発行(7.2.6)	29	4353
上山田炭坑無煙炭利用方研究(7.4.1)	29	4434
鉱業研究所防火設備外認許(7.4.8)	29	4440
鉱業研究所選鉱機械据附終了外起業落成(7.4.20)	29	4452
大阪製煉所工業所有権特許(7.4.22)	29	4455
大利根鉱山整理ノ為調査(7.4.29)	29	4462
鉱業研究所起業決算額(7.4.30)	29	4464
北京分析所(7.8.30)	29	4529

研究開発・特許・調査　　　　　　　　　　　　　　　　113

項目	巻	頁
研究所新設(7.10.25)	29	4650
査業課所管鉱業調査事項三菱鉱業会社ニ引継要項(8.7.1)	30	4897
研究所開始(8.8.14)	30	4993
丸ノ内地質検査完了(9.3)	30	5178
人為的ノ真珠生成法ニ関スル特許願拒絶(9.6.17)	30	5222
人為的真珠生成法特許再審査請求(9.7.19)	30	5234
日高栄三郎ト編綱法其他ニ係ル特許権使用契約締結(9.8.21)	30	5243
窒素工業ニ関スル特許権共同払下(10.7.6)	31	5554
養殖真珠特許願拒絶ニ付不服抗告ニ係ル件(10.9.19)	31	5574
三菱製鉄会社磁気選鉱機特許(10.11.28)	31	5621
資料課新設ニ付案内並資料寄贈方依頼(11.4.8)	31	5832
南洋材ヲ本社家具材ニ試用(11.4.11)	31	5833
資料分類基準表作成(11.5.31)	31	5857
査業課員甜菜糖製造法其他研究ノ為留学, 外海外出張(11.6.10)	31	5862
地所部ニテ南洋木材試用(11.6.12)	31	5865
東洋文庫建築引受(11.10)	31	5910
日高栄三郎節無綱其他特許権ニ関スル契約ノ件(11.12.14)	31	5927
職員発明ニ関スル規程制定(11.12.15)	31	5955
銑鉄精製用炉外特許登録(11.1.25)	31	5959
三菱電機株式会社職員発明ニ関スル規程制定(11.12.30)	31	6002
真珠生成法特許登録(12.5.23)	32	6156
査業課員方城炭坑ニ駐在(12.6.9)	32	6167
佐藤工業化学研究所持分譲受(12.8.8)	32	6178
Monthly Circular発行(12.12.7)	32	6204
図書移管(12.12.29)	32	6221
職員発明ニ関スル規定制定(12.8.16)	32	6410
三菱海外研究会開催(13.1.18)	33	6520
労務研究会開催(13.1.25)	33	6523
三菱技術研究会設置(13.6.30)	33	6583
佐藤工業化学研究所組合維持費継続提供(13.7.11)	33	6587
工業化学試験所用地賃貸借契約(13.8.18)	33	6598
東京工業化学試験所設立認許(13.9.24)	33	6603
東京工業化学試験所建物附保(13.11.5)	33	6618
液体燃料ニ関スル事務移管(13.3.31)	33	6678
技術研究基金勘定増設(13.2.7)	33	6711
技術研究会開催(14.1.31)	34	6837
海外事情研究会開催(14.3.17)	34	6850
佐藤工業化学研究所維持費継続寄付(14.5.14)	34	6875
三菱「ロールバッハ」飛行機株式会社設立認許(14.6.27)	34	6898
「ドアー, コントロール, アパラタス」製作権譲受契約締結認許(14.7.7)	34	6904
査業課員長崎造船所ニ駐在(14.9.19)	34	6926
低温乾餾試験ニ関スル特許及経過概要(14.12.1)	34	6935
佐藤工業化学研究所維持費継続寄付(15.1.11)	34	7108
海外事情研究会開催(15.2.13)	34	7118
「セメント」防水剤製造方法特許(15.8.11)	34	7192
汎太平洋学術会議出席者資料課参観(15.11.8)	34	7238
資料課資料購入其他ニ係ル件(15.11.19)	34	7240
資料課改正資料分類基準表及資料彙報配付(15.12.13)	34	7249
石油並海外ニ於ケル鉱業調(15.6.26)	34	7284
(昭和)		
内燃機会社バウマン博士雇傭期間延長(2.4.5)	35	26
特許権譲渡(2.6.1)	35	35
アイボライト工場閉鎖(2.6.4)	35	35
佐藤工業化学研究所組合解散(2.6.30)	35	40
コーパルワニス製造方法特許(2.9.16)	35	46
水力電気事業技術顧問招聘(2.9.20)	35	46
航空機会社仏人ヴェルニス招聘決定(4.5.7)	35	250
特許権譲渡(5.1.9)	35	373
自明治27年至大正15年合資会社社誌編纂終了(5.5.30)	35	392
顧問藤伊魁待遇(5.8.2)	35	406
マグネシアセメント製造法特許実施許諾(5.8.30)	35	407
合資会社社誌第1冊印刷完了(5.8.30)	35	408
国際金融及貿易ニ関スル共同研究(6.10.2)	36	535
合資会社社誌第11冊印刷配布(6.11.5)	36	538
鉱物標本移管(7.3.31)	36	645
造船会社研究所廃止(8.3.31)	36	766
内幌炭低温乾餾事業準備(9.2.28)	36	872
経済研究所概況(10.6)	37	1018
重工業会社ニテエンボイ旅客機輸入(10.8)	37	1024
経済研究所理事変更(11.7.6)	37	1153
経済研究所援助(12.5.11)	37	1278
鉱業会社レン炉直接製鋼法特許権譲受契約調印(12.9.14)	37	1296
経済研究所理事長更迭(12.12.20)	37	1317
経済研究所理事長及監事変更(13.4.19)	37	1426
鉱業研究所移転(14.4.20)	38	1527
経済研究所理事変更(14.8.16)	38	1538
鉱業会社ニテ海外鉱山炭砿調査(昭和14年)	38	1566
重工業会社職員発明規程制定(15.1.17)	38	1621
経済研究所理事変更(15.4.26)	38	1639
鉱物標本鉱業研究所ニ寄託(15.4)	38	1639
経済研究所理事及監事就任(15.8.10)	38	1666
三菱技術協議会会則制定(15.10.5)	38	1675
経済研究所監事変更(16.3.26)	38	1769

経済研究所職員役名改正(16.5.1)	38	1773
重工業会社職員発明規程中改正(16.7.2)	38	1798
三菱技術協議会会員変更(16是歳)	38	1839
経済研究所理事変更(17.3.5)	38	1916
経済研究所理事変更(17.4.28)	38	1929
吉原重光外表彰(17.6.25)	38	1940
経済研究所常任理事死去(17.9.21)	38	1957
篠田寛表彰(17.9.29)	38	1957
経済研究所常任理事就任(17.10.5)	38	1960
小藤甫外表彰(18.3.16)	39	2076
経済研究所分系会社寄付金増額(18.3.26)	39	2077
経済研究所理事就任(18.5.4)	39	2090
久保亮一外表彰(18.8.1)	39	2115
川口茂外表彰(18.9.29)	39	2124
技術連絡会議(第2回)開催(18.10.15)	39	2131
重工業会社名古屋発動機研究所設立(18.11.11)	39	2137
電機会社研究所設立(19.3.1)	39	2238
稲田光外表彰(19.3.12)	39	2240
経済研究所理事変更(19.5.9)	39	2266
鉱業研究所独立(19.7.1)	39	2282
久住幸太郎表彰(19.7.1)	39	2282
宮地利春表彰(19.9.14)	39	2292
三菱技術協議会会則中改正(19.11.29)	39	2306
椋尾森義外表彰(19.11.30)	39	2307
辻三直外表彰(20.2.11)	40	2404
広兼孟外表彰(20.4.5)	40	2419
経済研究所職制改正(20.6.1)	40	2433
経済研究所職員役名(20.6.1)	40	2433
小室俊夫外表彰(20.7.1)	40	2437
四本太郎外表彰(20.7.28)	40	2443
藤木経明外表彰(20.8.10)	40	2463
中井良一外表彰(20.9.27)	40	2472
福田由郎外表彰(20.10.31)	40	2491
経済研究所職制改正(20.12.17)	40	2526
経済研究所理事及監事変更(21.1.18)	40	2601
鉱業標本鉱業研究所ニ譲渡(21.1)	40	2603
経済研究所理事辞任(21.5.8)	40	2634
経済研究所ニ対スル寄付許可申請書提出(21.6.20)	40	2642
岡村健二外表彰(21.7.1)	40	2645
宮本粂二外表彰(21.8.1)	40	2646
経済研究所ニ対スル寄付許可(22.6.18)	40	2714

11. 鉱区

1）炭坑

(明治)

万歳音川両炭山租借（4.5.是月）	1	27
音川炭山試掘（4.8.是月）	1	37
万歳音川両炭山請負稼行許可（5.9.15）	1	63
音川炭山借区許可（7.5.31）	1	193
音川炭山稼行廃止（7.8.18）	1	218
高島炭坑譲受（14.3.31）	9	56
伊王島，沖ノ島鉱区譲受（17.9.1）	12	249
中ノ島，二子島炭坑払下（17.9.8）	12	277
松島炭坑試掘許可（18.6.24）	13	267
二子島炭坑廃止（19.1.25）	15	1
沖ノ島礦区試掘廃止（19.9.29）	15	194
伊王島礦区試掘廃止（20.9.30）	15	71
中山植木両炭坑譲受（22.3.10）	16	135
新入炭坑譲受（22.4.是月）	16	223
鯰田炭坑譲受（22.4.是月）	16	242
松島炭坑試掘廃止（22.7.是月）	16	309
古賀山炭坑譲受（23.2.19）	17	20
端島炭坑譲受（23.9.11）	17	128
碓井炭坑借区許可（23.9.16）	17	147
高島炭坑増借区（24.2.28）	17	19
堂長根五借区許可（24.4.2）	17	28
佐與炭坑譲受（24.4.21）	17	51
吉隈土師両炭坑稼行廃止（25.5.22）	18	39
古賀山炭坑稼行廃止（25.5.31）	18	42
新入，植木，両炭坑採掘特許（25.10.1）	18	74
高島炭坑採掘特許（25.10.1）	18	77
中山炭坑採掘特許（25.10.21）	18	78
新入，中山，植木三鉱区合併訂正（25.12.2）	18	149
鯰田，有井，佐与三礦区合併（26.1.25）	18	9
中ノ島炭坑稼行廃止（26.6.是月）	18	80
高島炭坑礦区訂正（26.7.12）	18	83
鯰田炭坑用地売買（27.5.9）	19	16
鯰田炭坑用地買入（27.5.11）	19	17
横島石炭鉱区譲受（27.6.5）	19	19
下山田石炭鉱区譲受（27.9.8）	19	28
横島炭坑試井開鑿（27.12.24）	19	36
臼井炭坑隣接鉱区買入（28.1.8）	19	64
高島炭坑増区（28.3.18）	19	69
熊田村其他石炭鉱区譲受（28.3.22）	19	70
上山田鉱区ニ付土地所有者其他ト契約（28.10.2）	19	82
有井有安鉱区買収認許（28.10.28）	19	85
植木中山深ケ試掘地買入（28.11.19）	19	86
方城村石炭鉱区譲受（28.12.6）	19	88
方城村伊方石炭鉱区譲受（28.12.22）	19	90
田川郡鉱区譲受（29.1.26）	19	105
瑞穂炭坑譲受（29.1.29）	19	105
方城炭坑（29.2.6）	19	107
田川郡鉱区譲受（29.2.10）	19	107
木月鉱区買収（29.2.24）	19	108
鴨生赤坂鉱区譲受（29.4.14）	19	111
有井石炭鉱区譲受（29.4.20）	19	111
撰定鉱区名義変更（29.7.7）	19	116
有井地内試掘鉱区買入（29.8.11）	19	118
中山深ケ試掘地買受認許（29.9.15）	19	120
高島炭坑鉱区統一（29.12.7）	19	126
直方石炭鉱区譲受（29.12.11）	19	126
鯰田炭坑地所買入（30.1.6）	19	147
新入炭坑用地買入（30.1.16）	19	150
鯰田炭坑用地買入（30.1.20）	19	150
新入炭坑用地買入（30.1.25）	19	151
新入炭坑試掘地許可（30.2.10）	19	155
鯰田炭坑用地買入（30.2.15）	19	156
方城坑区試錐（30.4.6）	19	165
松島炭坑用地売却（30.5.26）	19	176
鯰田所在石炭鉱区譲受（30.6.16）	19	183
鯰田炭坑用地買入（30.6.17）	19	184
臼井炭坑用地買入（30.6.21）	19	184
松島試掘地許可（30.6.24）	19	185
新入炭坑用地買入（30.8.12）	19	196
鯰田炭坑用地買入（30.10.5）	19	210
鴨生山野其他鉱区名義換（30.11.27）	19	227
方城村所在採掘鉱区特許（31.4.2）	19	261
赤阪鉱区炭脈採掘ニ関スル契約（31.5.30）	19	270
鯰田炭坑用地買入（31.8.19）	19	277
鯰田炭坑用土地建物購入（32.4.10）	20	323
松島社有地譲渡（32.8.15）	20	343
端島鉱区増区訂正（32.9.12）	20	349
新入炭坑用地購入（33.3.20）	20	398
高島炭坑用地買収（33.8.22）	20	425
鯰田炭坑地所交換（33.9.20）	20	430
相知炭坑譲受（33.11.1）	20	438
金川村方城村地内石炭採掘特許（33.12.18）	20	446
方城村地内石炭採掘特許（34.2.1）	20	475
上山田坑用地購入（34.2.18）	20	479
方城坑用地購入（34.7.19）	20	502
相知炭坑鉱区合併増区（34.10.4）	20	511
新入村地内石炭鉱区譲受（34.11.1）	20	513
新入支坑用溜池埋立使用権買収（35.4.16）	20	568

項目	巻	頁
鯰田炭坑溜池埋立及使用権譲受其他(35.7.22)	20	579
相知炭坑被害地買収其他(35.8.14)	20	581
臼井支坑鉱区分割及減区(35.12.27)	20	597
鯰田炭坑用地購入(36.1.27)	20	623
新入第三坑用地購入(36.4.9)	20	632
新入鉱区増区合併(36.4.16)	20	634
方城鉱区増区合併(36.6.11)	20	642
方城坑用地購入(37.2.16)	20	690
相知炭坑用地購入(37.4.22)	20	704
方城鉱区ノ一部金谷鉱業会社鉱区ト交換其他(37.5.22)	20	707
新入炭坑用地購入(37.7.15)	20	714
方城鉱区訂正(37.8.13)	20	720
臼井鉱区譲渡(38.2.8)	20	770
上山田支坑用地購入(38.5.5)	20	786
植木村地内石炭鉱区譲受(38.7.4)	20	804
植木町地内石炭鉱区譲受(38.7.24)	20	807
鯰田炭坑鉱区中譲渡(38.11.25)	20	825
直方村地内石炭鉱区譲受(39.4.23)	21	875
中山鉱区ニ関スル旧契約破棄協定(40.1.22)	21	949
相知炭坑第二坑開鑿準備,用地買収(40.4.12)	21	970
上山田鉱区一部小富士鉱区ト交換(40.5.25)	21	980
方城鉱区,三井鉱区,豊国鉱区ト増減区交換(40.11.12)	21	1010
相知炭坑第二坑上層炭採掘権利区域買収(40.12.20)	21	1017
相知炭坑上層炭採掘権買収(41.8.8)	21	1087
牟田部炭坑譲受(41.11.1)	21	1104
相知炭坑鉱区合併(42.3.15)	21	1149
新入村外所在石炭採掘鉱区登録(42.3.23)	21	1152
高島炭坑所属地所報告(42.4.7)	21	1154
相知炭坑所属地所報告(42.5.19)	21	1158
鯰田炭坑所属地所報告(42.5.23)	21	1158
鯰田炭坑所在地名改称(42.6.22)	21	1162
新入炭坑所属地所報告(42.6.27)	21	1162
相知炭坑上層炭採掘権譲受(42.9.13)	21	1182
金田炭坑譲受稼行(43.10.1)	21	1260
相知炭坑上層炭採掘権買収(43.10.19)	21	1262
新入炭坑隣接鉱区譲受(44.3.22)	21	1315
芳谷炭坑譲受稼行(44.5.1)	21	1321
芳谷炭坑増区訂正(44.11.16)	21	1370
相知炭坑上層炭採掘権買収(44.12.30)	21	1390
(大正)		
大任村地内石炭鉱区譲受(1.2.17)	22	1440
方城村大字辨城石炭鉱区譲受(1.6月)	22	1478
方城炭坑用地買受(1.7.29)	22	1485
岸岳炭坑譲受契約(1.10.31)	22	1510
相知炭坑用地買入(1.11.7)	22	1512
鯰田炭坑鉱業用地買収(1.11.11)	22	1512
相知炭坑用地買受(1.12.30)	22	1542
北海道石炭鉱区登録(2.1.8)	22	1605
芳谷及岸岳鉱区増区合併(2.2.12)	22	1643
方城炭坑所属鉱区増区(2.2.28)	22	1657
石狩国石炭試掘鉱区社名ニ変更(2.3.12)	22	1666
方城炭坑所属地ヲ金田炭坑ニ譲渡(2.3.13)	22	1668
方城炭坑用地買収(2.3.14)	22	1673
北海道所在鉱区名義人(2.3.29)	22	1685
新入炭坑土地買収(2.4.5)	22	1692
新入炭坑土地譲渡(2.4.8)	22	1694
高島炭坑増区(2.6.30)	22	1744
鯰田炭坑田地譲渡(2.7.31)	22	1757
北海道石炭鉱区(2.8.21)	22	1776
金谷炭坑買収(2.8.22)	22	1777
芳谷炭坑用地買入(2.10.18)	22	1820
相知炭坑用地買入(2.11.22)	22	1839
北海道石炭鉱区廃棄(2.11.28)	22	1849
空知郡石炭試掘出願(2.12.18)	22	1876
相知炭坑用地買収(3.1.12)	23	1994
鯰田炭坑用地買収(3.2.2)	23	2017
新入炭坑地上権解約(3.4.1)	23	2063
鞍手郡石炭鉱区買収(3.5.6)	23	2096
相知炭坑上層炭採掘権買収(3.5.6)	23	2096
七釜石炭鉱区買収(3.5.15)	23	2100
七釜鉱区鉱業代理人(3.5.29)	23	2110
空知郡石炭採掘鉱区許可(3.6.4)	23	2117
石狩国石炭及石油試掘鉱区登録(3.6.5)	23	2118
芳谷炭坑用地買入(3.6.20)	23	2130
空知郡石炭鉱区登録(3.7.4)	23	2145
石狩国石炭試掘鉱区登録(3.7.14)	23	2153
七釜村外石炭鉱区試掘許可(3.7.23)	23	2158
新入炭坑第五坑廃坑(3.7.26)	23	2161
空知郡石炭鉱区登録(3.8.18)	23	2180
石狩国石炭試掘鉱区登録(3.8.19)	23	2181
蘆別出張所試錐着炭(3.9.19)	23	2210
蘆別出張所第一試錐第六回着炭(3.10.10)	23	2226
新入炭坑土地売渡(3.10.19)	23	2229
蘆別出張所第一号金剛石試錐中止(3.10.31)	23	2232
新入炭坑休業鉱区報告(3.10.31)	23	2233
宗谷鉱区整理(3.11.24)	23	2247
北海道所在石炭石油鉱区整理(3.11.29)	23	2252
北海道石炭鉱区整理(3.12.3)	23	2260
北海道鉱区整理(3.12.22)	23	2285
芳谷炭坑鉱区買収(3.12.28)	23	2290
臨時北海道調査課鉱区(3.12.31)	23	2297
宗谷鉱区廃棄(4.1.12)	24	2416

鉱　　区　　　　　　　　　　　　117

項目	巻	頁
北海道鉱区休業届(4.2.20)	24	2440
北海道鉱区登録(4.2.24)	24	2447
北海道石炭鉱区交換(4.4.7)	24	2474
相知炭坑青幡鶴試錐(4.4.24)	24	2487
芳谷炭坑石炭試錐鉱区再登録(4.5.10)	24	2500
七釜鉱区再許可(4.5.17)	24	2506
北海道所在石炭鉱区名義変更(4.7.14)	24	2541
美唄炭坑買収稼行(4.9.5)	24	2575
石狩採掘鉱区買収(4.10.12)	24	2612
石狩国石炭試掘鉱区買収(4.10.18)	24	2615
夕張郡試掘鉱区買収(4.11.19)	24	2653
美唄炭坑鉱区(4.12.28)	24	2689
鯰田炭坑被害地買収(5.1.7)	25	2822
美唄炭坑買収ニ付披露(5.1.8)	25	2823
北海道鉱区休業(5.1.22)	25	2849
大夕張炭坑買収(5.1.24)	25	2850
久留米鉱区買収予約(5.2.2)	25	2878
北海道試掘鉱区満期消滅(5.2.5)	25	2887
上山田炭坑用地買収(5.2.5)	25	2887
久留米地方地質調査(5.2.8)	25	2895
石狩国試掘鉱区買収(5.2.15)	25	2899
新入炭坑用地買収(5.2.23)	25	2904
大夕張炭坑借地継承(5.3.7)	25	2923
小富士炭坑買収(5.3.10)	25	2926
遠賀郡石炭鉱区買収(5.3.24)	25	2938
久留米試錐状況(5.4.1)	25	2957
久留米試錐状況(5.4.21)	25	2980
母狩鉱区増区(5.4.28)	25	2987
久留米東北部方面調査ヲ相知炭坑ニ嘱託(5.5.10)	25	3001
田主丸町字新町ニ鑿井着手(5.5.10)	25	3002
久留米試掘鉱区取得(5.5.18)	25	3012
小佐佐鉱区譲受(5.6.17)	25	3040
方城炭坑隣接鉱区ヨリ侵掘ノ件(5.6.21)	25	3044
蘆別炭坑所属鉱区休業届(5.7.8)	25	3071
石狩国試掘鉱区登録(5.7.8)	25	3072
新入炭坑石炭鉱区買収(5.7.21)	25	3095
母狩採掘鉱区買受(5.8.3)	25	3104
佐佐村試掘鉱区買収(5.8.3)	25	3104
長崎県北松浦郡試掘鉱区譲受(5.8.4)	25	3110
福岡県試掘鉱区登録(5.8.4)	25	3110
相知炭坑青幡鶴試錐温泉湧出(5.8.7)	25	3112
佐佐村鉱区買収(5.8.22)	25	3128
北海道外鉱区調査(5.8月)	25	3138
相知炭坑青幡鶴試錐所中止(5.9.26)	25	3165
久留米鉱区鉱業代理人(5.10.2)	25	3175
石狩国試掘鉱区買収(5.10.7)	25	3178
上山田炭坑鉱区合併増区(5.10.9)	25	3178
小佐佐試錐状況(5.10.12)	25	3181
金田炭坑所属地方城炭坑ニ譲渡(5.10.16)	25	3187
高島炭坑増区出願(5.10.26)	25	3198
久留米南部試掘鉱区事務引継(5.11.21)	26	3239
石狩国所在石炭鉱区斤先掘契約(5.11)	26	3267
久保鉱区買収(5.12.13)	26	3296
猪ノ国石炭鉱区買収(5.12.15)	26	3316
岡田岩蔵名義久留米試掘鉱区事務取扱ノ件(5.12.19)	26	3322
井原穀郎外名義久留米試掘鉱区事務取扱ノ件(5.12.20)	26	3335
相知芳谷炭坑鉱命(5.12.28)	26	3371
佐佐浦鉱区買収(5.12.28)	26	3371
渡島国試掘鉱区買収(5.12.30)	26	3416
猪之国炭坑買収(6.1.6)	27	3583
石狩国石炭鉱区休業(6.1.19)	27	3590
佐佐浦炭坑用地買収(6.2.4)	27	3608
佐佐村鉱区買収(6.2.8)	27	3612
相知炭坑青幡鶴鉱泉用地売買契約(6.2.22)	27	3635
幌向沼貝其他鉱区関係事務美唄炭坑ニ移管(6.2.25)	27	3641
北湧鉱区登録(6.3.5)	27	3656
佐佐浦試錐所岸岳試錐所ト改称(6.3.31)	27	3681
蘆別村石炭鉱区買収(6.4.5)	27	3686
佐佐浦炭坑沖田試錐中止外試錐状況(6.4.15)	27	3698
七釜鉱区試錐中止，鉱区返還(6.4.20)	27	3700
方城炭坑鉱区合併(6.5.11)	27	3751
芳谷炭坑附近鉱区許可(6.5.21)	27	3757
芳谷炭坑附近鉱区買収(6.5.25)	27	3764
久留米試錐所鉱区登録(6.6.7)	27	3782
莇原石炭鉱区ノ内柚ノ木鉱区買収(6.7.5)	27	3828
莇原石炭鉱区買収(6.7.7)	27	3832
北海道鉱区休業届(6.7.8)	27	3837
芳谷炭坑用地買収(6.7.9)	27	3837
下山田試錐所開始(6.7.14)	27	3847
方城炭坑所属鉱区蔵内治郎作ト交換(6.7.16)	27	3855
下山田試錐状況(6.7.16)	27	3857
美唄炭坑用地移転登録(6.7.21)	27	3861
莇原鉱区試錐費認許(6.7.28)	27	3870
蘆別鉱区中斤先掘契約(6.8.4)	27	3879
釧路国及石狩国石炭鉱区買収(6.8.14)	27	3889
莇原鉱区調査員差向(6.9.1)	28	3916
高島炭坑増区許可(6.10.23)	28	3980
久留米試錐所鉱区鉱業代理人変更(6.10.24)	28	3981
端島新竪坑準備試錐(6.10.25)	28	3982
莇原鉱区試錐開始ニ付披露(6.10.26)	28	3989
相知炭坑鉱区減区売却(6.10.30)	28	3994
芳谷炭坑附属鉱区登録(6.11.5)	28	4001
新入炭坑香月村外鉱区買収(6.11.7)	28	4007

鉱　区

項目		
七釜鉱区廃棄(6.11.13)	28	4009
久留米試錐所状況(6.11.19)	28	4014
北松浦郡佐佐村鉱区買収(6.11.27)	28	4027
美唄炭坑鉱区整理(6.12.6)	28	4036
芳谷炭坑所属鉱区中名義変更(6.12.12)	28	4058
佐佐浦鉱区鉱命其他(6.12.31)	28	4085
大正6年度佐佐浦試錐坑概況(6.)	28	4134
新入炭坑石炭試掘鉱区買収(7.1.8)	29	4308
久留米試錐所試掘鉱区登録(7.1.8)	29	4309
久留米試錐所状況(7.1.15)	29	4326
佐佐浦炭坑試錐状況(7.1.17)	29	4330
黒崎附近「ボーリング」施行(7.1.24)	29	4336
北海道内鉱区休業届(7.1.27)	29	4342
蘆別炭坑御料地借受(7.1.31)	29	4348
久留米試錐所試錐状況(7.2.6)	29	4354
久留米試錐所状況(7.3.29)	29	4431
鯰田炭坑鉱命延長(7.4.18)	29	4449
方城炭坑増区合併(7.4.24)	29	4458
大正7年皇1月久留米試錐所状況	29	4623
金田炭坑稼行休止(15.8.4)	34	7284

（昭和）

項目		
新入炭坑第一坑廃坑決定(2.3)	35	25
中山田炭坑買収(3.6.28)	35	143
蘆別炭礦外買収(3.6.30)	35	143
尺別炭坑買収(3.10.11)	35	155
雄別炭礦鉄道会社ニテ茂尻炭坑買収(10.7.30)	37	1022
雄別炭礦鉄道会社ニテ浦幌炭礦買収(11.11.4)	37	1162
昭和炭礦買収改称(12.7.28)	37	1290
上山田鉱区分譲及東美唄鉱区譲受(14.7.12)	38	1536
鉱業会社ニテ三井鉱山ト鉱区無償交換(15.7.30)	38	1664
茹原石炭鉱区一部売却承認(15.11.4)	38	1683
日東美唄炭坑買収(19.2.1)	39	2233
鞍手炭礦買収(19.5.21)	39	2267
糟屋炭坑買収(20.5.8)	40	2428

2）鉱山

（明治）

項目		
吉岡鉱山譲受（6.12.22）	1	156
尾太八光両鉱山借区許可（7.9.2）	1	251
吉岡鉱山坑口増掘（7.9.是月）	1	271
軽井沢鉱山借区許可（7.是歳）	1	333
小松原鉱山試掘廃止（8.7.24）	2	155
軽井沢鉱山試掘廃止（8.8.22）	補	33
吉岡鉱山第3通洞開鑿（9.2.22）	3	55
尾太八光両鉱山廃坑（9.12.是月）	3	608
弥高鉱山譲受（10.5.20）	4	158
吉岡鉱山下千枚外7字借区許可（11.7.5）	補	47
笹ケ畝鉱山借区許可（12.5.10）	7	236
青滝鉱山譲受（12.8.是月）	7	401
北方鉱山譲受（13.11.16）	8	550
大栄鉱山譲受（17.3.是月）	12	84
北方鉱山借区廃止（17.12.25）	12	386
吉岡鉱山下千枚借区廃止（18.12.是月）	14	636
興共鉱山譲受（19.4.是月）	15	50
瀬戸鉱山稼行（19.7.是月）	15	166
大栄興共両鉱山併合，帯江鉱山ト改称(19.7.是月)	15	179
大桐鉱山譲受（19.10.是月）	15	197
多田鉱山稼行（20.2.是月）	15	2
尾去沢鉱山譲受（20.10.24）	15	133
細地鉱山譲受（20.11.5）	15	190
大葛鉱山譲受（20.11.15）	15	207
樫村鉱山譲受（20.12.是月）	15	247
槙峰鉱山譲受（21.2.9）	16	31
木浦鉱山譲受（21.3.8）	16	48
猿渡鉱山譲受（21.4.15）	16	70
別所鉱山譲受（21.5.是月）	16	82
永松鉱山譲受（21.6.12）	16	94
小真木，白根，明通，館石，湯ノ沢，甚吉森六鉱山譲受（21.7.1）	16	105
日向豊後鉱山併合，日豊鉱山ト総称(21.7.是月)	16	164
黒森鉱山竝半田廃礦区及製煉所譲受（21.10.1）	16	171
小泉鉱山譲受（21.10.是月）	16	198
土々呂鉱山譲受（21.12.5）	16	228
尾平鉱山譲受（22.1.21）	16	16
面谷鉱山譲受（22.1.25）	16	34
道口鉱山譲受（22.1.是月）	16	124
明通鉱山稼行廃止（22.7.6）	16	294
永松鉱山売却（22.10.21）	16	375
木浦鉱山貸付（22.11.16）	16	386

鉱　　区　　　　　　　　　　　　　　119

項目	巻	頁
鍋倉鉱山譲受（23.5.7）	17	72
坪井鉱山譲受（23.7.是月）	17	101
尾去沢鉱山元山，崎山，深沢，獅子沢，獅子吉隅，土師，岩淵炭坑譲受（23.8.19）	17	107
阿口鉱区譲受（23.8.26）	17	122
尾去沢鉱山赤沢借区許可（24.4.14）	17	46
吉岡鉱山支山弥高外6山売却（24.6.是月）	17	159
黒森鉱山貸付（24.11.7）	17	203
日豊鉱山ヲ槙峰鉱山ト改称（25.5.18）	18	33
小真木鉱山ヲ尾去沢鉱山ニ併合（25.11.22）	18	132
坪井別所両鉱山売却（25.11.是月）	18	138
尾平鉱山売却（26.1.21）	18	4
尾去沢鉱山採掘特許鉱区合併訂正（26.2.14）	18	19
吉岡鉱山採掘特許鉱区合併訂正（26.4.7）	18	33
多田鉱山譲渡（26.7.18）	18	85
鉱山炭坑登記（27.1.9）	19	4
槙峰鉱山土地買入（27.9.8）	19	28
笹畝鉱山譲受（27.10.23）	19	30
鹿角郡銅鉱試掘認可（27.12.14）	19	35
尾去沢鉱区訂正（27.12.17）	19	35
甚吉森鉱区訂正（28.4.5）	19	72
槙峰鉱山土地買入（28.7.2）	19	76
赤谷鉄鉱区譲受（28.12.26）	19	91
中山鉱山買収（29.3.24）	19	110
荒川鉱山買収（29.5.2）	19	112
熊野江鉱山買収（29.5.18）	19	113
簀立鉱山買収認許（29.10.21）	19	123
佐渡生野両鉱山其他払下（29.11.1）	19	124
尾去沢鉱山鉱区買収（30.1.9）	19	148
生野鉱山鉱区実測依頼（30.2.22）	19	157
吉岡鉱山隣接鉱区譲受（30.2.23）	19	158
北方鉱区名義書換（30.3.17）	19	162
佐渡鉱山用地建物買入（30.5.21）	19	175
播磨国鉄鉱区買入（30.5.31）	19	178
赤谷鉱山測量（30.6.4）	19	180
神崎郡試掘申請（30.6.24）	19	185
高草鉱山譲受（30.8.13）	19	196
高草鉱山特許（30.9.11）	19	203
生野佐渡両鉱山其他落札（29.9.16）	19	204
佐渡達者鉱区特許（30.10.25）	19	216
佐渡高千村鉱区特許（30.11.26）	19	226
面谷鉱山立木買入（30.12.7）	19	229
赤谷鉄鉱区特許（30.12.7）	19	230
小真木鉱山名義変更（31.6.24）	19	272
赤谷鉱山名義変更（31.6.27）	19	273
吉岡鉱山造林（31.9.24）	19	281
簀立鉱山譲受（31.12.12）	19	289
面谷鉱山地所使用ニ関シ契約（31.12.31）	19	291
佐渡鉱山払下実測地積（32.1.11）	20	309
生野鉱山用地買入（32.4.13）	20	324
面谷鉱山立木買入（32.4.26）	20	327
明延神児畑両鑛区字名訂正（32.7.7）	20	338
赤谷鉱山譲渡（32.7.20）	20	340
朝来郡内採掘特許（32.8.15）	20	343
佐渡郡内採掘特許（32.9.28）	20	351
槙峰鉱山土地購入（32.10.21）	20	353
吉岡鉱山鉱区合併特許（33.5.15）	20	410
曙鉱区譲受（33.11.21）	20	442
尾去沢鉱山用地購入（34.3.4）	20	483
吉岡鉱山土地交換（34.8.7）	20	506
吉岡鉱山用地購入（34.10.18）	20	511
佐渡鉱山用地購入（34.11.21）	20	516
吉岡鉱山用地購入（35.1.22）	20	552
吉岡鉱山用地購入（35.1.29）	20	554
尾去沢鉱山鉱業用地払下其他（35.6.30）	20	573
吉岡鉱山用地購入（35.10.28）	20	589
宝鉱山譲受（36.6.28）	20	645
吉岡鉱山用地購入其他（36.8.10）	20	649
尾去沢鉱山用地購入（36.11.20）	20	659
明延坑用地購入（36.11.26）	20	659
宝鉱山用借地権譲受其他（37.2.8）	20	687
黒森鉱山譲渡（37.5.7）	20	707
宝鉱山硫化鉄鉱採掘特許其他出願（37.6.2）	20	709
佐渡鉱山砂鉱ニ関スル報告（37.6.20）	20	712
幸盛鉱山用地購入（37.7.30）	20	717
幸盛鉱山譲受（37.8.2）	20	718
細地鉱区譲渡（37.9.22）	20	724
大昂鉱山譲受及土地購入（37.10.25）	20	732
尾去沢鉱山鉱区修正（38.3.9）	20	775
尾去沢鉱山用地購入（38.4.15）	20	780
明延鉱区用地購入其他（38.5.22）	20	789
尾去沢鉱山砂鉱採取許可（38.9.23）	20	816
尾去沢鉱山西隣鉱区譲受（38.12.28）	20	837
鹿角郡内特許及試掘鉱区譲受（39.2.12）	21	865
明治鉱山譲受（39.2.17）	21	865
宝鉱山鉱区合併（39.6.6）	21	881
坂東島鉱山譲受（39.10.1）	21	902
大立鉱山譲受及増区（40.2.12）	21	952
神崎鉱区外譲受（40.2.27）	21	963
中天井鉱山譲受（40.7.29）	21	995
日三市支山増区（40.12.22）	21	1020
佐渡鉱山用地購入（41.2.22）	21	1059
木浦鉱区譲渡（41.3.25）	21	1064
巌洞鉱山譲受（41.5.13）	21	1077

荒川鉱山試掘権登録(41.10.9)	21	1102	佐渡鉱山地上権取得(2.2.17)	22	1650
鹿角郡小坂村地内試掘権登録(41.11.2)	21	1104	生野鉱山用地買収(2.3.24)	22	1678
宝鉱山減区(41.12.2)	21	1109	吉岡鉱山用地買収(2.4.29)	22	1705
尾去沢鉱山採掘権登録(41.12.15)	21	1111	古遠部鉱区増区(2.5.19)	22	1715
尾去沢鉱山増区(42.2.3)	21	1143	富来鉱山用地買収(2.5.30)	22	1716
金山支山所属地所(42.3.16)	21	1150	明延支山隣接鉱区買収(2.6.18)	22	1735
宝鉱山所属地所(42.3.17)	21	1150	尾去沢鉱山試掘鉱区買収(2.7.4)	22	1745
面谷鉱山所属地所報告(42.4.3)	21	1153	面谷鉱山試掘許可(2.7.14)	22	1750
槇峰鉱山所属地所報告(42.4.6)	21	1153	高根鉱山買収(2.7.18)	22	1755
吉岡鉱山所属地所報告(42.4.16)	21	1154	養父郡試掘鉱区登録(2.8.8)	22	1768
生野鉱山所属地所報告(42.5.2)	21	1157	達者小川両鉱区探鉱(2.8.31)	22	1784
大葛村採掘権登録(42.5.10)	21	1157	小萩鉱区休業(2.8)	22	1786
荒川鉱山所属地所報告(42.8.13)	21	1172	佐渡郡所在鉱区合併改称(2.9.3)	22	1788
湯ノ沢鉱山甚吉森鉱区譲渡(42.8.33)	21	1174	佐渡所在戸中鉱山買収(2.9.17)	22	1793
神児畑及明延鉱山鉱種名更正(42.10.6)	21	1185	尾去沢鉱山試掘鉱区登録(2.11.14)	22	1833
猿渡鉱区減区(43.4.11)	21	1233	高根鉱山試掘鉱区登録(2.12.5)	22	1864
巌洞支山増区合併(43.4.16)	21	1234	高取鉱山塩子地内ニ開坑(3.1.10)	23	1994
吉岡鉱山土地譲受其他(43.4.21)	21	1234	面谷鉱山起業追加承認(3.1.21)	23	2001
広地金山譲受(43.5.23)	21	1239	坂東島支山鉱区増区(3.3.5)	23	2037
広地鉱山譲受(43.10.12)	21	1261	瀬田石鉱山買収外鉱区取得(3.4.1)	23	2062
尾去沢鉱山試掘権登録(44.2.15)	21	1306	吉岡鉱山試掘権登録(3.4.20)	23	2082
富来鉱山譲受稼行(44.3.1)	21	1308	槇峰鉱山土地買収(3.5.29)	23	2110
金山支山試掘権登録(44.5.15)	21	1325	奥山鉱山買収(3.6.9)	23	2120
吉岡鉱山地上権取得(44.10.3)	21	1349	奥山鉱山鉱区ノ内移転登録(3.6.16)	23	2128
佐渡郡高千村鉱区譲受(44.10.16)	21	1362	奥山鉱山起業費承認(3.6.26)	23	2135
小坂村地内鉱区買収(44.12.31)	21	1390	尾去沢鉱山八戸石灰山買収(3.6.26)	23	2135
（大正）			中天井鉱区増区(3.11.4)	23	2237
金山支山所属鉱区社名ニ変更(1.1.15)	22	1429	佐渡郡採掘鉱区登録(3.12.1)	23	2259
鹿角郡内試掘鉱区買収(1.1.28)	22	1435	佐渡鉱山所属鉱区合併(3.12.23)	23	2286
日三市支山鉱区表示変更(1.2.15)	22	1438	後尾試掘鉱区外登録(4.1.23)	24	2427
広地鉱区表示更正(1.2.16)	22	1439	多多良木宮垣鉱区休業(4.2.26)	24	2451
金山支山鉱区増区(1.2.28)	22	1442	長野県所在試掘鉱区譲受(4.3.15)	24	2462
富来鉱山鉱区表示更正(1.2)	22	1443	綱取鉱山買収稼行(4.8.24)	24	2568
高取鉱山用借地名義変更(1.3.8)	22	1444	荒川鉱山石油鉱試掘許可(4.9.27)	24	2592
佐渡鉱山用地交換(1.5.9)	22	1466	長野県試掘鉱区登録(4.10.1)	24	2602
中天井鉱区表示変更(1.6.8)	22	1474	長野県試掘鉱区事業着手(4.10.23)	24	2620
金山支山鉱区合併増区(1.6.15)	22	1475	吉岡鉱山用地買入地上権取得(4.11.25)	24	2657
神崎鉱区社名ニ変更(1.7.24)	22	1484	奥山鉱山所属鉱区登録(4.11.30)	24	2660
槇峰鉱山用地買収(1.10.22)	22	1507	安井山鉱区買収(4.12.22)	24	2677
佐渡高千村鉱区変更増区(1.11.11)	22	1512	龍川鑛山用地借地(4.12.22)	21	2678
佐渡鉱山増区(1.11.15)	22	1514	尾去沢鉱山鉱区買収及許可(4.12)	24	2697
多多良木鉱区表示変更(1.12.21)	22	1536	面谷鉱区増区(5.1.6)	25	2821
佐渡鉱山後尾鉱区再登録(1.12.26)	22	1538	二双鉱山買収(5.1.7)	25	2822
面谷鉱山秋生所在鉱区及石徹白村石炭試掘鉱区取得(1.是歳)	22	1552	鹿角郡試掘鉱区取得(5.1.10)	25	2823
			高知県水銀鉱区譲受(5.1.11)	25	2825
尾去沢鉱山用地買入(2.1.9)	22	1614	佐渡鉱山土地買収(5.1.13)	25	2835
槇峰鉱山増区(2.2.17)	22	1650	青森県所在鉱区買収(5.2.14)	25	2898

鉱　区

大葛村所在試掘鉱区取得(5.2.21)	25	2901
青森県試掘鉱区買収(5.3.3)	25	2919
奥山鉱山鉱区図修正(5.3.11)	25	2927
青森県所在試掘鉱区登録(5.3.30)	25	2947
荒川鉱山石油試掘鉱区許可(5.4.4)	25	2958
面谷鉱山試掘鉱区登録(5.4.4)	25	2962
鹿角郡試掘鉱区買収(5.4.11)	25	2970
鹿角郡試掘鉱区登録(5.5.3)	25	2992
亀山盛鉱山休業届(5.5.5)	25	2993
長野県試掘鉱区増減区及探鉱(5.5.23)	25	3016
岡山県下試掘鉱区継続出願(5.5.25)	25	3017
北海道鉄鉱区調査(5.6.30)	25	3052
長野県試掘鉱区用地借入(5.6)	25	3054
静岡県賀茂郡鉱区再登録(5.7.3)	25	3059
綱取鉱山鉱区中登録(5.7.16)	25	3088
大内鉱区買収(5.7.22)	25	3098
青森県試掘鉱区取得(5.8.5)	25	3112
荒川鉱山所属諸支山休業届(5.8.5)	25	3112
安井鉱山買収(5.8.15)	25	3125
奥山鉱山鉱区合併増区(5.8.19)	25	3127
石川県試掘鉱区登録(5.8.30)	25	3136
高知県鉄鉱区試掘出願(5.9.16)	25	3154
青森県試掘鉱区名義変更(5.9.19)	25	3158
青森県鉱区鉱業着手(5.10.26)	25	3198
青森県試掘鉱区取得(5.10.27)	25	3200
島根県試掘鉱区登録(5.11.4)	26	3221
青森県今別村試掘鉱区買収(5.11.8)	26	3224
湧別鉱山買収(5.12.3)	26	3276
北湧鉱山買収(5.12.13)	26	3296
石仮戸其他尾去沢所属鉱区休業届(5.12.20)	26	3326
大利根鉱山買収契約(5.12.28)	26	3368
尾去沢鉱山試掘鉱区登録(6.2.8)	26	3424
石崎鉱山買収(6.1.10)	27	3584
石崎鉱山探鉱(6.1.19)	27	3589
鹿角郡鉱区買収，青森県鉱区登録(6.2.8)	27	3611
面谷鉱山鉱区取得(6.3.29)	27	3675
宝加勝鉱山買収(6.3.31)	27	3680
青森県試掘鉱区鉱業代理人選任(6.4.24)	27	3704
神林啓太郎ト金員貸借契約鉱区買収(6.5.19)	27	3756
石崎鉱山再登録(6.5.26)	27	3768
神崎支山探鉱再着手(6.6.)	27	3821
長野県試掘鉱区鉱業事務所設置(6.7.5)	27	3828
金山鉱山附近鉱区買収(6.7.6)	27	3830
中ノ萱谷鉱区買収(6.8.21)	27	3893
大利根鉱山鉱業代理人変更(6.10.18)	28	3975
大野鉱山買収(6.10.18)	28	3975
長野県試掘鉱区廃棄(6.12.11)	28	4056
北湧鉱山探鉱継続(7.1.5)	29	4304
面谷鉱山試掘鉱区登録(7.1.17)	29	4328
綱取鉱山鉱区増区(7.1.25)	29	4337
安井鉱区売却(7.2.4)	29	4352
高知県金銀水銀試掘鉱区登録(7.3.4)	29	4395
面谷鉱山旧錢採取場抛棄(7.4.2)	29	4436
元面分鉱山若生子製煉所用地無償譲渡(9.5.10)	30	5200
鷲合森鉱山買収(14.7.28)	34	7000
(昭和)		
大湧鉱山稼行休止(3.9.30)	35	151
沼ノ上鉱山買収(3.10.9)	35	154
出石鉱山買収(3.12.1)	35	160
佑盆鉱山買収(4.4.23)	35	249
浅川鉱山買収(4.5.25)	35	250
青岩鉱山買収(7.4.4)	36	654
栃沢鉱区買収(7.7.30)	36	669
三光，国師峰両金山買収(8.8.19)	36	784
金谷川鉱山買収(8.9.27)	36	786
月田鉱山買収(8.11.30)	36	791
細倉鉱山買収(9.3.29)	36	883
宮崎鉱山買収(9.9.26)	36	916
根羽沢鉱山買収契約(10.3.30)	37	1004
尾平鉱山買収(10.8.22)	37	1023
手稲鉱山買収(10.12.20)	37	1041
鎌内鉱山買収(11.9.30)	37	1159
泊鉱山買収(11.12.28)	37	1172
山佐鉱山買収(12.8.18)	37	1292
手稲鉱区隣接鉱区買収(13.2.26)	37	1415
金谷川鉱山売却(14.8.25)	38	1539
大内鉱区売却承認(15.2.28)	38	1628
荒川鉱山休山(15.12.20)	38	1688
鉱業会社ニテ槇峰他鉱区交換及譲渡(17.11.5)	38	1966
中瀬鉱山使用権設定(19.8.21)	39	2290

3）石油

(大正)

新潟石油鉱区共同出願(5.12.15)	26	3316
新潟石油鉱区買収(6.9.9)	28	3924
秋田県石油鉱区鉱業代理人変更(6.10.20)	28	3977
新潟石油鉱区登録(6.12.4)	28	4035
夕張郡石油鉱区登録(6.12.17)	28	4062
南樺太石油鉱区出願(7.1.11)	29	4317
中蒲原郡石油試掘鉱区登録(7.1.14)	29	4324
島根県石油試掘鉱区登録(7.11.1)	29	4556
新潟石油鉱区ニ係ル件(8.12.18)	30	4963
越後油田事項三菱鉱業会社ヨリ移管(9.4.1)	30	5181
新潟石油鉱区関係人馬場八郎ト関係打切(9.6.19)	30	5223
秋田県石油鉱区放棄(9.12.14)	30	5289
秋田県所在石油鉱区掘鑿請負契約(10.11.10)	31	5611
新潟石油鉱区廃棄(10.12.14)	31	5630
秋田島根石油鉱区放棄(11.12.26)	31	5932
石油鉱区申込ニ係ル件(15.2.15)	34	7118
秋田県石油鉱区廃業(15.6.15)	34	7156

12. 船舶

1）購入・受託

(明治)

項目	巻	頁
夕顔，紅葉賀，鶴下附，夕顔ヲ太平丸，鶴ヲ千年丸ト改称 (3.10.18)	1	3
「オリッサ」号購入，快順丸改称 (3.11.26)	1	13
「オーガスタ」号購入，安全丸ト改称 (5.9.16)	1	66
豊栄丸購入 (5.11.是月)	1	75
快順丸下附 (5.是冬)	1	77
江鳥丸購入，蓬萊丸ト改称 (6.2.11)	1	82
通商丸購入，平安丸ト改称 (6.2.是月)	1	95
安洋丸購入，繁栄丸ト改称 (6.4.3)	1	110
成徳丸購入 (6.7.14)	1	119
筑紫丸購入，扶桑丸ト改称 (6.11.6)	1	145
駿河丸購入 (7.是夏)	1	199
東海丸受託 (7.7.29)	1	205
金川丸受託 (7.8.3)	1	209
東京丸受託 (7.8.10)	1	211
品川丸受託 (7.10.10)	1	276
瓊浦丸受託 (7.10.16)	1	278
豊島丸受託 (7.10.17)	1	279
九州丸受託 (7.10.31)	1	282
社寮丸受託 (7.12.5)	1	310
新潟丸受託 (7.12.8)	1	311
高砂丸受託 (7.12.24)	1	315
二月丸購入 (8.2.25)	1	421
敦賀丸受託 (8.3.15)	1	468
兵庫丸受託 (8.5.8)	2	77
隅田丸受託 (8.5.13)	2	85
神戸支社庫船借入 (8.5.20)	2	92
受託船13隻下附 (8.9.15)	2	203
旧郵便蒸汽船会社所属汽船17隻下附 (8.9.23)	2	239
「コスタリカ」「オレゴニアン」「ゴールデンエージ」「子バタ」購入 (8.10.16)	2	308
「オレゴニアン」ヲ名護屋丸，「コスタリカ」ヲ玄海丸「ゴールデンエージ」ヲ広島丸ト改称 (8.10.22)	2	337
「エレンフード」購入，芙蓉丸ト改称 (8.12.27)	2	474
千鳥丸購入 (9.2.是月)	3	73
向陽丸下附 (9.是春)	3	141
「シャムラッカ」購入，神崎丸改称 (9.7.4)	3	245
「ロース」号ヲ生田丸ト改称 (9.12.23)	3	594
「ネバタ」号ヲ西京丸ト改称 (10.1.25)	4	23
朝鮮丸受託 (10.2.1)	4	30
「カンデヤ」号購入，天草丸ト改称 (10.2.22)	4	48
貫効丸購入 (10.4.4)	4	97
鹿児島丸下附 (10.4.18)	4	122
「マッシリア」号借入 (10.4.27)	4	130
「ウヰル，デ，リール」号借入 (10.5.19)	4	152
「コレア」号借入 (10.6.6)	4	197
「ガツヒール」購入，熊本丸改称 (10.6.13)	4	200
「ヂュナ」号購入，住ノ江丸改称 (10.6.26)	4	213
「バァーバラー」号受託 (10.7.3)	4	229
長崎丸受託 (10.7.7)	4	235
天草丸ヲ和歌浦丸ト改称 (10.7.15)	4	248
桜島丸受託 (10.7.17)	4	254
周防灘丸購入，玉川丸ト改称 (10.7.17)	4	262
「マッシリア」号購入，愛宕丸ト改称 (10.7.26)	4	279
「ロータス」号購入，高千穂丸ト改称 (10.7.28)	4	304
「モントゴメル，シャイヤ」号購入，秋津洲丸ト改称 (10.8.3)	4	329
「ロンチ」号受託 (10.8.14)	4	352
明光丸ヲ須磨ノ浦丸ト改称 (10.8.15)	4	354
茶船購入 (10.8.20)	4	361
猶龍丸ヲ淡路島丸ト改称 (10.9.5)	4	379
「キングリチアード」号購入，九重丸ト改称 (10.9.8)	4	404
東海丸以下30隻下附 (10.9.14)	4	410
高鋒丸受託 (10.9.21)	4	418
天祥丸ヲ江ノ島丸ト改称 (10.10.15)	4	443
扶桑丸ヲ田子ノ浦丸ト改称 (10.11.8)	4	464
長崎丸，桜島丸購入 (10.11.24)	4	505
高鋒丸購入 (10.11.30)	4	525
廻平丸購入 (11.2.4)	5	175
有功丸ヲ紀伊国丸ト改称 (11.2.6)	5	180
吉永丸購入，鴛鴦丸ト改称 (11.2.26)	5	224
杜鵑丸購入 (11.3.6)	5	288
錫懷丸ヲ芳野丸，快順丸ヲ浦門丸ト改称 (11.4.29)	6	409
「ドラゴン」号購入，松前丸ト改称 (13.1.10)	8	17
大有丸下附 (13.7.10)	8	382
明津丸購入 (14.6.是月)	9	213
五大力船住吉丸購入，深川丸ト改称 (14.7.5)	9	252
「カムサッカ」号借入 (16.11.22)	11	197
長風丸北洋丸購入 (18.是春)	13	122
「プリンス，ヘンリッチ」号購入，芙蓉丸ト改称 (19.10.是月)	15	200
「リバスデール」号雇入 (28.1.4)	19	63
初音丸買入 (29.8.19)	19	118
英国汽船雇入 (30.2.10)	19	155
送炭船雇入 (30.2.13)	19	156
外国汽船雇入 (30.4.4)	19	165
英国汽船雇入 (30.4.9)	19	166
外国汽船雇入 (30.4.22)	19	169

独国汽船雇入(30.5.2)	19	173	
独国汽船借入(30.5.20)	19	175	
外国汽船雇入(30.6.12)	19	183	
諾国汽船雇入(30.6.25)	19	185	
汽船雇入(30.7.23)	19	192	
諾国汽船雇入(30.7.24)	19	192	
英国汽船雇入(30.8.16)	19	198	
英国汽船雇入(30.8.26)	19	199	
外国汽船雇入(30.9.14)	19	204	
英国汽船雇入(30.11.12)	19	223	
独国汽船雇入(30.11.28)	19	227	
独国汽船雇入(30.12.23)	19	232	
豊光丸賃借(31.7.12)	19	274	
英国ヘ注文ノ浚渫船竣工(33.11.9)	20	440	
神戸支店三保丸購入其他(37.7.18)	20	715	
汽船田浦丸購入(38.3.20)	20	776	
門司支店小蒸汽船小鳥丸借受(38.4.19)	20	782	
福浦丸購入(38.5.29)	20	791	
汽船小浦丸購入(38.7.13)	20	806	
小蒸気船第1大城丸購入契約(38.12.6)	20	830	
小蒸汽船第1大城丸購入(39.3.31)	21	871	
第3洞海丸譲受(42.2.18)	21	1147	
(大正)			
松浦丸購入並坐礁(2.8.14)	22	1771	
小樽支店小蒸汽船巴丸買入(3.1.29)	23	2010	
村雨丸譲受(3.2.27)	23	2032	
門司支店小蒸汽船交換(3.12.24)	23	2289	
大正5年度定期傭船(4.10.29)	24	2624	
汽船第壹長門丸買収(4.12.25)	24	2685	
祝島丸買収(5.2.19)	25	2901	
小蒸汽船をほつ丸買入(5.3.6)	25	2922	
第参相沢丸買入(5.3.24)	25	2938	
小樽支店帆船磯谷丸買収(5.3.25)	25	2941	
小樽支店汽船幸丸外買入(5.4.26)	25	2986	
船舶課吉浦丸買入(5.4.29)	25	2989	
深江丸買入(5.5.22)	25	3016	
神戸造船所小蒸汽船買収(6.1.30)	27	3603	
汽船一郎丸登記(6.12.10)	28	4056	
営業部大阪支店小蒸汽船買入(6.12.14)	28	4061	
小樽支店小蒸汽船其他買収(7.1.11)	29	4317	
船舶課富浦丸代船購入(7.1.15)	29	4326	
帆船帆高丸登記(7.2.6)	29	4355	
営業部神戸支店艀船買入(7.2.23)	29	4384	
直島製煉所用発動機船買収(7.3.14)	29	4406	
営業部汽船六郎丸七郎丸購入，大連土地買入認許(7.3.18)	29	4412	

2）新造・修理

(明治)

太平丸甲板修理（7.8.15）	1	214
受託船備砲（7.8.22）	1	234
高知支社庫船修理（8.5.是月）	2	100
太平丸修理（8.是夏）	2	103
函館支社艀船新造（8.是冬）	2	406
海運丸明光丸庫船換用（9.4.25）	3	169
商船学校用成妙丸改造（9.10.28）	3	442
海運丸改造（9.12.1）	3	542
新潟丸，高砂丸，猶龍丸，改造起工(9.12.是月)	3	609
名護屋丸修理（10.2.20）	4	44
新潟丸機械修理ノ為メ英国航行（10.3.10）	4	66
高砂丸改造（10.3.28）	4	89
高砂丸機関修理ノ為メ英国航行（10.4.是月）	4	141
明光丸改造（10.8.15）	4	355
猶龍丸改造（10.9.5）	4	379
茶船新造（10.9.22）	4	419
東京丸修理（10.12.5）	4	539
有功丸改造（11.2.6）	5	180
艀船新造（11.9.13）	6	612
鹿児島丸外5隻改造（11.10.8）	6	621
新潟丸横浜帰着（11.11.25）	6	674
金川丸改造（11.12.20）	6	690
高砂丸横浜帰着（12.2.22）	7	71
艀船新造（12.3.31）	7	164
鷹号新造（12.8.是月）	7	406
太平丸改造（13.6.15）	8	354
伏木支社艀船新造（13.是夏）	8	360
艀船新造（16.1.8）	11	3
五大力船新造（16.2.15）	11	17
雲雀丸，小鷹丸新造（17.3.10）	12	65
熱田丸新造（17.3.31）	12	80
横浜丸新造（17.8.22）	12	241
艀船新造（17.10.13）	12	328
高輪丸新造（17.10.18）	12	329
燕丸新造（18.1.22）	13	19
鵲丸新造（18.4.22）	13	154
東京丸新造（18.6.6）	13	219
艀船新造（18.8.是月）	13	373
夕顔新造（20.4.是月）	15	15
弥生号新造（20.8.是月）	15	58
朝顔新造（22.3.是月）	16	217
明石新造（22.4.是月）	16	254
胡蝶新造（26.10.4）	18	97

須磨丸進水(28.1.12)	19	64	神戸三菱造船所竣工船(2.1.7)	22	1603
新造船(28.2.9)	19	66	香取丸進水外三菱造船所竣工引渡船(2.3.30)	22	1685
若松支店運炭船新造(28.3.25)	19	70	長崎支店運炭船新造(2.4.9)	22	1697
須磨丸試運転(28.4.4)	19	72	長崎支店新造胴船竣工(2.5.16)	22	1713
若松支店運炭船新造(29.2.21)	19	108	若松支店運炭船新造(2.5.31)	22	1722
宮島丸進水(30.4.9)	19	166	唐津支店海底浚渫落成(2.8.7)	22	1768
宮島丸引渡(30.6.15)	19	183	長崎支店艀船新造(2.8.11)	22	1769
小蒸気船新造(30.7.6)	19	189	汽船豊浦丸新造(2.10.)	22	1828
常陸丸引渡(31.1.1)	19	255	博進丸其他神戸三菱造船所竣工汽船(3.2.23)	23	2029
月島丸進水(31.3.12)	19	260	営業部運炭船新造註文(3.3.14)	23	2047
常陸丸進水(31.4.16)	19	263	諏訪丸進水式並三菱造船所竣工船(3.3.29)	23	2059
常陸丸引渡(31.8.16)	19	276	漢口支店「ポンツーン」建造(3.10.3)	23	2222
立神丸試運転(31.12.17)	19	290	長崎支店運炭帆船竣工(4.1.22)	24	2426
汽船新造契約(32.6.6)	20	331	漢口支店「ポンツーン」新造(4.2.5)	24	2432
阿波丸進水(32.7.27)	20	342	三菱造船所新造船引受(4.2.27)	24	2453
若松支店所属運炭船(32.9.9)	20	348	唐津支店団平船新造(4.3.5)	24	2457
長崎支店所属運炭船(32.9.12)	20	349	三菱造船所小蒸汽船進水(4.3.12)	24	2461
阿波丸引渡(32.11.14)	20	357	営業部註文長浦丸外竣工(4.3.27)	24	2469
門司支店艀船新造(32.12.22)	20	364	営業部汽船新造(4.4.)	24	2492
長崎支店運炭船新造(32.12.23)	20	365	唐津支店団平船新造(4.11.29)	24	2660
小蒸汽船新造(33.12.25)	20	447	唐津支店団平船新造承認(5.1.10)	25	2824
長崎支店運炭船新造(34.4.15)	20	491	長崎支店大型帆船新造認許(5.1.10)	25	2824
加賀丸竣工引渡(34.5.15)	20	493	両造船所「ストックボート」建造(5.1.21)	25	2847
伊予丸進水(34.8.24)	20	508	小樽支店補助機関附帆船新造(5.4.8)	25	2968
大貞丸竣工引渡(34.10.3)	20	511	小樽支店帆船新造(5.4.15)	25	2976
伊予丸竣工引渡(34.11.16)	20	514	神戸造船所勝浦丸進水(5.5.21)	25	3015
大浦丸竣工(35.2.12)	20	556	若松支店菱丸型帆船新造(5.6.6)	25	3035
羽衣丸竣工(35.4.7)	20	567	唐津支店団平船建造(5.10.27)	25	3200
若松丸竣工(35.4.30)	20	570	夕顔丸屯数軽減工事施工(5.10.30)	25	3206
大冶丸竣工(35.6.17)	20	572	長崎支店荷船建造(5.11.2)	26	3221
安芸丸竣工(36.2.10)	20	625	長崎支店「モーターボート」建造(5.11.11)	26	3228
新潟丸進水式(36.5.9)	20	639	若松支店所属松丸改造(5.12.12)	26	3296
営口丸進水式(36.6.22)	20	644	長崎支店帆船新造外起業(6.1.19)	27	3590
日光丸進水式(36.9.23)	20	655	神戸造船所竣工船(6.2.24)	27	3641
小蒸汽船千鳥丸建造(37.8.20)	20	722	船舶課帆船建造(6.3.6)	27	3656
長白山丸進水式(37.8.21)	20	722	船舶課発動機船及汽船建造(6.6.)	27	3822
丹後丸進水式(37.12.12)	20	739	唐津支店艀船買収，団平船新造外施設(6.9.18)	28	3935
門司支店小蒸汽船新造(37.12.28)	20	741	若松支店帆船造船修繕自営(6.9.)	28	3948
丹後丸竣工(38.4.1)	20	779	若松支店菱丸型被曳木造船建造外認許(7.1.24)	29	4336
漢口出張所用小蒸汽船新造(38.6.17)	20	797	長崎支店上荷船新造(7.3.23)	29	4421
長崎支店小蒸汽船高島丸新造(40.9.14)	21	1007	唐津支店団平船竣工(7.4.4)	29	4439
若松支店阪地曳船用運炭船新造(44.8.31)	21	1341	(昭和)		
(大正)			造船会社ニテ日本郵船会社北米航路桑港線用船建造契約締結(2.5.16)	35	31
若松支店小蒸汽船姫島丸竣成(1.1.31)	22	1435	商事会社油槽船さんぺどろ丸竣工(2.6.27)	35	40
門司支店屋島丸新造(1.3.16)	22	1447	商事会社貨物船ころんびあ丸竣工(2.7.29)	35	42
若松支店運炭船菱丸新造(1.3.30)	22	1448			
門司支店運鉱船松丸竣成(1.12.31)	22	1549			

商事会社貨物船おりんぴあ丸竣工(2.8.30)	35	45
商事会社油槽船さんぢゑご丸竣工(3.3.8)	35	129
浅間丸進水(3.10.30)	35	156
商事会社油槽船さんるいす丸竣工(3.12.1)	35	160
龍田丸進水(4.4.12)	35	246
浅間丸竣工(4.9.15)	35	273
ぶぇのすあいれす丸竣工(4.10.31)	35	275
照国丸進水(4.12.19)	35	291
靖国丸進水(5.2.15)	35	378
龍田丸竣工(5.3.15)	35	382
りおでじゃねろ丸竣工(5.5.15)	35	387
照国丸竣工(5.5.31)	35	397
靖国丸竣工(5.8.31)	35	408
葵丸竣工(8.6.8)	36	774
商事会社ニテ油槽船新造契約調印(9.7.31)	36	910
橘丸竣工(10.5.31)	37	1013
商事会社油槽船さんらもん丸竣工(10.11.20)	37	1037
商事会社ニテ油槽船新造(11.3.27)	37	1137
商事会社ニテ貨物船新造(12.2.10)	37	1257
商事会社油槽船さんくれめんて丸竣工(12.11.20)	37	1310
商事会社貨物船昭浦丸竣工(13.8.20)	37	1440
商事会社ニテ貨物船新造(13.11.24)	37	1449
商事会社貨物船和浦丸竣工(13.12.20)	37	1454
商事会社ニテ貨物船新造(14.4.27)	38	1528
あるぜんちな丸竣工(14.5.31)	38	1531
ぶらじる丸竣工(14.12.23)	38	1563
新田丸竣工(15.3.23)	38	1631
商事会社ニテ貨物船新造(15.3.28)	38	1634
商事会社貨物船須磨の浦丸竣工(15.5.31)	38	1653
八幡丸竣工(15.7.31)	38	1664
商事会社ニテ油槽船建造(16.2.27)	38	1767
商事会社貨物船田子の浦丸竣工(16.5.31)	38	1785
三池丸竣工(16.9.30)	38	1818
商事会社油槽船ぱれんばん丸竣工(17.8.31)	38	1951
安芸丸竣工(17.10.15)	38	1961
商事会社貨物船志賀の浦丸竣工(17.12.27)	38	1979
阿波丸竣工(18.3.5)	39	2074
商事会社ニテ木造船建造(18.3.25)	39	2077
じゃんび丸竣工(18.7.13)	39	2108
商事会社油槽船せりあ丸竣工(19.6.30)	39	2281
光島丸竣工(19.12.15)	39	2315

3）売却・貸付

（明治）

「オリッサ」号売却（3.12.是月）	1	22
安全丸売却（8.1.是月）	1	375
明光丸貸付（8.9.26）	2	258
廻漕丸除籍（9.2.23）	3	63
駿河丸売却（9.4.24）	3	166
向陽丸売却（9.5.27）	3	196
速鳥丸売却（9.6.3）	3	206
茶船売却（10.6.2）	4	186
朝鮮丸返還（11.3.25）	5	358
田ノ浦丸売却（11.10.8）	6	617
「バーバラー」号返還（11.10.17）	6	632
平安丸，芙蓉丸売却（11.10.30）	6	642
鳶鷲丸壊撤（12.10.20）	7	471
延年丸売却（13.10.10）	8	519
成妙丸売却（15.9.7）	10	386
大有丸返還（15.9.13）	10	390
江ノ島丸，千里丸売却（17.10.7）	12	327
淡路島丸，鹿児島丸売却（17.是歳）	12	395
西京丸売却（18.3.是月）	13	120
高島丸売却（21.5.是月）	補	90
朝顔丸売却（26.10.25）	18	106
弥生丸売却（26.10.26）	18	107
隼号売却(27.10.26)	19	31
芙蓉丸日本郵船会社ニ委託(28.2.12)	19	66
須磨丸売却(28.12.17)	19	89
蘆屋丸譲渡(29.6.13)	19	115
初音丸移管(30.1.29)	19	151
鉱運丸売却(30.3.6)	19	159
立神丸売却(34.4.12)	20	490
芙蓉丸売却(35.1.29)	20	553
長崎支店小蒸汽船譲渡(39.12.29)	21	922

（大正）

社船小浦丸売渡(2.11.)	22	1852
門司支店小蒸汽船譲渡(4.1.28)	24	2428
三菱造船所小蒸汽船譲渡(4.3.19)	24	2464
松浦丸貸船(4.11.6)	24	2638
社船福浦丸貸船(4.12.9)	24	2667
若松支店小蒸汽船上海支店ヘ譲渡(5.7.5)	25	3067
汽船富浦丸譲渡(6.12.21)	28	4066
富浦丸型汽船買船契約(6.12.29)	28	4081

4）艦艇

（明治）

三菱造船所大型戦艦建造ニ付計画立案(44.2.9)	21	1305

（大正）

三菱造船所戦艦註文引受(2.4.28)	22	1705
巡洋戦艦霧島進水式(2.12.1)	22	1862
巡洋戦艦霧島引渡外竣工船(4.4.19)	24	2483
戦艦日向進水式(6.1.27)	27	3601
駆逐艦浜風外長崎造船所竣工船(6.3.28)	27	3672

（昭和）

一等巡洋艦青葉竣工(2.9.20)	35	47
一等巡洋艦羽黒竣工(4.4.25)	35	249
一等巡洋艦鳥海竣工(7.6.30)	36	666
一等巡洋艦三隈竣工(10.7.29)	37	1024
戦艦武蔵起工(13.3.29)	37	1419
一等巡洋艦利根竣工(13.11.20)	37	1449
一等巡洋艦筑摩竣工(14.5.20)	38	1529
戦艦武蔵進水(15.11.1)	38	1682
航空母艦隼鷹竣工(17.5.5)	38	1931
戦艦武蔵竣工(17.8.5)	38	1949
制式航空母艦天城竣工(19.8.11)	39	2289
制式航空母艦笠置引渡(20.4.25)	40	2424

5）船長人事

（明治）

芙蓉丸事務長其他転任(28.3.25)	19	70
須磨丸船長(28.4.7)	19	72
芙蓉丸船長更迭(28.12.21)	19	90
芙蓉丸船長新任(32.4.12)	20	324
飽浦丸機関長新任(32.12.14)	20	364
飽浦丸船長新任(32.12.30)	20	366
社船船長更迭(33.5.7)	20	408
社船船長更迭(33.5.29)	20	411
芙蓉丸機関長新任(33.6.4)	20	412
江浦丸船長機関長新任(33.7.10)	20	418
江浦丸船長新任(34.2.1)	20	475
夕顔丸船長(34.3.28)	20	485
社船機関長更迭(35.1.27)	20	553
船員更迭(35.1.31)	20	554
社船船長転任(35.2.10)	20	556
社船船長更迭(35.2.22)	20	559
社船船長転任(35.3.18)	20	563
大浦丸船長更迭(35.7.1)	20	575
初音丸船長解傭(35.9.8)	20	583
大冶丸船長更迭(35.11.18)	20	593
若松丸機関長(35.12.1)	20	595
社船機関長更迭(36.4.29)	20	637
大冶丸船長(36.6.19)	20	643
夕顔丸機関長死去(38.2.10)	20	770
若松丸船長更迭(38.5.22)	20	789
福浦丸船長機関長任命(38.5.30)	20	791
小浦丸機関長新任(38.7.5)	20	804
予備機関長新任(38.8.9)	20	814

（大正）

小浦丸船長処分(1.4.22)	22	1459
三菱造船所技士ヲ船長ニ任命(1.8.27)	22	1494

6）航路・輸送

（明治）

項目	巻	頁
紅葉賀応徴寒風沢往復（4.6.13）	1	35
博多航路開閉（5.8.是月）	1	61
勢州航路開通（6.11.是月）	1	152
大阪支店増船申請（7.8.24）	1	240
長崎弦屋利七ニ荷捌許可（7.9.4）	1	254
大阪支店郵便蒸汽船会社ト競争捷報（7.9.15）	1	263
兵器輸送ノ件（7.11.7）	1	289
石川七財大阪形勢報告（7.11.15）	1	297
備中土佐産出鉱物蒐集ノ件（7.12.是月）	1	323
函館河村六二郎貨客取扱許可（8.1.是月）	1	377
長崎支店運賃低減（8.2.2）	1	390
東京丸長崎出帆（8.2.9）	1	407
東京丸上海着港（8.2.11）	1	408
新潟丸神戸出帆（8.2.12）	1	410
北海航路開通（8.2.23）	1	416
神戸支店運賃低減（8.4.1）	2	1
郵便物輸送ノ件（8.4.19）	2	15
大阪支店東海丸東航報告（8.4.24）	2	28
大阪支店郵便蒸汽船会社近況報告（8.5.9）	2	83
長崎港内浮標燈船設置ノ件（8.5.17）	2	87
清水，師崎定寄船釐定（8.6.是月）	2	131
瓊浦丸，金，銀，銅，地金，輸送（8.8.是月）	2	191
管事課長同伴家族運賃免除（8.10.24）	2	339
大阪支店紙蠟其他戻金削減運賃増収（8.10.是月）	2	349
琉球航路開通（8.11.8）	2	377
横浜朝田又七ニ出貨作配運賃徴収委任（9.3.9）	3	93
死体運賃釐定（9.3.15）	3	100
社員寄託貨物運賃免除（9.3.15）	3	102
繁栄丸高知定繋（9.3.30）	3	129
東京大阪間船客運賃低減（9.3.30）	3	131
平安丸横浜定繋（9.4.5）	3	150
横浜北陸諸港間航路開通（9.4.25）	3	167
電信寮用物輸送ノ件（9.5.9）	3	186
公使領事乗船賃免除（9.5.19）	3	195
黄龍丸朝鮮修信使送迎（9.5.29）	3	198
〃（9.6.18）	3	214
東京大阪間航路ヲ横浜神戸間ニ改定（9.7.10）	3	247
貨主手代乗船賃半減（9.6.20）	3	235
「ネバタ」号官金輸送（9.7.21）	3	303
商船学校生徒乗船賃免除（9.7.29）	3	316
大阪函館間航路開通（9.8.5）	3	321
東海丸御膳米廻漕（9.8.21）	3	332
上海航船玄海丸ヲ内国航船ニ変更（9.8.25）	3	337
横浜清水間航路開通（9.8.27）	3	338
高知神戸間貨物運賃低減（9.8.31）	3	355
博覧会出品物運賃竝ニ出品人乗船賃半減（9.9.1）	3	363
石巻汽船問屋許可（9.10.13）	3	421
横浜神戸間航船竝ニ横浜上海間航船運賃改定（9.11.1）	3	450
黄龍丸用船被免（9.11.7）	3	477
豊島丸用船被免（9.11.8）	3	480
品川丸用船被免（9.11.10）	3	488
船難報告船難証書具申ノ件（9.11.14）	3	502
瓊浦丸，東海丸，金川丸用船被免（9.11.15）	3	508
太平丸用船被免（9.11.20）	3	520
北海航路閉塞（9.11.是月）	3	540
北海道岩内産石炭下附（9.12.5）	3	554
東京小笠原島間航路開通（9.12.9）	3	556
太平丸小笠原島初航（9.12.23）	3	590
広業商会輸出貨物運賃割戻条例制定（10.2.8）	4	33
上海航船航途神戸横浜間内国貨物輸送（10.2.23）	4	53
社員家族乗船賃免除（10.8.13）	4	346
玉置金三郎貨客取次人罷免（10.9.5）	4	378
内国航船上等船客洋食料釐定（10.9.27）	4	428
繁栄丸土佐貨客運輸停止（10.10.23）	4	451
小児乗船賃改定（10.10.30）	4	458
琉球航船乗客運賃改定（10.11.10）	4	473
品川丸北海道貨物輸送（10.11.14）	4	487
貫効丸，浪花丸朝鮮近海往復（10.11.14）	4	489
神戸境間運賃釐定（11.1.8）	5	135
吉岡鉱山大阪間使者乗船賃金額釐定（11.1.9）	5	140
鹿児島航路運賃改定（11.1.20）	5	145
九州丸〆粕大豆粕輸送（11.1.24）	5	150
〃（11.2.14）	5	188
石巻支社運賃低減（11.2.18）	5	190
神戸四日市間竝ニ神戸大崎間運賃及口銭釐定（11.2.18）	5	201
四日市熱田間航路開通（11.2.25）	5	209
神戸境間運賃改定（11.3.15）	5	342
北海道各航路運賃釐定（11.3.15）	5	343
横浜小笠原島間運賃低減（11.3.23）	5	356
北海航船貨物運賃改定（11.4.13）	6	382
京神間米穀運賃釐定（11.5.11）	6	421
上海竝ニ内国航船運賃改定（11.6.5）	6	437
駅逓局社務監視員常派停止ノ件（11.6.11）	6	441
貨幣運賃改定（11.7.16）	6	496
琉球航船乗客運賃改定（11.7.20）	6	498
千年丸用船被免（11.8.20）	6	560
貨客取次人設置（11.8.是月）	6	588
四日市熱田間貨物運賃釐定（11.9.1）	6	591
京浜清水間運賃釐定（11.10.18）	6	634

琉球航路存続（11.10.25）	6	638
阪神竝ニ東京北海諸港間貨物運賃改定(12.1.29)	7	37
東京竝ニ大島鹿児島高知間運賃釐定（12.1.29）	7	48
小笠原島航路開通関係（12.2.24）	7	74
繁栄丸品川定繋（12.3.6）	7	110
石巻宮古間船客運賃釐定（12.3.27）	7	162
北海道各航路運賃改定（12.4.2）	7	173
大阪神戸以西諸港貨物運賃竝ニ収納手続釐定（12.5.18）	7	243
鹿児島航船博多寄港運賃釐定（12.6.18）	7	274
函館青森間航路開通（12.6.30）	7	278
船舶検疫ノ件（12.是夏）	7	288
艀船函館移置（12.7.19）	7	342
高知阪神間貨物運賃釐定（12.8.1）	7	360
東京高知間貨物運賃釐定（12.8.1）	7	362
運賃統計表様式改定（12.9.29）	7	441
函館青森間貨物運賃改定（12.10.18）	7	468
愛宕丸函館繋留（12.10.27）	7	493
牛馬運賃釐定（12.11.20）	7	510
青森函館間航船郵便物輸送ノ件（13.7.11）	8	385
函館根室間往復航路開通（13.7.是月）	補	74
外国人貨客運賃洋銀限定廃止（13.9.6）	8	488
博覧会出品物運賃低減（13.10.16）	8	526
北海航船々客運賃改定（14.1.1）	9	1
小笠原島定期航路閉止（14.1.26）	9	16
上海航船竝ニ横浜神戸間航船運賃及収納手続改定（14.6.15）	9	208
四日市支社他社廻漕状況報告（14.是歳）	9	389
京浜四日市間航船品川発着廃止（15.2.25）	10	190
小樽敦賀間航路開通（15.4.13）	10	256
東京店小荷物配達ノ件申請（15.5.11）	10	275
北海道移住乗船手続ノ件（15.7.25）	10	336
京浜函館間航路開通（15.10.24）	10	451
上等船客賄献立釐定（16.8.22）	11	103
京浜函館間航路延長（16.10.31）	11	177
琉球航路閉止（16.12.19）	11	202
博覧会出品物運賃低減（17.2.18）	12	30
小樽敦賀間航船直江津寄港（17.4.14）	12	91
艀船石巻移置（17.6.13）	12	141
神戸函館間運賃低減（17.9.15）	12	307
北海道一手積貨物運賃低減（17.10.1）	12	315
神戸横浜函館及横浜四日市間中等船客運賃釐定（17.10.1）	12	324
貨主乗船賃低減（17.10.21）	12	346
京浜東北諸港間運賃低減（17.11.25）	12	360
共進会出品人出品物運送請負ノ件（17.12.13）	12	373
社員貨物無賃制廃止（17.12.18）	12	379
八ノ戸荻浜宮古函館間船客運賃低減（17.12.23）	12	388
汽船発港時限ノ件（17.12.27）	12	392
横浜半田間航路開通（18.1.29）	13	22
函館小樽間航路開通（18.2.28）	13	65
小樽敦賀間航路延長（18.3.2）	13	69
対共同運輸会社争覇停止誓約ノ件（18.3.6）	13	75
共同運輸会社ト競争禁止ノ件（18.3.16）	13	108
共同運輸会社背信ニ付頽頑ノ件（18.4.6）	13	127
長崎高島間郵便物輸送ノ件（18.6.20）	補	85
北海航船郵便物輸送ノ件（18.8.1）	13	320
航海命令其他諸約解除ノ件（18.9.30）	14	434
社船並ニ定雇船運賃（28.1.1）	19	63
須磨丸取扱方(28.5.3)	19	74
須磨丸船価(28.5.7)	19	74
初音丸管理方(29.9.26)	19	121
芙蓉丸運賃改正(30.6.30)	19	186
常陸丸写真其他天覧(31.9.14)	19	280
社船取扱方(32.3.8)	20	318
立神丸門司香港間運航(32.12.3)	20	363
飽浦丸航海奨励金下附(33.1.20)	20	391
福井光利ニ船舶関係監督方嘱託(33.1.22)	20	391
立神丸航路増加(33.7.16)	20	419
社船船客運賃(33.7.28)	20	421
江浦丸就航(33.9.6)	20	428
江浦丸運炭賃(33.9.8)	20	428
社船運賃改定(33.10.1)	20	432
初音丸所管変更(33.11.28)	20	444
大浦丸航路賃金(35.4.24)	20	569
大浦丸運賃改定(35.6.19)	20	573
社船運賃低下(35.7.1)	20	575
大浦丸航路増加其他(35.10.12)	20	588
大浦丸郵便物運送受託(36.8.19)	20	651
小蒸汽船小鳥丸共同使用(36.10.1)	20	656
小鳥丸共同使用契約廃止(37.2.15)	20	690
江浦丸長崎支店ニ移管(37.10.21)	20	731
傭外国船ニ係ル取締(38.2.28)	20	770
社船及定期雇船運賃改定(38.5.1)	20	786
小蒸汽船羽衣丸移転(39.2.17)	21	865
大冶鉱石運賃改正(39.4.9)	21	874
社船運賃新定(39.6.1)	21	881
雇用外国船ニ関スル報告(40.8.1)	21	997
大冶鉱石運搬請負契約継続(43.9.12)	21	1254

（大正）

若松支店ト神戸支店ト所属小蒸汽船交換(1.4.30)	22	1464

船　　舶

社船就役承諾(2.1.11)	22	1615
船舶課ヘ汽船引渡(2.1.15)	22	1618
若松丸営業目論見書(2.3.7)	22	1663
大冶丸営業目論見書(2.3.14)	22	1673
運鉱船松丸ヲ若松支店ニ移管(2.12.19)	22	1878
年末社有汽船(2.12.31)	22	1896
豊浦丸登録事項中書換(3.2.5)	23	2020
菱波汽船会社解散ニ付神戸造船所其他ニ運航特許(3.3.23)	23	2055
大冶鉄鉱石室蘭ニ運搬契約(3.6.22)	23	2131
若松支店定約運炭船運賃改正(3.9.29)	23	2215
大正5年度船舶課事業概況	26	3469
航運営業状況回報(6.3.7)	27	3658
門司支店艀船若松支店ニ引受(6.4.25)	27	3705
南支南洋方面定期航路開始内諾(7.3.23)	29	4418

13. 営業

1）創業時代・郵便汽船三菱会社および三菱社時代（明治3年～26年）

（明治）

項目	巻	頁
製茶機購入（4.3.是月）	1	26
升形製糸場下附（4.是歳）	1	42
九反田樟脳製造所払下（5.是春）	1	54
勢尾産木綿輸送結約（7.5.是月）	1	195
高知支店樟脳輸出（7.8.24）	1	241
高知支店綿輸出（7.8.9）	1	256
阿波産藍玉1手積結約（8.1.20）	1	358
升形製糸場閉鎖（8.2.是月）	1	428
土佐樟脳直売任命（8.3.7）	1	460
高知支店樟脳輸出（8.3.12）	1	466
高知織殿毀壊（8.5.7）	2	72
石炭購買結約（8.6.3）	2	107
樟脳製造所閉鎖（8.11.1）	2	367
当座預金結約（8.11.26）	2	393
茶荷一手積結約（9.4.是月）	3	178
琉球貢糖輸送結約（9.4.是月）	3	181
米穀輸送結約（9.5.12）	3	190
利付当座預金結約（9.8.28）	3	338
貨物一手積結約（9.10.15）	3	424
当座預金結約（9.11.4）	3	459
当座預金結約（11.1.是月）	5	165
琉球藩貨物輸送結約（11.4.28）	6	404
製茶一手積結約（11.5.是月）	6	429
当座預金結約（11.7.是月）	6	518
阿州産藍玉一手積結約（12.1.是月）	7	55
青龍丸船腹貸結約（12.4.11）	7	183
木材輸送結約（12.4.是月）	7	215
北海道物産一手積結約（12.5.20）	7	252
芳野丸船腹貸與結約（13.4.20）	8	315
国産見本品輸送結約（13.5.27）	8	338
函館支社貨物輸送結約（13.5.是月）	8	343
北海道貨物一手積結約（13.7.1）	8	364
当座預金結約（14.9.5）	9	314
中ノ島炭坑譲渡契約解除（18.6.20）	13	243
大阪神戸横浜函館上海各地石炭販売代理店設置（18.10.是月）	14	440
朝田又七ニ金品贈與（19.4.30）	15	47
平野水一手販売委託（21.10.24）	16	195
平野水商標登録（22.7.16）	16	298
平野水事業貸付結約（22.11.1）	16	381
石炭販売委託（26.7.21）	18	93

2）三菱合資会社売炭部・営業部時代（明治27年～大正6年）

（明治）

項目	巻	頁
石炭供給難（27.1.11）	19	5
売炭代理店委託（27.2.26）	19	8
「トリップ」ニ代理店委託（27.3.1）	19	9
石炭売約取消（27.3.17）	19	10
長崎支店扱炭手数料（27.5.10）	19	16
尾去沢外産銅海外輸出（27.5.28）	19	18
朝鮮事件切迫ニ付売炭注意（27.7.11）	19	20
下之関石炭会議（27.7.24）	19	21
石炭取扱振ニ付注意（27.7.26）	19	21
石炭密売ノ風聞ニ付疏明（27.7.28）	19	22
下之関支店買入炭報告（27.11.30）	19	34
「トリップ」ニ売炭事務委託（28.1.1）	19	63
艀船新造資金貸与（28.3.19）	19	69
送炭名義人ヲ社名ニ復ス（28.6.13）	19	75
外国荷為替約定（29.6.18）	19	115
荒川銅売捌方（29.7.29）	19	116
若松港ニ於ケル石炭積入（29.11.7）	19	124
地金販売方（29.12.22）	19	127
佐渡鉱山用品其他運賃（30.2.7）	19	154
石炭運賃増額（30.2.9）	19	154
門司支店貯炭減（30.2.9）	19	154
長崎支店ト石炭業組合（30.2.25）	19	158
荒川銀販売方（30.3.12）	19	161
尾去沢及荒川銅運賃（30.3.13）	19	161
石炭補充（30.3.17）	19	162
石炭保険価格（30.4.12）	19	166
芝罘「ファルガーソン」商会送炭中止（30.4.17）	19	168
方城炭坑関係契約（30.4.20）	19	169
佐渡鉱山含金銀銅（30.4.23）	19	169
新入炭保険価格（30.4.23）	19	169
社外炭買入（30.4.28）	19	171
門司積石炭運賃（30.4.29）	19	171
社外鉱石買入謝絶（30.5.8）	19	173
佐渡鉱山貨物運賃追加約定（30.5.14）	19	174
佐渡鉱山半製品運賃（30.5.15）	19	174
大阪製煉所購買価格改定（30.6.5）	19	180
電気分銅販買方（30.6.8）	19	181
電気銅製出高（30.6.8）	19	181
通貨現送方契約（30.7.19）	19	191
尾去沢鉱山産金塊販売方（30.8.5）	19	195
社外炭買入（30.8.21）	19	198
香港外売炭見合（30.8.23）	19	198
石炭代値上（30.8.25）	19	199

項目	巻	頁
尾去沢外産銅輸出試売(30.8.27)	19	199
銀価下落(30.8.30)	19	199
佐渡鉱山送石炭運賃(30.9.1)	19	201
銀地金試売(30.9.7)	19	202
社外炭買入(30.9.7)	19	202
社外炭買入(30.9.23)	19	205
荒川外産銅輸出(30.9.25)	19	206
荷為替取扱契約改訂(30.10.1)	19	209
社内石炭売価(30.10.6)	19	211
門司支店扱石炭口銭増額(30.10.12)	19	212
電気分銅販売方(30.10.21)	19	215
高島炭坑運炭賃増額(30.11.8)	19	221
石炭運賃改正(30.12.1)	19	229
社内銅海外輸出(30.12.22)	19	232
彼阿会社船用炭供給(30.12.28)	19	234
朝田又七手数料(30.3.1)	19	260
艀船新造資金貸与(31.4.13)	19	262
銅輸出免税方(31.8.2)	19	276
小蒸汽船請負(32.2.1)	20	312
半製鉱物取扱所変更(32.5.21)	20	329
大冶鉱石運搬契約(33.6.29)	20	415
面谷銅其他取扱方変更(33.10.26)	20	436
大阪製煉所社外含銀銅購入契約(34.6.24)	20	497
高見善兵衛ノ売炭代理取扱中止(34.8.16)	20	507
銅相場暴落対策方(34.12.23)	20	521
大阪製煉所社内銅買入価格(35.3.4)	20	560
銅直輸出手数料増率(35.8.16)	20	582
銀銅売捌手数料率(35.10.1)	20	585
門司支店輸出入貨物並運賃等報告(37.3.4)	20	695
鉱石運搬契約改定(37.5.11)	20	707
相知石炭運賃保証契約(37.9.27)	20	725
上山田坑運炭車道ヲ他社ニ使用許可契約(37.11.22)	20	735
新入採出炭名称改定(38.2.23)	20	774
艀船賃金割増(38.3.25)	20	777
九州鉄道相知支線開始(38.10.22)	20	819
相知炭坑上層炭採掘契約其他(39.8.24)	21	896
東京売炭店移転(39.9.17)	21	901
事業場ト外人ト直接取引禁止(40.5.18)	21	978
東京売炭店廃止(40.5.20)	21	979
社有採掘石炭元扱店ニテ買取方実施(41.5.1)	21	1072
神戸造船所営業案内書調製配布(41.6.25)	21	1080
鉱山炭坑用度品取次手数料(41.11.27)	21	1108
鉄道院ニ両造船所向発注請願(42.2.17)	21	1147
社炭取扱ニ係ル覚書(42.5.1)	21	1156
長崎支店所属運炭船運賃改正(42.6.1)	21	1160
宝鉱山解説書(42.7.21)	21	1169
新入炭坑売炭価格協定(43.4.23)	21	1235
鯰田炭坑売炭価格協定(43.5.3)	21	1237
門司支店石炭事務打合会(43.10.14)	21	1261
高島炭坑売炭価格協定(43.11.28)	21	1267
唐津支店取扱炭手数料(43.12.7)	21	1268
門司支店磯部組救済(43.12.17)	21	1270
棉花綿糸取扱ニ関スル契約相手方変更(44.11.25)	21	1376
英文営業案内配布(44.12.11)	21	1383
大夕張炭坑株式会社ニ貸金及石炭一手販売(44.12.23)	21	1386
門司支店磯部組補助(44.12.27)	21	1387

(大正)

項目	巻	頁
大冶鉱石運搬追加契約(1.1.17)	22	1431
金山支山鉱種名更正(1.2.23)	22	1441
面谷鉱山鉱種名更正(1.3.29)	22	1448
生野鉱山鉱種名更正(1.4.10)	22	1458
高取鉱山鉱種名更正(1.4.20)	22	1459
吉岡鉱山水力発電所ニ付契約(1.4.23)	22	1460
宝鉱山亜鉛鉱売約(1.7.27)	22	1485
宝鉱山関東酸曹株式会社ニ売鉱(1.10.24)	22	1507
宝鉱山鉱種名更正(1.10.31)	22	1510
石炭元扱店(1.12.5)	22	1527
東京支店及横浜出張所営業開始(2.1.1)	22	1599
尾去沢荒川両鉱山運賃割引特約継続(2.1.3)	22	1599
生野鉱山買鉱標準其他調提出(2.1.4)	22	1600
義勇艦隊供給炭契約(2.1.7)	22	1604
名古屋出張所小口売炭勘定方(2.1.7)	22	1604
高島炭長崎支店ヘ引渡値段(2.1.8)	22	1612
芳谷炭売渡代価協定(2.1.18)	22	1619
佐与塊炭粉炭値段協定(2.1.23)	22	1624
神戸支店用社有建物家賃増額(2.1.25)	22	1628
金山鉱山産硫化銅鉱硫黄分売買契約(2.2.1)	22	1636
長崎支店炭価Offer有効期間(2.2.12)	22	1645
桜亜鉛精煉所ニ対スル宝鉱山亜鉛鉱送鉱中止(2.2)	22	1658
長崎支店石炭積込積卸賃増額(2.3.1)	22	1659
鯰田炭及上山田炭炭価協定(2.3.25)	22	1680
方城炭炭価協定(2.3.26)	22	1682
金田炭炭価協定(2.3.26)	22	1682
金谷鉱業会社ニ貸金及石炭一手販売(2.4.3)	22	1691
新入炭価取極(2.4.24)	22	1702
名古屋出張所四日市港石炭沖取其他直営(2.5.1)	22	1706
小樽支店函館出張員詰所開業(2.5.12)	22	1711
九州炭鉱汽船会社ニ貸金(2.5)	22	1722
尾去沢鉱山肥料代貸付(2.6.6)	22	1726
生野鉱山錫製出(2.6.17)	22	1734
鯰田硬炭名称変更(2.6.19)	22	1736

営業

項目	巻	頁
東京支店旭硝子会社製板硝子関東方面一手販売(2.6)	22	1744
門司支店堀川団吉ヘ貸金(2.7.11)	22	1748
明廷鉱区鉱種名更正(2.7.15)	22	1752
宝鉱山別口硫化鉄塊鉱売却(2.8)	22	1786
新入炭価協定(2.9.21)	22	1797
方城炭価協定(2.9.23)	22	1797
金田炭価協定(2.9.28)	22	1802
鯰田炭価並上山田炭価協定(2.9.28)	22	1803
露国義勇艦隊長崎代理店員ニ貸金(2.10.1)	22	1808
門司支店ニ石炭会議開催(1.10.15)	22	1817
門司支店御徳平山其他産出炭一手販売(2.11)	22	1851
売炭規定一部改正(2.12.12)	22	1869
高島炭価協定(2.12.17)	22	1873
相知炭価協定(2.12.18)	22	1876
芳谷炭価協定(2.12.29)	22	1887
棉花取引中止(2.是歳)	22	1925
三菱印商標登録報告方(3.1.7)	23	1991
若松丸大冶丸目論見書(3.1.26)	23	2005
東京支店貯炭場料計算方(3.1.28)	23	2008
宝鉱山鉱石関東酸曹会社売約継続(3.1月中)	23	2016
大冶鉄鉱石室蘭ヘ運搬契約(3.2.6)	23	2021
方城炭坑石炭検定価格(3.3.11)	23	2043
小樽積青森揚石炭運送契約(3.3.29)	23	2060
生野鉱山大貨物運賃後払契約(3.4.1)	23	2064
鯰田並上川田炭価取極(3.4.4)	23	2066
金田炭売渡炭価協定(3.4.8)	23	2075
呉出張所前受託者ニ謝礼其他(3.4.13)	23	2079
美唄炭坑主ニ貸金並石炭一手取扱(3.4.22)	23	2087
宝鉱山亜鉛鉱高千穂製煉所ニ送鉱(3.4)	23	2094
白藤丈太郎ヘ貸金(34)	23	2094
高島炭坑製塩用焚料炭価変更(3.5.12)	23	2099
相知炭名称変更(3.6.3)	23	2114
高根鉱山,道後鉱山鉱石買鉱(3.6.6)	23	2119
丹礬売買基本契約(3.6.12)	23	2122
丹礬及銅板委託販売方(3.6.20)	23	2130
米井商店ニ代理取扱委託(3.6.23)	23	2132
門司若松積漢口揚石炭運賃(3.6.24)	23	2133
高取奥山両鉱山産出鉱石日立鉱山ヘ売買契約(3.7.1)	23	2141
奥山鉱山鉱石運搬経路(3.7.5)	23	2146
支那方面売込石炭代ノ件(3.8.6)	23	2168
生野鉱山錫製煉開始並錫汰鉱販売方法(3.8.12)	23	2173
丹礬及銅板取扱方(3.8.15)	23	2177
生野鉱山産錫販路開拓(3.8.15)	23	2178
高取奥山両鉱山売鉱銅価算出方改正(3.8.22)	23	2184
香港支店売渡炭値上(3.9.10)	23	2205
汽船漁業会社ニ貸金(3.9.18)	23	2209
東京支店生野錫取扱開始(3.9)	23	2217
静岡県下丹礬販売方(3.10.1)	23	2220
門司石炭会議(3.10.24)	23	2230
高取鉱山重石鉱取扱手数料変更(3.11.12)	23	2239
英国ヤロー会社他外国会社ト協約締結(3.11.15)	23	2241
荒川鉱山送硫酸滓運送特約(3.11.18)	23	2242
三菱印商標登録(3.11.18)	23	2243
唐津積横浜揚石炭運送ヲ船舶課ニテ引受(3.11.25)	23	2248
江尻揚石炭運送契約(3.11.25)	23	2248
生野錫販路開拓方(3.12.4)	23	2261
呉出張所扱造船所関係手数料改正(3.12.3)	23	2261
南洋方面輸出炭ニ関スル保証金撤廃(3.12.12)	23	2268
大正3年度一般炭況並社炭取扱炭買入炭受入高其他	23	2326
大正3年度銅市況	23	2329
大正3年度営業部米穀出入	23	2359
海軍省ヨリ指名競争者中ニ指定(4.1.22)	24	2426
小樽支店橋本捨次郎ニ貸金(4.2.17)	24	2436
尾去沢鉱山運送特約(4.3.16)	24	2462
小樽積青森揚石炭運送契約(4.3.29)	24	2471
小樽支店貸金(4.4.2)	24	2474
荒川鉱山運送特約(4.4.10)	24	2478
大阪支店家賃据置(4.4.14)	24	2481
多久鉱業会社ニ貸金,石炭一手販売(4.4.19)	24	2484
加藤商店ト石炭運送契約(4.4.22)	24	2486
厳木炭坑主沢山熊次郎ニ貸金(4.5.1)	24	2493
筑豊出炭制限決議(4.5.3)	24	2494
奥山鉱山銅鉱関東酸曹会社ニ売約(4.5.15)	24	2504
丹礬委託販売基本契約(4.6.1)	24	2512
宝鉱山銅鉱日立鉱山ヘ売約(4.6.2)	24	2513
相知炭価協定(4.6.15)	24	2527
堀川団吉ヘ貸金(4.6.24)	24	2530
龍川鉱山硫化銅鉱関東酸曹会社ニ売約(4.6.28)	24	2534
金田炭価協定(4.6.29)	24	2535
鯰田炭価協定(4.6.30)	24	2535
加藤商店ト唐津江尻石炭運送契約(4.7.6)	24	2540
丹礬売買契約方(4.7.21)	24	2546
梅田潔貸金皆済(4.7.29)	24	2553
高取鉱山鉱石日立鉱山ニ売約(4.8.1)	24	2555
長崎支店東多久炭取扱人常置(4.8)	24	2573
富来鉱山中島窯業場経営(4.9.18)	24	2586
綱取支山用焼滓運送特約(4.9.21)	24	2589
奥山鉱山電力供給契約(4.9.22)	24	2589
尾去沢鉱山運送特約継続(4.9.28)	24	2599
高島炭価協定(4.10.4)	24	2603
芳谷炭価協定(4.10.12)	24	2611
相知炭価協定(4.10.13)	24	2613

営業

項目		
綱取鉱山銅鉱日立鉱山ヘ売約(4.10.19)	24	2619
函館橋本捨次郎ニ社有名義ヲ貸付(4.10.23)	24	2620
石炭会議開催(4.10.26)	24	2623
堀鉱業会社ニ貸金(4.11.26)	24	2659
鯰田,上山田炭価協定(4.12.19)	24	2675
金田炭価協定(4.12.19)	24	2675
宝鉱山運送特約継続(4.12.21)	24	2677
新入炭価協定(4.12.22)	24	2678
日英間為替取組方(4.12.25)	24	2684
方城炭価協定(4.12.26)	24	2685
大正4年度臨時北海道調査課概況	24	2714
大正4年度売炭概況	24	2717
大正4年度営業部神戸支店丹礬販売状況	24	2726
大正4年度営業部神戸支店売銀状況	24	2727
大正4年度営業部神戸支店売銅状況	24	2727
大正4年度営業部神戸支店錫販売状況	24	2728
大正4年度若松支店石炭受入積出	24	2729
大正4年度若松支店鉄鉱石取扱高	24	2730
大正4年度長崎支店売炭概況	24	2733
美唄炭価協定(5.1.4)	25	2820
造船材料輸入方(5.1.11)	25	2828
宝鉱山硫化鉱銅鉱売渡契約(5.1.14)	25	2835
電気銅諸掛協定額減額(5.1.15)	25	2839
宝鉱山亜鉛鉱高千穂製煉所ヘ供給(5.1.19)	25	2844
造船用鋼材ニ付回報(5.1.27)	25	2858
大夕張炭価協定(5.1.29)	25	2860
宝鉱山粉鉱尾去沢鉱山ヘ供給(5.1)	25	2865
宝鉱山鉱石販売先(5.2.6)	25	2888
横浜出張所臨時売炭値段(5.2.12)	25	2897
鮎釣鉱山銅鉱買約(5.2.14)	25	2898
大阪製煉所製出電気銅形状変更(5.3.3)	25	2920
金田石炭検定価格(5.3.3)	25	2920
方城炭坑石炭検定価格(5.3.12)	25	2928
古河久根粉鉱買入(5.3.14)	25	2930
臨時船焚料炭値段協定(5.3.20)	25	2935
橋本捨次郎ニ貸金(5.3.26)	25	2942
美唄炭坑貨物運賃割引契約(5.3.31)	25	2947
神戸支店ニテ粗銅買入方取扱(5.4.1)	25	2951
神戸支店電気銅其他製品始末方(5.4.4)	25	2960
宝鉱山運送特約解約(5.4.7)	25	2966
美唄炭坑石炭運賃(5.4.7)	25	2966
蘆別石炭鉱区産石炭検定価格(5.4.10)	25	2969
龍川鉱山運賃特約廃止(5.4.12)	25	2974
売炭引合ニ係ルOffer有効期間(5.4.14)	25	2976
荒川鉱山型銅運賃割引廃止(5.4.26)	25	2985
若松伊勢湾送炭契約(5.4.26)	25	2985
牧山骸炭製造所賃焼契約締結(5.4)	25	2989
江尻送炭船取扱東京支店ニ移管(5.5.1)	25	2990
営業部各場所地所建物船舶団面送付方(5.5.10)	25	2993
佐渡鉱山福永梅治ニ貸金(5.5.9)	25	2998
製鉄所建築材料輸送契約(5.5.10)	25	3002
各種取扱品売揚成績報告(5.5.11)	25	3004
沢山熊次郎外貸金(5.5.12)	25	3008
我社輸出品及輸出方面ニ付回答(5.5.20)	25	3014
日高寛平貸金石炭取扱権取得(5.5)	25	3026
丹礬元扱店ヲ営業部神戸支店ニ変更(5.6.1)	25	3028
筑豊出炭制限緩和(5.6.5)	25	3033
筑豊各炭坑炭価協定変更(5.6.18)	25	3042
美唄炭価協定方変更(5.6.18)	25	3042
大夕張炭価協定方変更(5.6.19)	25	3043
臨時船焚料値段協定(5.6.27)	25	3049
丹礬基本契約取極(5.7.3)	25	3060
木下窯業場製瓦事業ノ件(5.7.4)	25	3063
木下窯業場製瓦販売方(5.7.6)	25	3068
唐津支店石炭商同業組合発起人ニ加入(5.7.11)	25	3077
大阪支店扱銅板値段(5.7.13)	25	3085
東京地方丹礬取扱方改正(5.7.13)	25	3085
上半期炭価協定(5.8.10)	25	3117
綱取支山買鉱取引概要(5.8.25)	25	3134
丹礬及銅板元扱店営業部神戸支店ニ移管(5.9.1)	25	3142
浦田伊之助ニ貸金(5.9.9)	25	3152
筑豊炭坑出炭制限撤廃方(5.9.16)	25	3155
東京支店扱各地渡臨時船焚料炭値段(5.9.22)	25	3159
各鉱山営業予算編成ニ係ル産出品標準相場(5.9.30)	25	3172
宝鉱山粉鉱滓供給先変更(5.9)	25	3172
牧山骸炭製造所石炭商同業組合ニ加入(5.10.2)	25	3175
臨時船焚料炭値段(5.10.6)	25	3176
牧山骸炭製造所産出品取扱手数料協定(5.10.10)	25	3179
石炭会議開催(5.10.27)	25	3199
丹礬取扱方改正(5.11.1)	26	3219
高取鉱山重石鉱販売東京支店移管(5.11.1)	26	3220
臨時船焚料炭値段ノ件(5.11.4)	26	3221
長崎魚雷工場用注文願出(5.11.10)	26	3226
新入炭坑植木町ト公正契約締結(5.11.27)	26	3264
上山田炭坑嘉穂銀行ト当座取引開始(5.12.6)	26	3285
大正6年上期協定炭価(5.12.19)	26	3319
赤松石炭一手買入(5.12.28)	26	3371
加藤商店引受送炭運賃値上承諾(5.12.29)	26	3407
大正5年度営業部石炭取扱成績	25	3461
大正5年度石炭市況	26	3462
大正5年度銅市況	26	3464

項目	章	頁
大正5年度銅板，丹礬，金，銀，錫，重石取扱高	26	3466
大正5年度東京支店売炭概況	26	3476
大正5年度大阪支店石炭販売高	26	3477
大正5年度神戸支店石炭販売状況	26	3479
大正5年度神戸支店売銅概況	26	3479
大正5年度神戸支店錫販売状況	26	3481
大正5年度神戸支店金，銀，丹礬，銅板販売状況	26	3482
大正5年度門司支店売炭状況	26	3484
大正5年度呉出張所損益説明及売炭状況	26	3487
大正5年度若松支店石炭取扱状況	26	3489
大正5年度長崎支店石炭受入及払出状況	26	3491
大正5年度唐津支店売炭状況	26	3492
大正5年度小樽支店売炭概況	26	3495
旭硝子会社渡石炭瓦斯売価協定(6.1.15)	27	3588
宝鉱山関東酸曹会社売鉱約定継続(6.1)	27	3604
牧山骸炭製造所骸炭賃焼(6.1)	27	3605
造船材料輸出保証ノ件(6.2.27)	27	3642
宝鉱山素硫化塊鉱荒川鉱山ニ供給(6.2)	27	3644
方城炭坑石炭検定価格(6.3.2)	27	3652
下半期桐油運賃約定(6.3.5)	27	3656
東京支店扱臨時船焚料炭値段(6.3.6)	27	3657
京浜小口売炭値段(6.3.9)	27	3660
飯野寅吉ニ艀船等新造資金貸渡(6.3.26)	27	3668
古賀山炭坑炭坑部ト取引勘定開始(6.3.29)	27	3676
大内支山鉱況(6.3)	27	3682
高島炭坑内馬匹運搬開始(6.4.4)	27	3685
連合商丹礬契約満期打切(6.5.31)	27	3771
日本海事工業会社倫敦代理店引受(6.6.1)	27	3773
京浜地方売相知塊炭値段(6.6.2)	27	3774
佐佐浦試錐所佐佐銀行ト取引開始(6.6.12)	27	3796
下半期各炭協定値段(6.6.29)	27	3818
唐津坑木取次所復活(6.6.30)	27	3821
丹礬連合商ニ係ル件(6.7.9)	27	3838
斎藤新太郎ニ貸金並鉱業権譲受契約(6.7.12)	27	3843
社外ヨリ買鉱ニ係ル件(6.7.18)	27	3858
木下良貸金返済(6.7.23)	27	3862
新延炭坑へ貸金出炭一手販売(6.7.24)	27	3863
兼二浦製鉄所産出鉄販売手数料(6.7.25)	27	3863
田沼勝之助へ貸金及買鉱(6.7.25)	27	3864
兼二浦銑鉄販路研究(6.7.25)	27	3864
木下窯業場操業中止及貸渡(6.7.26)	27	3865
兼二浦銑鉄売渡契約(6.8.16)	27	3891
堀川団吉債務保証(6.8)	27	3910
田人炭坑共同経営出炭販売(6.8)	27	3910
佐佐浦炭協定値段(6.9.3)	28	3918
支那砲艦永豊号船炭価決済(6.9.12)	28	3932
米国鉄材輸出特許出願ニ係ル件(6.9.14)	28	3932
高取鉱山重石鉱取扱手数料(6.10.6)	28	3965
沢山熊次郎貸金回収一手販売解約(6.10.11)	28	3968
営業部雑貨課肥料営業免許(6.10.13)	28	3973
北市屋回漕店送炭契約不履行ニ係ル件(6.10.15)	28	3974
兼二浦骸炭副産物販売方(6.10.30)	28	3994
横浜港内石炭艀賃割増(6.11.9)	28	4008
営業部売炭事務掌程制定(6.12.6)	28	4045
売炭制度改正ニ付注意(6.12.6)	28	4052
地所部横浜共同運輸会社工事請負(6.12.6)	28	4053
金属並副産物販売方大阪支店ニ移管(6.12.7)	28	4055
売炭打合会開催(6.12.8)	28	4056
蘆別炭坑石炭輸送開始(6.12.9)	28	4056
営業部大阪支店電信略語改定(6.12.13)	28	4061
売炭規定廃止(6.12.26)	28	4072
大正7年度上半期協定炭価(6.12.29)	28	4076
大正6年度売炭概況	28	4136
大正6年度売銅状況	28	4138
大正6年度錫取扱概況	28	4140
大正6年度丹礬販売状況	28	4140
大正6年度金銀売捌状況	28	4141
営業部神戸支店電気銅其他取扱ヲ大阪支店ニ継承(7.1.1)	29	4299
鉱山部鉱石課買鉱覚書(7.1.5)	29	4300
蘆別炭坑外炭価協定(7.1.12)	29	4318
滝川金属合金工場譲受並操業状況(7.1.26)	29	4339
東京支店地方売炭仕切値段取極(7.1.28)	29	4342
炭坑附属工場部外仕事引受ニ係ル件(7.1.29)	29	4343
相知炭坑長崎支店ト炭価協定(7.1)	29	4349
奥山鉱山銅鉱直島製煉所へ売鉱(7.2.1)	29	4351
伏見分工場製品営業部大阪支店ニテ取扱(7.2.1)	29	4351
大阪製煉所電気銅製煉費其他取極(7.2.6)	29	4353
社外鉱石買入ノ場合製煉ニ係ル件(7.2.19)	29	4378
伏見分工場製品販売手数料取極(7.2.28)	29	4388
方城炭坑石炭検定価格(7.3.7)	29	4399
金田炭坑石炭検定価格(7.3.7)	29	4400
兼二浦銑鉄売約(7.3.9)	29	4403
蘆別炭坑石炭運賃割引並後払契約継続(7.3.15)	29	4406
伏見分工場製品(7.3.22)	29	4416
対外金融事情調査書送付(7.4.1)	29	4435
重石鉱輸出許可ニ付宣誓書提出(7.4.4)	29	4439
秋元清助ニ貸金，伊万里炭一手販売契約(7.4.20)	29	4454
北洋漁業会社製品一手販売権取得(7.4.25)	29	4459
小野商店ト生糸取引ニ関シ契約(7.6.15)	29	4495
大正7年自1月至4月名古屋支店石炭販売概況	29	4628

136　　　　　　　　　　　　　　　営　　　業

項目	頁	番号
大正7年自1月至4月営業部大阪支店銅販売状況	29	4630
大正7年自1月至4月営業部大阪支店銀売捌状況	29	4631
大正7年自1月至4月営業部大阪支店丹礬其他販売状況	29	4632
大正7年自1月至4月営業部神戸支店石炭其他販売状況	29	4632
大正7年自1月至4月門司支店石炭取扱高其他	29	4632
大正7年自1月至4月呉出張所石炭販売其他	29	4634
大正7年自1月至4月長崎支店石炭販売其他	29	4635

3）分系会社設立以降（大正7年～昭和27年）

（大正）

項目	頁	番号
北辰会創立経過(8.5.19)	30	4869
海外ニ於ケル鉱床調査等査業課ヨリ三菱鉱業会社ニ移管(8.7.15)	30	4902
査業課海外放資額(8.12.31)	30	4981
年末査業課海外放資額(9.12.31)	30	5317
石炭取扱店(9.3.16)	30	5338
対支放資額其他(11.5.1)	31	5846
支那棉花事業(11.5.12)	31	5852
北樺太炭ノ名称一定(11.5.27)	31	5855
南洋タワオ産枕木売渡契約(11.10.5)	31	5902
金融事情調査報告(12.7.5)	32	6170
宮崎県ニ於ケル山林事業中止(12.2.28)	32	6407
海外油田ニ関スル回答(13.11.6)	33	6619
生産品販売自営(13.4.1)	33	6693
北洋商会設立(14.3.17)	34	6991
金融事情調査報告(15.6.4)	34	7144
石油並海外鉱業調査業務ヲ三菱鉱業会社ヘ引継附引継後ノ経過概要(15.6.26)	34	7158
日本「ソリデチット」会社製品販売打切(15.5.31)	34	7278
定款改正計量器販売免許(15.2.6)	34	7291

（昭和）

項目	頁	番号
商事会社クルツプト提携不調(2.3.31)	35	25
電機会社ニテ小田原急行鉄道会社工事施工(2.4.1)	35	26
商事会社ニテ塩水港製糖内地売引受(2.4.9)	35	27
銀行及信託会社臨時休業(2.4.22)	35	29
商事会社ニテ智利硝石輸入開始(2.4.28)	35	31
商事会社ニテ独逸硫安輸入引受(2.4.28)	35	31
商事会社ニテ豊年製油会社製品販売引受(2.4.28)	35	31
商事会社ニテ鈴木商店買付爪哇糖取扱引受(2.5.26)	35	33
商事会社ニテ国際小麦取引開始(2.12.1)	35	51
商事会社ニテ磐城セメント会社製品一手販売引受(3.2.20)	35	126
南洋材委託販売契約締結(3.3.8)	35	128
商事会社ニテ塩水港製糖会社製品一手販売権返還(3.5.23)	35	137
金融事情調査報告(3.6.4)	35	141
電機会社ニテ純国産電気機関車納入(3.6.26)	35	142
航空機会社航空機注文激減(4.4)	35	249
金融事情調査報告(4.7.11)	35	262
商事会社ソヴィエト木材取扱(4.12.26)	35	292
商事会社ニテ日魯漁業会社ヘ融資(5.1.23)	35	375
商事会社ニテ新規商品取引ニ付通知(5.6.12)	35	402
商事会社ニテ見越取引ニ関スル心得方通知(5.10.25)	35	411
商事会社ニテ智利硝石一手販売引受(6.2.9)	36	493
商事会社ニテ日本蟹罐詰共同販売会社販売権獲得(6.3.5)	36	509
商事会社ニテ豊国セメント会社製品一手販売引受(6.5.26)	36	519
商事会社ニテ沿海州木材取扱(6.6.9)	36	523
商事会社ニテ戸畑鋳物会社製品一手販売引受(6.6.12)	36	524
日本コーン・プロダクツ・コンパニー株式譲受其他(6.6.17)	36	524
内幌鉄道運輸営業開始(6.10.1)	36	535
商事会社ニテ日本建鉄会社製品一手販売引受(7.2.2)	36	636
商事会社ニテ智利硝石一手販売引受(7.2.18)	36	638
商事会社ニテ日本窒素会社及朝鮮窒素会社硫安一手販売引受(7.2.25)	36	638
商事会社ニテ日本窒素会社硫燐安一手販売引受(7.2.25)	36	638
菱華倉庫会社営業再開(7.3.24)	36	643
商事会社ニテ大正製糖会社ニ対スル債権切捨(7.3.31)	36	646
商事会社ニテ取扱商品ノ選択其他ニ関シ通知(7.6.22)	36	665
商事会社ニテ加工綿布取扱準備(7.9.1)	36	673
商事会社ニテ銑鉄共同販売会社指定販売引受(7.9.1)	36	673
商事会社フロリダ燐鉱石一手販売契約締結(7.10.12)	36	680
商事会社ニテ日本郵船会社，大阪商船会社焚料油落札(7.10.27)	36	680
商事会社ニテ日本窒素会社硫安及硫燐安一手販売契約改訂及更改(7.12.15)	36	684
商事会社智利硝石取扱条件変更(8.1.26)	36	760
商事会社ニテ山陽無煙炭鉱会社製品一手販売引受(8.3.2)	36	764
商事会社日本窒素会社硫安一手販売地域追加(8.3.16)	36	765
商事会社ニテ太平洋漁業会社ヘ融資(8.3.23)	36	765
商事会社ニテ磐城セメント会社製品一手販売契約締結(8.4.1)	36	766
商事会社ニテ日本窒素会社硫安海外輸出(8.5.25)	36	772

営業

項目	巻	頁
商事会社ニテ日本郵船会社，大阪商船会社焚料油契約(8.7.17)	36	782
商事会社ニテ日本合同工船会社製品輸出向一手委託販売引受(8.7.27)	36	782
商事会社ニテ東洋紡績会社製品輸出取扱(8.9.28)	36	786
商事会社ニテフロリダ燐鉱石一手取扱契約(8.11.22)	36	788
商事会社，日清製粉会社間取引変更(8.11.22)	36	789
商事会社ニテ明治製糖会社トノ契約更改(9.2.20)	36	871
商事会社ニテ日清製粉会社製品輸出委託引受(9.2.20)	36	871
商事会社ニテ埃及棉花一手取扱契約(9.2.21)	36	872
商事会社ニテ対海外取引ニ関シ通知(9.3.6)	36	872
商事会社ニテ朝鮮鰮粕一手販売契約(9.3.15)	36	878
商事会社ニテクリスマス燐鉱石本邦一手販売引受(9.3.22)	36	880
商事会社ニテ日本合同工船会社増資新株引受(9.4.12)	36	891
商事会社ニテ日本アルミニューム製造所株式譲受(9.4.12)	36	892
商事会社ニテ日魯漁業会社其他へ融資(9.5.25)	36	893
商事会社ニテ智利硝石一手販売契約(9.6.15)	36	906
商事会社ニテフロリダ燐鉱石一手販売契約(9.6.15)	36	906
商事会社ニテ三共水産会社株式譲渡(9.6.15)	36	907
商事会社ニテ日本郵船会社焚料油契約其他(9.8.1)	36	911
商事会社ニテ日本石油会社原油輸送契約更改(9.8.2)	36	913
商事会社ニテ印度及米棉花取引準備(9.8.11)	36	914
商事会社ニテ明治製糖会社製品取扱(10.2.23)	37	999
商事会社タイド・ウォーター社間一手販売契約更改(10.4.26)	37	1009
商事会社ニテ寿製作所へ融資(10.5.25)	37	1012
商事会社ニテ日本製鉄会社兼二浦銑鉄委託販売引受(10.7.30)	37	1021
商事会社ニテ日本鋼管会社製品委託販売契約更改(10.9.20)	37	1026
商事会社ニテ大阪商船会社，日本郵船会社焚料油契約其他 10.10.1)	37	1028
商事会社ニテ朝鮮鰮粕販売契約(11.3.27)	37	1137
商事会社ニテ日本生糸会社財産及営業譲受(11.5.2)	37	1140
商事会社生糸部及生糸部紐育支部設置(11.5.18)	37	1141
日本タール工業会社染料初取引(11.7.15)	37	1154
商事会社ニテ国産工業会社増資新株引受(11.7.23)	37	1154
商事会社ニテ燐鉱石一手取扱契約(11.10.5)	37	1159
商事会社ニテ大阪商船会社，日本郵船会社焚料油契約(11.10.5)	37	1160
商事会社ニテ共同漁業会社鯨油一手販売契約更改(11.10.5)	37	1160
日東製糸会社工場賃貸(11.11.14)	37	1163
商事会社ニテ大洋捕鯨会社へ融資(11.11.26)	37	1169
商事会社ニテ智利硝石一手販売契約(12.4.22)	37	1266
商事会社ニテ日本化成工業会社硫安一手販売協定(12.7.22)	37	1289
商事会社ニテ豊国，磐城両セメント会社製品一手販売契約(12.7.22)	37	1289
太平洋漁業会社製品一手販売契約更新(12.12.8)	37	1312
商事会社ニテ大阪商船会社，日本郵船会社焚料油契約(12.12.23)	37	1321
商事会社ニテ日本郵船会社焚料油契約(14.2.23)	38	1519
商事会社ニテ昭和通商会社株式引受(14.3.23)	38	1522
商事会社ニテ大日本燐鉱会社株式引受(14.3.23)	38	1522
鉱業会社ニテ海外鉱山炭礦調査(昭和14年)	38	1566
日本化成工業会社ニテライオン石鹸会社事業参加(15.4.8)	38	1637
商事会社ニテ日魯漁業及太平洋漁業会社ニ対スル基本契約更新(16.3.26)	38	1770
商事会社海外支店員引揚(16.5.29)	38	1784
倉庫会社ニテ門司駅其他ニ於ケル陸上小運送業営業権譲渡(17.8.6)	38	1950
倉庫会社ニテ営業ノ一部譲渡(19.3.30)	39	2247
三菱化工機会社ニテ田中機械製作所合併契約締結(19.5.10)	39	2266
鉱業会社ニテ営業ノ一部譲渡(19.5.30)	39	2269
電機会社ニテ菱美機械会社営業譲受契約締結(19.8.15)	39	2289
製鋼会社ニテ非鉄金属工業所譲渡(20.3.10)	40	2408
倉庫会社営業復元(20.12.1)	40	2516
石油会社ニテ転換事業企画(20.12.26)	40	2527
商事会社ニテ興国人絹パルプ会社製品一手販売引受(20.12.27)	40	2528
鉱業会社ニテ堺化学工業会社経営譲渡(21.1.18)	40	2601
銀行貸出制限(21.3.22)	40	2626
電機会社各場所製作品(21.4.11)	40	2629

14. 海外事業

1）朝鮮

（明治）

項目		
黄龍丸朝鮮修信使送迎(9.5.29)	3	198
長崎釜山間航路開通（9.11.20）	3	524
朝鮮航船運賃低減（10.11.9）	4	467
朝鮮航路運賃改定（11.9.13）	6	601
朝鮮航路起点改定（11.9.13）	6	601
朝鮮出張所開設（12.3.23）	7	156
朝鮮定航船博多寄港（12.4.5）	7	182
朝鮮航船運賃改定（12.8.1）	7	359
元山津航路開通（13.3.19）	8	270
朝鮮出張所移転（13.4.1）	8	278
朝鮮出張所ヲ釜山支社ト改称（13.4.6）	8	285
神戸元山津間運路開通（13.4.16）	8	293
神戸元山津間運賃釐定（13.4.16）	8	293
釜山領事館附属倉庫借入（13.8.10）	8	426
元山津支社建築（13.是秋）	8	514
元山津領事館員ニ歳末謝礼（13.12.是月）	8	595
仁川航路開通及元山津航路閉止（14.2.28）	9	35
朝鮮航船運賃改定（14.3.1）	9	42
釜山支社移転（14.5.23）	9	188
元山津居留地内地所借入（14.7.是月）	9	258
元山津支社倉庫建築（14.11.13）	9	343
仁川航路運賃釐定（15.7.18）	10	321
朝鮮釜山建物購入（16.3.27）	11	37
朝鮮航路延長（16.9.30）	11	142
朝鮮輸出入貨物取扱心得頒布（16.10.25）	11	176
仁川航路発着時間釐定（17.2.25）	12	39
仁川航船対馬寄港（17.5.13）	12	103
京浜朝鮮間運賃低減（17.11.10）	12	355
朝鮮仁川地所建物購入（18.6.4）	13	216
仁川航船起点改定（18.6.16）	13	224
朝鮮事件切迫ニ付売炭注意（27.7.11）	19	20
韓国鉄道測量隊派遣ニ付旅費規則制定（40.7.24）	21	995
南韓鉄道測量図引渡（43.7.3）	21	1246
兼二浦鉱山売買契約締結（44.6.5）	21	1328
兼二浦停車場構内貯鉱場其他継承使用許可（44.10.2）	21	1349

（大正）

項目		
朝鮮鉄鉱区買収(1.2.20)	22	1441
兼二浦鉱山試錐状況報告(1.3.10)	22	1444
朝鮮在勤使用人手当取扱方(1.3.11)	22	1445
朝鮮平安道所在鉱区譲受(1.8.12)	22	1491
朝鮮載寧郡鉄鉱区許可(2.6.4)	22	1724
朝鮮在勤手当規則改正(2.6.28)	22	1741
兼二浦鉱山探鉱報告(2.7.4)	22	1745
兼二浦製鉄所用水水源地ニ付黄州住民陳情(3.2.7)	23	2022
兼二浦専用軽便鉄道許可(3.3.10)	23	2043
兼二浦電気鉄道工事請負契約，水道工事進捗(3.8.1)	23	2166
兼二浦鉱山事務所外落成(3.9)	23	2216
朝鮮鉱区許可(3.10.1)	23	2220
兼二浦鉱山事業概況（3年）	23	2313
兼二浦土地買収借地其他(大正3年)	23	2314
朝鮮瑞興郡鉄鉱区譲受(4.3.24)	24	2466
大宝面専用軽便鉄道許可(4.6.30)	24	2536
兼二浦製鉄所鉄道敷地買収認許(4.8.4)	24	2556
大宝面運炭鉄道起業外認許(4.9.10)	24	2581
兼二浦停車場仮移転(4.11.2)	24	2629
朝鮮製鉄事業材料輸入税免除(4.11.11)	24	2639
朝鮮黄海道鉄鉱区許可(4.12.18)	24	2675
兼二浦製鉄所用土地買入ニ付覚書(5.1.21)	25	2848
銀山面軽便鉄道敷設許可(5.3.14)	25	2929
載寧面鉄鉱区名義変更(5.3.27)	25	2944
兼二浦製鉄所施設(5.5.3)	25	2992
銀山面鉄道工事請負契約(5.5.19)	25	3013
兼二浦製鉄所臨時嘱託医(5.5.31)	25	3022
兼二浦停車場移転外建設工事(5.6.11)	25	3038
兼二浦鉱区鉱業代理人変更(5.6.26)	25	3047
兼二浦製鉄所排土地買収認許(5.6.29)	25	3051
兼二浦製鉄所土地買収(5.7.11)	25	3075
兼二浦地方豪雨出水(5.8.4)	25	3110
京畿道鉄鉱区譲受(5.8.24)	25	3132
兼二浦製鉄所構内鉄道許可(5.9.20)	25	3159
兼二浦製鉄所開設ニ付協約方申越(5.9.22)	25	3161
端川鉱区出願(5.11.11)	26	3227
兼二浦製鉄所医局開始(5.11.16)	26	3233
端川出願鉱区名義変更契約(5.12.2)	26	3275
端川鉄鉱区出願人変更届出(5.12.8)	26	3286
朝鮮ニ於ケル木下窯業場瓦販売方(6.1.12)	27	3585
平安南道鉱区登録(6.3.22)	27	3666
兼二浦製鉄所火薬庫新設許可(6.8.30)	27	3903
兼二浦製鉄所貨車局線使用承諾(6.9.16)	28	3935
兼二浦製鉄所用材輸出特許願(6.9.25)	28	3942
兼二浦製鉄所ニ関シ回答(6.10.6)	28	3963
咸鏡南道端川鉱区買収(6.12.1)	28	4032
朝鮮在勤規則制定(6.11.24)	28	4193
朝鮮黒鉛鉱山経営監督附同鉱山関係顛末(7.7.26)	29	4513

海　外　事　業

項目	巻	頁
朝鮮黒鉛事業ニ付査業課員安東県駐在(7.11.3)	29	4557
朝鮮在勤規則改正(7.5.16)	29	4651
京城及元山事務所設置(7.6.18)	29	4651
朝鮮黒鉛事業引受経営(8.6.24)	30	4894
朝鮮在勤規則中改正(8.11.1)	30	4999
京城事務所移転(9.4.26)	30	5329
京城事務所所管替(9.8.6)	30	5330
朝鮮城津郡外土地兼二浦製鉄所ニ移管(10.5.11)	31	5530
朝鮮黒鉛鉱区廃棄(10.12.13)	31	5628
朝鮮城津郡外所在土地社名ニ変更(11.7月)	31	5887
京城事務所廃止(11.3.24)	31	5959
朝鮮ヲ旅行スル場合ノ旅費ニ係ル件(12.4.1)	32	6135
朝鮮長津江電力株式会社出願(12.8.30)	32	6181
朝鮮在勤規則改正(12.12.29)	32	6385
農商務省所管載寧鉄山採掘引受(13.4.1)	33	6665
査業課員木浦棉作支場駐在(14.2.20)	34	6839
赴戦江発電用水利使用願不許可(14.6.26)	34	6895
朝鮮銀行天津支店ト借越契約締結(14.12.4)	34	6939
朝鮮金堤郡砂金鉱ニ係ル契約並試錐(15.3.22)	34	7125
査業課員朝鮮木浦棉作支場ニ駐在(15.4.30)	34	7136
朝鮮裡里製糸株式会社設立ニ係ル覚書(15.5.29)	34	7141
朝鮮金堤郡試錐所春季試錐閉鎖(15.6.13)	34	7155
朝鮮長津江水利使用許可(15.9.21)	34	7212
査業課朝鮮木浦駐在員引揚(15.10.21)	34	7228
京城出張所設置(15.6.24)	34	7279
(昭和)		
製鉄会社ニテ朝鮮無煙炭会社へ現物出資鉱区鉱業権移転登録其他(2.3.3)	35	11
鉱業権出願(朝鮮)(2.10.14)	35	48
長津江流域測水用工作物設置(2.12.28)	35	53
長津江水力電気事業概況(昭和2年)	35	54
商事会社釜山出張員設置(3.2.6)	35	126
鉱業会社京城出張員設置(3.5.10)	35	136
製鉄会社銀山面鉄山外改称(3.8.1)	35	148
鉱業会社釜山出張員設置(3.12.20)	35	165
鉱業会社金堤鉱業所新設(5.1.1)	35	373
鉱業会社釜山出張員廃止(5.3.23)	35	385
商事会社群山出張員設置(5.7.25)	35	405
商事会社京城,台北両出張所改称(5.10.1)	35	410
兼二浦製鉄所所在地名変更(6.4月)	36	519
商事会社清津出張員設置(6.8.17)	36	531
商事会社平壌出張員設置(6.12.15)	36	554
商事会社京城支店移転(7.1.17)	36	633
花田里金山探鉱契約締結(7.4月)	36	660
商事会社元山出張員設置(7.7.1)	36	667
商事会社群山出張員事務所所在地名変更(7.10.1)	36	679
鉱業会社京城出張員設置(8.2.1)	36	762
長津江水力電気事業用地其他譲渡(8.2.18)	36	762
商事会社ニテ朝鮮鰮粕委託取扱引受(8.3.4)	36	764
海州,花田里,宝生三鉱山稼行(8.4.10)	36	767
鉱業会社京城出張員廃止(8.8.15)	36	783
鉱業会社朝鮮鉱業所新設(8.8.15)	36	783
鉄嶺鉱山買収(9.6.29)	36	908
朝鮮咸鏡北道社有地概況(10.3月)	37	1004
鉱業会社朝鮮鉱業所釜山買鉱所設置(10.4.1)	37	1008
長津江水力電気事業譲渡代金完済(10.5月)	37	1013
鉱業会社ニテ大寶炭坑ヲ朝鮮無煙炭会社ニ現物出資(10.9月)	37	1027
茂山鉱山所管替(10.12.20)	37	1041
商事会社清津出張所移転(11.10.18)	37	1161
甘徳鉱山買収(11.12.28)	37	1172
茂山鉱山独立(12.3.1)	37	1259
朝鮮咸鏡北道社有地譲渡(12.8.1)	37	1291
商事会社京城支店移転(12.12.12)	37	1312
朝鮮鉱業所移転(昭和12年)	37	1324
鉱業会社朝鮮及樺太在勤手当規則別表中改正(13.8.20)	37	1440
銀龍鉱区探鉱契約締結(13.12.7)	37	1453
鉱業会社製鉄部清津出張員設置(昭和13年)	37	1457
鉱業会社兼二浦買鉱所新設(昭和13年是歳)	37	1457
国成鉱山買収(14.1.14)	38	1515
鉱業会社清津製煉所新設(14.3.1)	38	1520
大同鉱山買収(14.4.20)	38	1526
鉱業会社朝鮮及樺太在勤手当規則中改正(14.6.23)	38	1532
茂山鉱山譲渡(14.12.6)	38	1556
茂山鉄鉱開発会社設立(14.12.6)	38	1556
鉱業会社金堤鉱業所事務所移転(昭和14年)	38	1566
月留鉱山買収(15.1.11)	38	1621
鉱業会社釜山買鉱所廃止(15.3.31)	38	1636
商事会社平壌出張員改称(15.10.1)	38	1675
朝鮮無煙炭会社事業参与(16.1.13)	38	1759
三東鉱山買収(16.9.11)	38	1814
鉱業会社朝鮮及樺太在勤手当規則中改正(16.9.24)	38	1817
商事会社咸興出張員設置(17.6.1)	38	1938
京城三菱ビルヂング竣工(17.6.10)	38	1939
商事会社京城支店,日本化成工業会社京城事務所移転(17.6.13)	38	1939
鉱業会社朝鮮及樺太在勤手当規則中改正(17.8.15)	38	1950
製鋼会社仁川製作所新設(17.11.1)	38	1966
鉱業会社京城出張員改称(18.5.16)	39	2090
商事会社京城支店所在地名変更(18.6.10)	39	2099

商事会社朝鮮在勤手当規則中改正(18.7.5)	39	2106
製鋼会社平壌製鋼所設置(18.11.1)	39	2136
鉱業会社清津臨時建設事務所廃止(18.11.30)	39	2142
鉱業会社朝鮮鉱業所廃止及下聖鉱業所, 京城事務所設置(20.6.1)	40	2434
電機会社ニテ朝鮮中央電機製作所合併(20.6.1)	40	2434
商事会社平壌出張所移転(20.7.14)	40	2439
京城三菱ビルヂング接収(20.9.26)	40	2472
商事会社麗水, 鎮海, 馬山出張員設置(20年是歳)	40	2529
商事会社釜山, 杭州両出張所其他移転(20年是歳)	40	2529

2）台湾

（大正）

台湾米井商店ニ代理取扱依頼(5.7.28)	25	3100
台湾蕃界鉱物調査報告(6.2.17)	27	3621
台湾蕃界鉱物探検員増派(6.2.22)	27	3635
台湾蕃界探鉱着手(6.3.2)	27	3652
花蓮港探鉱報告(6.4.11)	27	3692
台湾蕃界探鉱用坑夫融通(6.5.28)	27	3769
台湾蕃地内銅鉱区出願(6.6.17)	27	3799
台湾出張員事務所借入(6.7.20)	27	3861
台湾蕃界探鉱調査費供給ニ係ル件(6.7.21)	27	3862
基隆停車場構内地所借受(6.8.2)	27	3874
台北出張員事務所開設(6.8.1)	27	3874
台湾出張員用住宅買収(6.10.6)	28	3966
台湾出張員事務所名称改称(6.11.23)	28	4021
台湾ニ坑夫差向(6.12.6)	28	4036
台湾花蓮港在勤手当規則制定(7.3.1)	29	4393
台北出張所事業（大正7年自1月至4月）	29	4637
台湾ヲ旅行スル場合ノ旅費支給方(8.4.21)	30	4861
台北出張所移転中止(8.10.8)	30	5012
台北出張所廃止(8.10.22)	30	5013
台湾海山炭坑調査(14.3.7)	34	6847
基隆出張員設置(14.5.2)	34	6992
基隆出張員移転(14.5.18)	34	6993

（昭和）

商事会社ニテ塩水港製糖内地売引受(2.4.9)	35	27
商事会社基隆, 高雄両出張所設置(2.5.16)	35	32
商事会社台湾在勤手当規則制定(2.7.23)	35	42
商事会社塩水港製糖一手販売権返還(3.5.23)	35	137
商事会社基隆出張所長其他執務場所変更(4.8.31)	35	265
商事会社基隆出張所廃止並台北出張所設置(5.1.9)	35	373
商事会社高雄出張所移転(5.3.1)	35	380
商事会社台北出張所改称(5.10.1)	35	410
保険会社台湾駐在員設置(7.8月)	36	672
台湾船渠会社設立(12.5.20)	37	1280
商事会社台北支店移転(12.7.18)	37	1288
商事会社台中出張員廃止(14.11.10)	38	1544
鉱業会社台北事務所設置(18.6.11)	39	2099
鉱業会社台北事務所移転(19.3.20)	39	2243
鉱業会社花蓮港事務所設置(19.4.1)	39	2252
鉱業会社台北事務所廃止及海外部台北出張員設置(20.4.1)	40	2418

海 外 事 業

3）中国

(明治)

項目	巻	頁
上海航路開通 (8.1.18)	1	354
上海建物借入支店開設 (8.2.4)	1	392
上海支店開設 (8.2.4)	1	392
上海荷揚場用地借用ノ件 (8.2.19)	1	412
上海支店運賃低減 (8.2.25)	1	425
上海支店医嘱託 (8.3.10)	1	463
上海支店類焼 (8.3.15)	1	471
上海支店移転 (8.3.24)	1	489
上海支店馬車購入 (8.是春)	1	505
上海航船解纜日変更 (8.4.24)	2	29
上海航船郵便物輸送ノ件 (8.4.24)	2	30
上海航船発着表掲示ノ件 (8.5.是月)	2	101
上海航船解纜日変更 (8.10.20)	2	336
上海航船変更 (8.10.29)	2	345
上海航船解纜日変更 (9.2.23)	3	62
上海航船東京丸運賃低減 (9.2.24)	3	64
北清航路開通 (9.5.13)	3	192
上海支社控地貸付 (9.6.15)	3	211
北清航路閉塞 (9.9.是月)	3	397
上海支社馬車売却及購入 (9.12.是月)	3	612
山東省窮民賑恤費 (10.3.26)	4	82
上海支社碼頭修築 (10.5.是月)	4	182
上海支社貨主饗応 (11.1.是月)	5	169
上海支社倉庫修築 (11.4.是月)	6	410
上海支社貨主饗応 (12.1.是月)	7	60
上海航船運賃改定 (12.2.26)	7	76
香港航路開通 (12.10.4)	7	451
香港支社開設 (12.10.4)	7	451
上海支社貨主饗応 (13.2.是月)	8	246
香港支社建築 (14.2.14)	9	27
香港航路起点改定 (15.3.25)	10	240
上海航船々客運賃改定 (16.5.29)	11	58
上海支社邦人社員駐在中止 (16.9.14)	11	127
香港航路閉止 (17.5.是月)	12	137
上海航船及朝鮮航船運賃改定 (17.8.19)	12	239
上海航船解纜日改定 (17.9.1)	12	248
上海航船呉淞仮泊 (18.2.24)	13	48
芝罘「ファルガーソン」商会送炭中止 (30.4.17)	19	168
香港外売炭見合 (30.8.23)	19	198
青木菊雄上海香港出張 (31.4.28)	19	264
大冶鉱石運搬契約 (33.6.29)	20	415
東肥洋行ト取引開始 (33.7.20)	20	420
妻木栗造北清出張 (35.4.28)	20	570
漢口出張所設置 (35.7.8)	20	576
江口定條香港上海等出張 (35.9.25)	20	583
上海代理店臨時事務代理 (36.5.23)	20	641
漢口出張所移転 (37.4.15)	20	703
長江航行開始 (37.4.25)	20	705
漢口出張所独立業務取扱 (37.9.1)	20	723
社有汽船及漢口鉱石取扱手数料 (38.3.30)	20	778
上海支店漢口出張所香港支店設置 (39.4.1)	21	873
漢口出張所員ノ為支那語教師招聘 (39.4.1)	21	873
香港支店貯炭場譲受 (39.6.12)	21	882
上海浦東土地購入 (39.10.29)	21	905
上海支店扱製紙所製品販売手数料 (39.11.7)	21	908
漢口出張所支那家屋借入 (39.11.30)	21	912
漢口土地譲渡 (39.12.6)	21	913
漢口出張所用地払下 (39.12.26)	21	921
松田武一郎南満洲鉄道会社炭坑経営ニ参与 (40.1.9)	21	947
漢口出張所用地譲受 (40.2.12)	21	952
〃 会計独立 (40.4.1)	21	968
〃 貸家新築 (40.4.8)	21	969
漢口社有地報告 (40.5.15)	21	976
香港支店九龍貯炭場施設 (40.5.17)	21	977
漢口出張所九江ニ貯炭場用地購入 (40.5.24)	21	979
上海支店会計独立 (40.6.1)	21	982
〃 乗用馬車設備 (40.6.17)	21	984
漢口出張所事務所新築 (40.6.21)	21	985
上海支店地所家屋譲受 (40.8.3)	21	997
漢口出張所乗用馬車設備 (40.8.24)	21	1003
上海支店移転 (40.9.8)	21	1006
〃 所属倉庫貸与 (40.9.11)	21	1006
香港支店会計独立 (41.4.1)	21	1066
〃 移転 (41.4.1)	21	1066
荘田平五郎清韓地方視察 (41.4.22)	21	1069
漢口出張所菱華洋行ノ名義ニテ代理販売業開始 (41.7.1)	21	1082
〃 支那棉花輸出業開始 (41.7.10)	21	1082
〃 買弁廃止 (41.11.16)	21	1106
〃 半田棉行ト棉花代弁契約 (42.1.6)	21	1139
上海支店勤倹預金取扱開始 (42.2.19)	21	1147
支那九江府徳化県地所譲渡 (42.3.22)	21	1150
上海支店遊戯場新設 (42.4.15)	21	1154
漢口出張所竣成移転 (42.5.5)	21	1157
南京勧業博覧会出品 (42.10.23)	21	1186
上海支店報告 (42.10.31)	21	1186
北京出張員設置 (42.11.15)	21	1189
漢口出張所所属地所報告 (43.1.17)	21	1221
湖北大冶水泥廠ト借款契約 (43.2.25)	21	1225
上海支店棉花綿糸類営業開始 (43.6.1)	21	1243

項目	巻	頁
北京出張所用地所家屋譲受移転(43.7.12)	21	1246
加藤知道北京出張(43.8.1)	21	1249
清国ヨリ砲艦一隻新造註文(43.8.15)	21	1250
清国海軍大臣其他款待(43.8.26)	21	1252
上海支店買弁,炭代融通ニ付解備(43.9.30)	21	1255
漢口出張所ヲ支店ト改称(43.10.1)	21	1257
妻木栗造撫順炭坑ニ出張加勢(43.11.7)	21	1264
北京出張員事務所移転(43.12.15)	21	1270
漢口支店新規業務調査(43.12.30)	21	1273
〃 桐油取扱開始(44.2.21)	21	1307
湖北水泥廠ト第二次借款契約締結(44.6.1)	21	1326
（大正）		
菱華公司廃止(1.5.1)	22	1465
上海支店仮事務所ニ移転(1.5.6)	22	1466
支那砲艦引渡並代金支払方(2.1.9)	22	1614
北京出張所ヲ営業部ニ移管(2.2.6)	22	1640
漢口支店積荷自保険(2.2.13)	22	1646
〃 胡麻工場落成(2.4.5)	22	1692
香港支店桟橋修理(2.5.20)	22	1715
漢口支店避暑地設置(2.9.15)	22	1792
浦二土地共有組合ニ加入(2.10.7)	22	1809
漢口支店附属家屋増築(2.10.28)	22	1826
大冶「セメント」会社借款問題経過（2年）	22	1925
支那内地鉱山炭坑調査（2年是歳）	22	1936
大冶鉱石輸出禁止ニ係ル誤報(3.3.23)	23	2055
湖北水泥廠借款返還附同借款顛末(3.4.7)	23	2067
北京順天時報社補助(3.4.7)	23	2074
香港支店運炭用船建造(3.4.14)	23	2079
上海支店建物落成移転(3.7.18)	23	2157
〃 建物追加設備承認(3.7.19)	23	2158
〃 内三菱鉱物分析所設置(3.8.22)	23	2186
香港支店売渡炭値上(3.9.10)	23	2205
広東駐在員設置(3.11.6)	23	2238
北京出張所会計事務営業部ニ引継(3.12.28)	23	2291
大冶鉄鉱石室蘭運搬契約(4.2.13)	24	2434
上海「タイムス」ニ出資(4.3.11)	24	2459
漢口支店桐實搾油器設備(4.4.29)	24	2490
上海支店中国銀行ト当座勘定開始(4.6.24)	24	2531
漢口支店桐油工場再築外施設(4.7.1)	24	2538
漢冶萍公司製鉄工場開設ニ関シ報告(4.8.24)	24	2569
支那廣東水災ニ付寄附(4.8.30)	24	2573
天津出張員詰所設置(4.9.18)	24	2586
間島天宝山鉱山関係落着(4.9.20)	24	2587
漢口支店当座借越契約継続(4.9.22)	24	2590
華章造紙廠開始(4.10.12)	24	2612
香港支店小倉庫建設(4.10.22)	24	2620
大冶鉱石冬季運鉱計画認許(4.10.25)	24	2621
漢口支店諸工事竣工(4.11.5)	24	2633
北京出張所寄附(4.11.24)	24	2655
常徳府出張員派遣(4.12.6)	24	2666
漢口支店桐油工場ニ関シ指導方(4.12.14)	24	2669
天津出張員住宅借受(4.12.17)	24	2673
揚子江水先人ニ慰労給与(4.12.24)	24	2683
船舶課蕪湖在勤員設置(4.12.29)	24	2691
大冶鉱石冬期運鉱施設(4.12月)	24	2700
大正4年度上海支店石炭受払	24	2750
大正4年度上海支店鉱物分析所事業概況	24	2751
〃 漢口支店売炭状況	24	2753
〃 漢口支店運鉱状況	24	2754
〃 北京出張所事業概況	24	2755
蕪湖在勤員設置(5.1.1)	25	2819
大冶製鉄所ニ我社製品使用(5.1.29)	25	2860
香港支店仏領印度支那亜鉛鉱石取扱(5.1)	25	2865
上海支店土地買入(5.1)	25	2884
揚子江水先料値上(5.2.14)	25	2898
漢口支店支那人嘱託(5.2.17)	25	2900
常徳府出張員万県ニ出張滞在(5.2.23)	25	2905
大冶鉱石室蘭輸送ノ件(5.2.26)	25	2911
大冶鉄鉱石室蘭運搬契約(5.3.3)	25	2919
漢口支店焼失(5.3.5)	25	2921
〃 桐油工場施設(5.3.11)	25	2928
〃 当座借越限度増額(5.3.16)	25	2933
大冶鉱石運搬契約(5.4.1)	25	2953
冬季運鉱事務上海支店ニ引継(5.4.1)	25	2956
冬季運鉱設備予算(5.4.15)	25	2976
常徳出張員ニ対スル支那兵暴行事件(5.5.6)	25	2993
漢口支店桐油精製方研究依頼其他(5.3.8)	25	2996
長沙地方ニ出張員滞在(5.5.11)	25	3004
漢口支店移転(5.5.15)	25	3010
蕪湖地所買入(5.5.18)	25	3013
北京所在家屋貸渡(5.5.29)	25	3020
蕪湖貯鉱所買入(5.6.4)	25	3033
香港支店社外商会ノ為保証其他(5.7.8)	25	3070
蕪湖鉄鉱及石炭荷役請負(5.7.17)	25	3090
冬季運搬用艀船竣工(5.8.9)	25	3116
漢冶萍公司役員ニ付通知(5.9.5)	25	3150
冬季運鉱開始ニ付使用曳船及艀船(5.9.17)	25	3156
鎌田六三郎遭難(5.9.18)	25	3158
蕪湖中継運鉱開始(5.9.28)	25	3170
東洋課漢口在勤員設置(5.10.14)	25	3187
漢口支店貯炭場爆弾破裂(5.10.24)	25	3193
香港支店内鉱物分析所施設(5.11.4)	26	3222
江口定條三宅川百太郎鮮満支那視察(5.11.10)	26	3225

海 外 事 業

天津出張員詰所移転(5.12.5)	26	3284
蕪湖荷役請負者ニ補給(5.12.21)	26	3337
天津出張員詰所施設(5.12.21)	26	3337
大正5年度漢口支店売炭状況	26	3496
〃　　香港支店売炭状況	26	3497
冬季運鉱蕪湖八幡間輸送開始(6.1.5)	27	3580
中日実業銀行設立情報(6.1.6)	27	3582
森村組重慶出張所新設ニ付情報(6.1.9)	27	3584
広東広西方面調査(6.1.19)	27	3590
江口定條外南支南洋出張其他営業部員海外出張(6.2.6)	27	3608
大冶鉄鉱石室蘭輸送契約(6.2.6)	27	3610
北海道炭礦汽船会社ト大冶鉄鉱輸送契約(6.2.6)	27	3610
広東出張員詰所移転(6.2.25)	27	3641
対常徳出張員支那兵暴行事件解決(6.3.23)	27	3667
漢口太平街土地建物買収(6.3.29)	27	3677
北京出張所臨時移転(6.3.31)	27	3680
漢口支店桐油工場其他売却(6.4.1)	27	3684
北京出張所新設登記(6.4.5)	27	3686
漢口支店桐油外油脂類一手販売(6.4.21)	27	3702
秦皇島出張員派遣(6.5.27)	27	3769
北京出張所事務所改築(6.6.5)	27	3778
撫順炭礦変災ニ付報告(6.6.5)	27	3778
山東省淄川及章邱炭田買収準備(6.6.18)	27	3800
上海支店合宿所新築(6.6.21)	27	3808
大石橋菱苦土復州粘土ニ付貸金(6.6.26)	27	3809
簡阿牛其他ニ貸金，産出炭買入契約(6.6)	27	3821
上海硝子会議開催(6.7.6)	27	3831
直隷省借款契約締結(6.7.12)	27	3840
長沙保利鉱務公司ヘ貸金(6.7.22)	27	3862
広東出張員事務所移転(6.7.31)	27	3871
香港支店員用家屋借受(6.8.1)	27	3874
船舶課蕪湖在勤員(6.8.1)	27	3875
船舶課上海在勤員(6.8.1)	27	3875
大連営業部出張員事務所開設(6.8.15)	27	3890
山東省淄川炭田経営ニ付日支合弁仮契約(6.8.25)	27	3895
香港支店「キリンビール」一手販売権取得(6.8.27)	27	3899
在支那独墺没収船運用ニ付大達組合ト契約(6.8.28)	27	3901
漢口三井洋行ニ付報告(6.9.5)	28	3920
銀行部上海支店新設登記(6.9.20)	28	3938
山東省章邱淄川炭田出願(6.9.23)	28	3940
済南商埠内土地家屋譲受(6.9.25)	28	3943
漢口ニ於ケル社外関係情報(6.9.27)	28	3947
上海支店客用「エレベーター」(6.10.3)	28	3962
漢口支店雇支那人身許保証金規則制定(6.11.5)	28	4002
銀行部上海支店開業(6.11.14)	28	4009
〃　　外国銀行組合ニ加入(6.11.26)	28	4022
揚子江水先人給与ニ係ル件(6.12.7)	28	4054
支那ニ対スル借款ニ付回答(6.12.18)	28	4062
上海支店華章造紙廠製品一手販売其他(6.12.26)	28	4072
漢口太平街地所建物管理手数料(7.1.7)	29	4305
支那天宝山炭坑採掘出願(7.1.10)	29	4316
済南出張所用家屋借入(7.1.30)	29	4344
済南出張員事務所開設(7.2.5)	29	4352
青島出張員派遣ニ付意見(7.2.7)	29	4359
北京出張所事務所改築工事落成披露(7.2.10)	29	4367
山東省淄川章邱炭坑経営ニ付合弁契約(7.2.14)	29	4372
香港支店員遭難(7.2.26)	29	4386
支那湖南省学生社内鉱山ニテ実習(7.3.6)	29	4397
船舶課大冶在勤員電信宛名登録(7.3.15)	29	4406
龍関鉄鉱公司借款問題(7.3.15)	29	4407
満州関門山鉱業ニ関シ篠崎軍吉ニ貸金(7.3.16)	29	4408
大連出張員事務所ニ社名使用ノ件(7.3.25)	29	4422
山東省黒鉛試掘出願(7.4.10)	29	4443
北京出張所建物竣成(7.4.16)	29	4446
秦皇島出張員詰所開設(7.4.22)	29	4456
北京出張所留学生宿舎模様替(7.4.22)	29	4456
大冶鉱石運搬契約三菱商事会社ニ引継(7.4.29)	29	4463
興源公司ニ加入(7.5.7)	29	4477
興源公司ニ付来報(7.6.14)	29	4495
査業部済南駐在員設置(7.7.4)	29	4504
興源公司組合員保証(7.7.9)	29	4505
山東省黒鉛鉱譲受契約(7.7.23)	29	4512
龍烟鉄鉱公司設立通知(7.7.24)	29	4512
北京分析所(7.8.30)	29	4529
山東黒鉛鉱区関係人ニ支給(7.9.30)	29	4545
山東省淄川章邱炭田許可ニ付尽力方出願(7.10.10)	29	4549
鄭家屯菊竹實藏事業援助(7.10.25)	29	4555
支那海軍省ニ対スル武器受註(7.11.7)	29	4557
済南土地家屋買入(7.12.1)	29	4568
大正7年自1月至4月漢口支店売炭運鉱其他	29	4638
〃　　北京出張所天津出張員詰所窓硝子販売	29	4638
〃　　大連出張員事務所損益及営業状況	29	4639
梧州出張員事務所設置(7.6.1)	29	4664
漢口支店移転(7.8.25)	29	4665
広東出張所移転(7.11.1)	29	4665
香港船舶部在勤員事務所設置(7.11.2)	29	4666

海 外 事 業

項目		
哈爾賓駐在員派出(7.12.14)	29	4666
吉林駐在員派出(7.12.14)	29	4666
青島出張員事務所移転(7.12.27)	29	4667
哈爾賓駐在員移転(7.12.28)	29	4667
支那直隷省無極県土地貸金契約(8.1.17)	30	4839
山東省黒鉛鉱区出願(8.3.4)	30	4850
〃 新泰炭田外実査(8.4.10)	30	4860
山東炭坑出願許可延期ニ関シ報告(8.5.7)	30	4873
三泰号菊竹實藏債務保証(8.6.1)	30	4889
山東省黒鉛鉱区ニ関シ資金交付(8.6.14)	30	4891
査業課員棉業実習(8.6.24)	30	4894
奉天省康平炭田関係(8.7.14)	30	4902
鄭家屯三泰号事業ニ付駐在員派遣(8.9.1)	30	4913
支那ニ生命保険会社設立認許(8.9.13)	30	4914
山東省月石荘黒鉛鉱ニ関スル権利譲受(8.9.13)	30	4914
興源公司事務所移転其他通知(8.9.29)	30	4921
山東甜菜事業ニ付調査(8.11.12)	30	4947
河南省義馬炭田調査(8.11.21)	30	4957
対支借款現況回報(8.12.1)	30	4960
山東省黒鉛鉱区許可(8.12.11)	30	4962
山井格太郎雲南駐在(8.12.24)	30	4970
義馬炭田ニ付貸金(8.12.27)	30	4974
梧州出張員事務所廃止(8.1.14)	30	5003
船舶部上海在勤員移転其他(8.1.20)	30	5004
哈爾賓出張員事務所移転(8.2.9)	30	5004
香港支店電信宛名変更(8.3.4)	30	5005
船舶部上海在勤員事務所ヲ上海出張所ト改称(8.3.18)	30	5007
哈爾賓出張員事務所所管替其他(8.4.1)	30	5008
船舶部漢口出張員事務所開設(8.6.1)	30	5009
済南出張所移転(8.6.20)	30	5009
吉林駐在員移転(8.7.19)	30	5010
長春駐在員(8.7.28)	30	5010
天津出張所所管替(8.8.25)	30	5012
済南出張所並青島出張員事務所所管替(8.9.3)	30	5012
天津出張所移転(8.9.29)	30	5012
香港支店海防出張所廃止(8.12.18)	30	5013
船舶部漢口出張員事務所移転(8.12.24)	30	5013
義馬炭田創弁費貸与(9.1.9)	30	5135
興源公司移転通知(9.1.10)	30	5136
義馬炭田ニ関シ借款契約其他(9.2.16)	30	5143
溥益公司ニ付報告(9.2.19)	30	5154
無極県棉作ニ付契約(9.3.3)	30	5158
山東甜菜採種圃経営(9.3.8)	30	5160
鄭家屯駐在員朝鮮銀行ト借越約定(9.3.20)	30	5168
東方人寿公司設立ニ係ル件(9.3.29)	30	5171
山東省担山銀鉛鉱探鉱(9.4.22)	30	5184
河南省雎陽県植棉事業経営借款契約(9.4.26)	30	5185
山西省大同炭田経営ニ関シ契約附同炭田関係顛末(9.5.1)	30	5192
河南省彰徳育種棉場借款契約(9.5.20)	30	5202
支那甜菜糖業研究(9.5.21)	30	5204
山東省坊子炭礦其他ニ関シ請願(9.5.21)	30	5205
黒龍江省森林伐採権出願ニ付貸金(9.5.25)	30	5206
無極県棉作地農況報告(9.6.23)	30	5224
三菱商事会社北京支店附近出火報告(9.6.25)	30	5224
興源公司債務保証(9.6.30)	30	5227
直隷省井陘炭坑借款契約(9.7.26)	30	5234
東方人寿保険公司分課(9.7.29)	30	5236
山東省淄川章邱炭坑ニ付裕東公司組織通知(9.8.6)	30	5239
東方人寿保険公司ニ係ル件(9.8.17)	30	5242
支那紡績事業参加ニ対スル意向(9.8.25)	30	5244
東方人寿保険公司創立(9.8.29)	30	5245
棉業試験経営資金貸付(9.9.8)	30	5249
大源興業株式会社設立登記(9.9.16)	30	5251
山東炭坑出願鉱区中一部裕東公司ヘ分譲(9.9.17)	30	5252
東方人寿公司使用人(9.9.18)	30	5252
雲南省地方官等視察団来朝ノ件(9.9.22)	30	5254
東方人寿保険公司株金払込不足ニ係ル件(9.10.13)	30	5259
河南省義馬炭田ニ付贈与並前渡(9.10.30)	30	5263
東方人寿保険公司営業許可証下付(9.11.8)	30	5267
河南省義馬炭田ニ関シ報告其他(9.11.27)	30	5270
対支借款現況報告(9.12.1)	30	5282
三菱商事会社北京支店撤廃ニ係ル件(9.12.1)	30	5282
東方人寿保険公司総理辞任(9.12.13)	30	5289
北京駐在員設置(9.12.31)	30	5315
大連，天津，青島各出張所独立(9.4.20)	30	5347
哈爾賓出張員事務所所管替(9.4.20)	30	5347
北京出張所改称(9.5.1)	30	5347
大連出張所改称(9.6.28)	30	5349
木材部吉林出張員設置其他(9.8.1)	30	5351
大連支店移転(9.8.3)	30	5352
船舶部上海出張所廃止(9.10.31)	30	5353
木材部吉林出張員移転(9.11.2)	30	5353
北京支店廃止(9.12.31)	30	5354
直隷省無極県代小作ニ関シ契約(10.1)	31	5491
東方人寿保険公司役員選任其他(10.2.14)	31	5500
支那ニ対スル借款ニ付回報(10.2.25)	31	5501
無極県棉花改良会設立契約(10.2.28)	31	5503
査業課員上海引揚(10.3.14)	31	5507
東方人寿保険公司総経理外任命(10.3.15)	31	5510
義馬炭田内鉱照下付ノ件(10.3.22)	31	5510
直隷省馬頭鎮広裕農場借款契約(10.3.30)	31	5512

海 外 事 業

項目	巻	頁
三泰号事業後援打切(10.4.7)	31	5516
陝西省延長石油鉱調査ノ件(10.4.15)	31	5519
東方人寿保険公司移転(10.5.1)	31	5529
「ウェストン」所在農場買収(10.5月)	31	5543
直隷省無極県棉花雹害(10.6.13)	31	5549
三菱商事会社北京出張員撤廃ニ係ル件(10.6.23)	31	5552
龍烟鉄鉱公司借款問題(10.7.9)	31	5557
義馬炭田関係者ニ寄附金交付(10.7.26)	31	5566
東方人寿保険公司支那側未払込株金立替払込(10.8.4)	31	5568
三菱商事会社ヨリ北京駐在員ニ委託商取引ノ件(10.8.26)	31	5569
北京居留民会費増額(10.9.30)	31	5581
漢口太平街建物修理(10.10.6)	31	5587
北京駐在員所管事業報告(10.10.17)	31	5592
支那奥地出張者ニ支那服貸与ノ件(10.10月)	31	5605
亜港所在家屋買収(10.11.1)	31	5606
淄川章邱炭坑許可附同炭坑獲得経過(10.11.18)	31	5615
対支借款現況報告(10.12.9)	31	5626
義馬炭田中許可(10.12.13)	31	5629
河南省睢陽県砂地経営打切(10.12.16)	31	5631
対支借款ニ付回報(10.12.30)	31	5636
北京出張員派遣(10.1.1)	31	5657
哈爾賓出張員事務所移転(10.2.10)	31	5662
済南出張員廃止(10.5.31)	31	5668
北京出張員廃止(10.6.25)	31	5668
広東出張所廃止(10.7.31)	31	5669
長春出張員移転(10.10.20)	31	5671
漢口支店移転(10.10月)	31	5673
山東甜菜事業11年度予算承認(11.2.4)	31	5787
北京駐在員用借家変更(11.2.10)	31	5790
山東省植棉事業ニ付契約栽培其他ニ係ル件(11.2.21)	31	5802
青島所在工場用土地買収ニ係ル件(11.2.24)	31	5805
若林彌一郎北京引揚(11.2.25)	31	5806
同宝公司払込資金(11.3.7)	31	5816
山東鉱業協会ニ加入(11.3.9)	31	5817
査業課員在上海日華紡績会社ニ駐在(11.3.11)	31	5817
山東甜菜事業報告(11.3.15)	31	5818
無極産棉試紡成績(11.4.12)	31	5834
張店出張員経費ニ係ル件(11.4.12)	31	5835
漢口太平街建物修繕竣工(11.4月)	31	5843
北京駐在員ニテ関係支那人保護ノ件(11.5.1)	31	5844
対支放資額其他回報(11.5.1)	31	5846
山東甜菜事業報告(11.5.4)	31	5849
支那棉花事業ニ係ル件(11.5.12)	31	5852
東方人寿保険公司総理更迭(11.5.16)	31	5853
北京駐在員用度品其他ニ係ル手数料ノ件(11.6.5)	31	5860
北京駐在員用自動車購入(11.6.24)	31	5867
広東油性頁岩ニ係ル件(11.7.6)	31	5875
義馬炭田ニ係ル件(11.7.13)	31	5877
北京駐在員用箭桿白胡同社宅廃止(11.7.19)	31	5878
吉林共益公司ニ出資(11.7.22)	31	5878
査業課済南駐在員所管事業引継(11.7.25)	31	5881
義馬炭田ニ係ル件(11.7.25)	31	5882
河南省彰徳棉花経営ニ付資金交付(11.9.9)	31	5894
山東省博山県外ニ鉱区許可(11.9.20)	31	5896
香港支店旧分析所備品ニ係ル件(11.9.27)	31	5899
山東鉱業会社創立報告(11.12.4)	31	5921
対支借款其他投資現況報告(11.12.9)	31	5924
山東引継情報(11.12.11)	31	5927
東方人寿保険公司総理更迭(11.12.12)	31	5927
共益公司ニ係ル報告(11.12.16)	31	5930
青島出張所ニ対スル取扱方(11.12.21)	31	5931
東方人寿保険公司総経理聘任(11.12.28)	31	5934
浦口土地組合ニ係ル金銭貸付土地賃貸仮装契約(11.12.30)	31	5934
天津出張所移転(11.2.26)	31	5969
哈爾賓出張員移転(11.3.19)	31	5970
漢口支店復帰(11.4.27)	31	5971
長春出張員撤廃(11.8.31)	31	5973
上海支店移転(11.9.11)	31	5973
〃 移転(11.9.4)	31	5991
山東鉱業株式会社発起人承諾(12.1.10)	32	6097
共益公司補助金継続支給(12.3.6)	32	6109
支那山東省棉花試作地借地(12.4.6)	32	6139
〃 甜菜自作栽培(12.4.18)	32	6140
魯大鉱業公司創立総会通知(12.4.19)	32	6141
山東鉱業株式会社ニ参加(12.5.7)	32	6147
溥益公司ト甜菜栽培契約(12.7.5)	32	6169
義馬炭田関係資金交付(12.7.16)	32	6173
支那正定棉業場長ニ貸金ニ係ル件(12.7.31)	32	6175
東方人寿保険公司上海代理店設置(12.11.9)	32	6200
正定及彰徳花行契約(12.11.20)	32	6201
東方人寿保険公司報告(12.12.11)	32	6215
共益公司援助打切(12.12月)	32	6223
船舶部大冶在勤員郵便物宛名(12.1.27)	32	6393
上海支店移転(12.3.11)	32	6393
哈爾賓出張員移転(12.3.31)	32	6394
揚子江水先人規定廃止(12.5.1)	32	6395
青島出張所所在地改称(12.5.1)	32	6395
大連支店電信略号追加登記(12.6.16)	32	6400
大連支店所在地名変更(12.8.20)	32	6402

海外事業

項目		
青島出張所移転(12.12.30)	32	6404
大正13年度北京駐在員予算(13.1.1)	33	6517
査業課関係支那棉花事業並借款勘定項目(13.1.14)	33	6518
棉花取扱手数料取極(13.1.16)	33	6519
「イルキール」農場経営方(13.1.28)	33	6523
支那山東省甜菜事業報告(13.2.1)	33	6527
支那棉花事業組織整理(13.2.8)	33	6529
支那陝西省石油調査脱退(13.2.16)	33	6535
組合興源公司規約及組合員(13.2.29)	33	6544
対支借款ニ付回報(13.3.3)	33	6547
北京駐在員寄附(13.3.10)	33	6552
支那甜菜試作中止(13.3.10)	33	6553
山東省張店日本人会ニ寄附(13.3.15)	33	6554
彰徳利公花行ニ資金貸与(13.3.18)	33	6554
直隷省八宝山炭坑主ノ借款申込謝絶(13.3.18)	33	6555
支那邯鄲利公花行事業(13.3.28)	33	6558
支那棉作事業旅費規則制定(13.4.1)	33	6559
北京駐在員家族治療費支弁(13.4.1)	33	6561
義馬炭田関係資金交付(13.4.14)	33	6562
上海宝成紡績公司借款契約(13.4.19)	33	6563
東方人寿保険公司福禄保険兼営(13.5.8)	33	6571
支那邯鄲利公花行其他花行設立契約(13.5.9)	33	6571
直隷省房山県煤礦合弁申込ノ件(13.5.15)	33	6573
宝成紡績公司ニ交渉打切通知(13.6.16)	33	6581
支那並海外投資高回報(13.7.2)	33	6585
東方人寿保険公司上海代理店設置(13.7.19)	33	6591
興源公司資本増額(13.8.22)	33	6600
支那棉作事業ノ為滙票発行(13.9.10)	33	6602
北京駐在員用家屋共同借受(13.9.15)	33	6603
興源公司鉱業調査費切捨(13.10.3)	33	6612
北京駐在員会計事務独立(13.10.25)	33	6615
対支借款回答(13.11.12)	33	6626
紡績事務見習ノ査業課員上海引揚(13.11月)	33	6632
東方人寿保険公司総理其他当選(13.12.16)	33	6638
支那棉花事業資金ノ為当座借越契約(13.12.29)	33	6646
東方人寿保険公司報告(13.12.31)	33	6647
支那棉花事業勘定(13.12.31)	33	6648
常徳出張員設置(13.1.21)	33	6673
船舶部蕪湖大冶在勤員廃止(13.1.30)	33	6673
船舶部漢口在勤員廃止(13.2.28)	33	6673
常徳出張員移転(13.3.2)	33	6674
四川省万県出張員設置(13.5.9)	33	6681
漢口支店電信略号改正登記(13.5.10)	33	6682
大連支店其他電信略号変更(13.5.17)	33	6683
四川省万県出張員移転(13.8.16)	33	6689
天津出張所移転(13.12.1)	33	6691
常徳出張員移転(13.12.13)	33	6691
横浜正金銀行天津支店ト当座借越契約(14.1.7)	34	6811
浦口土地組合規約(14.1.20)	34	6833
北京駐在員損失額通知(14.1.20)	34	6836
支那養蠶業調査(14.1.23)	34	6837
大正14年度支那棉作事業(14.3.7)	34	6847
東方人寿保険公司保険宣伝大会開催(14.5.11)	34	6874
直隷省馬頭鎮利公花行其他ノ花行ニ付契約(14.5.22)	34	6877
査業課関係鉱山炭坑申込ノ件(14.6.11)	34	6889
支那棉花事業合法化ニ関スル件(14.7.14)	34	6904
大同炭田経営ニ関シ請願(14.7月)	34	6907
直隷省滄石鉄道借款問題(14.8.14)	34	6916
上海駐在査業課員棉業研究継続(14.8.19)	34	6917
支那棉花事業根本方針ニ付打合(14.8月)	34	6918
支那花行執務規則(14.9.11)	34	6922
支那棉作事業関係支那人雇員ニ係ル規定(14.10.15)	34	6927
支那彰徳棉場及花行掠奪被害(14.11.14)	34	6931
東方人寿保険公司大連代理店開設(14.11.28)	34	6934
棉花事業資金融通(14.12.1)	34	6937
江蘇省浦口共有土地ニ係ル件(14.12.24)	34	6967
東方人寿保険公司報告(14.12.30)	34	6968
奉天出張員設置(14.10.24)	34	6995
朝鮮銀行天津支店ト当座借越限度増額契約(15.1.20)	34	7109
北京駐在員石家荘在勤員変更(15.5.10)	34	7139
支那棉花奥地搬出ニ係ル件(15.5.21)	34	7139
支那彰徳育種棉場経営資金貸渡(15.6.19)	34	7156
支那花行及在勤員事務所撤廃(15.7.9)	34	7170
支那棉作事業地軍捐強徴金負担(15.7.9)	34	7171
邯鄲利公花行掠奪報告(15.7.9)	34	7172
支那棉作事業用資金増額契約(15.7.12)	34	7173
東方人寿保険公司明治生命保険会社代理業務引受(15.7.22)	34	7177
支那棉作事業勤務者ニ対スル手当其他給与(15.7.23)	34	7177
支那彰徳花行臨時移転(15.7.28)	34	7178
支那彰徳花行軍捐負担(15.7.29)	34	7179
串田萬藏満蒙旅行(15.8.14)	34	7193
支那棉作事業資金利息改正(15.8.17)	34	7196
支那棉花奥地搬出状況報告(15.9.1)	34	7206
支那棉花事業整理ニ係ル件(15.9.7)	34	7208
〃　　資金利息低減(15.9.24)	34	7217
興源公司組合代表者変更(15.10.7)	34	7227
対支借款現況報告(15.11.4)	34	7238
支那邯鄲育種棉場借款ニ係ル件(15.11.24)	34	7240

支那棉花事業ニ係ル石家荘其他在勤員廃止(15.11.24)	34	7241
北京駐在員社宅用家屋借入(15.11.25)	34	7241
北京地所移管(15.12.1)	34	7247
東方人寿保険公司報告(15.12.14)	34	7250
支那棉作事業資金当座借越契約打切(15.12.15)	34	7251
東方人寿保険公司支那側未払込名義ニ係ル件(15.12.18)	34	7251
支那棉業整理ニ係ル件(15.12.24)	34	7252
支那棉作事業花行整理ニ係ル件(15.12.27)	34	7253
東方人寿保険公司報告(15.12.27)	34	7253
奉天出張員移転(15.1.10)	34	7275
常徳駐在員臨時移転(15.12.28)	34	7280
(昭和)		
浦口土地所有権確保ニ関スル陳情(2.2.24)	35	6
商事会社天津,青島両出張所改称(2.4.1)	35	26
北京駐在員業務取扱方(2.10.1)	35	47
浦口土地組合代表者変更(3.3.1)	35	127
商事会社大連支店移転(4.10.1)	35	274
〃 青島支店移転(6.11.1)	36	537
〃 哈爾賓出張員改称(7.3.1)	36	642
満洲国政府ニ対スル借款契約締結(7.4.30)	36	655
航空機会社笹本顧問満洲国へ出張(8.1.15)	36	759
商事会社営口出張員設置(8.2.1)	36	762
北京駐在員廃止(8.4.23)	36	767
商事会社安東出張員設置(8.6.15)	36	775
〃 新京出張員設置(8.6.26)	36	775
〃 奉天出張員改称(8.8.10)	36	783
赤星理事外満洲国へ出張(8.8.12)	36	783
新京貸事務所新築起工(8.11.1)	36	788
新京地所商租契約締結(8.11.27)	36	789
銀行大連出張所設置(8.12.1)	36	791
是歳(昭和8年)商事会社漢口支店所在地名変更	36	793
浦口土地組合概況(9.3.19)	36	878
商事会社,銀行上海支店所在地名変更(9.4.1)	36	884
船田理事外満洲国へ出張(9.5.11)	36	893
馬頭鎮棉業借款整理終了(9.5.15)	36	893
東方人寿保険公司トノ関係離脱(9.6.3)	36	895
商事会社新京出張員改称(9.7.1)	36	908
彰徳棉業借款整理終了(9.7.13)	36	909
銀行上海支店移転(9.9.25)	36	916
新京白山住宅竣工(9.10.25)	36	920
商事会社新京出張所移転(10.4.29)	37	1009
商事会社ニテ北鉄譲渡代金物資支払ニ関シ契約(10.5.25)	37	1012
康徳会館落成(10.6.5)	37	1014
〃 増築(10.7.27)	37	1021
商事会社哈爾賓出張所移転(10.10.20)	37	1028
満洲機器公司設立(10.11.20)	37	1036
新京白山住宅増築竣工(10.12.8)	37	1040
満洲拓植会社資金引受(10.12.23)	37	1042
宝成紡織公司及宝成第二紡織公司貸金切捨(10.12.31)	37	1042
商事会社済南出張員設置(11.1.12)	37	1121
新京白山住宅増築承認(11.4.23)	37	1139
銀行上海支店移転(11.4.27)	37	1139
菱華倉庫会社移転(11.5.9)	37	1139
商事会社上海支店移転(11.5.23)	37	1142
〃 奉天出張所移転(11.6.1)	37	1146
満洲機器公司事務所移転(11.9.16)	37	1158
康徳会館増築竣工(11.12月)	37	1172
商事会社青島支店移転(12.4.5)	37	1261
〃 牡丹江出張員設置(12.5.1)	37	1270
〃 香港支店移転(12.6.21)	37	1286
〃 新京,哈爾賓両出張所改称(12.9.1)	37	1295
康徳吉租公司設立(12.9.8)	37	1296
商事会社奉天出張所所在地名変更(13.1.1)	37	1405
満洲機器公司増資(13.2.26)	37	1415
康徳吉租公司社名変更(13.3.15)	37	1418
重工業会社江南造船所駐在員設置(13.4.16)	37	1426
李燊権ニ対スル貸金回収(13.4.23)	37	1427
満洲機器公司社名変更(13.5.21)	37	1428
菱華倉庫会社営業再開(13.7.1)	37	1435
商事会社哈爾賓支店所在地名変更(13.7.1)	37	1435
北支那開発,中支那振興両会社株式引受(13.9.13)	37	1442
商事会社秦皇島出張員引揚(13.11.30)	37	1452
〃 錦州出張員設置(昭和13年是歳)	37	1457
〃 済南出張員改称(14.1.1)	38	1515
銀行大連出張所移転(14.1.23)	38	1516
満洲機器会社所在地名変更(14.2.1)	38	1517
北京新市街地ニビルヂング建設計画(14.2.2)	38	1517
上海倉庫会社取締役及監査役変更(14.3.20)	38	1521
江南造船所独立(14.4.1)	38	1524
商事会社奉天出張所改称(14.4.1)	38	1525
〃 船舶部大連在勤員設置(14.4.10)	38	1526
康徳吉租会社取締役辞任(14.4.24)	38	1528
商事会社北京駐在員改称(14.7.1)	38	1534
金福鉄路公司清算分配金受入(14.7.19)	38	1536
商事会社営口,安東,錦州各出張員所属替(14.8.1)	38	1538
〃 佳木斯出張員設置(14.10.1)	38	1542
満洲機器会社増資(14.10.3)	38	1542
鉱業会社ニテ招遠金山共同経営覚書締結(14.11.4)	38	1544
康徳吉租会社増資及定款変更(14.12.5)	38	1556

海 外 事 業

項目	巻	頁
商事会社南京出張員其他設置(昭和14年是歳)	38	1566
昭徳鉱業会社設立(15.2.5)	38	1623
商事会社北京出張所改称(15.2.20)	38	1625
〃 ニテ北支機構及全満機構ニ関シ通知(15.2.20)	38	1625
〃 汕頭出張員設置(15.2.27)	38	1628
鉱業会社北京事務所設置(15.4.15)	38	1638
商事会社蕪湖出張員設置(15.6.26)	38	1655
〃 南京出張員改称(15.7.15)	38	1662
鉱業会社新泰駐在員設置(15.8.1)	38	1665
康徳吉租会社役員就任(15.8.6)	38	1666
商事会社済南出張所改称(15.10.1)	38	1675
〃 天津支店移転(15.10.14)	38	1680
〃 商邱出張員設置(15.11.11)	38	1683
大汶口炭礦礦業所設立(15.11.27)	38	1684
鉱業会社広東駐在員設置(15.12.15)	38	1688
商事会社奉天支店移転(15.12.25)	38	1688
満洲機器会社社名変更(15.12.28)	38	1690
商事会社彰徳出張員其他設置(昭和15年是歳)	38	1691
〃 石家荘出張員改称(16.1.1)	38	1758
鉱業会社調査部海南島駐在員事務所移設(16.1.1)	38	1758
商事会社張家口出張員改称(16.1.10)	38	1759
〃 広東出張所独立及汕頭出張員所属替(16.1.10)	38	1759
康徳吉租会社取締役就任(16.2.12)	38	1766
北京地所建物譲渡(16.3月)	38	1771
商事会社芝罘出張員設置(16.6.1)	38	1786
〃 満洲里出張員設置(16.6.20)	38	1789
〃 鎮江出張員設置(16.6.21)	38	1789
漢口地所建物譲渡(16.6.23)	38	1789
商事会社張家口出張所移転(16.7.1)	38	1798
鉱業会社海南島駐在員，南支第一駐在員独立(16.8.16)	38	1809
商事会社上海支店移転(16.8.24)	38	1813
〃 保定出張員設置(16.10.10)	38	1822
〃 徐州出張員設置(16.12.10)	38	1832
〃 大同出張員其他設置(昭和16年)	38	1839
鉱業会社北京事務所移転(昭和16年)	38	1839
〃 済南，大汶口，青島駐在員廃止(昭和16年)	38	1839
商事会社廈門出張員所属替(17.2.1)	38	1909
〃 石門出張員改称(17.2.11)	38	1913
〃 邯鄲出張員設置(17.3.1)	38	1915
〃 九江出張員設置(17.3.4)	38	1916
〃 張家口，広東両出張所改称(17.4.1)	38	1925
〃 香港支店所在地名変更(17.4.20)	38	1928
鉱業会社海南島事務所所管替(17.5.1)	38	1931
商事会社牡丹江，佳木斯両出張員所属替(17.5.5)	38	1931
商事会社広東支店移転(17.5.5)	38	1932
〃 蘇州，無錫，蚌埠駐在員改称(17.7.1)	38	1944
〃 南京出張所移転(17.7.27)	38	1945
〃 左営出張員設置(17.8.12)	38	1950
〃 海門出張員一時引揚(17.10.25)	38	1962
〃 南京出張所改称(17.11.5)	38	1966
〃 香港支店移転(17.11.29)	38	1968
〃 鎮江，蘇州，蚌埠出張員改称(17.12.10)	38	1972
鉱業会社北京事務所移転(昭和17年)	38	1983
商事会社牡丹江出張員改称(18.1.1)	39	2057
〃 広州湾出張員其他設置(18.1.21)	39	2060
〃 太原出張員其他改称(18.2.1)	39	2061
〃 鎮江出張員移転(18.2.4)	39	2061
〃 泰県出張員所管替(18.4.1)	39	2078
上海三菱倉庫会社本店移転(18.4.19)	39	2086
商事会社廈門，汕頭及海防出張員改称(18.6.1)	39	2097
〃 左営出張員廃止(18.8.20)	39	2118
地所会社上海出張所設置(18.10.8)	39	2130
商事会社徳県出張所設置(18.11.1)	39	2135
〃 海門出張員廃止(18.11.19)	39	2139
日本化成工業会社ニテ満州大豆化学工業会社経営ニ参加(18.11.29)	39	2141
南満化成工業会社設立(18.12.29)	39	2152
商事会社天津支店所在地名変更(昭和18年是歳)	39	2153
〃 徐州出張所改称及海州出張員所属替(19.3.1)	39	2237
〃 太原出張所独立(19.3.1)	39	2237
〃 張家口支店移転(19.3.5)	39	2239
銀行虹口出張所設置(19.4.20)	39	2259
商事会社佳木斯出張員事務所一時閉鎖(19.5.1)	39	2265
満洲国政府ニ対スル融通金完済(19.5.6)	39	2266
商事会社広州湾出張員所属替(19.6.1)	39	2273
〃 海州出張員改称(19.6.10)	39	2275
〃 保定出張員改称(19.9.15)	39	2293
〃 徳県出張員所属替(19.10.1)	39	2295
〃 商邱，順徳，邯鄲出張員改称(19.11.1)	39	2301
〃 滄県出張所設置(19.11.15)	39	2302
〃 無錫出張所移転(19.11.20)	39	2303
〃 済寧出張員改称(19.12.15)	39	2315
化成工業会社新京事務所設置(20.2.1)	40	2404
商事会社杭州出張所設置(20.2.22)	40	2406
〃 揚州，ハジャイ両出張員改称(20.4.1)	40	2418
〃 宣化出張員改称(20.4.24)	40	2423
不二工業会社設立(20.4.27)	40	2426

商事会社鄭州支店及吉林出張所設置(20.5.1)	40	2426
〃　北京支社設置其他(20.5.23)	40	2431
上海三菱倉庫会社移管(20.8.9)	40	2463
銀行上海支店及虹口出張所閉鎖(20.9.18)	40	2470
満洲三菱機器会社東京事務所閉鎖(21.6.28)	40	2644

4）サハリン

（明治）

樺太石炭鉱業ニ関スル報告(43.6.22)	21	1244

（大正）

南樺太金銀銅試掘出願(6.12.26)	28	4071
南樺太石油鉱区出願(6.12.31)	28	4085
南樺太試掘鉱区出願(7.1.6)	29	4305
南樺太調査(7.7.18)	29	4509
北樺太調査(7.8.25)	29	4527
「スタヘーエフ」商会ト北樺太炭田経営ニ関シ契約(7.12.27)	29	4573
北樺太炭田調査準備(8.4.12)	30	4861
北辰会創立経過(8.5.1)	30	4869
北樺太調査(8.5.19)	30	4879
南樺太試掘鉱区出願(8.12.1)	30	4960
臨時樺太調査部評議員外嘱託(8.12.3)	30	4961
査業課南樺太石炭鉱区ニ関スル支出額(8.12.30)	30	4981
南樺太炭田調査ヲ三菱鉱業会社ヨリ引継(9.4.1)	30	5180
島村参与外樺太油田地方ニ派遣(9.8.14)	30	5241
北樺太「ドウエ」炭坑採掘請負方訓電(9.9.29)	30	5254
北樺太亜港駐在員寄附(9.10.23)	30	5261
北辰会ニ参加附北辰会事業経過(9.10.30)	30	5263
北樺太石炭採掘及販売請負契約(9.12.6)	30	5283
「イワン，スタヘーエフ」商会ト北樺太石炭共同経営契約(9.12.30)	30	5298
北樺太立木売払願提出(9.12.30)	30	5315
鉱業会社臨時樺太調査部廃止(9.4.1)	30	5356
南樺太石炭試掘鉱区登録(10.1.7)	31	5479
亜港公会堂使用許可(10.2.7)	31	5498
北樺太露人建物買収(10.3.1)	31	5506
北樺太鉱業用地貸下願(10.3.14)	31	5507
亜港駐在員立木払下，土地貸付願其他提出(10.3.15)	31	5509
北樺太炭業組合契約締結(10.3.26)	31	5511
「ヅウエ」炭坑鉱業施業案提出(10.3.28)	31	5512
Stakheieff社ヘ貸金(10.3.28)	31	5512
北樺太石炭運搬請負契約(10.3.30)	31	5514
北樺太石炭採掘販売請負契約継続(10.4.1)	31	5516
亜港官有地貸下(10.4.9)	31	5518
齋藤参事亜港ヨリ帰任(10.4.10)	31	5518
薩哈嗹州占領地域内渡航ニ係ル件(10.5.6)	31	5530
「チタ」政府ヨリ北樺太封鎖炭田採掘許可(10.5.17)	31	5535
北樺太調査隊派遣(10.6.7)	31	5546
北樺太炭坑用馬匹其他購入(10.6.7)	31	5548
北樺太露人所有家屋買収(10.6.10)	31	5548

海外事業

項目	巻	頁
奥村政雄南北樺太出張(10.7.1)	31	5554
海軍ニ北樺太土威炭供給契約(10.7.1)	31	5554
北樺太投資ニ付注意(10.7.8)	31	5556
「サハレン、オイル、フヰールド」会社株式ニ係ル件(10.8.18)	31	5568
亜港出張員事務所移転(10.9.17)	31	5574
北樺太駐在員事務所ニ係ル件(10.10.1)	31	5582
北樺太駐在員首席(10.10.1)	31	5584
「ヅウエ」炭坑石炭採掘竝販売追加契約改訂(10.10.1)	31	5586
亜港駐在員寄附(10.10.6)	31	5588
在亜港地上権譲受(10.11.1)	31	5606
「チユコツク」半島調査結果報告(10.11.18)	31	5615
北樺太石炭採掘並販売契約(10.11.26)	31	5618
「サガレン」森林経営計画参加(10.11.30)	31	5622
北樺太企業組合相談会(10.12.13)	31	5628
北樺太炭田企業ニ加入方申送ノ件(10.12.21)	31	5631
北辰会営業報告(10.12.23)	31	5633
薩哈嗹企業組合組織ノ件(10.12.27)	31	5634
北樺太官有地貸下，建物其他買収(10.12)	31	5639
北「サガレン」炭業組合「ス」社側代表任命通知(11.1.21)	31	5778
「スーチャン」炭坑ニ係ル件(11.1.31)	31	5785
本年度北樺太採炭計画(11.1)	31	5786
薩哈嗹企業組合契約締結(11.2.10)	31	5790
薩哈嗹企業組合決議(11.2.16)	31	5799
薩哈嗹企業組合ニ付海軍大臣ニ届出(11.2.20)	31	5802
北樺太亜歴山炭坑採掘契約条件変更(11.2.23)	31	5804
薩哈嗹企業組合用艀其他建造契約(11.3.1)	31	5812
薩哈嗹企業組合資金ニ係ル件(11.3)	31	5826
北樺太石炭採掘販売請負契約継続(11.4.1)	31	5830
「ス」社ヨリ北樺太炭業組合ニ引継財産評価ニ係ル件(11.4.11)	31	5833
極東興業団北樺太森林調査(11.428)	31	5840
大正11年度薩哈嗹企業組合予算(11.5.1)	31	5844
薩哈嗹企業組合我社代表者ニ付通知(11.5.4)	31	5851
北樺太炭業組合露人旅費ノ件(11.5.15)	31	5852
南樺太漁場譲受(11.5.19)	31	5853
北樺太炭田調査(11.5.29)	31	5855
北樺太亜港倉庫新設(11.5)	31	5857
北樺太封鎖炭田ニ付「ス」社ト共同請願(11.6.6)	31	5861
北樺太官有封鎖炭田ニ付出願(11.6.6)	31	5861
北辰会報告(11.6)	31	5873
北樺太炭業組合財産評価ノ件(11.7.4)	31	5874
「スタヘーエフ」商会鉱区我社ト共有名義ニ書換登録(11.9.27)	31	5899
南樺太調査隊引揚(11.10.31)	31	5910
北樺太事業報告(11.10)	31	5910
北樺太土威炭坑所在家屋焼失(11.11.22)	31	5913
社有北辰会株式名義人ノ件(11.11.30)	31	5917
北辰会営業報告(11.11.30)	31	5918
北樺太駐在員事務所移転(11.12.1)	31	5921
亜港駐在員派遣(11.5.6)	31	5971
亜港駐在員名称変更(11.7.1)	31	5972
亜港出張員引揚(11.10.17)	31	5974
北樺太炭積込人夫募集外請負契約(12.1.8)	32	6097
北樺太炭業組合本部会議開催(12.1.11)	32	6097
「ヅウエ」炭坑採炭抗議ニ係ル件(12.3.10)	32	6110
北樺太炭業組合露人使用人旅費(12.330)	32	6133
北樺太炭及煉炭販売ニ付査業課ト三菱商事会社ト覚書交換(12.4.1)	32	6135
北樺太融雪降雨被害(12.5.2)	32	6146
北樺太関係事務取扱手数料支払(12.5.14)	32	6152
北樺太炭田調査(12.5.14)	32	6153
北樺太炭業組合本部会議(12.5.17)	32	6153
北樺太炭業組合鉱区整理(12.6.8)	32	6167
北樺太石炭採掘竝販売請負契約継続(12.7.1)	32	6169
株式会社北辰会報告書(12.7.7)	32	6172
北樺太石炭鉱区許可(12.8.14)	32	6179
北樺太西海岸石炭鉱区許可(12.9.12)	32	6189
北樺太炭業組合貸借対照表(12.9.30)	32	6191
北樺太炭業組合予算(12.10.1)	32	6194
北樺太駐在員首席変更(12.10.31)	32	6196
北樺太石炭採掘販売請負契約継続(12.11.1)	32	6198
北樺太炭坑用品流失ノ件(12.11.13)	32	6201
「ロガートイ」炭坑電燈施設(12.12.11)	32	6206
北樺太「ロガートイ」炭坑整理(12.12.11)	32	6206
北樺太「ヅウエ」石炭採掘請負賃金改訂(12.12.27)	32	6220
株式会社北辰会報告(12.12)	32	6224
亜港出張員事務所開設(12.5.12)	32	6399
亜港出張員引揚(12.9.24)	32	6402
南樺太炭田調査事業継承(12.3.15)	32	6407
「ヅウエ」炭坑石炭採掘並販売請負契約継続(13.2.1)	33	6527
「ロガートイ」炭坑経営ニ関シ意見開陳(13.2.18)	33	6535
北樺太炭業組合予算承認(13.3.24)	33	6556
「ロガートイ」炭坑選炭施設(13.3.26)	33	6557
北樺太炭業組合「ス」社側本部員ニ付通知(13.3)	33	6558
北樺太「ロガートイ」積込桟橋修築(13.4.18)	33	6563
北辰会報告(13.4)	33	6567
北樺太炭業組合「ス」社側本部員変更(13.5.5)	33	6569
「ス」社貸金善後ニ関スル契約(13.5.24)	33	6574

海 外 事 業

北樺太「ロガートイ」炭坑起業中止(13.5.28)	33	6576
北辰会ニ対シ連帯支払保証(13.6.12)	33	6580
北樺太「ヅウエ」石炭採掘其他契約継続(13.6.19)	33	6582
薩哈嗹企業組合貸借対照表(13.9.30)	33	6605
土威積込桟橋補強工事施行(13.10.7)	33	6613
北樺太炭業組合決算書作成ニ係ル件(13.10.8)	33	6613
北樺太駐在員事務所職制(13.10.9)	33	6613
北辰会報告(13.10.28)	33	6616
北辰会株式名義人変更(13.11.1)	33	6618
「ロガートイ」炭坑蒸風呂新築費ノ件(13.11.20)	33	6628
鉱業会社亜港出張員駐在(13.5.10)	33	6697
〃　亜港出張員引揚(13.9.24)	33	6701
北樺太「ペトロフスキー」鉱区関係問題(14.1.10)	34	6812
北樺太占領解除布告(14.2.27)	34	6843
「スタヘーエフ」商会ト絶縁(14.3.26)	34	6854
北樺太「ヅウエ」炭坑石炭採掘並販売請負ニ関スル契約継続(14.4.1)	34	6866
北辰会報告(14.4.20)	34	6872
薩哈嗹企業組合総会開催(14.5.7)	34	6874
北樺太鉱業株式会社ニ係ル利権契約締結代表者及顧問ニ係ル件(14.6.24)	34	6895
薩哈嗹炭鉱株式会社ニ係ル利権当業者推薦聴許(14.6.27)	34	6897
北樺太鉱業株式会社創立実行小委員会開催(14.7.3)	34	6901
北樺太駐在員事務所休祭日(14.8.21)	34	6917
北辰会決算報告(14.10.26)	34	6929
北樺太石炭利権細目協定成立(14.12.14)	34	6939
北辰会ニ係ル報告(14.12.16)	34	6963
北樺太「ロガートイ」炭坑稼行中止(15.12)	34	6972
北辰会資産北樺太石油株式会社ヘ譲渡ノ件(15.1.28)	34	7114
北樺太鉱業株式会社創立実行委員会開催(15.2.9)	34	7117
北樺太土威炭田採掘並販売請負ニ係ル賠償受領(15.3.31)	34	7131
北辰会報告(15.4.15)	34	7134
北樺太鉱業株式会社創立実行委員会開催(15.4.24)	34	7135
北辰会借入金ニ係ル件(15.6.30)	34	7166
露亜銀行ヨリ対「ス」社関係支払請求(15.7.5)	34	7169
北樺太炭坑事業引継(15.8.30)	34	7200
薩哈嗹企業組合解散(15.8.30)	34	7202

(昭和)

鉱業会社ニテ樺太内幌炭田採掘権取得(3.12.5)	35	163
塔路炭坑開発(8.9.29)	36	787
塔路炭坑譲渡(10.2)	37	1000
薩哈嗹企業組合清算結了(11.5.30)	37	1143
諸津，北小沢両炭坑譲渡(12.9.20)	37	1297
北樺太鉱業会社ニ対スル債権放棄(14.3.7)	38	1521
北小沢石炭鉱区譲渡(14.3.30)	38	1523

5）沿海州・シベリア

(明治)

項目	巻	頁
神戸浦潮斯徳間航路開通（14.2.28）	9	35
浦潮斯徳航船運賃釐定（14.8.13）	9	263
浦潮斯徳出張所開設（14.8.17）	9	266
浦潮斯徳航船運賃改定（14.9.20）	9	328
浦潮斯徳航路暫時閉止（14.是冬）	9	386
浦潮斯徳航船運賃改定（15.2.7）	10	182
浦潮斯徳航路「ポッセット」寄港（15.3.20）	10	238
浦潮斯徳航船下関寄港（15.4.5）	10	254
浦潮斯徳航船運賃改定（15.4.13）	10	259
香港浦潮斯徳間運賃釐定（15.4.27）	10	266
浦潮出張所閉鎖（16.5.9）	11	54
浦潮斯徳航船及朝鮮航船運賃改定（17.3.16）	12	68
浦潮斯徳航路起点改定（17.6.是月）	12	199
浦潮斯徳航路再開（18.1.9）	13	8
浦潮斯徳航船中等船客運賃釐定（18.8.26）	13	363

(大正)

項目	巻	頁
浦潮斯徳出張所営業開始（3.7.15）	23	2155
浦潮斯徳出張所寄附（3.9.11）	23	2207
浦潮斯徳事務所ニテ板硝子取扱（3.10.20）	23	2229
露国売銅浦潮斯徳出張所手数料（4.5.13）	24	2503
浦潮斯徳出張所員宿舎設備（4.6.18）	24	2529
浦潮在勤員給料支給方（4.8.10）	24	2558
浦潮個人貨物輸入停止（5.2.16）	25	2900
浦潮斯徳出張所事務所等継続借受（5.10.25）	25	3197
浦潮出張所事務所社宅家賃値上（6.3.22）	27	3667
浦潮斯徳出張所新設（6.4.5）	27	3686
浦潮斯徳出張所商号其他（6.4.5）	27	3686
沿海州鉱山取調方依頼（6.6.28）	27	3817
浦潮附近「スイフン」炭坑貸金石炭一手販売（6.7）	27	3872
浦潮斯徳出張所貯炭場増設拡張（6.9）	28	3948
大正6年度露国貨幣相場ノ趨勢及浦潮出張所売炭等	28	4161
浦潮斯徳郵便物発送方ノ件（7.4.13）	29	4445
西比利亜及沿海州調査（7.8.26）	29	4528
興源公司西比利亜調査員派遣方決議通知（7.9.19）	29	4541
西比利亜調査員派遣（7.10.14）	29	4551
大正7年自1月至4月浦潮出張事業	29	4640
西比利亜森林調査員派遣（8.5.10）	30	4874
西比利亜鉱山調査員派遣（8.5.25）	30	4886
西比利亜興業「コーポレーション」ニ参加（8.8.27）	30	4910
西比利亜利権協定ニ関スル件（8.9.15）	30	4915
西比利亜鉱業視察員渡浦（8.9.27）	30	4921
極東興業団体ニ加入（8.10.30）	30	4943
浦潮斯徳土地ニ付出資方謝絶（8.11.22）	30	4957
「オホツク」鉱区調査（9.7.7）	30	5230
「オホツク」地方調査ニ係ル件（9.8.10）	30	5241
「オホツク」地方「ホゲーリマン」金鉱区申込ノ件（9.9.28）	30	5254
興源公司露領「チユコツク」半島探鉱（10.5.19）	31	5536
泥港駐在員事務所開設（10.11.5）	31	5606
浦潮出張所外扱方（11.3.20）	31	5821
泥港事務所閉鎖（11.9.28）	31	5900
浦塩赤軍入市（11.10.26）	31	5909
浦潮出張所移転（12.5.12）	32	6399
浦潮出張所移転（13.2.1）	33	6673
浦潮出張所移転（13.8.1）	33	6688
浦潮出張所閉鎖（13.11.19）	33	6691
「デカストリー」森林調査団解散（14.3.14）	34	6848

(昭和)

項目	巻	頁
商事会社ニテ沿海州木材取扱（6.6.9）	36	523
商事会社ニテ沿海州木材取扱（8.1.28）	36	760

6）インドシナ

(大正)

帽溪無煙炭一手販売契約(4.6.14)	24	2524
帽溪炭坑ニ係ル報告(4.7.22)	24	2547
香港支店帽溪産耐火粘土外一手販売(4.12.29)	24	2690
仏印亜鉛鉱石取扱(5.1)	25	2865
帽溪耐火粘土販路一定(5.5.11)	25	3004
大村清次郎仏領印度支那ニテ死去(5.6.26)	25	3045
Rène Sallè氏渡日ニ係ル件(6.8.3)	27	3876
海防出張員詰所移転(7.2.20)	29	4380
海防及河内地方調査報告(8.3.27)	30	4858
西貢及蘭貢派遣員(13.3.1)	33	6674
西貢派遣員引揚(13.8.5)	33	6688
松岡均平仏領印度支那出張其他海外出張(14.1.19)	34	6826

(昭和)

商事会社河内，西貢両支店設置(16.10.1)	38	1820
商事会社海防出張員設置(16.10.1)	38	1820
商事会社河内支店移転(17.8.15)	38	1950
商事会社海防出張員改称(8.6.1)	39	2097
商事会社仏印監督改称(20是歳)	40	2529

7）東南アジア

(明治)

松木鼎三郎南洋地方出張(40.4.10)	21	970
新嘉坡ニ代理店委託(44.2.4)	21	1305

(大正)

荘清次郎馬来半島出張(3.5.9)	23	2098
南洋視察報告(4.11.12)	24	2640
南洋真珠養殖事業発端(5.4.9)	25	2968
「タワオ」豊園事業発端(5.5)	25	3023
奥村政雄南洋出張(6.2.20)	27	3634
新嘉坡出張所設置方意見(6.5.17)	27	3754
南洋開発組合ニ加入(6.7.3)	27	3826
新嘉坡出張所開設準備(6.8.22)	27	3894
新嘉坡出張所新設(6.9.20)	28	3938
新嘉坡出張所護謨取扱権取得(7.1.8)	29	4311
新嘉坡出張所内船舶課在勤員設置(7.3.22)	29	4417
「ボルネオ」商会代理店解除決定(7.3.28)	29	4428
南支南洋方面準定期航路開始準備(7.4.8)	29	4441
船舶課新嘉坡在勤員電信宛名(7.4.24)	29	4457
「タワオ」農園森林地許可指令(7.6.10)	29	4494
南支南洋航路新嘉坡代理店設置(7,7,19)	29	4664
「タワオ」農園事業報告(8.3.20)	30	4856
「タワオ」病院設立ニ付来報(8.3.29)	30	4858
「タワオ」農園上半期決算報告(8.10.1)	30	4924
南方企業調査組合ニ加入(8.10.5)	30	4925
「タワオ」農場宛書信宛名(8.11.19)	30	4955
新嘉坡出張所電信略号変更(8.1.13)	30	5003
「スラバヤ」出張員派遣(8.2.22)	30	5004
「スラバヤ」出張員移転(8.5.26)	30	5009
「タワオ」農園上半期予算(9.1.25)	30	5139
真珠養殖事業ニ付報告(9.2.4)	30	5142
「ボルネオ」事業ニ対シ下附金(9.3.16)	30	5165
「タワオ」農園下半期予算(9.5.15)	30	5201
真珠介外海参漁業権行使ニ関スル契約認可及経過概要(9.5.27)	30	5206
南洋真珠養殖事業ニ付報告(9.6.3)	30	5221
「タワオ」病院役員選任通知(9.6.5)	30	5221
「タワオ」農園資金ノ為当座借越契約(9.7.10)	30	5233
真珠養殖事業ニ付通知(9.8.26)	30	5244
「ボルネオ」事業ニ対シ金円下附(9.11.30)	30	5281
年末「タワオ」農園面積其他(9.12.31)	30	5316
「スラバヤ」出張員事務所移転(9.4.1)	30	5338
新嘉坡出張所員ヲ「カルカッタ」ニ派遣(9.5.15)	30	5348
船舶部香港及新嘉坡在勤員廃止(9.10.16)	30	5353
鳳敦真珠養殖試験所資金送付方(10.1.25)	31	5488

項目	巻	頁
鳳敦真珠養殖試験所「アンナ」号購入(10.2.11)	31	5499
鳳敦真珠養殖試験所「アンナ」号出漁成績其他(10.5.23)	31	5539
真珠養殖事業ニ関シ報告(10.5.27)	31	5542
「タワオ」農園枕木売渡契約(10.6.3)	31	5546
南洋開発組合解散(10.7.12)	31	5559
鳳敦真珠養殖試験所施術開始(10.9.5)	31	5573
鳳敦真珠養殖試験所資金送付方(10.9.13)	31	5574
養殖真珠ニ対スル非難ト対策(10.9.21)	31	5578
「ボルネオ」農園事業報告(10.10.17)	31	5597
真珠養殖所経費(10.10.28)	31	5604
「タワオ」農園事業報告(10.11.18)	31	5614
窪田農場独立ニ付出納打切(10.11.30)	31	5621
「サンダカン」椰子園売買契約(10.12.29)	31	5634
「ボルネオ」租借地信託宣言(10.12)	31	5640
「スラバヤ」出張員廃止(10.1.14)	31	5661
「スラバヤ」出張所新設(10.1.15)	31	5661
「スラバヤ」出張所移転(10.3.1)	31	5662
真珠養殖事業ニ関シ報告(11.3.28)	31	5824
真珠養殖試験所事業報告ノ件(11.6.23)	31	5867
真珠養殖試験所施術室外新築(11.6.26)	31	5868
査業課海外派遣生鳳敦ニ赴任(11.6.28)	31	5869
真珠養殖試験所漁撈成績其他(11.6)	31	5871
オクムラ,クボタ,コンパニー設立(11.9.22)	31	5897
南洋「タワオ」産枕木売渡契約(11.10.5)	31	5902
「タワオ」産枕木販売三菱商事会社ニ委託(11.10.6)	31	5903
真珠養殖試験所「サクセス」号初出漁(11.10.11)	31	5904
真珠養殖試験所大正12年度予算(11.10.14)	31	5905
大正12年度「オクムラ,クボタ,コンパニー」予算(11.11.30)	31	5915
「オクムラ,クボタ,コンパニー」事業資金貸付(11.12.4)	31	5921
真珠養殖試験所ニ特別電信暗号送付(11.12.25)	31	5932
「ボルネオ」木材等運送契約(11.12)	31	5938
鳳敦真珠養殖試験所勘定科目(12.1.11)	32	6098
鳳敦真珠養殖試験所報告(12.2.23)	32	6106
鳳敦真珠養殖所機械木船建造(12.7.18)	32	6173
鳳敦真珠養殖所Diving Boat建造(12.8.23)	32	6181
「オクムラ,クボタ,コンパニー」増資(12.11.8)	32	6199
「オクムラ,クボタ,コンパニー」事業(12.12.31)	32	6222
鳳敦真珠養殖試験所会計報告方(13.4.25)	33	6566
鳳敦真珠養殖所会計組織ニ係ル件(13.7.22)	33	6591
鳳敦真珠養殖所発動機船竣功(13.8.3)	33	6595
鳳敦真珠養殖試験所潜水船買受(13.9.8)	33	6602
鳳敦真珠養殖開発丸廃船(13.12.7)	33	6635
鳳敦真珠養殖試験所用資金供給ノ件(13.12.27)	33	6645
「スラバヤ」及新嘉坡両出張所改称(13.5.28)	33	6683
「オクムラ,クボタ,コンパニー」大阪商船会社ノ代理店受託(14.2.27)	34	6842
「ブートン」真珠養殖試験所漢字名一定(14.7.14)	34	6905
鳳敦真珠養殖所元帳勘定科目(14.12.30)	34	6968
新嘉坡支店移転(14.1.1)	34	6991
「スラバヤ」支店移転(14.1.17)	34	6991
鳳敦真珠養殖試験所職制其他制定(15.1.1)	34	7103
南洋木材輸送契約(15.1.27)	34	7113
鳳敦真珠養殖試験所資金ニ係ル件(15.8.20)	34	7199
鳳敦真珠養殖試験所産半径真珠内地販売ニ係ル件(15.8.30)	34	7200
「オクムラ,クボタ,コンパニー」東京駐在員設置(15.9.30)	34	7218
奥村窪田農園産「コプラ」販売取扱ニ係ル協定(15.11.27)	34	7241

(昭和)

項目	巻	頁
商事会社スラバヤ支店移転(2.8.13)	35	45
クボタ・コンパニー・リミテッド設立(4.3.6)	35	241
商事会社マニラ出張員設置(5.9.5)	35	409
商事会社スラバヤ支店移転(6.7.18)	36	530
南洋真珠会社設立其他(7.3.17)	36	642
クボタ・コンパニー・リミテッド概況(7.7月)	36	669
昭和8年度以降クボタ・コンパニー・リミテッド事業方針決定(7.9.6)	36	673
タワオ・エステート・リミテッド概況(8.6.1)	36	774
商事会社ニテタワオ・エステート産護謨委託販売引受(8.9.25)	36	786
商事会社ニテ暹羅代理店指定(9.11.22)	36	921
南洋真珠会社業績(9是歳)	36	924
南洋真珠会社パラオ島真珠養殖許可(10.1.14)	37	997
商事会社盤谷出張員設置(10.3.4)	37	1001
タワオ・エステート・リミテッド概況(10.3月)	37	1005
商事会社盤谷出張員改称及移転(10.11.11)	37	1032
商事会社マニラ出張員所管替及改称(11.2.1)	37	1122
商事会社マニラ出張所移転(11.2.1)	37	1122
タワオ・エステート・リミテッド保険会社間代理店契約締結(11.9.10)	37	1156
商事会社マニラ出張所移転(11.10.5)	37	1159
商事会社盤谷出張所独立(12.3.1)	37	1259
商事会社マニラ出張所独立(12.4.12)	37	1265
南洋真珠会社移管(12.7.22)	37	1289
商事会社スラバヤ支店移転(12.8.1)	37	1291
商事会社新嘉坡支店移転(13.1.1)	37	1405
コブ・ケブ鉱山買収契約締結(タイ)(13.2.15)	37	1407
バタビア出張員設置(13.3.24)	37	1418

商事会社盤谷出張所移転(15.1.1)	38	1621
商事盤谷出張所改称(15.4.1)	38	1637
商事会社ニテタワオ・エステート・リミテッド管理(15.6.1)	38	1653
商事会社スラバヤ支店移転(16.1.1)	38	1758
商事会社メダン出張員設置(16.1.1)	38	1758
商事会社バタビア出張員改称(16.1.10)	38	1759
商事会社シンゴラ出張員設置(16.7.5)	38	1798
南洋真珠会社解散(16.8.15)	38	1809
鉱業会社コブケブ鉱山独立(16.8.16)	38	1809
商事会社盤谷支店所在地番変更(16.11.29)	38	1829
タワオ・エステート・リミテッド社名変更(17.2.4)	38	1911
商事会社新嘉坡支店呼称変更(17.2.17)	38	1913
商事会社シンゴラ出張員事務所閉鎖及ハジャイ駐在員改称(17.4.29)	38	1930
南洋真珠会社清算結了(17.5.16)	38	1933
鉱業会社調査部昭南駐在員事務所設置(17.9.1)	38	1954
倉庫会社昭南事務所設置(17.9.7)	38	1955
コブケブ鉱山所管替(17.9.16)	38	1957
商事会社バタビア支店移転(17.9.25)	38	1957
タワオ産業,鳳敦産業両会社設立(17.10.26)	38	1964
商事会社マニラ支店所在地名変更(17.10.27)	38	1965
商事会社クアラランプール,ペナン両出張所設置(17.12.1)	38	1970
商事会社バタビア支店改称(17.12.9)	38	1972
商事会社スマラン出張所設置(17.12.15)	38	1973
商事会社昭南支店移転(17年)	38	1983
商事会社マカツサル支店設置(18.1.15)	39	2057
倉庫会社昭南事務所移転(18.3.8)	39	2074
商事会社パレンバン出張所設置(18.4.5)	39	2085
倉庫会社昭南事務所独立(18.5.1)	39	2090
商事会社コタラジヤ出張所設置(18.6.15)	39	2099
鉱業会社ロガス礦業所設置(18.6.21)	39	2101
商事会社ダバオ出張員改称(18.7.8)	39	2108
商事会社パダン支店設置(18.8.1)	39	2115
商事会社パレンバン出張所独立(18.8.1)	39	2115
商事会社ジョホールバル出張員其他改称(18.11.11)	39	2137
商事会社ダバオ出張所独立(18.11.20)	39	2139
商事会社シンガラジヤ出張員改称(18.12.24)	39	2150
商事会社パダン支店其他移転(18足歳)	39	2153
商事会社バンドン出張員設置(19.1.1)	39	2226
商事会社スマラン出張所改称(19.1.20)	39	2228
商事会社ベンドレジョ事業所設置(19.1.27)	39	2230
商事会社馬来機械製作所設置(19.4.1)	39	2252
商事会社ポンチアナク出張員所属替(19.4.1)	39	2252
コブケブ鉱山廃止(19.4.10)	39	2257
商事会社イポー出張所改称(19.4.20)	39	2259
商事会社テロクベトン出張員改称(19.6.1)	39	2273
商事会社クアラランプール出張所改称(19.9.1)	39	2291
商事会社ムア出張員改称(19.9.8)	39	2292
商事会社アロースター出張所改称及ペナン出張所,シンゴラ,ハジャイ出張員所属替(19.11.15)	39	2302
商事会社スレンバン,クルアン,クアラリビス出張員改称(19.11.25)	39	2303
商事会社ロンピン出張所設置(19.11.25)	39	2303
商事会社タイピン出張所設置(20.5.25)	40	2432
タワオ産業及鳳敦産業会社本店移転(21.1.28)	40	2602
倉庫会社昭南事務所廃止(21.2.28)	40	2618

8) その他アジア

（大正）

「カルカッタ」代理店受託方申込謝絶(4.5.5)	24	2496
蘇西運河通過料ノ件(5.11.16)	26	3233
「カルカッタ」出張員設置(7.3.25)	29	4423
「カルカッタ」駐在員設置(7.4.20)	29	4454
「カルカッタ」派遣員撤廃(9.9.30)	30	5352
蘭貢派遣員(13.3.1)	33	6674
蘭貢派遣員引揚(13.7.10)	33	6688

（昭和）

商事会社孟買出張員派遣(3.11.29)	35	159
商事会社孟買出張員廃止(4.7.19)	35	263
商事会社カルカッタ出張員設置(6.12.1)	36	540
商事会社カルカッタ出張員改称(8.3.10)	36	764
日波貿易会社設立(8.9.1)	36	784
商事会社孟買出張員設置(8.10.26)	36	788
商事会社ベイルート駐在員派遣(9.2.20)	36	871
商事会社ニテ蘭貢代理店委託(9.10.25)	36	920
日波貿易会社移転(9.11.17)	36	921
商事会社ニテ対土耳古取引開始(10.1.24)	37	997
商事会社孟買出張員改称(10.3.14)	37	1003
商事会社孟買支店移転(10.11.18)	37	1036
日波貿易会社英文社名変更(昭和10年)	37	1044
商事会社バグダッド駐在員派遣(11.10.28)	37	1161
商事会社マドラス出張員設置(12.8.20)	37	1293
商事会社カラチ，蘭貢，バタビア出張員設置(13.3.24)	37	1418
商事会社対イラン国バーター取引協定書調印(13.12.22)	37	1454
商事会社対イラク国バーター協定締結(15.10.7)	38	1678
商事会社蘭貢，メダン両出張員，マニラ出張所，新嘉坡支店改称(17.4.23)	38	1928

9) オセアニア

（大正）

山下元美濠洲外出張(2.5.12)	22	1712
「メルボルン」Dalgety商会ト取引(7.1.10)	29	4315
濠洲出張員派遣(9.10.10)	30	5352
濠洲出張員郵便宛名変更(10.9.17)	31	5670
「シドニー」出張所新設(11.3.29)	31	5970
濠洲出張員廃止(11.3.31)	31	5970
「シドニー」出張所電信略号登記(13.10.25)	33	6690
三菱商事会社「シドニー」其他在勤者所得税負担ニ係ル件(15.9.14)	34	7211
「シドニー」出張所改称(15.8.25)	34	7280

（昭和）

商事会社シドニー支店移転(6.8.25)	36	531
商事会社メルボルン出張員設置(6.9.23)	36	533
商事会社メルボルン出張所移転(16.2.1)	38	1825

海 外 事 業

10) 北アメリカ

(明治)

項目	巻	頁
「セント・ルイス」万国博覧会出品(36.8.15)	20	650
聖路易博覧会ニテ受賞(37.11.16)	20	734
桑港震災其他寄附(39.5.7)	21	878

(大正)

項目	巻	頁
紐育出張所新設(5.4.17)	25	2977
米国宛註文方(5.4.17)	25	2978
米国送リ桐油運送契約(5.9.6)	25	3151
紐育出張所移転(5.9.16)	25	3154
紐育出張所名義変更(6.1.30)	27	3602
紐育出張所事業開始(6.2.1)	27	3606
紐育出張所事務室増加借受(6.7.13)	27	3847
米国輸出禁止令施行(6.7.15)	27	3855
「シアトル」出張所名称(7.1.1)	29	4135
紐育支店長社宅借入(7.2.26)	29	4385
紐育支店設置登記申請(7.3.1)	29	4392
紐育出張所移管改称(7.3.1)	29	4390
米国註文又ハ販売品代金受払ニ係ル件(7.3.20)	29	4416
紐育出張所確定純益(7.4.2)	29	4437
紐育支店移転(7.5.1)	29	4476
紐育支店電信宛名(7.8.8)	29	4525
江口定條南北亜米利加等出張(7.9.6)	29	4534
紐育支店電信宛名(7.9.7)	29	4535
勝山勝次郎紐育駐在(8.1.11)	30	4839
紐育支店電信略号変更(8.1.15)	30	4839
「シアトル」出張所開設(8.6.1)	30	4889
紐育支店ニ転任者ニ関スル注意(8.7.2)	30	4898
紐育支店絹取引事務所開設(8.11.17)	30	4953
シアトル出張所名称(9.1.1)	30	5135
倫敦紐育両支店廃止(9.12.27)	30	5294
銀行倫敦及紐育支店開業(9.3.15)	30	5367
紐育支店設置登記(9.3.15)	30	5367
銀行紐育支店営業所変更(10.5.2)	31	5681
米国所在ノ支店等ヘ赴任者ニ係ル注意(11.7.27)	31	5886
米国所在支店等赴任者ニ係ル注意(11.9.8)	31	5894
W社トノ提携認許(12.12.15)	32	6216
「シアトル」出張所電信略号追加登記(12.6.2)	32	6399
「シアトル」出張所移転(12.11.1)	32	6404
桑港出張所設置(15.2.15)	34	7277
晩香坡出張員派遣(15.8.1)	34	7279
桑港出張所移転(15.10.18)	34	7280

(昭和)

項目	巻	頁
電機会社ウエスチングハウス社間契約延長(4.11.20)	35	284
グリーン氏ト日米文化学会ニ関シ協定(4.12.17)	35	289
商事会社桑港出張所改称(6.5.1)	36	519
商事会社シアトル支店移転(6.9.21)	36	533
商事会社晩香坡出張員廃止(7.9.15)	36	674
フロリダ燐鉱石一手販売契約(7.10.12)	36	680
米棉花取引準備(9.8.11)	36	914
電機会社ウエスチングハウス・エヤー・ブレーキ社間契約延長(9.10.1)	36	917
商事会社タイド・ウォーター社同販売契約更改(10.4.26)	37	1009
商事会社ニテ米印棉取引ニ関シ協議(10.9.26)	37	1026
商事会社桑港支店移転(11.5.4)	37	1139
商事会社生糸部級育支部設置(11.5.18)	37	1141
電機会社ウエスチングハウス社間契約更改(15.7.25)	38	1663
石油会社株式中ア社所有分処理方針報告(18.2.23)	39	2069
銀行紐育支店廃止(18.3.5)	39	2074

11) ラテン・アメリカ

(大正)

項目	巻	頁
多賀秀孝南米駐在(13.7.3)	33	6587
南米「サンパウロ」査業課駐在員移転(15.10.1)	34	7227

(昭和)

項目	巻	頁
商事会社ニテ智利硝石輸入開始(2.4.28)	35	31
商事会社ニテ中南米及南阿取引調査(8.9.28)	36	786
商事会社ブエノスアイレス駐在員派遣其他(9.6.9)	36	898
商事会社ニテ智利硝石一手販売契約(9.6.15)	36	906
商事会社サンパウロ駐在員設置(15.3.11)	38	1631
智利三菱商事会社ボゴダ出張員設置(16.5月)	38	1786
智利三菱商事会社ラパス出張員廃止(16.8.15)	38	1809
商事会社リマ，ボゴダ出張員所属替(16年)	38	1839
商事会社サンパウロ出張員事務所閉鎖(17.6.12)	38	1939
亜国三菱会社移転(18.5.15)	39	2090
亜国三菱会社解散(18.10.15)	39	2132

12) ヨーロッパ

（明治）

新潟丸倫敦到着（10.7.30）	4	310
高砂丸倫敦到着（10.10.12）	4	441
社長英国ニ到着（34.7.29）	20	504
「リエージ」万国博覧会出品（38.1.25）	20	765
西班牙国軍艦製造方照会（38.8.4）	20	809
「リエージュ」万国博覧会ニテ連合賞牌受賞（39.10.22）	21	904
対露国石炭取引準備（41.1.29）	21	1057
杉谷安一露都出張（41.3.19）	21	1062

（大正）

在英国海運嘱託更迭（1.1.17）	22	1430
三菱造船所英国註文品代金支払方（2.5.13）	22	1712
露国「キエフ」高等商業学校ニ鉱物標本寄贈（2.9.6）	22	1789
倫敦代理店変更（3.2.4）	23	2019
鎌田祐吉鈴木清重露都出張（3.8.21）	23	2183
高取鉱山重石鉱倫敦ニテ売却（3.11.18）	23	2242
露国向銅一手取扱方（3.12.3）	23	2260
三菱造船所浮動起重機ヲ露国ニ売渡（4.7.27）	24	2552
倫敦支店新設（4.9.23）	24	2590
倫敦代理店契約解除（4.11.23）	24	2655
倫敦支店開業期日其他（4.12.17）	24	2672
日英間為替取組方（4.12.25）	24	2684
鎌田祐吉露都滞在継続（4.12.31）	24	2692
造船材料輸入方（5.1.11）	25	2828
英国造船材料輸出禁止ニ付善後方（5.4.18）	25	2979
露国ニ対スル軍需品契約調回報（5.7.8）	25	3070
露国其他ヨリ註文軍需品契約高回報（5.7.20）	25	3094
倫敦支店宛信書発送方（5.9.20）	25	3159
露国売銅代決済（5.9.22）	25	3161
英国ニ註文セル造船材料輸入方ノ件（5.12.7）	26	3286
露国対敵商取引禁止ニ付報告（5.12.25）	26	3359
倫敦Dalgety商会外取引開始（6.1月）	27	3603
造船材料輸出保証（6.2.27）	27	3642
倫敦支店技術顧問嘱託（6.5.18）	27	3755
「ブラウン」商会代理関係解除（6.5.18）	27	3755
日本海事工業会社倫敦代理店引受（6.6.1）	27	3773
露国政府軍需品註文ニ係ル件（6.7.31）	27	3871
倫敦支店自動車買入認許（6.9.3）	28	3917
英国ヨリ輸入スベキ需要品調提出（6.10.29）	28	3992
倫敦支店損金報告（7.2.7）	29	4355
巴里出張員設置（7.2.23）	29	4383
巴里出張員動静（7.4.1）	29	4435
羅馬出張員動静（7.4.7）	29	4440
倫敦支店員伊太利出張（7.5.18）	29	4486
巴里事務所移転（7.11.9）	29	4558
倫敦支店電信略号登録（8.2.8）	30	4845
伊太利代理店設置（8.2.22）	30	4847
巴里出張員ニ対スル手当割増（8.4.4）	30	4860
倫敦支店員日当割増（8.5.10）	30	4874
伊太利代理店電信宛名変更（8.5.24）	30	4886
倫敦支店員独逸駐在「ゼノア」駐在員変更（8.9.6）	30	4913
巴里日本人倶楽部家賃負担方（8.9.29）	30	4921
巴里出張所名称宛名変更（8.10.1）	30	4924
倫敦支店里昂出張員事務所開設（8.10.3）	30	4925
巴里出張所及里昂事務所電信宛名登録（8.10.11）	30	4927
馬耳塞事務所電信宛名登録（8.11.8）	30	4947
里昂及馬耳塞出張員事務所設置（8.11.15）	30	4952
里昂出張員事務所移転（8.12.13）	30	4962
伊太利代理店解除（8.12.15）	30	4963
馬耳塞出張員事務所移転（9.5.8）	30	5200
巴里出張所移転（9.5.15）	30	5200
伯林出張員事務所移転（9.5.29）	30	5215
倫敦紐育両支店廃止登記（10.1.7）	31	5482
三菱銀行倫敦支店移転（10.10.10）	31	5590
倫敦並紐育支店営業開始（10.1.1）	31	5657
巴里伯林出張員名称其他（10.3.5）	31	5663
里昂馬耳塞出張員名称其他（10.3.12）	31	5663
巴里出張員名称変更（10.3.19）	31	5664
倫敦支店員「アントワープ」ニ派遣（10.5.7）	31	5668
倫敦支店員「ブラッセル」ニ駐在（10.5.10）	31	5668
伯林出張員郵便宛名変更（10.8.27）	31	5669
「ブラッセル」駐在員撤廃（10.8.31）	31	5669
馬耳塞出張員撤廃（10.10.15）	31	5671
倫敦支店巴里及伯林両出張所員改称（10.12.29）	31	5674
伯林出張所移転（11.9.16）	31	5973
里昂出張員移転（12.11.19）	32	6404
「カナリー」氏へ屏風送付（13.4.26）	33	6567
「メタルバンク」トノ協定ニ付打合（13.12.4）	33	6634
「メタルバンク」ト日独工業的提携ニ付協定（13.12.20）	33	6638
伯林出張所電信略号追加登記（13.3.15）	33	6674
巴里，伯林，「シアトル」各出張所独立（13.5.28）	33	6683
里昂出張員所管替（13.6.1）	33	6685
仏国三菱株式会社設立（13.6.6）	33	6685
倫敦支店電信略号追加登記（13.9.20）	33	6690
巴里支店電信略号追加変更（13.10.25）	33	6690
田丸節郎独逸派遣（14.1.8）	34	6811
奥村政雄其他莫斯科出張（14.6.23）	34	6892

「メタルバンク」外一社ト東亜ルルギ会社外設立契約(14.12.16)	34	6961
伯林支店電信略号中追加登記(14.6.13)	34	6993
奥村政雄莫斯科ヨリ帰京(15.1.9)	34	7108
菱洋興業株式会社及東亜「ルルギ」有限責任会社設立(15.6.12)	34	7153
勝山勝次郎伯林駐在(15.10.20)	34	7227
対露貿易委員設置(15.1.30)	34	7277
巴里支店移転(15.2.15)	34	7278
(昭和)		
商事会社伯林支店移転(2.3.1)	35	11
商事会社クルップ会社ト提携不調(2.3.31)	35	25
商事会社伯林,巴里両支店並里昂出張員廃止(3.1.31)	35	124
商事会社伯林支店組織変更(3.2.1)	35	124
見習及准員ノ仏蘭西在勤手当(3.9.20)	35	149
商事会社ソヴィエト木材取扱(4.12.26)	35	292
仏国三菱株式会社移転(7.11.27)	36	682
倫敦日本人会貸付金減額決済(9.9.8)	36	915
商事会社倫敦支店移転(12.6.21)	37	1286
商事会社欧洲三店在勤諸手当改正(13.3.25)	37	1419
商事会社羅馬駐在員設置(13.4.27)	37	1427
商事会社羅馬駐在員移転(15.4.1)	38	1637
商事会社倫敦支店引揚(15.10.24)	38	1681
銀行倫敦支店一時閉鎖(15.10.31)	38	1681
商事会社倫敦支店焼失(16.5.10)	38	1774
商事会社倫敦支店事務所移転(16.5月)	38	1786
銀行倫敦,紐育両支店廃止(18.3.5)	39	2074
独国三菱商事会社勤務ノ職員ニ対スル給与改正(18.9.11)	39	2119

13) アフリカ

(大正)

南亜ヨハネスブルグ,パリー・レオン・ヘイホー商会ト取引開始(6.1.是月)	27	3603
南阿弗利加所在炭坑投資方申込(9.4.13)	30	5182
(昭和)		
仏国三菱会社カサブランカ駐在員派遣(8.9.15)	36	785
南亜取引調査(8.9.28)	36	786
商事会社アレキサンドリア駐在員派遣(8.10.5)	36	787
商事会社ニテ埃及棉花一手取扱契約(9.2.21)	36	872
商事会社ヨハネスブルグ駐在員派遣(9.3.23)	36	881
商事会社アレキサンドリア駐在員改称(10.8.1)	37	1023
商事会社アレキサンドリア出張所独立(10.10.1)	37	1028
商事会社アレキサンドリア出張所移転(10.11.25)	37	1037
商事会社ケープタウン駐在員設置(13.3.24)	37	1418
商事会社ケープタウン駐在員廃止(14.11.15)	38	1545
仏国三菱会社カサブランカ支店移転(15.2.24)	38	1626
商事会社盤谷,アレキサンドリア両出張所改称(15.4.1)	38	1637
商事会社ヨハネスブルグ駐在員廃止(15.6.30)	38	1659
コンバインド・エイジェンシーズ会社事務所移転(16.10.31)	38	1823

15. 国際情勢

　　　　　（明治）
朝鮮事件切迫(27.7.6) 19　20
「バルチック」艦隊東航ニ付注意(38.4.14) 20　780
　　　　　（大正）
孫逸仙歓迎(2.3.23) 22　1678
支那革命動乱ニ付船舶航行方注意(2.7.21) 22　1758
香港状況報告(3.8.4) 23　2166
漢口市場状況報告(3.8.6) 23　2169
上海市場状況報告(3.8.20) 23　2181
時局ノ海運ニ及ボス影響回報(3.9.19) 23　2210
南洋方面ニ於ケル石炭輸出制限(3.9.22) 23　2212
露国義勇艦隊救護所ニ医療品寄附(3.10.16) 23　2228
上海ヨリ日本宛為替相場(3.11.2) 23　2235
南洋事情視察(3.12.7) 23　2262
日支交渉ニ関シ北京出張所報告(4.5.5) 24　2497
日支交渉切迫ノ際漢口支店義勇兵応募方(4.5.5) 24　2497
時局切迫ノ際社船動静(4.5.8) 24　2497
間島天宝山馬賊掠奪ノ件(4.5.11) 24　2501
漢口暴動報告(4.5.14) 24　2504
上海支店排日貨状況報告(4.6.1) 24　2512
上海日本人実業協会ヨリ排日運動ニ関シ意見進達(4.7.19) 24　2543
莫斯科市暴動報告(4.7.20) 24　2545
広東省洪水ニ付救済(4.7.20) 24　2545
粛親王貸金問題経過(4.11.5) 24　2633
支那政情報告(5.3.16) 25　2933
撫順炭坑爆発ニ付電聞(5.4.15) 25　2977
英国宛電信竝並書信ニ付注意(5.5.18) 25　3013
沙市暴動報告(5.6.19) 25　3042
漢口暴動報告(5.7.30) 25　3103
支那萬県暴徒ニ関シ報告(5.8.16) 25　3126
四川省萬県開港(6.2.1) 27　3606
印度洋方面航行船保護ノ件(6.3.1) 27　3646
米国造船所徴発ニ付来報(6.3.7) 27　3660
露国革命情報(6.3.20) 27　3665
米国参戦ニ付情報(6.4.5) 27　3690
支那宣統帝復辟ニ付報告(6.7.2) 27　3825
北京復辟運動失敗ニ付情報(6.7.12) 27　3845
米国輸出禁止令施行(6.7.15) 27　3855
北支那水害情報(6.9.24) 28　3942
露国義勇艦隊本部移転外情報(6.10.21) 28　3978
浦潮斯徳市街戦ニ付情報(7.7.1) 29　4501
山東炭坑出願許可延期ニ関シ報告(8.5.7) 30　4873
浦潮斯徳動乱情報(8.11.18) 30　4953
北樺太占領(9.8.20) 30　5243
浦潮動乱情報(10.3.31) 31　5515
浦潮政変情報(11.6.1) 31　5860
浦潮赤軍入市情報(11.10.26) 31　5909
支那政情報告(13.11.26) 33　6631
北樺太占領解除布告(14.2.27) 34　6843
孫文逝去ニ付弔電其他(14.3018) 34　6850
薩哈嗹派遣軍撤兵(14.4.10) 34　6870

16. 業界動向

(明治)

荘田管事商工会員当選(16.10.18)	11	158
川田管事日本銀行総裁拝命(22.9.3)	16	369

(大正)

神戸三菱造船所関西電気倶楽部其他ニ加入(2.7.1)	22	1745
立原任逓信省委員受嘱(3.3.20)	23	2055
四社協議会(3.8.9)	23	2173
筑豊出炭制限決議(4.5.3)	24	2494
金融事情調査資料(4.6.21)	24	2530
住友鋳鋼所設立通知(5.1.6)	25	2822
筑豊出炭制限緩和(5.6.5)	25	3033
長崎造船所九州電気協会ヘ入会(5.7.19)	25	3091
牧山骸炭製造所石炭商同業組合ニ加入(5.10.2)	25	3175
産業組合中央会ヘ醵金(5.12.26)	26	3364
浅野造船所設立外通知(6.1)	27	3604
傭船者同盟会ニ加入(6.2.7)	27	3611
田中鉱山株式会社設立通知(6.3.28)	27	3674
唐津支店同業組合ニ加入(6.4.28)	27	3706
日本工業倶楽部ニ出資(6.5.6)	27	3747
船舶ニ係ル対外収支回報(6.5.18)	27	3754
南洋開発組合ニ加入(6.7.3)	27	3826
古河合名会社組織変更通知(6.12.1)	28	4032
古河鉱業株式会社設立通知(7.4.25)	29	4460
高取鉱業株式会社設立通知(7.5.2)	29	4476
日華実業協会ニ参加(9.6.19)	30	5223
青木菊雄外推薦(9.11.27)	30	5270
日本工業倶楽部会員推薦(10.2.5)	31	5497
全国経済調査機関連合会加入名義変更(11.3.15)	31	5818
南洋協会ニ加入(11.3.27)	31	5822
堤長述推薦(11.10.12)	31	5904
資料課図書室外参観(11.11.10)	31	5913
長岡徳治経済調査機関連合会理事ニ就任(11.1.14)	31	5913
日本工業倶楽部会員推薦(12.4.18)	32	6141
全国調査機関連合会ニ資料課代表者追加(12.6.20)	32	6168
乙部融外推薦(13.1.11)	33	6517
帝国経済会議議員任命(13.5.7)	33	6569
金融事情調査報告(14.8.12)	34	6914
住友合資会社社長就任通知(15.4.16)	34	7134
斯波孝四郎工業倶楽部会員ニ推薦(15.6.25)	34	7157

(昭和)

支払延期等ニ関スル勅令公布(2.4.22)	35	29
金融事情調査報告(2.4.25)	35	29
商工審議会議事調査委員会設立(2.6.17)	35	37
経済審議会議事調査委員会設立(3.9.21)	35	150
臨時産業審議会議事調査委員会開催(5.2.7)	35	377
斯波孝四郎同和自動車工業会社理事就任(9.3.26)	36	881
日本工業倶楽部法人会員推薦(10.3.14)	37	1002
赤星陸治東京ビルヂング協会会長就任(14.8.30)	38	1540
倉庫会社三橋社長表彰(20.2.11)	40	2404

17. 広告宣伝

(明治)

博覧会金杯受領(11.7.15)	6	495
内国勧業博覧会出品(27.5.30)	19	18
内国勧業博覧会出品(27.7.26)	19	22
内国勧業博覧会出品(27.8.6)	19	24
内国勧業博覧会出品(28.3.28)	19	71
内国勧業博覧会出品(28.4.2)	19	72
内国勧業博覧会観覧ニ付通知(28.5.20)	19	74
内国勧業博覧会出品(28.5.20)	19	74
博覧会受賞(28.7.11)	19	76
巴里万国大博覧会出品(31.11.31)	19	286
第五回内国勧業博覧会出品方(35.7.21)	20	578
内国勧業博覧会観覧方(36.2.25)	20	627
「セントルイス」万国博覧会出品(36.8.15)	20	650
聖路易博覧会ニテ受賞(37.11.16)	20	734
「リエージ」万国博覧会出品(38.1.25)	20	765
造船所施設内外海商要鑑ニ登載(38.7.25)	20	808
「リエージュ」万国博覧会ニテ連合賞牌受賞(39.10.22)	21	904
東京勧業博覧会三菱出品館竣工(40.3.20)	21	967
東京勧業博覧会観覧ノ為賜暇(40.4.8)	21	968
東京勧業博覧会ニテ受賞(40.7.6)	21	989
三菱造船所東京勧業博覧会ニテ受賞(42.8.5)	21	1172
南京勧業博覧会出品(42.10.23)	21	1186
日英博覧会ニテ金牌受賞(44.3.30)	21	1317
英文営業案内配布(44.12.11)	21	1383

(大正)

大正博覧会出品(2.7.5)	22	1746
大正博覧会出品(2.11.10)	22	1830
東京大正博覧会観覧ニ付賜暇(3.3.9)	23	2040
東京大正博覧会出品竝受賞(3.3.20)	23	2051
「パナマ」太平洋万国博覧会出品(3.10.1)	23	2219
生野鉱山型錫商品陳列館ニ出品(3.12.11)	23	2267
朝鮮共進会ニ出品(4.7.15)	24	2543
三菱造船所冊子発行(4.9.15)	24	2584
倫敦支店軍艦霧島模型新造(4.10.30)	24	2627
倫敦支店ニ冊子送付(4.12.29)	24	2691
桑港万国博覧会出品物寄付(5.1.20)	25	2847
海事水産博覧会ニ出品(5.3.20)	25	2934
神戸造船所製品展覧会ニ出品(6.1.20)	27	3594
奠都五十年奉祝博覧会ニ出品(6.2.17)	27	3620
広告寄付等取扱方ノ件(6.7.7)	27	3836
相知炭坑九州沖縄物産共進会ニ出品(7.3.19)	29	4415
北海道博覧会ニ出品(7.3.19)	29	4416
大阪製煉所大阪化学工業博覧会ニ出品(7.4.1)	29	4433
新嘉坡商品陳列館へ寄付(7.12.20)	29	4570
三菱営業案内編纂(10.2.2)	31	5496
万国博覧会参加五十年記念博覧会ニ係ル件(12.8.23)	32	6180
万国博覧会参加五十年記念博覧会無期延期(12.10.1)	32	6194
仏文三菱営業案内印行(14.1.23)	34	6836

(昭和)

英文営業案内配布(5.3.6)	35	380
カーチス超P6戦闘機宣伝飛行(5.8.11)	35	407
万国婦人子供博覧会特設館設置(8.1.27)	36	760
丸ビル地方物産陳列所開設(8.4.1)	36	766
神風号亜欧連絡飛行成功(12.4.10)	37	1264
「ニッポン」号世界一周飛行成功(14.10.20)	38	1543
英文三菱営業案内配付(17.12.30)	38	1979

18. 土地・建物

1）北海道

（明治）

項目	頁	番号
函館大町建物借入支社開設（8.5.19）	2	89
函館内澗町建物借入支社移転（8.8.11）	2	169
函館税関構内地所借入（12.7.是月）	7	350
函館内澗町地所建物購入（12.8.26）	7	386
北海道建物払下（13.7.9）	8	378
根室本町建物購入（13.9.14）	8	498
後志寿都地所購入（15.1.19）	10	164
釧路霧多布地所購入（16.6.6）	11	64

（大正）

項目	頁	番号
小樽支店長社宅増築（2.7.16）	22	1754
室蘭出張所社宅新設（2.8.26）	22	1780
蘆別土地買受（2.9.12）	22	1791
蘆別事務所坑夫納屋外施設（2.11.6）	22	1830
石狩国社有地貸与（2.11.15）	22	1833
空知郡社有地賃貸（3.1.8）	23	1993
室蘭町有埋立地賃借（3.2.10）	23	2023
空知郡石炭鉱区社名ニ変更（3.2.28）	23	2032
小樽支店敷地建物買入（3.4.26）	23	2090
小樽支店事務所増築（3.8.26）	23	2194
空知郡社有地継続貸与（3.11.1）	23	2235
大正3年度蘆別出張所新設建物	23	2323
室蘭出張所用地買受（4.1.11）	24	2415
空知郡社有地貸与（4.3.15）	24	2462
小樽支店事務所増築（4.6.28）	24	2534
小樽社有地貸渡（4.9.28）	24	2594
蘆別村社有地貸渡（4.11.3）	24	2631
美唄炭坑用地三井物産会社ヨリ借用（4.12.1）	24	2663
美唄炭坑立木買入（5.1.14）	25	2836
小樽土地買受（5.1.24）	25	2850
小樽地所賃借（5.2.3）	25	2884
室蘭出張所新築（5.6.16）	25	2929
小樽富岡町土地買収（5.3.25）	25	2941
小樽厩町宅地借受（5.4.1）	25	2956
美唄炭坑用地借受（5.4.18）	25	2980
小樽支店合宿所新築（5.7.24）	25	3099
蘆別炭坑御料林借地（5.7.29）	25	3102
小樽支店社宅建設（5.7.29）	25	3103
小樽市社宅敷地売渡（5.8.25）	25	3133
蘆別村社有地譲渡（5.9.18）	25	3157
蘆別村土地買収（6.1.11）	27	3585
北湧鉱山社宅新築（6.6.19）	27	3806
小樽支店社宅敷地石垣築造（6.6.26）	27	3812
石崎鉱山借地（6.7.13）	27	3846
石崎鉱山事務所等改築（6.10.6）	28	3965
室蘭合宿所外新築（6.10.21）	28	3978
大夕張炭坑借地継続願（6.10.28）	28	3992
室蘭出張所社宅敷地買収（6.10.30）	28	3994
蘆別村御料地借受（6.11.15）	28	4012
蘆別村土地貸渡（6.12.7）	28	4053
室蘭所在土地買収（7.1.12）	29	4318
空知川沿岸社有地富士製紙会社ニ貸渡（7.2.22）	29	4383
室蘭出張所社宅移転増築（7.3.29）	29	4432
小樽若竹町土地大夕張炭坑ヨリ移管（7.4.4）	29	4439
空知川沿岸社有地富士製紙会社ニ譲渡（7.4.8）	29	4442
小樽花園町土地売却（8.10.20）	30	4929
小樽花園町地所売戻（8.11.30）	30	4958
室蘭埋立地使用承認（9.12.23）	30	5292
室蘭港内海面埋立地登記（10.4.26）	31	5526
小樽貸地状況（10）	31	5644
小樽若松町土地交換及譲渡（11.5.30）	31	5856
室蘭市祝津町埋立地所有権保存登記（11.8.24）	31	5893
室蘭市祝津町宅地賃貸（15.10.30）	34	7230
室蘭市地所移管（15.12.1）	34	7247

2）東北

（明治）

項目	頁	番号
石ノ巻本町地所建物借入（11.1.是月）	5	156
萩ノ浜地所購入貯炭所設置（14.1.20）	9	9
青森浜町建物購入（14.7.1）	9	246
酒田船場町地所家屋土蔵購入（14.7.28）	補	75
青森浜町建物購入（15.5.25）	10	286
陸前石ノ巻地所建物購入（16.12.14）	11	199
陸前萩ノ浜地所購入（17.3.是月）	12	83
尾去沢鉱山用地購入（21.1.26）	16	12
細地鉱山建物購入（21.3.2）	16	45
陸中鹿角郡地所購入（22.7.29）	16	308
荒川鉱山用土崎倉庫（31.2.16）	19	258
尾去沢鉱山鏴譲渡（31.5.20）	19	267
白山支山事務所等貸与（31.8.24）	19	278
尾去沢鉱山売場廃止（32.1.23）	20	311
荒川鉱山官林払下（36.7.21）	20	647
荒川鉱山官林払下（36.12.25）	20	662
小真木支山秣場譲受（37.2.9）	20	688
尾去沢鉱山国有林購買（38.1.31）	20	768
尾去沢鉱山不用地譲渡（38.2.21）	20	773
鵜養発電所水路用地購入（38.7.21）	20	807
永田発電所水路用地買収（39.1.6）	21	861

土地・建物

(大正)

日三市支山社宅新築(1.11.28)	22	1516
日三市支山鉱夫長屋新築(1.12.30)	22	1541
荒川鉱山土地交換及売却(2.4.2)	22	1691
荒川鉱山山林買収(2.5.30)	22	1719
尾去沢鉱山用地買受(2.10.11)	22	1814
荒川村社有地売渡(4.4.7)	24	2474
尾去沢鉱山新選鉱場操業開始外建物機械竣成(4.6.11)	24	2523
八戸石灰山ニ係ル軌条敷設地地上権取得(4.7.22)	24	2546
綱取支山採鉱見張所外建物竣工(4.9.)	24	2600
綱取支山土地山林買収(5.2.25)	25	2908
尾去沢鉱山土地買収(5.10.26)	25	3197
日三市支山用地払下(5.11.16)	26	3233
綱取鉱山斜面軌道敷設(5.11.)	26	3267
荒川鉱山官有地借地(6.2.20)	27	3634
日三市支山予定用地ニ係ル件(7.2.9)	29	4361
荒川鉱山用地中地上権消滅承諾(7.3.8)	29	4401
綱取支部建物竣成(7.7.24)	29	4512
尾去沢支部建物竣工(8.10.27)	30	5261

3) 関東

(明治)

横浜南仲通建物借入支店開設(5.11.是月)	1	75
横浜元浜町建物借入支店移転(8.2.1)	1	385
横浜海岸通地所借入(9.3.1)	3	76
横浜海岸通地所建物借入(10.8.1)	4	317
横浜海岸通建物借入(10.8.20)	4	360
横浜海岸通地所借入(10.9.5)	4	373
相模長浦村地所購入(10.9.6)	4	386
伊豆熱海地所購入(10.12.是月)	4	578
横浜不老町地所借入(11.3.29)	5	366
横浜地所建物購入(11.6.22)	6	450
伊豆熱海地所購入(11.11.10)	6	652
横浜不老町地所借入(11.12.28)	6	703
横浜建物購入(12.5.27)	7	266
横浜不老町地所払下(15.6.22)	10	312
伊豆熱海及本郷駒込地所交換(16.6.25)	11	67
長浦地所売却(16.7.是月)	補	79
上野伊香保地所購入(18.5.25)	13	159
下総獅穴牧場地所建物購入(20.7.14)	15	35
上野伊香保地所購入(19.9.24)	15	188
熱海御料地借入(20.11.4)	15	186
伊香保地所購入(20.11.16)	15	232
熱海御料地返納(21.6.9)	16	90
伊香保地所購入(21.10.3)	16	193
下総印旛郡地所購入(21.12.12)	16	239
伊香保地所購入(23.3.29)	17	69
大磯地所購入(23.11.7)	17	209
大磯地所建物購入(24.7.是月)	17	179
伊香保地所購入(25.5.1)	18	31
大磯地所購入(25.7.1)	18	55
大磯地所購入(26.5.5)	18	75
伊香保地所売却(26.9.19)	18	96
伊香保地所購入(26.12.25)	18	206
伊香保地所貸付(26.是歳)	18	216
日光町所有地保安林編入(33.12.11)	20	445

(大正)

横浜出張所貯炭場借入其他(2.7.31)	22	1761
高取鉱山国有林野借地(3.4)	23	2093
横浜出張所合宿所設置(3.9.28)	23	2215
高取鉱山社宅及長屋新築(4.11.30)	24	2660
高取鉱山国有林借地(5.10)	25	3207
高取鉱山事務所外竣成(5.12.25)	26	3357
鉱業研究所用地買入(5.12.28)	26	3372
東京倉庫神奈川出張所倉庫新築請負ノ件(6.2.13)	27	3617
高取支部建物新築認許(6.2.17)	27	3622
高取鉱山医局外新築(6.5.31)	27	3771
横浜出張所合宿所移転(6.6.23)	27	3809
東京倉庫会社神奈川倉庫増築工事請負(6.8.21)	27	3893
高取支部建物竣成(7.2.11)	29	4367
三菱商事会社横浜支店模様替工事(10.9.13)	31	5574
葉山端艇部宿舎増築(12.7)	32	6176
倶楽部高取支部建物其他売却(15.11.19)	34	7240

(昭和)

鉱業会社ニテ大宮及生麦ニ土地購入(12.6.30)	37	1287
電機会社ニテ大船土地買収其他(14.8.3)	38	1538
地所会社ニテ船橋市地所購入承認(15.10.15)	38	1680

土地・建物

4）東京

（明治）

項目	巻	頁
南茅場町地所建物購入支店開設（3.11.是月）	1	17
南茅場町建物購入（3.12.是月）	1	21
南茅場町土蔵購入（4.11.是月）	1	40
南茅場町地所借入荷扱所設置（5.10.29）	1	74
湯島梅園町建物購入（6.9.11）	1	121
湯島梅園町地所購入（6.9.是月）	1	124
南茅場町建物購入（6.11.7）	1	150
湯島梅園町建物購入（6.12.是月）	1	158
南茅場町建物購入（7.1.9）	1	163
南茅場町地所借入（7.1.是月）	1	169
石丸鉄五郎所有建物購入（7.3.是月）	1	185
湯島天神境内地所借入（7.3.是月）	1	186
南茅場町建物購入（7.4.16）	1	191
南茅場町建物購入（7.9.是月）	1	273
南茅場町建物購入（7.12.28）	1	319
開拓使構内土蔵下附（8.1.17）	1	352
霊岸島銀町建物借入（8.10.28）	2	341
本材木町地所借入荷捌所設置（8.12.15）	2	430
駿河台東紅梅町地所建物購入（8.3.3）	2	456
南茅場町建物購入（9.7.1）	3	239
江戸橋畔地所借入荷捌所設置（9.12.4）	3	547
南茅場町建物購入（10.1.23）	4	18
越前堀建物購入（10.4.4）	4	97
東京府下寺島村地所購入（10.11.是月）	4	527
東京神田駿河台地所購入（10.12.12）	補	36
錦町荷扱所小舎附設（11.1.13）	5	142
南品川建物借入（11.2.1）	5	171
下谷茅町地所建物購入（11.8.29）	6	576
深川地所建物購入（12.3.13）	7	115
深川一色町地所借入（12.4.19）	7	208
京橋霊岸島建物購入（13.3.16）	8	260
下谷竹町地所借入（13.7.31）	8	405
深川小松町建物購入（13.9.15）	8	504
大島支社建築（13.11.7）	8	544
神田佐久間町地所借入（13.12.10）	8	573
日本橋河岸地借入（13.12.28）	8	590
駿河台河岸地借入（14.1.24）	9	13
深川清住町地所借入（14.2.15）	9	30
深川松賀町地所建物購入（14.3.31）	9	135
京橋越前堀地所貸付（15.4.1）	10	249
本郷地所購入（15.6.12）	10	305
南茅場町建物購入（15.12.9）	10	491
下谷竹町地所返却（15.12.27）	10	500
本郷建物購入（16.7.26）	11	90
日本橋地所購入（16.8.24）	11	105
本郷駒込地所購入（17.12.19）	12	380
神田建物購入（17.12.22）	12	384
巣鴨地所購入（18.2.9）	13	32
本郷駒込地所払下（18.2.10）	13	36
旧三菱商業学校用地所竝家屋沽却（18.4.27）	補	84
深川建物購入（18.12.25）	14	633
神田駿河台建物購入（19.3.6）	15	17
深川地所建物購入（20.10.4）	15	77
深川地所購入（19.6.15）	15	159
京橋建物売却（20.6.27）	15	32
深川富吉町地所購入（20.7.25）	15	54
神田地所建物贈與（19.12.11）	15	206
京橋越前堀地所建物購入（21.2.6）	16	24
下谷池ノ端金杉町本郷切通町地所交換（22.6.19）	16	273
高輪及品川地所建物購入（22.12.31）	16	393
品川地所建物購入（23.1.16）	17	1
日本橋馬喰町地所売却（22.5.13）	補	94
丸ノ内三崎町地所払下（23.3.6）	17	49
巣鴨駕籠町地所購入（24.4.8）	17	40
牛込市ケ谷地所購入（25.2.2）	18	8
牛込市ケ谷地所建物購入（26.12.28）	18	210
向島埋立地貸地料半減（27.2.1）	19	7
深川区河岸借地名義変更（27.2.14）	19	7
官私有地交換（東京他）（30.9.4）	19	201
東京所在土地（32.12.31）	20	367
赤坂区所在地所建物譲渡（33.3.30）	20	400
東京所在土地（33.12.31）	20	448
深川区地所払下（34.3.11）	20	484
小石川地所譲渡（34.4.29）	20	492
東京所在土地（34.12.31）	20	524
東京所在土地（35.12.31）	20	597
東京所在土地（36.12.31）	20	662
東京所在土地（37.12.31）	20	743
東京所在土地（38.12.31）	20	837
東京所在土地（39.12.31）	21	922
東京所在土地（40.12.31）	21	1022
東京所在土地（41.12.31）	21	1114
東京所在土地（42.12.31）	21	1196
本社食堂落成（43.8.17）	21	1251
東京所在土地（43.12.31）	21	1274
東京所在土地（44.12.31）	21	1390

（大正）

項目	巻	頁
東京所在土地（1.12.31）	22	1549
本社倉庫増築工事落成（2.5.10）	22	1711
京橋越前堀地先埋立（2.12.31）	22	1894

土地・建物

東京所在土地(2.12.31)	22	1894
仮本社建物建築(3.5.27)	23	2109
越前堀水面埋立工費報告竝登記(3.6.4)	23	2117
三崎町差配所新築(3.11.10)	23	2239
東京市内社有地坪数(3.12.31)	23	2298
越前堀社有地寄附竝売却(3年)	23	2359
三崎町差配所竣工(4.3.30)	24	2471
三菱製紙所金町工場用地買収(4.5.4)	24	2495
倶楽部向島艇庫落成(4.6.8)	24	2516
仮本社新築工事着手(4.11.13)	24	2640
東京所在土地(4.12.31)	24	2696
赤坂溜池買収ニ付贈与(5.4.13)	25	2975
東京所在土地(5.12.31)	26	3422
東京支店東扇橋町貯炭場継続借入(6.12.21)	28	4067
東京所在土地(6.12.31)	28	4085
仮本社増築工事着手(7.10.25)	29	4555
東京所在土地(7.12.31)	29	4579
東京外所在土地(8.12.31)	30	4982
向島地所売渡交渉(9.2)	30	5156
駒沢村所在土地建物地所部ニ引継(9.7.8)	30	5231
東京深川所在土地地代値上(9.12.17)	30	5291
仮本社増築工事建築申請(9.12.27)	30	5295
三菱銀行本店建築申請(9.12.27)	30	5296
東京外所在地所部所管土地(9.12.31)	30	5318
東京深川所在土地建物及大阪中之島所在建物譲渡(10.2.1)	31	5494
府下駒沢村ニ洋館新築(10.5.12)	31	5532
本社自動車洗場其他新設(10.5.31)	31	5543
仮本社増築工事竣工(10.8.31)	31	5571
本社本館内電気時計施設(10.9.14)	31	5573
深川区伊勢崎町家屋賃借証改正(10.10.20)	31	5603
東京外所在地所部所管土地(10.12.31)	31	5638
向島其他土地売却(10年)	31	5644
三菱銀行本店建物竣工外地所部竣工建物(11.3)	31	5827
日本橋区本材木町土地売却(11.11.27)	31	5914
東京外所在地所部所管土地(11.12.31)	31	5936
向島其他土地売却(12.4)	32	6144
東京外所在地所部所管土地(12.12.31)	32	6221
愛宕町管理所新築(13.6.30)	33	6583
三菱銀行深川支店建物竣工(13.12.10)	33	6636
東京市内其他所在地所部所管土地(13.12.31)	33	6651
東京市内社有地整理(14.5.29)	34	6878
深川区小松町地所売約(14.6.13)	34	6892
京橋区越前堀地所買契約(15.5.24)	34	7141
芝区愛宕町地所売却ニ係ル件(15.9.2)	34	7208
三菱銀行駒込支店建物設計受託(15.10.29)	34	7229
東京市内社有地所一部売却(15.11.1)	34	7236

(昭和)

駿河台地所登記(2.4.14)	35	27
向島地所賃貸契約解除(2.6.21)	35	40
航空機会社立川土地購入(3.5.22)	35	136
倉庫会社江戸橋倉庫竣成(6.1.19)	36	491
駿河台河岸地返地(6.7.9)	36	529
向島社有地売却(9.4.14)	36	892
倶楽部ハウス落成(丸ノ内)(10.4.25)	37	1009
駿河台地所譲渡(11.1.16)	37	1121
社有地処分(東京市内他)(17.3.23)	38	1920
東京都新宿区社有地譲渡(24.9.13)	40	2736

5）中部

(明治)

四日市蔵町建物借入支店開設(6.11.是月)	1	152
四日市支社建築(10.2.是月)	4	58
越後国新潟地所購入(13.4.8)	補	68
新潟支社桟橋設置(13.8.2)	8	414
新潟支社々宅建築(14.是夏)	9	216
越前敦賀町地所購入(16.5.4)	11	52
新潟礎町地所建物購入(22.1.19)	16	6
生野佐渡鉱山用地其他登記方(30.2.12)	19	155
赤谷鉱山建築準備(30.5.18)	19	174
赤谷鉱山用地借受(30.5.27)	19	177
佐渡鉱山山林其他買入(30.12.30)	19	235
佐渡鉱山土地登記(31.5.9)	19	265
佐渡鉱山用土地建物購入(32.2.27)	20	315
面谷鉱山山林登記(32.10.2)	20	352
佐渡鉱山土地交換及売却(33.5.5)	20	407
面谷鉱山用家屋購入(34.6.11)	20	495
佐渡鉱山社有地売却(34.8.14)	20	506
佐渡鉱山用土地建物購入(37.6.6)	20	710
佐渡鉱山用土地建物購入(38.6.6)	20	793
佐渡鉱山土地家屋購入(39.9.11)	21	900
渡鉱山用地所家屋譲受(40.8.22)	21	1001
佐渡鉱山官有地払下(40.9.28)	21	1008
高屋鉱山譲受(41.1.8)	21	1055
佐渡鉱山不用地譲渡(42.10.20)	21	1185

(大正)

佐渡鉱山山林買収(1.2.5)	22	1437
若生子製煉所被害地ニ地上権取得(1.8.19)	22	1493
油戸炭坑土地買入(1.10.12)	22	1505
若生子製煉所用地買受(1.10.18)	22	1506
宝鉱山鉱夫長屋建設(1.10.25)	22	1507
富来鉱山土地使用許可出願(1.12)	22	1551

土 地・建 物

名古屋出張所土地建物買収(2.3.27)	22	1684
高根鉱山借地人名義変更(2.8.9)	22	1769
佐渡鉱山入川鉱山事務所其他工事落成(2.8)	22	1786
富来鉱山土地使用契約(2.12.11)	22	1868
石徹白村試掘鉱区満期再登録(3.11.10)	23	2239
油戸炭坑用地払下(4.2.1)	24	2430
倶楽部佐渡支部建物新築(4.2.27)	24	2454
大盛鉱山下稼契約(4.4.15)	24	2482
佐渡鉱山社宅竣成(4.10.5)	24	2604
名古屋出張所旧事務所取払(5.4.21)	25	2981
面谷鉱山土地払下及買収(5.7.3)	25	3059
面谷鉱山山林無償譲戻(5.7.29)	25	3101
奥山鉱山社宅外竣工(5.8.31)	25	3138
文六鉱山買収(5.10.2)	25	3174
面谷支部建物新築認許(6.3.12)	27	3661
敦賀出張所事務所借入移転(6.7.25)	27	3865
富来鉱山用土地使用契約(6.9.11)	28	3929
油戸炭坑浜地払下(7.1.4)	29	4300
富来鉱山家屋買収(7.1.8)	29	4307
佐渡鉱山戸地第一発電所用地登記ノ件(7.2.19)	29	4377
大湧鉱山買収(14.1.8)	34	6997
三菱銀行名古屋支店敷地建物(15.11.4)	34	7238

6）近畿

(明治)

紀伊池田納屋修築（8.8.是月）	2	188
生野鉱山附属土地其他登記申請(30.3.30)	19	163
神児畑地所等買入(30.6.24)	19	185
生野鉱山用地払下(30.10.21)	19	215
生野鉱山備林登記(30.11.11)	19	223
生野若林山旧坑取明(30.11.26)	19	226
兵庫土地社名ニ変更(30.12.2)	19	229
生野鉱山用山林購入(33.6.26)	20	414
生野鉱山用地社有建物ト交換(34.7.23)	20	503
生野鉱山土地交換(35.3.4)	20	560
中瀬支山用地購入(35.4.1)	20	564
明延鉱業用地購入(39.6.18)	21	883
生野鉱山用地交換及購入(41.3.15)	21	1062

(大正)

明延支山鉱夫長屋新築(1.12.30)	22	1541
明延支山鉱夫長屋及社宅建設(3.8)	23	2196
明延支山事務所其他増築(3.11)	23	2253
明延支山小峰第二坑口仮選鉱場増築(3.12.31)	23	2296
明延支山用借地契約(4.3.15)	24	2462
倶楽部生野支部新築認許(4.7.14)	24	2543
西宮倶楽部諸工事施設(4.8.25)	24	2571
明延支山山林伐採及土地使用(4.12.28)	24	2688
生野鉱山土地買収(5.2.25)	25	2909
横行水力電気線路敷地借入(5.11)	26	3266
生野鉱山備林及土地買収(6.9.22)	28	3939
生野鉱山土地買収(7.1.8)	29	4305
明延鉱山土地買収(7.1.8)	29	4307

7) 大阪・神戸

(明治)

項目	巻	頁
大阪蔵屋敷購入 (5.1.是月)	1	52
大阪材木置新田及西浜地所借入 (6.4.2)	1	104
神戸相生町地所購入 (6.11.是月)	1	153
大阪西長堀地所建物購入 (7.2.9)	1	171
大阪西長堀南通地所建物購入 (7.3.12)	1	177
大阪北堀江裏通地所建物購入 (7.3.12)	1	180
大阪西長堀北通地所建物購入 (7.3.15)	1	183
大阪荷扱所建築 (7.是冬)	1	332
神戸支店修築 (8.3.是月)	1	498
神戸和田崎建物借入 (8.10.9)	2	278
大阪立売堀北通地所建物購入 (9.11.6)	3	470
神戸相生町地所購入 (9.11.6)	3	473
神戸海岸通地所建物購入 (10.5.10)	4	143
梅田停車場附近地所払下 (10.11.11)	4	475
神戸鉄道桟橋側地所借入 (11.8.1)	5	524
摂津齢延寺境内地所借入 (12.5.3)	7	228
神崎停車場構内地所借入 (18.7.是月)	13	314
摂津川辺郡地所購入 (22.3.30)	16	216
摂津川辺郡地所購入 (21.12.20)	16	244
神戸下山手通地所購入 (23.12.13)	17	213
大阪支店建築 (24.12.18)	17	243
大阪地所建物購入 (25.2.27)	18	13
大阪地所購入 (26.11.13)	18	110
大阪土地家屋購入 (27.12.15)	19	35
鉱物分析場用地買入 (大阪) (28.3.4)	19	68
神戸和田岬土地登記 (29.7.13)	19	116
中之島出張所新築 (30.1.4)	19	147
神戸三菱造船所用土地交換 (30.1.29)	19	152
中之島地所建物買収 (30.2.26)	19	158
大阪製煉所改築 (30.3.27)	19	163
大阪製煉所用地借用 (30.4.19)	19	168
神戸支店建物設計変更 (30.4.27)	19	170
大阪製煉所施設 (30.4.28)	19	171
神戸建築事務所 (30.4)	19	172
大阪天王寺土地買入 (30.6.15)	19	183
中之島所在家屋移転 (30.6.23)	19	185
大阪中之島土蔵移転 (30.7.6)	19	189
大阪天王寺地所買入 (30.8.21)	19	198
神戸造船所用地買入方 (30.8.30)	19	200
中之島地所貸渡 (30.9.15)	19	204
中之島出張所落成 (30.10.1)	19	209
大阪製煉所建物登記 (30.10.20)	19	214
神戸地所借入 (30.10)	19	217
神戸地所建物買収 (30.11.5)	19	219
神戸地所地目変換 (30.11.6)	19	219
大阪製煉所地所建物登記 (30.11.9)	19	222
神戸地所建物登記 (30.11.9)	19	223
神戸官私有地交換 (30.11.27)	19	226
神戸支店定礎式 (30.12.9)	19	230
神戸土地買収 (30.12.17)	19	231
大阪製煉所地所建物登記終了 (30.12.18)	19	231
大阪官私有地交換 (30.12.18)	19	231
神戸土地売却 (30.12.24)	19	233
和田倉庫敷地内土蔵買受 (30.12.31)	19	236
中之島地所譲渡 (31.2.1)	19	258
神戸官私有地交換 (32.11.4)	20	356
神戸土地譲渡 (33.2.7)	20	393
神戸造船所用地払下 (33.3.23)	20	399
神戸社有地官私有地ニ編入 (33.5.3)	20	407
大阪蘆分橋社有地貸渡 (33.7.24)	20	420
兵庫島上町倉庫建物購入 (33.8.11)	20	423
西長堀支店建物貸与 (33.10.4)	20	433
中之島支店竣成 (33.10.15)	20	435
神戸支店本館落成披露 (33.11.3)	20	439
三菱造船所用地払下其他 (33.11.16)	20	440
神戸建築事務所撤廃 (33.11.21)	20	441
神戸社有地売却及寄附 (34.2.28)	20	482
三宮町所在神戸製紙所建物売却 (34.7.18)	20	502
兵庫島上町所在建物譲渡及地所貸与 (35.3.1)	20	560
大阪新川崎町河岸敷地無料借受 (35.4.18)	20	568
茶臼山土地譲渡 (35.5.12)	20	571
神戸市土地譲渡 (36.2.28)	20	628
大阪土地払下 (36.8.21)	20	651
神戸支店地所譲受 (39.6.22)	21	883
神戸和田地方土地ニ係ル工事竣成 (39.9.21)	21	901
神戸和田崎地所山陽鉄道会社ト売買交換 (39.11.19)	21	909
大阪支店新築 (39.12.17)	21	916
大阪支店宅地譲受 (39.12.27)	21	921
神戸和田崎町土地購入売却 (40.2.12)	21	952
神戸和田崎町土地建物購入 (40.2.28)	21	964
大阪支店新築工事開始 (40.5.15)	21	975
大阪製煉所所在地払下 (40.5.16)	21	976
兵庫官私有地交換 (40.12.25)	21	1021
大阪支店事務所建築定礎式 (41.6.12)	21	1079
神戸造船所社宅及合宿所新築 (41.11.24)	21	1107
神戸地所譲渡 (42.3.22)	21	1152
神戸土地譲渡竝譲受 (42.12.16)	21	1193
大阪支店事務所竣工 (43.12.20)	21	1271

(大正)

項目	巻	頁
神戸土地買入 (2.2.17)	22	1653

土地・建物

中之島支店修繕(2.7.10)	22	1748	大阪地所建物売却(10.1)	31	5490
神戸社有地石垣施設(2.10.15)	22	1817	大阪所在河川占用権譲渡(10.3.11)	31	5507
神戸和田地方其他土地買収(2.10.28)	22	1826	神戸市長田村所在土地ニ係ル件(10.3.26)	31	5511
営業部神戸支店長社宅新築(2.11.1)	22	1829	神戸東川崎町土地名義変更(10.5.5)	31	5529
大阪安井町土地払下及無償譲受(2.12.4)	22	1863	神戸土地建物売却(10.5.10)	31	5530
神戸市土地買受(3.4.2)	23	2065	大阪，神戸，小樽，漢口，長崎貸地状況(10)	31	5644
神戸和田岬地先公有水面使用許可(3.7.3)	23	2144	神戸所在土地建物三菱商事会社ニ売却(11.2)	31	5807
倶楽部大阪及神支部建物新築認許(3.9.17)	23	2209	大阪神戸土地建物三菱銀行ニ売却(11.5.26)	31	5854
神戸土地倶楽部ニ貸付(3.9.23)	23	2214	神戸市海岸通土地所有権移転(12.5.17)	32	6154
大阪西区土地地上変更(3.9.30)	23	2216	大阪市西区所在社有地売却(14.11)	34	6934
神戸土地施工(3.10.3)	23	2222	大阪西長堀地所売却契約(15.5.1)	34	7137
神戸土地譲渡譲受(3.11.20)	23	2243	(昭和)		
神戸地所社名ニ変更(3.12.3)	23	2262	倉庫会社ニテ和田構内土地建物其他譲渡(12.6.30)	37	1286
倶楽部大阪支部建物建築着手(3.12)	23	2300	倉庫会社神戸支店第二新港事務所落成(14.12.10)	38	1559
神戸和田岬地先公有水面防波堤築造(4.2.25)	24	2450			
営業部神戸支店長社宅竣工(4.3.10)	24	2458			
神戸地料徴収(4.3.19)	24	2464	8）中国		
営業部神戸支店合宿所設置(4.4.1)	24	2474	(明治)		
倶楽部大阪支部建物落成開場(4.5.27)	24	2509	備中吹屋村地所購入（7.11.是月）	1	304
神戸三菱造船所使用地増加及地料(4.5.29)	24	2509	下関鳥羽町建物借入支店開設（8.2.7）	1	403
大阪中之島地所建物買収(4.6)	24	2537	備中山林購入（8.2.20）	1	414
神戸土地買収(4.7.8)	24	2540	吉岡鉱山小舎炭倉建築（8.10.是月）	2	351
神戸土地買収(4.7.28)	24	2552	備中吹屋村地所購入（8.11.18）	2	388
大阪天王寺村所在土地買収(4.8.19)	24	2562	備中吹屋村地所購入（9.2.22）	3	59
大阪中之島宅地払下(4.8)	24	2573	下関宮司町建物借入支社移転（9.11.2）	3	458
神戸和田岬護岸修理(4.9.9)	24	2581	境栄町建物借入（11.2.18）	5	202
倶楽部神戸支部建物竣工(4.9.19)	24	2586	下関外浜町建物借入（11.11.14）	6	666
大阪西長堀旧支店建物還付(4.9)	24	2600	備中吹屋村地所購入（12.10.10）	7	460
大阪支店川岸町出張員詰所新築(4.10.1)	24	2602	備中坂本村地所購入（14.4.2）	9	149
神戸和田地方土地譲渡譲受(4.10.12)	24	2613	備中川上郡地所購入（16.1.27）	11	13
神戸市諏訪山借地料(5.1.19)	25	2845	備中吹屋村地所購入（19.1.28）	15	3
神戸造船所用地外坪数調(5.3.29)	25	2945	備中吹屋村地所購入（20.7.23）	15	46
大阪北支部建物新築認許(5.8.10)	25	3118	備中川上郡地所購入（22.5.20）	16	265
神戸支店建物家賃分担方(5.9.1)	25	3146	備中地所購入（23.3.21）	17	65
大阪安井町土地買収(5.9)	25	3173	備中哲多郡地所建物購入（24.11.30）	17	212
神戸市和田宮通外宅地買収(5.10.26)	25	3199	備中川上郡地所購入（25.1.16）	18	2
大阪東区谷町地所建物買収(5.11.24)	26	3240	備中川上郡地所名義変更（26.3.30）	18	27
大阪天王寺土地建物買収(5.12.23)	26	3339	八鳥所在地所建物売却(30.2.10)	19	155
大阪支店建物家賃(6.3.27)	27	3669	吉岡鉱山山林買入(30.6.22)	19	185
神戸和田宮通外土地買収(6.5.24)	27	3762	江浦埋築工事竣工(30.7.12)	19	190
神戸中山手通家屋数買収(6.11.6)	28	4003	江ノ浦埋築地買入(30.9.9)	19	202
大阪天王寺地所売却(7.4.12)	29	4444	江ノ浦埋立工事竣工(30.10.7)	19	211
船場支店建物新築(8.2.21)	30	4847	江ノ浦社宅新築(30.11.6)	19	219
神戸市東出町外土地売却(8.8.29)	30	4912	吉岡鉱山山林田地買入(30.12.20)	19	232
大阪土地買収(8.12.5)	30	4961	吉岡鉱山山林買入(30.12.28)	19	234
大阪天王寺土地売却(8.12.29)	30	4975			
神戸土地地代値上(9.12.17)	30	5290			
大阪土地地代値上(9.12.17)	30	5291			

土地・建物

吉岡鉱山煙害地購入(36.3.21)	20	630
吉岡鉱山用地購入竝譲渡及建物購入(37.9.30)	20	726
大深鉱山譲受(42.12.27)	21	1195
(大正)		
彦島船渠用地買受(2.8.22)	22	1778
彦島船渠貯水池用地買収(3.4.29)	23	2091
彦島船渠用地買入(3.6.23)	23	2132
吉岡鉱山土地交換(3.7.14)	23	2152
吉岡鉱山地上権取得,土地買収交換(3.10.8)	23	2225
彦島造船所木工場購入(4.1.11)	24	2414
彦島造船所建物届出(4.12.23)	24	2680
吉岡鉱山山林買収(5.5.10)	25	2999
彦島造船所合宿所新築(5.9.1)	25	3146
吉岡鉱山土地交換竝買収(6.1.22)	27	3595
巌流島沿岸埋立許可(6.1.30)	27	3603
彦島造船所用地買入(6.3.3)	27	3654
蠟石白石採取用土地外買収(6.10.24)	28	3981
舟越鉱山競落(7.2.25)	29	4384
彦島支部建物落成(9.1.1)	30	5135

9) 四国

(明治)

土佐福林寺山払下 (3.12.20)	1	20
高知北奉公人町地所建物購入 (5.8.2)	1	58
高知農人町建物購入 (5.10.13)	1	72
高知農人町地所購入 (6.6.是月)	1	117
高知北奉公人町地所購入 (7.是春)	1	173
高知旧運上所々属地購入 (7.9.22)	1	269
高知邸土蔵修理 (8.6.是月)	2	132
高知支社杉端荷扱所修築 (8.10.是月)	2	350
土佐安芸郡地所購入 (19.4.6)	15	37
高知県田地買入(28.1.4)	19	63
土佐所在田地買入(30.10.1)	19	210
金山鉱山社宅用地購入(40.8.22)	21	1002
(大正)		
金山支山用土地買入(2.1.7)	22	1603
直島製煉所用土地買収経緯(5.7.4)	25	3060
直島製煉所敷地買収(5.7.26)	25	3099
直島製煉所土地買収ニ付謝礼(5.12.28)	26	3372
直島製煉所用地貸借契約(5.12)	26	3424
大内支山建物改築竣工(6.3)	27	3681
直島製煉所敷地買収費承認(6.4.5)	27	3688
愛媛県大三島石灰石山買収(7.2.20)	29	4379

10) 九州

(明治)

鹿児島建物借入支社移転 (11.5.22)	6	425
大島名瀬地所購入 (12.9.11)	7	421
琉球支社建築 (14.1.是月)	9	19
琉球地所借入 (15.1.是月)	10	176
琉球支社倉庫建築 (15.5.12)	10	279
薩摩生産町建物購入 (15.10.19)	10	444
筑前鞍手郡地所購入 (18.7.4)	13	308
筑前鞍手郡地所購入 (20.3.29)	15	11
筑前鞍手郡地所購入 (19.5.9)	15	52
日向東臼杵郡地所購入 (22.6.28)	16	292
筑前鯰田地所購入 (23.1.29)	17	12
筑前新入地所購入 (24.2.1)	17	13
日向東臼杵郡地所受贈 (24.6.24)	17	156
日向東臼杵郡地所購入 (24.6.24)	17	157
肥前小城郡地所受贈 (24.8.27)	17	188
筑前鞍手郡地所購入 (25.4.18)	18	29
日向東臼杵郡地所購入 (25.8.8)	18	59
日向東臼杵郡地所受贈 (25.9.29)	18	72
日向東臼杵郡地所受贈 (26.6.13)	18	79
筑前鞍手郡地所購入 (26.10.25)	18	101
日向東臼杵郡地所購入 (26.12.13)	18	182
新入炭坑低落地購入(27.4.23)	19	14
新入炭坑低落地買入(27.5.3)	19	16
新入炭坑低落地買入(27.6.5)	19	19
新入炭坑低落地買入(27.9.8)	19	28
新入炭坑陥落地買入(28.3.9)	19	68
鯰田炭坑用地借受(30.2.14)	19	156
直方坑名義変更(30.2.16)	19	157
鯰田炭坑用地建物買入(30.3.8)	19	160
槇峰鉱山事務所其他落成(30.6.5)	19	181
鯰田炭坑事務所移転(30.9)	19	208
鯰田新入臼井家屋新築(30.11.6)	19	220
端島海岸埋築(32.6.10)	20	332
槇峰鉱山山林購入(32.6.19)	20	333
新入村其他試掘採掘出願鉱区譲受(33.2.13)	20	393
上山田坑用地購入(33.5.9)	20	408
新入村地所購入(33.12.15)	20	445
新入竪坑用地購入(34.4.10)	20	488
新入支坑所属地収用(34.4.11)	20	490
相知炭坑溝渠敷地用地購入(35.2.3)	20	555
新入村田地購入(35.2.13)	20	557
新入炭坑被害地買収(37.2.13)	20	689
鯰田炭坑社有地収用(37.3.9)	20	695

土 地・建 物

臼井支坑用地旧地主ニ返還(37.9.15)	20	724
鯰田炭坑用地払下(37.12.13)	20	739
槇峰鉱山山林売戻(37.12.28)	20	741
上山田用地購入(37.12.31)	20	742
槇峰鉱山不用地譲渡(38.4.25)	20	785
鯰田炭坑不用地譲渡及上地(38.5.8)	20	787
相知炭坑鉄道用地譲渡(38.5.25)	20	790
相知炭坑被害地買収(38.6.6)	20	793
槇峰鉱山立木購入(38.10.4)	20	818
鯰田炭坑用地購入(38.11.24)	20	823
上山田支坑被害地購入(38.12.8)	20	831
相知炭坑被害地買収(39.3.22)	21	868
新入支坑所属地上地竝譲渡(39.10.29)	21	906
新入支坑外被害地買収(39.12.20)	21	918
新入支坑外損害補償及土地買収(39.12.20)	21	919
相知炭坑被害地其他買収(40.1.21)	21	949
相知炭坑事務所新築(40.4.5)	21	968
唐津出張所用地譲受(40.5.15)	21	975
上山田支坑外用地購入(40.5.16)	21	976
田川郡土地九州鉄道会社ニ譲渡(40.5.17)	21	978
唐津出張所社宅合宿所等新築(40.6.21)	21	985
新入支坑被害補償及被害地買収其他(40.6.26)	21	986
唐津出張所社宅竣成,事務所一部移転(40.11.25)	21	1012
唐津出張所新築(40.11.29)	21	1013
鯰田方城新入各炭坑所属地収用(40.12.9)	21	1016
新入炭坑外用地収用(41.1.6)	21	1053
唐津出張所用地買収(41.2.17)	21	1059
唐津出張所倶楽部建物竣工事務所移転(41.7.17)	21	1083
鯰田炭坑被害地買収(41.8.31)	21	1090
唐津出張所竣工(41.9.18)	21	1092
唐津出張所買約土地登記(41.9.21)	21	1093
鯰田炭坑鉱業用地購入(41.9.26)	21	1093
相知炭坑被害地買収(42.1.13)	21	1139
相知炭坑被害補償及土地譲渡(42.1.26)	21	1141
鯰田炭坑用地購入(42.7.5)	21	1165
相知炭坑被害地売買交換(43.2.8)	21	1225
新入炭坑被害地交換(43.5.18)	21	1238
相知炭坑土地買受(44.4.11)	21	1318
方城炭坑被害地買収(44.7.15)	21	1334
(大正)		
新入炭坑用地購入(1.1.19)	22	1431
鯰田炭坑被害地買収(1.4.4)	22	1450
相知炭坑被害地買収(1.1.14)	22	1617
鯰田炭坑第六坑用土地買収準備(2.1.28)	22	1629
上山田坑鉱業用地買収価格標準(2.1.31)	22	1632
鯰田炭坑土地買収(2.2.3)	22	1636
方城炭坑初害地買収(2.3.14)	22	1672
相知炭坑山林交換(2.4.8)	22	1694
唐津支店倉庫新築(2.6.14)	22	1734
方城炭坑土地譲受交換(2.7.14)	22	1751
鯰田炭坑社有地無償譲渡(2.8.16)	22	1773
新入炭坑土地譲受譲渡(2.9.15)	22	1792
上山田坑田地上地竝官地下渡(2.9.17)	22	1795
唐津支店旧芳谷炭坑会社土地建物買受(2.10.9)	22	1812
唐津支店社宅新築(2.12.11)	22	1868
相知炭坑和田用水池買収(2.12.23)	22	1882
方城炭坑被害地買収(3.1.26)	23	2005
新入炭坑土地交換(3.2.4)	23	2018
方城炭坑被害地買収(3.2.9)	23	2023
鯰田炭坑社有田地上地(3.2.10)	23	2024
新入炭坑山林売渡(3.2.17)	23	2028
相知炭坑和田用水池埋立(3.2)	23	2034
鯰田炭坑土地交換(3.3.14)	23	2045
相知炭坑被害地買収(3.3.24)	23	2056
槇峰鉱山山林買収(3.4.7)	23	2073
新入炭坑被害地買収(3.4.8)	23	2074
上山田支坑貯炭場用地代償金支給(3.7.1)	23	2143
方城炭坑社宅其他落成(3.9)	23	2217
方城炭坑土地買収(3.12.22)	23	2284
相知炭坑鉄道用地使用許可(3.12.23)	23	2286
大正3年度相知炭坑新築建物(是歳)	23	2321
芳谷炭坑倶楽部其他建物新築(3.)	23	2322
鉄道院用地新入炭坑ニ返地(4.9.13)	24	2582
唐津支店団平小屋建設(4.10.16)	24	2615
相知炭坑土地譲渡譲受(4.10.23)	24	2621
方城炭坑被害地買収(5.1.19)	25	2844
槇峰鉱山土地買収(5.2.1)	25	2866
相知炭坑被害地買収(5.2.1)	25	2868
相知炭坑,相知村長ト土地売買作水供給契約(5.2.25)	25	2910
金田炭坑被害地買収(5.3.29)	25	2946
新入炭坑用地買収(5.4.5)	25	2965
方城炭坑所属地売渡(5.5.8)	25	2996
金田炭坑所属地売渡(5.5.9)	25	2997
新入炭坑中山坑用地買収(5.5.12)	25	3007
上山田炭坑事務所新築(5.5.12)	25	3008
新入炭坑被害地買収(5.5.26)	25	3018
新入炭坑中山坑用地買収(5.6.1)	25	3032
金田炭坑陥落田耕地整理(5.8.12)	25	3121
唐津支店団平船新造(5.8.30)	25	3137
新入村土地売渡(5.9.18)	25	3157
鯰田炭坑所属地売戻(5.11.15)	26	3232

新入炭坑貨物置場借受(5.11.29)	26	3265
相知炭坑土地交換(5.12.1)	26	3274
鯰田炭坑所属地上地(5.12.9)	26	3289
芳谷炭坑諸建物竣成(5.12.10)	26	3290
金田炭坑被害建物買収(5.12.21)	26	3336
鯰田炭坑初害地買収(6.3.24)	27	3667
相知炭坑被害地買収(6.4.5)	27	3688
鯰田炭坑被害地耕地整理(6.4.6)	27	3690
鯰田炭坑土地買収(6.5.8)	27	3750
田川郡社有地上地(6.5.16)	27	3753
金田炭坑被害地買収(6.5.29)	27	3770
二子海岸石垣築造外竣工(6.6.3)	27	3774
古賀山炭坑用地買収標準価格(6.7.28)	27	3870
古賀山炭坑用地買収(6.8.3)	27	3877
新入村土地鉄道院へ売渡(6.12.10)	28	4056
上山田炭坑用地買収(6.12.13)	28	4060
相知炭坑青幡鶴鉱泉浴場敷地買収(6.12.28)	28	4074
福岡県企救郡土地牧山骸炭製造所ニ移管(6.12.29)	28	4080
金田炭坑被害地買収(7.1.11)	29	4316
上山田炭坑土地買収(7.1.12)	29	4318
方城炭坑被害場買収(7.1.22)	29	4333
古賀山炭坑土地買収(7.1.30)	29	4344
金田炭坑土地買収(7.1.31)	29	4347
相知炭坑第二坑事務所外新築(7.1)	29	4349
相知炭坑被害地買収(7.2.1)	29	4351
新入炭坑被害地買収(7.2.12)	29	4368
鯰田炭坑用地買収(7.2.22)	29	4382
鯰田炭坑被害地買収(5.2.25)	29	4384
芳谷炭坑用地買収(7.2.28)	29	4388
新入炭坑土地売渡(7.3.8)	29	4401
上山田炭坑陥落地買収(7.3.16)	29	4407
猪山炭坑買収(7.4.16)	29	4445
古賀山炭坑買収(12.2.7)	32	6406
(昭和)		
地所会社ニテ福岡県下地所購入(15.2.24)	38	1626

11) 北九州（門司・小倉・八幡・戸畑・若松）

(明治)

豊前門司地所購入（22.6.24）	16	288
筑前若松町地所建物購入（22.10.10）	16	372
若松支店新築工事(27.2.28)	19	8
門司所在地所管理(27.3.1)	19	9
門司土地買入(27.8.2)	19	24
門司貯炭場用地購入(27.8.27)	19	27
葛島半島使用権譲渡(28.4.19)	19	70
門司支店新築(29.11.23)	19	125
若松支店用地買入(30.1.15)	19	149
門司支店土地買入(30.3.19)	19	163
若松支店用地買入(30.5.25)	19	176
若松支店修多羅社宅落成(30.5.28)	19	178
門司土地交換(30.6.12)	19	183
門司切通シ埋築工事(30.6.28)	19	186
門司支店落成(30.6)	19	187
門司土地売買(30.7.5)	19	188
門司土地売渡(30.12.27)	19	233
戸畑社有地保安林編入(32.7.20)	20	341
骸炭製造所用地譲受(32.8.26)	20	345
戸畑町社有地保安林編入申請却下(33.5.24)	20	410
若松支店用地購入(33.7.12)	20	419
門司支店倶楽部竣成(34.3.31)	20	485
若松支店土地建物購入，倶楽部新築(35.11.17)	20	592
骸炭製造所用地借受(36.9.15)	20	654
骸炭製造所移転用地交換(36.11.20)	20	658
門司支店改築(39.4.25)	21	876
牧山骸炭製造所職工社宅新築(39.6.23)	21	884
門司支店倶楽部外家屋新築(39.7.23)	21	891
門司支店用地譲受(39.11.1)	21	907
若松支店用地譲受(39.11.22)	21	910
門司支店用地譲受(40.2.19)	21	962
門司支店用地譲受(40.6.1)	21	982
若松支店修多羅社宅新築，合宿所移転(40.7.2)	21	989
門司支店清滝社宅竣工(40.11.29)	21	1013
若松支店新築(44.10.24)	21	1364

(大正)

若松支店竝牧山工場用地所家屋購入(1.9.4)	22	1496
若松支店新築事務所略落成(2.1.13)	22	1616
門司支店事務室増加其他(2.9.23)	22	1800
若松支店新築落成(2.9.30)	22	1806
牧山骸炭製造所倉庫其他建築(2.10.1)	22	1807
門司支店社宅新築(2.10.20)	22	1822
若松支店社宅移転改修(2.12.30)	22	1888

若松支店中之島護岸工事竣工及共有地買入(3.4.30)	23	2093
門司支店倶楽部建増及模様替(3.6.8)	23	2120
門司支店土地交換(3.6.30)	23	2138
門司支店道路復旧及敷地譲受(3.7.23)	23	2158
若松支店合宿所新築(3.7.29)	23	2163
若松支店事務所修繕其他(3.8.24)	23	2189
倶楽部若松支部建物新築認許(3.9.3)	23	2200
若松支店社有地交換其他(3.11.24)	23	2247
門司支店合宿所増設(4.3.26)	24	2468
若松支店若松駅構内ニ詰所新築(4.6.16)	24	2528
倶楽部若松支部建物竣工(4.6.26)	24	2532
牧山工場用地買収(4.8.3)	24	2556
門司支店増築(4.10.29)	24	2626
若松支店在戸畑土地譲渡譲受(5.1.26)	25	2856
門司支店土地買収(5.5.27)	25	3019
門司支店土地買収其他(5.5.29)	25	3020
門司支店広石出張所改築其他(5.9.30)	25	3172
門司支店広石出張所改築落成(6.3)	27	3682
黒崎町五反新開地買収(6.4.21)	27	3701
八幡製鉄所出張員詰所家屋新築(6.4.26)	27	3706
黒崎町地所買収及交渉経過(6.9.8)	28	3922
折尾町大字陣原土地買入其他契約(6.11.27)	28	4022
福岡県黒崎町ト土地譲受契約(7.2.9)	29	4362
黒崎町及折尾町地所小作貸付(8.1.23)	30	4843
堀川堰堤並船通シ工事完成(8.3.27)	30	4857
牧山支部集会場落成(8.7.30)	30	4907
堀川河水引用延期許可(9.8.27)	30	5245
洞海湾沿岸公有水面埋立地譲受契約(9.11.30)	30	5279
黒崎町五段新開地地価設定段別変更(10.11.18)	31	5614
黒崎町外土地売却(11.8.1)	31	5891
黒崎社有地内大蔵神社移転及跡地買収(11.8.22)	31	5892
黒崎町折尾町土地譲渡(12.5.22)	32	6155
黒崎及折尾外土地管理方(13.4.8)	33	6561
黒崎及折尾社有地管理手数料支払(13.9.25)	33	6604
黒崎町社有地譲渡(15.8.7)	34	7187
八幡市大字藤田地所買収(15.12.22)	34	7251
(昭和)		
八幡市社有地内電柱敷地貸地継続(2.3.15)	35	25
八幡市山ヶ岬溜池放水路改築(2.5.3)	35	31
八幡市社有地内電柱敷地貸地継続(2.6.18)	35	39
社有地内電柱敷地貸付更改(2.11.4)	35	49
八幡市内社有地上地手続完了(3.8.1)	35	148
八幡市熊手及折尾町陣ノ原所在地所買収(3.12.27)	35	165
洞海湾沿岸埋立地譲受契約変更(4.3.31)	35	244
黒崎社有地灌漑用水路浚渫(4.6.17)	35	260
黒崎社有地内電柱敷地返還(5.5.21)	35	388
八幡市社有地地目変換(5.10.13)	35	411
洞海湾沿岸埋立地譲受契約変更(6.5.30)	36	521
洞海湾沿岸埋立地譲受契約変更(9.10.12)	36	917
黒崎社有地一部日本タール工業会社ヘ譲渡(9.10.25)	36	918
洞海湾沿岸埋立地一部竣功(10.6.18)	37	1017
折尾町土地買収(10.7.25)	37	1021
黒崎社有地一部日本タール工業会社ヘ譲渡(10.7.31)	37	1022
黒崎社有地内土取山名義変更(11.2.15)	37	1126
黒崎社有地日本化成工業会社ヘ譲渡(12.12.18)	37	1313
日本化成工業会社牧山工場敷地其他譲渡契約締結(13.1.10)	37	1405
地所会社ニテ苅田土地買収契約締結(16.12.23)	38	1834
苅田土地造成事業ニ関シ申合(17.10.26)	38	1962
折尾社有地一部譲渡(18.4.15)	39	2086
折尾社有地一部譲渡(18.12)	39	2152
苅田土地委員会開催(21.9.27)	40	2658
折尾社有地一部譲渡(23.6.24)	40	2721
折尾社有地処分(25.3.31)	40	2747
洞海湾沿岸埋立地譲受契約譲渡(26.1.16)	40	2750

12) 長崎

（明治）

項目	巻	頁
長崎博多町建物借入支店開設 (7.8.17)	1	216
長崎支那人居留地内官庫返還 (8.10.13)	2	288
長崎新町地所建物購入 (10.6.16)	4	208
長崎出島地所建物借入荷扱所設置 (11.2.14)	5	185
長崎出島地所払下 (16.9.14)	補	83
長崎造船所附属地借入 (19.4.6)	15	36
高島炭坑附属地払下 (21.7.4)	16	138
立神工場近接土地等購入 (27.11.12)	19	33
飽浦工場隣接地買収 (28.4.17)	19	73
三菱造船所山林開鑿地均 (28.9.25)	19	81
鍋島氏邸宅譲戻 (29.5.6)	19	112
長崎造船所土地買入 (30.1.9)	19	148
端島炭坑埋立地登記 (30.1.26)	19	151
端島炭坑海面埋立 (30.2.3)	19	153
長崎支店用地買入 (30.2.3)	19	153
横島水面埋立 (30.2.5)	19	153
高島炭坑埋立地登記 (30.2.12)	19	156
長崎神崎海面埋立 (30.2.12)	19	156
三菱造船所用地建物買入 (30.3.18)	19	162
高島炭坑社宅其他建築 (30.5.19)	19	175
長崎造船所用地買入 (30.7.10)	19	189
長崎神崎海面埋築 (30.7.19)	19	191
高島炭坑用倉庫新築 (30.7.23)	19	192
長崎造船所用地買入 (30.8.4)	19	195
長崎造船所用地買入 (30.8.6)	19	195
三菱造船所用地社名ニ変更 (30.8.25)	19	199
長崎大浦借地権建物譲渡 (30.11.9)	19	222
長崎大浦建物等譲渡 (31.4.4)	19	261
長崎水面埋立権利譲受 (31.7.5)	19	274
長崎支店山林購入 (32.10.10)	20	352
横島水面埋築地登記 (32.11.11)	20	357
高島炭坑用地払下 (33.3.23)	20	399
高島炭坑倶楽部建物建築 (33.8.25)	20	426
三菱造船所山林購入其他 (33.9.15)	20	430
二子島譲受其他 (36.4.6)	20	779
高島二子島間海面埋立其他 (38.5.6)	20	787
長崎支店用地借入 (38.11.25)	20	825
長崎支店合宿所用地所建物譲受 (40.3.13)	21	965
三菱造船所社宅用土地建物購入 (44.5.13)	21	1324

（大正）

項目	巻	頁
三菱造船所官私有地交換 (2.1.27)	22	1628
三菱造船所用地買入 (2.3.3)	22	1661
長崎支店社宅新築 (2.4.22)	22	1702
三菱造船所用地買収 (2.5.2)	22	1706
三菱造船所土地交換 (2.8.7)	22	1768
三菱造船所土地譲受 (3.3.31)	23	2061
長崎支店応接所食堂新築 (3.8.26)	23	2195
長崎支店太田尾貯炭場買収及施設 (3.11.4)	23	2237
三菱造船所水面埋立出願 (3.11.5)	23	2237
三菱造船所機関工場地先埋立地積 (3.12)	23	2300
三菱造船所土地払下 (4.2.8)	24	2434
端島倶楽部増築 (4.3.1)	24	2455
高島支部建物増築 (4.3.11)	24	2459
三菱造船所社有地分譲 (4.5.18)	24	2506
長崎浦上土地譲渡 (4.9.9)	24	2581
長崎造船所新大工町宅地建物買収 (4.12.15)	24	2671
長崎支店小菅貯炭場ニ納屋新築 (4.12.18)	24	2674
長崎造船所土地上地 (5)	25	2885
高島倶楽部ニ道場其他新設 (5.4.13)	25	2975
魚形水雷発射試験竝調製工場敷地買収 (5.5.10)	25	3003
長崎造船所用埋築工事ノ件 (5.5.30)	25	3021
長崎造船所所属地貸付 (5.8.8)	25	3115
長崎造船所立神掘鑿工事 (5.8.16)	25	3125
旧松島炭鉱廃坑跡土地其他売却 (5.9.13)	25	3153
長崎戸町地所境界整理 (5.9.16)	25	3156
小佐佐試錐所事務所其他借入 (5.9.25)	25	3164
小佐佐試錘所土地建物買入 (5.10.25)	25	3197
小佐佐試錐所土地買収 (5.11.1)	26	3216
長崎平戸小屋町土地建物買入，外土地買入 (5.11.6)	26	3223
佐佐浦鉱区軌道敷地ニ付契約 (6.1.14)	27	3587
長崎造船所療養所敷地外土地買収 (6.1.20)	27	3592
長崎小曽根支部建物増築 (6.2.20)	27	3634
長崎造船所工場用地地目竝地類変換 (6.3.2)	27	3652
長崎支店構内宅地継続借受 (6.3.30)	27	3679
佐佐浦炭坑公有水面埋立認許 (6.8.2)	27	3876
長崎造船所仮事務所新築外拡張改良工事 (6.8.4)	27	3880
長崎支店西泊町貯炭場買収 (6.9.1)	28	3916
長崎支店社宅合宿所改築 (7.1.8)	29	4311
高島炭坑家屋買収 (7.4.29)	29	4463
長崎小曽根町地所買収 (9.11月)	30	5281
長崎貸地状況 (10)	31	5644
高島支部端島倶楽部建物落成 (13.3.13)	33	6554

13) その他一般

(昭和)

昭和 2 年末現在社有土地及建物	35	59
昭和 3 年末現在社有土地及建物	35	171
昭和 4 年末現在社有土地及建物	35	303
昭和 5 年末現在社有土地及建物	35	424
昭和 6 年末現在社有土地及建物	36	564
昭和 7 年末現在社有土地及建物	36	690
昭和 7 年末現在建物貸付調	36	692
昭和 8 年末現在社有土地及建物	36	798
昭和 8 年末現在建物貸付調	36	800
昭和 9 年末現在社有土地及建物	36	930
昭和 9 年末現在建物貸付調	36	932
昭和10年末現在社有土地及建物	37	1050
昭和10年末現在建物貸付調	37	1052
昭和11年末現在社有土地及建物	37	1178
昭和11年末現在建物貸付調	37	1180

19. 地所・不動産事業

(明治)

項目	頁	番号
丸ノ内及神田三崎町地所払下(23.3.6)	17	49
三崎町貸地料据置(27.5.17)	19	17
丸ノ内地所貸渡(28.7.1)	19	76
丸ノ内建物落成(28.7.18)	19	77
丸ノ内地所貸渡(30.10.20)	19	214
丸ノ内土地譲渡(32.3.31)	20	322
有楽町社有地逓信省ニ譲渡(33.8.3)	20	422
永楽町社有地鉄道用地トシテ譲渡(33.10.9)	20	434
三崎町地所家屋賃貸料改定(34.4.11)	20	489
丸ノ内第4号館新築(34.6.6)	20	495
丸之内1号館郵便電信局ニ貸与(35.11.22)	20	593
丸ノ内4号館竣成(37.9.30)	20	726
丸ノ内12号館13号館新築(40.5.10)	21	974
丸ノ内第10号館, 第11号館外竣工(40.12.7)	21	1015
丸之内三菱建築所移転(41.12.23)	21	1112
丸ノ内第12号館竣工(43.8.5)	21	1249

(大正)

項目	頁	番号
丸ノ内第14号館其他落成(1.4.4)	22	1454
麹町区内幸町土地払下(1.6.17)	22	1475
社有三崎町地内地中線埋設承諾(2.2.25)	22	1656
丸ノ内地所東京市ト交換(2.7.28)	22	1759
丸ノ内三菱21号館落成(3.6.25)	23	2134
丸ノ内建物新築(3.6.25)	23	2134
本社銀行部新築概算書(3.11.18)	23	2242
丸ノ内倉庫及自動車置場建築(4.2.23)	24	2446
丸ノ内23号館竣成(4.5.31)	24	2511
丸ノ内建物譲渡(4.7.31)	24	2554
丸ノ内下水溜桝外設備(4.8.26)	24	2572
丸ノ内建物新築(4.9.27)	24	2592
御大礼ニ関シ丸之内土地使用提供(4.11)	24	2662
帝国鉄道協会建物落成(5.1)	25	2864
台湾銀行建物落成(5.1)	25	2864
丸ノ内地所売渡及払下(5.3.28)	25	2945
丸ノ内仲通建物竣成(6.1)	27	3605
丸ノ内地所貸付(6.6)	27	3822
大正6年度丸ノ内地画制定	28	4183
日本工業倶楽部敷地外貸付(7.1.1)	29	4299
丸之内仲通郵便局建物改築(7.3.12)	29	4404
丸ノ内仲通建物新築(7.3.20)	29	4416
丸ノ内建物新築認許(7.4.4)	29	4440
丸ノ内第22号館貸付(7.4.28)	29	4462
丸ノ内地所貸付(7.12.19)	29	4569
丸ノ内建物竣工(7.12)	29	4581
丸ノ内仲貸家新築(8.3.21)	30	4857
丸ノ内地質調査ノ為試錐(8.4.23)	30	4863
丸ノ内仲15号館外竣成(8.4.30)	30	4865
丸ノ内地所日本興業銀行其他ニ貸付及貸地料(8.7.5)	30	4899
麹町区永楽町地所売却(8.10.9)	30	4927
丸ノ内建物修繕増築(9.2.9)	30	5142
丸ノ内案内所新設(9.2.23)	30	5156
丸ノ内21号館増築其他(9.5.8)	30	5199
丸ノ内12号館6号館建物落成(9.8.10)	30	5240
有楽町所在宮内省物揚場借用(9.8.20)	30	5242
丸ノ内「ビルヂング」新築認許(9.9.13)	30	5250
丸ノ内「ビルヂング」建築ニ付「フラー」建築会社ト契約(9.11.29)	30	5274
三菱21号館増築竣工(9.12.25)	30	5293
大正9年度丸ノ内ニ於ケル貸地状況	30	5321
麹町区銭瓶町土地売渡(10.3.23)	31	5511
麹町区有楽町公有水面使用許可(10.4.15)	31	5518
麹町区銭瓶町土地交換及交換受地売却(10.4.28)	31	5526
横浜正金銀行東京支店工事請負契約(10.5.14)	31	5533
横浜正金銀行東京支店建築申請(10.7.25)	31	5565
丸ノ内「ビルヂング」建築場請願巡査許可(10.9.20)	31	5577
地所部地所賃借証改正(10.10.20)	31	5602
丸ノ内「ビルヂング」内電話機附属引込線供給申請(10.11.9)	31	5606
大正10年中丸ノ内ニ於ケル貸地状況	31	5642
大正10年中丸ノ内其他ニ於ケル貸家状況	31	5643
地所部丸ノ内「ビルヂング」係其他新設(11.2)	31	5806
横浜正金銀行丸ノ内支店工事竣成引渡(11.9.1)	31	5894
丸ノ内仲3号館付属家改築(11.10.13)	31	5904
大正11年中丸ノ内ニ於ケル貸地状況	31	5939
大正11年中東京ニ於ケル丸ノ内以外ノ貸地状況	31	5940
大正11年中丸ノ内ニ於ケル貸家状況外東京所在貸家状況	31	5940
丸ノ内「ビルヂング」竣工(12.2.20)	32	6105
丸ノ内「ビルヂング」観覧(12.3.3)	32	6108
丸ノ内「ビルヂング」昇降機保守ニ付契約(12.3.10)	32	6111
丸ノ内「ビルヂング」変電所改修(12.6.5)	32	6167
丸ノ内「ビルヂング」復旧補強改良工事(12.12.11)	32	6209
丸ノ内仲8号館外復旧改造完成(12.12)	32	6223
大正12年中丸ノ内ニ於ケル貸地状況	32	6225
大正12年中東京ニ於ケル丸ノ内以外ノ貸地状況	32	6226
大正12年中大阪神戸小樽漢口貸地状況	32	6226
大正12年中丸ノ内ニ於ケル貸家状況	32	6227

大正12年中東京ニ於ケル丸ノ内以外ノ貸家状況	32	6229
大正12年中大阪漢口ニ於ケル貸家状況	32	6230
大手商会建物買受(13.4.1)	33	6559
政友会本部建物落成報告(13.6.27)	33	6582
丸ノ内建物浄便槽装置(13.7.16)	33	6588
丸ノ内「ビルヂング」塵芥搬出契約(13.7.16)	33	6588
丸ノ内建物改造及丸ノ内「ビルヂング」改良工事(13.8)	33	6601
丸ノ内及三崎町地所売却(13.9.27)	33	6604
丸ノ内所在「ビルヂング」起工其他丸ノ内建物竣工(13.10.20)	33	6614
丸ノ内地所復興局ニ売却其他(13.12.9)	33	6635
大正13年中丸ノ内ニ於ケル貸地状況	33	6653
大正13年中東京ニ於ケル丸ノ内以外ノ貸地状況	33	6654
大正13年中大阪，神戸，小樽，漢口貸地状況	33	6655
大正13年中丸ノ内ニ於ケル貸家状況	33	6655
大正13年中東京ニ於ケル丸ノ内以外ノ貸家状況	33	6657
大正13年中大阪，漢口ニ於ケル貸家状況	33	6657
丸ノ内其他土地売却(14.3.7)	34	6845
丸ノ内建物竣工(14.4.6)	34	6867
丸ノ内土地売却(14.5.15)	34	6876
東京市内社有地所整理ニ係ル件(14.5.29)	34	6878
東京会館延滞貸地料免除(14.5.30)	34	6879
八重洲「ビルヂング」新築認許(14.7.8)	34	6904
丸ノ内地所売却(14.9.22)	34	6926
丸ノ内建物ニ浄便槽装置新設(14.11.4)	34	6930
丸ノ内「ビルヂング」内郵便局開局(14.11.6)	34	6930
丸ノ内道路舗装工事施行(14.12.15)	34	6960
東京市内其他所在地所部所管土地(14.12.31)	34	6970
大正14年中丸ノ内ニ於ケル貸地	34	6973
大正14年中東京ニ於ケル丸ノ内以外ノ貸地状況	34	6974
大正14年中大阪神戸小樽貸地状況	34	6974
大正14年中丸ノ内ニ於ケル貸家状況	34	6974
大正14年中大阪漢口ニ於ケル貸家状況	34	6976
丸ノ内建物竣工(15.1.18)	34	7108
丸ノ内銭瓶館新築工事打切(15.1.21)	34	7109
八重洲「ビルヂング」起工(15.2.19)	34	7119
丸ノ内建物浄便槽装置(15.4.5)	34	7133
内外「ビルヂング」延滞借地料打切決済(15.5.1)	34	7137
丸ノ内貸付地所返地(15.7.9)	34	7170
丸ノ内「ビルヂング」復旧補強工事竣工(15.7.25)	34	7177
丸ノ内道路舗装(15.9.1)	34	7206
帝国鉄道協会増築請負(15.9.23)	34	7217
丸ノ内現況調査(15.10.31)	34	7230
東京市内其他地所部所管土地(15.12.31)	34	7254
大正15年昭和元年中丸ノ内ニ於ケル貸地状況	34	7256
大正15年昭和元年中東京ニ於ケル丸ノ内以外ノ貸地状況	34	7257
大正15年昭和元年中大阪，神戸，小樽，室蘭地所売却所管替其他	34	7258
大正15年昭和元年中丸ノ内ニ於ケル貸家状況	34	7259
大正15年昭和元年中大阪，漢口，北京所在貸家状況	34	7261

(昭和)

丸ノ内自動車車庫新築認許(3.3.13)	35	129
八重州ビルヂング竣工(3.3.31)	35	132
丸ノ内東7号館別館新築認許(3.5.23)	35	137
丸ノ内仲7号館改修工事認許(3.6.13)	35	142
丸ノ内ガレージ起工(3.8.1)	35	148
丸ノ内ガレージ竣工(4.6.15)	35	260
丸ノ内東7号別館竣工(4.8.17)	35	264
丸ノ内地下道新設請願(4.9.13)	35	269
丸ノ内仲7号館改修竣工(4.11.30)	35	286
地所部営業課丸ノ内ビルヂング係事務室移転(5.4.1)	35	386
銀行本店増築工事起工(9.7.1)	36	908
丸ノ内ビルヂング改装(9.10)	36	920
丸ノ内地下道新設出願(10.7.6)	37	1020
本社別館新築(10.7.25)	37	1021
丸ビル地方物産陳列所移転(10.10)	37	1029
丸ノ内ビルヂング改装竣工(10.11)	37	1039
丸ノ内貸事務所改築(11.5.30)	37	1143
本社別館竣工(12.3)	37	1260
銀行本店増築落成(12.4.9)	37	1263
丸ノ内ビルヂング及同敷地譲渡(12.5.20)	37	1280
丸ノ内新ビルヂング着工及中止(12.6.28)	37	1286
丸ノ内仲10号館別館落成(12.12.14)	37	1312
丸ノ内地下道竣工(12.12.27)	37	1322
鉄鋼会館新築(14.4.20)	38	1527
赤星陸治講演(15.3.26)	38	1632
地所会社ニテ貸事務所新築承認(15.6.20)	38	1655
地所会社ニテ丸ノ内地所賃貸承認(15.6.20)	38	1655
地所会社ニテ第2鉄鋼会館新築承認(15.7.20)	38	1663
地所会社ニテ貸事務所新築承認(15.9.19)	38	1674
三菱21号館ニ鏧井新設(15.11.7)	38	1683
第2鉄鋼会館竣工(16.1.6)	38	1759
国際通信館竣工(16.1.20)	38	1760
地所会社ニテ貸事務所新築承認(16.3.20)	38	1769
地所会社ニテ貸事務所新築承認(16.4.22)	38	1773
機械工業会館竣工(16.8.19)	38	1809
造船会館竣工(16.12.1)	38	1830
世界経済館竣工(16.12.15)	38	1832

越前堀地所売却(16.12.22)	38	1833
地所会社ニテ貸事務所新築(18.3.18)	39	2076
造船会館竣工(19.2.9)	39	2233
三菱本館及開東閣賃貸借営業譲渡契約締結(21.1.1)	40	2599
地所会社ニテ丸ノ内戦災建物改修及新築工事承認(21.3.22)	40	2626
仲13号館別館其他賃貸借営業譲渡契約締結(21.9.1)	40	2654
地所会社ニテ丸ノ内戦災建物復旧工事承認(21.9.19)	40	2658

農　事　　　　　　　　　　　　　　　179

20. 農事
1）新潟

(明治)

越後中蒲原郡地所購入(20.12.19)	15	237
越後中蒲原郡地所購入(21.1.26)	16	4
社有地取締人心得頒布(21.9.23)	16	167
社有地差配人心得頒布(21.9.23)	16	168
社有地小作人心得頒布(21.11.20)	16	218
越後北蒲原郡地所購入(24.3.23)	17	25
越後南蒲原郡地所購入(23.2.24)	17	44
越後北蒲原郡地所購入(25.11.28)	18	135
越後北蒲原郡地所購入(26.2.2)	18	12
中蒲原郡土地買入(27.1.29)	19	6
新潟事務所監理方依嘱(27.3.17)	19	10
中蒲原郡土地譲渡(27.4.23)	19	15
新潟土地取扱方(27.5.26)	19	18
中蒲原郡土地譲受(27.12.24)	19	36
中蒲原郡土地買収(27.8.22)	19	27
南蒲原郡地所買入(28.4.15)	19	73
新潟事務所改造(29.2.13)	19	107
中蒲原郡土地購入(29.8.18)	19	118
西蒲原郡土地買入(30.1.29)	19	152
新潟土地登記方(30.3.12)	19	160
中蒲原郡土地名義変更(30.5.1)	19	173
新潟地所売渡(30.5.10)	19	173
中蒲原郡土地買入(30.7.2)	19	188
中蒲原郡社有地関係(30.7.28)	19	193
中蒲原郡社有地公園ニ売渡(31.7.14)	19	274
新潟農況(31.11.12)	19	285
中蒲原郡土地購入(32.3.6)	20	318
新潟事務所収穫米品評会(33.4.13)	20	402
新潟事務所所轄地買入調(33.6.26)	20	415
中蒲原郡土地購入(34.9.28)	20	509
新潟事務所巡回講話(35.3.4)	20	561
新潟事務所鑿井(35.9.3)	20	583
新潟事務所農事講習(36.2.1)	20	624
新潟事務所農況報告方(36.4.1)	20	632
新潟土地譲渡(36.4.9)	20	633
新潟事務所農事奨励(36.4.20)	20	635
新潟事務所小作人用肥料購入(37.1.16)	20	684
新潟事務所差配人農況報告方改定(37.4.22)	20	705
中蒲原郡地所購入(37.5.24)	20	708
新潟事務所毛見引報告(37.10.31)	20	732
新潟事務所報告(37.12.30)	20	742
中蒲原郡田地購入(38.3.15)	20	776
新潟土地耕地整理(39.5.28)	21	880
中蒲原郡土地譲渡及譲受(39.7.13)	21	888
新潟事務所取締更送(41.9.30)	21	1095
新潟事務所小作人肥料購入資金貸与(42.2.16)	21	1146
新潟事務所諸規則制定(42.2.26)	21	1148
新潟事務所落成移転(42.8.20)	21	1173
新潟事務所新築工事落成披露(42.9.11)	21	1182
新潟事務所収入米外報告(42.10.1)	21	1184
新潟事務所収穫米其他報告(42.10.10)	21	1185
新潟事務所差配人取締設置理由並経過(42.11.7)	21	1188
新潟事務所出納勘定書報告(42.11.7)	21	1189
新潟地所譲受及譲渡(43.2.6)	21	1224
新潟事務所小作人肥料購入資金貸付(43.3.17)	21	1231
新潟低田地ニ容土改良(43.4.1)	21	1233
新潟事務所肥料購入資金貸与(44.3.13)	21	1313
新潟事務所小作人死亡弔慰ニ係ル贈与規定(44.3.14)	21	1314
新潟地所買却(44.5.1)	21	1321
中蒲原郡土地購入(44.5.10)	21	1323

(大正)

北蒲原郡土地売渡(1.1.27)	22	1435
新潟事務所差配人会(1.2.16)	22	1439
中蒲原郡地所買入(1.2.27)	22	1441
新潟事務所小作人肥料購入資金貸付(1.4.5)	22	1456
中蒲原郡土地売却(1.5.18)	22	1468
新潟事務所小作人勤倹貯金組合規約修正(1.6.1)	22	1473
中蒲原郡土地買入(1.8.3)	22	1487
新潟事務所稲毛臨検報告(1.10.28)	22	1509
新潟事務所差配人会(2.2.8)	22	1641
北蒲原郡土地譲渡(2.2.13)	22	1647
新潟事務所肥料購入資金其他貸付(2.3.17)	22	1676
中蒲原郡土地譲渡(2.3.29)	22	1685
中蒲原郡排水機工事ト新潟事務所(2.5.30)	22	1715
新潟事務所社宅新築(2.6.4)	22	1726
北蒲原郡社有地耕地整理(2.12.6)	22	1865
中蒲原郡土地買受(2.12.21)	22	1878
新潟所在土地(2.12.31)	22	1895
新潟事務所営業費勘定外細目制定(3.1.7)	23	1991
新潟事務所差配人会開催(3.2.9)	23	2023
西蒲原郡土地買受(3.2.27)	23	2032
新潟事務所肥料購入資金外貸付(3.3.7)	23	2039
中蒲原郡田地買収(3.3.17)	23	2049
新潟事務所小作納米賞与規程改正(3.3.19)	23	2051

農　　事

中蒲原郡土地売渡(3.5.12)	23	2100
南蒲原郡土地売渡(3.5.12)	23	2100
中蒲原郡土地買入(5.21)	23	2107
新潟事務所社宅竣工(3.6.7)	23	2119
新潟事務所倉庫新築(3.7.8)	23	2148
新潟事務所社宅新築(3.8.17)	23	2179
西蒲原郡土地売買(3.8.17)	23	2179
新潟事務所収穫予想報告(3.9.1)	23	2198
新潟事務所社有地(3.12.31)	23	2298
新潟事務所差配人会議開催(4.2.9)	24	2434
新潟事務所肥料資金外貸付(4.2.19)	24	2439
新潟事務所小作人青年農区設置(4.3.26)	24	2468
中蒲原郡土地買入(4.5.15)	24	2505
新潟事務所社宅新築(4.8.16)	24	2561
西蒲原郡土地売買(4.8.17)	24	2561
新潟事務所農況報告(4.9.1)	24	2574
新潟事務所倉庫新築(4.10.21)	24	2619
新潟事務所信濃川米舟雨除仮家建設(4.11.25)	24	2658
新潟事務所社有地入付米高其他報告(4.12.31)	24	2695
中蒲原郡土地買収(5.1.12)	25	2834
中蒲原郡土地売却(5.2.5)	25	2887
新潟事務所差配人会議(5.2.9)	25	2896
中蒲原郡土地買入(5.2.28)	25	2913
西蒲原郡土地買入(5.3.6)	25	2922
西蒲原郡土地買入(5.3.11)	25	2927
中蒲原郡土地買入(5.3.15)	25	2932
中蒲原郡土地買受(5.3.29)	25	2947
新潟土地買収(5.4.28)	25	2988
中蒲原郡土地買収(5.5.3)	25	2992
西蒲原郡土地買入(5.7.6)	25	3068
新潟事務所農況報告(5.8.30)	25	3138
西蒲原郡土地県ニ買収(5.9.20)	25	3159
中蒲原郡土地買収(5.9.26)	25	3165
西蒲原郡土地買入(5.12.9)	26	3290
西蒲原郡土地買入(5.12.11)	26	3291
中蒲原郡土地買入(5.12.11)	26	3291
西蒲原郡土地買入(5.12.25)	26	3359
新潟事務所所轄地所(5.12.31)	26	3423
大正5年度新潟事務所土地異動其他	26	3511
中蒲原郡土地買収(6.1.5)	27	3581
新潟土地売渡(6.2.2)	27	3607
新潟事務所小作契約證書改正(6.2.9)	27	3613
新潟県事務所差配人会議(6.2.17)	27	3622
新潟事務所肥料購入資金外貸付(6.3.3)	27	3655
新潟市流作業埋立工事認許(6.6.26)	27	3812
新潟農況報告(6.7.26)	27	3866
新潟市流作場埋立(6.8.13)	27	3888
新潟事務所収穫予想報告(6.8.30)	27	3903
西蒲原郡土地異動(6.10.8)	28	3966
新潟事務所構内瓦斯井堀鑿(6.12.4)	28	4035
中蒲原郡土地買収(7.1.25)	29	4338
新潟事務所肥料資金貸付(7.2.27)	29	4388
新潟事務所差配人会議(7.3.2)	29	4395
北蒲原郡土地売渡(7.4.25)	29	4458
南蒲原郡土地売却(7.4.30)	29	4467
新潟事務所農況報告(7.9.5)	29	4534
中蒲原郡土地売却(7.10.15)	29	4553
新潟所在土地(7.12.31)	29	4580
大正7年度新潟事務所農況	29	4643
新潟事務所肥料資金貸付(8.3.4)	30	4851
新潟土地特別原価消却(8.3.5)	30	4851
新潟事務所差配人会議開催(8.3.8)	30	4852
新潟流作場地内埋立(8.4.29)	30	4864
新潟事務所農況報告(8.9.1)	30	4913
新潟事務所事業東山農事会社ニ引継(8.10.21)	30	4930
新潟事務所廃止通知其他(8.10.25)	30	4933
新潟事務所事業東山農事会社ニ引継(8.10.31)	30	4945

農事

2）児島湾

（明治）

児島湾開墾地移管(27.2.26)	19	8
児島湾開墾地棉試作其他(27.3.24)	19	11
児島湾開墾地所買入(28.4.29)	19	73
児島湾開墾地土蔵及用地買入(30.10.7)	19	211
児島湾開墾地土地建物買入(30.11.19)	19	224
児島湾開墾地収支(30.2.19)	19	258
児島湾地所譲与(31.2.25)	19	259
児島湾開墾地状況(32.4.7)	20	323
児島湾開墾地譲渡契約(34.9.30)	20	510
児島湾開墾地書類引渡(34.10.7)	20	511

3）黒崎・折尾

（大正）

黒崎町社有地内家屋其他移転契約(7.2.20)	29	4379
黒崎町折尾町小作世話人ニ謝礼(9.3.2)	30	5158
黒崎町折尾町社有地小作米(10.4.16)	31	5520
折尾町社有地小作米ノ件(11.7.22)	31	5881
黒崎町社有地小作米ノ件(11.12.1)	31	5920
黒崎町及折尾町小作世話人其他ニ謝礼(11.12.1)	31	5920
黒崎町社有地小作ニ関シ契約(12.3.12)	32	6111
折尾町社有地小作米取立通知(12.4.18)	32	6140
折尾黒崎社有地小作世話人ニ謝礼(12.4.24)	32	6143
黒崎町社有地小作米取立(12.5.18)	32	6154
遠賀郡折尾町社有地小作世話人外謝礼(13.3.18)	33	6555
遠賀郡折尾町小作耕作面積其他(13.4.9)	33	6562
遠賀郡折尾町小作米取立(14.2.27)	34	6842
黒崎町折尾町小作米減額徴収(15.1.7)	34	7107
折尾町社有地小作世話料寄付ニ係ル件(15.1.27)	34	7113
黒崎町小作援助委任解除(15.7.3)	34	7168

（昭和）

折尾町社有地小作米取立(2.2.1)	35	5
黒崎町社有地小作米取立(2.3.12)	35	25
折尾町社有地小作米取立(3.2.16)	35	126
黒崎町社有地小作米取立(3.3.2)	35	127
黒崎折尾社有地世話人ニ謝礼(3.3.17)	35	131
折尾町社有地小作米取立其他(4.2.7)	35	239
黒崎社有地小作米取立(4.2.25)	35	240
折尾町社有地小作米取立(5.2.27)	35	380
黒崎社有地小作米取立(5.3.22)	35	385
黒崎折尾社有地小作権回収(9.11)	36	922

4）小岩井

（明治）

岩手県農場経営(24.1.是月)	17	4

（大正）

査業課員小岩井農場ニ駐在(9.6.14)	30	5222
査業課員小岩井農場ニ駐在(11.10.30)	31	5909
小岩井農牧会社設立(13.4.1)	33	1420

5）東山農事

（大正）

東山農場其他ニ係ル面積地価等取調(2.5.21)	22	1716
小岩井農場長任命(3.6.13)	23	2122
木佐貫耕作(4.3.31)	24	2471
東山農事株式会社設立(8.10.25)	30	4933
新潟事務所事業東山農事会社ニ引継(8.10.31)	30	4945
東山農事会社本店使用人外扱方(9.4.28)	30	5189
東山農事会社外移転通知(12.8.10)	32	6179
査業課員朝鮮木浦棉作支場駐在(14.2.20)	34	6839
査業課朝鮮木浦駐在員引揚(15.10.21)	34	7228

（昭和）

東山産業会社設立(19.4.15)	39	2257

21. 関連事業

1）三菱製紙所および三菱製紙株式会社

（明治）

高砂工場工事ニ関スル報告(34.1.8)	20	471
高砂工場開始(34.6.1)	20	495
神戸製紙所業務取扱方針(34.6.22)	20	497

（大正）

台湾三菱製紙所支配人異動(2.3.8)	22	1664

2）東京倉庫会社

（明治）

和田倉庫会社解散(30.10.1)	19	209
和田倉庫会社清算結了(31.6.2)	19	271
大阪支店倉庫等東京倉庫会社ニ譲渡其他(39.7.1)	21	886

3）オクムラ・クボタ・カンパニー

（大正）

「オクムラ，クボタ，コンパニー」設立(11.9.22)	31	5897
「オクムラ，クボタ，コンパニー」農園10周年(15.6.14)	34	7155
「オクムラ，クボタ，コンパニー」増資(15.8.18)	34	7196

（昭和）

クボタ・コンパニー・リミテッド設立(4.3.6)	35	241
クボタ・コンパニー・リミテッド新役員決定(5.8.16)	35	407
クボタ・コンパニー・リミテッド東京駐在員廃止(5.9.30)	35	410
クボタ・コンパニー・リミテッドへ事業資金融資(6.9.21)	36	532
クボタ・コンパニー・リミテッド取締役死去(7.4.1)	36	653
昭和8年度以降クボタ・コンパニー・リミテッド事業方針決定(7.9.1)	36	673
クボタ・コンパニー・リミテッド改称(7.12.17)	36	684

4）菱華倉庫

（大正）

菱華倉庫株式会社新設(8.5.14)	30	4875
菱華倉庫会社株金払込登記(9.9.18)	30	5252
菱華倉庫会社株式払込(10.2.4)	31	5655

（昭和）

菱華倉庫会社常務取締役変更(2.7.29)	35	43
〃 　　定款変更(3.4.2)	35	134
〃 　　取締役会長就任(3.4.2)	35	134
〃 　　取締役就任(3.7.30)	35	148
〃 　　取締役辞任(4.6.29)	35	261
〃 　　取締役就任(4.7.30)	35	263
〃 　　定款変更(5.1.30)	35	376
〃 　　未払込株金払込完了(5.8.1)	35	406
〃 　　取締役変更(7.6.1)	36	663
〃 　　取締役就任(9.7.30)	36	910
〃 　　取締役変更(10.7.29)	37	1021
〃 　　常務取締役就任(12.12.20)	37	1317
〃 　　監査役辞任(13.7.13)	37	1436
〃 　　取締役及監査役変更(13.7.28)	37	1440
〃 　　定款変更(13.7.28)	37	1440
〃 　　社名其他変更(14.2.9)	38	1518

5）東京工業化学試験所

（大正）

東京工業化学試験所運転開始(14.2.23)	34	6840
東京工業化学試験所開業披露(14.3.3)	34	6844
東京工業化学試験所工場申告書提出(14.3.24)	34	6853
東京工業化学試験所工場管理人選任(14.11.17)	34	6932
東京工業化学試験所建物等附保(14.12.1)	34	6937
東京工業化学試験所規程及同所処務細則制定(15.3.10)	34	7122
東京工業化学試験所倉庫新築(15.4.1)	34	7133
東京工業化学試験所荷物運搬契約(15.5.1)	34	7138
東京工業化学試験所施設(15.6.24)	34	7157
東京工業化学試験所「セメント」工場復旧費認許(15.9.10)	34	7210

（昭和）

東京工業化学試験所規程中改正(3.2.6)	35	124
東京工業化学試験所処務細則改正(3.2.6)	35	125

関　連　事　業　　　　　　　　　　　183

6）美唄鉄道会社

（大正）

美唄鉄道会社創立(4.10.11)	24	2610
美唄鉄道会社へ供給資金取立方(5.7.8)	25	3071
美唄鉄道会社事務移管(6.4.1)	27	3683
美唄鉄道会社ヨリ美唄炭坑ニ土地無償譲渡(6.6.9)	27	3791
美唄鉄道会社給与規程等改正(6.11.1)	28	4000
美唄鉄道会社第3期決算報告(7.3.1)	29	4395
美唄鉄道会社営業事務所長任命(7.3.9)	29	4402
美唄鉄道会社事務所長変更届出(7.3.26)	29	4427
美唄鉄道会社資本金増加(9.9.22)	30	5253
美唄鉄道及古賀山炭坑両会社宛通知類ニ係ル件(9.12.23)	30	5292
美唄鉄道連帯運輸区域拡張(11.4.1)	31	5980

7）雄別炭鉱株式会社

（大正）

雄別炭礦鉄道株式会社経営(13.3.18)	33	6693

（昭和）

鉱業会社ニテ雄別炭礦鉄道会社株式買収(2.7)	35	43

8）大夕張炭坑会社

（大正）

大夕張炭礦株式会社清算人選任(4.11.24)	24	2655
大夕張炭礦会社貸金利子ノ件(4.12.31)	24	2693
大夕張炭礦会社ニ対スル清算了(5.2.1)	25	2871
大夕張炭坑鉄道敷設特許其他継承願(5.2.5)	25	2886
大夕張炭坑鉄道敷設特許譲受許可(5.2.17)	25	2900

9）その他炭坑

（大正）

多久鉱業会社ニ貸金(5.12.27)	26	3366
多久鉱業会社ニ対スル貸金回収(6.2)	27	3644
古賀山炭坑会社ニ貸金(6.12.24)	27	4068
古賀山炭坑株式会社清算結了(12.4.9)	32	6409
中島鉱業株式会社事業経営(13.8.25)	33	6700
九州炭礦汽船株式会社移転通知(15.8.1)	34	7183

（昭和）

内幌鉄道会社設立(4.8.1)	35	264
中島鉱業会社買収並社名変更(4.8.30)	35	265
内幌鉄道会社社名変更(6.12.24)	36	558
鉱業会社ニテ昭和石炭会社株式引受(7.11.25)	36	682
内幌炭鉱鉄道会社社名変更(10.1.11)	37	997
飯塚鉱業会社減資(10.1.30)	37	998
飯塚鉱業会社清算結了(13.9.28)	37	1444

10）大源鉱業

（大正）

大源鉱業株式会社定款作成(9.7.10)	30	5232
大源鉱業株式会社役員選任(9.9.3)	30	5248
大源鉱業株式会社報告書(10.5.24)	31	5541
大源鉱業株式会社報告(10.11.28)	31	5621
大源鉱業株式会社報告(11.5.11)	31	5851
大源鉱業会社報告(11.11.3)	31	5912
大源鉱業株式会社報告(12.5.1)	32	6146
大源鉱業会社移転通知(12.11.1)	32	6199
大源鉱業会社資金貸下請願ニ係ル件(12.12.26)	32	6218
大源鉱業会社大蔵省借入銀塊利子免除方請願(13.1.31)	33	6524
大源鉱業会社報告(13.5.15)	33	6572
大源鉱業会社報告(13.11.10)	33	6620
大源鉱業会社報告(14.5.15)	34	6876
大源鉱業会社其他移転(14.5.20)	34	6877
大源鉱業会社資金融通方出願(14.6.22)	34	6892
大源鉱業会社報告(14.11.10)	34	6931
大源鉱業会社関係同宝公司事業整理(15.2.15)	34	7118
大源鉱業会社債務連帯保証(15.3.29)	34	7130
大源鉱業会社報告(15.5.10)	34	7139
大源鉱業会社報告(15.11.10)	34	7239
大源鉱業会社取締役就任通知(15.11.19)	34	7240

11）鉱山関係

（大正）

秋田鉄道株式会社株式引受(2.8.20)	22	1775
秋田鉄道会社株式買収(3.6.16)	23	2128
黒沢尻電気会社株式購入(5.3.22)	25	2937
尾去沢鉱山秋田鉄道会社株式買入(6.5.21)	27	3758

（昭和）

鉱業会社ニテ日本アルミニウム会社株式引受(10.5.2)	37	1010
鉱業会社ニテ堺化学工業会社経営ニ参加(11.11.4)	37	1162
鉱業会社ニテ日本アルミニューム製造所経営ニ参加(12.9.30)	37	1297
鉱業会社，九州炭礦汽船会社合併契約締結(15.4.15)	38	1638
日本アルミニューム製造所事業参与(17.5月)	38	1937

12）商事関係

（大正）

日華製油会社株式社有分譲渡(12.6.1)	32	6165
日本「ソリデチット」株式会社設立((13.4.24)	33	6691
日本生糸株式会社設立(13.9.4)	33	6689

（昭和）

大東食品会社増資決定(2.9.9)	35	46
塩水港製糖会社株式売戻代金完済(5.4.30)	35	387
日本コーン・プロダクツ株式譲渡(6.6.17)	36	524
東洋織布会社桐生工場賃貸(7.6.17)	36	665
日本コーン・プロダクツ会社社名変更及減資(7.11.7)	36	681
日本合同工船会社増資新株引受(9.4.12)	36	891
日本アルミニューム製造所株式引受(9.4.12)	36	892
三共水産会社株式譲渡(9.6.15)	36	907
加藤恭平日東製粉会社取締役就任其他(9.6.23)	36	907
東洋織布会社桐生工場賃貸継続(9.8.1)	36	911
東洋織布会社桐生工場譲渡(9.10.1)	36	917
東洋織布会社解散(10.6.30)	37	1017
日本穀産工業会社経営引受(12.1.28)	37	1255
商事会社所有国産工業会社株式変更(12.1.28)	37	1256
日本生糸会社清算結了(12.2.27)	37	1258
日東製糸会社片倉製糸紡績会社ニ合併仮契約調印(13.1.11)	37	1405
釧路埠頭倉庫会社設立(13.4.4)	37	1421
日本鋼材販売会社株式引受(14.2.23)	38	1519
東亜燃料工業会社株式引受(14.6.22)	38	1532
石油共販会社株式引受(14.9.26)	38	1542
東洋機械会社事業参与(16.3.24)	38	1769
日本穀産工業会社株式取得(18.10.21)	39	2133
日本穀産工業会社株式譲渡(18.12.28)	39	2151

13）漁業関係

（明治）

汽船漁業会社ニ貸金(43.11.21)	21	1265
汽船漁業会社ニ貸金(44.11.27)	21	1376

（大正）

北洋漁業会社東京事務所閉鎖(10.11.28)	31	5621
大北漁業株式会社設立通知(11.12.1)	31	5920
大北漁業株式会社設立認許(11.11.2)	31	5912
北洋商会設立通知(14.3.20)	34	6852

（昭和）

商事会社ニテ昭和工船漁業会社株式引受(2.2.1)	35	48
日魯漁業会社へ融資(10.1.24)	37	997
日本合同工船会社譲渡(11.3.27)	37	1137
日魯漁業会社其他へ融資(12.4.22)	37	1266
北洋商会増資(13.5.13)	37	1428
日魯漁業会社へ融資(13.9.22)	37	1443
日魯漁業会社及太平洋漁業会社へ融資(14.4.27)	38	1528
日魯漁業会社及太平洋漁業会社へ融資(15.6.26)	38	1656
北洋商会増資(16.5.1)	38	1773

14）運輸関係

（明治）

菱波汽船会社設立(44.4是月)	21	1320

（大正）

菱波汽船会社清算結了(4.1.11)	24	2415
海難救助会社設立ノ件(5.11.21)	26	3239

（昭和）

扇町タンカー会社設立(6.11.3)	36	537
三共海運会社設立(13.4.15)	37	1426
共同運輸会社横浜港海上業務移管(14.1.1)	38	1515
石油会社ニテ扇町タンカー会社合併承認(18.5.6)	39	2095
共同運輸会社解散(20.4.26)	40	2424

15）電機関係

（昭和）

菱美電機商会設立(4.12.16)	35	288
菱美電機商会取締役就任(6.12.24)	36	558
菱美電機商会取締役退任(7.12.26)	36	685
菱美電機商会取締役及支配人変更(9.1.25)	36	868
日本建鉄工業会社設立(10.4.1)	37	1007
菱美電機商会常務取締役就任(10.6.26)	37	1017
菱美電機商会監査役変更(10.12.26)	37	1042
菱美電機商会取締役就任(11.6.25)	37	1151
菱美電機商会監査役就任(13.11.25)	37	1450
電機会社ニテ日本建鉄工業会社経営(15.5.17)	38	1646
菱美電機商会取締役変更(17.5.26)	38	1936
電機会社ニテ中央商工会社営業譲受(18.4.9)	39	2085
菱美電機商会社名変更(18.11.25)	39	2140

16）航空機関係

（大正）

三菱「ロールバッハ」飛行機株式会社設立(14.8.1)	34	7008
三菱「ロールバッハ」飛行機会社解散認許(15.5.8)	34	7139

関 連 事 業

三菱「ロールバッハ」飛行機会社解散決議(15.10.11)	34	7289

17) 化学関係

（大正）

東洋瓦斯試験所出資増額(15.1.27)	34	7113

（昭和）

帝国燃料興業会社株式引受(12.10.11)	37	1304
武田化成会社設立(15.8.1)	38	1665

18) 外地関係

（大正）

北辰会設立経過(8.5.19)	30	4869
株式会社北辰会社株式引受其他(10.7.18)	31	5563
株式会社北辰会解散ニ係ル件(15.8.6)	34	7186
北樺太鉱業会社創立総会並目論見概要(15.8.16)	34	7193
北樺太鉱業株式会社営業開始(15.9.1)	34	7206
朝鮮長津江電力株式会社許可(15.9.21)	34	7214
北樺太鉱業会社事務所移転通知(15.10.27)	34	7229

（昭和）

朝鮮無煙炭会社へ出資其他(2.3.3)	35	11
長津江水力電気事業概況(昭和2年)	35	54
朝鮮無煙炭会社代表役員交迭(6.3.20)	36	509
長津江水力電気事業，譲渡(10.5)	37	1013
朝鮮無煙炭会社事業参与(16.1.13)	38	1759
康徳吉租公司設立(12.9.8)	37	1296

19) その他

（明治）

若松築港会社株式名義人変更(30.8.31)	19	200
洞海北海北湾埋渫会社ニ出資(32.7.11)	20	339

（大正）

大手商会設立(9.3.13)	30	5164
東京駅前「ホテル」ニ係ル件(9.4.1)	30	5180
猪苗代水力電気会社解散通知(11.12.13)	31	5927
日華製油会社株式社有分譲渡(12.6.1)	32	6165
清住製材所設立(13.3.31)	33	6678

（昭和）

菱洋興業会社取締役変更(2.10.31)	35	48
菱洋興業会社監査役変更	35	155
菱洋興業会社解散(6.12.16)	36	555
新興人絹会社合併契約締結(17.3.14)	36	1917
清住製材所減資(10.1.24)	37	998
ヂーゼル機器会社設立(14.7.17)	38	1536
日本光学工業会社及日本アルミニウム会社事業参与(16.5.6)	38	1774
三菱マグネシウム工業会社経営引受(17.10.26)	38	1964
三菱関東州マグネシウム会社設立(18.5.31)	39	2096

22. 保険

（明治）

四日市支社保険業務兼掌(12.9.1)	7	410
神戸大阪元山津根室上海各支社保険業務兼掌(13.1.1)	8	1
高知支社保険業務兼掌(14.6.3)	9	202
酒田支社保険業務兼掌(14.7.1)	9	219
敦賀出張所保険業務兼掌(16.11.1)	11	185
生命保険加入ノ件(17.5.16)	12	107
石巻支社保険業務兼掌(18.6.2)	13	214
生命保険証書頒与(18.9.30)	14	436
大阪長崎両支店明治火災保険会社代理店業務兼掌(24.5.9)	17	153
新潟事務所海上保険業務兼掌(26.2.16)	18	175
若松支店扱石炭附保(27.2.1)	19	7
新潟代理店解除(27.5.24)	19	17
香港上海炭船荷証券面荷主名義変更(27.8.11)	19	25
運炭船石炭自保険(30.2.6)	19	154
佐渡鉱山金銀塊等保険料取極(30.2.16)	19	157
槙峰鉱山送貨物附保(30.2.24)	19	158
鉱物運送保険方(30.3.1)	19	159
石炭保険(30.3.6)	19	160
大阪支店保険代理契約解除(30.4.6)	19	165
石炭保険(30.4.14)	19	167
荒川鉱山産銅保険金(30.9.1)	19	201
石炭保険価格改正(30.10.28)	19	216
槙峰銅保険金額(30.11.5)	19	219
若松積石炭保険申込分(30.11.6)	19	220
石炭海上保険契約改正(30.11.16)	19	224
石炭保険申込方(30.11.27)	19	226
自保険取扱手続改定(34.1.1)	20	469
火災保険ニ関シ報告方通知(34.4.17)	20	491
自保険取扱手続(34.5.17)	20	493
保険特約締結(34.8.24)	20	508
鯰田炭坑被害地保険積立金額等改定(35.1.1)	20	549
自保険取扱手続改定(36.3.7)	20	629
保険特約更改(36.10.15)	20	656
冬季間保険料割増協定(36.11.6)	20	657
自保険取扱手続中改定(37.8.1)	20	718
自保険期間一定(39.2.7)	21	864
長崎支店火災保険代理業務閉鎖(43.6.30)	21	1245

（大正）

東京海上保険会社ト海上保険特約解除(2.1.7)	22	1604
名古屋附近艀舟積石炭海上自保険料率(2.2.14)	22	1649
自保険開始(2.4.1)	22	1690
東京海上保険会社ト保険特約(2.6.9)	22	1726
東京海上保険会社トノ保険特約条項中取極(2.7.12)	22	1749
積荷自保険料率規定(3.2.20)	23	2029
倫敦支店経由輸入貨物自保険(4.26)	25	2984
香港支店大阪海上火災保険会社代理店受託(5.7.15)	25	3088
海防並広東出張員大阪海上火災保険会社代理店引受(5.8.29)	25	3135
運送自保険開始(5.9.26)	25	3164
香港広東等火災保険代理事務開始(6.1)	27	3603
東京海上保険会社トノ再保険特約改正(6.4.10)	27	3692
積荷自保険料率規定中追加(6.6.21)	27	3808
帆船積荷自保険料率改正(6.11.19)	28	4013
自保険事務三菱保険会社ニ引継(8.6.9)	30	4890
自保険事務引継手続(8.6.19)	30	4894
支那ニ生命保険会社設立認許(8.9.13)	30	4914

（昭和）

保険会社傷害及盗難保険兼営認可(3.10.6)	35	152
保険会社定款変更(3.10.6)	35	152
生命保険代理取扱(6.4.10)	36	510
生命保険代理取扱契約締結(6.4.10)	36	510
生命保険代理取扱規程制定(6.4.14)	36	515
生命保険事務取扱方注意(6.4.14)	36	516
共済貯金加入者ノ生命保険契約締結其他ニ関シ通知(6.4.14)	36	517
生命保険代理事務取扱場所指定(6.4.16)	36	517
保険会社分系会社ヲ離脱(8.5.10)	36	769
生命保険代理取扱最低保険金額引上(9.12.21)	36	923
生命保険代理取扱規程中改正(9.12.28)	36	924
生命保険代理店約定附属細目協定書中改正(10.11.5)	37	1031
生命保険代理取扱規程中改正 (10.11.6)	37	1032
生命保険代理店約定書中変更(10.11.6)	37	1032
生命保険代理取扱契約変更通知(11.11.13)	37	1162
生命保険代理取扱規程中改正(11.11.13)	37	1163
生命保険代理取扱契約変更(11.11.16)	37	1164
雇員生命保険代理取扱(16.6.7)	38	1788
戦争死亡傷害保険ニ関シ通知(18.6.10)	39	2098
勤労報国隊隊員傷害保険付保方(19.4.26)	39	2261
代理取扱生命保険第1回保険料集金方法変更(19.5.11)	39	2267
社有建物附保金額増額(19.7.11)	39	2282
戦争死亡傷害保険附保(20.1.8)	40	2399
生命保険代理店約定廃止(22.3.31)	40	2711

23. 公害・災害

1）炭坑

(明治)

項目	巻	頁
音川炭山貯炭流失（7.8.8）	1	210
音川炭山水害（9.9.16）	3	392
高島炭坑火災（19.8.21）	15	184
鯰田炭坑低落地補償（27.1.6）	19	4
鯰田炭坑井水料支弁（27.2.6）	19	7
新入炭坑内出火（27.3.13）	19	10
新入炭坑火災善後処分（27.3.19）	19	11
新入炭坑火災ニ関シ賞与（27.3.31）	19	12
鯰田炭坑低落地補償（27.6.5）	19	19
陥落土地賠償準備金積立（27.7.12）	19	20
新入炭納屋新築（27.11.8）	19	33
新入炭坑罹災1週年仏事（28.3.13）	19	69
山田坑用地買入及損害賠償（28.6.10）	19	75
佐与地内陥落地補償（28.7.4）	19	76
鯰田炭坑被害補償積立金増額（28.7.14）	19	77
高島炭坑暴風（28.9.11）	19	80
山田鉱区関係ノ損害補償（28.10.28）	19	85
鯰田炭坑被害地補償（28.11.19）	19	87
新入炭坑被害弁償（29.2.13）	19	107
鯰田炭坑被害補償（29.3.22）	19	109
臼井炭坑被害補償積立金増額（29.5.14）	19	113
鯰田炭坑被害補償積立金減額（29.12.19）	19	127
高島炭坑坑内火災（30.1.4）	19	147
端島炭坑自然発火（30.3.13）	19	161
鯰田炭坑火薬破裂（30.4.16）	19	168
端島炭坑風雨被害（30.5.25）	19	176
鯰田第一坑火災（30.12.9）	19	230
新入炭坑飲用井水補償（31.6.3）	19	271
鯰田炭坑被害補償（31.7.22）	19	275
新入炭坑被害補償（31.8.26）	19	278
鯰田炭坑被害補償（31.9.30）	19	281
高島炭坑暴風雨被害復旧工事（32.1.18）	20	311
新入炭坑被害地買収（32.2.27）	20	316
鯰田炭坑被害補償（32.5.29）	20	330
鯰田炭坑井水補償料支給（32.12.27）	20	366
鯰田炭坑其他災害防止設備（33.2.6）	20	393
新入支坑被害地買収（33.6.2）	20	412
鯰田炭坑陥落地及井水補償（33.6.4）	20	412
臼井支坑被害補償（33.6.30）	20	416
鯰田炭坑被害補償（33.7.30）	20	421
鯰田炭坑井水料補償（33.12.29）	20	448
相知炭坑地元損害補償契約継承（34.2.1）	20	475
相知炭坑被害地賠償基金積立（34.4.8）	20	488
鯰田炭坑被害補償（34.7.3）	20	500
鯰田炭坑被害家屋買収（35.1.10）	20	550
高島炭坑内沼気爆発（35.2.20）	20	558
鯰田炭坑被害地補償（35.4.5）	20	565
相知炭坑虎疫（35.6.19）	20	573
鯰田炭坑地方暴風雨（35.8.10）	20	580
鯰田炭坑損害補償（36.1.4）	20	621
臼井坑損害補償（36.2.4）	20	624
鯰田炭坑被害補償（36.4.29）	20	637
相知炭坑被害地購入（36.6.26）	20	645
新入炭坑被害補償（36.8.29）	20	651
相知炭坑被害地買収（37.8.8）	20	719
鯰田炭坑被害補償（37.10.10）	20	729
相知炭坑被害地補償（38.3.29）	20	777
相知炭坑被害地賠償基金増額（38.4.12）	20	780
宮ノ浦炭坑鯰田鉱区ニ侵掘ニ付賠償契約（38.4.21）	20	783
相知炭坑被害補償其他（38.6.7）	20	794
新入支坑被害補償（38.6.29）	20	802
高島炭坑暴風被害（38.8.8）	20	812
高島炭坑蠣瀬坑爆発（39.3.28）	21	870
豊国炭坑変災弔慰（40.7.23）	21	994
上山田損害補償（41.1.6）	21	1053
新入炭坑被害補償（41.1.31）	21	1057
新入炭坑被害地補償（41.2.20）	21	1059
高島炭坑蠣瀬坑発火（41.6.21）	21	1080
高島炭坑暴風被害（41.8.26）	21	1089
鯰田炭坑被害田地小作米補助（41.11.26）	21	1107
新入炭坑被害補償準備金増額（41.12.7）	21	1109
蠣瀬坑内燃焼（42.1.17）	21	1140
新入炭坑被害補償（42.2.12）	21	1144
端島坑内燃焼（42.2.12）	21	1145
鯰田炭坑被害小作米補助其他補償（42.11.29）	21	1189
新入炭坑被害補償（42.12.25）	21	1194
新入炭坑損害補償（43.3.29）	21	1231
新入炭坑被害補償（43.7.14）	21	1247
新入炭坑被害地買収（43.8.15）	21	1250
新入村外社有陥落地埋立委嘱（44.2.20）	21	1306
新入炭坑被害地買収（44.3.10）	21	1311
新入炭坑侵掘ニ付損害賠償要求（44.3.23）	21	1316
金田方城両坑陥落地買入資金貸与（44.4.24）	21	1319
相知炭坑被害補償（44.5.31）	21	1325
新入炭坑被害地交換（44.11.20）	21	1371
新入炭坑被害補償（44.12.26）	21	1386

(大正)

項目	巻	頁
相知炭坑被害補償（1.4.4）	22	1449
新入炭坑被害地譲受（1.4.29）	22	1462

公害・災害

項目	巻	頁	項目	巻	頁
高島炭坑二子坑内変災(1.6.28)	22	1477	方城炭坑瓦斯爆発(3.12.15)	23	2271
新入炭坑被害補償(1.12.27)	22	1539	方城炭坑変災費処分方(3.12.24)	23	2289
新入炭坑被害補償(1.12.30)	22	1542	相知炭坑被害地買収(4.2.4)	24	2431
金田炭坑被害地買収(2.1.8)	22	1612	金田炭坑被害地買収(4.2.17)	24	2437
新入炭坑第一坑発熱(2.1.13)	22	1616	金田炭坑作物被害補償(4.2.17)	24	2438
高島炭坑暴風被害(2.1.21)	22	1623	新入炭坑被害地買収(4.2.26)	24	2452
新入炭坑腸窒扶斯流行(2.1.25)	22	1628	芳谷炭坑被害地買収(4.3.4)	24	2455
金田炭坑被害米作補償(2.2.6)	22	1639	金田炭坑被害補償契約(4.3.9)	24	2457
鯰田炭坑被害地買収(2.2.12)	22	1644	方城炭坑被害地買収(4.3.25)	24	2466
製鉄所二瀬炭坑変災弔慰(2.2.14)	22	1648	新入炭坑坑内変災(4.4.23)	24	2486
相知炭坑被害補償(2.2.18)	22	1654	直方被害弁償要求ノ件(4.4.26)	24	2487
新入炭坑被害地買収(2.5.7)	22	1707	新入炭坑被害補償(4.4.29)	24	2489
金香瀬坑内出火(2.6.21)	22	1737	方城炭坑稲作被害補償(4.5.21)	24	2508
芳谷炭坑被害補償(2.8.19)	22	1774	方城炭坑被害補償(4.6.7)	24	2515
新入炭坑第四坑坑内発火(2.8.27)	22	1781	方城炭坑変災罹災者遺体収容(4.6.10)	24	2523
金田炭坑被害補償積立金其他減額(2.9.18)	22	1796	方城炭坑招魂碑建設(4.6.16)	24	2528
蠣瀬坑捲揚機故障(2.10.2)	22	1808	新入炭坑坑内変災(4.6.26)	24	2532
新入炭坑損害賠償(2.10.14)	22	1816	芳谷炭坑降雨被害(4.6.29)	24	2534
芳谷炭坑強風被害(2.10.16)	22	1818	相知炭坑被害補償(4.7.20)	24	2544
新入炭坑坑内小火(2.11.26)	22	1841	上山田炭坑瓦斯燃焼(4.7.28)	24	2552
金田炭坑作物被害賠償(3.2.25)	23	2031	新入炭坑浸水家屋移転費外支出(4.8.21)	24	2566
新入炭坑損害補償(3.3.3)	23	2035	芳谷炭坑風雨被害(4.9.7)	24	2579
芳谷炭坑強風被害(3.3.6)	23	2039	高島炭坑暴風雨被害(4.9.8)	24	2579
方城炭坑稲作被害補償(3.3.13)	23	2045	高島炭坑技士坑内ニテ負傷(4.9.28)	24	2594
鯰田炭坑被害地買収(3.3.28)	23	2057	金田炭坑坑内火災(4.11.11)	24	2639
相知炭坑被害地補償(3.3.28)	23	2058	新入炭坑被害補償(4.12.3)	24	2665
金田炭坑坑内崩落(3.4.24)	23	2089	新入炭坑土地売渡,被害補償打切契約(4.12.3)	24	2665
方城炭坑被害補償(3.4.30)	23	2092	新入炭坑被害補償打切契約(4.12.7)	24	2666
岸岳坑内故障(3.5.5)	23	2096	方城炭坑変災費打切(4.12.11)	24	2668
高島炭坑暴風雨被害(3.6.3)	23	2114	新入炭坑被害補償打切契約(4.12.28)	24	2689
芳谷炭坑豪雨被害(3.6.15)	23	2124	方城炭坑爆発調査報告(4.7.28)	24	補遺1
相知炭坑坑内漏水(3.6.22)	23	2131	新入炭坑被害地買収(5.1.6)	25	2821
新入炭坑被害地売渡及補償打切契約(3.6.30)	23	2137	相知炭坑被害補償(5.1.6)	25	2821
芳谷炭坑「ランプ」室火災(3.7.12)	23	2152	端島坑内小爆発(5.1.27)	25	2857
高島炭坑激浪被害(3.7.26)	23	2160	芳谷炭坑納屋類焼(5.1.30)	25	2861
芳谷炭坑被害補償(3.8.7)	23	2171	上山田炭坑被害補償打切契約(5.1.31)	25	2862
高津亀太郎崎戸坑内ニテ重傷死去(3.8.8)	23	2172	金田炭坑被害補償(5.2.1)	25	2869
金田炭坑作物被害補償(3.8.17)	23	2179	新入炭坑補償打切契約(5.2.21)	25	2902
高島炭坑暴風雨被害(3.8.24)	23	2188	方城炭坑被害補償打切契約(5.2.23)	25	2903
芳谷炭坑強風被害(3.8.25)	23	2189	新入炭坑被害地買収(5.2.23)	25	2904
相知炭坑暴風雨被害(3.8.25)	23	2190	金田炭坑作物被害補償(5.2.25)	25	2910
金田炭坑被害補償(3.8.26)	23	2192	芳谷炭坑被害補償(5.2.28)	25	2912
新入炭坑暴風雨被害高(3.9.1)	23	2198	高島炭坑炭塵予防方法許可(5.2.29)	25	2915
鯰田炭坑暴風雨被害復旧費承認(3.9.5)	23	2201	上山田炭坑被害補償打切契約(5.3.10)	25	2926
新入炭坑出火(3.10.18)	23	2229	金田炭坑坑内火災鎮火(5.4.)	25	2989
芳谷炭坑牟田部社宅類焼(3.11.12)	23	2240	金田炭坑被害補償準備積立(5.5.8)	25	2996
端島坑内変災(3.11.26)	23	2251	金田炭坑井水涸渇ニ付給水ノ件(5.5.29)	25	3020
金田炭坑被害地買収(3.12.1)	23	2255			

公害・災害

方城炭坑米作被害補償(5.6.12)	25	3038	新入鯰田両炭坑被害補償準備金噸当積高(7.2.14)	29	4371
芳谷炭坑豪雨被害(5.6.24)	25	3044	上山田炭坑被害補償準備金積立(7.2.14)	29	4372
相知炭坑被害補償(5.6.27)	25	3048	芳谷炭坑夫社宅出火(7.2.20)	29	4381
高島蠣瀬坑内出水(5.7.12)	25	3084	端島坑内変災(7.2.26)	29	4385
相知炭坑被害補償(5.7.13)	25	3086	上山田炭坑瓦斯燃焼(7.3.7)	29	4399
高島炭坑蠣瀬坑内変災(5.7.16)	25	3088	金田炭坑陥落地工費負担(7.3.11)	29	4403
高島炭坑蠣瀬坑火災ニ係ル経費処分方(5.7.27)	25	3100	相知炭坑被害補償契約(7.3.13)	29	4405
方城炭坑被害補償(5.8.8)	25	3114	金田炭坑被害地補償契約(7.3.18)	29	4411
高島炭坑虎列剌流行(5.8.13)	25	3122	高島炭坑蠣瀬坑爆発惨死者法要(7.3.28)	29	4428
金田炭坑麦作被害補償(5.8.15)	25	3125	高島炭坑塩賠償価格改正(7.4.24)	29	4457
高島炭坑坑内変災(5.8.23)	25	3129	高島支部端島倶楽部建物焼失(11.2.28)	31	5806
鯰田炭坑被害補償契約(5.8.29)	25	3135	(昭和)		
新入炭坑被害地買収(5.10.10)	25	3179	美唄礦業所坑内瓦斯爆発(2.11.12)	35	49
芳谷炭坑夫長屋出火(5.10.31)	25	3206	端島第四坑出水(4.1.5)	35	237
鯰田炭坑坑内変災(5.11.14)	26	3228	高島二子坑内瓦斯爆発(7.3.16)	36	642
久留米試錐所附近出水(5.11.14)	26	3229	端島坑内瓦斯爆発(10.3.26)	37	1003
鯰田炭坑被害補償(5.11.21)	26	3238	美唄礦業所坑内瓦斯爆発(16.3.18)	38	1768
大夕張炭坑製材工場出火(5.12.14)	26	3311			
高島製塩賠償価格値上願(6.1.8)	27	3583	**2）鉱山**		
方城炭坑被害地買収(6.1.20)	27	3591	(明治)		
金田炭坑被害補償(6.2.2)	27	3606	吉岡鉱山小舎壊破（7.8.21）	1	232
芳谷炭坑地方降雪被害(6.2.4)	27	3608	吉岡鉱山事務所焼失（9.6.12）	3	210
金田炭坑作物被害補償(6.2.13)	27	3617	吉岡鉱山火災（10.2.3）	4	30
芳谷炭坑被害補償積立(6.2.16)	27	3620	湯ノ沢鉱山鳴動（21.10.1）	16	189
新入炭坑土地売渡並補償打切契約(6.2.19)	27	3623	黒森鉱山選鉱所焼失（22.6.26）	16	118
上山田炭坑被害補償打切契約(6.4.8)	27	3691	吉岡鉱山納屋焼失（22.6.26）	16	291
上山田炭坑被害地買収(6.4.20)	27	3701	槇峯鉱山火災（25.8.23）	18	61
鯰田炭坑陥落地復旧用土地上地(6.4.21)	27	3703	吉岡鉱山煙害地買収（27.5.26）	19	18
鯰田炭坑第五坑坑内発火(6.4.21)	27	3703	槇峰鉱山煙害賠償(27.8.1)	19	24
方城炭坑稲作被害弁償(6.5.30)	27	3770	吉岡鉱山煙害弁償(27.8.9)	19	25
鯰田炭坑補償打切契約(6.6.4)	27	3777	槇峰鉱山煙害賠償(28.1.3)	19	63
相知炭坑被害補償打切契約(6.6.21)	27	3808	吉岡鉱山煙害賠償(28.3.2)	19	68
上山田炭坑坑内発火(6.7.20)	27	3861	面谷鉱山火災(28.11.8)	19	86
方城炭坑炭車ニテ通行人負傷ノ件(6.8.10)	27	3887	荒川鉱山火災(29.5.9)	19	113
美唄炭坑出水被害(6.9.7)	28	3921	吉岡鉱山煙害地買入(30.1.19)	19	150
方城炭坑被害補償打切契約(6.9.11)	28	3930	槇峰鉱山煙害補償(30.2.3)	19	153
芳谷炭坑地方強風被害(6.9.30)	28	3948	槇峰鉱山坑夫変災(30.3.8)	19	160
芳谷炭坑被害地買収(6.10.6)	28	3964	吉岡鉱山煙害関係(30.4.8)	19	166
美唄炭坑鉱夫社宅出火(6.10.27)	28	3990	煙害鉱毒予防(30.4.8)	19	166
高島炭坑坑内変災(6.10.28)	28	3991	吉岡鉱山煙害地買入(30.4.10)	19	166
美唄炭坑第三坑爆発(6.11.23)	28	4020	荒川鉱山鉱煙関係(30.4.12)	19	167
貝島桐野坑爆発報告(6.12.23)	28	4067	吉岡鉱山煙害地買入(30.4.26)	19	169
方城炭坑負傷坑夫遺族慰籍料請求ノ件(6.12.25)	28	4069	吉岡鉱山煙害地買入(30.5.14)	19	174
桐野炭坑爆発ニ付慰問(6.12.25)	28	4070	吉岡鉱山煙害関係(30.5.26)	19	177
鯰田炭坑被害補償金積立(7.1.16)	29	4327	吉岡鉱山鉱煙害関係(30.6.1)	19	179
大夕張炭坑選炭場焼失(7.1.21)	29	4332	吉岡鉱山煙害地買受(30.6.11)	19	182
上山田炭坑水汲賃補給(7.1.22)	29	4333			

項目	巻	頁
佐渡鉱山出水(30.8.7)	19	195
槇峰鉱山煙害補償(30.8.24)	19	198
槇峰鉱山煙害補償(30.10.5)	19	211
吉岡鉱山煙害地買入(30.10.6)	19	211
佐渡鉱山洪水被害復旧費(30.10.8)	19	212
吉岡鉱山煙害地買入(30.10.13)	19	212
槇峰鉱山煙害補償(30.10.19)	19	214
面谷鉱山盗難(30.11.7)	19	221
吉岡鉱山煙害地買収(30.11.9)	19	222
槇峰鉱山煙害補償(30.11.16)	19	224
槇峰鉱山出捐(30.12.31)	19	236
尾去沢鉱山其他降雪被害(30.12月)	19	236
荒川鉱山火災(31.2.19)	19	259
面谷鉱山雪害(31.2.26)	19	259
荒川鉱山火災(31.4.14)	19	263
槇峰鉱山煙害地購入(31.6.25)	19	272
槇峰鉱山煙害補償(31.7.18)	19	275
槇峰鉱山煙害地購入(31.8.22)	19	277
槇峰鉱山煙害補償約定(31.9.3)	19	279
面谷鉱山赤痢病発生(31.9.20)	19	281
槇峰鉱山煙害補償(32.2.22)	20	315
白山支山火災(32.3.26)	20	320
荒川鉱山変災(32.4.9)	20	323
尾去沢鉱山倉庫放火(32.4.25)	20	327
荒川鉱山豪雨被害(32.5.20)	20	329
日三市支川火災(32.5.30)	20	330
吉岡鉱山火災(32.6.27)	20	334
槇峰鉱山暴風雨被害(32.7.7)	20	338
面谷鉱山地方暴風雨(32.8.15)	20	343
生野鉱山風被害(32.10.4)	20	352
槇峰鉱山煙害地購入(32.11.24)	20	361
佐渡鉱山選鉱場失火(33.1.17)	20	388
生野鉱山太盛山発火(33.2.14)	20	394
亀山盛支山小火(33.2.22)	20	395
面谷鉱山ニ係ル鉱毒問題(33.5.24)	20	411
槇峰鉱山ニ係ル鉱毒問題(33.6.24)	20	413
生野鉱山煙害補助(33.6.30)	20	415
吉岡鉱山坑内火災(33.7.4)	20	417
荒川鉱山豪雨被害(33.7.24)	20	420
尾去沢鉱山地方洪水(33.8.12)	20	423
槇峰鉱山暴雨被害(33.8.19)	20	424
槇峰鉱山煙害地購入(33.8.24)	20	426
面谷鉱山ニ係ル鉱毒問題(34.2.7)	20	476
尾去沢鉱山真吹所全焼(34.4.11)	20	490
石仮戸支山変災(34.6.21)	20	496
生野鉱山被害地補助金給与(35.1.3)	20	550
尾去沢鉱山降雪被害(35.1.28)	20	553
尾去沢鉱山落磐変災(35.3.5)	20	561
大葛支山製煉所半焼(35.5.30)	20	571
尾去沢鉱山火災(35.6.5)	20	572
槇峰鉱山煙害補償契約更改(35.7.10)	20	576
佐渡鉱山豪雨被害(35.8.1)	20	580
生野鉱山出火(35.8.27)	20	582
槇峰鉱山煙害補償契約更改(36.2.17)	20	625
日三市支山炭庫火災(36.4.21)	20	637
佐渡鉱山出水変災(36.7.19)	20	647
荒川鉱山降雪変災(37.1.28)	20	685
日三市支山降雪ノ為熔鉱炉操業中止(37.2.2)	20	686
槇峰鉱山出火(37.2.24)	20	693
佐渡鉱山洪水被害(37.7.22)	20	716
日三市支山火災(38.3.4)	20	775
生野鉱山事務員負傷(38.5.22)	20	789
槇峰鉱山煙害補償契約(38.9.30)	20	816
佐渡鉱山火災(38.12.20)	20	836
生野鉱山煙害補償(39.3.12)	21	867
荒川鉱山捲揚場焼失(39.4.25)	21	876
生野鉱山猪野々地方煙害補償(40.7.10)	21	989
宝鉱山豪雨被害(40.8.23)	21	1003
尾去沢鉱山製煉所焼失(41.6.1)	21	1078
生野鉱山煙害補償(42.3.4)	21	1149
生野鉱山熔鉱炉瓦斯爆発(43.3.9)	21	1229
若生子製煉所設置経緯(43.5.30)	21	1240
荒川鉱山豪雨被害(43.9.1)	21	1253
生野鉱山煙害補償(44.12.29)	21	1388
(大正)		
尾去沢鉱山煙害地買収(1.1.17)	22	1431
日三市支山風雪被害(1.2.10)	22	1437
荒川鉱山坑内浸水(1.2.28)	22	1442
荒川鉱山長屋焼失(1.3.13)	22	1446
生野鉱山暴風雨被害(1.9.22)	22	1498
荒川鉱山風雨被害(1.9.23)	22	1498
面谷鉱山暴風雨被害(1.9.23)	22	1499
宝鉱山暴風雨被害(1.9.23)	22	1500
槇峰鉱山暴風雨被害(1.10.2)	22	1502
若生子製煉所被害地ニ地上権設定契約(1.10.5)	22	1503
猪篠村養蚕煙害補償問題(1.10.26)	22	1508
若生子製煉所煙害補償(1.12.5)	22	1530
面谷鉱山豪雨被害(1.12.18)	22	1534
槇峰鉱山煙害補償契約(1.)	22	1552
明延支山水利権ニ付関係村民承諾(1.是歳)	22	1553
尾去沢鉱山鉱害問題(2.1.30)	22	1629
若生子製煉所焼失(2.5.5)	22	1707
生野鉱山養蚕被害ニ付支給(2.12.27)	22	1883
生野鉱山鉱煙害補償協定不調(2.12.27)	22	1883

荒川鉱山地方激震(3.3.15)	23	2048
生野鉱山鉱煙害補償契約(3.4.1)	23	2064
若生子製煉所煙害補償(3.4.14)	23	2080
若生子煙害ニ関シ養蚕技手依頼(3.4.25)	23	2089
若生子製煉所鉱煙被害補償契約(3.5.20)	23	2106
尾去沢鉱山高屋部落鉱水被害補償並除害設備(3.6.1)	23	2113
生野鉱山鉱毒被害補償契約(3.6.1)	23	2113
槙峰鉱山変災(3.6.27)	23	2136
坂東島支山鉱夫長屋類焼(3.7.28)	23	2162
若生子製煉所鉱煙被害補償(3.8.11)	23	2173
宝鉱山暴風雨被害(3.8.13)	23	2174
奥山鉱山火薬庫倒壊(3.8.29)	23	2195
生野鉱山赤痢発生(3.9.7)	23	2202
木下窯業場焼失ニ付復旧工事監督方(3.9.8)	23	2202
高取鉱山降雨被害(3.9.14)	23	2207
生野鉱山猪篠村煙害補償契約(3.10.6)	23	2223
尾去沢鉱山葛原部落鉱水被害ニ付協定(3.11.2)	23	2235
尾去沢鉱山降雪故障(4.1.12)	24	2415
荒川鉱山降雪故障(4.1.12)	24	2416
各鉱山坑内保安ニ付戒飭(4.1.14)	24	2418
荒川鉱山雪崩被害(4.1.20)	24	2425
尾去沢鉱山対神田部落鉱毒問題落着(4.3.10)	24	2458
高千支山洪水被害(4.4.12)	24	2499
奥山鉱山消防組設置(4.4.22)	24	2485
面谷鉱山煙害補償契約(4.5.15)	24	2505
面谷鉱山煙害補償契約(4.6.27)	24	2533
佐渡鉱山大立坑納屋焼失(4.7.13)	24	2541
吉岡鉱山赤痢発生及寄附(4.7.26)	24	2551
明延鉱山出水被害(4.8.4)	24	2556
生野鉱山竹原野村煙害補償金残額支払(4.8.13)	24	2559
佐渡鉱山豪雨被害(4.8.20)	24	2562
生野鉱山社有山林虫害(4.8.22)	24	2567
槙峰鉱山暴風雨(4.9.7)	24	2579
吉岡鉱山降雨被害(4.10.7)	24	2609
生野鉱山岩津村煙害補償契約(4.11.4)	24	2631
生野鉱山虫害補償(4.11.13)	24	2641
荒川鉱山鉱夫長屋失火(4.12.20)	24	2677
吉岡鉱山出火(5.1.8)	25	2823
尾去沢鉱山対末広高尾部落鉱水問題(5.3)	25	2948
生野鉱山中瀬探鉱地残鉱ニ関シ贈与(5.4.27)	25	2987
佐渡鉱山暴風雨被害(5.5.8)	25	2995
富来鉱山地方暴風雨(5.5.8)	25	2995
綱取鉱山地方暴風雨(5.5.8)	25	2996
尾去沢鉱山花軒田及曲沢部落外煙害補償問題(5.5.10)	25	3000
直島村民製煉所設置方陳情(5.6.20)	25	3043
吉岡鉱山大切谷堤防決潰(5.6.27)	25	3047
荒川鉱山旱魃(5.7.17)	25	3089
尾去沢鉱山大湯水利権ニ付弁償金支出(5.7.29)	25	3101
尾去沢鉱山対松館部落煙害補償契約(5.8.5)	25	3111
直島製煉所煙害防止ニ付照会(5.9.16)	25	3155
尾去沢鉱山選鉱場焼失(5.9.24)	25	3162
奥山鉱山鉱害補償契約(5.10)	25	3208
槙峰鉱山坑内変災(5.11.15)	26	3232
佐渡鉱山暴風被害(5.12.25)	26	3356
尾去沢鉱山鉱夫長屋失火(5.12.31)	26	3417
面谷鉱山降雪被害(6.2.15)	27	3618
面谷鉱山変災(6.3.7)	27	3659
佐渡地方豪雨被害(6.7.4)	27	3826
綱取鉱山製煉場焼失(6.9.23)	28	3941
面谷鉱山若生子製煉所変災(6.12.26)	28	4071
吉岡鉱山煙害補償(6.12.29)	28	4080
面谷鉱山文六支山降雪被害(7.1.6)	29	4304
面谷鉱山降雪被害(7.1.9)	29	4312
日三市支山浮游選鉱場雪崩被害(7.1.14)	29	4323
奥山鉱山坑内変災(7.2.23)	29	4384
日三市支山雪崩被害(7.2.27)	29	4387
綱取鉱山煙害補償(7.2.27)	29	4387
二双支山雪崩被害(7.3.17)	29	4409
明延鉱山失火(7.4.19)	29	4452
面谷鉱山流行性感冒(7.11.19)	29	4558
日三市支山倶楽部延焼(10.9.25)	31	5580
富来鉱山倶楽部焼失(11.7.23)	31	5881
(昭和)		
尾去沢鉱山中沢鉱滓杆止堤防決潰(11.11.20)	37	1168

3) 農地

(明治)

越後地方出水(27.8.22)	19	27
新潟地方出水(29.7)	19	117
新潟地方出水被害(30.7.13)	19	190
新潟地方出水(30.8.7)	19	196
新潟地方出水(31.9.7)	19	279
新潟事務所小作人救護(37.7.5)	20	713
新潟事務所外類焼(41.3.6)	21	1061

(大正)

新潟地方出水被害(1.7.14)	22	1482
新潟地方出水被害(2.8.27)	22	1781
南蒲原郡出水被害並救助(3.8.20)	23	2182
新潟地方暴風(4.10.8)	24	2610
新潟地所降雨被害(5.7.4)	25	3066

公害・災害

新潟地所出水被害(5.7.14)	25	3087
新潟地方出水被害(6.10.1)	28	3959

4）工場

（明治）

樟脳製造所板倉焼失（7.9.10）	1	258
樟脳製造所流失（8.9.3）	2	196
高砂工場排水工事ニ付村民騒擾（34.8.6）	20	505
高砂工場用水引込ニ係ル紛争（36.9.13）	20	653
高砂町漁業組合ニ被害補償（40.7.27）	21	995
三菱造船所立神工場火災（40.11.19）	21	1011
三菱造船所出火（42.5.26）	21	1158

（大正）

三菱造船所暴風雨被害（3.6.3）	23	2116
三菱造船所職工負傷（3.1.13）	23	1995
三菱造船所暴風雨被害（3.8.25）	23	2190
旭硝子工場発火（4.3.19）	24	2464
神戸造船所浮起重機漂流（4.10.7）	24	2609
横須水力発電所用地補償料ニ関スル問題解決（4.11.25）	24	2657
神戸造船所義捐（5.1.18）	25	2844
長崎造船所変災（5.6.11）	25	3037
長崎市虎列刺病流行ト造船所（5.8.14）	25	3124
神戸造船所虎列刺病予防注射（5.9.5）	25	3150
彦島地方虎疫発生（5.9.26）	25	3165
彦島造船所虎疫予防注射（6.2.10）	27	3616
牧山骸炭製造所「ベンゾール」詰替所失火（6.8）	27	3909
東京工業化学試験所出火（15.8.30）	34	7204

（昭和）

航空機会社名古屋製作所火災（9.2.21）	36	872

5）船舶

（明治）

快順丸衝突（7.1.19）	1	165
済通丸行衛不明（7.1.是月）	1	170
金川丸坐礁（7.8.20）	1	228
高砂丸衝突（8.1.6）	1	347
快順丸海難（8.2.6）	1	401
社寮丸坐礁（8.5.30）	2	95
社寮丸坐礁（8.6.是月）	2	140
名護屋丸衝突（8.12.25）	2	434
敦賀丸衝突（9.9.是月）	3	398
敦賀丸衝突（9.12.10）	3	560
社寮丸漂流人救助（9.12.13）	3	575
私学黨太平丸抑留（10.2.8）	4	37
天草丸坐礁（10.7.15）	4	248
広島丸衝突（10.8.2）	4	321
社寮丸難破船救助（10.11.18）	4	493
「ウイル，デ，リール」号遭難関係（11.3.6）	5	291
高千穂丸衝突（11.4.5）	6	373
蓬莱丸漂流人救助（11.7.9）	6	492
田子ノ浦丸漂流船拾得（11.10.10）	6	624
玄龍丸沈没（11.12.11）	6	682
兵庫丸遭難船救助（12.1.9）	7	5
貫効丸衝突（12.1.21）	7	12
長崎丸沈没（12.7.19）	7	326
千年丸海難（12.11.30）	7	513
田子ノ浦丸衝突（13.3.15）	8	254
広島丸衝突（13.6.20）	8	356
青龍丸石炭庫発火（13.9.14）	8	493
高千穂丸海難（13.10.27）	8	530
太平丸海難（14.9.13）	9	320
千島丸坐礁（14.10.27）	9	337
高砂丸衝突（15.3.15）	10	233
九重丸漂流船救助（15.4.2）	10	251
和歌浦丸海難（15.4.5）	10	268
九重丸沈没（15.7.21）	10	323
紀伊国丸海難（15.8.21）	10	378
田子浦丸漂流船救助（16.9.22）	11	129
黄龍丸海難（16.10.13）	11	145
熊本丸衝突（16.10.21）	11	167
兵庫丸遭難船救助（17.1.24）	12	25
広島丸衝突（17.3.19）	12	74
須磨浦丸衝突（17.10.21）	12	334
名護屋丸衝突（18.2.26）	13	49
蓬莱丸坐礁壊破（18.2.25）	13	49
横浜丸漂流船救助（18.3.3）	13	80
赤龍丸坐礁壊破（18.6.16）	13	233
社船芙蓉丸、長門丸救助（27.3.8）	19	10
傭船沈没（27.4.4）	19	13
運炭船衝突（29.10.14）	19	122
運炭船破船（29.11.16）	19	125
夕顔丸英国汽船ト衝突事件（30.1.10）	19	148
芙蓉丸遭難船救助（30.2.5）	19	153
芙蓉丸他船救助（30.3.23）	19	163
長崎造船所外船救助（30.5.15）	19	174
入渠中汽船小火（31.12.21）	19	290
長崎支店運炭船遭難（32.1.13）	20	310
若松支店運炭船遭難（32.2.16）	20	314
若松支店傭運炭船遭難（32.11.18）	20	357
若松支店傭船遭難（33.1.18）	20	388
骸炭製造所用汽罐沈没（33.2.16）	20	394

公害・災害

江浦丸坐礁(33.10.17)	20	435
長崎支店雇運炭船沈没(34.11.16)	20	514
若松支店傭運炭船沈没(34.12.16)	20	519
社船初音丸沈没(35.8.10)	20	580
三菱造船所団平船沈没(36.3.13)	20	629
門司支店艀船沈没(36.5.12)	20	641
長崎支店帆船衝突(37.1.18)	20	684
社船飽浦丸沈没(37.8.20)	20	721
長崎支店運炭船行衛不明(37.10.5)	20	729
門司支店通船覆没(37.12.24)	20	741
若松支店雇運炭船沈没(38.1.29)	20	765
福浦丸衝突遭難事件(38.11.25)	20	826
運炭船若松丸外沈没(39.1.11)	21	861
三菱造船所臨時人夫乗船顛覆(40.9.18)	21	1007
若松支店運炭船沈没(40.12.20)	21	1018
小蒸汽船羽衣丸海難(42.2.8)	21	1144
(大正)		
「大浦丸,ボルタワ」号外救助(2.3.13)	22	1671
定期傭船神明丸外坐洲(2.4.10)	22	1698
社船田浦丸坐洲(2.4.24)	22	1703
社船小浦丸独逸汽船ト接触(2.4.24)	22	1703
梅ヶ香丸救助作業成功, 外救助事業(2.5.18)	22	1714
社船田浦丸沈没(2.6.2)	22	1724
社船福浦丸外坐洲(2.7.16)	22	1754
小蒸汽船海難(2.11.13)	22	1832
豊浦丸底触(3.1.3)	23	1991
大浦丸救助事業(3.3.12)	23	2044
小蒸汽船小鷹丸沈没竝救助(3.4.23)	23	2089
有馬丸救助事業(3.5.17)	23	2102
大浦丸救助事業(4.2.27)	24	2454
有馬丸救助事業(4.3.1)	24	2455
若松丸外社船海難(4.12.18)	24	2674
真名鶴丸及大浦丸救助事業(5.1.11)	25	2828
「ナイル」号引揚作業中止(5.8.3)	25	3105
「ナイル」号引揚作業詰所閉鎖(5.9.5)	25	3149
小樽支店帆船磯谷丸海難(5.12.8)	26	3289

6) その他施設

(明治)		
神戸支店土蔵壊破(7.8.21)	1	232
四日市支社焼失(9.12.20)	3	580
函館支社焼失(12.12.6)	7	538
横浜支社倉庫焼失(14.3.1)	9	45
新潟支社土蔵焼失(16.6.5)	11	62
大阪支店類焼(23.9.5)	17	125
下関出張所類焼(25.11.21)	18	129
社有和田岬石垣被害(30.2.27)	19	158
和田岬石垣破壊賠償(30.7.19)	19	191
鵜養発電所落雷(34.7.15)	20	502
長崎支店倉庫内高島炭発火(35.10.13)	20	588
鵜養発電所水路工事ニ係ル妨害事件(37.11.28)	20	736
長崎支店倉庫外類焼(40.6.16)	21	983
(大正)		
営業部神戸支店白蟻被害(2.9.9)	22	1790
長崎支店暴風雨被害(3.6.3)	23	2116
長崎支店暴風雨被害(3.8.24)	23	2188
中央亭失火(3.9.6)	23	2201
丸之内防火警戒(4.4.1)	24	2474
漢口支店桐油精選仮工場出火(4.5.18)	24	2506
東京在勤員虎疫予防注射(5.9.19)	25	3159
東京倉庫会社大阪蘆分倉庫爆発(6.5.5)	27	3710
大阪蘆分倉庫爆発ニ付見舞(6.5.6)	27	3746
兼二浦製鉄所火薬類仮貯蔵所爆発(6.5.7)	27	3748
大阪蘆分倉庫爆発罹災慰問金払込方(6.5.11)	27	3751
神戸支店近火(6.11.30)	28	4030
丸之内仲六号館出火(11.1.24)	31	5779
丸之内所在家屋出火(11.5.4)	31	5848
東京社有地浸水(11.8.23)	31	5893
丸ノ内仲八号館及東七号館出火(12.4.4)	32	6137
小樽港火薬爆発情報(13.12.27)	33	6646
本社消防設備施設(14.9.5)	34	6920
(昭和)		
菱華倉庫会社所有倉庫罹災(昭和12年、是歳)	37	1324

7）一般災害

(明治)

若松地方暴風(28.7.27)	19	78
岡山地方暴風雨(29.8.17)	19	118
東北地方強震(29.8.31)	19	119
生野町火災(42.5.28)	21	1159

(大正)

神田三崎町大火(2.2.20)	22	1654
小樽火災(2.5.5)	22	1707
唐津支店風雨被害(2.10.16)	22	1819
美唄社有山林延焼(3.5.3)	23	2095
北海道社有山林火災(3.5.15)	23	2101
兼二浦地方豪雨被害(3.9.11)	23	2207
唐津支店暴風雨被害(4.9.6)	24	2579
神戸地方暴風雨被害(5.10.28)	25	3205
神戸地方暴風雨(6.8.3)	27	3877
京浜地方颱風被害(6.10.1)	28	3960
東京地方出水(6.10.1)	28	3961
神戸地方暴風雨被害(6.10.1)	28	3961
函館大火情報(9.4.14)	30	5182
東京中央郵便局出火(11.1.4)	31	5775
東京地方強震被害(11.4.26)	31	5838
関東大震火災(12.9.1)	32	6183
三社震災殉難者追悼会執行(12.11.4)	32	6199
関東震災記事		6233—
	32	6373
三菱臨時震災救護部診療(13.2.26)	33	6542
山陰地方地震情報(14.5.25)	34	6878
大震災三周年記念消防演習(15.8.30)	34	7200

(昭和)

稲荷神社震災被害(2.3.8)	35	11
関西地方風水害見舞(9.9.22)	36	915
阪神地方水害見舞(13.7.5)	37	1436
銀行ニテ鳥取地方震災見舞金贈呈(18.9.28)	39	2123
名古屋地方震災(19.12.7)	39	2314

24. 訴訟

(明治)

件名	巻	頁
湯島梅園町購買地所事件（6.9.是月）	1	124
佐藤吉蔵寄託貨物紛失賠償事件（7.8.是月）	1	247
扶桑丸受託貨物遺留事件（7.12.26）	1	318
新潟丸受託棉花紛失事件（8.1.是月）	1	382
東海丸受託貨物遺留事件（8.4.23）	2	25
吉岡鉱山侵害事件（8.8.2）	2	157
高知製糸場技師「エイネ，コエ」解傭事件（8.9.20）	2	229
金川丸輸送石炭減量事件（8.10.4）	2	272
名護屋丸衝突事件（8.12.25）	2	434
高砂丸船客英人提鞄紛失事件（9.2.22）	3	43
黄龍丸受託貨物盗難事件（10.4.9）	4	108
深川伊勢崎町貸家明渡請求事件（12.3.18）	7	143
深川伊勢崎町貸家明渡請求事件（12.4.19）	7	187
熊本丸受託昆布流失事件（12.10.27）	7	474
古沢滋貸金事件（16.8.30）	11	108
須磨浦丸衝突事件（17.10.21）	12	334
千年丸衝突事件（18.8.21）	13	340
橋本清右衛門穀類取戻事件（19.12.25）	15	210
正延定三郎荷物受渡証偽造私訴事件（20.10.18）	15	91
高島村民損害調査請求事件（21.7.30）	16	142
岡田平太郎尾去沢鉱山借区券名義書換請求事件（25.12.7）	18	152
川崎儀三郎端島炭坑取戻事件（26.4.27）	18	38
筑前中山村民趣意金事論（26.11.15）	18	111
社名ノミニテ登記申請拒否（27.3.3）	19	9
小作米未納者出訴（27.3.12）	19	10
弥高鉱山関係訴訟（27.4.2）	19	13
中山訴訟事件（27.4.5）	19	13
対日本「コークス」会社訴訟（27.4.11）	19	13
対高杉寅五郎貸金請求訴訟（28.6.4）	19	75
対高杉虎五郎訴訟（29.5.8）	19	112
吉岡鉱山土地関係訴訟（30.5.26）	19	177
広瀬武彦ニ係ル鉱区代決済（31.4.20）	19	263
多多良木試掘鉱区関係訴訟（31.10.31）	19	284
大任村石炭鉱区関係訴訟（31.11.12）	19	285
大任石炭鉱区関係訴訟控訴（31.12.13）	19	289
大任鉱区譲受代金関係訴訟（32.4.1）	20	323
長崎市戸町土地境界ニ付訴訟（32.5.5）	20	328
荒川鑛山官林ニ係ル嫌疑事件（33.1.19）	20	390
長崎小菅地所境界ニ関スル訴訟（33.4.23）	20	405
吉岡鉱山石油発動機設置ニ係ル告発事件（33.9.11）	20	429
鵜養発電所用水路分水木樋撤去訴訟（34.7.2）	20	500
長崎小菅地所境界ニ関スル訴訟終結（34.12.24）	20	522
鵜養発電所用水事件和解（35.10.2）	20	586
吉岡鉱区ニ隣接鉱山侵掘ニ付訴訟（37.10.18）	20	730
鵜養発電所水路用地使用竝料金判定請求（38.6.21）	20	798
永田発電所在部落民妨害事件（39.7.29）	21	892
湯ノ沢支山鉱区盗掘事件（39.8.31）	21	897
吉岡鉱山侵堀ニ関スル訴訟勝訴（39.10.25）	21	905
湯ノ沢支山盗堀ニ係ル訴訟勝訴（41.5.12）	21	1076
湯ノ沢支山盗掘事件落着（42.6.18）	21	1161
吉岡鉱区侵掘事件落着（42.6.21）	21	1162

(大正)

件名	巻	頁
飽ノ浦機関工場地先傾斜ニ係ル損害賠償訴訟（2.5.23）	22	1718
鯰田炭坑用地補償金請求訴訟（2.8.4）	22	1766
長崎市内里郷所在社有地明渡訴訟（2.10.28）	22	1827
江浦丸衝突ニ関スル審判（2.12.19）	22	1877
鯰田炭坑対野見山金十郎訴訟勝訴（4.11.3）	24	2631
長崎造船所員市会議員選挙違反訴訟（6.6.11）	27	3794
新潟市土地ニ係ル訴訟（7.6.5）	29	4493
黒崎町社有地ニ関スル訴訟（15.3.26）	34	7127
黒崎町社有地ニ係ル訴訟ニ付訴訟代理人トノ交渉其他ニ関シ依頼ノ件（15.4.5）	34	7134
露亜銀行ニ係ル訴訟事件経過（15.11.29）	34	7243

(昭和)

件名	巻	頁
家屋税ニ対スル異議申立（5.9.3）	35	409
露亜銀行ニ対スル訴訟判決（11.3.23）	37	1132

25. 一般社会との関係・寄附

1）創業時代

（明治）

湯島天神建設修理費及掃除料（7.3.是月）	1	186
土佐厳島神社石燈（8.4.19）	2	21
高知藤並神社鈴台振（8.12.是月）	2	501
宮内省洋馬2頭（11.8.29）	6	575
函館大火罹災民賑恤費（11.12.20）	6	693
本郷湯島邸附近窮民賑恤費（12.12.是月）	7	550
函館小学校建築費（13.3.17）	8	264
東京火事罹災民賑恤費（14.1.是月）	9	21
海員掖済会（15.8.26）	10	383
染井共同墓地（18.2.4）	13	25
東京火事罹災窮民賑恤費（18.3.14）	13	106
高知道路開鑿費其他（19.4.22）	15	41
海防費（20.7.21）	15	41
巣鴨道路改修費（21.12.7）	16	236
憲法発布ニ際シ窮民賑恤（22.2.11）	16	131
伊香保共有墓地（22.11.是月）	16	388
長崎疫病予防費（23.7.是月）	17	97
長崎道路開通費（24.2.是月）	17	20
神田大火罹災民賑恤（25.4.11）	18	19
平安遷都記念祭費（26.12.26）	18	207

2）炭坑

（明治）

新入炭坑花ノ木石洗堰使用契約（27.11.28）	19	34
新入炭坑給水料支給（27.12.29）	19	37
高島炭坑寄附（30.3.15）	19	161
高島炭坑村費寄附（30.8.24）	19	198
鯰田炭坑寄附（30.9.10）	19	202
高島炭坑小学校費補助（32.3.24）	20	319
鯰田炭坑寄附（32.4.26）	20	327
高島炭坑寄附（32.6.17）	20	333
高島炭坑村費補助（33.3.7）	20	396
相知炭坑対村民交渉ニ付委嘱（34.1.26）	20	473
高島炭坑ニ電信局設置請願（34.4.9）	20	488
鯰田炭坑寄附（37.6.25）	20	712
鯰田炭坑寄附（37.12.27）	20	741
高島炭坑小学校費外寄附（38.2.24）	20	774
鯰田炭坑小学校増築費寄附（38.5.25）	20	791
下新入地内田地ニ対スル村定準用（38.6.7）	20	795
大字油戸住民ニ官有地払下資金貸与（38.12.10）	20	832
鯰田炭坑寄附（39.4.2）	21	874
高島炭坑小学校改築費寄附（39.7.4）	21	886
高島炭坑村費寄附（40.4.8）	21	969
方城炭坑売勘場開店（40.12.26）	21	1021
相知炭坑其他戸数割ニ付県当局ト協定（41.7.3）	21	1082
方城支坑外小学校増築費寄附（41.7.20）	21	1083
高島炭坑小学校経費支弁（41.11.26）	21	1108
鯰田炭坑飲料水給水設備（44.3.18）	21	1315
鯰田炭坑電気軌道敷設ニ付補償（44.12.29）	21	1388

（大正）

岸岳坑鉄道線敷地鉄道院ニ無償譲与（2.1.22）	22	1623
相知炭坑小学校建築費寄附（2.2.8）	22	1641
金田炭坑小学校増築費寄附（2.3.29）	22	1684
鯰田炭坑寄附（2.6.9）	22	1727
金田炭坑小学校移転改造費寄附（2.9.17）	22	1795
鯰田炭坑赤坂溜池ニ付契約（2.10.24）	22	1824
高島炭坑村費補助其他（3.3.6）	23	2039
芳谷炭坑寄附（3.3.11）	23	2044
新入炭坑小学校増築費寄附（3.3.31）	23	2061
方城炭坑被害補償打切契約（3.5.19）	23	2104
新入炭坑小学校移転増築費寄附（3.5.19）	23	2105
芳谷炭坑消防死者遺族ニ贈与（3.7.25）	23	2159
相知炭坑寄附（3.10.22）	23	2230
蘆別出張所寄附（3.10.30）	23	2232
鯰田炭坑寄附（3.12.11）	23	2267
芳谷炭坑小学校増築費寄附（4.1.14）	24	2418
鯰田炭坑鴨生溜池一部収用ニ付代地受入（4.1.20）	24	2425
蘆別村社有地貸付（4.4.14）	24	2481
蘆別村地所同村ニ貸付（4.5.20）	24	2508
新入炭坑寄附（4.8.20）	24	2563
高島炭坑坑長社宅高島村ニ寄附（4.8.21）	24	2565
美唄炭坑寄附（4.12.15）	24	2671
相知炭坑和田用水溝敷地払下（4.12.18）	24	2673
金田炭坑土地寄附（4.12.22）	24	2679
高島炭坑村費寄附（5.2.23）	25	2904
方城炭坑村費寄附（5.3.6）	25	2922
蘆別社有地学校敷地ニ供用（5.3.16）	25	2933
新入炭坑寄附（5.3.30）	25	2947
相知炭坑郵便局新設（5.4.1）	25	2952
大夕張美唄両炭坑外寄附（5.5.1）	25	2990
方城金田両炭坑寄附（5.5.17）	25	3011
金田炭坑寄附（5.6.3）	25	3033
新入炭坑寄附（5.8.25）	25	3134
蘆別炭坑寄附（5.8.30）	25	3136
鯰田炭坑被害地復旧費寄附（5.9.19）	25	3158
蘆別村土地寄附（5.10.13）	25	3186
大夕張美唄両炭坑寄附（5.11.14）	26	3229

一般社会との関係・寄附

鯰田炭坑寄附(5.12.21)	26	3336	尾去沢鉱山山神祭(35.8.15)	20	581
相知炭坑坑夫世話方へ貸金(5.12.21)	26	3337	槇峰鉱山山林寄附其他(35.11.19)	20	593
高島前村長ニ贈与(5.12.27)	26	3365	吉岡鉱山発電所竣工ニ際シ寄附其他(36.7.11)	20	646
美唄炭坑寄附(6.1.22)	27	3595			
高島二子坑小学校分教場新築(6.1.)	27	3604	面谷郵便局移転(36.10.1)	20	656
相知炭坑小学校増築費寄附(6.2.17)	27	3621	生野鉱山山神祭並寄附(37.4.22)	20	703
芳谷炭坑小学校増築(6.2.17)	27	3622	荒川鉱山寄附(37.6.16)	20	711
上山田炭坑坑所内郡道付替(6.4.6)	27	3691	面谷鉱山教育費寄附(37.7.30)	20	717
美唄炭坑寄附(6.4.25)	27	3705	尾去沢鉱山山神祭並寄附(37.8.1)	20	718
美唄炭坑郵便局維持費寄附(6.6.8)	27	3790	生野鉱山寄附(37.11.29)	20	738
美唄炭坑小学校増築(6.6.22)	27	3809	尾去沢鉱山寄附(38.2.22)	20	773
鯰田炭坑寄附(6.8.1)	27	3873	生野鉱山山神祭並寄附(38.4.22)	20	783
金田炭坑寄附(6.8.15)	27	3891	佐渡鉱山寄附(38.4.24)	20	784
美唄炭坑寄附(6.9.5)	28	3920	荒川鉱山湯ノ沢部落民ニ贈与(38.5.25)	20	790
上山田炭坑寄附(7.1.15)	29	4326	荒川鉱山寄附(38.6.16)	20	796
方城炭坑村費寄附(7.2.19)	29	4378	尾去沢鉱山山神祭其他(38.8.4)	20	809
二子島飲料水外用水供給ニ係ル件(7.2.20)	29	4380	鯰田炭坑寄附(38.10.31)	20	820
蘆別炭坑寄附(7.2.26)	29	4386	尾去沢荒川両鉱山県費寄附(38.11.13)	20	822
美唄炭坑寄附(7.3.7)	29	4399	日三市支山小学校増設費寄附(39.3.20)	21	868
金田炭坑寄附(7.3.26)	29	4527	生野鉱山町費負担増額(39.4.2)	21	873
美唄炭坑寄附(7.3.29)	29	4431	荒川鉱山村費寄附(39.7.20)	21	890
相知炭坑寄附(7.3.30)	29	4432	荒川鉱山日用品販売店開設(40.12.10)	21	1016
芳谷炭坑小学校校舎新築(7.4.1)	29	4434	小真木支山小学校分教場設置其他(4.12.10)	21	1017
芳谷炭坑附近民家ニ電燈供給(7.4.9)	29	4442	生野鉱山小学校改築費寄附(42.11.6)	21	1188
上山田炭坑寄附(7.4.10)	29	4442	(大正)		
鯰田炭坑耕地整理組合ニ貸金(7.4.29)	29	4463	荒川鉱山村長給料ヲ鉱山ニテ負担(1.1.15)	22	1430
3）鉱山			生野鉱山寄附(1.3.2)	22	1444
			尾去沢鉱山秋田時報社株式引受(1.3.27)	22	1448
（明治）			荒川尾去沢両鉱山寄附(1.5.8)	22	1466
尾去沢鉱山寄附(27.10.10)	19	30	佐渡鉱山安米払下範囲拡張(1.6.)	22	1478
生野鉱山寄附(30.2.16)	19	157	日三市支山小学校増築(1.9.30)	22	1501
尾去沢鉱山小学校建築(30.10.5)	19	210	高取鉱山国有林内損傷木払下(2.2.)	22	1657
面谷鉱山寄附(30.11.9)	19	221	吉岡鉱山土地寄附(2.3.6)	22	1662
佐渡鉱山寄附(30.11.20)	19	224	尾去沢鉱山小学校増築費貸与(2.3.22)	22	1677
生野町へ寄附(30.11.22)	19	224	吉岡鉱山寄附(2.4.1)	22	1690
生野鉱山寄附其他(30.11.30)	19	227	尾去沢鉱山寄附(2.4.9)	22	1696
槇峰鉱山山神祭(31.1.23)	19	256	生野鉱山寄附(2.4.30)	22	1705
尾去沢鉱山山神祭(31.8.21)	19	277	荒川鉱山小学校建増(2.6.11)	22	1728
吉岡鉱山小学校敷地寄附(31.9.2)	19	279	尾去沢鉱山村費寄附(2.7.10)	22	1748
荒川鉱山山神祭(31.9.30)	19	282	生野鉱山土地貸与，電柱共用承諾(2.7.15)	22	1751
吉岡鉱山山神祭(31.10.23)	19	283	宝鉱山小学校分教場設置其他(2.7.28)	22	1759
猿渡鉱山山神祭(31.12.14)	19	289	宝鉱山寄附(2.12.8)	22	1865
生野鉱山山神祭(32.4.22)	20	326	明延小学校校舎寄附(2.12.8)	22	1865
吉岡鉱山山神祭(32.6.12)	20	332	荒川鉱山寄附(2.12.11)	22	1867
生野鉱山町費補助増額(34.4.6)	20	486	槇峰鉱山小学校教育費寄附(3.1.20)	23	2001
佐渡鉱山山神祭(34.7.13)	20	501	高取鉱山道路修繕費寄附(3.2.10)	23	2024
生野鉱山寄附(34.7.13)	20	501	生野鉱山寄附(3.4.7)	23	2073
			尾去沢鉱山村費寄附(3.4.15)	23	2079

一般社会との関係・寄附

尾去沢鉱山道路修繕費寄附(3.4.16)	23	2080	面谷鉱山寄附(6.7.2)	27	3824
尾去沢鉱山花輪小学校建築費貸与(3.5.7)	23	2097	高取鉱山道路改築費寄附(6.8.16)	27	3892
吉岡鉱山寄附(3.8.22)	23	2183	金山支山寄附(6.9.3)	28	3917
生野鉱山円山川漁業者ニ贈与(3.9.4)	23	2200	明延鉱山寄附(6.10.25)	28	3983
荒川鉱山馬車鉄道ヲ秋田大林区署ニ使用方承諾(3.9.7)	23	2202	生野鉱山寄附(6.10.25)	28	3983
吉岡鉱山里道改修費外寄附(3.10.21)	23	2230	面谷鉱山寄附(6.10.29)	28	3992
吉岡鉱山教育費寄附(3.11.25)	23	2248	佐渡鉱山寄附(6.11.3)	28	4001
生野鉱山寄附(3.12.28)	23	2290	生野鉱山寄附(6.11.7)	28	4007
佐渡鉱山北立島分教場設置(3.)	23	2307	尾去沢鉱山寄附(6.12.6)	28	4037
富来鉱山生神区民ト借地料金改訂契約(3.)	23	2310	直島製煉所民家等移転費承認(6.12.13)	28	4060
尾去沢鉱山高屋部落給水施設(4.1.6)	24	2412	尾去沢鉱山学校改築費寄附(6.12.14)	28	4061
生野町ニ対スル寄附増額(4.3.12)	24	2461	富来鉱山教育費寄附(7.1.8)	29	4307
高根鉱山小学校設置(4.3.24)	24	2466	尾去沢鉱山寄附(7.2.8)	29	4361
吉岡鉱山吹屋町ニ寄附(4.4.10)	24	2478	生野鉱山町費寄附(7.2.12)	29	4367
高取鉱山小学校分教場開校並経費寄附(4.4.13)	24	2479	宝鉱山教育費寄附(7.3.7)	29	4399
宝鉱山山内小学校費外寄附(4.5.7)	24	2497	生野鉱山寄附(7.3.25)	29	4421
高取鉱山選鉱場新築分教場開校祝賀(4.5.31)	24	2511	高取鉱山教育費寄附(7.4.8)	29	4441
生野鉱山小学校費寄附(4.7.6)	24	2540	面谷鉱山寄附(7.4.12)	29	4444
尾去沢鉱山秋田鉄道会社ニ金員寄贈並線路延長ニ関スル覚書(4.7.25)	24	2550			
尾去沢鉱山寄附(4.8.16)	24	2560			
綱取鉱山共同墓地ニ付寄附(4.8.25)	24	2570			
生野鉱山寄附(4.9.21)	24	2588			
佐渡鉱山県社大山祇神社社殿改築寄附(4.12.3)	24	2664			
尾去沢鉱山村費寄附,協定寄附廃止(4.12.10)	24	2667			
佐渡鉱山寄附(4.12.18)	24	2673			
尾去沢荒川両鉱山寄附(5.1.14)	25	2836			
尾去沢郵便局引継経営(5.2.1)	25	2867			
綱取支山寄附(5.3.16)	25	2933			
高取鉱山山内小学校費寄附(5.4.20)	25	2980			
尾去沢鉱山寄附(5.5.5)	25	2993			
尾去沢鉱山寄附(5.5.13)	25	3009			
宝鉱山山内分教場費寄附(5.5.14)	25	3009			
綱取鉱山請願巡査派出(5.5.)	25	3027			
荒川鉱山寄附(5.6.24)	25	3044			
富来鉱山寄附(5.8.8)	25	3114			
尾去沢鉱山寄附(5.10.16)	25	3187			
高取鉱山道路改修費寄附(5.11.17)	26	3234			
生野鉱山学校建設費寄附(5.12.9)	26	3289			
尾去沢鉱山宮川村ニ貸金(6.1.23)	27	3597			
高取鉱山山内小学校費寄附(6.3.26)	27	3668			
高取鉱山寄附(6.4.12)	27	3695			
宝鉱山山内分教場経費寄附(6.4.25)	27	3705			
槙峰鉱山山林寄附(6.5.22)	27	3758			
生野鉱山寄附(6.6.26)	27	3811			
生野鉱山寄附(6.6.27)	27	3815			

4) 農地

(明治)

新潟事務所小作人家族救護(27.11.5)	19	33
新潟小作人ニ耕耘手当米救与(27.12.7)	19	35
新潟産米一時保管(30.9.30)	19	207
新潟事務所小作人救済(36.4.20)	20	636
新潟事務所小作人ニ糧米貸付(39.3.26)	21	869

(大正)

新潟事務所寄附(1.4.10)	22	1458
新潟事務所小作人糧米購入資金貸与(5.7.12)	22	1481
新潟事務所寄附(5.10.11)	25	3180
折尾町黒崎町小作世話人ニ謝礼(8.1.28)	30	4844
新潟事務所寄附(8.9.15)	30	4915
黒崎町折尾町社有地世話人ニ謝礼(10.2.23)	31	5501

5) 工場

(大正)

項目	巻	頁
神戸造船所寄附(3.2.23)	23	2030
兼二浦鉱山橋梁架設費外寄附(3.6.17)	23	2128
彦島船渠被害田地賠償ノ為貯水敷地贈与(3.6.29)	23	2137
兼二浦鉱山寄附(3.8.12)	23	2174
神戸三菱造船所寄附(3.8.25)	23	2191
三菱造船所寄附(3.10.10)	23	2226
長崎造船所寄附(3.12.28)	23	2291
三菱造船所寄附(4.2.20)	24	2440
兼二浦鉱山員公立小学校組合管理者ニ就任(4.3.29)	24	2470
兼二浦製鉄所寄附(4.8.18)	24	2561
造船部営業部合同寄附(4.9.2)	24	2574
長崎造船所商業会議所費寄附(5.2.12)	25	2897
神戸造船所寄附(5.6.1)	25	3032
彦島船渠寄附(5.7.4)	25	3066
神戸造船所寄附(5.9.27)	25	3166
長崎造船所外寄附(5.10.2)	25	3175
神戸造船所寄附(6.1.20)	27	3594
神戸造船所寄附(6.1.22)	27	3596
長崎造船所海難救助事業閉鎖(6.3.3)	27	3654
長崎造船所長崎劇場買収(6.4.5)	27	3689
神戸造船所寄附(6.4.28)	27	3706
長崎造船所劇場貸与(6.6.20)	27	3807
神戸造船所検疫所船溜寄附(6.7.13)	27	3846
兼二浦製鉄所寄附(6.9.10)	28	3927
牧山骸炭製造所寄附(6.10.3)	28	3962
黒崎町五段新開地内道路敷等ニ関スル件(7.7.14)	29	4507
黒崎町五段新開地内道路敷等ニ係ル件(10.10.18)	31	5598
黒崎町溜水池樋管改築費分担(12.3.21)	32	6123
黒崎町ニ道路改修費寄附ニ係ル件(12.5.24)	32	6157
黒崎町ニ砲兵工廠移転誘致運動ノ件(12.12.7)	32	6204
黒崎町ニ砲兵工廠移転運動ニ係ル件(13.6.11)	33	6580
黒崎町ニ寄附(13.9.25)	33	6604
黒崎町へ寄附(14.1.27)	34	6837

(昭和)

項目	巻	頁
旭硝子会社牧山工場石炭殻捨場借用申出(2.2.28)	35	7
黒崎岡田神社修繕ニ付寄附(4.7.8)	35	262
旭硝子会社牧山工場石炭殻捨場借用申出(4.12.19)	35	290
折尾町へ寄附(10.11.21)	37	1037

6) その他施設

(明治)

項目	巻	頁
日本海員掖済会ニ寄附(27.11.10)	19	33
大阪衛生試験所庁舎献納(31.1.24)	19	257
長崎支店所属土地寄附(34.1.28)	20	473
博覧会出品物寄附(36.7.15)	20	646
大阪支店寄附(38.4.26)	20	785
鉱山局ニ製出銅見本寄贈(38.12.13)	20	832
上海日本人会ニ小学校建築資金貸与(40.1.24)	21	950
日本鉱業会ニ寄附(40.1.26)	21	950
長崎支店外寄附(40.4.24)	21	972
秋田鉱山専門学校創立費寄附(40.11.2)	21	1010
向島社有地浸水及白米寄附(43.8.11)	21	1249

(大正)

項目	巻	頁
長崎商業会議所へ寄附(2.2.25)	22	1656
札幌所在土地寄附(2.4.18)	22	1700
東京支店石炭同業組合創立費寄附(2.10.1)	22	1807
長崎商業会議所経費寄附(3.3.10)	23	2042
東京停車場開業祝賀ニ付尽力(3.12.18)	23	2281
小樽支店寄附(4.3.24)	24	2466
癌研究会ニ寄附(4.4.7)	24	2476
長崎支店寄附(4.9.9)	24	2581
懐徳堂記念会ニ寄附(4.9.16)	24	2584
北海道庁工芸学校建設費寄附(4.11.26)	24	2658
兼二浦製鉄所寄附(4.12.2)	24	2664
大阪支店寄附(4.12.27)	24	2688
神戸造船所寄附(4.12.28)	24	2690
「ナイル」号引揚作業ニ関シ漁業組合ニ給与(5.2.15)	25	2899
長崎支店小学校改築費寄附(5.3.13)	25	2929
「ナイル」号浮揚作業ニ付漁業権者ニ給与契約(5.3.14)	25	2932
名古屋出張所寄附(5.3.27)	25	2944
小樽支店寄附(5.4.24)	25	2983
営業部寄附(5.4.29)	25	2988
門司支店寄附(5.5.1)	25	2990
東京帝国大学ニ炭坑模型寄贈(5.5.26)	25	3019
長崎市所在社有地寄附及払下(5.8.23)	25	3128
小樽支店寄附(5.8.25)	25	3134
慶応義塾ニ寄附(5.10.10)	25	3180
長崎商業会議所経費分担(5.10.20)	25	3192
営業部寄附(5.11.20)	26	3235
夕顔丸有料便乗者ニ通行税賦課ノ件(5.12.22)	26	3338
「ナイル」号作業費負担方(5.12.26)	26	3365
唐津支店寄附(6.1.16)	27	3589

夕顔丸便乗者ニ係ル通行税ノ件(6.1.24)	27	3600
室蘭出張所寄附(6.1.30)	27	3603
瀬戸内海曳船ニ係ル件(6.2.6)	27	3609
長崎市教育費寄附(6.4.)	27	3708
横浜出張所寄附(6.5.19)	27	3755
小樽支店寄附(6.7.23)	27	3863
神戸造船所寄附(6.7.26)	27	3867
東京駅前道路ニ付意見書提出(6.8.18)	27	3892
漢口支店寄附(6.9.15)	28	3934
小樽支店寄附(6.11.2)	28	4001
北海道医科大学設立ニ付寄附(6.11.30)	28	4030
堀川流水使用ニ付契約(6.12.11)	28	4058
門司支店清滝社宅社外貸与(7.1.31)	29	4348
堀川流水使用割合其他ニ付契約(7.4.1)	29	4433
遠賀郡堀川余水引用ニ関スル協定(7.6.26)	29	4499
福岡県堀川及金山川河水引用許可(7.9.4)	29	4531
遠賀郡堀川水利権獲得ニ付報酬支給(7.9.30)	29	4545
堀川河水引用ニ関スル覚書(7.10.2)	29	4547
東京高等工芸学校創設費其他寄附(8.7.22)	30	4904
簡易食堂新設費其他寄附(10.7.13)	31	5560
三菱銀行営業所観覧ニ付通知(11.4.8)	31	5832
東京府下寺島村土地寄附(11.9.14)	31	5895
堀川水面使用継続許可(11.10.27)	31	5909
東京府隅田村土地寄附(11.11.18)	31	5913
鎌倉町其他寄附(13.2.20)	33	6536
西宮市社有地境界線ニ付協定(14.8.6)	34	6911
地所部寄附(15.5.31)	34	7142
遠賀郡堀川河水使用ニ関スル共同権利者変更ノ件(15.7.10)	34	7173

(昭和)

八幡市鷺田溜池立樋修繕(2.11.7)	35	49
八幡市山ケ岬溜池及水路修繕(2.12.20)	35	52
八幡市黒崎鷺田溜池立樋其他修繕(3.12.13)	35	165
丸ノ内井水連絡防火水道ニ関スル協定書変更(19.4.25)	39	2260

7）一般寄附

(明治)

寄附(28.1.30)	19	65
東北海嘯救助(29.7.16)	19	116
寄附(30.2.22)	19	157
八王子火災寄附(30.4.27)	19	170
相川町火災寄附(30.4.30)	19	171
在露国捕虜慰藉ノ為寄附(38.8.28)	20	815
凱旋軍人歓迎会ニ寄附(38.12.12)	20	832
桑港震災其他寄附(39.5.7)	21	878
三笠遭難者見舞金寄附(39.6.27)	21	884

(大正)

北京日本居留民会ニ貸金(1.9.29)	22	1500
沼津大火ニ付寄贈(2.3.20)	22	1677
東北九州災害救済会ニ寄附(3.1.24)	23	2004
御大喪儀ニ付献燈費寄附(3.5.18)	23	2103
東北震災ニ付寄附(3.5.18)	23	2104
神戸稲荷神社改築費寄附(3.6.20)	23	2131
本社寄附(4.2.15)	24	2436
名古屋出張所寄附(4.3.3)	24	2455
靖国神社大祭ニ付献納(4.4.29)	24	2490
筥崎宮修築費寄附(4.5.8)	24	2498
朝鮮物産共進会協賛会ニ寄附(4.7.1)	24	2538
香港在留邦人小学校費支弁(4.8.5)	24	2556
染井倶楽部運動場開放(4.8.6)	24	2557
明治神宮奉賛会へ寄附(4.11.23)	24	2654
香港支店醵金(5.9.6)	25	3151
北京出張所寄附(5.10.23)	25	3193
東亜同文会へ寄附(5.11.27)	26	3264
香港日本人会ニ寄附(5.12.5)	26	3284
北京出張所寄附(5.12.5)	26	3284
産業組合中央会へ醵金(5.12.26)	26	3364
北海道博覧会開催ニ付寄附(6.2.23)	27	3597
西長堀稲荷神社社掌採用(6.4.13)	27	3697
朝鮮鉱業会ニ寄附(6.9.8)	28	3922
北京日本居留民会ニ貸金(6.11.20)	28	4017
台湾鉱業会ニ寄附(7.12.13)	29	4568
紐育支店外本社寄附(9.7.7)	30	5228
倫敦支店日本人会会債応募(9.8.19)	30	5242
地所部寄附(10.1.30)	31	5490
清澄遊園開放(10.12.29)	31	5635
市政調査会其他ニ寄附(11.1.31)	31	5779
清住遊園及清住園ニ関スル規則改正(11.4.1)	31	5831
震災義捐金外寄附(12.9.5)	32	6184
北京駐在員関東震災義捐金出捐(12.9.13)	32	6189
清澄園寄附ニ付境界施工(13.7.16)	33	6588

清澄園ヲ東京市ニ寄附(13.10.1)	33	6608
深川区伊勢崎町地所其他寄附(13.12.11)	33	6636
大正13年中震災後ノ貸事務所「バラック」整理	33	6656
東京市療養所其他へ寄附(14.3.31)	34	6857
西長堀稲荷神社献湯料其他改正(14.11.21)	34	6932
東京市療養所其他寄附(15.6.8)	34	7146
（昭和）		
稲荷神社露店使用料徴収(2.3.10)	35	12
昭和2年中寄附金	35	61
昭和3年中寄附金	35	173
昭和4年中寄附金	35	305
昭和5年中寄附金	35	426
昭和6年中寄附金	36	565
社会事業団体其他ニ寄附(7.8.22)	36	671
地方関係寄附金負担方(7.11.24)	36	681
昭和7年中寄附金	36	695
昭和8年中寄附金	36	803
昭和9年中寄附金	36	935
昭和7年申込社会事業団体其他ニ対スル寄附金(10.12.31)	37	1043
昭和10年中寄附金	37	1055
昭和11年中寄附金	37	1183
昭和12年中寄附金(12.12.31)	37	1322
昭和13年中寄附金(13.12.31)	37	1456
経済研究所分系会社寄附金増額(14.4.18)	38	1526
昭和14年中寄附金(14.12.31)	38	1565
寄附委員会内規制定(15.10.5)	38	1677
昭和15年中寄附金(15.12.30)	38	1690
寄附金取扱方(16.4.4)	38	1772
昭和16年中寄附金(16.12.31)	38	1838
昭和17年中寄附金(17.12.31)	38	1982
昭和18年度寄附金(18.12.31)	39	2152
昭和19年度寄附金(19.12.31)	39	2327
昭和20年度寄附金(20.12.31)	40	2528
成蹊学園，経済研究所，養和会丸之内診療所へ寄附(26.7.3)	40	2756

8）選挙

（明治）

福田信治当選(41.6.2)	21	1078
中泉半弥当選(43.3.30)	21	1232
妻木栗造当選(44.11.8)	21	1365

（大正）

高島炭坑員当選(2.4.13)	22	1699
山岸慶之助当選(3.9.21)	23	2211
原田芳太郎当選(4.3.19)	24	2464
日下部義太郎外当選通知(6.4.10)	27	3692
田中丸勘七当選認許(6.4.30)	27	3707
長崎造船所員市会議員選挙違反訴訟(6.6.11)	27	3794
労働者選挙権行使並ニ立候補ニ関スル件(15.1.7)	34	7107

26. 政府との関係
(明治)

項目	巻	頁
軍事輸送ノ件(7.7.28)	1	201
巡査常派ノ件(8.1.31)	1	374
受託船所轄官庁変更ノ件 (8.2.1)	1	388
大蔵省用物輸送ノ件 (8.2.是月)	1	439
陸軍省用物輸送ノ件 (8.2.是月)	1	440
大蔵省造幣寮製薬輸送ノ件 (8.6.是月)	2	133
第1命令書下附(8.9.15)	2	203
助成年金貳拾五萬円下附(8.9.15)	2	203
大蔵省租税寮印紙鑑札輸送ノ件 (8.9.29)	2	262
政府ヨリ銀八拾壹萬弗借入(8.10.16)	2	308
第2命令書下附(9.9.15)	3	386
出納寮金銀輸送ノ件 (9.10.9)	3	411
大蔵省用米輸送運賃結約 (9.11.21)	3	527
「ネバタ」号出納寮用銀輸送 (9.11.25)	3	536
官金輸送賃金額釐定 (9.11.28)	3	539
東京丸出納寮用銀輸送 (9.12.13)	3	573
伊勢事件ニ付社寮丸応徴(9.12.22)	3	584
西南役ニ付金川丸応徴 (10.2.9)	4	1
政府ヨリ銀五萬弗借入 (10.2.26)	4	56
広島丸聖上奉迎 (10.7.25)	4	270
船舶冥加金納付ノ件 (10.9.14)	4	410
秋津洲丸屯田兵輸送 (10.9.22)	4	420
電信局用物輸送賃金釐定 (11.5.11)	6	421
兵用諸品輸送ノ件 (11.7.30)	6	502
開拓使庁用物輸送ノ件 (11.7.31)	6	512
開拓使庁用物輸送ノ件 (12.5.5)	7	230
諸官衛用物廻漕賃金表頒布 (12.7.14)	7	300
文部省用物輸送ノ件 (12.9.24)	7	438
軍人乗船賃低減 (12.11.是月)	7	519
紙幣通貨運賃改定 (12.12.1)	7	530
吾社監督官庁変更ノ件 (14.4.22)	9	156
第3命令書下附(15.2.28)	10	196
用船運賃援受約款釐定(15.3.10)	10	229
対共同運輸会社争覇停止誓約 (18.3.6)	13	75
共同運輸会社ト競争禁止 (18.3.16)	13	108
横浜丸聖上奉迎 (18.7.19)	13	311
航海命令其他諸約解除 (18.9.30)	14	434
長崎造船所払下 (20.6.7)	15	21
丸ノ内及神田三崎町地所払下 (23.3.6)	17	49
長崎三菱造船所技士長崎県機関検査受託(27.2.28)	19	8
鉱山局石炭関係事項報告 (28.10.25)	19	84
佐渡生野両鉱山払下 (29.11.1)	19	124
松島試掘出願 (30.1.15)	19	149
飾磨倉庫払下(30.1.16)	19	150
槇峰鉱山請願巡査(30.1)	19	152
神戸内道路等払下(30.3.16)	19	162
大阪御料局土地建物借受(30.6.8)	19	181
長崎戸町官地払下願(30.7.14)	19	190
吉岡鉱山煙突築造願却下内達(30.7.14)	19	191
佐渡鉱山官有地使用願(30.11.9)	19	222
銅輸出免税方(31.8.2)	19	276
小松宮殿下生野鉱山御観覧(31.9.19)	19	280
長崎神崎海面埋築願(32.1.13)	20	310
黒森鉱山鉱種名訂正願(32.2.14)	20	314
鉱業代理人届出(32.3.1)	20	317
鉱業事歴資料提供(32.3.21)	20	319
松島試掘地増区許可(32.4.20)	20	326
三菱造船所其他ニ要塞地帯法適用(32.9.23)	20	351
丸之内土地鉄道用地トシテ収用(32.10.12)	20	353
兵庫水面埋築工事延期許可(32.11.15)	20	357
三菱造船所沿革其他報告(33.1.8)	20	385
皇太子殿下三菱造船所行啓(33.10.26)	20	436
神戸今和田新田不用道路敷其他下附(34.12.26)	20	522
大阪御料局土地建物貸借証改定(35.4.14)	20	567
高島ニ電信架設決定(35.7.17)	20	578
東宮殿下ニ快遊船献上(35.11.27)	20	594
暹羅国皇太子三菱造船所御成(36.1.13)	20	622
大阪製煉所ニ侍従御差遣(36.4.27)	20	637
大阪御料局地所借受契約更改(36.6.25)	20	644
「クロバトキン」将軍三菱造船所参観(36.6.26)	20	645
金融事情資料報告(38.3.14)	20	775
汽船ニ関シ調査報告(38.7.5)	20	805
金融事項調査資料報告(39.4.13)	21	875
高島端島長崎間電信架設出願(39.6.30)	21	885
金融事情調査資料報告(40.5.22)	21	979
佐渡郡砂金採取出願(40.8.1)	21	997
帝国軍艦進水手続規則(40.8.17)	21	1000
金融事情調査資料報告(41.2.3)	21	1058
納税額調査報告(42.8.27)	21	1174
金融事情調査資料報告(43.9.11)	21	1182
金融事情調査資料報告(43.3.2)	21	1229
鉱業ニ関スル参考資料報告(43.5.11)	21	1237
工場法案ニ付答申(43.11.15)	21	1265

(大正)

項目	巻	頁
横山孝三海軍省ヨリ造船監督受託(1.1.9)	22	1428
在英海軍嘱託更迭(1.1.17)	22	1430
海軍省造船監督事務受託(1.2.10)	22	1437
在英海軍造船監督嘱託変更(1.4.11)	22	1458
総選挙ニ付通知(1.4.26)	22	1461

政府との関係

英国出張技士海軍省造船監督受託(1.6.7)	22	1474	金田炭坑所属地政府ニ売渡(5.6.30)	25	3053
聖上崩御ニ付哀悼方(1.7.30)	22	1486	朝香宮鳩彦王殿下佐渡鉱山御見学(5.8.18)	25	3126
在英海軍省造船監督受託者変更(1.8.1)	22	1487	軍需品ニ関スル契約理財局ニ回報方(5.9.5)	25	3151
三菱造船所製品ニ対シ海軍ヨリ賞詞(1.8.8)	22	1488	神戸公有水面使用許可(5.10.10)	25	3180
在英海軍省造船監督受託者変更(1.8.10)	22	1490	社船御用船ニ関シ請書提出(5.11.29)	26	3265
御大喪儀奉送打合会(1.8.17)	22	1491	総選挙ニ付通知(6.2.14)	27	3618
岡本猛彦海軍造船監督受託(1.8.29)	22	1495	鹿角郡大湯川水面使用其他許可(6.6.1)	27	3773
在英海軍省造船監督受託者変更(1.10.10)	22	1504	皇太子殿下神戸造船所行啓(6.7.11)	27	3838
海軍省造船監督受託者変更(1.11.5)	22	1511	山階若宮三殿下神戸造船所御成(6.8.4)	27	3885
在英海軍省造船監督受託者変更(1.12.5)	22	1527	美唄鉄道会社主任技術者届出(6.9.12)	28	3932
海軍省造兵監督解嘱(1.12.14)	22	1532	兼二浦製鉄所運輸開始許可(6.10.31)	28	3995
金融事情調査資料報告(2.3.1)	22	1659	美唄鉄道会社運賃連絡割引認許(7.2.22)	29	4382
海軍岩砕船使用延期(2.3.13)	22	1669	室蘭港区制実施(7.3.16)	29	4408
彦島公有水面使用許可(2.4.7)	22	1693	対外金融事情調査書送付(7.4.1)	29	4435
逓信省ニ発電機寄附(2.6.4)	22	1726	室蘭公有水面埋立許可(7.4.4)	29	4438
紅葉丸閑院宮殿下御乗用船ニ供用(2.7.6)	22	1747	黒崎土地鉄道院ニ譲渡(7.5.10)	29	4478
三菱造船所技士臨時海軍ニ傭入(2.7.15)	22	1752	丸之内請願消防手廃止(8.2.25)	30	4848
在英海軍造船監督嘱託解除(2.7.16)	22	1753	所得税附加税賦課ニ関スル協定(8.3.10)	30	4853
元田逓信大臣三菱造船所巡覧(2.8.27)	22	1781	菊池幹太郎講和会議ニ付巴里出張(8.7.24)	30	4906
海軍省ニ三菱造船所船台要領書提出(2.10.2)	22	1808	皇太子殿下御帰朝奉祝臨時休業(10.9.5)	31	5572
軍艦比叡試運転見学(3.3.29)	23	2060	室蘭祝津志新開免租(10.11.15)	31	5612
三菱造船所員軍艦比叡便乗許可(3.4.7)	23	2074	海軍ニ北樺太石炭供給契約(11.4.28)	31	5840
皇太后陛下崩御ニ付奉悼方(3.4.11)	23	2078	伏見宮殿下国葬臨時休業(12.2.9)	32	6102
船舶奉悼方通知(3.4.14)	23	2079	遠賀郡堀川河水引用延期許可(12.10.29)	32	6196
神戸造船所外国艦船修理費等取調報告(3.5.18)	23	2103	皇太子殿下御結婚奉祝臨時休業(13.1.21)	33	6520
三菱造船所外国艦船新造外収入調査報告(3.5.20)	23	2105	皇太子殿下御結婚奉祝臨時休業(13.5.31)	33	6576
吉岡鉱山成羽川水利使用許可(3.8.1)	23	2165	両陛下銀婚式奉祝臨時休業(14.5.8)	34	6874
商船国籍表示方通達(3.8.22)	23	2186	李王殿下国葬当日臨時休業(15.6.4)	34	7144
芦別出張所御料林借受(3.9)	23	2217	金融事情調査報告(15.6.4)	34	7144
秋田県協定県税ノ件(3.10.27)	23	2232	遠賀郡堀川河水引用ニ係ル延期請願(15.8.19)	34	7196
彦島造船所ニ私設保税地域常設特許(3.11.30)	23	2253	三菱「イスパノスイザ」発動機製作ニ付表彰(15.9.20)	34	7212
社船御用船ニ関シ請書提出(4.1.13)	24	2418	長慶天皇御親告当日臨時休業(15.10.21)	34	7228
神戸三菱造船所起重機船徴傭予約(4.3.29)	24	2470	天皇陛下崩御臨時休業(15.12.25)	34	7252
芦別出張所請願巡査配置(4.4.18)	24	2482	天皇陛下崩御ニ付哀意奉表方通知(15.12.25)	34	7253
東伏見宮殿下神戸造船所御成(4.4.28)	24	2489	(昭和)		
兼二浦製鉄所用諸材料輸移入税免除請願(4.5.12)	24	2502	大正天皇大喪儀当日休業通知(2.1.24)	35	4
			堀川水面使用継続許可(2.11.1)	35	48
軍艦等ノ雛形製作ニ付海軍ノ承認方達(4.9.29)	24	2600	天皇陛下内燃機会社名古屋製作所へ行幸(2.11.20)	35	49
高取鉱山関係官吏招待(5.1.31)	25	2861	金融事情調査報告(3.6.4)	35	141
尾去沢鉱山鉱毒ニ関スル請願(5.3.1)	25	2916	大礼奉祝ニ付休業通知(3.10.30)	35	156
海軍省官制改正ニ付通知(5.3.31)	25	2947	金融事情調査報告(4.7.11)	35	262
「ナイル」号引揚作業地附近航行停止(5.4.1)	25	2952	皇大神宮遷御当日休業(4.9.11)	35	269
美唄炭坑水路掘鑿願(5.5.9)	25	2997	皇太子殿下御命名式当日休業通知(8.12.27)	36	793
航運状況ニ付逓信局ニ回答(5.6.27)	25	3049	故東郷元帥国葬当日休業通知(9.6.1)	36	895
大夕張炭坑分水使用願(5.6.28)	25	3051			

倉庫会社ニテ対大阪市安治川口繋船岸建造契約基本条項承認(10.12.18)	37	1040
倉庫会社ニテ対大阪市安治川口繋船岸建造契約調印(11.7.2)	37	1153
消費節約国債応募ニ関シ通知(12.10.5)	37	1303
消費節約其他ニ関シ各社申合(13.6.27)	37	1433
会社職員給与臨時措置令施行規則ニ依ル報告書提出(14.11.18)	38	1545
重工業会社表彰(15.9.29)	38	1675
消費節約国債応募ニ関スル申合中改正(16.6.14)	38	1789
電機会社表彰(17.10.14)	38	1961
郷古潔内閣顧問被仰付(18.3.18)	39	2076
金融緊急措置令及日本銀行券預入令公布施行(21.2.17)	40	2604
第一及第二封鎖預金設定(21.8.11)	40	2649
会社経理応急措置法公布(21.8.15)	40	2650

27. 戦争

(明治)

軍事輸送ノ件(7.7.28)	1	201
大砲製造所用物輸送ノ件(7.是秋)	1	274
瓊浦丸兵器輸送(7.12.22)	1	314
九州丸兵器輸送(7.12.28)	1	320
東海丸兵員輸送(8.3.29)	2	491
豊島丸応徴釜山航行(8.6.13)	2	117
江華島事件ニ付東海丸以下11隻応徴(9.1.27)	3	25
萩事件ニ付東海丸外5隻応徴(9.10.28)	3	433
西南役ニ付金川丸応徴(10.2.9)	4 附録	1
黄龍丸応徴(10.2.12)	4 附録	5
兵庫丸, 蓬莱丸, 社寮丸応徴(10.2.13)	4 附録	9
赤龍丸応徴(10.2.13)	4 附録	20
東海丸応徴(10.2.15)	4 附録	23
隅田丸応徴(10.2.19)	4 附録	26
九州丸応徴(10.2.19)	4 附録	29
品川丸応徴(10.2.20)	4 附録	33
玄海丸応徴(10.2.20)	4 附録	35
西京丸兵員輸送(10.2.20)	4 附録	38
扶桑丸応徴(10.2.20)	4 附録	41
敦賀丸応徴(10.2.20)	4 附録	45
千年丸応徴(10.1.20)	4 附録	48
太平丸応徴(10.2.21)	4 附録	53
豊島丸応徴(10.2.22)	4 附録	56
青龍丸応徴(10.2.23)	4 附録	61
快順丸応徴(10.2.25)	4 附録	65
名護屋丸兵員輸送(10.2.26)	4 附録	67
瓊浦丸応徴(10.3.5)	4 附録	71
東京丸兵員輸送(10.3.10)	4 附録	75
雇船「コレヤ」号応徴(10.3.17)	4 附録	78
浪花丸応徴(10.3.26)	4 附録	81
「ジュナ」号応徴(10.3.30)	4 附録	84
貫効丸応徴(10.4.6)	4 附録	86
広島丸応徴(10.4.30)	4 附録	90
愛宕丸応徴(10.4.30)	4 附録	93
玄龍丸応徴(10.5.16)	4 附録	97
鹿児島丸応徴(10.5.29)	4 附録	101
千里丸応徴(10.6.2)	4 附録	105
平安丸応徴(10.6.10)	4 附録	106
万里丸応徴(10.6.18)	4 附録	110
熊本丸応徴(10.7.5)	4 附録	114
延年丸応徴(10.7.6)	4 附録	117
繁栄丸応徴(10.7.9)	4 附録	120
快鷹丸応徴(10.7.15)	4 附録	122
玉川丸応徴(10.7.17)	4 附録	125
和歌浦丸応徴(10.7.19)	4 附録	127
桜島丸応徴(10.7.22)	4 附録	129
住ノ江丸応徴(10.7.27)	4 附録	131
須磨浦丸米輸送(10.8.13)	4	349
秋津洲丸応徴(10.8.13)	補	28
高千穂丸応徴(10.8.20)	4 附録	134
秋津洲丸巡査輸送(10.9.4)	4	369
九重丸応徴(10.9.5)	4 附録	136
千年丸応徴(10.11.21)	4	501
用船運賃授受約款釐定(15.3.10)	10	229
朝鮮事件ニ付千年丸外10隻応徴(15.8.1)	10	341
石炭徴発内決(27.7.25)	19	21
徴発ノ命アリタル場合ノ注意(27.7.26)	19	22
応召使用人ニ対スル給与(27.7.28)	19	24
高島炭徴発(27.8.7)	19	25
芙蓉丸徴発準備(27.8.11)	19	25
鯰田炭徴発(27.8.12)	19	26
立神船渠徴発(27.8.13)	19	26
鯰田徴発炭代価(27.8.16)	19	26
立神船渠徴発賠償額(27.8.16)	19	26
鯰田炭徴発(27.8.23)	19	27
出征軍ニ慰問品寄贈(27.9.21)	19	29
陸軍へ「バラック」用材寄贈(27.9.24)	19	29
芙蓉丸徴発(28.2.19)	19	67
須磨丸徴発内定(28.3.10)	19	68
須磨丸徴発(28.4.9)	19	73
三菱造船所船渠徴発解除(28.7.13)	19	76
恤兵寄贈(28.8.24)	19	79
芙蓉丸用船解除(28.10.6)	19	82
須磨丸用船解除(28.12.15)	19	89
予後備役召集ノ場合給与方(33.8.1)	20	422
清国派遣陸軍恤兵品寄贈(33.8.23)	20	425
大浦丸徴発ニ係ル請提出(36.4.17)	20	635
大浦丸其他借上(37.1.12)	20	683
日露事件応召者給与(37.2.6)	20	686
修理中ノ露国汽船捕獲(37.2.6)	20	687
若松丸借上(37.2.6)	20	687
大冶丸借上(37.2.10)	20	689
新潟小作人従軍者並家族救護(37.2.18)	20	691
鉱夫従軍者餞別其他(37.2.24)	20	692
各場所労務者従軍者ニ対スル給与救恤(37.2.24)	20	692
三菱造船所御用船乗組員手当其他(37.3.8)	20	695
佐渡鉱山従軍者家族扶助(37.3.9)	20	696
荒川鉱山従軍者家族救恤(37.3.15)	20	697
尾去沢鉱山従軍者家族扶助(37.3.19)	20	700
長崎支店所属船員従軍ノ為解傭者取扱方(37.3.22)	20	701

項目	巻	頁
使傭人戦死ノ場合給料支給方(37.3.28)	20	701
相知炭坑従軍者家族救恤(37.4.29)	20	705
「スンガリー」号引揚契約(37.5.31)	20	708
江浦丸借上及解除(37.6.7)	20	710
江浦丸敵艦避難(37.6.15)	20	710
日露事件応召者ニ中元手当支給(37.7.13)	20	714
陸軍運送船損害賠償手続(37.7.28)	20	716
吉岡鉱山従軍者救恤(37.8.18)	20	721
大連丸,沈没露艦引揚ニ付契約(37.11.18)	20	734
日露事件応召者給与(37.11.28)	20	736
荒川鉱山従軍者家族扶助(38.2.13)	20	770
新潟事務所従軍者慰問(38.2.17)	20	773
田面丸借上(38.4.13)	20	780
大浦丸借上(38.4.23)	20	784
面谷鉱山従軍者家族扶助(38.4.23)	20	784
新潟事務所従軍者及傷病死者ニ慰労金等贈与(38.5.8)	20	788
日本海海戦大捷通知(38.5.29)	20	791
尾去沢鉱山従軍者家族扶助(38.6.27)	20	801
大冶丸借上(38.8.31)	20	815
応召従軍者給料旅費支給規定廃止其他(38.10.16)	20	818
凱旋艦隊将卒招待園遊会(38.10.29)	20	820
門司ニ於ケル凱旋軍隊接待方(38.12.5)	20	829
新潟事務所小作人従軍者ニ贈与(39.5.31)	21	880
陸軍ニ供用セル社船船名等調提出(39.10.6)	21	903
予後備将校団演習会応召者扱方(44.7.12)	21	1334
(大正)		
社船大冶丸外砲撃(2.7.12)	22	1749
支那革命動乱ニ付船舶航行方注意(2.7.21)	22	1758
運鉱船ニ関スル通信ヲ在支艦隊ニ依頼(2.7.26)	22	1758
定期傭船第三雲海丸下江中砲撃(2.8.24)	22	1779
若松丸傭上予定(2.12.19)	22	1877
夕顔丸傭上予約(3.1.24)	23	2005
欧州戦乱勃発ニ付起業停止方取調其他(3.8.7)	23	2169
高島丸徴発(3.8.15)	23	2178
日独事件ニ付服務期間延長ノ場合扱方(3.8.24)	23	2187
日独事件出征者報告方(3.8.24)	23	2187
出征者ノ為ニ出炭上ノ影響ニ付注意(3.8.24)	23	2187
三菱造船所小蒸汽船徴発(3.8.24)	23	2188
両造船所日独事件応召者家族救助(3.8.26)	23	2193
帝国及興海軍ノ行動ニ付秘密厳守方移牒(3.9.2)	23	2199
定期傭船徴発猶予(3.9.5)	23	2201
日独事件ノ為ニ出征者扱方(3.9.8)	23	2202
商船航行警戒方注意(3.11.14)	23	2241
社船行動報告方(3.12.21)	23	2282
会社褒賞(4.11.7)	24	2638
社船海軍ニ傭上予定(4.12.22)	24	2679
社船御用船ニ付承諾(5.1.18)	25	2843
商船臨検方ニ付通牒(5.5.6)	25	2993
敵国人トノ取引ニ関シ通知(5.9.1)	25	3146
社有汽船傭上予定ニ付報告方(5.12.25)	26	3352
社船幸丸傭上ニ関シ請書提出(5.12.29)	26	3415
汽船小鳥丸傭上予約(6.1.12)	27	3585
汽船白鷺丸傭上予約(6.1.15)	27	3588
神戸造船所起重機船傭上予約(6.2.16)	27	3620
汽船祝島丸傭上予約(6.2.19)	27	3634
長浦丸傭上予約(6.4.24)	27	3704
戦時船舶管理令施行ニ係ル件(6.10.1)	28	3960
社船海軍ニ傭上ニ関シ報告方(6.12.28)	28	4075
西比利亜出兵事件ニ付召集又ハ派遣者取扱方(7.8.6)	29	4523
西比利亜出兵事件ニ付給与ノ件(7.8.6)	29	4523
三菱造船会社浦潮出兵応召職工手当及家族救助規則制定,其他(7.8.7)	29	4524
傭使補以下西比利亜出兵者ニ給与(7.8.8)	29	4525
邯鄲利公花行掠奪報告(15.7.9)	34	7172
(昭和)		
支那動乱ニ因ル家族引揚旅費其他支給(1.4.19)	35	28
北京駐在員家族避難(3.5.15)	35	136
支那事変慰問(7.2.12)	36	637
支那事変ノ為召集セラレタル者其他ニ支給スル給料(7.2.29)	36	639
関東地方防空演習(8.8.9)	36	783
各地防空国防献金各社分担額(8.9.26)	36	786
支那事変ノ為メ召集セラレタル者其他ニ支給スル給料ノ件廃止(9.12.28)	36	924
北支事変地ニ駐屯又ハ派遣ノ現役服務者其他ニ支給スル給料(12.7.17)	37	1287
北支事変ノ為メ召集セラレタル雇員取扱方(12.7.29)	37	1290
北支事変ニヨル死亡者弔慰金及傷病者見舞金ノ件制定(12.8.30)	37	1294
応召者家族見舞ニ関シ通知(12.9.6)	37	1295
戦病死者霊前御供ニ関シ通知(12.12.1)	37	1312
南京陥落祝賀行進(12.12.14)	37	1312
海軍武官任用令ニ依ル二年現役制度ノ士官志願者取扱方(13.2.25)	37	1412
支那事変出征者ニ特別休暇支給(13.4.28)	37	1427
応召中ノ職員昇給取扱方(13.5.13)	37	1428
徐州陥落祝賀会開催(13.5.20)	37	1428
戦没将士追悼法要(第1回)執行(13.5.28)	37	1430

戦　　争

項目	巻	頁
応召者幹部候補生ヲ志願シ採用セラレタル場合ノ取扱方(13.8.25)	37	1441
重工業会社名古屋航空機製作所外管理工場受命(13.9.19)	37	1443
武漢三鎮陥落祝賀会開催(13.10.28)	37	1447
年末慰労金一部国債支給(13.12.2)	37	1452
支那事変兵役関係者除隊後ノ給与休暇取扱方(14.2.27)	38	1519
電機会社名古屋製作所ミシン工場管理実施(14.7.1)	38	1534
支那事変勃発二周年紀念式挙行(14.7.7)	38	1536
興亜奉公日設定(14.8.25)	38	1539
陸軍技術将校(短期現役)志願者取扱方(14.8.25)	38	1539
満洲国ニ駐屯又ハ派遣ノ現役服務者中戦時勤務ニ服シタル者ノ取扱方(14.10.2)	38	1542
戦没将士追悼法要(第2回)執行(14.11.18)	38	1545
長崎，神戸両造船所海軍管理工場ニ指定(15.3.5)	38	1629
鉱業会社技術部南支第一駐在員外設置(15.6.1)	38	1653
陸軍技術将校(短期現役)服務者取扱方中改正(15.6.7)	38	1653
重工業会社感謝状受領(15.9.16)	38	1671
国民体力法ニヨル体力検査ヲ受クル為メ勤務ヲ欠キタル場合ノ取扱方(15.11.29)	38	1685
兵役服務中傷病ニ罹リタル者離隊復帰後当該傷病ニヨリ欠勤シタル場合ニ於ケル取扱方(16.2.10)	38	1766
商事会社倫敦支店焼失(16.5.10)	38	1774
戦没将士追悼法要(第3回)執行(16.5.30)	38	1785
北支事変ニヨル死亡者弔慰金及傷病者見舞金ノ件中改正(16.6.24)	38	1791
三菱本館特設防護団規則制定(16.10.8)	38	1820
三菱協議会ニ於テ社長訓話(16.12.10)	38	1830
三菱本館特設防護団員ニ対スル諸手当取扱方(16.12.20)	38	1833
商事会社ニテ電信暗号帳焼却(17.1.6)	38	1907
詔書奉読式挙行(17.1.8)	38	1907
職員ニ採用セラレタル新規学校卒業者応召兵役服務ノ場合ニ於ケル取扱方(17.1.29)	38	1907
職員現役兵トシテ服務ノ場合ニ於ケル取扱方(17.2.3)	38	1910
南方連絡会開催(17.2.6)	38	1912
第一次戦捷祝賀(17.2.18)	38	1913
敵産管理人選任(17.3.14)	38	1916
石油関係南方派遣者決定(17.3.23)	38	1920
応召者家族見舞贈呈方改正(17.3.25)	38	1920
兵役服務者取扱規則制定(17.3.30)	38	1921
戦時中兵役服務者及応徴者ニ対スル餞別贈呈方(17.4.1)	38	1923
重工業会社名古屋航空機製作所空襲(17.4.18)	38	1928
重工業会社戦車完成ニ対シ表彰(17.4.28)	38	1929
南方派遣者遭難(17.5.8)	38	1932
南方派遣者遭難弔慰金及見舞金其他(17.5.25)	38	1934
電機会社感謝状受領(17.6.3)	38	1939
三菱関係東支那海殉職社員慰霊祭執行(17.7.31)	38	1946
三菱南方経済調査班結成(17.9.15)	38	1956
戦没将士追悼法要(第4回)執行(17.11.12)	38	1967
大東亜戦争1周年大詔奉読式挙行通知(17.12.4)	38	1971
兵役服務者ニ対スル餞別金贈呈方(17.12.4)	38	1971
兵役服務者ニ対スル餞別金贈呈申合(17.12.4)	38	1971
鉱業会社南方事業場新設(18.3.1)	39	2071
故山本元帥国葬当日遙拝式挙行通知(18.6.2)	39	2097
殉職者ニ対スル社長弔慰金(18.6.11)	39	2099
天皇陛下戦艦武蔵ニ行幸(18.6.24)	39	2103
神戸造船所表彰(18.6.29)	39	2105
戦争死亡傷害見舞金贈与ノ件制定(18.7.8)	39	2107
国民体力法ニ基ク欠勤取扱方(18.9.6)	39	2119
防衛召集服務者取扱方(18.10.8)	39	2130
鉱業会社南方監督設置(18.11.1)	39	2135
戦没将士追悼法要(第5回)執行(18.11.2)	39	2136
兵役服務者ニ対スル特別休暇支給方改正(18.11.19)	39	2138
勤労奉仕ニ参加ノ為メ欠勤ノ場合ノ取扱方(18.11.19)	39	2138
職員供出方要請(18.11.22)	39	2139
応召者ニ対スル中元，年末慰労金支給ニ関シ申合(18.12.3)	39	2144
大東亜戦争2周年大詔奉読式挙行通知(18.12.7)	39	2144
重工業会社其他軍需会社ニ指定(19.1.17)	39	2227
特設防護団員壮行会及餞別(19.1.30)	39	2232
職域仇討貯蓄(19.2.15)	39	2234
徴兵検査受検者旅費支給方(19.3.14)	39	2240
陸海軍特殊兵科志願者取扱規則制定(19.3.25)	39	2243
職員応召等ノ場合ニ於ケル家族引纏(19.5.31)	39	2270
兵役服務者ニ対スル特別休暇支給方中改正(19.5.31)	39	2270
化成工業会社牧山工場空襲被害(19.6.16)	39	2275
健民修練実施(19.8.1)	39	2286
戦争死亡傷害見舞金贈与ノ件中改正(19.8.10)	39	2289
長崎造船所空襲被害(19.8.11)	39	2289
職域貯蓄増強(19.10.12)	39	2296
敵性宣伝謀略注意方(19.11.8)	39	2301
敵機来襲時ニ於ケル待避方(19.11.15)	39	2301
防空警報其他ニ関シ注意方(19.11.17)	39	2302

項目	巻	頁
空襲時出動ノ特設防護団員処遇(19.12.5)	39	2309
大東亜戦争3周年大詔奉読式挙行通知(19.12.6)	39	2309
非常時ニ於ケル措置(19.12.7)	39	2309
職域女子挺身隊員取扱方(19.12.7)	39	2314
銀及銀製品供出(19.12.18)	39	2315
名古屋地方空襲被害(19.12.18)	39	2315
戦時災害ニ対スル特別弔慰金及見舞金贈与方(20.1.18)	40	2400
三菱本館特設防護団員ニ対スル諸手当(20.1.22)	40	2402
電機会社神戸製作所空襲被害(20.2.4)	40	2404
丸ノ内空襲被害(20.3.10)	40	2407
銀行熱田支店其他空襲被害(20.3.13)	40	2408
役員並年金受領者ニ対スル空襲災害特別弔慰金及見舞金ニ関シ申合(20.3.16)	40	2410
空襲被害応急対策(20.3.27)	40	2413
商事会社大阪支店防護団員表彰(20.3.30)	40	2416
商事会社名古屋支店防護団員表彰(20.3.30)	40	2417
疎開者ニ対シ特別休暇支給(20.4.4)	40	2419
疎開費用補助(20.4.4)	40	2419
特設防団員ノ勤労動員ニ対シ出動手当附与(20.4.14)	40	2420
特設防護団員ニ対スル特別慰労金支給(20.4.27)	40	2425
重工業会社場所秘匿名使用方(20.4.27)	40	2425
青山南町社宅空襲被害(20.5.25)	40	2432
鉱業会社大阪製煉所空襲被害(20.6.15)	40	2435
化成工業会社岐阜工場空襲被害(20.7.9)	40	2439
三菱総力本部設置(20.7.17)	40	2440
石油会社川崎製油所空襲被害(20.7.25)	40	2441
戦時中傷病欠勤等ノ場合ニ於ケル給料支給方(20.7.28)	40	2442
戦時災害ニ対スル特別弔慰金,見舞金贈与方中改正(20.7.28)	40	2443
長崎造船所空襲被害(20.7.29)	40	2444
高島礦業所空襲被害其他(20.7.31)	40	2444
銀行広島支店空襲被害(20.8.6)	40	2463
長崎兵器製作所空襲被害(20.8.9)	40	2463
重工業会社其他軍需会社指定取消(20.8.15)	40	2463
三菱総力本部廃止(20.8.20)	40	2464
疎開家族復帰ノ場合補助金支給(20.9.21)	40	2470
南方石油三菱班派遣員帰還状況報告(21.7.30)	40	2638
殉職者ニ対スル社長弔慰金取扱方(21.7.30)	40	2646
石油会社ニテ戦歿従業員追悼法要執行(21.9.21)	40	2658
未復員者取扱方(23.6.20)	40	2721

28. 財閥解体

(昭和)

項目		
聯合軍司令部ニテ財閥調査(20.10.8)	40	2473
三菱本社解散ニ関スル根本方針決定(20.10.22)	40	2474
三菱本社渉外連絡委員室設置(20.11.2)	40	2499
持株会社解体決定(20.11.6)	40	2500
証券類売却処分等禁止(20.11.6)	40	2505
三菱本社資産処分制限(20.11.22)	40	2513
制限会社ニ対スル規制ニ関シ指令(20.12.15)	40	2519
三菱本館及商事会社建物接収(20.12.31)	40	2528
経済研究所接収(21.1.25)	40	2602
開東閣接収(21.1.30)	40	2602
丸ノ内建物中接収(21.2.21)	40	2605
三菱本社解散認可申請提出(21.2.23)	40	2605
田中社長エドワーヅト会見(21.3.8)	40	2620
制限会社拡張(21.3.15)	40	2621
持株会社整理委員会令公布(21.4.20)	40	2630
無配措置指令受領(21.5.15)	40	2635
制限会社追加(21.5.25)	40	2636
三菱本社解散手当支給(21.6.18)	40	2641
役員報酬限度指定(21.6.19)	40	2641
持株会社整理委員会令施行規則公布(21.8.8)	40	2647
三菱本社特別経理会社指定及解除(21.8.15)	40	2650
重工業会社臨時整理事務所改定(21.8.20)	40	2651
三菱本社持株会社指定(21.9.6)	40	2655
商事会社賠償室設置(21.9.14)	40	2657
三菱本社解散清算人就任(21.9.30)	40	2659
三菱本社清算監督ニ関シ持株会社整理委員会指示(21.9.30)	40	2661
債権申出公告及催告(21.10.1)	40	2707
持株会社整理委員会ヘ有価証券譲渡(21.10.8)	40	2707
公職追放令改正(22.1.4)	40	2709
持株会社整理委員会ヘ未譲渡株式等ノ議決権行使委任(22.1.11)	40	2709
岩崎11家財閥家族指定(22.3.13)	40	2710
持株会社整理委員会ヘ有価証券譲渡(22.5.6)	40	2713
商事会社解散指令(22.7.3)	40	2714
指定者岩崎11家有価証券引渡(22.7.29)	40	2716
財閥同族支配力排除法公布施行(23.1.7)	40	2719
公職追放覚書該当者(24.3.5)	40	2734
財閥商号及標章使用禁止等ニ関スル政令公布(25.1.21)	40	2747
三菱本社制限会社指定解除(26.5.22)	40	2754
三菱本社決定整備計画実行完了報告提出(26.6.30)	40	2754
聯合軍接収残置物件賃貸契約譲渡(26.6.30)	40	2756
持株会社整理委員会解散(26.7.10)	40	2757

29. その他

(明治)

項目	巻	頁
「タムソン」海岸踏査（7.9.是月）	1	271
吉岡鉱山祭事（7.11.1）	1	285
大阪支店天長節奉祝（7.11.3）	1	286
本店消防委託（7.12.21）	1	313
本店其他点燈（8.1.19）	1	357
大阪支店宇治茶商饗応（8.1.22）	1	365
函館支社税関吏員饗応（8.6.1）	2	106
大阪支社道路修理申請（8.6.3）	2	114
大阪支社艀船旗新調申請（8.7.2）	2	142
大阪邸稲荷遷宮祭（8.9.是月）	2	266
横浜支社貨主饗応（9.3.12）	3	97
御用船備品払下（9.7.18）	3	254
煙火打揚（9.8.8）	3	325
遺失銀拾得者ニ謝金贈興（9.9.15）	3	388
海軍機関士社船ニ便乗（9.11.13）	3	495
神奈川県庁員其他ニ歳末謝礼（9.12.是月）	3	614
下関税関吏員ニ中元謝礼（10.6.是月）	4	221
神奈川県庁員其他ニ中元謝礼（10.7.是月）	4	331
天盃拝受賀宴ノ件（10.8.8）	4	342
武市則雅等閑院宮家下賜金見受（10.9.5）	4	375
記念日休業ノ件（10.9.15）	4	414
本社及ヒ東京支社神嘗祭休業停止ノ件(10.9.17)	4	415
博覧会金杯受領（11.7.15）	6	495
横浜支社税関吏員招待（12.1.24）	7	21
函館支社紳商並ニ貨主饗応（12.7.10）	7	298
横浜税関吏員其他ニ中元謝礼（12.7.是月）	7	356
沼間守一招聘（12.12.24）	7	546
横浜支社紳商饗応（12.12.是月）	7	551
横浜税関吏員其他ニ歳末謝礼（12.12.是月）	7	552
横浜税関吏員其他ニ中元謝礼（13.7.是月）	8	411
社有家屋貸與許可（14.5.24）	9	189
神戸支社諸官庁職員ニ中元謝礼（14.7.是月）	9	260
社船検疫（14.是秋）	9	329
藤井諸照各支社踏査復命（14.12.16）	9	370
神戸諸官員ニ歳末謝礼（14.12.是月）	9	383
豊前白洲海峡通航禁止（16.9.11）	11	125
根室札幌間電信架設費（17.1.27）	12	26
船員下賜金拝受（18.8.16）	13	332
電話機架設（18.是夏）	13	366
鯰田炭坑元事務ニ利益供与（27.1.19）	19	5
火薬特別払下（27.7.26）	19	22
長崎船渠延長工事ニ付記念板埋置（27.10.23）	19	31
10年祭用鏡餅配布（28.2.9）	19	66
新入炭坑請願巡査配置（28.3.15）	19	69
吉岡鉱山山神祭（28.10.21）	19	84
荒川鉱山引継祝儀（29.6.20）	19	115
豊川良平ニ家屋贈与（29.7）	19	117
雇外人副領事就任（30.1.28）	19	151
補助貨現送紛失（30.4.19）	19	168
横島請願巡査其他（30.8.28）	19	199
直方町飲料水給水（30.9.10）	19	202
新入第3坑請願巡査（30.9.21）	19	205
外人船員叙勲（30.10.28）	19	217
佐渡鉱山記念日（30.11.3）	19	218
槇峰鉱山道路落成（30.11.5）	19	219
大葛支山施設（30.12.12）	19	230
佐渡鉱山入山記念式（31.11.1）	19	285
京阪間長距離電話加入（32.2.1）	20	312
佐渡鉱山鉱山祭（32.6.12）	20	333
尾去沢鉱山山神祭（32.8.15）	20	343
吉岡鉱山請願巡査配置（32.12.2）	20	363
高島炭坑第20回記念日（33.3.15）	20	397
吉岡鉱山所在地改称（34.2.6）	20	476
面谷鉱山郵便局（35.8.31）	20	582
吉岡鉱山屠牛場設置（35.10.31）	20	591
宝鉱山山神祭（37.7.1）	20	713
槇峰鉱山山神祭（37.10.15）	20	730
荒川鉱山山神祭（37.12.15）	20	740
東伏見宮殿下占勝閣御撰名（38.1.30）	20	767
吉岡鉱山山神祭（38.6.3）	20	793
佐渡鉱山鉱山祭其他（38.6.28）	20	802
造船所施設一般内外海商要鑑ニ登載（38.7.25）	20	808
荒川鉱山山神祭（38.8.14）	20	815
生野鉱山山神祭（39.4.20）	21	875
荒川鉱山10周年記念祝賀其他（39.5.1）	21	878
尾去沢鉱山山神祭（39.5.11）	21	879
神戸三菱造船所1周年祝（39.7.5）	21	887
佐渡鉱山鉱山祭（39.7.13）	21	888
門司若松両支店連合運動会（39.7.22）	21	891
荒川鉱山山神祭（39.9.2）	21	899
門司支店及若松支店秋季運動会（39.10.16）	21	904
神戸支店園遊会（39.11.3）	21	908
門司若松両支店連合運動会（40.4.14）	21	971
生野鉱山山神祭及10周年記念（40.4.19）	21	972
吉岡鉱山山神祭（40.4.23）	21	972
長崎支店運動会（40.4.27）	21	973
荒川鉱山山神祭（40.8.22）	21	1003
門司若松両支店秋季野遊会（40.10.12）	21	1009
長崎支店秋季運動会（40.10.21）	21	1009

その他　　　　　　　　　　　　　　　　　　　　　　　　　　211

項目	頁	番号
神戸支店園遊会(40.11.3)	21	1010
荒川鉱山山神祭(41.8.11)	21	1088
上海若松両港水先人廃止(42.8.5)	21	1171
三菱造船所創立25周年写真帳配付(42.10.18)	21	1185
燈籠献納(43.4.30)	21	1235
臨時休業(43.5.20)	21	1239
大阪西長堀稲荷神社経済独立(43.12.24)	21	1271
大阪稲荷神社境内造園(44.3.30)	21	1317
臨時休業(44.6.22)	21	1331
西長堀別邸調度品ヲ三菱造船所ニ移管(44.8.25)	21	1340
本社設計懸賞応募無資格者(44.11.9)	21	1365
(大正)		
面谷鉱山保護植樹(1.4.26)	22	1461
新入炭坑20年記念(1.4.26)	22	1462
佐渡鉱山山神祭(1.7.13)	22	1481
富来鉱山山神祭(1.7.14)	22	1482
臨時休業(1.9.13)	22	1497
槙峰鉱山山神祭(1.10.15)	22	1506
荒川鉱山公休日(1.10)	22	1510
面谷鉱山新年祝儀(1.12.14)	22	1532
槙峰鉱山新年祝儀(1.12.16)	22	1533
生野鉱山新年祝儀(1.12.16)	22	1533
会社電信略語(2.3.3)	22	1660
鯰田炭坑記念祝賀(2.3.22)	22	1677
孫逸仙歓迎(2.3.23)	22	1678
生野鉱山山神祭(2.3.27)	22	1683
門司支店若松支店等連合運動会(2.3.31)	22	1688
長崎支店記念日(2.4.4)	22	1692
名古屋出張所運動会(2.4.9)	22	1698
尾去沢鉱山山神祭(2.4.12)	22	1699
吉岡鉱山山神祭(2.4.22)	22	1701
新入炭坑記念祭(2.4.22)	22	1701
方城炭坑創業記念(2.4.25)	22	1704
金山支山山神祭(2.5.8)	22	1710
佐渡鉱山鉱山祭(2.7.5)	22	1746
臨時休業(2.7.17)	22	1754
荒川鉱山山神祭(2.7.28)	22	1759
鯰田炭坑招魂祭(2.8.1)	22	1764
神戸造船所開業記念(2.8.8)	22	1768
富来鉱山山神祭(2.8.22)	22	1778
槙峰鉱山山神祭(2.9.22)	22	1797
金田炭坑記念祭(2.10.1)	22	1807
相知炭坑長更迭披露(2.10.6)	22	1809
新入炭坑招魂祭(2.10.8)	22	1811
金田炭坑招魂祭(2.10.9)	22	1811
神戸所在支店員慰労会(2.10.12)	22	1816
若松支店秋季運動会(2.10.21)	22	1822
相知炭坑創業記念(2.10.23)	22	1824
長崎支店秋季運動会(2.10.27)	22	1826
唐津支店秋季運動会(2.10.27)	22	1826
自動車私用方(2.11.1)	22	1829
大隈伯長崎造船所巡覧(2.11.15)	22	1834
神戸造船所歳暮贈物(2.11.29)	22	1851
槙峰鉱山新年祝儀(2.12.9)	22	1866
佐渡鉱山新年宴会(2.12.10)	22	1866
吉岡鉱山新年宴会及入山式(2.12.15)	22	1873
荒川鉱山職員奨励会(2.12.15)	22	1873
高根鉱山新年祝賀(2.12.18)	22	1876
生野鉱山新年祝儀(2.12.22)	22	1880
尾去沢鉱山歳暮竝酒肴料(2.12.27)	22	1884
宝鉱山新年祝賀(2.12.27)	22	1884
横浜出張所電話購入(3.1.13)	23	1995
高島炭坑創業記念(3.3.6)	23	2039
若松支店春季運動会(3.3.14)	23	2047
門司支店春季運動会(3.3.14)	23	2047
名古屋出張所春季運動会(3.3.16)	23	2048
唐津支店春季運動会(3.3.27)	23	2057
尾去沢鉱山鉱夫慰安運動会(3.3.31)	23	2060
小樽支店春季慰労会(3.4.8)	23	2076
生野鉱山山神祭(3.4.9)	23	2076
臨時休業(3.4.11)	23	2077
富来鉱山倶楽部施設(3.5.22)	23	2107
吉岡鉱山山神祭(3.5.22)	23	2107
富来鉱山鉱種名更正(3.5.27)	23	2108
山座公使逝去ニ付花輪贈呈(3.5.28)	23	2109
面谷鉱山鉱夫慰安(3.5.28)	23	2109
露国義勇艦隊総裁歓迎(3.5.31)	23	2111
佐渡鉱山鉱山祭(3.7.4)	23	2145
高取鉱山消防組設置(3.7.15)	23	2156
方城炭坑招魂祭(3.7.26)	23	2162
荒川鉱山山神祭(3.8.1)	23	2165
尾去沢鉱山山神祭(3.8.22)	23	2183
槙峰鉱山山神祭(3.9.26)	23	2215
鯰田炭坑創業記念(3.10.1)	23	2221
小樽支店秋季運動会(3.10.12)	23	2227
金田炭坑招魂祭(3.10.13)	23	2228
大阪製煉所鞴祭酒肴料支給(3.10.19)	23	2229
宝鉱山山神祭(3.11.12)	23	2240
相知炭坑記念祝賀(3.11.12)	23	2240
敦賀出張所長距離電話加入(3.12.7)	23	2263
諒闇中ニ付謹慎(3.12.9)	23	2265
兼二浦鉱山新年祝儀(3.12.10)	23	2266
槙峰鉱山新年祝儀(3.12.14)	23	2270
神戸三菱造船所歳暮贈物(3.12.14)	23	2270

その他

高根鉱山新年祝儀(3.12.17)	23	2281	新入炭坑創業祝賀(5.4.27)	25	2987
生野鉱山新年祝儀(3.12.18)	23	2281	荒川鉱山山神祭(5.5.1)	25	2990
面谷鉱山新年祝儀(3.12.18)	23	2282	鯰田炭坑納屋電燈(5.5.1)	25	2990
奥山鉱山新年祝儀(3.12.20)	23	2282	高取鉱山山神社建立及山神祭(5.5.9)	25	2997
尾去沢鉱山新年祝儀其他(3.12.24)	23	2288	方城炭坑創業記念祭(5.5.9)	25	2998
佐渡鉱山新年祝儀(3.12.24)	23	2288	上山田炭坑創業記念祝賀(5.5.10)	25	3002
宝鉱山新年祝儀(3.12.26)	23	2290	蘆別炭坑山神社創立竝祭典(5.5.10)	25	3002
高取鉱山新年祝儀(3.12.26)	23	2290	上山田炭坑私設電話変更(5.5.16)	25	3011
三社「レース」開催(4.3.8)	24	2457	高島炭坑私設電話変更(5.5.24)	25	3017
吉岡鉱山山神祭(4.4.15)	24	2481	方城炭坑安全燈変更(5.5.25)	25	3017
生野鉱山山神祭(4.4.19)	24	2483	炭坑ニ於ケル中元贈品見合(5.6.13)	25	3038
宝鉱山山神祭(4.4.20)	24	2485	直方特設電話普通電話ニ変更(5.6.29)	25	3052
芳谷炭坑記念日(4.4.26)	24	2487	金田炭坑臨時採炭休業廃止(5.7.3)	25	3060
尾去沢鉱山山神祭(4.4.27)	24	2489	佐渡鉱山高千支山山神祭(5.7.7)	25	3069
金山支山山神祭(4.5.7)	24	2496	佐渡鉱山鉱山祭竝社殿新築(5.7.13)	25	3086
佐渡鉱山山神祭(4.7.3)	24	2539	高千支山入川立島間ニ電話架設(5.7.20)	25	3092
高千支山山神祭(4.8.12)	24	2559	金田炭坑私設電話鉱業特設電話ニ変更(5.7.23)	25	3098
綱取鉱山山神祭(4.8.25)	24	2570	鯰田炭坑招魂祭(5.7.26)	25	3099
綱取鉱山引継披露(4.9.2)	24	2574	神田村ヲ金田町ト改称(5.7.28)	25	3100
槇峰鉱山山神祭(4.9.27)	24	2592	上山田炭坑招魂祭(5.7.29)	25	3102
金田炭坑記念祝賀等(4.10.13)	24	2613	大阪西長堀稲荷神社社掌更迭(5.9.14)	25	3154
御大礼ニ付船舶奉祝方(4.10.26)	24	2622	金田炭坑記念祝賀会(5.9.22)	25	3162
兼二浦製鉄所ニ於ケル御即位大典奉祝方(4.11.2)	24	2628	富来鉱山山神祭(5.9.26)	25	3164
御大典ニ付拝観所設置(4.11.6)	24	2638	大村清次郎記念石碑建立(5.9.27)	25	3166
御即位大礼奉祝(4.11.10)	24	2638	金田炭坑招魂祭(5.10.23)	25	3192
金田炭坑御大典酒肴料支給(4.11.16)	24	2641	鯰田炭坑創業記念祝賀(5.10.26)	25	3199
相知炭坑御大典奉祝酒肴料支給(4.11.17)	24	2642	立太子礼ニ付船舶奉祝方(5.10.28)	25	3204
吉岡鉱山御大典奉祝酒肴料支給(4.11.20)	24	2653	新入炭坑招魂祭(5.10.30)	25	3206
鯰田炭坑御大典酒肴料支給(4.11.23)	24	2655	小佐佐試錐事業開始ニ付招待(5.11.6)	26	3223
御還幸奉迎(4.11.28)	24	2660	相知炭坑記念祝賀会(5.11.9)	26	3225
芳谷炭坑御大典祝賀酒肴料支給(4.11.29)	24	2660	方城炭坑法会執行(5.12.1)	26	3274
美唄炭坑御大典祝賀酒肴料支給(4.11.30)	24	2661	上山田炭坑鉱業特設電話開始(5.12.16)	26	3318
相知炭坑創業記念日(4.12.1)	24	2663	吉岡鉱山歳暮贈品(5.12.20)	26	3327
吉岡鉱山新年宴会外承認(4.12.15)	24	2670	相知炭坑新年宴会(5.12.25)	26	3357
芳谷炭坑新年宴会(4.12.27)	24	2688	上山田炭坑電燈料金(5.12.26)	26	3364
高取鉱山借地内払下立木搬出ノ件(4.12)	24	2699	芳谷炭坑新年宴会(5.12.29)	26	3407
芳谷炭坑新年宴会(5.1.4)	25	2820	本社年賀交換会(6.1.4)	27	3580
相知炭坑新年宴会(5.1.6)	25	2821	尾去沢鉱山社宅電燈料(6.1.10)	27	3584
露国大公歓迎方(5.1.12)	25	2833	奥山鉱山社宅等電燈(6.1)	27	3604
大夕張炭坑鉱業特設電話名義変更(5.2.8)	25	2896	大阪西長堀稲荷神社社掌死去(6.2.13)	27	3618
大夕張炭坑自家用電気事業名義変更(5.2.8)	25	2896	高島炭坑創業記念(6.3.10)	27	3661
裸蠟燭使用禁止ニ付報告(5.3.3)	25	2920	高島炭坑鉱業特設電話完成(6.3.10)	27	3661
高島炭坑創業記念(5.3.6)	25	2921	美唄炭山局電信電話開通(6.3.21)	27	3666
芳谷炭坑第5回記念宴会(5.4.7)	25	2967	生野鉱山及金山支山山神祭(6.3.29)	27	3676
宝鉱山山神祭(5.4.25)	25	2983	芳谷炭坑創業記念祝賀(6.4.17)	27	3698
美唄炭坑山神祭(5.4.25)	25	2983	大夕張炭坑山神祭(6.4.19)	27	3700
大夕張炭坑山神祭(5.4.25)	25	2984	吉岡鉱山山神祭外執行(6.4.24)	27	3703
尾去沢鉱山山神祭(5.4.26)	25	2985			

その他

項目	頁	番号
宝鉱山山神祭(6.4.25)	27	3705
綱取鉱山山神祭(6.4.25)	27	3705
美唄炭坑山神祭(6.4.30)	27	3707
宝鉱山山神祭典鉱夫表彰式(6.5.1)	27	3709
方城炭坑記念日祝賀(6.5.8)	27	3750
西長堀稲荷社取締更迭(6.5.19)	27	3755
西長堀稲荷神社社務所新築其他ノ件(6.5.26)	27	3765
尾去沢鉱山鉱夫表彰式挙行(6.6.5)	27	3778
高取鉱山山神祭(6.6.21)	27	3808
佐渡鉱山鉱山祭(6.7.13)	27	3846
鯰田炭坑招魂祭(6.8.1)	27	3873
尾去沢鉱山山神祭(6.8.13)	27	3888
宝鉱山山神社新築外新築工事(6.9.15)	28	3934
金田炭坑記念日(6.9.18)	28	3936
槙峰鉱山山神祭(6.9.25)	28	3943
宝鉱山点燈(6.9)	28	3949
長崎支店臨時休業(6.10.6)	28	3965
牧山骸炭製造所記念日(6.10.12)	28	3971
相知炭坑創業記念日(6.10.23)	28	3980
鯰田炭坑創業記念祝賀(6.10.24)	28	3981
大阪製煉所鞴祭給与(6.10.26)	28	3989
新入炭坑創業記念祝賀会(6.11.7)	28	4003
上山田炭坑創業記念祝賀(6.11.13)	28	4009
高島炭坑弔祭式挙行(6.11.16)	28	4013
高取鉱山赤木毛方面点燈(6.11.30)	28	4030
大利根鉱山休山(6.11)	28	4030
芳谷炭坑新年宴会(6.12.26)	28	4072
相知炭坑新年宴会(6.12.27)	28	4074
富来鉱山鉱業特設電話認許(7.2.14)	29	4374
面谷鉱山私設電話鉱業特設電話ニ変更出願(7.3.6)	29	4397
高島炭坑創業記念祝賀(7.3.6)	29	4397
高島炭坑請願巡査数変更(7.3.8)	29	4401
生野鉱山山神祭竝鉱夫表彰(7.3.16)	29	4407
大阪製煉所職工表彰式挙行決定(7.3.19)	29	4413
明延鉱山特設電話加入(7.3.19)	29	4415
美唄鉄道会社特設電話加入(7.3.23)	29	4418
富来鉱山山神祭(7.3.29)	29	4428
高島炭坑鉱夫運動会開催(7.3.30)	29	4432
相知炭坑青幡鶴温泉開場(7.4.1)	29	4434
芳谷炭坑創業記念祝賀(7.4.12)	29	4445
金山鉱山山神祭(7.4.18)	29	4449
高取鉱山鉱夫観桜遠足会(7.4.18)	29	4449
宝鉱山山神祭(7.4.23)	29	4456
蘆別炭坑祭典(7.4.24)	29	4457
大夕張炭坑山神祭(7.4.25)	29	4458
美唄炭坑山神祭(7.4.27)	29	4461
各地米騒動(7.8.15)	29	4526
美唄鉄道会社沼貝駅改称(7.9.1)	29	4531
休戦条約成立祝賀臨時休業(7.11.15)	29	4558
静嘉堂秘籍志贈呈(8.3.19)	30	4855
講和成立祝賀臨時休業(8.6.28)	30	4896
黒崎土地買入ニ付謝礼(9.1.31)	30	5141
地所部員東京帝国大学工学部講師受託(9.9.20)	30	5253
事務用品展覧会準備(9.10.15)	30	5260
明治神宮鎮座祭臨時休業(9.10.23)	30	5260
事務用品展覧会開催(9.12.6)	30	5283
蘆別炭坑専用鉄道開通(9.1.16)	30	5355
事務用品巡回展覧会開催ノ件(10.1.22)	31	5487
事務用品巡回展覧会開催(10.1.26)	31	5489
大阪西長堀稲荷神社取締更迭(10.2.26)	31	5502
電話自動交換其他実験(10.12.16)	31	5631
山県公爵国葬臨時休業(11.2.7)	31	5789
丸之内巡視係増員(11.6.17)	31	5866
黒崎折尾社有地電柱建設承諾(12.8.14)	32	6179
加藤恭平ニ震災関係事務嘱託(12.9.12)	32	6189
震災ニ付海外諸団体ニ報道(12.10.21)	32	6196
東洋文庫建物竣工(12.11.12)	32	6200
清澄園及清澄遊園移管(13.1.31)	33	6524
総選挙ニ付通達(13.3.11)	33	6554
臨時帝室編修局へ社誌寄贈(13.4.26)	33	6567
松方公爵国葬当日臨時休業(13.7.8)	33	6587
本社館内復旧(14.1.15)	34	6825
大阪西長堀稲荷神社取締辞職(14.6.8)	34	6887
火災報知機設置加入(15.7.26)	34	7178
福岡県八幡市及黒崎町合併報告(15.11.5)	34	7238
(昭和)		
稲荷神社基本財産ニテ公債買入(2.3.10)	35	11
稲荷神社手洗舎改築工事落成(3.4.13)	35	134
倉庫会社創立50周年祝賀(12.4.15)	37	1265
応召者ニ箱根神社勝守贈呈(12.10.1)	37	1298
新年祝賀式挙行(14.1.1)	38	1515
丸ノ内井水連絡防火水道協定(14.12.19)	38	1559
静嘉堂文庫改組(15.9.17)	38	1672
紀元二千六百年奉祝式挙行(15.11.10)	38	1683
故西園寺公爵国葬当日休業通知(15.11.30)	38	1685
特設防護団員ノ休業日宿直及休養(17.3.14)	38	1916

30. 名簿

1) 創業時代・郵便汽船三菱会社および三菱社

(明治)

傭員人名（3）	1	24
傭員人名（4）	1	50
傭使人名（5）	1	82
傭使人名（6）	1	159
解傭人名（6）	1	162
傭使人名（7）	1	335
解傭人名（7）	1	344
傭員人名（8）	2	505
解傭人名（8）	2	527
9年度入退社人名（9）	3	621
10年度入退社人名（10）	4	586
11年度入退社人名（11）	6	716
12年度入退社人名（12）	7	565
13年度入退社人名（13）	8	624
14年度入退社人名（14）	9	404
15年度入退社人名（15）	10	510
16年度入退社人名（16）	11	222
雑明治16年12月31日現員		
傭外国人給料別表（16）	11	231
同右外国人職業別表（16）	11	233
17年度入退社人名（17）	12	409
雑傭外国人月給別表		
明治17年12月31日現員（17）	12	418
傭外国人職業別表同名（17）	12	420
18年度入退社人名（18）	13	652
19年度入退社人名（19）	15	239
19年末現在傭員人名（19）	15	242
20年度入退社人名（20）	15	253
21年度入退社人名（21）	16	254
22年度入退社人名（22）	16	405
23年度入退社人名（23）	17	229
24年度入退社人名（24）	17	249
25年度入退社人名（25）	18	192
26年度入退社人名（26）	18	220

2) 三菱合資会社

(明治)

主要役職員（27.1.1)	19	3
明治27年末主要役職員	19	46
明治27年中入社人名	19	47
明治27年中退社人名	19	60
明治28年末主要役職員	19	98
明治28年中入社人名	19	100
明治28年中退社人名	19	103
明治29年末主要役職員	19	134
明治29年中入社人名	19	137
明治29年中退社人名	19	143
明治30年末主要役職員	19	242
明治30年中入社人名	19	245
明治30年中退社人名	19	250
明治31年末主要役職員	19	299
明治31年中入社人名	19	301
明治31年中退社人名	19	306
明治32年末主要役職員	20	376
明治32年中入社人名	20	378
明治32年中退社人名	20	381
明治33年末主要役職員	20	457
明治33年中入社人名	20	460
明治33年中退社人名	20	465
明治34年末主要役職員	20	534
明治34年中入社人名	20	536
明治34年中退社人名	20	543
明治35年末主要役職員	20	607
明治35年中入社人名	20	610
明治35年中退社人名	20	616
明治36年末主要役職員	20	671
明治36年中入社人名	20	674
明治36年中退社人名	20	677
明治37年末主要役職員	20	751
明治37年中入社人名	20	753
明治37年中退社人名	20	757
明治38年末主要役職員	20	848
明治38年中入社人名	20	851
明治38年中退社人名	20	855
明治39年末主要役職員	21	932
明治39年中入社人名	21	936
明治39年中退社人名	21	941
明治40年末主要役職員	21	1032
明治40年中入社人名	21	1036
明治40年中退社人名	21	1044
明治41年末主要役職員	21	1123
明治41年中入社人名	21	1128
明治41年中退社人名	21	1133
明治42年末主要役職員	21	1205
明治42年中入社人名	21	1209
明治42年中退社人名	21	1214
明治43年末主要役職員	21	1283
明治43年中入社人名	21	1288
明治43年中退社人名	21	1294
明治44年末主要役職員	21	1405

明治44年中入社人名	21	1410	大正15年昭和元年中三菱合資会社退社人名	34	7354
明治44年中退社人名	21	1419	（昭和）		
大正元年末主要役職員	22	1571	昭和2年末三菱合資会社主要役職員	35	97
明治45年，大正元年中入社人名	22	1577	昭和2年中三菱合資会社主要役職員異動	35	98
明治45年，大正元年中退社人名	22	1590	昭和2年中三菱合資会社入社人名	35	98
（大正）			昭和2年中三菱合資会社退社人名	35	98
大正2年末主要役職員	22	1959	昭和2年中三菱合資会社及分系会社参事昇役者人名	35	99
大正2年中入社人名	22	1966			
大正2年中退社人名	22	1982	昭和2年中三菱合資会社及分系会社海外出張及留学者人名	35	99
大正3年末主要役職員	23	2380			
大正3年中入社人名	23	2387	昭和2年中三菱合資会社及分系会社年金受領者死去人名	35	100
大正3年中退社人名	23	2400	昭和3年末三菱合資会社主要役職員	35	208
大正4年末主要役職員	24	2790	昭和3年中三菱合資会社主要役職員異動	35	209
大正4年中入社人名	24	2798	昭和3年中三菱合資会社入社人名	35	210
大正4年中退社人名	24	2809	昭和3年中三菱合資会社退社人名	35	210
大正5年末主要役職員	26	3534	昭和3年中三菱合資会社及分系会社参事昇役者人名	35	210
大正5年中入社人名	26	3543			
大正5年中退社人名	26	3562	昭和3年中三菱合資会社及分系会社海外出張及留学者人名	35	210
大正6年末主要役職員	28	4226			
大正6年中入社人名	28	4240	昭和3年中三菱合資会社及分系会社年金受領者死去人名	35	212
大正6年中退社人名	28	4278	昭和4年末三菱合資会社主要役職員	35	341
大正7年末主要役職員	29	4743	昭和4年中三菱合資会社主要役職員異動	35	342
大正7年中三菱合資会社入社人名	29	4760	昭和4年中三菱合資会社入社人名	35	342
大正7年中三菱合資会社退社人名	29	4810	昭和4年中三菱合資会社退社人名	35	343
大正8年末三菱合資会社主要役職員	30	5047	昭和4年中三菱合資会社及分系会社参事昇役者人名	35	343
大正8年中三菱合資会社入社人名	30	5067			
大正8年中三菱合資会社退社人名	30	5108	昭和4年中三菱合資会社及分系会社海外出張及留学者人名	35	344
大正9年末三菱合資会社主要役職員	30	5386			
大正9年中三菱合資会社入社人名	30	5409	昭和4年中三菱合資会社及分系会社年金受領者死去人名	35	345
大正9年中三菱合資会社退社人名	30	5451	昭和5年末三菱合資会社主要役職員	35	462
大正10年末三菱合資会社主要役職員	31	5704	昭和5年中三菱合資会社主要役職員異動	35	463
大正10年中三菱合資会社入社人名	31	5727	昭和5年中三菱合資会社入社人名	35	463
大正10年中三菱合資会社退社人名	31	5745	昭和5年中三菱合資会社退社人名	35	463
大正11年末三菱合資会社主要役職員	31	6021	昭和5年中三菱合資会社及分系会社参事昇役者人名	35	464
大正11年中三菱合資会社入社人名	31	6043			
大正11年中三菱合資会社退社人名	31	6063	昭和5年中三菱合資会社及分系会社海外出張及留学者人名	35	464
大正12年末三菱合資会社主要役職員	32	6442			
大正12年中三菱合資会社入社人名	32	6465	昭和5年中三菱合資会社及分系会社年金受領者死去人名	35	465
大正12年中三菱合資会社退社人名	32	6484	昭和6年末三菱合資会社主要役職員	36	600
大正13年末三菱合資会社主要役職員	33	6733	昭和6年中三菱合資会社主要役職員異動	36	601
大正13年中三菱合資会社入社人名	33	6756	昭和6年中三菱合資会社入社人名	36	602
大正13年中三菱合資会社退社人名	33	6780	昭和6年中三菱合資会社退社人名	36	602
大正14年末三菱合資会社主要役職員	34	7029	昭和6年中三菱合資会社及分系会社参事昇役者人名	36	602
大正14年中三菱合資会社入社人名	34	7053			
大正14年中三菱合資会社退社人名	34	7080	昭和6年中三菱合資会社及分系会社海外出張及留学者人名	36	602
昭和元年末三菱合資会社主要役職員	34	7309	昭和6年中三菱合資会社及分系会社年金受領者死去人名	36	602
大正15年昭和元年三菱合資会社入社人名	34	7333			
			昭和7年末三菱合資会社主要役職員	36	727

名簿

項目	頁	頁
昭和7年中三菱合資会社主要役職員異動	36	728
昭和7年中三菱合資会社入社人名	36	728
昭和7年中三菱合資会社退社人名	36	728
昭和7年中三菱合資会社及分系会社参事昇役者人名	36	729
昭和7年中三菱合資会社及分系会社海外出張及留学者人名	36	729
昭和7年中三菱合資会社及分系会社年金受領者死去人名	36	729
昭和8年末三菱合資会社主要役職員	36	836
昭和8年中三菱合資会社主要役職員異動	36	837
昭和8年中三菱合資会社入社人名	36	837
昭和8年中三菱合資会社退社人名	36	837
昭和8年中三菱合資会社及分系会社参事昇役者人名	36	838
昭和8年中三菱合資会社及分系会社海外出張及留学者人名	36	838
昭和8年中三菱合資会社及分系会社年金受領者死去人名	36	839
昭和9年末三菱合資会社主要役職員	36	968
昭和9年中三菱合資会社主要役職員異動	36	969
昭和9年中三菱合資会社退社人名	36	969
昭和9年中三菱合資会社及分系会社参事昇役者人名	36	969
昭和9年中三菱合資会社及分系会社海外出張及留学者人名	36	970
昭和9年中三菱合資会社及分系会社年金受領者死去人名	36	970
昭和10年末三菱合資会社主要役職員	37	1085
昭和10年中三菱合資会社主要役職員異動	37	1086
昭和10年中三菱合資会社入社人名	37	1086
昭和10年中三菱合資会社退社人名	37	1086
昭和10年中三菱合資会社及分系会社参事昇役者人名	37	1086
昭和10年中三菱合資会社及分系会社海外出張及留学者人名	37	1088
昭和10年中三菱合資会社及分系会社年金受領者死去人名	37	1088
昭和11年末三菱合資会社主要役職員	37	1216
昭和11年中三菱合資会社主要役職員異動	37	1217
昭和11年中三菱合資会社入社人名	37	1217
昭和11年中三菱合資会社退社人名	37	1217
昭和11年中三菱合資会社及分系会社参事昇役者人名	37	1217
昭和11年中三菱合資会社及分系会社海外出張及留学者人名	37	1219
昭和11年中三菱合資会社及分系会社年金受領者死去人名	37	1219

3）株式会社三菱社および三菱本社

(昭和)

項目	頁	頁
昭和12年末株式会社三菱社主要役職員	37	1362
昭和12年中三菱合資会社／株式会社三菱社主要役職員異動	37	1363
昭和12年中三菱合資会社／株式会社三菱社入社人名	37	1363
昭和12年中三菱合資会社／株式会社三菱社退社人名	37	1363
昭和12年中三菱合資会社／株式会社三菱社及分系会社参事昇役者人名	37	1364
昭和12年中三菱合資会社／株式会社三菱社及分系会社海外出張及留学者人名	37	1365
昭和12年中三菱合資会社／株式会社三菱社及分系会社年金受領者死去人名	37	1366
昭和13年末株式会社三菱社主要役職員	37	1493
昭和13年中株式会社三菱社主要職員異動	37	1494
昭和13年中株式会社三菱社入社人名	37	1494
昭和13年中株式会社三菱社退社人名	37	1494
昭和13年中本社及分系会社参事昇役者人名	37	1494
昭和13年中本社及分系会社海外出張及留学者人名	37	1495
昭和13年中本社及分系会社年金受領者死去人名	37	1496
昭和13年中本社及分系各会社正員入社退社人員	37	1512
昭和14年末株式会社三菱社主要役職員	38	1599
昭和14年中株式会社三菱社主要職員異動	38	1600
昭和14年中株式会社三菱社入社人名	38	1600
昭和14年中株式会社三菱社退社人名	38	1600
昭和14年中本社及分系会社参事昇役者人名	38	1600
昭和14年中本社及分系会社海外出張及留学者人名	38	1601
昭和14年中本社及分系会社年金受領者死去人名	38	1602
昭和14年中本社及分系会社正員入社退社人員	38	1619
昭和15年末株式会社三菱社主要役職員	38	1725
昭和15年中株式会社三菱社主要職員異動	38	1726
昭和15年中株式会社三菱社入社人名	38	1726
昭和15年中株式会社三菱社退社人名	38	1726
昭和15年中本社及分系会社参事昇役者人名	38	1726
昭和15年中本社及分系会社海外出張及留学者人名	38	1728
昭和15年中本社及分系会社年金受領者死去人名	38	1730
昭和15年中本社及分系会社正員入社退社人員	38	1751
昭和16年末株式会社三菱社主要役職員	38	1875
昭和16年中株式会社三菱社主要職員異動	38	1876
昭和16年中株式会社三菱社入社人名	38	1876
昭和16年中株式会社三菱社退社人名	38	1876
昭和16年中本社及分系会社参事昇役者人名	38	1876
昭和16年中本社及分系会社海外出張及留学者人名	38	1879

昭和16年中本社及分系会社年金受領者死去人名	38	1879
昭和16年中本社及分系会社正員入社退社人員	38	1905
昭和17年末株式会社三菱社主要役職員	38	2022
昭和17年中株式会社三菱社主要職員異動	38	2023
昭和17年中株式会社三菱社入社人名	38	2023
昭和17年中株式会社三菱社退社人名	38	2023
昭和17年中本社及分系会社参事昇役者人名	38	2024
昭和17年中本社及分系会社年金受領者死去人名	38	2026
昭和17年中本社及分系会社正員入社退社人員	38	2054
昭和18年末株式会社三菱本社主要役職員	39	2190
昭和18年中株式会社三菱本社主要職員異動	39	2191
昭和18年中株式会社三菱本社入社人名	39	2191
昭和18年中株式会社三菱本社退社人名	39	2191
昭和18年中本社及分系会社参与昇役者人名	39	2192
昭和18年中本社及分系会社参事昇役者人名	39	2193
昭和18年中本社及分系会社年金受領者死去人名	39	2196
昭和18年中本社及分系会社正員入社退社人員	39	2223
昭和19年末株式会社三菱本社主要役職員	39	2361
昭和19年中株式会社三菱本社主要職員異動	39	2362
昭和19年中株式会社三菱本社入社人名	39	2362
昭和19年中株式会社三菱本社退社人名	39	2362
昭和19年中本社及分系会社参与昇役者人名	39	2362
昭和19年中本社及分系会社参事昇役者人名	39	2364
昭和19年中本社及分系会社年金受領者死去人名	39	2368
昭和19年中本社及分系会社正員入社退社人員	39	2396
昭和20年末株式会社三菱本社主要役職員	40	2564
昭和20年中株式会社三菱本社主要職員異動	40	2564
昭和20年中本社及分系会社参与昇役者人名	40	2565
昭和20年中本社及分系会社参事昇役者人名	40	2565
昭和20年中株式会社三菱本社年金受領者死去人名	40	2570
昭和21年9月末株式会社三菱本社主要役職員	40	2683
昭和21年自1月至9月株式会社三菱本社主要職員異動	40	2683
昭和21年自1月至9月本社及分系会社参与昇役者人名	40	2683
昭和21年自1月至9月本社及分系会社参事昇役者人名	40	2684
昭和21年自1月至9月株式会社三菱本社年金受領者死去人名	40	2685

4） 第百十九国立銀行

(明治)

明治27年中第百十九国立銀行入社人名	19	57
明治27年中第百十九国立銀行退社人名	19	61
第百十九国立銀行役職員(28年末)	19	99
明治28年中第百十九国立銀行入社人名	19	103
第百十九国立銀行役職員	19	136
第百十九国立銀行役職員(30年末)	19	245

5） 三菱製紙株式会社

(大正)

大正6年末三菱製紙株式会社主要役職員	28	4239
大正7年末三菱製紙株式会社主要役職員	29	4759

6） 三菱製鉄株式会社

(大正)

大正6年末三菱製鉄株式会社主要役職員	28	4238
大正6年中入社人名	28	4277
大正6年中退社人名	28	4292
大正7年末主要役職員	29	4750
大正7年中入社人名	29	4789
大正7年中退社人名	29	4817
大正8年末主要役職員	30	5054
大正8年中入社人名	30	5083
大正8年中退社人名	30	5112
大正9年末主要役職員	30	5395
大正9年中入社人名	30	5430
大正9年中退社人名	30	5457
大正10年末主要役職員	30	5711
大正10年中入社人名	31	5732
大正10年中退社人名	31	5751
大正11年末主要役職員	31	6028
大正11年中入社人名	31	6052
大正11年中退社人名	31	6071
大正12年末主要役職員	32	6448
大正12年中入社人名	32	6469
大正12年中退社人名	32	6492
大正13年末主要役職員	33	6739
大正13年中入社人名	33	6762
大正13年中退社人名	33	6787
大正14年末主要役職員	34	7035
大正14年中入社人名	34	7062
大正14年中退社人名	34	7085
昭和元年末主要役職員	34	7315
大正15年昭和元年中入社人名	34	7340

大正15年昭和元年中退社人名	34	7359
（昭和）		
昭和2年末主要役職員	35	103
昭和2年中主要役職員異動	35	104
昭和2年中入社人名	35	104
昭和2年中退社人名	35	104
昭和3年末主要役職員	35	216
昭和3年中入社人名	35	217
昭和3年中退社人名	35	217
昭和4年末主要役職員	35	350
昭和4年中主要役職員異動	35	350
昭和4年中入社人名	35	350
昭和4年中退社人名	35	350
昭和5年末主要役職員	35	469
昭和5年中主要役職員異動	35	469
昭和5年中入社人名	35	470
昭和5年中退社人名	35	470
昭和6年末主要役職員	36	609
昭和6年中主要役職員異動	36	610
昭和6年中入社人名	36	610
昭和6年中退社人名	36	610
昭和7年末主要役職員	36	735
昭和7年中主要役職員異動	36	735
昭和7年中退社人名	36	735
昭和8年末主要役職員	36	844
昭和8年中入社人名	36	844
昭和8年中退社人名	36	845
昭和9年末主要役職員	36	976
昭和9年中主要役職員異動	36	976
昭和9年中入社人名	36	977
昭和9年中退社人名	36	977
昭和10年中退社人名	37	1097

7）三菱造船株式会社

（大正）		
大正6年末三菱造船株式会社主要役職員	28	4234
大正6年中入社人名（11月及12月）	28	4276
大正6年中退社人名（11月及12月）	28	4292
大正7年末主要役職員	29	4745
大正7年中入社人名	29	4775
大正7年中退社人名	29	4814
大正8年末主要役職員	30	5048
大正8年中入社人名	30	5071
大正8年中退社人名	30	5110
大正9年末主要役職員	30	5388
大正9年中入社人名	30	5412
大正9年中退社人名	30	5453
大正10年末主要役職員	31	5705
大正10年中入社人名	31	5729
大正10年中退社人名	31	5747
大正11年末主要役職員	31	6023
大正11年中入社人名	31	6044
大正11年中退社人名	31	6065
大正12年末主要役職員	32	6443
大正12年中入社人名	32	6466
大正12年中退社人名	32	6486
大正13年末主要役職員	33	6734
大正13年中入社人名	33	6757
大正13年中退社人名	33	6780
大正14年末主要役職員	34	7030
大正14年中入社人名	34	7055
大正14年中退社人名	34	7081
昭和元年末主要役職員	34	7310
大正15年昭和元年中入社人名	34	7334
大正15年昭和元年中退社人名	34	7355
（昭和）		
昭和2年末主要役職員	35	100
昭和2年中主要役職員異動	35	102
昭和2年中入社人名	35	103
昭和2年中退社人名	35	103
昭和3年末主要役職員	35	212
昭和3年中主要役職員異動	35	215
昭和3年中入社人名	35	215
昭和3年中退社人名	35	215
昭和4年末主要役職員	35	345
昭和4年中主要役職員異動	35	348
昭和4年中入社人名	35	348
昭和4年中退社人名	35	348
昭和5年末主要役職員	35	465

昭和5年中主要役職員異動	35	467
昭和5年中入社人名	35	468
昭和5年中退社人名	35	468
昭和6年末主要役職員	36	603
昭和6年中主要役職員異動	36	605
昭和6年中入社人名	36	605
昭和6年中退社人名	36	606
昭和7年末主要役職員	36	730
昭和7年中主要役職員異動	36	732
昭和7年中入社人名	36	733
昭和7年中退社人名	36	733
昭和8年末主要役職員	36	839
昭和8年中主要役職員異動	36	841
昭和8年中入社人名	36	842
昭和8年中退社人名	36	842

8）三菱内燃機製造株式会社

（大正）

大正9年末三菱内燃機製造株式会社主要役職員	30	5408
大正9年中三菱内燃機製造株式会社入社人名	30	5451
大正10年末三菱内燃機株式会社主要役職員	31	5725
大正10年中三菱内燃機株式会社入社人名	31	5744
大正10年中三菱内燃機株式会社退社人名	31	5764
大正11年末三菱内燃機株式会社主要役職員	31	6041
大正11年中三菱内燃機株式会社入社人名	31	6061
大正11年中三菱内燃機株式会社退社人名	31	6085
大正12年末三菱内燃機株式会社主要役職員	32	6462
大正12年中三菱内燃機株式会社入社人名	32	6482
大正12年中三菱内燃機株式会社退社人名	32	6506
大正13年末三菱内燃機株式会社主要役職員	33	6754
大正13年中三菱内燃機株式会社入社人名	33	6777
大正13年中三菱内燃機株式会社退社人名	33	6797
大正14年末三菱内燃機株式会社主要役職員	34	7051
大正14年中三菱内燃機株式会社入社人名	34	7077
大正14年中三菱内燃機株式会社退社人名	34	7091
昭和元年末三菱内燃機株式会社主要役職員	34	7331
大正15年昭和元年中三菱内燃機株式会社入社人名	34	7352
大正15年昭和元年中三菱内燃機株式会社退社人名	34	7365

（昭和）

昭和2年末三菱内燃機株式会社主要役職員	35	117
昭和2年中三菱内燃機株式会社主要役職員異動	35	117
昭和2年中三菱内燃機株式会社入社人名	35	117
昭和2年中三菱内燃機株式会社退社人名	35	117

9）三菱航空機株式会社

(昭和)

昭和3年末三菱航空機株式会社主要役職員	35	230
昭和3年中三菱内燃機航空機株式会社主要役職員異動	35	230
昭和3年中三菱内燃機航空機株式会社入社人名	35	230
昭和3年中三菱内燃機航空機株式会社退社人名	35	231
昭和4年末三菱航空機株式会社主要役職員	35	367
昭和4年中三菱航空機株式会社主要役職員異動	35	367
昭和4年中三菱航空機株式会社入社人名	35	367
昭和4年中三菱航空機株式会社退社人名	35	368
昭和5年末三菱航空機株式会社主要役職員	35	484
昭和5年中三菱航空機株式会社主要役職員異動	35	485
昭和5年中三菱航空機株式会社入社人名	35	485
昭和5年中三菱航空機株式会社退社人名	35	486
昭和6年末三菱航空機株式会社主要役職員	36	627
昭和6年中三菱航空機株式会社主要役職員異動	36	627
昭和6年中三菱航空機株式会社入社人名	36	627
昭和6年中三菱航空機株式会社退社人名	36	628
昭和7年末三菱航空機株式会社主要役職員	36	750
昭和7年中三菱航空機株式会社主要役職員異動	36	751
昭和7年中三菱航空機株式会社入社人名	36	752
昭和7年中三菱航空機株式会社退社人名	36	752
昭和8年末三菱航空機株式会社主要役職員	36	859
昭和8年中三菱航空機株式会社主要役職員異動	36	860
昭和8年中三菱航空機株式会社入社人名	36	860
昭和8年中三菱航空機株式会社退社人名	36	860
昭和9年中三菱航空機株式会社主要役職員異動	36	991
昭和9年中三菱航空機株式会社入社人名	36	992
昭和9年中三菱航空機株式会社退社人名	36	992

10）三菱重工業株式会社

(昭和)

昭和9年末三菱重工業株式会社主要役職員	36	971
昭和9年中三菱造船重工業株式会社主要役職員異動	36	974
昭和9年中三菱造船重工業株式会社入社人名	36	975
昭和9年中三菱造船重工業株式会社退社人名	36	975
昭和10年末三菱重工業株式会社主要役職員	37	1089
昭和10年中三菱重工業株式会社主要職員異動	37	1092
昭和10年中三菱重工業株式会社入社人名	37	1092
昭和10年中三菱重工業株式会社退社人名	37	1097
昭和11年末三菱重工業株式会社主要役職員	37	1220
昭和11年中三菱重工業株式会社主要職員異動	37	1223
昭和11年中三菱重工業株式会社入社人名	37	1224
昭和11年中三菱重工業株式会社退社人名	37	1225
昭和12年末三菱重工業株式会社主要役職員	37	1366
昭和12年中三菱重工業株式会社主要職員異動	37	1368
昭和12年中三菱重工業株式会社入社人名	37	1368
昭和12年中三菱重工業株式会社退社人名	37	1373
昭和13年末三菱重工業株式会社主要役職員	37	1496
昭和13年中三菱重工業株式会社主要職員異動	37	1498
昭和14年末三菱重工業株式会社主要役職員	38	1602
昭和14年中三菱重工業株式会社主要職員異動	38	1604
昭和15年末三菱重工業株式会社主要役職員	38	1730
昭和15年中三菱重工業株式会社主要職員異動	38	1733
昭和16年末三菱重工業株式会社主要役職員	38	1880
昭和16年中三菱重工業株式会社主要職員異動	38	1883
昭和17年末三菱重工業株式会社主要役職員	38	2026
昭和17年中三菱重工業株式会社主要職員異動	38	2030
昭和18年末三菱重工業株式会社主要役職員	39	2196
昭和18年中三菱重工業株式会社主要職員異動	39	2199
昭和19年末三菱重工業株式会社主要役職員	39	2369
昭和19年中三菱重工業株式会社主要職員異動	39	2371
昭和20年末三菱重工業株式会社主要役職員	40	2570
昭和20年中三菱重工業株式会社主要職員異動	40	2571
昭和21年9月末三菱重工業株式会社主要役職員	40	2685
昭和21年自1月至9月三菱重工業株式会社主要職員異動	40	2687

11）三菱電機株式会社

（大正）

大正10年末三菱電気株式会社主要役職員	31	5726
大正10年中三菱電機株式会社入社人名	31	5745
大正10年中三菱電機株式会社退社人名	31	5764
大正11年末三菱電機株式会社主要役職員	31	6042
大正11年中三菱電機株式会社入社人名	31	6062
大正11年中三菱電機株式会社退社人名	31	6085
大正12年末三菱電機株式会社主要役職員	32	6464
大正12年中三菱電機株式会社入社人名	32	6483
大正12年中三菱電機株式会社退社人名	32	6507
大正13年末三菱電機株式会社主要役職員	33	6755
大正13年中三菱電機株式会社入社人名	33	6778
大正13年中三菱電機株式会社退社人名	33	6798
大正14年末三菱電機株式会社主要役職員	34	7052
大正14年中三菱電機株式会社入社人名	34	7078
大正14年中三菱電機株式会社退社人名	34	7091
昭和元年末三菱電機株式会社主要役職員	34	7332
大正15年昭和元年中三菱電機株式会社入社人名	34	7352
大正15年昭和元年中三菱電機株式会社退社人名	34	7365

（昭和）

昭和2年末三菱電機株式会社主要役職員	35	118
昭和2年中三菱電機株式会社主要役職員異動	35	118
昭和2年中三菱電機株式会社入社人名	35	118
昭和2年中三菱電機株式会社退社人名	35	118
昭和3年末三菱電機株式会社主要役職員	35	231
昭和3年中三菱電機株式会社主要役職員異動	35	232
昭和3年中三菱電機株式会社入社人名	35	232
昭和3年中三菱電機株式会社退社人名	35	232
昭和4年末三菱電機株式会社主要役職員	35	368
昭和4年中三菱電機株式会社主要役職員異動	35	368
昭和4年中三菱電機株式会社入社人名	35	369
昭和4年中三菱電機株式会社退社人名	35	369
昭和5年末三菱電機株式会社主要役職員	35	486
昭和5年中三菱電機株式会社主要役職員異動	35	486
昭和5年中三菱電機株式会社入社人名	35	486
昭和5年中三菱電機株式会社退社人名	35	487
昭和6年末三菱電機株式会社主要役職員	36	628
昭和6年中三菱電機株式会社主要役職員異動	36	629
昭和6年中三菱電機株式会社入社人名	36	629
昭和6年中三菱電機株式会社退社人名	36	629
昭和7年末三菱電機株式会社主要役職員	36	752
昭和7年中三菱電機株式会社主要役職員異動	36	753
昭和7年中三菱電機株式会社入社人名	36	753
昭和7年中三菱電機株式会社退社人名	36	753
昭和8年末三菱電機株式会社主要役職員	36	861
昭和8年中三菱電機株式会社主要役職員異動	36	861
昭和8年中三菱電機株式会社入社人名	36	862
昭和8年中三菱電機株式会社退社人名	36	862
昭和9年末三菱電機株式会社主要役職員	36	992
昭和9年中三菱電機株式会社入社人名	36	993
昭和9年中三菱電機株式会社退社人名	36	994
昭和10年末三菱電機株式会社主要役職員	37	1115
昭和10年中三菱電機株式会社主要役職員異動	37	1116
昭和10年中三菱電機株式会社入社人名	37	1116
昭和10年中三菱電機株式会社退社人名	37	1117
昭和11年末三菱電機株式会社主要役職員	37	1246
昭和11年中三菱電機株式会社主要役職員異動	37	1247
昭和11年中三菱電機株式会社入社人名	37	1247
昭和11年中三菱電機株式会社退社人名	37	1248
昭和12年末三菱電機株式会社主要役職員	37	1397
昭和12年中三菱電機株式会社主要役職員異動	37	1397
昭和12年中三菱電機株式会社入社人名	37	1398
昭和12年中三菱電機株式会社退社人名	37	1399
昭和13年末三菱電機株式会社主要役職員	37	1508
昭和13年中三菱電機株式会社主要職員異動	37	1509
昭和14年末三菱電機株式会社主要役職員	38	1615
昭和14年中三菱電機株式会社主要役職員異動	38	1616
昭和15年末三菱電機株式会社主要役職員	38	1746
昭和15年中三菱電機株式会社主要職員異動	38	1747
昭和16年末三菱電機株式会社主要役職員	38	1898
昭和16年中三菱電機株式会社主要役職員異動	38	1899
昭和17年末三菱電機株式会社主要役職員	38	2046
昭和17年中三菱電機株式会社主要職員異動	38	2047
昭和18年末三菱電機株式会社主要役職員	39	2216
昭和18年中三菱電機株式会社主要役職員異動	39	2217
昭和19年末三菱電機株式会社主要役職員	39	2388
昭和19年中三菱電機株式会社主要職員異動	39	2389
昭和20年末三菱電機株式会社主要役職員	40	2590
昭和20年中三菱電機株式会社主要役職員異動	40	2591
昭和21年9月末三菱電機株式会社主要役職員	40	2700
昭和21年自1月至9月三菱電機株式会社主要職員異動	40	2701

12) 三菱商事株式会社

(大正)

項目	巻	頁
大正7年末三菱商事株式会社主要役職員	29	4752
大正7年中三菱商事株式会社入社人名	29	4797
大正7年中三菱商事株式会社退社人名	29	4819
大正8年末三菱商事株式会社主要役職員	30	5057
大正8年中三菱商事株式会社入社人名	30	5088
大正8年中三菱商事株式会社退社人名	30	5116
大正9年末三菱商事株式会社主要役職員	30	5398
大正9年中三菱商事株式会社入社人名	30	5435
大正9年中三菱商事株式会社退社人名	30	5459
大正10年末三菱商事株式会社主要役職員	31	5714
大正10年中三菱商事株式会社入社人名	31	5734
大正10年中三菱商事株式会社退社人名	31	5753
大正11年末三菱商事株式会社主要役職員	31	6031
大正11年中三菱商事株式会社入社人名	31	6053
大正11年中三菱商事株式会社退社人名	31	6074
大正12年末三菱商事株式会社主要役職員	32	6451
大正12年中三菱商事株式会社入社人名	32	6471
大正12年中三菱商事株式会社退社人名	32	6495
大正13年末三菱商事株式会社主要役職員	33	6742
大正13年中三菱商事株式会社入社人名	33	6764
大正13年中三菱商事株式会社退社人名	33	6790
大正14年末三菱商事株式会社主要役職員	34	7039
大正14年中三菱商事株式会社入社人名	34	7063
大正14年中三菱商事株式会社退社人名	34	7087
昭和元年末三菱商事株式会社主要役職員	34	7318
大正15年昭和元年中三菱商事株式会社入社人名	34	7342
大正15年昭和元年中三菱商事株式会社退社人名	34	7360

(昭和)

項目	巻	頁
昭和2年末三菱商事株式会社主要役職員	35	106
昭和2年中三菱商事株式会社主要役職員異動	35	108
昭和2年中三菱商事株式会社入社人名	35	108
昭和2年中三菱商事株式会社退社人名	35	108
昭和3年末三菱商事株式会社主要役職員	35	218
昭和3年中三菱商事株式会社主要役職員異動	35	220
昭和3年中三菱商事株式会社入社人名	35	221
昭和3年中三菱商事株式会社退社人名	35	221
昭和4年末三菱商事株式会社主要役職員	35	352
昭和4年中三菱商事株式会社主要役職員異動	35	354
昭和4年中三菱商事株式会社入社人名	35	354
昭和4年中三菱商事株式会社退社人名	35	355
昭和5年末三菱商事株式会社主要役職員	35	471
昭和5年中三菱商事株式会社主要役職員異動	35	473
昭和5年中三菱商事株式会社入社人名	35	474
昭和5年中三菱商事株式会社退社人名	35	475
昭和6年末三菱商事株式会社主要役職員	36	612
昭和6年中三菱商事株式会社主要役職員異動	36	614
昭和6年中三菱商事株式会社入社人名	36	615
昭和6年中三菱商事株式会社退社人名	36	617
昭和7年末三菱商事株式会社主要役職員	36	737
昭和7年中三菱商事株式会社主要役職員異動	36	740
昭和7年中三菱商事株式会社入社人名	36	740
昭和7年中三菱商事株式会社退社人名	36	741
昭和8年末三菱商事株式会社主要役職員	36	846
昭和8年中三菱商事株式会社主要役職員異動	36	848
昭和8年中三菱商事株式会社入社人名	36	849
昭和8年中三菱商事株式会社退社人名	36	850
昭和9年末三菱商事株式会社主要役職員	36	979
昭和9年中三菱商事株式会社主要役職員異動	36	982
昭和9年中三菱商事株式会社入社人名	36	982
昭和9年中三菱商事株式会社退社人名	36	983
昭和10年末三菱商事株式会社主要役職員	37	1099
昭和10年中三菱商事株式会社主要職員異動	37	1102
昭和10年中三菱商事株式会社入社人名	37	1103
昭和10年中三菱商事株式会社退社人名	37	1104
昭和11年末三菱商事株式会社主要役職員	37	1228
昭和11年中三菱商事株式会社主要職員異動	37	1230
昭和11年中三菱商事株式会社入社人名	37	1231
昭和11年中三菱商事株式会社退社人名	37	1234
昭和12年末三菱商事株式会社主要役職員	37	1376
昭和12年中三菱商事株式会社主要職員異動	37	1378
昭和12年中三菱商事株式会社入社人名	37	1378
昭和12年中三菱商事株式会社退社人名	37	1382
昭和13年末三菱商事株式会社主要役職員	37	1500
昭和13年中三菱商事株式会社主要職員異動	37	1501
昭和14年末三菱商事株式会社主要役職員	38	1606
昭和14年中三菱商事株式会社主要職員異動	38	1608
昭和15年末三菱商事株式会社主要役職員	38	1735
昭和15年中三菱商事株式会社主要職員異動	38	1737
昭和16年末三菱商事株式会社主要役職員	38	1886
昭和16年中三菱商事株式会社主要職員異動	38	1889
昭和17年末三菱商事株式会社主要役職員	38	2033
昭和17年中三菱商事株式会社主要職員異動	38	2036
昭和18年末三菱商事株式会社主要役職員	39	2202
昭和18年中三菱商事株式会社主要職員異動	39	2204
昭和19年末三菱商事株式会社主要役職員	39	2375
昭和19年中三菱商事株式会社主要職員異動	39	2377
昭和20年末三菱商事株式会社主要役職員	40	2577
昭和20年中三菱商事株式会社主要職員異動	40	2580
昭和21年9月末三菱商事株式会社主要役職員	40	2689
昭和21年自1月至9月三菱商事株式会社主要職員異動	40	2691

13）三菱鉱業株式会社

（大正）

項目	巻	頁
大正7年末三菱鉱業株式会社主要役職員	29	4755
大正7年中三菱鉱業株式会社入社人名	29	4802
大正7年中三菱鉱業株式会社退社人名	29	4820
大正8年末三菱鉱業株式会社主要役職員	30	5060
大正8年中三菱鉱業株式会社入社人名	30	5098
大正8年中三菱鉱業株式会社退社人名	30	5118
大正9年末三菱鉱業株式会社主要役職員	30	5401
大正9年中三菱鉱業株式会社入社人名	30	5443
大正9年中三菱鉱業株式会社退社人名	30	5463
大正10年末三菱鉱業株式会社主要役職員	31	5718
大正10年中三菱鉱業株式会社入社人名	31	5738
大正10年中三菱鉱業株式会社退社人名	31	5757
大正11年末三菱鉱業株式会社主要役職員	31	6034
大正11年中三菱鉱業株式会社入社人名	31	6055
大正11年中三菱鉱業株式会社退社人名	31	6078
大正12年末三菱鉱業株式会社主要役職員	32	6455
大正12年中三菱鉱業株式会社入社人名	32	6477
大正12年中三菱鉱業株式会社退社人名	32	6499
大正13年末三菱鉱業株式会社主要役職員	33	6746
大正13年中三菱鉱業株式会社入社人名	33	6769
大正13年中三菱鉱業株式会社退社人名	33	6792
大正14年末三菱鉱業株式会社主要役職員	34	7042
大正14年中三菱鉱業株式会社入社人名	34	7067
大正14年中三菱鉱業株式会社退社人名	34	7088
昭和元年末三菱鉱業株式会社主要役職員	34	7322
大正15年昭和元年中三菱鉱業株式会社入社人名	34	7343
大正15年昭和元年中三菱鉱業株式会社退社人名	34	7361

（昭和）

項目	巻	頁
昭和2年末三菱鉱業株式会社主要役職員	35	109
昭和2年中三菱鉱業株式会社主要役職員異動	35	111
昭和2年中三菱鉱業株式会社入社人名	35	111
昭和2年中三菱鉱業株式会社退社人名	35	112
昭和3年末三菱鉱業株式会社主要役職員	35	222
昭和3年中三菱鉱業株式会社主要役職員異動	35	224
昭和3年中三菱鉱業株式会社入社人名	35	224
昭和3年中三菱鉱業株式会社退社人名	35	225
昭和4年末三菱鉱業株式会社主要役職員	35	356
昭和4年中三菱鉱業株式会社主要役職員異動	35	358
昭和4年中三菱鉱業株式会社入社人名	35	358
昭和4年中三菱鉱業株式会社退社人名	35	360
昭和5年末三菱鉱業株式会社主要役職員	35	476
昭和5年中三菱鉱業株式会社主要役職員異動	35	478
昭和5年中三菱鉱業株式会社入社人名	35	478
昭和5年中三菱鉱業株式会社退社人名	35	479
昭和6年末三菱鉱業株式会社主要役職員	36	617
昭和6年中三菱鉱業株式会社主要役職員異動	36	619
昭和6年中三菱鉱業株式会社入社人名	36	620
昭和6年中三菱鉱業株式会社退社人名	36	620
昭和7年末三菱鉱業株式会社主要役職員	36	741
昭和7年中三菱鉱業株式会社主要役職員異動	36	744
昭和7年中三菱鉱業株式会社入社人名	36	744
昭和7年中三菱鉱業株式会社退社人名	36	745
昭和8年末三菱鉱業株式会社主要役職員	36	851
昭和8年中三菱鉱業株式会社主要役職員異動	36	853
昭和8年中三菱鉱業株式会社入社人名	36	854
昭和8年中三菱鉱業株式会社退社人名	36	854
昭和9年末三菱鉱業株式会社主要役職員	36	983
昭和9年中三菱鉱業株式会社主要役職員異動	36	986
昭和9年中三菱鉱業株式会社入社人名	36	986
昭和9年中三菱鉱業株式会社退社人名	36	988
昭和10年末三菱鉱業株式会社主要役職員	37	1105
昭和10年中三菱鉱業株式会社主要職員異動	37	1107
昭和10年中三菱鉱業株式会社入社人名	37	1109
昭和10年中三菱鉱業株式会社退社人名	37	1111
昭和11年末三菱鉱業株式会社主要役職員	37	1235
昭和11年中三菱鉱業株式会社主要職員異動	37	1238
昭和11年中三菱鉱業株式会社入社人名	37	1238
昭和11年中三菱鉱業株式会社退社人名	37	1242
昭和12年末三菱鉱業株式会社主要役職員	37	1382
昭和12年中三菱鉱業株式会社主要職員異動	37	1385
昭和12年中三菱鉱業株式会社入社人名	37	1386
昭和12年中三菱鉱業株式会社退社人名	37	1392
昭和13年末三菱鉱業株式会社主要役職員	37	1502
昭和13年中三菱鉱業株式会社主要職員異動	37	1505
昭和14年末三菱鉱業株式会社主要役職員	38	1609
昭和14年中三菱鉱業株式会社主要職員異動	38	1612
昭和15年末三菱鉱業株式会社主要役職員	38	1738
昭和15年中三菱鉱業株式会社主要職員異動	38	1741
昭和16年末三菱鉱業株式会社主要役職員	38	1889
昭和16年中三菱鉱業株式会社主要職員異動	38	1893
昭和17年末三菱鉱業株式会社主要役職員	38	2038
昭和17年中三菱鉱業株式会社主要職員異動	38	2040
昭和18年末三菱鉱業株式会社主要役職員	39	2205
昭和18年中三菱鉱業株式会社主要職員異動	39	2207
昭和19年末三菱鉱業株式会社主要役職員	39	2378
昭和19年中三菱鉱業株式会社主要職員異動	39	2380
昭和20年末三菱鉱業株式会社主要役職員	40	2581
昭和20年中三菱鉱業株式会社主要職員異動	40	2582
昭和21年9月末三菱鉱業株式会社主要役職員	40	2692
昭和21年自1月至9月三菱鉱業株式会社主要職員異動	40	2694

14) 三菱倉庫株式会社

（大正）

項目	巻	頁
大正7年末三菱倉庫株式会社主要役職員	29	4751
大正7年中三菱倉庫株式会社入社人名	29	4793
大正7年中三菱倉庫株式会社退社人名	29	4818
大正8年末三菱倉庫株式会社主要役職員	30	5056
大正8年中三菱倉庫株式会社入社人名	30	5085
大正8年中三菱倉庫株式会社退社人名	30	5114
大正9年末三菱倉庫株式会社主要役職員	30	5396
大正9年中三菱倉庫株式会社入社人名	30	5431
大正9年中三菱倉庫株式会社退社人名	30	5458
大正10年末三菱倉庫株式会社主要役職員	31	5713
大正10年中三菱倉庫株式会社入社人名	31	5733
大正10年中三菱倉庫株式会社退社人名	31	5752
大正11年末三菱倉庫株式会社主要役職員	31	6029
大正11年中三菱倉庫株式会社入社人名	31	6052
大正11年中三菱倉庫株式会社退社人名	31	6072
大正12年末三菱倉庫株式会社主要役職員	32	6450
大正12年中三菱倉庫株式会社入社人名	32	6470
大正12年中三菱倉庫株式会社退社人名	32	6494
大正13年末三菱倉庫株式会社主要役職員	33	6741
大正13年中三菱倉庫株式会社入社人名	33	6762
大正13年中三菱倉庫株式会社退社人名	33	6787
大正14年末三菱倉庫株式会社主要役職員	34	7037
大正14年中三菱倉庫株式会社入社人名	34	7062
大正14年中三菱倉庫株式会社退社人名	34	7086
昭和元年末三菱倉庫株式会社主要役職員	34	7317
大正15年昭和元年中三菱合資会社入社人名	34	7333
大正15年昭和元年中三菱倉庫株式会社入社人名	34	7341
大正15年昭和元年中三菱倉庫株式会社退社人名	34	7359

（昭和）

項目	巻	頁
昭和2年末三菱倉庫株式会社主要役職員	35	105
昭和2年中三菱倉庫株式会社主要役職員異動	35	105
昭和2年中三菱倉庫株式会社入社人名	35	105
昭和2年中三菱倉庫株式会社退社人名	35	105
昭和3年末三菱倉庫株式会社主要役職員	35	217
昭和3年中三菱倉庫株式会社主要役職員異動	35	218
昭和3年中三菱倉庫株式会社入社人名	35	218
昭和3年中三菱倉庫株式会社退社人名	35	218
昭和4年末三菱倉庫株式会社主要役職員	35	351
昭和4年中三菱倉庫株式会社入社人名	35	351
昭和4年中三菱倉庫株式会社退社人名	35	352
昭和5年末三菱倉庫株式会社主要役職員	35	470
昭和5年中三菱倉庫株式会社主要役職員異動	35	470
昭和5年中三菱倉庫株式会社入社人名	35	471
昭和5年中三菱倉庫株式会社退社人名	35	471
昭和6年末三菱倉庫株式会社主要役職員	36	610
昭和6年中三菱倉庫株式会社主要役職員異動	36	611
昭和6年中三菱倉庫株式会社入社人名	36	611
昭和6年中三菱倉庫株式会社退社人名	36	611
昭和7年末三菱倉庫株式会社主要役職員	36	736
昭和7年中三菱倉庫株式会社主要役職員異動	36	737
昭和7年中三菱倉庫株式会社入社人名	36	737
昭和7年中三菱倉庫株式会社退社人名	36	737
昭和8年末三菱倉庫株式会社主要役員	36	845
昭和8年中三菱倉庫株式会社主要役員異動	36	846
昭和8年中三菱倉庫株式会社入社人名	36	846
昭和8年中三菱倉庫株式会社退社人名	36	846
昭和9年末三菱倉庫株式会社主要役職員	36	978
昭和9年中三菱倉庫株式会社主要役職員異動	36	979
昭和9年中三菱倉庫株式会社入社人名	36	979
昭和9年中三菱倉庫株式会社退社人名	36	979
昭和10年末三菱倉庫株式会社主要役職員	37	1098
昭和10年中三菱倉庫株式会社主要職員異動	37	1099
昭和10年中三菱倉庫株式会社入社人名	37	1099
昭和10年中三菱倉庫株式会社退社人名	37	1099
昭和11年末三菱倉庫株式会社主要役職員	37	1226
昭和11年中三菱倉庫株式会社入社人名	37	1227
昭和11年中三菱倉庫株式会社退社人名	37	1227
昭和12年末三菱倉庫株式会社主要役職員	37	1374
昭和12年中三菱倉庫株式会社主要職員異動	37	1375
昭和12年中三菱倉庫株式会社入社人名	37	1375
昭和12年中三菱倉庫株式会社退社人名	37	1375
昭和13年末三菱倉庫株式会社主要役員	37	1498
昭和13年中三菱倉庫株式会社主要職員異動	37	1499
昭和14年末三菱倉庫株式会社主要役職員	38	1605
昭和14年中三菱倉庫株式会社主要職員異動	38	1606
昭和15年末三菱倉庫株式会社主要役職員	38	1734
昭和15年中三菱倉庫株式会社主要職員異動	38	1734
昭和16年末三菱倉庫株式会社主要役職員	38	1885
昭和16年中三菱倉庫株式会社主要職員異動	38	1886
昭和17年末三菱倉庫株式会社主要役職員	38	2032
昭和17年中三菱倉庫株式会社主要職員異動	38	2033
昭和18年末三菱倉庫株式会社主要役職員	39	2201
昭和18年中三菱倉庫株式会社主要職員異動	39	2201
昭和19年末三菱倉庫株式会社主要役職員	39	2373
昭和19年中三菱倉庫株式会社主要職員異動	39	2374
昭和20年末三菱倉庫株式会社主要役職員	40	2576
昭和20年中三菱倉庫株式会社主要職員異動	40	2577
昭和21年9月末三菱倉庫株式会社主要役職員	40	2688
昭和21年自1月至9月三菱倉庫株式会社主要職員異動	40	2689

15）株式会社三菱銀行

（大正）

大正8年末株式会社三菱銀行主要役職員	30	5065
大正8年中株式会社三菱銀行入社人名	30	5107
大正8年中株式会社三菱銀行退社人名	30	5124
大正9年末株式会社三菱銀行主要役職員	30	5406
大正9年中株式会社三菱銀行入社人名	30	5449
大正9年中株式会社三菱銀行退社人名	30	5469
大正10年末株式会社三菱銀行主要役職員	31	5723
大正10年中株式会社三菱銀行入社人名	31	5742
大正10年中株式会社三菱銀行退社人名	31	5763
大正11年中株式会社三菱銀行入社人名	31	6058
大正11年中株式会社三菱銀行退社人名	31	6084
大正11年末株式会社三菱銀行主要役職員	31	6039
大正12年末株式会社三菱銀行主要役職員	32	6460
大正12年中株式会社三菱銀行入社人名	32	6479
大正12年中株式会社三菱銀行退社人名	32	6505
大正13年末株式会社三菱銀行主要役職員	33	6751
大正13年中株式会社三菱銀行入社人名	33	6773
大正13年中株式会社三菱銀行退社人名	33	6797
大正14年末株式会社三菱銀行主要役職員	34	7047
大正14年中株式会社三菱銀行入社人名	34	7072
大正14年中株式会社三菱銀行退社人名	34	7090
昭和元年末株式会社三菱銀行主要役職員	34	7327
大正15年昭和元年中株式会社三菱銀行入社人名	34	7349
大正15年昭和元年中株式会社三菱銀行退社人名	34	7364

（昭和）

昭和2年末株式会社三菱銀行主要役職員	35	114
昭和2年中株式会社三菱銀行主要役職員異動	35	115
昭和2年中株式会社三菱銀行入社人名	35	115
昭和2年中株式会社三菱銀行退社人名	35	116
昭和3年末株式会社三菱銀行主要役職員	35	227
昭和3年中株式会社三菱銀行主要役職員異動	35	229
昭和3年中株式会社三菱銀行入社人名	35	229
昭和3年中株式会社三菱銀行退社人名	35	229
昭和4年末株式会社三菱銀行主要役職員	35	362
昭和4年中株式会社三菱銀行主要役職員異動	35	364
昭和4年中株式会社三菱銀行入社人名	35	364
昭和4年中株式会社三菱銀行退社人名	35	366
昭和5年末株式会社三菱銀行主要役職員	35	482
昭和5年中株式会社三菱銀行主要役職員異動	35	483
昭和5年中株式会社三菱銀行入社人名	35	483
昭和5年中株式会社三菱銀行退社人名	35	484
昭和6年末株式会社三菱銀行主要役職員	36	624
昭和6年中株式会社三菱銀行入社人名	36	626
昭和6年中株式会社三菱銀行退社人名	36	626
昭和7年末株式会社三菱銀行主要役職員	36	748
昭和7年中株式会社三菱銀行主要役職員異動	36	749
昭和7年中株式会社三菱銀行入社人名	36	749
昭和7年中株式会社三菱銀行退社人名	36	750
昭和8年末株式会社三菱銀行主要役職員	36	856
昭和8年中株式会社三菱銀行主要役職員異動	36	858
昭和8年中株式会社三菱銀行入社人名	36	858
昭和8年中株式会社三菱銀行退社人名	36	858
昭和9年末株式会社三菱銀行主要役職員	36	989
昭和9年中株式会社三菱銀行主要役職員異動	36	990
昭和9年中株式会社三菱銀行入社人名	36	991
昭和9年中株式会社三菱銀行退社人名	36	991
昭和10年末株式会社三菱銀行主要役職員	37	1112
昭和10年中株式会社三菱銀行主要職員異動	37	1113
昭和10年中株式会社三菱銀行入社人名	37	1114
昭和10年中株式会社三菱銀行退社人名	37	1115
昭和11年末株式会社三菱銀行主要役職員	37	1243
昭和11年中株式会社三菱銀行主要職員異動	37	1245
昭和11年中株式会社三菱銀行入社人名	37	1245
昭和11年中株式会社三菱銀行退社人名	37	1246
昭和12年末株式会社三菱銀行主要役職員	37	1393
昭和12年中株式会社三菱銀行主要職員異動	37	1395
昭和12年中株式会社三菱銀行入社人名	37	1395
昭和12年中株式会社三菱銀行退社人名	37	1396
昭和13年末株式会社三菱録行主要役職員	37	1506
昭和13年中株式会社三菱銀行主要職員異動	37	1507
昭和14年末株式会社三菱銀行主要役職員	38	1613
昭和14年中株式会社三菱銀行主要役職員異動	38	1614
昭和15年末株式会社三菱銀行主要役職員	38	1743
昭和15年中株式会社三菱銀行主要職員異動	38	1745
昭和16年末株式会社三菱銀行主要役職員	38	1895
昭和16年中株式会社三菱銀行主要役職員異動	38	1897
昭和17年末株式会社三菱銀行主要役職員	38	2042
昭和17年中株式会社三菱銀行主要職員異動	38	2045
昭和18年末株式会社三菱銀行主要役職員	39	2208
昭和18年中株式会社三菱銀行主要職員異動	39	2213
昭和19年末株式会社三菱銀行主要役職員	39	2381
昭和19年中株式会社三菱銀行主要職員異動	39	2386
昭和20年末株式会社三菱銀行主要役職員	40	2584
昭和20年中株式会社三菱銀行主要職員異動	40	2588
昭和21年9月末株式会社三菱銀行主要役職員	40	2695
昭和21年自1月至9月株式会社三菱銀行主要職員異動	40	2699

16）三菱海上火災保険株式会社

（大正）

項目	巻	頁
大正8年末三菱海上火災保険株式会社主要役職員	30	5065
大正8年中三菱海上火災保険株式会社入社人名	30	5107
大正8年中三菱海上火災保険株式会社退社人名	30	5123
大正9年末三菱海上火災保険株式会社主要役職員	30	5405
大正9年中三菱海上火災保険株式会社入社人名	30	5448
大正9年中三菱海上火災保険株式会社退社人名	30	5469
大正10年末三菱海上火災保険株式会社主要役職員	31	5721
大正10年中三菱海上火災保険株式会社入社人名	31	5741
大正10年中三菱海上火災保険株式会社退社人名	31	5763
大正11年末三菱海上火災保険株式会社主要役職員	31	6037
大正11年中三菱海上火災保険株式会社入社人名	31	6057
大正11年中三菱海上火災保険株式会社退社人名	31	6083
大正12年末三菱海上火災保険株式会社主要役職員	32	6458
大正12年中三菱海上火災保険株式会社入社人名	32	6479
大正12年中三菱海上火災保険株式会社退社人名	32	6505
大正13年末三菱海上火災保険株式会社主要役職員	33	6750
大正13年中三菱海上火災保険株式会社入社人名	33	6773
大正13年中三菱海上火災保険株式会社退社人名	33	6796
大正14年末三菱海上火災保険株式会社主要役職員	34	7046
大正14年中三菱海上火災保険株式会社入社人名	34	7072
大正14年中三菱海上火災保険株式会社退社人名	34	7090
昭和元年末三菱海上火災保険株式会社主要役職員	34	7326
大正15年昭和元年中三菱海上火災保険株式会社入社人名	34	7348
大正15年昭和元年中三菱海上火災保険株式会社退社人名	34	7364

（昭和）

項目	巻	頁
昭和2年末三菱海上火災保険株式会社主要役職員	35	113
昭和2年中三菱海上火災保険株式会社主要役職員異動	35	113
昭和2年中三菱海上火災保険株式会社入社人名	35	114
昭和2年中三菱海上火災保険株式会社退社人名	35	114
昭和3年末三菱海上火災保険株式会社主要役職員	35	226
昭和3年中三菱海上火災保険株式会社入社人名	35	227
昭和4年末三菱海上火災保険株式会社主要役職員	35	361
昭和4年中三菱海上火災保険株式会社入社人名	35	362
昭和4年中三菱海上火災保険株式会社退社人名	35	362
昭和5年末三菱海上火災保険株式会社主要役職員	35	481
昭和5年中三菱海上火災保険株式会社入社人名	35	482
昭和6年末三菱海上火災保険株式会社主要役職員	36	623
昭和6年中三菱海上火災保険株式会社主要役職員異動	36	624
昭和6年中三菱海上火災保険株式会社入社人名	36	624
昭和6年中三菱海上火災保険株式会社退社人名	36	624
昭和7年末三菱海上火災保険株式会社主要役職員	36	747
昭和7年中三菱海上火災保険株式会社主要役職員異動	36	747
昭和7年中三菱海上火災保険株式会社入社人名	36	748
昭和7年中三菱海上火災保険株式会社退社人名	36	748
昭和8年末三菱海上火災保険株式会社主要役職員	36	863
昭和9年9月末三菱海上火災保険株式会社主要役職員	36	994
昭和10年9月末三菱海上火災保険株式会社主要役職員	37	1118
昭和11年10月1日三菱海上火災保険株式会社主要役職員	37	1249
昭和12年10月1日三菱海上火災保険株式会社主要役職員	37	1402
昭和13年末三菱海上火災保険株式会社役員	37	1510
昭和14年3月現在三菱海上火災保険株式会社役員	38	1617
昭和15年3月現在三菱海上火災保険株式会社役員	38	1750
昭和16年3月現在三菱海上火災保険株式会社役員	38	1904
昭和17年3月現在三菱海上火災保険株式会社役員	38	2053

17）三菱信託株式会社

（昭和）

昭和 2 年三菱信託株式会社役員	35	119
昭和 3 年末三菱信託株式会社役員	35	232
昭和 4 年末三菱信託株式会社主要役職員	35	369
昭和 5 年末三菱信託株式会社主要役職員	35	487
昭和 5 年中三菱信託株式会社入社人名	35	487
昭和 5 年中三菱信託株式会社退社人名	35	487
昭和 6 年末三菱信託株式会社主要役職員	36	629
昭和 6 年中三菱信託株式会社入社人名	36	630
昭和 6 年中三菱信託株式会社退社人名	36	630
昭和 7 年末三菱信託株式会社主要役職員	36	754
昭和 7 年中三菱信託株式会社主要役職員異動	36	754
昭和 7 年中三菱信託株式会社入社人名	36	755
昭和 7 年中三菱信託株式会社退社人名	36	755
昭和 8 年末三菱信託株式会社主要役職員	36	863
昭和 8 年中三菱信託株式会社主要役職員異動	36	863
昭和 8 年中三菱信託株式会社入社人名	36	863
昭和 8 年中三菱信託株式会社退社人名	36	863
昭和 9 年末三菱信託株式会社主要役職員	36	994
昭和 9 年中三菱信託株式会社入社人名	36	994
昭和10年中三菱信託株式会社主要職員異動	37	1117
昭和10年三菱信託株式会社主要職員異動	37	1118
昭和10年中三菱信託株式会社入社人名	37	1118
昭和10年中三菱信託株式会社退社人名	37	1118
昭和11年末三菱信託株式会社主要役職員	37	1248
昭和11年中三菱信託株式会社入社人名	37	1249
昭和11年中三菱信託株式会社退社人名	37	1249
昭和12年末三菱信託株式会社主要役職員	37	1400
昭和12年中三菱信託株式会社入社人名	37	1400
昭和13年末三菱信託株式会社主要役職員	37	1509
昭和13年中三菱信託株式会社主要職員異動	37	1509
昭和14年末三菱信託株式会社主要役職員	38	1616
昭和14年中三菱信託株式会社主要職員異動	38	1617
昭和15年末三菱信託株式会社主要役職員	38	1747
昭和15年中三菱信託株式会社主要職員異動	38	1748
昭和16年末三菱信託株式会社主要役職員	38	1899
昭和16年中三菱信託株式会社主要職員異動	38	1900
昭和17年末三菱信託株式会社主要役職員	38	2048
昭和17年中三菱信託株式会社主要職員異動	38	2049
昭和18年末三菱信託株式会社主要役職員	39	2218
昭和18年中三菱信託株式会社主要職員異動	39	2218
昭和19年末三菱信託株式会社主要役職員	39	2390
昭和20年末三菱信託株式会社主要役職員	40	2592
昭和20年中三菱信託株式会社主要職員異動	40	2592
昭和21年9月末三菱信託株式会社主要役職員	40	2701
昭和21年自1月至9月三菱信託株式会社主要職員異動	40	2702

18）三菱石油株式会社

（昭和）

昭和 6 年末三菱石油株式会社主要役職員	36	630
昭和 7 年末三菱石油株式会社主要役職員	36	755
昭和 8 年末三菱石油株式会社主要役職員	36	864
昭和 9 年末三菱石油株式会社主要役職員	36	995
昭和10年末三菱石油株式会社主要役職員	37	1119
昭和11年末三菱石油株式会社主要役職員	37	1250
昭和12年末三菱石油株式会社主要役職員	37	1402
昭和13年末三菱石油株式会社主要役職員	37	1510
昭和14年末三菱石油株式会社主要役職員	38	1618
昭和15年末三菱石油株式会社主要役職員	38	1749
昭和16年末三菱石油株式会社主要役職員	38	1902
昭和16年中三菱石油株式会社主要職員異動	38	1903
昭和17年末三菱石油株式会社主要役職員	38	2050
昭和17年中三菱石油株式会社主要職員異動	38	2050
昭和18年末三菱石油株式会社主要役職員	39	2219
昭和18年中三菱石油株式会社主要職員異動	39	2220
昭和19年末三菱石油株式会社主要役職員	39	2391
昭和19年中三菱石油株式会社主要職員異動	39	2391
昭和20年末三菱石油株式会社主要役職員	40	2593
昭和20年中三菱石油株式会社主要職員異動	40	2594
昭和21年9月末三菱石油株式会社主要役職員	40	2702
昭和21年自1月至9月三菱石油株式会社主要職員異動	40	2703

19) 日本化成工業株式会社および三菱化成工業株式会社

（昭和）

昭和11年末日本化成工業株式会社主要役職員	37	1250
昭和12年10月1日三菱石炭油化工業株式会社役員	37	1393
昭和12年末日本化成工業株式会社主要役職員	37	1403
昭和13年末日本化成工業株式会社主要役職員	37	1511
昭和14年末日本化成工業株式会社主要役職員	38	1618
昭和15年末日本化成工業株式会社主要役職員	38	1749
昭和16年末日本化成工業株式会社主要役職員	38	1903
昭和16年中日本化成工業株式会社主要職員異動	38	1903
昭和17年末日本化成工業株式会社主要役職員	38	2051
昭和17年中日本化成工業株式会社主要職員異動	38	2051
昭和18年末日本化成工業株式会社主要役職員	39	2220
昭和18年中日本化成工業株式会社主要職員異動	39	2221
昭和19年末三菱化成工業株式会社主要役職員	39	2392
昭和19年中三菱化成工業株式会社主要職員異動	39	2393
昭和20年末三菱化成工業株式会社主要役職員	40	2594
昭和20年中三菱化成工業株式会社主要職員異動	40	2595
昭和21年9月末三菱化成工業株式会社主要役職員	40	2703
昭和21年自1月至9月三菱化成工業株式会社主要職員異動	40	2704

20) 三菱地所株式会社

（昭和）

昭和12年末三菱地所株式会社主要役職員	37	1401
昭和12年中三菱地所株式会社主要職員異動	37	1401
昭和12年中三菱地所株式会社入社人名	37	1401
昭和13年末三菱地所株式会社主要役職員	37	1509
昭和14年末三菱地所株式会社主要役職員	38	1617
昭和15年末三菱地所株式会社主要役職員	38	1748
昭和15年中三菱地所株式会社主要職員異動	38	1748
昭和16年末三菱地所株式会社主要役職員	38	1900
昭和16年中三菱地所株式会社主要職員異動	38	1901
昭和17年末三菱地所株式会社主要役職員	38	2049
昭和17年中三菱地所株式会社主要職員異動	38	2050
昭和18年末三菱地所株式会社主要役職員	39	2219
昭和18年中三菱地所株式会社主要職員異動	39	2219
昭和19年末三菱地所株式会社主要役職員	39	2390
昭和19年中三菱地所株式会社主要職員異動	39	2391
昭和20年末三菱地所株式会社主要役職員	40	2592
昭和20年中三菱地所株式会社主要職員異動	40	2593
昭和21年9月末三菱地所株式会社主要役職員	40	2702
昭和21年自1月至9月三菱地所株式会社主要職員異動	40	2702

21) 三菱鋼材株式会社および三菱製鋼株式会社

（昭和）

昭和15年末三菱鋼材株式会社役員	38	1748
昭和16年末三菱鋼材株式会社主要役職員	38	1901
昭和16年中三菱鋼材株式会社主要職員異動	38	1902
昭和17年末三菱製鋼株式会社主要役職員	38	2052
昭和17年中三菱製鋼株式会社主要職員異動	38	2053
昭和18年末三菱製鋼株式会社主要役職員	39	2221
昭和18年中三菱製鋼株式会社主要職員異動	39	2222
昭和19年末三菱製鋼株式会社主要役職員	39	2394
昭和19年中三菱製鋼株式会社主要職員異動	39	2395
昭和20年末三菱製鋼株式会社主要役職員	40	2596
昭和20年中三菱製鋼株式会社主要職員異動	40	2596
昭和21年9月末三菱製鋼株式会社役員	40	2704
昭和21年自1月至9月三菱製鋼株式会社主要職員異動	40	2705

22）美唄鉄道株式会社

（大正）

大正6年末美唄鉄道株式会社主要役職員	28	4239
大正7年末美唄鉄道株式会社主要役職員	29	4760
大正8年末美唄鉄道株式会社主要役職員	30	5064
大正9年末美唄鉄道株式会社主要役職員	30	5405
大正10年末美唄鉄道株式会社主要役職員	31	5721
大正11年末美唄鉄道株式会社主要役職員	31	6037
大正12年末美唄鉄道株式会社主要役職員	32	6458
大正13年末美唄鉄道株式会社主要役職員	33	6749
大正14年末美唄鉄道株式会社主要役職員	34	7046
昭和元年末美唄鉄道株式会社主要役職員	34	7326

（昭和）

昭和2年末美唄鉄道株式会社主要役職員	35	113
昭和3年末美唄鉄道株式会社主要役職員	35	226
昭和4年末美唄鉄道株式会社主要役職員	35	361
昭和5年9月末美唄鉄道株式会社主要役職員	35	481
昭和6年9月末美唄鉄道株式会社主要役職員	36	623
昭和7年9月末美唄鉄道株式会社主要役職員	36	746
昭和8年9月末美唄鉄道株式会社主要役職員	36	856
昭和9年9月末美唄鉄道株式会社主要役職員	36	988
昭和10年9月末美唄鉄道株式会社主要役職員	37	1111
昭和11年10月1日美唄鉄道株式会社主要役職員	37	1243
昭和12年10月1日美唄鉄道株式会社主要役職員	37	1393

23）飯塚鉱業株式会社

（昭和）

昭和4年9月末飯塚鉱業株式会社役員	35	361
昭和5年9月末飯塚鉱業株式会社役員	35	481
昭和6年9月末飯塚鉱業株式会社役員	36	623
昭和7年9月末飯塚鉱業株式会社役員	36	747
昭和8年9月末飯塚鉱業株式会社役員	36	856
昭和9年9月末飯塚鉱業株式会社役員	36	989
昭和10年9月末飯塚鉱業株式会社役員	37	1111

24）雄別炭鉱鉄道株式会社

（昭和）

昭和4年9月末雄別炭鉱鉄道株式会社役員	35	361
昭和5年9月末雄別炭鉱鉄道株式会社役員	35	481
昭和6年9月末雄別炭鉱鉄道株式会社役員	36	623
昭和7年9月末雄別炭鉱鉄道株式会社役員	36	747
昭和8年9月末雄別炭鉱鉄道株式会社役員	36	856
昭和9年9月末雄別炭鉱鉄道株式会社役員	36	988
昭和10年9月末雄別炭鉱鉄道株式会社役員	37	1111
昭和11年10月1日雄別炭鉱鉄道株式会社役員	37	1243
昭和12年10月1日雄別炭鉱鉄道株式会社役員	37	1393

25）内幌炭鉱鉄道株式会社

（昭和）

昭和4年9月末内幌鉄道株式会社役員	35	361
昭和5年9月末内幌鉄道株式会社役員	35	481
昭和6年9月末内幌鉄道株式会社役員	36	623
昭和7年9月末内幌炭鉱鉄道株式会社役員	36	747
昭和8年9月末内幌炭鉱鉄道株式会社役員	36	856
昭和9年9月末内幌炭鉱鉄道株式会社役員	36	989

26）菱美電機商会

（昭和）

昭和4年末株式会社菱美電機商会役員	35	369
昭和5年9月末株式会社菱美電機商会主要役職員	35	487
昭和6年末株式会社菱美電機商会主要役職員	36	629
昭和7年9月末株式会社菱美電機商会主要役職員	36	754
菱美電機商会取締役就任(8.6.29)	36	780
昭和8年9月末株式会社菱美電機商会主要役職員	36	862
昭和9年9月末株式会社菱美電機商会主要役職員	36	994
昭和10年末株式会社菱美電機商会役員	37	1117
昭和11年末株式会社菱美電機商会役員	37	1248
昭和12年末株式会社菱美電機商会役員	37	1399

27）菱華倉庫株式会社

（大正）

大正10年末菱華倉庫株式会社主要役職員	31	5714
大正11年末菱華倉庫株式会社主要役職員	31	6030
大正12年末菱華倉庫株式会社主要役職員	32	6451
大正13年末菱華倉庫株式会社主要役職員	33	6742
大正14年末菱華倉庫株式会社主要役職員	34	7038
昭和元年末菱華倉庫株式会社主要役職員	34	7318

（昭和）

昭和2年末菱華倉庫株式会社主要役職員	35	106
昭和3年末菱華倉庫株式会社主要役職員	35	218
昭和4年末菱華倉庫株式会社主要役職員	35	352
昭和5年末菱華倉庫株式会社主要役職員	35	471
昭和6年末菱華倉庫株式会社主要役職員	36	611
昭和7年末菱華倉庫株式会社主要役職員	36	737
昭和8年末菱華倉庫株式会社主要役職員	36	846
昭和9年末菱華倉庫株式会社主要役職員	36	979
昭和10年末菱華倉庫株式会社主要役職員	37	1099
昭和11年末菱華倉庫株式会社主要役職員	37	1228
昭和12年末菱華倉庫株式会社主要役職員	37	1376

28）その他

（昭和）

昭和10年9月末南樺太炭鉱鉄道株式会社役員	37	1112
昭和11年10月1日南樺太炭鉱鉄道株式会社役員	37	1243
昭和12年10月1日南樺太炭鉱鉄道株式会社役員	37	1393
昭和12年末康徳吉租股份有限公司役員	37	1401

人　名　索　引

ア

阿部政次郎　27 3894

阿部寛　30 5140,　31 5604,　31 5919

青木菊雄　19 213, 19 264, 20 415, 20 653, 20 642, 21 890, 21 1109, 21 1141, 21 1234, 24 2430, 27 3613, 30 5270, 34 7135 36 646, 40 2743

赤川雄三　11 123, 12 132, 12 353, 12 370

赤鹽玉城　27 3880

赤星陸治　21 1345, 21 1362, 24 2610, 25 3174, 27 3829, 35 397, 647, 36 783, 37 1284, 38 1540, 38 1540

秋岡俊吉　23 2252

秋葉靜　8 319, 9 327, 11 30

秋元清助　29 4454

秋山昱禧　27 3687, 29 4542, 31 5866　31 5967

浅田正文　4 363, 5 296, 10 420, 13 72

朝田又七　3 93, 19 260

朝吹英二　6 631, 8 534

新井保之助　2 265, 2 484, 補 14, 補 19, 補 40, 補 63, 10 319, 10 495, 12 353, 13 18

荒木映之　12 98, 12 368

有光菊太郎　3 13, 3 251, 4 71

伊賀陽太郎　10 186, 10 498, 12 35

井口篤郎　27 3696, 27 3779

伊澤重光　8 331, 8 588, 9 4, 9 152

伊集院清彦　36 508, 38 1760

石渡金之助　23 2000

伊東愛次郎　6 538, 6 614, 6 639

伊藤喬介　34 6967

伊東久米藏　21 1237, 21 1363, 25 3178, 27 3655, 31 5820, 33 6711

伊東四郎　33 6581

伊藤志嘉　34 7109

伊藤信愛　33 6589

伊藤茂平　30 5249

伊藤律太郎　30 5333

伊藤良介　29 4423

井原穀郎　21 1264, 22 1719, 24 2498, 25 3119, 29 4505

井上勝一　31 5801

井上徳之助　34 7211

井上秀二　　　655

飯岡政重　21 986

飯田庸治　31 5647

飯野寅吉　27 3668

生島一徳　6 633, 7 415, 10 420, 13 151, 13 372

池長平　3 68, 3 317, 3 324, 4 417, 補 3, 補 58, 7 18

池添權平　2 63, 2 68, 2 89, 2 401, 2 424, 2 495, 3 30, 3 205, 3 251, 4 228, 4 310, 4 511, 補 1, 5 174, 6 681, 7 299, 8 570, 12 93, 17 216

池田龜三郎　25 2834, 29 4402, 31 5865, 36 911, 38 1533, 38 1828

池田虎一　25 3185

池永四郎　26 3222

生田直一　31 5804

石龜敏造　27 3782, 28 3932

石川金三郎　28 4073

石川七財　1 268,　1 297,　3 328 4 3, 10 337

石川武文　19 291,　21 920,　28 3967

石川豐記　34 6851

石川直記　17 218, 18 48, 21 1273, 21 1321, 22 1530, 23 2167, 23 2263, 25 3120

石黒九一　37 1171

石黒俊夫　40 2496, 40 2659, 40 2749

石澤命知　38 1796

石田八彌　19 202, 22 1477, 29 4541

石原久吉　23 2000, 25 2918, 27 3817

石渡金之助　23 2000, 25 3018

磯崎道二　21 1365, 31 5541

泉貞雄　2 471, 3 32, 10 267, 11 9, 11 138

泉谷傳次　4 96, 6 538

市吉徹夫　30 4973, 30 5220

稲生光吉　37 1434

稲垣長悟郎　36 637

稲田光　39 2240

稲葉犀五郎　2 465

稲村篤太　24 2494, 25 2905, 31 5675　35 33, 35 123

猪飼麻次郎　8 511, 8 512, 10 481, 12 105

今井半次郎　35 4

岩尾種教　40 2714

岩崎信一　25 3171

岩永勝巳　10 384, 11 97

岩永省一　6 399, 7 277, 8 358, 10 7, 12 214

岩本勇　36 634

宇田收藏　1 99, 2 70, 11 207, 12 100

上田專司　8 249, 8 524

上田政孝　7 19

植田豊橘　19 271, 19 277, 20 428, 22 1839

植松京　19 184, 20 807, 21 1253, 21 1362, 22 1871, 28 3998, 30 4993, 30 5365, 31 5532, 31 5657

氏家竹次郎　31 5915

臼井俊三　33 6577

内田顧一　34 6964

内田耕作　1 322,　2 75,　2 124,　2 471, 3 243, 4 461, 6 636, 10 420, 11 11

梅谷興一　33 6531,　38 1524,　38 1770

梅野實　23 2010, 28 4013

浦田伊之助　25 3152

瓜生震　9 179,　12 205, 13 365, 16 223, 18 177, 19 182, 20 498, 20 568　917

瓜生泰　19 111, 20 310, 21 1153　21 1385, 22 1813

江川時三郎　30 5001

江口定條　20 445, 20 583, 20 653, 20 731, 21 897, 21 1337, 22 1805, 26 3225, 27 3608, 28 3952, 29 4534, 30 4900, 30 5323, 31 5869, 40 2620

江崎一郎　24 2593, 30 4926, 30 4987, 31 5820

江南哲夫　9 211, 9 379

遠藤戒三　40 2718

小川鋿吉　10 7, 10 450

小川勝　40 2745, 40 2749

小木植　35 10

小城德太郎　32 6108, 34 7271

尾崎清一　31 5840

尾崎民實　11 9,　11 126, 12 34, 15 14

小澤政吉　2 428

小鹽茂八郎　9 193, 11 6, 13 241

小田鋭太郎　20 777

小野寺牧夫　38 1823

大井水哉　3 66, 3 151, 4 28, 4 196, 4 516
大井傳治郎　36 637
大石廣吉　20 649, 21 916, 21 1082, 22 1457, 22 1481, 22 1513, 24 2424, 31 554
大内愛七　37 1255
大江松太郎　15 244, 18 36, 19 112, 20 337, 20 399
大木良直　16 370, 18 48, 19 36, 19 121, 19 123, 21 1055, 21 1173
大隈重信　22 1834
大川内宗吉　21 1334, 22 1543, 25 3119, 25 3132
大久保繁雄　39 2304
大越政虎　38 1679
大崎宗恭　10 443
大島翼　24 2590, 27 3692
大塚金庫　3 148, 16 4, 18 24, 18 36
大塚大　34 6934
大坪輝雄　34 6997
大西義輔　39 2283
大橋淡　13 47
大橋類平　21 1362
大羽英二郎　2 128
大村清次郎　25 3045, 25 3091, 25 3166
大谷喜久麿　31 5876
大谷木喬朶　9 255, 10 485, 15 1, 17 71, 17 186, 18 16
大山五郎　21 1305, 28 4008, 31 5590
岡崎惟素　補 38, 10 489
岡崎恒次郎　23 2109
岡崎八十八　21 1335
岡田岩藏　21 867, 21 903, 21 1055, 22 1768, 22 1872, 25 2984, 29 4557, 30 5356, 31 5580, 31 5838, 33 6573
岡田孫一郎　7 142, 7 271, 7 545, 8 240, 8 371
岡田豊　23 2157
岡東榮三　25 2987, 27 3875
岡野正路　3 234, 4 180, 5 354, 8 547, 15 33, 17 216
岡村金平　4 92, 4 245, 4 268, 4 542, 5 354, 6 651, 10 9
岡村健二　40 2645
岡本猛　22 1495
岡本猛彦　21 1341, 31 5836

岡本春道　2 387
岡本彌幸　2 63, 2 389, 2 453, 4 106, 4 227, 4 524, 9 156, 9 193, 18 66
岡本友三郎　30 4831
萩友五郎　6 662, 7 346, 14 384, 15 14, 15 20, 17 232, 18 23
奥野勁　33 6615
奥村恒彦　9 148, 10 425
奥村政雄　21 1345, 23 2117, 27 3634, 30 5175, 31 5554, 34 6892, 34 7111, 36 654
乙部融　22 1829, 27 3611, 33 6517, 35 261, 36 785

カ

加藤勘之助　21 994, 27 3695, 27 3677
加藤義之助　31 5933
加藤絹秀　38 1540
加藤恭平　21 1221, 23 2088, 29 4524, 31 5892, 32 6189, 36 670, 37 1001, 37 1169
加藤靜夫　21 1245
加藤高明　9 255, 9 336, 13 338, 13 365
加藤武男　21 1331, 22 1516, 23 2056, 23 2251, 24 2585, 30 5029, 35 16, 37 1417
加藤且彦　補 51, 補 64, 9 165, 11 123
加藤長吉　27 3615
加藤知道　19 265, 20 814, 21 1249, 23 1999, 24 2668
加藤亮　11 206, 12 332, 14 393
假野彰　23 2004
賀集益藏　40 2749
河合信次　6 588, 7 385
改田武馬　21 1351, 22 1469, 23 2133, 25 3111, 27 3880,
各務鎌吉　35 12, 38 1531
笠原謙治郎　31 5685, 31 5999
風間武三郎　36 638
柏木吉藏　39 2294
春日融　9 381, 11 9, 11 138, 12 93
勝田正助　17 232
勝山勝次郎　30 4839, 33 6616, 34 7227
門田實堅　3 30, 3 132, 3 164, 補 7, 補 29
金井敬敏　2 120, 2 123, 3 327
金澤吉右衛門　2 73, 2 121, 2 420, 3 37, 12 310

金田芳太郎　28 3933
鎌田祐吉　23 2183, 24 2692, 27 3687, 27 3858, 34 7108
上郷傳次　27 3905, 30 5369
上村一郎　25 2885
龜山貞固　7 294, 8 235
龜山俊藏　30 5026, 30 5364, 33 6561
川井源八　21 1311, 29 4554, 38 1930, 40 2435
川口煥五郎　31 5775
川口茂　39 2124
川崎寛　32 6425
川島捨藏　6 650, 8 237
川路少二郎　2 385
川關等光　28 4001
河相清　38 1666
川添清麿　22 1466, 28 4012
川副隆　33 6578
川田小一郎　1 268, 4 3, 6 399, 15 20, 16 369, 17 245
河手捨二　30 4956, 33 6694, 37 1134
河野幾三　16 197, 16 223
河野靜太郎　9 158
川村新助　8 326
川村久直　1 268, 2 70, 2 146, 2 261, 2 339, 2 480, 3 89, 3 155, 補 16
河村千里　21 1335, 22 1639, 23 2149, 24 2531
河村驍　21 1383, 24 2502, 25 2847
河村大二郎　1 377
河村則眞　2 146, 2 147, 2 370, 2 384, 3 10, 3 13, 3 91, 3 132, 3 148, 3 154, 5 368, 6 402, 6 670, 7 11, 9 50, 9 155, 9 185, 10 374, 10 425
川淵正幹　2 7, 3 311, 5 153, 6 673, 7 159, 9 165, 10 264, 12 211, 13 365, 16 223, 17 186, 18 18, 18 109, 19 109, 19 163, 20 471, 20 551
川本之生　3 394
間瀬德藏　30 5270
神田愛次郎　8 318, 10 377, 11 5, 11 97
神林啓太郎　27 3756
木佐貫耕作　22 1789
木下久吉　6 435
木下良　27 3862

人 名 索 引

木村久壽彌太　19 158, 19 176, 19 259, 20 447, 20 642, 21 1272, 21 1318, 24 2686, 28 3952, 30 5131, 31 5612, 37 1001, 37 1037
木村賢二郎　2 63, 2 200
木村林次郎　24 2498, 25 2923 29 4315, 30 4893
菊池幹太郎　21 1233, 21 1264, 21 1365, 22 1466, 22 1480, 22 1783, 23 2255, 24 2451, 24 2590, 32 6181, 32 6419
岸川欽平　10 186, 18 5
北代幹美　2 73, 2 226
北原浩平　40 2714, 40 2745
北村源藏　20 571
君塚愼　33 6563
桐島像一　19 265, 22 1656, 27 3685 30 4971, 37 1308
クラーク　19 116
クローデー　21 1238
クロンビー・エー・イー　28 4070
グリーン, J, D.　35 289
クレプス　3 163
工藤祐定　20 741, 21 968, 21 1087, 25 2908, 27 3825, 28 4188, 30 5233
久我勝太郎　補 65, 9 49, 9 195, 9 265, 11 15, 11 128, 12 105
久保扶桑　8 358, 10 7, 10 384, 10 385, 10 420, 10 489, 13 218
久保亮一　39 2115
久保田直行　9 29, 9 319, 11 16, 11 47, 11 206, 12 369, 13 24, 13 159, 13 223, 15 6
久米弘行　8 376, 10 420, 11 107
釘澤一夫　25 3040, 28 4075
日下部義太郎　21 1022, 22 1530, 22 1693, 22 1700, 22 1835, 24 2418, 24 2640, 25 3039, 26 3358 29 4671, 33 6646
串田萬藏　19 219, 20 338, 20 492, 20 521, 20 720, 22 1460, 23 2017, 30 4878, 31 5590, 34 7193, 35 134, 37 1002, 38 1317, 38 1540
窪田阡米　35 241, 36 653
熊澤勁太郎　23 2292
熊田孝太郎　22 1655, 25 3116, 27 3651
倉田庫太　24 2424, 28 3920
倉松多助　2 383, 2 400
倉松多輔　2 33

栗田庸太郎　32 6415
黒梅金次郎　30 4847
黒田幾雄　補 35
桑田時一郎　40 2749
コールニン　2 75
小池定雄　39 2297
小池瀧之助　2 195, 2 261, 2 374, 2 401, 3 4, 3 32, 3 37, 3 335
古賀吉太郎　21 1333, 22 1531, 28 4070
小島平造　4 146, 4 184
小瀬孫作　34 7002
古津彌八郎　2 495, 3 324, 3 601
小林武一　32 6174 35 414
小林和助　2 497
小藤甫　39 2076
小松濟治　8 425, 8 522, 8 548
小松長兵衛　2 73, 2 121, 3 30, 3 66, 3 149, 3 552, 補 41, 4 200, 5 351
小松守重　4 147, 4 268, 4 542, 6 538, 10 407, 11 16, 11 46, 11 126, 11 175
小村千太郎　38 1828
小室俊夫　40 2437
五島喜久郎　25 3010
後藤重之助　32 6178
合木鹿三　補 54, 補 56, 補 65
甲藤正連　2 73, 2 283
甲藤求巳　4 181, 4 551, 6 393, 7 18, 10 425, 11 5
郷古潔　36 759, 39 2076, 39 2088, 39 2114
高津龜太郎　21 1233
河本之生　4 364, 5 207
郡寛四郎　11 88, 12 66
是松了　39 2057
近藤千吉　24 2663, 28 4027
近藤廉平　2 123, 3 89, 補 39, 5 226, 10 179, 11 11, 11 97

サ

佐伯攝一　34 7281
佐伯平次　22 1476, 23 2008, 24 2428 28 3975
佐倉重夫　34 7188
佐佐木高之助　27 3651, 31 5977
佐藤梅太郎　22 1872 24 2509, 24 2676, 30 5005, 30 5259, 35 7, 38 1537
佐藤貞雄　29 4579

佐野治雄　34 6916
西郷近怒　2 481
西郷寧太郎　補 55, 補 61, 9 6
斎藤延　31 5518
齋藤謙　22 1516
齋藤左一郎　12 370
斎藤新太郎　27 3843
酒井忠告　2 384, 3 162, 3 369, 3 382, 3 410, 8 272, 8 359, 12 326
坂口誠一郎　20 594
坂田治三郎　34 7121
坂本正治　21 1172, 21 1351, 22 1472, 30 4868, 32 6127, 34 6837
榊茂夫　6 681, 8 248, 9 268, 10 498
櫻井市太郎　22 1831
櫻井小太郎　22 1681, 23 2022, 30 5136, 32 6143
櫻澤忠四郎　22 1872
笹岡雅徳　21 1365, 28 3935
笹本菊太郎　36 759
更田房次郎　24 2510, 25 2998, 25 3149, 30 4908, 31 5914
澤田謙益　2 63, 3 13, 3 23, 3 156, 補 22
澤田爲八　補 18, 補 24, 9 17
澤山熊次郎　24 2493, 25 3008, 28 3968
シルバ　2 75
斯波孝四郎　21 1000, 23 1995, 24 2409, 24 2412, 30 5249, 32 6132, 32 6158, 34 6916, 35 165 36 881
清水菊平　36 781
鹽田泰介　19 149, 20 805, 21 1084, 22 1516, 22 1801, 23 2246, 24 2491, 24 2492, 25 3017, 27 3639, 28 3995, 31 5820, 37 1406
重松保小　1 322, 2 73, 2 276, 2 384, 3 327, 5 174, 5 306, 5 368, 6 416, 6 673, 7 161, 7 241, 7 416
重松養二　20 563, 22 1864, 25 2937, 27 3790, 31 5837
志立鉄次郎　40 2604
篠田寛　38 1957
柴田畦作　30 5015
澁谷米太郎　36 666
島村金次郎　20 337, 20 441, 21 1192, 30 5241, 31 5818
下村嘉之助　31 5566

下村省助　10 485
下村安知　3 596, 4 127, 4 364, 4 368, 7 186, 7 367, 7 415, 8 243
下村可成　2 336, 2 391, 3 5, 3 39
城文司　38 1834, 39 2296
白石岩雄　39 2151
白石直治　20 407, 21 1051, 21 1262
白藤丈太郎　23 2094
城谷豊作　30 5253
新庄金生　25 3104, 29 4354
須田新八　19 288
水田三次郎　9 48, 10 180
末延道成　8 315, 8 317, 9 178, 11 30, 11 157, 12 64, 12 354, 12 361, 13 218
杉浦久三郎　23 2292, 30 5245, 31 5908
杉谷安一　20 394, 21 965, 21 1062, 21 1084, 27 3655
杉原重和　7 264, 9 34, 9 326, 10 189, 10 464, 12 133
杉本昇之助　3 42, 補 24
杉本又八郎　5 368, 6 594, 7 295
杉本惠　17 218, 18 48, 18 108, 19 122, 21 1332, 21 1337, 22 1504, 25 3119, 25 3147
鈴木一郎　32 6405, 34 6839
鈴木和一郎　2 73, 補 44, 4 43
鈴木清重　23 2183, 31 5550
鈴木敏彦　12 370, 13 113
鈴木春之助　34 6830, 40 2496, 40 2713
鈴木敏　19 268, 24 2418
鈴木康道　31 5987, 32 6109
鈴木容太郎　31 5563
砂田索平　31 5613
瀬川徳太郎　21 1076, 22 1798, 28 3982, 30 5183, 31 5870, 33 6529, 33 6638, 35 413
瀬下清　21 1092, 21 1103, 21 12 1255, 22 1829, 23 2255, 27 3611, 37 1002, 37 1417, 37 1443
關弘道　7 159　2 404, 補 56,
關谷嵩治　34 7275
千光寺寅吉　9 32, 10 321, 10 429
千頭一生　32 6380
千屋正信　6 414, 6 457, 9 165, 10 425, 13 7, 13 158, 13 223, 13 307
曾根増吉　21 1021

曾禰達藏　21 903
荘清次郎　17 248, 19 204 20 471, 23 2098, 24 2686, 25 3143, 29 4461
荘田達彌　21 1306
荘田平五郎　3 234, 3 328, 11 158, 3 367, 4 363, 6 399, 10 420, 13 72, 15 20, 16 244, 17 232, 19 120, 19 180, 20 336, 20 486, 20 523, 21 917, 21 1069, 21 1092, 21 1237
漆戸起一　22 1838
孫文　22 1678, 34 6850

タ

ダン・エドウキン　22 1700
多賀秀孝　33 6587
田口源五郎　21 1308, 32 6143
田島禮造　2 68
田中完三　22 1748, 35 261, 40 2620, 40 2659, 40 2474
田中金之助　34 6899, 34 7165
田中虎吉　6 435
田中實　31 5908
田中丸勘七　24 2676, 29 4465, 30 4858, 31 5588
田中丸祐厚　31 5627
田沼勝之助　27 3864
田野弘憐　10 288
田原豊　19 260, 20 491, 20 683, 20 836, 21 873, 21 1079
田丸節郎　34 6811
田村行夫　34 6965
田村愼三　2 370, 2 373, 3 7, 3 32, 3 38, 3 132, 3 243, 4 4, 4 462, 7 11, 9 35, 9 256, 10 7, 10 389, 10 425, 11 30, 13 218, 13 321, 13 328
田村精一　38 1642
田村秀實　22 1712, 22 1719, 22 1793, 22 1802, 22 2557, 24 2562, 34 7287, 37 1152
田村八二　21 863, 21 1021
高垣勝次郎　39 2277
高石紀年　9 210
高木健吉　30 4834, 30 4845, 31 5989
高口庄司　30 5369, 31 5998
高崎巖　2 275, 2 289, 2 336, 3 149, 3 367, 4 320, 4 492, 4 552, 5 147, 6 670, 8 486, 11 19
高崎徳兵衛　2 404, 4 267
高島京江　23 2129, 25 2866

高杉晋一　40 2466
高田政久　18 78, 20 556, 20 586, 20 659, 21 874
高取伊好　9 269
高橋元吉郎　20 476, 21 1186
高橋正治　4 212, 4 548
高橋錬逸　36 666, 36 670
高林甲子郎　21 969, 21 1068, 21 1325, 22 1648
高比良幸吉　31 5868
高見善兵衛　20 507
瀧寧靜　補 9, 補 11, 補 32
瀧内精一　34 6875
武井篤眞　11 73
竹下佳治　4 336, 4 447, 5 183, 6 381, 8 229
武田靜彦　7 294, 7 549, 9 27, 9 152, 10 440, 11 92, 13 338
武田信智　2 497
武田秀雄　29 4473, 36 521, 36 559, 36 646, 38 1913
武市重成　2 389, 3 68, 4 440, 5 351, 6 616, 8 359, 8 375, 12 134
武市清八　2 63
武市則雅　2 339, 2 370, 2 471, 2 488, 3 97, 3 393, 6 614, 6 670, 8 229, 11 84, 11 102, 12 247
武市利美　30 4877, 38 1955
武市正名　2 63, 2 186, 2 287
竹村伴吾　27 3661, 33 6552, 34 6981
立花範治　39 2077, 39 2296
立原任　21 1068, 21 1224, 21 1429, 23 2055, 31 5820, 36 555
谷奥利吉　34 7286
谷井光之助　31 5592, 34 6857
谷田榮之助　2 403, 3 311, 4 485, 6 689, 8 337, 8 587, 11 11, 14 636, 15 89
谷田友治　29 4371, 34 6925, 38 1525
谷田文夫　20 764, 22 1665, 24 2509, 24 2668, 35 129
谷本伊太郎　20 764, 22 1757, 30 4875, 34 6898, 35 129
種田二藏　5 306, 8 273, 8 490
玉井喬介　40 2489
玉井恒彦　6 416, 7 464
千賀鑽一　38 1526
千金良宗三郎　31 5495

人 名 索 引

千歳末次　32 6175
千葉健太郎　39 2110
津崎小三郎　8 542, 10 228
津田震一郎　8 226, 8 548, 11 60
津田善繼　9 158
槻本幸八郎　15 244, 16 166
佃喜輔　2 13
辻覺三郎　8 518, 9 52, 9 153, 9 341, 10 454, 12 66, 13 15, 13 67
辻三直　40 2404
土屋彦俊　32 6165
角田柳作　35 289
堤長述　21 968, 21 1305, 22 1733, 36 646
恒川新輔　6 689, 7 355, 8 292
恒川彌三郎　2 63, 2 121, 2 126, 2 147, 3 243, 3 324, 3 409, 4 28, 4 504
坪阪碓夫　28 4032
妻木栗造　20 475, 20 570, 21 920, 21 1264, 22 1835, 23 1999, 30 4964
デンチー　20 763
寺岡定吉　21 878
寺澤萬三　34 7115
寺西成器　10 497, 11 60, 12 368, 15 237, 20 336, 21 1072
寺本金太郎　21 1862, 25 2848, 25 2958
戸波親信　8 370, 8 404, 9 50, 9 158, 9 336
土居伊八郎　3 251, 4 13, 4 268, 4 538, 5 152, 7 214, 8 375, 11 66
德田幾雄　2 340, 補 52, 8 274, 9 12, 9 341, 10 164, 11 27, 13 15
德大寺則麿　21 1382, 27 3696, 34 7265
德弘爲章　8 226, 8 503, 9 206, 10 186, 10 485, 16 223, 16 370, 17 226, 18 11, 19 79, 19 124, 20 470
椋尾森義　37 2307
富岡伊太郎　31 5933
富田秀三　10 255
豐川良平　16 128, 19 82, 20 400, 20 496, 20 706 21 1268, 22 1640
鳥谷保　補 10, 補 11, 補 14, 補 21

ナ

内藤正明　8 352, 10 172

中井良一　40 2472
中泉半彌　21 1113, 22 1711, 23 2175 28 3961
中内治平　2 80, 3 34, 11 47, 11 207, 12 214
中内城雪　2 63, 2 195, 2 374, 2 496, 4 504, 6 614, 10 171, 10 241, 12 349
中功虎治郎　30 4843
中島篤　7 420, 7 470, 11 193
中島虎吉　21 1338, 23 2062, 23 2095
中野忠彦　31 5959, 30 5330, 28 4027
中村喜作　6 640
中村武治　18 18, 18 57, 19 114, 19 207, 20 495, 23 2081 25 2984
中村勉　40 2424
中村久恒　18 51, 18 189, 20 425
中村道方　40 2515
中本英彦　33 6543, 33 6577
中山長太郎　22 1497, 25 2833
中安孝治　21 1154
永岡太三郎　29 4413
長岡德治　31 5591 31 5813, 32 6190 35 392
長崎俊雄　33 6714
永田角兵衛　7 264, 2 404
長網好勝　16 370, 17 204, 18 48, 18 58
永富定吉　10 186, 18 77
永野讓策　3 245, 4 212, 4 538, 5 183, 6 413, 6 598, 6 640, 7 78, 7 186, 8 355, 10 378, 11 7, 11 24, 12 276, 12 370, 13 7, 13 24
長沼四郎　22 1446, 29 4390, 31 5657
長沼豐丸　32 6203
永原仲雄　21 1260 25 2834
長安英彦　23 2133
成田友久　補 62
南部球吾　10 485, 15 1, 16 223, 17 226, 18 48, 19 33, 19 122, 20 403, 21 889, 21 1268, 22 1504, 22 1625, 24 2686, 25 3068, 35 157
南部太郎　24 2491
二木重孝　7 10, 9 206, 9 212, 10 274
二木重光　9 312
二國三樹三　23 2029

二橋元長　10 420, 15 20, 17 232, 19 163
丹羽周夫　40 2747
蜷川久蔵　25 3051, 26 3285, 26 3357
西政太郎　34 6899
西尾英次郎　20 566
西尾純藏　2 179, 3 317, 3 552, 4 384, 4 498, 6 680, 7 19, 7 62, 7 470, 8 423, 8 588, 9 265, 10 495, 11 7, 11 126, 13 307
西尾恒吉　2 470, 3 155, 3 162, 3 301, 6 413, 6 677
西岡眞束　6 425, 6 600, 6 639, 6 696, 8 15, 10 440, 13 18
西門善三郎　33 6587
西澤公雄　32 6217
楡井次郎　8 573, 9 207, 9 381, 11 18, 13 15
沼間守一　7 546
野口遵　36 762
野崎新一　31 5902
野島渉吉　9 361, 15 20, 16 4, 18 15, 18 36
野田哲夫　37 1308
野中熊彦　30 4995, 31 7269, 33 6665, 34 6987
野村正三　3 430, 3 573
野慎二郎　8 241, 8 331, 10 425, 10 495, 11 132, 13 47
野村正則　4 4, 6 381, 6 598, 7 10, 10 171, 12 40
野村義門　30 5202
野本開　補 40, 4 268, 4 498, 4 542, 6 416, 8 268
能見愛太郎　20 316, 20 639, 21 1259, 22 1768, 22 1805, 24 2583, 25 2883, 26 3370, 31 5837
納村章吉　20 551, 21 895, 23 1994, 25 2934, 26 3220, 27 3642, 29 4476 31 5500

ハ

バウマン　35 26
長谷川芳之助　9 210, 10 186, 11 25, 15 242, 180 177
波多野克巳　8 231, 8 588, 9 193, 9 285, 10 382, 10 439, 11 28, 12 68, 12 132, 13 338
羽仁路之　40 2748
羽野友二　21 1087, 37 1001, 37 1171

人　名　索　引

間四郎　40 2653
橋床直行　8 543, 10 374, 10 433, 10 464, 11 11, 11 32, 11 63, 12 104, 12 213, 14 379
橋野正精　35 10
橋本新太郎　23 2020, 25 3084, 29 4527, 30 5226
橋本捨次郎　24 2436, 24 2620, 25 2942
橋本十五郎　22 1748
服部一郎　25 2923, 33 6675, 40 2498
濱丈夫　30 5291, 32 6218
濱政弘　2 370, 2 372, 6 671, 7 11, 9 183, 10 443, 12 368
濱田更始　2 405, 3 183
濱田眞晃　4 440, 4 485, 4 551, 6 416, 7 4, 7 271, 8 391, 8 439, 9 8, 10 312, 11 175, 13 17, 13 67, 13 120
濱田正憲　4 265, 4 368, 4 511, 5 306, 6 594, 8 489, 9 5, 10 425, 10 439, 11 56, 12 66, 13 363
濱田彪　19 277, 24 2624, 29 4421 30 5323, 36 671, 37 1448
林田初太郎　33 6628
原耕三　31 5556
原田愼治　19 10
原田鎭治　16 4, 18 36, 20 571, 20 581, 20 646, 24 2498, 27 3840, 30 4861, 36 559
原田芳太郎　20 697, 21 1112, 23 123, 29 4661, 30 5237
春田源之丞　8 358, 8 529
春田耕造　27 3876
早尾惇實　20 782, 21 1186, 21 1196, 21 1223, 21 1230, 21 1365, 27 3584
早川健次郎　4 265, 6 700, 7 537, 8 429, 9 49, 17 216
早川鐵助　6 402, 7 346
林田忍四郎　22 1642, 29 4645
伴資國　21 1056
伴野雄七郎　19 176, 20 731
坂野兼通　20 340, 20 433, 21 1072, 21 1234
ヒル　20 406
樋口實　31 5482
樋口義重　12 333, 12 383, 13 23
肥田昭作　8 274, 15 30, 16 128
日高栄三郎　30 5243, 31 5927
日高寛平　25 3026

肥塚德五郎　11 78
久住幸太郎　39 2282
秀島英五郎　29 4436
平井澄　40 2516, 40 2750, 38 1943
平賀譲　36 510
平田元助　7 18, 7 142
廣兼孟　40 2419
廣瀬德太郎　32 6167
廣瀬魁吉　2 383, 3 4, 4 6, 4 184, 4 265, 4 320, 4 512, 6 640, 8 241
深瀬治　33 6531
吹原彌生三　32 6136, 37 1426
福井光利　2 338, 2 389, 3 23, 3 30, 3 112, 3 125, 補 15, 補 63, 補 67, 12 98, 13 15
福島銀八　7 549, 12 199
福田信治　21 1069, 27 3861
福田立五　31 5655
福田由郎　40 2491
福富正綱　3 22
藤井深造　40 2747
藤井諸照　8 334, 8 588, 10 420
藤伊魁　35 406
藤岡馬太郎　8 503, 10 189
藤岡正信　11 39, 12 314, 17 18, 18 12, 18 15, 21 1192, 21 1243
藤木経明　40 2463
藤田輔世　35 413
藤田寛正　2 120, 2 179, 2 276, 4 429, 5 179, 6 402
藤田譲　36 510
藤野善藏　9 4, 9 257
藤村朗　24 2503, 31 5776
二見昇　20 445, 20 569
舟越楫四郎　32 6100, 32 6122, 36 662, 35 44
船田一雄　24 2534, 24 2667, 29 4529, 34 6852, 36 893, 37 1148, 40 2491, 40 2748
船橋義一　2 179, 2 391, 補 7
船本龍之助　2 370, 2 372, 2 444, 3 538, 4 70, 5 296, 6 636
古澤彌八郎　2 63
汾陽長輔　6 676, 7 508, 8 335
別役要　3 10, 3 98, 3 128, 3 149, 3 369, 4 6, 4 109, 4 367, 5 174, 6 402
ホッグ　2 140

寶子山忠暉　10 238, 12 40
北條新三郎　9 319, 10 170, 10 433
堀佐四平　20 816
堀悌三郎　18 36, 19 20, 19 233, 20 332, 20 555, 20 595, 21 983, 22 1471, 22 1516, 30 4859, 30 4997
堀江義尊　2 271, 3 23, 3 183, 6 388, 6 416, 6 598, 7 275
堀川団吉　24 2530, 27 3910
堀田連太郎　15 20, 15 242, 16 4, 18 36, 19 84
本田政次郎　2 75, 3 321, 補 61, 5 296, 6 700, 8 539
本多英熊　3 90

マ

マンスブリッヂ　22 1480
前崎文彦　34 6989
前田林藏　30 5189
牧原源吾　3 5, 3 125, 補 51, 9 153
蒔田一枝　31 5654
蒔田三雄　27 3586
正井伊八郎　2 420, 3 68, 補 12
正木助次　6 650, 7 19
正木良一　34 7291
松居義風　4 65
松浦熙　6 543, 6 598, 6 650, 7 53
松岡均平　31 5485, 31 6826, 36 646
松岡正治　1 175, 2 121, 2 126, 2 370, 2 471, 2 495, 3 114, 3 164, 補 2, 補 25
松木鼎三郎　20 409, 21 866, 21 873, 21 970, 21 1069, 22 1505, 25 3134
松下親業　16 211, 18 3, 18 36
松島熊之助　11 28, 11 18
松隈三郎　25 2855, 26 3358
松田貞治郎　30 5223, 30 5256, 31 5527, 31 5557, 31 5778, 34 7217, 36 762, 37 1007, 38 1758
松田武一郎　17 204, 18 48, 19 266, 19 268, 20 329, 20 518, 21 947, 21 1263
松林公二郎　10 186, 17 218, 18 48, 19 223, 21 1020
松村龜太郎　21 1371, 29 4387, 30 4946
松村令三　6 414, 6 423, 6 465, 6 690, 8 566, 9 26, 11 18, 11 102

松本英一　36 869

松本孝二　27 3670, 36 767

松本待五郎　8 267, 8 353, 9 5, 10 408, 12 212

松本辰三郎　31 5683, 35 127

松本雄吉　40 2748

松本與三郎　32 6217

松本良吉　3 391, 4 227, 4 485, 6 428, 6 616, 7 229, 9 53, 11 4, 11 102, 11 193, 12 63, 13 213

丸田秀實　20 835, 21 887, 21 1309, 21 1318, 22 1447, 23 2099, 27 3840, 29 4353

萬田策郎　30 5001, 31 7271, 33 6636, 34 6965

三宅川保一　23 2251, 37 1042

三宅川百太郎　20 596, 21 865, 22 1480, 22 1647, 23 2006, 23 2095, 26 3225, 30 4902, 34 6924, 35 262, 36 775, 37 1152, 37 1148

三浦義豐　25 3085

三浦德義　21 1187

箕形傳　3 38, 3 156

三川一一　30 5015 32 6157

三木正夫　19 122, 21 1194, 25 3167, 27 3655, 30 4864, 30 5255, 30 4874, 30 4901

三島守一郎　7 164, 7 299, 7 420, 8 348

三島清一　32 6109

三谷一二　21 887, 21 1172, 25 3192, 28 3983, 37 1143

三橋信三　30 4932, 30 4969, 33 5268, 33 6577, 34 6898, 40 2424, 40 2753

三村君平　17 227, 19 4, 23 2017, 24 2432

三村稱平　39 1630

三好重道　21 1172, 22 1642, 22 1805, 30 4924, 38 1936

水上政尚　27 3646, 27 3651

水谷幸太郎　18 51, 20 725, 21 894, 21 1365

水谷眞清　30 5175

水谷六郎　18 1, 18 51, 19 283, 20 806, 22 1449

宮崎逸丸　21 1264, 23 2149, 24 2531, 24 2553, 25 2899

宮崎駒吉　38 1826

宮崎順吾　2 333

宮田宇吉　4 438

宮地貞辰　21 1323

宮地利春　39 2292

椋尾森義　39 2307

宮本粂二　40 2646

武藤松次　30 5156, 39 2271

村上伸雄　25 3114, 31 5675, 33 6573, 34 6852

村田敏　27 3875

茂木鋼之　11 6, 11 88, 11 138

元良信太郎　21 1231, 22 1507, 40 2516, 40 2708, 39 2088

桃木長治　34 7269

森熊吉郎　20 786

森川鎰太郎　21 895, 23 2031, 24 2430, 28 3967

守邦氏則　2 433, 3 112, 3 165, 3 400, 4 8, 4 80

森島修太郎　8 227, 8 276, 14 384, 14 623

森田潔　4 450, 6 371, 6 494, 6 680, 7 345, 8 588, 12 370

森田敬雄　4 364, 4 542, 7 545, 8 489, 9 193, 9 325

森田晋三　1 268, 2 116, 3 243, 4 3, 4 4, 5 296, 7 450, 15 33

森村市左衛門　35 239

森本惣五郎　1 322, 2 11, 4 364, 4 490

森脇新次郎　21 1109, 21 1252

ヤ

矢野芳弘　21 1194

矢部直彦　32 6391

八巻連三　22 1468, 32 6396, 34 6994

保岡勝也　21 1057, 22 1469

安川昇一　29 4455, 31 5635

安田成裕　2 391, 2 421, 3 13, 3 126, 3 206, 3 596, 4 32

柳井重郎右衛門　2 271, 2 397

山井格太郎　30 4970

山内恭治　31 5787, 32 6165

山形熊吉　27 3825, 30 4947, 30 4995

山岸慶之助　21 1338, 23 2062, 24 2640, 25 2991, 27 3687, 28 4036, 35 44

山岸錠松　30 5297

山口鎖　12 213

山口堅吉　33 6705

山口泉吉　25 2889, 31 5947, 32 6147

山口半六　10 171, 10 307, 12 394

山崎敬榮　33 6667

山下誠一　34 7289

山下元美　25 2998, 27 1712, 27 3790

山田皓　19 231, 20 560, 20 575, 20 649, 22 1788, 24 2477, 25 2982, 24 2671, 25 2925, 28 3945

山田市次郎　23 2095, 28 4017

山田耕作　20 348, 28 4068, 33 6626

山田三次郎　38 1532

山田忠一　21 1223, 21 1385, 23 2129

山田季次　9 268, 10 495, 13 312, 13 365

山田元正　2 125, 2 401

山本多　24 2568

山本金一　20 406, 27 3672, 28 3966

山本達雄　12 370

山本長方　21 1223, 24 2609

山室宗文　23 2032, 27 3616, 27 3764, 29 4390, 30 5365, 37 1151, 40 2749

山脇正勝　2 73, 2 167, 2 258, 2 373, 4 28, 6 672, 8 473, 8 534, 9 179, 12 211, 16 223, 16 227, 18 51, 18 71, 19 90, 19 159, 19 195

湯川頼次郎　5 358, 7 215, 8 348

孕石元照　23 1995, 33 6645

横尾帝力　36 655

横山愛吉　20 642, 23 2049

横山閑巣　2 11

横山鹿吉　24 2503

横山孝三　21 1388

横山直陽　9 206, 10 239

吉川泰二郎　7 509, 8 334, 9 158, 10 7, 10 179, 10 420

吉川尚齡　3 301, 4 358, 4 485, 6 393, 6 457, 6 600, 7 19, 7 159, 10 241, 10 387, 10 433

吉武誠一郎　9 255, 10 495, 11 208, 12 354, 12 361, 13 312

吉澤一麿　21 1062, 30 5356

吉武德三　35 262

吉田一郎　28 4009, 30 5200

吉田代吉　20 644

吉永治道　4 499, 5 296, 5 354, 15 30, 17 216

吉永正治　補 53, 5 183, 6 402, 8 374

吉永八十吉　2 125, 2 126, 2 370, 2 403

吉野大作　25 2966，31 5881
吉原重光　38 1940
吉村貞義　30 5262
四本太郎　40 2443
米沢清治　29 4463，30 4930，30 5341，34 7164

ラ

力竹貫一　25 2829
李家孝　40 2747
ロベルトソン　19 182

ワ

和田早實　25 3128
若杉恭一郎　23 2088
若林彌一郎　21 1239，23 2281，28 3962，29 4653，31 5806　31 5490，34 7165
渡邊官平　39 2298
渡邊喜市　40 2749
渡邊巳之助　2 68
渡邊芳太郎　18 36，19 19
ヴェルニス　35 250

	三菱社誌　総索引
	昭和五十七年六月二十五日　初刷
編纂	株式会社　三菱総合研究所 代表者／髙雄　靖
発行	財団法人　東京大学出版会 代表者／江村　稔 東京都文京区本郷七丁目三番一号 電話／東京八一一―八八一四 振替／東京六―五九九六四
印刷	株式会社　平文社
製本	牧製本印刷株式会社
用紙	三菱製紙株式会社
クロス	東洋クロス株式会社

3334-45977-5149

● ご利用にあたっての注意

『三菱社誌』に含まれる情報を利用することにより、プライバシー等第三者の権利利益を侵害したときは、利用者がその一切の責任を負うことになります。

三菱社誌 総索引 明治三年～昭和二十七年
（オンデマンド版）

2016年10月15日発行

編　　纂	三菱社誌刊行会
著作権者	公益財団法人　三菱経済研究所
発行所	一般財団法人　東京大学出版会
	代表者　古田　元夫
	〒153-0041　東京都目黒区駒場4-5-29
	TEL 03-6407-1069　FAX 03-6407-1991
	URL http://www.utp.or.jp
印刷・製本	株式会社 デジタルパブリッシングサービス
	TEL 03-5225-6061
	URL http://www.d-pub.co.jp/

AJ791

©2016 The Mitsubishi Economic Research Institute
ISBN978-4-13-009641-6　　　　Printed in Japan

JCOPY 〈(社)出版者著作権管理機構　委託出版物〉
本書の無断複写は著作権法上での例外を除き禁じられています．複写される場合は，そのつど事前に，(社)出版者著作権管理機構（電話 03-3513-6969, FAX 03-3513-6979, e-mail: info@jcopy.or.jp）の許諾を得てください．